ARKTIS
SUBARKTIS
NORDWEST-KÜSTE
PLATEAU
GROSSES BECKEN
KALIFORNIEN
SÜDWESTEN
PRÄRIEN UND PLAINS
NORDOSTEN
SÜDOSTEN
1
2
3
4
5
6
7
8
9
10
11
12
13
14
15
16
17
18
19
20
21
22
23
24
25
26
27
28
29
30
31
32
33
34
35
36
37
38
39
40
41
42
43
44
45
46
47
48
49
50
51
52
53
54
55
56
57
58
59
60
61
62
63
64
65
66
67
68
69
70
71
72
73
74
75
76
77
78
79
80
81
82
83
84
85
86
87
88
89

Nordamerika
Die Sammlung des Rautenstrauch-Joest-Museums

DRUCKEREI UND VERLAG LOCHER

Nordamerika

Die Sammlung des Rautenstrauch-Joest-Museums

Bestandskatalog
von Gertrud Boden

Stadt Köln

Katalog

Redaktion

Gertrud Boden
Jutta Engelhard
Gisela Völger

Lektorat

Cora Bender
Gertrud Boden
Bernd Christ
Erika Dopheide
Ursula Dyckerhoff
Jutta Engelhard
Corinna Erckenbrecht
Burkhard Fenner
Martina Gockel
Brigitte Majlis
Bruno Reuer
Gabriele Sill-Schmitt
Hilke Thode-Arora
Gisela Völger

Objektfotografien

Katja Mees
Anja Meyer

Foto-Reproduktionen

Katja Mees

Einband, Karten
Ros Nagy-Roden

Grafiken
Norbert Bahn

Gesamtherstellung
Druckerei Locher GmbH

Papier
Ikonofix matt

Schrift
Garamond

Auflage
2000

Umschlag vorne: Sandbild-Nachbildung der Navajo (Kat.Nr. 510)
Umschlag hinten: *Tupilak*-Figur aus Ostgrönland (Kat.Nr. 1071)

ISBN 3-923158-29-7
ISSN 0071-1845

Inhalt

Vorwort

Das hillige Köln beschert den indianerinteressierten Bürgern in Stadt und Land und den auf dieses Sachgebiet spezialisierten Wissenschaftlern in Museen und Universitäten der Bundesrepublik ein Wunder: In einer Zeit zunehmender schmerzhafter Spareinschnitte kann das Rautenstrauch-Joest-Museum nach längerer Pause erneut mit einem Bestandskatalog aufwarten. Kataloge seiner Sammlungen vorzulegen ist eine althergebrachte, aber nach wie vor die vornehmste Aufgabe eines Museums, die an Aktualität nichts eingebüßt hat, müssen wir doch damit rechnen, daß Sammler, Wissenschaftler und die zahlreichen Indianerfans und -clubs diese Publikation mit Ungeduld erwarten. In kargen Zeiten, in denen die Museen mehr denn je um der Einnahmen willen Ereignisse vermarkten müssen, was unvermeidlich zu Lasten der Pflege der Bestände geht, ist es um so mehr zu begrüßen, daß Rat und Verwaltung der Stadt Köln dem Museum diesen Schritt ermöglichen, denen an dieser Stelle ausdrücklich gedankt sei, allen voran der Beigeordneten Frau Dr. Kathinka Dittrich van Weringh. Zum Wunder gehört auch der glückliche Umstand, daß wir – bei einer seit einem Jahr auf unabsehbare Zeit vakanten Kustodenstelle für diese Region – in der freien Mitarbeiterin Gertrud Boden M.A. eine gründliche und gewissenhafte Autorin für das Buch gewinnen konnten. Sie hat die bisher nur in Vitrinen oder im Magazin lagernden Objekte, die häufig regional nicht zugeordnet waren, bestimmt und ans Licht der wissenschaftlichen Betrachtung geholt. Ein wichtiger Teil der Untersuchung galt der Rekonstruktion der Sammlungsgeschichte, die ja immer auch ein Stück Geschichte der eigenen Kultur darstellt. Das Rautenstrauch-Joest-Museum war zudem in den letzten Jahren bemüht, gezielt Objekte für die Sammlung zu erwerben, die heutige Indianer in einer Rückbesinnung oder Weiterentwicklung ihrer Tradition angefertigt haben. In der Schausammlung wie im Katalog dokumentieren diese Neuerwerbungen, daß wir im Museum nicht nur die Vergangenheit, sondern eine lebende Kultur repräsentieren. Festzuhalten ist, daß der Katalog mehr Objekte darstellt als die Schausammlung zeigt.

Ein Bestandskatalog wie der vorliegende ist im deutschsprachigen Raum unter den Publikationen der letzten zwanzig Jahre zum Thema eine relative Seltenheit. Ob man einen Auswahl- oder einen Katalog einer kompletten Sammlung publiziert, ist nicht zuletzt eine Frage der Größenordnung des Bestands. So haben beispielsweise die großen Völkerkundemuseen bisher immer wieder Teilbereiche ihrer Sammlungen veröffentlicht. Zu nennen sind hier unter anderen das Berliner Völkerkundemuseum mit seinem Katalog zur Sammlung der Prärie- und Plainsindianer (1973) sowie zu seiner Kachina-Sammlung (1978), das Stuttgarter Lindenmuseum mit der Veröffentlichung seiner berühmten Kollektionen des Paul Wilhelm Herzog von Württemberg und von Maximilian Prinz zu Wied aus dem frühen sowie seiner Schreyvogel-Sammlung aus der zweiten Hälfte des 19. Jahrhunderts (1987 und 1992), das Deutsche Ledermuseum in Offenbach mit einem Sammlungskatalog (1976), der auch bis dahin in den Magazinen des Darmstädter Landesmuseums verborgene Stücke von großem Seltenheitswert präsentiert, und das Staatliche Völkerkundemuseum in München, das 1994 seine Eskimo-Sammlung publizierte. Auch die Karl-May-Stiftung in Radebeul (1992) und das Wiener Völkerkundemuseum haben in den letzten Jahren ihre Sammlungen in Katalogen (1993) vorgestellt. Der Katalog des Rautenstrauch-Joest-Museums ist also ein weiterer Schritt auf diesem Wege, Sammlungen dieser Art auch über das Buch zugänglich und bekannt zu machen.

Die Publikation dieses Katalogs steht in Zusammenhang mit der Neugestaltung der dazugehörigen Schausammlung „Nordamerikanische Indianer und Eskimo“. Sie wurde 1982 erstmalig in Zusammenarbeit mit Studenten der Universität Köln mit allergeringstem Kostenaufwand eingerichtet und war als die vor allem von Schulklassen meistbesuchte Abteilung des Hauses nach dreizehn Jahren unbedingt renovierungsbedürftig. Bisher hat es zur Schausammlung lediglich ein inzwischen vergriffenes Kinderbuch „Bisonjäger und Mäusefreunde“ von Karin v. Welck und eine Saalzeitung gegeben. Nun legen wir neben diesem Bestandskatalog auch ein neues Kinderbuch über Indianer vor, in dessen Mittelpunkt einer der Namengeber des Museums, der Gründervater Wilhelm Joest, steht. Die Autorin, Annegret Jaschok-Kroth vom Projekt „Museum und Schule", hat sich dieser Aufgabe dankenswerterweise angenommen. Das Vorhaben wurde vom Museumsdienst der Stadt Köln, der Museumspädagogischen Gesellschaft und der Gesellschaft für Völkerkunde, dem Förderverein des Museums, finanziell unterstützt. Wenn man noch das mit Mitteln des Fördervereins ebenfalls in Zusammenarbeit mit Gertrud Boden 1993 überarbeitete und aktualisierte Taschenmuseum aus dem Jahre 1983 dazunimmt, mit dem Schulklassen aus dem Kölner Einzugsgebiet fächerübergreifend eine Woche lang arbeiten können und das das ganze Jahr über ausgebucht ist, so ist der Nordamerika-Bestand die am breitesten für unterschiedliche Zielgruppen aufgearbeitete Schausammlung des Hauses. Und das ist gut so. Denn keine andere Abteilung ist so geeignet für Lernen im Museum. Karl May, Wildwestfilme und die neue ökologische Bewegung, die in den nordamerikanischen Indianern große Vorbilder entdeckt zu haben glaubt, haben den Weg für ein Interesse quer durch die Bevölkerung an diesem Bestand bereitet. Als ethnologisches Museum profitieren wir gerne von diesem langanhaltenden Trend, gibt er uns doch Gelegenheit, mittels der im Museum aufbewahrten Objekte bereits vorhandenes Grundwissen zu vertiefen, liebgewonnene Stereotype abzubauen und ein differenzierteres Bild der Vielfalt der Kulturen einer Region im Wandel der Zeit zu vermitteln, was wir als eine der wichtigen Aufgaben des Völkerkundemuseums ansehen.

Gisela Völger Köln, im November 1995
Direktorin

Dank

Bei meinen Besuchen in in- und ausländischen Museen gewährten mir freundlichen Zugang zu ihren Sammlungen Peter Bolz am Museum für Völkerkunde in Berlin, Christian F. Feest, früher am Museum für Völkerkunde in Wien, Stanley Freed und Leila Williamson am Museum of Natural History in New York, Allan Hoover am British Columbia Provincial Museum in Victoria und James VanStone, früher am Field Museum of Natural History in Chicago. Wertvolle Hinweise zu einzelnen Objekten erhielt ich von Christian F. Feest, Frank Norick am Phoebe Hearst Museum of Anthropology in Berkeley, Edwin Wade und David Wilcox am Museum of Northern Arizona in Flagstaff und von James VanStone.

Mein Dank gilt außerdem allen Kollegen des Rautenstrauch-Joest-Museums, die mir durch ihre freundliche Anteilnahme und Mithilfe die Arbeit erleichtert haben. Insbesondere danke ich der Museumsleitung, Frau Gisela Völger und Frau Jutta Engelhard, für die Intensität, mit der sie die Realisierung des Kataloges vorangetrieben haben. Frau Ursula Dyckerhoff, die frühere Amerika-Kustodin des Hauses, hat mich während meiner Arbeit sachkundig und humorvoll betreut. Brigitte Majlis ließ mich bereitwillig an ihren reichhaltigen Kenntnissen der Textilkunde teilhaben. Besonders herzlich möchte ich Burkhard Fenner danken, der mit selbstlosem Einsatz die Manuskripte gelesen und mir viele wertvolle Hinweise gegeben hat.

Für ihre praktische Mithilfe, angefangen beim Tippen von Manuskriptteilen, über das Sortieren der Fotos bis hin zur Lösung kleinerer und größerer EDV-Probleme danke ich Norbert Bahn, Bernd Christ, Florian Diederich, Andus Emge, Ulrich Fabian, Dayal Fürst, Horst Grübnau, Luciano Lacentra, Anja Segger und Gabriele Sill-Schmitt. Mein ganz besonderer Dank gilt an dieser Stelle Cora Bender und Martina Gockel für ihre aufopferungsvolle und engagierte Mitarbeit. Frau Erika Dopheide hat alle Manuskripte und Druckfahnen korrigiert. Auch ihr möchte ich herzlich danken.

Freude, Mut und Kraft verdanke ich meinen Freunden Dieter Bohry, Bernd Christ, Ulrich Fabian, Kristina Hopp, Birgit Kannen, Anja Knöss, Brigitte Majlis, Pia Nerel und Hannelore Uedelhoven sowie meiner Nichte Jutta Boden. *Gertrud Boden*

Einführung

Die Nordamerika-Sammlung des Rautenstrauch-Joest-Museums ist mit 1.876 im Inventarbuch aufgeführten Nummern und circa 1.600 tatsächlich vorhandenen Objekten relativ klein und macht damit ungefähr 3,4 Prozent der insgesamt 55.105 Katalognummern (Stand: 31. 8. 1995) aus.

Den Gesamtbestand aus einem so großen und kulturell vielgestaltigen Kontinent wie Nordamerika zu publizieren ist naturgemäß ein schwieriges Unterfangen, zumal wenn es sich um eine in bezug auf Art und Herkunft der Objekte sowie die beteiligten Sammlungen und Sammler derart heterogene Kollektion wie die hiesige handelt.

Allein ihre geringe Größe macht auf den ersten Blick klar, daß die Sammlung weit davon entfernt ist, einen auch nur annähernd repräsentativen Überblick über die materielle Kultur des gesamten Raumes bieten zu können. Zugleich ist es aber nur aufgrund des geringen Umfangs der Sammlung überhaupt möglich, den gesamten Bestand – mit Ausnahme eines Konvolutes von 644 prähistorischen Steinspitzen – geschlossen zu publizieren. Das hat den Vorteil, daß hier auch den Gegenständen der Alltagskultur Aufmerksamkeit geschenkt werden kann, die bei der Publikation größerer Sammlungen gewöhnlich zugunsten der Spitzenstücke herausfallen.

Die zehn in der Völkerkunde Nordamerikas üblicherweise unterschiedenen Kulturareale (vgl. Karte Innenumschlag) sind zwar alle vertreten, einige jedoch nur mit Einzelstücken (vgl. Tabelle Abb. 1). Dies gilt insbesondere für Kalifornien, das Plateau, das Große Becken, die Subarktis und den Südosten. Deshalb sind im Katalogteil die benachbarten Regionen Kalifornien, Plateau und Großes Becken zu einem Kapitel zusammengefaßt und die Regionen Subarktis und Südosten zusammen mit dem Nordosten in einem Kapitel behandelt.

Als Abgrenzung des Kontinents nach Süden wurde die Staatsgrenze zwischen den Vereinigten Staaten und Mexiko gewählt, und zwar aus praktischen Erwägungen, die sich aus der seit jeher bestehenden Organisation der Abteilungen des Rautenstrauch-Joest-Museums ergeben. Gemeinhin werden in der Völkerkunde Nordamerikas die Ethnien im Nordwesten Mexikos dem nordamerikanischen Kulturareal des Südwestens hinzugerechnet.[1]

In der Tabelle (vgl. Abb. 1) sind ethnographische und prähistorische Objekte getrennt aufgeführt, während in den nach Funktionsgruppen geordneten Regionalkapiteln eine solche Trennung nicht vorgenommen wurde. Da die vergleichsweise jungen prähistorischen Objekte häufig nicht eindeutig von den historischen zu unterscheiden sind, erscheint eine Trennung auch nicht sinnvoll.[2]

Die Lücken in der Sammlung erklären sich vor allem daraus, daß Nordamerika in Köln zu keiner Zeit ein Sammelschwerpunkt gewesen ist. Es hat nie einen auf die Völkerkunde Nordamerikas spezialisierten Kustos gegeben. Die Vorzeige-Abteilungen des 1901 gegründeten Museums sind Ozeanien und Indonesien. An der Fassade des von dem Architekten Edwin Crones entworfenen und 1906 eröffneten Museumsbaus am Ubierring sind „... als Schlußsteine der Mittelfenster [im ersten Obergeschoß] die Köpfe von Völkertypen ausgehauen, die einen Neger, eine Japanerin und einen nordamerikanischen Indianer darstellen, zur Repräsentation der drei grössten fremden Weltteile, deren Kulturen im Museum zur Anschauung kommen“ (Foy 1910: 61). Daß unter diesen Völkertypen ein nordamerikanischer Indianer zu finden ist, muß man als Absichtserklärung werten, die in der Folgezeit nicht eingelöst wurde.

Immerhin wurden bereits in den ersten Jahren auch größere Konvolute aus Nordamerika erworben (vgl. Anhang), um die Ausstellungen auch mit Objekten aus dieser Region der Erde ausstatten zu können. Eine Postkarte des alten Amerika-Saals (vgl. Abb. 2) zeigt auf der linken Seite die nordamerikanische Abteilung. In den Vitrinen sind Objekte der Eskimo, der Nordwestküsten- und der Plains-Indianer zu erkennen.

Für den Ankauf einer Nordwestküsten-Sammlung von der Firma Umlauff in Hamburg wurden im Jahre 1903 sogar 4.000 Reichsmark aufgewendet, die mehr als die Hälfte des damaligen Jahresetats ausmachten (Gerhard 1991: 145). Dies blieb jedoch die Ausnahme. Wie die Graphiken (vgl. Abb. 3 und 4) zeigen, macht über die Jahre hinweg der Zuwachs der

Region:	Gesamt:	Prähist. Funde:	Ethnographica:	Kriegsverluste:	Verluste nach 1960:	Vorhandene Objekte:
Nordwestküste	464		464	45	3	416
Kalifornien	12		12	1		11
Plateau	11		11			11
Großes Becken	2	1	1			2
Südwesten	87	3	84	7	1	79
Prärien/Plains	190		190	31	9	150
Südosten	7	3	4	1		6
Nordosten[1]	61	4	57	3	1	57
Subarktis	10		10			10
Arktis	388	196	192	42	7	339
Gesamt[2]	1232	207	1025	130	23	1081

1 Das Konvolut von 644 Steinobjekten (1902/11) ist in diesen Zahlen nicht berücksichtigt worden.

2 Die Differenz zwischen 1.081 vorhandenen Objekten und 1.072 im Bestandskatalog aufgeführten Nummern ergibt sich daraus, daß in einigen Fällen mehrere Inventarnummern zu einer Katalognummer zusammengefaßt wurden (vgl. Kat.-Nr. 338, 381, 566, 991).

Abb. 1 Die Regionale Aufteilung der Nordamerika-Sammlung des Rautenstrauch-Joest-Museums

Nordamerika-Abteilung immer nur einen ganz geringen Anteil am Gesamtzuwachs aus. Mehr als die Hälfte der Objekte, genau 1341 von 1876 Inventarnummern, ging in den Jahren vor 1910 ein. Mit Ausnahme von 342 Katalognummern, die zum größten Teil aus einem Tausch mit dem Völkerkundemuseum in Kopenhagen in den dreißiger Jahren stammen, lag die Zuwachsrate in den folgenden Jahrzehnten immer unter vierzig Objekten. Deutlich erkennbar sind die Einbrüche nach den beiden Weltkriegen. Auch in der Zeit zwischen den Kriegen standen dem Völkerkundemuseum nur wenige Ankaufmittel zur Verfügung. Dubletten, die man mit anderen Institutionen tauschte, stellten in dieser Zeit das gängige Kapital für Neuerwerbungen dar.

Während des Zweiten Weltkrieges wurden die Bestände des Rautenstrauch-Joest-Museums nach Schloß Kuckuckstein bei Liebstadt im östlichen Erzgebirge ausgelagert. Die Rückführung erfolgte erst in den sechziger Jahren. Die anschließende Inventur ergab, daß 130 Objekte aus Nordamerika fehlten. Im Mansardengeschoß des Museums gelagerte Pelzgewänder aus der Eskimo-Sammlung wurden ebenso wie sibirische Fellkleidung von einem Bombentreffer zerstört. Aber auch nach dem Krieg ist ein Verlust von mehr als zwanzig Objekten zu verzeichnen.

In den fünfziger und sechziger Jahren wurden dann wieder vereinzelt Objekte angekauft oder eingetauscht. In einem Schreiben des damaligen Museumsdirektors Willy Fröhlich an das Amt für Kunst und Volksbildung der Stadt Köln aus dem Jahre 1967 heißt es: „Im RJM ist in den letzten Jahrzehnten der Ausbau der Amerika-Abteilung zu Gunsten anderer Abteilungen stark vernachlässigt worden" (RJM Orig.-Akte 1967/08: Schreiben vom 30. Mai 1967). Die Klage führte jedoch in der Folgezeit keineswegs zu einer Intensivierung der Sammeltätigkeit. Der größte Einbruch erfolgte zum Ende der sechziger Jahre. Zwischen 1969 und 1987 hat die Nordamerika-Abteilung einen Zuwachs von genau drei Objekten zu verzeichnen, die zudem alle dem Museum geschenkt wurden, während die Sammlung des Hauses insgesamt im gleichen Zeitraum um 2.645 Objekte anwuchs.

Dies ist um so erstaunlicher, als es zu dieser Zeit erstmals eine eigene Kustodin für die Amerika-Abteilung gab. Nach der Rückführung der Bestände aus dem Erzgebirge wurden in den sechziger Jahren Regionalabteilungen unter der Leitung wissenschaftlich ausgebildeter Kustoden eingerichtet. Wegen ihrer geringen Größe erhielt die Amerika-Abteilung (Nord-, Süd-, Altamerika) nur eine halbe Stelle. Die erste Stelleninhaberin, Frau Dr. Ingeborg Bolz, später Maurer, war Kunsthistorikerin. 1989 wurde die Stelle mit der Altamerikanistin Frau Dr. Ursula Dyckerhoff besetzt. Ihr und der neuen Museumsleitung ist es zu verdanken, daß in den letzten sechs Jahren wieder Ankäufe getätigt wurden. Dabei erstand man im Hinblick auf eine in einem Neubau zu gestaltende Ausstellung endlich auch einige zeitgenössische Ethnographica, und zwar vornehmlich aus dem bis dahin unterrepräsentierten Kulturareal Südwesten sowie einige Beispiele des modernen Kunstschaffens an der Nordwestküste. Eine Liste aller in die Nordamerika-Abteilung eingegangenen Konvolute, aus der sich die Vorbesitzer, die Eingangsjahre sowie die Inventarnummern und die Anzahl der Zugänge und heute noch vorhandenen Nummern ablesen lassen, findet sich im Anhang.

Die Sammlung Umlauff

Über fünfhundert Objekte, das heißt die Hälfte des ethnographischen Materials der Nordamerika-Sammlung des Rautenstrauch-Joest-Museums, stammen direkt oder indirekt von der Firma Umlauff in Hamburg. Es handelt sich um zwei große Konvolute: die Nordwestküsten-Sammlung von über vierhundert und die sogenannte Sioux-Sammlung von fast einhundert Objekten, die beide im Jahre 1903 ins Haus kamen[3].

Während das Museum die Nordwestküsten-Sammlung aus dem eigenen Etat finanzierte, wurde die Sioux-Sammlung dem Museum von Dr. Carl von Joest gestiftet. Der Jurist und Rittergutsbesitzer war der erste Vorstandsvorsitzende des 1904 gegründeten Fördervereins und einer seiner Donatoren[4]. Die Auswahl der Stücke aus dem Umlauffschen Angebot sowie die Preisverhandlungen wurden aber, wie auch bei der Nordwestküsten-Sammlung, durch den Museumsdirektor Willy Foy geführt. Umlauff war einer der bedeutendsten deutschen Ethnographica-Händler seiner Zeit. Das Rautenstrauch-Joest-Museum hat auch aus anderen Gebieten der Erde umfangreiche Sammlungen bei ihm erworben[5].

Im Jahre 1868 gründete der ehemalige Schiffszimmermann Johann Friedrich Gustav Umlauff (1833–1889) in St. Pauli ein Geschäft unter der Bezeichnung „Naturalienhandlung, Muschelwaaren-Fabrik, verbunden mit einem Zoologisch-Ethnographischen Museum" (vgl. Abb. 5). Die Firma bezog ihre Verkaufsartikel in erster Linie von den im Hamburger Hafen anlegenden Schiffen oder von eigens

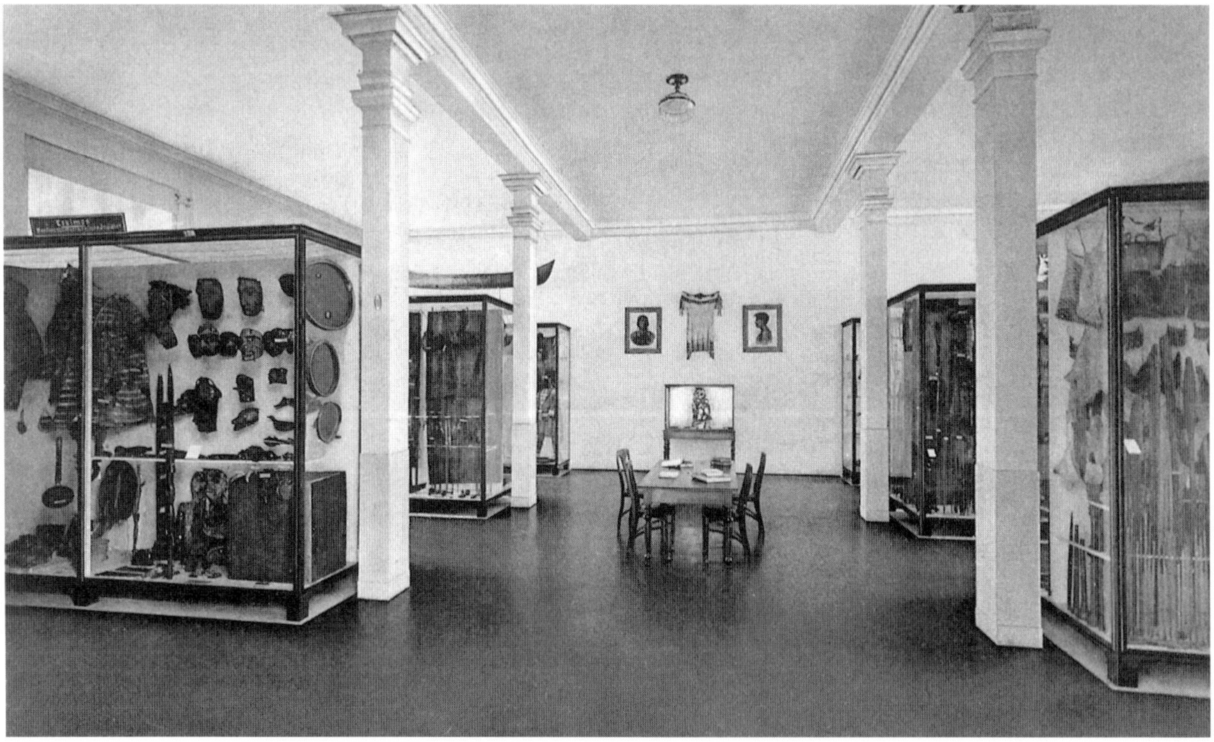

Abb. 2 Der Amerika-Saal im Neubau am Ubierring im Jahre 1906

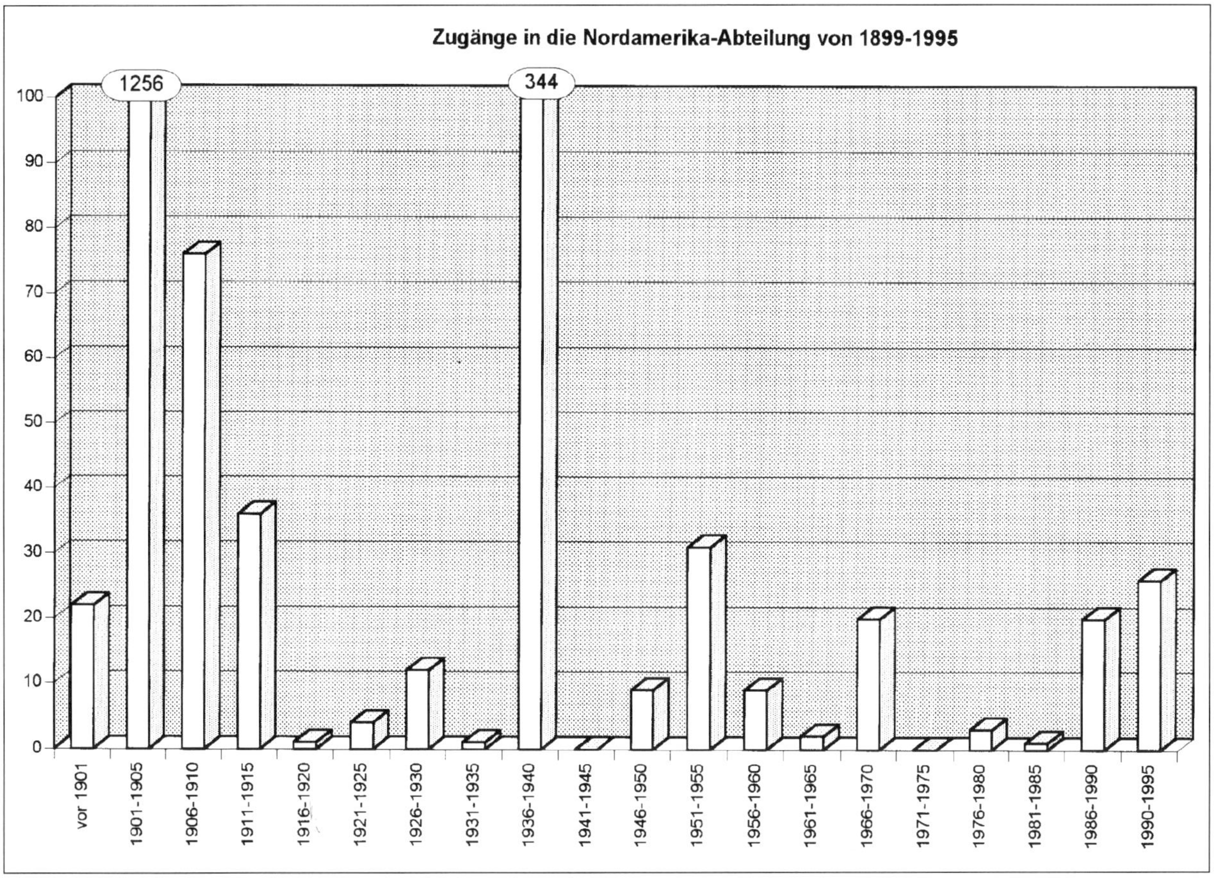

Abb. 3 Der Objektzuwachs der Nordamerika-Abteilung des Rautenstrauch-Joest-Museums

beauftragten Sammlern. Nach dem Tode von J. F. G. Umlauff führte sein Sohn Heinrich (1869–1925) die Firma (Thode-Arora 1992: 143 f.). In seine Geschäftszeit fallen die beiden Ankäufe durch das Rautenstrauch-Joest-Museum (1903/04) beziehungsweise Dr. Carl von Joest (1902/23)[6].

Eine Spezialität, die Heinrich Umlauff den Museen anbot, waren die sogenannten „Gruppen". Sie waren aus lebensgroßen, kostümierten Puppen sowie Ethnographica und ausgestopften Tieren lebensecht zusammengestellt (Museum für Völkerkunde Freiburg 1995: 149). Die zweite Frau des Firmengründers Johann Friedrich Gustav Umlauff war die Schwester des Hamburger Tierhändlers Carl Hagenbeck, der 1907 den Stellinger Tierpark eröffnete. Die Völkerschauen, die er dort veranstaltete, wurden ebenfalls von Heinrich Umlauff ausgestattet (Thode-Arora 1991: 143, 148).

Zu den Einkäufern, die sowohl für Umlauff Ethnographica sammelten als auch für Hagenbecks Zoo Völkerschauen organisierten, gehörte der norwegische Kapitän Adrian Jacobsen. Dieser hatte bereits in den Jahren 1881 bis 1883 im Auftrag des Berliner Museums für Völkerkunde eine große Sammlung ethnographischer Gegenstände von der Nordwestküste mitgebracht. Wie Gerhard (1991: 14 ff.) darlegt, geht ein großer Teil der Kölner Nordwestküsten-Sammlung auf die sogenannte zweite Jacobsen-Reise im Jahre 1885 zurück. Diese Reise fand im Auftrag des Tierparkbesitzers Carl Hagenbeck statt. Adrians Bruder Fillip war vorausgefahren, und Adrian selbst stieß erst später zu ihm. Ziel der Reise war es nicht nur, Gegenstände der an der Nordwestküste lebenden Völker zu sammeln, sondern auch, Indianer für eine Völkerschau anzuwerben. Die mitgebrachte Sammlung umfaßte ursprünglich an die 1.500 Stücke. Teile der Sammlung werden heute in den Völkerkundemuseen in Berlin, Hamburg, Lübeck, Freiburg und Wien aufbewahrt. Der nach Leipzig verkaufte Teil wurde im Zweiten Weltkrieg fast zur Gänze vernichtet (Feest 1993b: 18).

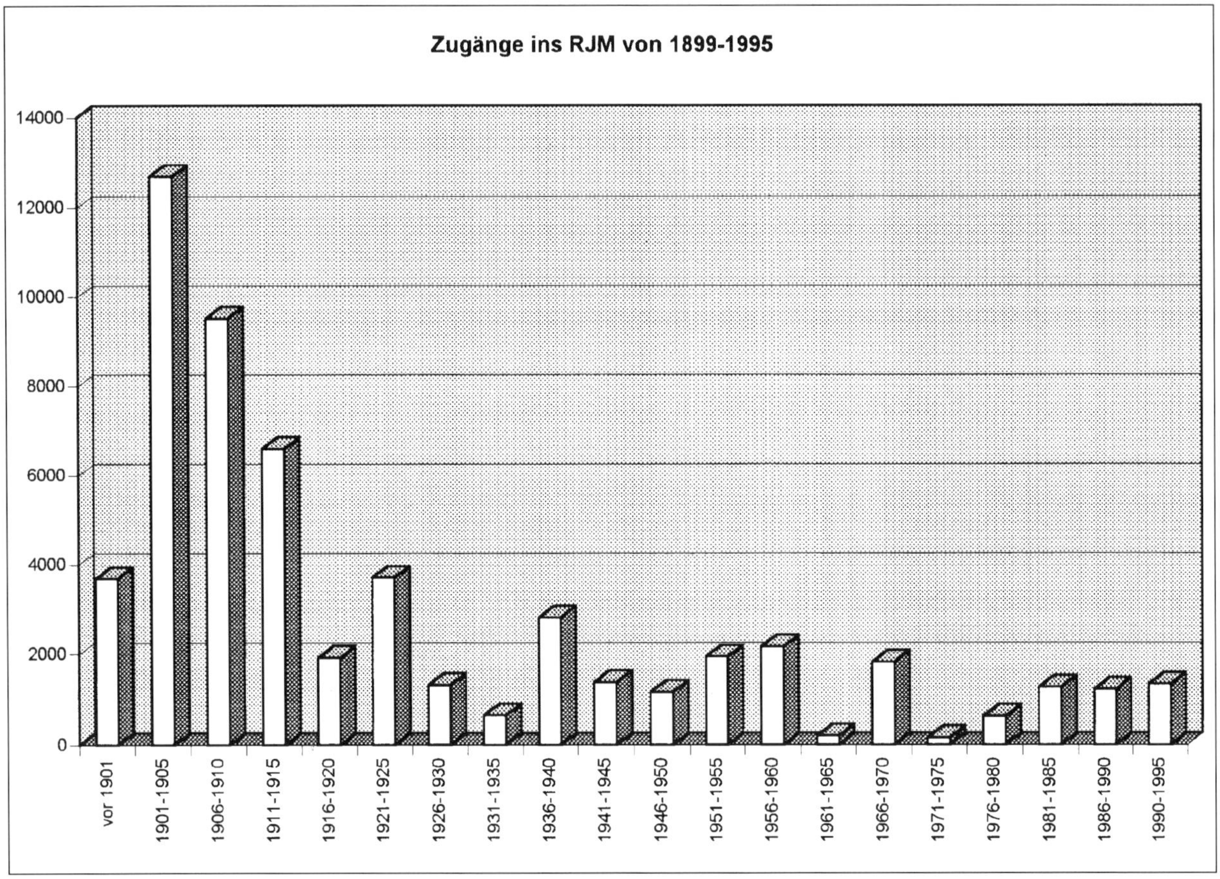

Abb. 4 Der Objektzuwachs des Gesamtbestandes des Rautenstrauch-Joest-Museums

Die Angebotsliste von Umlauff an das Kölner Museum umfaßt 715 Nummern, „... obwohl, abzüglich der nach Berlin und Hamburg verkauften Stücke, nur noch 426 Nummern hätten vorhanden sein dürfen" (Gerhard 1991: 65). Willy Foy wählte 423 Nummern aus, die für 4.000 Reichsmark erworben wurden. Dem Konvolut waren Bildtafeln mit Fotografien der Objekte und eine Liste mit Herkunftsangaben beigefügt.

Bezüglich der Zuordnung der Objekte zur zweiten Jacobsen-Sammlung bestehen jedoch einige Ungereimtheiten. So identifiziert Sawyer (1983: 146 ff.) die Maske mit der Inventarnummer 6601 (vgl. Kat.-Nr. 317) eindeutig als eine Maske der Haisla aus der Zeit um 1845, also lange vor der zweiten Jacobsen-Reise.

Eine andere Maske (vgl. Kat.-Nr. 324) und ein Pfeifen-Paneel aus Argillit (vgl. Kat.-Nr. 369) sind in einem Verkaufskatalog des Londoner Ethnographica-Händlers Webster aus dem Jahre 1901 abgebildet, was nahelegt, daß Umlauff sie von diesem erworben hat.

Während die Vermutung, daß Umlauff beschädigte Objekte, Bruchstücke oder auch offensichtlich zusammengehörige Stücke wie das dreiteilige Sisiutl (vgl. Kat.-Nr. 338), die Jacobsen nicht im einzelnen aufgeführt hatte, als Einzelnummern in das Angebot übernommen hat (Gerhard 1991: 65), für einen großen Teil des Konvoluts zutreffen mag, so scheinen jedoch zumindest die letzten vierzehn Nummern der Jacobsen-Sammlung einfach angehängt worden zu sein. Denn während die ersten zweiunddreißig Tafeln des Angebots systematisch geordnet sind, das heißt beispielsweise alle Masken oder alle Körbe hintereinander aufgeführt werden, findet sich auf der letzten Tafel eine bunte Mischung. Wären hierunter nicht die drei bereits oben erwähnten Stücke und dazu noch ein Paar Lederschuhe des subarktischen Typs, so könnte man annehmen, daß Umlauff hier nur die in der systematischen Aufstellung vergessenen Stücke nachgetra-

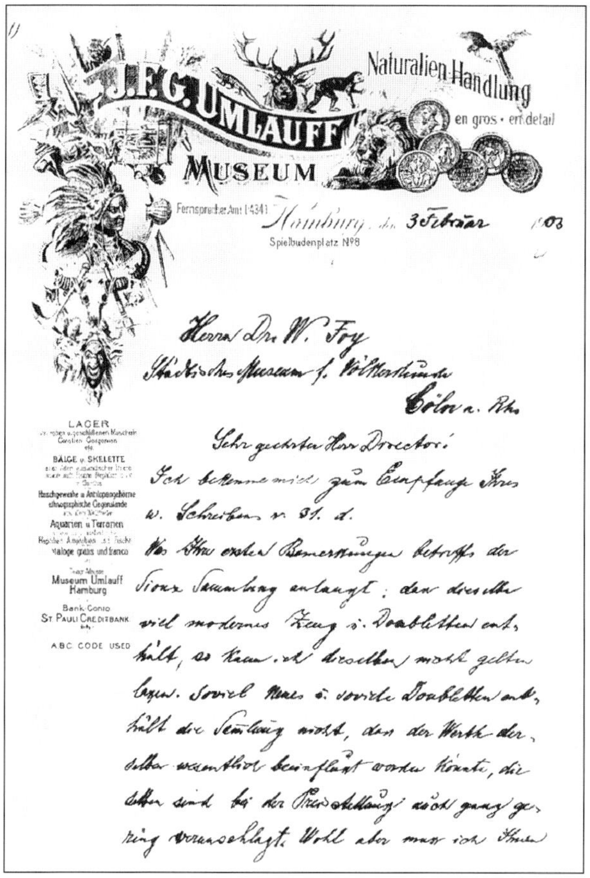

J. F. G. Umlauff Museum
Naturalien-Handlung en gros · en detail
Fernsprecher Amt I 4341
Hamburg, den 3 Februar 1903
Spielbudenplatz N°8

LAGER
BÄLGE u. SKELETTE
Aquarien u Terrarien
Kataloge gratis und franco
Museum Umlauff Hamburg
Bank-Conto St. Pauli Creditbank
ABC CODE USED

Herrn Dr. W. Foy
Städtisches Museum f. Völkerkunde
Cöln a. Rh.

Sehr geehrter Herr Director!
Ich bekenne mich zum Empfange Ihres w. Schreiben v. 31. d.
Was Ihre ersten Bemerkungen betreffs der Sioux Sammlung anlangt: daß dieselbe viel modernes Zeug u. Doubletten enthält, so kann ich dieselben nicht gelten lassen. Soviel Neues u. soviele Doubletten enthält die Sammlung nicht, daß der Werth derselben wesentlich beeinflußt werden könnte, die selben sind bei der Preisstellung auch ganz gering veranschlagt. Wohl aber muss ich Ihnen

Abb. 5 Briefkopf der Firma J. F. G. Umlauff

gen hat. Angesichts des oben Ausgeführten erscheint es jedoch eher wahrscheinlich, daß Umlauff diverse Reste seines woher auch immer stammenden Bestandes der zweiten Jacobsen-Sammlung im doppelten Sinne des Wortes „angehängt“ hat.

Dies wirft ein ungünstiges Licht auf die zunächst so erfreulich erscheinende Dokumentation des Konvolutes. Und sogar bei einigen der auf den ersten Tafeln abgebildeten Objekte sind Zweifel angebracht. So ist darunter zum Beispiel ein Korb (vgl. Kat.-Nr. 15), der schon auf den ersten Blick wegen des andersartigen Materials und der Knüpftechnik aus dem üblichen Erscheinungsbild der Nordwestküsten-Körbe herausfällt. Dafür sieht er zwei anderen Körben aus Südamerika im Rautenstrauch-Joest-Museum zum Verwechseln ähnlich. Weitere Zweifel ergeben sich bezüglich zweier Speerspitzen aus Knochen (vgl. Kat.-Nr. 45–46), für die ebenso wie für den Fischkorb Vergleichsstücke aus Feuerland gefunden wurden.

Sicherlich werden die aufgrund von interethnischen Handels- oder sonstigen Beziehungen zustandegekommenen Abweichungen zwischen tatsächlichem Herkunfts- und Erwerbsort oft unterschätzt, wie zum Beispiel Gefäße aus Kokosnußschalen zeigen, die der Arktisforscher Nordenskiöld bei den Eskimo in Alaska vorfand (VanStone 1990: 6). Im Falle des Korbes und der Speerspitzen ist jedoch kaum zu vermuten, daß die Nordwestküsten-Indianer, die unter anderem für ihre Flechtkunst und Fischfangtechniken berühmt sind, ausgerechnet Wert auf von Walfängern oder anderen weit herumgekommenen Reisenden mitgebrachte Alltagsgeräte gelegt haben.

Welche Objekte in der Kölner Sammlung tatsächlich 1885 von den Jacobsen-Brüdern an der Nordwestküste gesammelt wurden und welche nicht, kann im nachhinein nicht mehr geklärt werden. Vom größten Teil des Konvoluts darf man mit Sicherheit behaupten, daß er von der Nordwestküste stammt, auch wenn die genaue Herkunftsangabe nicht immer zutreffen mag. Bei einfachen Alltagsobjekten wie Werkzeugen oder Fischfanggeräten lassen sich anhand stilistischer Merkmale kaum eindeutige Zuordnungen vornehmen. Aber auch die Herkunft von Masken und anderen prominenteren Stücken kann oft nicht mehr eindeutig bestimmt werden, wenn wie hier eine wirklich zuverlässige Dokumentation fehlt. Zum einen erklärt sich dies aus den vielfältigen interethnischen Kontakten und Vermischungen, zum anderen aus den Vorlieben der individuellen Auftraggeber und Künstler, in erster Linie aber aus der Nachlässigkeit, mit der Angaben zu den Stücken von Sammlern und Händlern gemacht wurden.

Ganz anderer Natur ist ein Irrtum, der letztendlich durch die Kriegswirren zu erklären ist. Es handelt sich um die vielerorts (zum Beispiel Fröhlich 1967: Nr. 138 und Collins 1973: No. 48) als Totenmaske von den Aleuten publizierte Maske (vgl. Kat.-Nr. 313) aus Treibholz, die ein Dreiviertelgesicht darstellen soll. Man hat sie in den sechziger Jahren im Keller des Museums ohne Inventarnummer aufgefunden und unter der Nummer 49828 neu inventarisiert. Inzwischen konnte sie jedoch als eher klägliches Bruchstück der einzigen bis dahin als fehlend registrierten Maske aus der Nordwestküsten-Sammlung identifiziert werden. Daß es keine Dreiviertelmaske ist, kann man deutlich an der Bruchkante im Holz erkennen. Der ehemals vorhandene Haar- oder Fellbesatz ist verlorengegangen. Das Holz hat tatsächlich das typische verwaschene Aussehen von Treibholz, hat aber wohl eher nach einem Wasserrohr- oder Hochwassereinbruch im Keller des Museums als im Pazifischen Ozean getrieben.

Eine „Sioux Collection“ wurde von Umlauff zum ersten Mal in einem Schreiben vom 15. August 1902 (HStA Köln 614/529: 2) erwähnt und am 1. Oktober 1902 (HStA Köln 614/529: 7) dem Museum für 4.600 Mark angeboten. Anders als die nordwestamerikanische Sammlung schickte Umlauff die „... ‚Sioux Collection‘ gleich zur Ansicht, um sich das Photographieren zu ersparen“ (HStA Köln 614/529: 9), da sie „... nicht viel Raum beansprucht“. Die Originalliste weist 263 Nummern auf, von denen Foy 97 auswählte und für die er einen Preis von 2.500 Mark aushandelte.

Zur Sioux-Sammlung gehörte auch eine lebensgroße kostümierte Figur. Aus dem Briefwechsel geht hervor, wie man sich die Figuren und deren Aufstellung vorzustellen hat: „Die Figur mit Ausrüstung, aber ohne Hände und Kopf, sende ich heute p. Eilgut“ (HStA Köln 614/529: 17). Und weiter heißt es: „Per Post sende ich Ihnen heute Hände u. Kopf zu der Indianerfigur. Die linke Hand ist nach unten gesenkt. Nach Lösung der Quaste wird der Stiel der Steinkeule von unten in die Hand geschoben, der Stein ruht auf dem Postament. Die rechte Hand hält den Bogen. Der Kopf wird einfach auf den Zapfen gesetzt. Ist die Richtung nicht recht, so [kann] der Zapfen leicht entsprechend gedrückt und gebogen werden. Nach Aufsetzen des Kopfes wird das Lederwamms übergezogen u. zusammengebunden“ (HStA Köln 614/529: 18).

Zu den Ausrüstungsgegenständen der Figur gehörten ein Lederhemd (vgl. Kat.-Nr. 565), eine Lederhose (vgl. Kat.-Nr. 569), ein Leibgurt (Originalnummer 115), ein Paar Mokassins (vgl. Kat.-Nr. 577), ein Amulett (vgl. Kat.-Nr. 645), eine Kette (Originalnummer 196), eine Federhaube (Originalnummer 164), eine Steinkeule (Originalnummer 166) und ein Bogen (Originalnummer 263). Die Figur selbst ist nicht mehr vorhanden. Merkwürdig ist, daß von der Lederhose nur noch ein Bein und auch nur ein Mokassin aufzufinden sind. Der Leibgurt und die Kette aus Glasperlen fehlen. Bei den übrigen Objekten (Federhaube, Steinkeule und Bogen) irritiert, daß sie in der Kartei nicht auftauchen. Möglicherweise hat Foy die Figur wieder zurückgeschickt und nur einzelne Ausrüstungsgegenstände behalten.

Wie bereits erwähnt, ist die Dokumentation der „Sioux Collection“ denkbar schlecht. Die Objekte stammen nicht nur von verschiedenen Ethnien, sondern auch aus ganz verschiedenen Kulturarealen, wenn auch der größte Teil immerhin Plains-Stücke sind. Einzelne Gegenstände sind von der Nordwestküste, dem Plateau, aus Kalifornien, aus dem Nordosten, der Subarktis und dem Südosten. Ein Objekt mußte in die Afrika-Abteilung überführt werden!

Das Konvolut beinhaltet einige der schönsten und ältesten Stücke der Kölner Sammlung, zum Beispiel eine bemalte Bisonrobe von den Pawnee (vgl. Kat.-Nr. 559), ein Paar Mokassins mit feiner *quill*-Arbeit von den Irokesen (vgl. Kat.-Nr. 687) und eine ebenfalls mit Stachelschweinborsten verzierte Ohrentasche von den Santee-Dakota (vgl. Kat.-Nr. 619), alle drei aus dem frühen 19. Jahrhundert.

Bis heute hat der Begriff „Sioux“ verschiedene Bedeutungen: als übergeordnete Bezeichnung für die Lakota, Nakota und Dakota und als Sammelname für die Ethnien, die der Siouan-Sprachfamilie angehören (Bolz 1986: 33 f.), zu denen jedenfalls die Pawnee und Irokesen nicht gehören. Um die Jahrhundertwende wurde der Begriff „Sioux“ anscheinend als Synonym für die Plains-Indianer schlechthin gebraucht. Dies kann aber nicht erklären, warum die stattliche Anzahl von 24 der insgesamt 97 Objekte nicht einmal aus den Prärien und Plains stammt.

Von Foy auf die fehlende Dokumentation angesprochen, antwortete Umlauff: „Wohl aber muss ich Ihnen Recht geben, dass das Fehlen der Lokalangaben ein wesentlicher Mangel ist. Der Kenner wird aber die Herkunft leicht durch Vergleichen feststellen können“ (HStA Köln 614/529: 24).

Wie schon Gerhard (1991: 114; vgl. auch Museum für Völkerkunde Freiburg 1995: 152) bemerkt hat, gab Umlauff in der Regel keine Auskünfte darüber, von wem und auf welchen Wegen er seine Sammlungen erworben hatte. So sind auch die Angaben zur Sioux-Sammlung äußerst vage. In dem vorgenannten Schreiben Umlauffs vom 3. Februar 1902 heißt es lediglich: „Auch die Perlstickereien, die Sie so wichtig schätzen, sind alles alte Stücke, die sich gleich den anderen lange Jahre in Privathand befanden. Daraus erklärt sich auch das Fehlen der Lokalangaben.“ Und am 23. Februar 1903 merkt er an (HStA Köln 614/529: 29): „Die Ausrüstungsobjekte der Figur sind schon einige Jahre in meinem Besitz, ich erhielt sie aus England, wie die meisten anderen Objekte. Die bemalte Decke aber stammt aus einer Pariser Sammlung.“[7]

Auch einige Objekte der Sioux-Sammlung (vgl. Kat.-Nr. 646–648, 653–656) sind in den Verkaufskatalogen von Webster abgebildet, was schon Willy Foy aufgefallen ist. Umlauff gibt in seinem Schreiben vom 3. Februar 1903 zu: „Von Webster stammen nur einige wenige Stücke ..." (HStA Köln 614/529: 24). Dies sind leider die einzigen Hinweise, die sich in den Kölner Akten über die Herkunft der Sioux-Sammlung finden ließen.

Umlauff scheint aber nicht nur dem Kölner Museum solche mangelhaft dokumentierten angeblichen „Sioux-Sammlungen" verkauft zu haben. Brunius (1990: 32) erwähnt einen ähnlichen Fall für das Folkens Museum-Etnografiska in Stockholm. Auch dort ist die Qualität der Objekte gut, die Dokumentation jedoch spärlich.

Obwohl das Rautenstrauch-Joest-Museum auch nach 1903 noch rege Geschäftsbeziehungen mit der Firma Umlauff pflegte und bis in die Anfangsjahre des Zweiten Weltkrieges dort größere Sammlungen und Einzelobjekte aus allen Teilen der Welt erwarb, waren nach 1903 keine Stücke aus Nordamerika mehr darunter.

Die übrigen Sammlungen

Die ersten Objekte, die in die Nordamerika-Sammlung aufgenommen wurden, stammen aus dem Nachlaß des 1852 in Köln geborenen Entdeckungsreisenden und Professors für Völkerkunde Wilhelm Joest, der im Jahre 1897 auf einer Forschungsreise in der Südsee verstarb. Das Kölner Museum geht auf eine private Stiftung zurück. Im Jahre 1899 schenkten Adele Rautenstrauch, die Schwester des Verstorbenen, und ihr Ehemann Eugen der Stadt Köln den wissenschaftlichen Nachlaß von Wilhelm Joest.[8]

Der Nachlaß von Wilhelm Joest umfaßte ungefähr 3.400 Objekte aus allen Teilen der Welt, darunter zweiundzwanzig aus Nordamerika. Es handelt sich in erster Linie um mit Stachelschweinborsten und Elchhaar verzierte Teller und Schachteln aus Birkenrinde sowie zwei Paar Mokassins. Diese Produkte wurden schon seit der Mitte des vorigen Jahrhunderts an den Niagara-Fällen im Touristenhandel angeboten. Zum Konvolut (1899/01) gehören ferner zwei Gürteltäschchen, ein Fellschaber ohne Klinge[9] und ein Pfeifenkopf aus Catlinit aus dem Gebiet der Prärien und Plains. Der Nachlaß von Wilhelm Joest wurde erst im Jahre 1903, als bereits weitere Sammlungen eingegangen waren, inventarisiert, was die relativ hohen Inventarnummern erklärt.

Während der berühmte Namensgeber dem Museum aus anderen Gebieten der Erde, vornehmlich aus Guayana und von den Santa-Cruz-Inseln in Melanesien, umfangreichere und bedeutendere Sammlungen von seinen Forschungsreisen hinterlassen hat, gehörte Nordamerika nicht zu seinen Interessengebieten.

Gerade in den Anfangsjahren erhielt die Nordamerika-Abteilung Zuwachs durch zahlreiche Geschenke von Mitgliedern des Fördervereins. So wurde die Sioux-Sammlung schon wenig später ergänzt durch eine zweite Stiftung von Dr. Carl von Joest (Konvolut 1906/11) sowie zwei kleinere Schenkungen von Max Traine (1904/07) und Arnim von Guilleaume (1908/25). Leider existieren zu allen drei Konvoluten keine aussagefähigen Unterlagen. Das Geschenk von Max Traine (1904/07) enthält Pfeile, Bögen, Köcher und ein Modell-Kanu und stammt nach Unterlagen in der Originalakte aus einer Versteigerung der Sammlung von „Waffen und Ethnographischen Gegenständen des verstorbenen Carl A. Mand, Coblenz", die 1898 in Köln stattfand.

Was Nordamerika betrifft, so wurde in der Folge der Londoner Ethnographica-Händler W. O. Oldman der wichtigste Handelspartner. Das Rautenstrauch-Joest-Museum hat zwischen 1904 und 1922 insgesamt 78 Objekte aus Nordamerika bei ihm gekauft, die sich auf neun Konvolute verteilen. Bis auf einen kleinen Ankauf von drei Stücken im Jahre 1922 fallen sie alle in die Zeit vor 1912. Die meisten bei Oldman erworbenen Sammlungsgegenstände stammen aus den westlichen Gebieten Nordamerikas, das heißt aus Alaska, von der Nordwestküste, dem Plateau und aus Kalifornien.

Oldman, der laut Briefkopf als „Dealer in Weapons & Curiosities" firmierte, gab bebilderte Verkaufskataloge heraus, von denen die Bände 20 bis 126 aus den Jahren 1905 bis 1913 in der Bibliothek des Rautenstrauch-Joest-Museums vorhanden sind und auf denen er sich als „Dealer in Ethnographical Specimens, Eastern Arms & C." bezeichnet. Aus den Akten des Rautenstrauch-Joest-Museums geht bis auf die Tatsache, daß er genau wie Umlauff dem Museum Objekte zur Ansicht übersandte, nichts über die Person oder Geschäftspraxis von Oldman hervor.

Im November des Jahres 1904 (am 14. und 15. sowie am 28., 29. und 30. November) wurde der Besitz von W. D. Webster, einem anderen bekannten Londoner Ethnographica-Händler, verkauft. Die Versteigerungen fanden bei J. C. Stevens in der King

Street, Covent Garden W. C. in London statt. Oldman fungierte bei den mehrtägigen Versteigerungen als Unterhändler des Rautenstrauch-Joest-Museums (HStA Köln 614/530: 10). Er ersteigerte für das Museum ein kleines Eskimo-Konvolut (1904/32), das der Sohn von Eugen und Adele Rautenstrauch, Eugen Rautenstrauch, dem Museum stiftete. Dazu gehörte ein Kajak samt Paddel, das nach dem Krieg nicht mehr vorhanden war. Ein wunderschöner Umhang aus Darmhaut von den Aleuten ist aufgrund unzureichender Lagerungsbedingungen in einem so schlechten Zustand, daß er als verloren anzusehen ist.

Genau wie Oldman gab auch Webster zunächst mit Zeichnungen (Nummern 1 bis 17), später mit Fotos bebilderte (Nummern 18 bis 27) Kataloge seiner Angebote heraus, auf denen er sich als „Collector of Ethnographical Specimens, European and Eastern Armour, Prehistoric and other Antiquities" bezeichnete, ferner monatliche Listen seiner zuletzt erstandenen Objekte sowie Auswahllisten von Objekten, die er als Trophäen für Hallen und Billardräume empfahl.

Direkt bei Webster hat das Museum nur ein Objekt aus Nordamerika erstanden, und zwar eine Schnupfröhre aus Knochen (vgl. Kat.-Nr. 1072) von den Eskimo. Über Umwege stammen aber auch einige bei Umlauff erworbene Objekte von ihm, wie man anhand der Abbildungen in seinen Katalogen nachweisen kann.

Die ersten Objekte aus dem Südwesten erwarb das Kölner Völkerkundemuseum von dem in Philadelphia ansässigen Sammler E. W. Lenders. Das Museum besitzt zwei Konvolute aus seiner Hand. Das kleinere von 14 Nummern (1910/04) ist ein Geschenk des Mitbegründers und stellvertretenden Vorsitzenden des Fördervereins Georg Küppers-Loosen, der 1905 zum Donator ernannt wurde und selbst in Süd- und Zentralamerika, Ozeanien, Afrika und Asien ausgiebig gereist ist. Es enthält ausschließlich Objekte aus dem Südwesten. Auch die Mehrzahl der Objekte des zweiten, 32 Nummern umfassenden Konvolutes, das das Museum wenig später selbst bei Lenders kaufte, stammen aus dieser Region. Damit sind die Hälfte aller Objekte und fast alle älteren Stücke aus dem Südwesten über Lenders ins Museum gekommen. Angeboten wurden zunächst Ethnographica aus dem Bereich der Plains. Foy hat sich aber hauptsächlich für die Objekte aus dem Südwesten interessiert, wohl vor allem weil aus diesem Gebiet bis dahin noch nichts vorhanden war. Zu einem Ankauf von Plains-Stücken bei Lenders ist es dann nicht mehr gekommen.

In einem Schreiben vom 29. Juni 1907 bot sich Frederick Weygold als Vermittler von Lenders an[10]. Er schreibt über diesen und die angebotenen Ethnographica: „Vertreten sind in dieser Sammlung vornehmlich die sog. Präriestämme, bes. die Dakota oder Sioux, außerdem in kleineren Gruppen und einzelnen Stücken die Crow (Absaroka), Blackfeet (Atsina, Blood, Piegan) und die Winnebago; aus dem Südwesten die Apaches, Pueblos und Navajos. ... Bei seiner [Lenders] besonderen Methode des Sammelns, d. h. bei der gelegentlichen Übernahme von ganzen Privatsammlungen, sowie von Sendungen seitens der Händler auf den Indianerreservationen, wobei man ihm meist nicht gestattet, einzelne Stücke auszuwählen, ist Mr. Lenders oft gezwungen gewesen, größere Mengen von Dubletten, sowie überhaupt Gegenstände und ganze Gruppen zu übernehmen, für die er sich als Privatsammler persönlich nicht interessiert, welche andererseits jedoch oft einen nicht geringen wissenschaftlichen Wert haben. ... Da Mr. L. aus diesen Gründen von Zeit zu Zeit einzelne Gruppen und Gegenstände aus seiner Sammlung dem Verkauf aussetzt, so ist hier für europäische Museen eine der während der letzten Jahrzehnte sehr selten gewordenen Gelegenheiten gegeben, ethnographische Objecte aus dem hiesigen bekanntlich fast ganz erschöpften Gebiete zu erwerben" (RJM Orig.-Akte 1910/04: Brief vom 29. Juni 1907). Ähnliches sagt Lenders in einem Brief vom 19. Oktober 1911 (HStA Köln 614/460: 22) selbst von sich: „ ... und ich nicht ein Händler, sondern ein Collecteur bin, der seine Dublicate an Deutsche Museen absetzt ..." Am 14. Januar 1908 teilt Weygold mit, daß Lenders sich in Zukunft in seiner Sammeltätigkeit mehr dem Südwesten zuwenden werde, „... da die dortige Production bereits merklich anfängt nachzulassen, wenigstens soweit Ceremonialgegenstände und decorative Muster, die auf alte, religiöse Anschauungen Bezug nehmen, in Betracht kommen. Bei der mit großem Eifer von der Regierung und den Missionen betriebenen Civilisierung dieser Stämme wird die stilechte Production die heute lebende ältere Generation kaum überdauern" (HStA Köln 614/460: 2). Und in einem Schreiben am 25. April 1910 bemerkt Weygold in einem Postscriptum, daß „... Mr. Lenders kürzlich alle seine Sammlungen (gegen 3000 Nummern) an hiesige [amerikanische] Museen verkauft ..." habe (RJM Orig.-Akte 1911/07: Brief vom 25. April 1910). Lenders schickte sogar von Amerika aus Stücke zur Ansicht, die bei Nichtgefallen an andere interessierte Museen weitergegeben wurden, um Frachtkosten zu sparen.

Frederick Weygold, der laut eigenen Angaben bereits öfter den Verkauf von Ethnographica an deutsche Museen vermittelt hatte (Haberland 1973: 79), bietet in seinem ersten Brief ferner an, im Auftrag Wunschstücke zu beschaffen beziehungsweise in eigener Regie die Lücken der Sammlung zu schließen, wenn man ihm eine Liste der bereits vorhandenen Objekte schickte. Foy ist dieser Aufforderung gefolgt.

Weygold wurde als Sohn deutscher Eltern in Missouri geboren (Haberland 1973: 79). Nach seiner Ausbildung in Deutschland und Straßburg, wo er „... sechs Semester lang nordische Philologie mit besonderer Berücksichtigung der Phonetik unter Brandl, Martin u. a. studierte ..." (RJM Orig.-Akte 1910/04: Brief vom 10. August 1907), hat er sich zur Fortsetzung seiner künstlerischen und ethnographischen Studien in Philadelphia niedergelassen, von wo er 1908 nach Louisville in Kentucky übersiedelte. Er hat drei Aufsätze publiziert (1903, 1907 und 1912) und, nachdem die Vermittlung des Ankaufs einer Sammlung von Gegenständen der Prärie-Indianer aus dem Besitz von Lenders an das Museum für Völkerkunde in Hamburg erfolgreich war, im Auftrage dieses Museums im Sommer 1909 eine Sammlungsreise auf die Pine Ridge Reservation in Süd Dakota unternommen[11].

Weygolds Angebote enthielten zum Teil genaue Beschreibungen inklusive der einheimischen Bezeichnungen und bei Tieren sogar die lateinischen Namen sowie selbstgefertigte farbige Aquarelle und außerdem ethnographische Informationen über das Leben der Indianer. Das Kölner Museum hat zwar keine weiteren Sammlungen von oder über Weygold erworben, aber einen regen Schriftwechsel mit ihm geführt, ihm Fotos von Objekten unklarer Herkunft, zum Beispiel aus der Umlauffschen Sioux-Sammlung und der überhaupt nicht dokumentierten zweiten Stiftung von Plains-Stücken durch Dr. Carl von Joest (1906/11) geschickt, die Weygold dann ausführlich kommentierte. Er teilte dem Museum auch neu gewonnene Erkenntnisse über die von ihm vermittelten Lenders-Stücke mit, wenn er zum Beispiel in einem der amerikanischen Museen ein Vergleichsstück gesehen oder Eigenbezeichnungen und Bedeutungen von Symbolen herausgefunden hatte.

Auch aus der arktischen Region hatte das Museum bis Ende der dreißiger Jahre erst eine kleine Sammlung zusammengetragen. Neben den bereits erwähnten Stücken aus den Oldman-Konvoluten und dem Geschenk des Eugen von Rautenstrauch[12] zählt hierzu auch eine kleine Sammlung von Fellkleidungsstücken, die Christian Leden im Auftrag von Peter Freuchen verkaufte (Konvolut 1910/07). Leider sind gerade diese einem Bombentreffer im Zweiten Weltkrieg zum Opfer gefallen. Peter Freuchen war Ethnologe und ein Mitarbeiter von Knud Rasmussen. Christian Leden, einer der bedeutendsten deutschen Polarforscher, hielt im Rahmen einer Veranstaltung des Fördervereins am 26. 2. 1926 einen Vortrag „Über den Eskimo Nordamerikas" (Pützstück 1995: 95) und wurde danach von Fritz Graebner, Museumsdirektor in den Jahren 1925 bis 1928, beauftragt, „... für das Kölner Museum ethnographische Gegenstände während meiner Grönlandreise im Werte von 2.000,– Reichsmark zu sammeln" (HStA Köln 614/470: 1). Dies war die einzige Sammelreise nach Nordamerika, die im Auftrag des Rautenstrauch-Joest-Museums durchgeführt wurde. Nachdem Julius Lips im Jahre 1928 Direktor geworden war, kam der Handel nicht mehr zustande (Pützstück 1995: 164). Auch in der Ankaufsakte Konietzko findet sich ein Hinweis, daß Graebner plante, die Eskimo-Sammlung zu vervollständigen. Im Brief vom 4. November 1926 heißt es: „Ich reiche Ihnen einliegend die beiden Kataloge wieder zurück, da ich nicht die europäischen Arktiker, von denen wir bereits eine schöne Kollektion von Ihnen erworben haben, komplettieren möchte, sondern Wert auf Eskimo und Nordsibirische Sammlungen lege. Ausserdem kämen in Frage Amerikanische Ethnographica" (HStA Köln 614/310: 93).

Ende der zwanziger Jahre taucht damit ein weiterer in deutschen Völkerkundemuseen bekannter Händlername auf: Julius Konietzko. Er war ein in Hamburg lebender Ethnographica-Händler, der auch selbst Sammelreisen durchführte. In den harten Jahren nach dem Ersten Weltkrieg erweiterte er ebenso wie Heinrich Umlauff sein Tätigkeitsfeld und wurde Ausstatter und Berater beim Film. Sein Hauptinteresse galt der europäischen Ethnographie. Er handelte aber mit Ethnographica aus aller Welt. Er reiste im Auftrag der Museen und wurde auch vom Kölner Museum mit der Zusammenstellung einer Finnland-Sammlung beauftragt (Zwernemann 1986: 17–18, 30–31). Insgesamt acht Objekte der Nordamerika-Sammlung des Rautenstrauch-Joest-Museums stammen aus drei kleineren Ankäufen bei Konietzko in den Jahren 1927 bis 1930, darunter ein als Kalumet-Beutel bezeichneter Gewehrschuh (vgl. Kat.-Nr. 414), der aus der Sammlung von Major Powell stammen soll.

Den überwiegenden Teil seiner Objekte aus der Arktis hat das Rautenstrauch-Joest-Museum durch einen Tausch mit dem Nationalmuseet in Kopenhagen im Jahre 1939 erworben. Es handelt sich um insgesamt 301 Nummern. Die meisten Ethnographica stammen aus Grönland und vom Beginn dieses Jahrhunderts. Auf der beigefügten Liste werden Therkel Mathiassen, Hedegaard, Gitz Johansen, Johan Petersen, Christian Rosing, William Thalbitzer, Hans Nielsen, H. C. Horring, V. Jacobsen, Rüttel, Krabbe und Kühn als Sammler genannt. Einen großen Anteil machen archäologische Objekte aus, die während der 5. Thule-Expedition gesammelt wurden.

Die 5. Thule-Expedition war das größte Projekt des berühmten Arktisforschers und Ethnographen Knud Rasmussen. Das Ziel war eine umfassende Beschreibung der verschiedenen Eskimo-Gruppen von Grönland bis zum Pazifik. Die interdisziplinäre Expedition wurde zwischen 1921 und 1924 unter Beteiligung von Kaj Birket-Smith, Therkel Mathiassen und anderen durchgeführt, die Ergebnisse füllen einen neunbändigen Bericht.

In der nationalsozialistischen Zeit hatten die Museen so gut wie gar keine Ankaufmittel zur Verfügung, und der Tausch von Dubletten war die einzige Möglichkeit des Zuwachses. Sogar aus seiner bescheidenen Nordamerika-Sammlung hat das Kölner Museum im Jahre 1937 sechs Nordwestküsten-Objekte im Tausch nach Frankfurt abgegeben (Gerhard 1991: 21). Eingetauscht hat man eine kleine Sammlung aus Berlin (1937/14) sowie aus dem Naturwissenschaftlichen Museum in Wuppertal (1940/04).

Der Tausch mit Berlin im Jahre 1937 scheint – zumindest was die eingetauschten Nordamerika-Objekte angeht – vor allem zugunsten des dortigen Museums ausgefallen zu sein. Berlin wollte seine Europa-Sammlung vervollständigen. Nach Köln eingetauscht wurden vornehmlich Objekte aus Afrika. Die 24 Objekte aus Nordamerika, die vom Berliner Museum ausgesucht wurden, können mehr oder weniger als Füllsel angesehen werden. In dem zugehörigen Schriftwechsel werden sie als „Kleinkram" bezeichnet, der offenbar dazu dienen sollte, die Objektmenge ohne große Wertsteigerung zu erhöhen. Es handelt sich um Dubletten sowie Einzelstücke aus Sets. Ein von den Crow stammender perlenbestickter Zierstreifen, von denen immer zwei paarweise seitlich auf die Leggings genäht wurden, gelangte nach Köln, der zweite ist in Berlin verblieben. Die Zierstreifen gehören zur Crow-Sammlung von Fred Harvey, dem Besitzer einer Kette von Hotels und Gaststätten entlang der Eisenbahnstrecke nach Santa Fé. Der Löffel von der Nordwestküste (vgl. Kat.-Nr. 214) gehört zu einem ganzen Bündel gleichartiger Löffel, die von der zweiten Jacobsen-Reise stammen sollen. Ein elfenbeinerner Knopf aus Alaska stammt aus einem Set von fünf gleichen Knöpfen aus der Sammlung der Herrnhuter Mission. Die übrigen neun Nordwestküsten- und zwei Eskimo-Objekte gehen auf die erste Sammelreise von Adrian Jacobsen zurück. Sind die Objekte auch „Kleinkram", so sind immerhin die Sammlernamen berühmt. Zwei Körbe (vgl. Kat.-Nr. 441, 443) von Thomas Keam, der ab 1875 in Keam's Canyon nahe der Hopi Reservation einen Handelsposten betrieb, gehören ebenso dazu wie eine Tonschale aus dem Südwesten, die von Konrad Theodor Preuss stammt, dem langjährigen Amerika-Kustos des Berliner Museums, dessen eigentliches Forschungsgebiet jedoch weiter südlich lag. Auch von dem Korb der Chitimacha aus dem Südosten, mitgebracht von einem Konsul Konstädt, gibt es in Berlin noch etliche Dubletten. Ein Großteil der Tauschobjekte ist zudem im Verlaufe der Jahre verlorengegangen.

Der erste Ankauf nach dem Zweiten Weltkrieg für die Nordamerika-Abteilung ist ein kleines Konvolut von Plains-Objekten, die von dem Marinemaler und Professor Müller-Gossen um die Jahrhundertwende in den USA erworben wurden. Ende der fünfziger Jahre wurden auch die ersten Auftragsarbeiten gekauft: eine Falschgesichtsmaske (vgl. Kat.-Nr. 711) und eine Maisstrohmaske (vgl. Kat.-Nr. 710) der Irokesen.

Zwei Namen bedeutender Sammler beziehungsweise Händler erscheinen in den Akten der sechziger Jahre: Arthur Speyer (1960/10 und 1967/08) und Robert Stolper (1965/02 und 1967/06). Von Speyer tauschte das Museum eine gewaltige prähistorische Steinbeilklinge aus dem Osten (vgl. Kat.-Nr. 663) sowie einen Mantel von den Métis (vgl. Kat.-Nr. 681), eine Tasche von den Cree oder Chipewyan (vgl. Kat.-Nr. 707) und ein Paar Mokassins von den Huronen (vgl. Kat.-Nr. 686), alle aus der Zeit vor 1850, auf die die Speyer-Sammlung spezialisiert war.

Die Geschichte der Sammlung Speyer beginnt mit Artur Karl Hans Friedrich August Speyer. Er war von Haus aus Zoologe, interessierte sich aber sehr für die Völkerkunde und legte eine eigene Sammlung an. Sein Sohn Arthur Max Heinrich Speyer beschäftigte sich erst nach dem Tode seines Vaters mit der Sammlung und verlegte 1926 ihren Schwerpunkt auf die

Indianer Nordamerikas, vornehmlich der Prärien und Plains, des Nordostens und der Subarktis, also der klassischen Lederkultur-Areale, und zwar mit einer Eingrenzung auf die Zeit zwischen 1760 und 1860. Die Sammlung Speyer wurde 1968 erstmalig geschlossen im Deutschen Ledermuseum in Offenbach präsentiert und 1972 an das National Museum of Man in Ottawa (heute Canadian Museum of Civilization) verkauft (Speyer 1993). Über die Herkunft der Kölner Stücke konnte nichts in Erfahrung gebracht werden.

In den letzten Jahren hat das Museum gezielt einige Objekte erstanden, die die Lücken in der Schausammlung füllen sollen: eine Federhaube von den Blackfoot aus dem 19. Jahrhundert und einige neue, aber traditionell gefertigte Kleidungsstücke, Keramiken und Korbwaren aus dem Südwesten, ferner eine eigens für das Museum geschnitzte und bemalte Holzwand des Kwakiutl-Künstlers Tony Hunt für die *hamatsa*-Zeremonie und eine Raben-Maske für dieselbe Zeremonie, die dessen Cousin Eugene Hunt geschaffen hat, sowie einige Druckgraphiken.

Hintergründe

Die Entstehungsgeschichte der Sammlung macht deutlich, daß der Bestand eher unsystematisch zusammengekommen ist. Um so bemerkenswerter erscheint, daß trotzdem Parallelen zu anderen Museen bestehen. Gründe hierfür sind zum einen die Zufälle des Angebotes, ferner die Interessen der Sammler vor Ort und im Museum und zum dritten eine gewisse Konkurrenzsituation zwischen den Ende des vorigen Jahrhunderts aus dem Boden sprießenden Völkerkundemuseen.

Was den Umfang der Sammlung betrifft, so steht Köln hinter Berlin, Stuttgart, München, Göttingen, Hamburg und Radebeul an sechster Stelle der deutschen Museen. Bezüglich der Aufteilung hat es mit anderen europäischen Museen gemein, daß erstens viel prähistorisches Material vorhanden ist, zweitens die Objekte aus den Kulturarealen Kalifornien, Subarktis, Plateau, Südosten und Großes Becken zu vernachlässigende Prozentpunkte ausmachen, wenn es in den anderen Museen auch ein paar mehr als in Köln sein mögen, drittens die Nordwestküste, die Arktis, die Prärien und Plains, der Südwesten und der Nordosten die am besten vertretenen Kulturareale sind. Der Anteil an Nordwestküsten-Objekten ist überdurchschnittlich hoch, die arktische Abteilung vergleichsweise klein. Die Plains liegen zahlenmäßig etwas über dem Durchschnitt, die Regionen Südwesten und Nordosten etwas darunter (Boden/Gockel 1995: 50 f.). Die meisten Objekte stammen aus der Zeit um die Jahrhundertwende. Einzelne Stücke aus dem frühen 19. Jahrhundert kamen mit der Sioux-Sammlung von Umlauff ins Haus oder wurden von dem auf die Zeit zwischen 1760 und 1860 spezialisierten Sammler Arthur Speyer eingetauscht. Köln hatte ja nicht wie einige andere Völkerkundemuseen das Glück, Bestände aus staatlichen oder fürstlichen Kunst- und Wunderkammern zugewiesen zu bekommen. Zwar erhielt das Rautenstrauch-Joest-Museum viele Geschenke, aber es waren keine älteren Stücke darunter. Man blieb also auf den Handel angewiesen, der kaum mehr und zudem nur sehr teure alte Stücke aus Nordamerika anbot.

Im Zuge der zweiten Welle der Kolonialisierung, die das 19. Jahrhundert erlebte, wurde ethnographisches Material aus allen Teilen der Welt nach Europa geschafft. Zur gleichen Zeit etablierte sich die Völkerkunde als eigene wissenschaftliche Disziplin (Feest 1993a: 7), die sich damals durchaus noch im Dienste der Kolonialpolitik sah. So schreibt Willy Foy in seinem Führer durch das Rautenstrauch-Joest-Museum: „Wer als Pflanzer, Händler, Beamter oder Missionar hinausgeht unter die fremden Völker, soll sich vorher über seinen neuen Wirkungskreis bei ihr [der Völkerkunde] unterrichten können; Kenntnis des fremden Volkstums bewahrt vor Missverständnissen und vor Missgriffen im eigenen Benehmen. So ist es gerade die Völkerkunde, die der Kolonialwirtschaft und Kolonialpolitik wesentliche Dienste leistet und die Grundlage für kolonisatorische Erfolge bietet" (Foy 1910: 19). Nordamerika kam natürlich als Kolonialgebiet nicht mehr in Frage, wohl aber als Forschungsgebiet der neuen Wissenschaft.

Die Ethnologie war bis dahin ein Teilgebiet der Naturkunde gewesen. Ethnographische Sammlungen wurden in Naturkundemuseen untergebracht, so auch zunächst der Nachlaß von Wilhelm Joest in Köln. Infolge des Aufschwungs der Ethnologie kam es Ende des vorigen Jahrhunderts zur Gründung zahlreicher eigenständiger Völkerkundemuseen. In Deutschland waren es beispielsweise im Jahre 1873 Berlin, 1875 Dresden, 1878 Hamburg, 1895 Freiburg, 1896 Leipzig und im Jahre 1901 Köln (Hog 1981: 91 ff.).

War zuvor das Sammeln von Ethnographica eher eine Nebenbeschäftigung auf Handels- und Forschungsreisen, so erlebte es nun einen regelrechten Boom. Die Museen schickten selbst Sammler aus, um die materielle Kultur der fremden Völker für ihre Forschungszwecke zu sichern. Händler beteiligten sich an dem aufblühenden Geschäft.

Die Ethnologen der Zeit waren vom Niedergang der traditionellen Kulturen überzeugt, den sie als notwendiges Ergebnis des Kontaktes mit der in ihren Augen auf der Evolutionsstufe höher stehenden europäischen Zivilisation ansahen. So heißt es in dem von Foy verfaßten Jahresbericht (1908: 5) des Fördervereins: „Dabei ergibt sich von selbst eine besondere Betonung der primitiven außereuropäischen Völker, denn gerade bei ihnen sucht und findet man jene niederen Kulturstufen und Kulturformen, auf denen alle höhere Kultur, unsere europäische eingeschlossen, sich aufgebaut hat. Dazu kommt, daß die Kulturformen der primitiven Völker bei der Berührung mit der europäischen Zivilisation überall dem Verderben geweiht sind und deshalb zuerst geborgen werden müssen. Ja, es tut sogar Eile not, wenn nicht immer mehr kostbares wissenschaftliches Material unwiederbringlich verloren gehen soll, wie es schon an außerordentlich vielen Stellen der Erde geschehen ist."

Was das nordamerikanische Feld betrifft, so konnte keines der europäischen Museen gegen die Kaufwut der mit fast unbeschränkten Mitteln ausgestatteten amerikanischen Museen antreten. Sammelreisen wie die von Adrian Jacobsen an die Nordwestküste waren die Ausnahme (Feest 1993a: 7 f.). Der „Balgerei" um die Nordwestküsten-Objekte hat Douglas Cole (1985) ein ganzes Buch gewidmet. Frederick Weygold schreibt in einem Brief an Direktor Willy Foy: „Besonders für Gegenstände aus der Prärieregion gilt das Wort eines hiesigen Händlers: ‚It's a wild scramble for the last specimens' (Es ist eine wilde Balgerei um die letzten Stücke)" (RJM Orig.-Akte 1910/04: Brief vom 29. Februar 1908). Die Sammlungen konnten allenfalls durch prähistorisches Material ergänzt werden. Ganze Ladungen von Steinartefakten und etwas Keramik wurden von amerikanischen Händlern erworben oder mit den dortigen Museen getauscht (Feest 1993a: 7). Auch das Kölner Museum besitzt mit dem 644 Steinobjekte umfassenden Konvolut 1902/11 ein Zeugnis dieses Trends.

Die Konkurrenz der Museen untereinander führte auch dazu, daß in den Sammlungen bestimmte Objekte übermäßig vertreten sind. Es gibt Belege dafür, daß die Museen von den Händlern verlangten, keine gleichartigen Objekte an die Konkurrenz zu verkaufen (Thode-Arora 1992: 151).

Der Kontakt mit den Weißen und der dadurch bedingte Kulturwandel führten bei den Ureinwohnern zu einer veränderten Wertschätzung gegenüber den eigenen Produkten. Die von den Weißen angebotenen Waren waren begehrt, die eigenen Erzeugnisse wurden abgestoßen. Dies gilt insbesondere für die Kleidung und die Gegenstände des täglichen Gebrauchs, während man sich von Zeremonialgegenständen oft nur unter Druck trennte. So stellte zum Beispiel Adrian Jacobsen nach einem mißlungenen Versuch, Ethnographica zu erwerben, fest: „Die Leute dieses Ortes halten an ihren alten Sitten, Tänzen und Gebräuchen noch so fest, dass sie ihre Masken gar nicht zu verkaufen geneigt sind" (Woldt 1884: 128 f.). Aber auch profanere Dinge wurden teilweise nur ungern abgegeben, zum Beispiel wenn es sich um Produktionseinrichtungen wie Webstühle handelte.

Als Folge von Missionierungs- und Zivilisierungsbemühungen seitens der Weißen ging die Herstellung einheimischer Güter zurück. Zugleich entstand durch den Kulturkontakt ein Markt, der gänzlich neue Kunstformen ins Leben rief, wie die Argillit-Schnitzerei der Haida (vgl. Kat.-Nr. 368–377), oder aber bereits vorhandene Zweige belebte, wie etwa die Teppichweberei der Navajo und die Korbflechterei in Kalifornien. Man produzierte für den Geschmack der Touristen: An den Niagara-Fällen entstanden bestickte Birkenrinden-Souvenirs (vgl. Kat.-Nr. 714–731, 733), an der Nordwestküste umflochtene Glasflaschen und Spazierstöcke (vgl. Kat.-Nr. 405–411).

Die Originalakten sind voller Bemerkungen über die rar werdenden Ethnographica. Natürlich ging es dabei nicht zuletzt einfach auch ums Geld. Die Museumsleute versuchten, den Preis zu drücken, indem sie an der Echtheit zweifelten, moderne Stücke und Dubletten monierten sowie den Verkauf gleichartiger Objekte an die Konkurrenz-Museen bemängelten. Die Händler versuchten, einen höheren Preis zu erzielen, indem sie die Echtheit der Stücke beteuerten, ohne ihre Quellen preiszugeben, und immer wieder auf die Seltenheit der angebotenen Stücke hinwiesen. So klagt Umlauff in einem Schreiben vom 3. Februar 1903: „Sie wissen ja selbst, dass heutzutage kaum noch etwas an Ort und Stelle zu holen ist. ... ich weiss, welche Preise für gute Stücke drüben gefordert werden. .... Wo finden Sie noch Stücke wie die bemalte Büffeldecke oder die alten werthvollen Kalumets?" (HStA Köln 614/529: 24).

Die Qualität völkerkundlicher Objekte wurde in der Regel danach beurteilt, ob sie authentisch, das heißt alt, möglichst gebraucht, dabei frei von europäischen Einflüssen (Museum für Völkerkunde Freiburg 1995: 146), schön und technisch gut gearbeitet waren. Daß dies nicht unbedingt die Objekte waren, die die Indianer tatsächlich produzierten, benutzten und bevorzugten, zeigt das folgende Zitat aus einem Angebotsschreiben von Frederick Weygold, in dem zugleich alle die den damaligen nordamerikanischen Sammelmarkt bestimmenden Entwicklungen anklingen: „Sie werden bemerken, dass die Sachen alle ausnahmslos die echte alte Production der Präriestämme illustrieren, auch die Stickmuster haben noch ausschließlich die ursprüngliche (geometrische) Form. Diese Stilechtheit ist heute nur noch bei sehr wenigen Stücken zu finden. Mindestens 90 % der bei Mr. Lenders in den letzten Jahren eingelaufenen Sachen ist ganz wertloser Schund und wird deshalb auch sofort wieder zurückgeschickt (liederliche Sticktechnik mit oft sehr geschmacklosen Pflanzenmustern, amerikanischen Flaggen, bunten seidenen Bändern, mit Anilin grell gefärbten Hühnerfedern, Pfauenfedern etc. etc.). Besondere Raritäten sind: das lederne Weiberkleid, ganz im alten Stil verziert, die Sättel, die Pubertätsrobe und das *travois*. Alles dies wird meist schon seit Jahrzehnten bei allen Stämmen durch die praktischeren, dauerhafteren und schliesslich auch billigeren amerikanischen Fabrikate ersetzt. Regierung und Missionen tun das Übrige, um die Indianer von den verpönten ‚heidnischen Überbleibseln' (pagan vestiges) zu entwöhnen. Hieraus, so wie aus der scharfen Conkurrenz der grossen hiesigen Museen und Privatsammler erklären sich auch die unter diesen Verhältnissen kaum als zu hoch zu betrachtenden Preise" (RJM Orig.-Akte 1910/04: Brief vom 10. August 1907).

Zumindest in der Anfangszeit der ethnologischen Sammlungen waren Objekte, die den Kulturwandel und damit die Dynamik der indianischen Kulturen belegen, verpönt. Dies ist einer der Hauptgründe dafür, daß der nordamerikanische Osten in den Sammlungen nur relativ spärlich vertreten ist. Denn zu der Zeit, in der die Museen ihre großen ethnologischen Sammlungen anlegten, also in der zweiten Hälfte des 19. und der ersten Dekade des 20. Jahrhunderts, war dort wegen der langen Kontaktzeit kaum mehr etwas „Authentisches" zu bekommen.

Welche Auffassung von „Authentizität" dabei zugrunde lag, zeigt das folgende Zitat, wiederum von Frederick Weygold (RJM Orig.-Akte 1910/04: Brief vom 29. Februar 1908): „Bei dem ‚sash' [Zeremonialschärpe der Hopi Kat.-Nr. 480] ist das einzige europäische Detail das rot-seidene Band an einem Ende. Dasselbe ist so wenig Bestandteil des Stückes, daß es sich leicht entfernen läßt. Mr. Lenders war trotz meines diesbezügl. Vorschlags zu gewissenhaft dazu. Er meinte, diese europäischen Zutaten seien heute tatsächlich typisch geworden für indianische Producte und deshalb geradezu wissenschaftlich wertvoll (obwohl für uns ästhetisch anstössig), da sie, bes. auch für spätere Geschlechter, die gegenseitige Beeinflussung der beiden Rassen in unserer Zeit erkennen lassen."

Man braucht sich nur vorzustellen, was weniger gewissenhafte Sammler und Händler mit dem Objekt gemacht hätten, um zu begreifen, wie die Bedeutung des Wortes authentisch hier im Grunde auf den Kopf gestellt wurde.

Ein falsch verstandener Authentizitätsbegriff steckt auch hinter dem unverhältnismäßig hohen Prozentsatz an Korbwaren der kalifornischen Indianer in den Museen. In Köln ist er sicherlich hinreichend durch die geringe Anzahl der Objekte und die Zufälligkeiten der Schenkungen zu erklären. Kalifornische Körbe wurden aber um die Jahrhundertwende von allen Museen gesammelt, weil diese Zeit dem evolutionistischen Gedankengut verpflichtet war und die Korbmacher Kaliforniens, einfache Sammler und Jäger ohne Töpferei und Metallhandwerk, als Beispiel für die unteren Stufen der menschlichen Zivilisation herangezogen wurden (Cohodas 1992: 91; Schevill 1992: 172).

Neben dieser abschätzigen Grundhaltung gab es jedoch auch eine romantisierende, die ein weiterer Grund für das Interesse an indianischem Handwerk war. Die zunehmende Industrialisierung und die damit einhergehende Massenproduktion führten zu einer Einschätzung der Erzeugnisse der Indianer als „edle" Produkte aus einer von den schädlichen Einflüssen der weißen Zivilisation unberührten Zeit. Dabei verkannte man, daß zum Beispiel die Korbherstellung der kalifornischen Indianerinnen durch die große Nachfrage von Ethnologen und Sammlern Ausmaße angenommen hatte, die sie ursprünglich nicht kannte. Der Verkauf der Flechtwaren trug wesentlich zum Lebensunterhalt bei. Hergestellt wurden Körbe mit „authentischen" Mustern, und das waren solche, die die weißen Käufer für alt hielten. Diese wurden dann hundertfach reproduziert (Schevill 1992: 170–172, 178). Die Authentizitätsauffassung führte damit zu einer Festschreibung dessen, was unter stilecht zu verstehen war, und konnte trotzdem ihrem eigenen Ideal nur selten gerecht werden. Der Kulturkontakt hatte dafür schon zu lange gedauert, und es gab kaum noch Objekte, die ohne im Handel mit den Weißen erworbene Werkzeuge und Materialien oder frei von Rücksichten auf den europäischen Geschmack hergestellt wurden.

Sicherlich liegt die Anziehungskraft der in den Völkerkundemuseen präsentierten Objekte vor allem darin, daß sie Dokumente der traditionellen oder ursprünglichen Lebensformen darstellen. Aus dem oben Ausgeführten wurde jedoch auch deutlich, daß die Objekte ebensoviel über unsere eigene Entwicklung aussagen.

Anmerkungen

1 Zum Beispiel HNAI Vol. 10 1983: ix; Lindig 1985: 185–186

2 Das Rautenstrauch-Joest-Museum beherbergt darüber hinaus acht archäologische Objekte aus der Sammlung Ludwig als Dauerleihgaben des Museums Ludwig. Dabei handelt es sich um sieben Keramiken aus der *Mimbres*-Kultur in New Mexico und einen *Chungke*-Spielstein aus dem Südosten. Alle sind in Bolz (1975) publiziert.

3 Der Vollständigkeit halber sei hier auch ein Tonkrug von den Mohave (vgl. Kat.-Nr. 451) erwähnt, den das damalige Kunstgewerbemuseum und heutige Museum für Angewandte Kunst in Köln im Jahre 1932 bei der Firma Umlauff erworben und im Jahre 1958 dem Museum für Völkerkunde zuständigkeitshalber überwiesen hat.

4 Bei den Mitgliedern des Fördervereins unterschied man zwischen ordentlichen Mitgliedern, die einen jährlichen Obolus von 10 Mark, Patronen, die einen jährlichen Obulus von 50 Mark oder eine einmalige Zahlung in Höhe von 1000 Mark leisteten, und Donatoren, die zusätzlich dem Museum in Gestalt von Sammlungen oder Barmitteln bedeutsame Zuwendungen gemacht hatten (Pützstück 1995: 35).

5 Die Ankäufe bei der Firma Umlauff sind archiviert im Historischen Stadtarchiv Köln: Bestand 614/Akte 529. Eine Liste aller bei Umlauff getätigten Ankäufe findet sich in Gerhard 1991: 120.

6 Bis zum 31. März 1960 galt der Zeitraum für ein Geschäftsjahr vom 1. April des einen bis zum 31. März des Folgejahres. So ist zu erklären, daß die im Februar 1903 erstandene Sioux-Sammlung eine Konvolutnummer aus 1902 hat.

7 In diesem Zusammenhang ist vielleicht interessant, daß ein Vergleichsstück zu der Kölner Bisonrobe, das sich heute im Museum of the American Indian in New York (20/1305) befindet und den Omaha zugeschrieben ist, im Jahre 1886 ebenfalls in Paris gekauft wurde (Persönliche Korrespondenz Christian F. Feest: Schreiben vom 4. September 1992).

8 Nach dem Tode von Eugen Rautenstrauch ermöglichte seine Frau Adele durch umfangreiche Geldgeschenke der Stadt Köln die Gründung und den Bau eines eigenen Völkerkundemuseums, das nach ihrem Mann und ihrem Bruder heißen sollte. Das Museum wurde 1901 gegründet. Sein erster Direktor war Willy Foy. 1906 konnte das jetzige Haus am Ubierring eröffnet werden.

9 Fritz Graebner hat den Fellschaber im dritten Band der vom Förderverein des Rautenstrauch-Joest-Museums herausgegebenen Ethnologica-Reihe (1927: 284) unter dem Titel „Gerät oder Waffe der Blackfeet-Indianer?“ publiziert.

10 Mit Schreiben vom selben Tag bot Weygold auch dem Museum für Völkerkunde in Hamburg eine Sammlung von Gegenständen der Prärie-Indianer an, die dieses auch erwarb (Haberland 1973: 79). Nicht unwahrscheinlich ist, daß Weygold beiden Museen (und vielleicht noch anderen) dieselbe Liste schickte. Die Weygold-Sammlung in Leipzig ist wie die Jacobsen-Sammlung größtenteils im Krieg verlorengegangen (Persönliche Korrespondenz Christian F. Feest: Schreiben vom 17. 9. 1995).

11 Die Hamburger Weygold-Sammlung hat Haberland (1973–1984) publiziert.

12 Die Familie war inzwischen geadelt worden.

Ledermantel der Red River Métis (Kat.-Nr. 681)

Grönländische Frauen-Festtracht (Kat.-Nr. 991)

Perlenbesticktes Oberteil eines Frauengewandes der Lakota (Kat.-Nr. 562)
Perlenbestickte Jungenweste der Lakota (Kat.-Nr. 563)

Mokassins der Irokesen (ob. li., Kat.-Nr. 687), Huronen (ob. re., Kat.-Nr. 686), Cheyenne (unt. li., Kat.-Nr. 581) und Lakota (unt. re., Kat.-Nr. 571)

Gewebter Teppich der Navajo (Kat.-Nr. 464)
Tanzbrett der Hopi (Kat.-Nr. 501) · Salako mana-*Figur der Hopi (Kat.-Nr. 492)*

Körbe der Chumash (ob. li., Kat.-Nr. 428), Tlingit (ob. re., Kat.-Nr. 162), Wintun (unt. li., Kat.-Nr. 426) und Yakima (unt. re., Kat.-Nr. 420)

Taschen der Huronen (ob. li., Kat.-Nr. 706), Crow (ob. re., Kat.-Nr. 620), Nez Percé (unt. li., Kat.-Nr. 422) und Cree oder Chipewyan (unt. re., Kat.-Nr. 707)

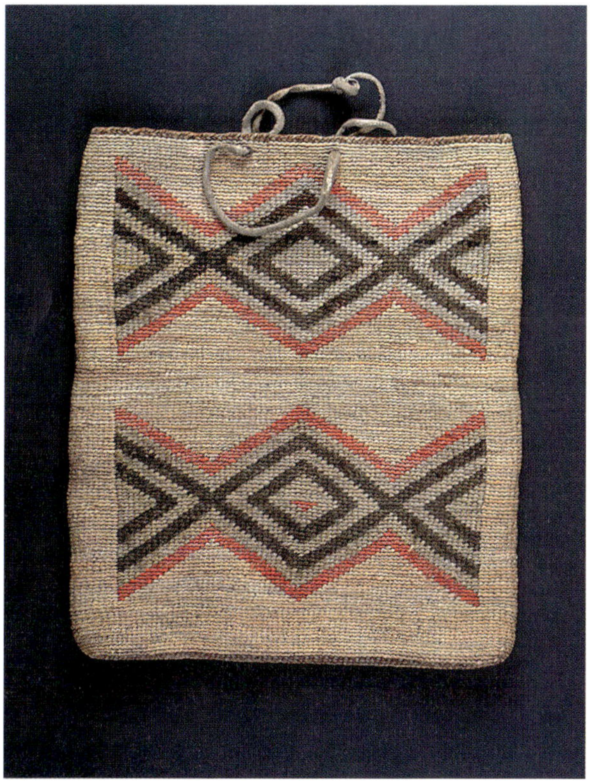

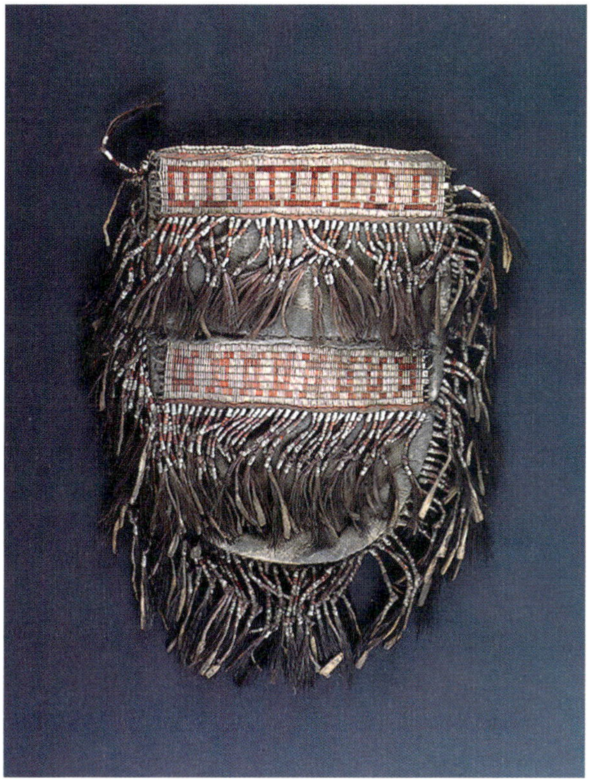

Fischeimer der Pazifik-Eskimo (Kat.-Nr. 979) · Festlöffel der Kwakiutl (Kat.-Nr. 212)
parflèche *der Plains-Indianer (Kat.-Nr. 556)*

Stirnmaske der Kwakiutl (Kat.-Nr. 325)

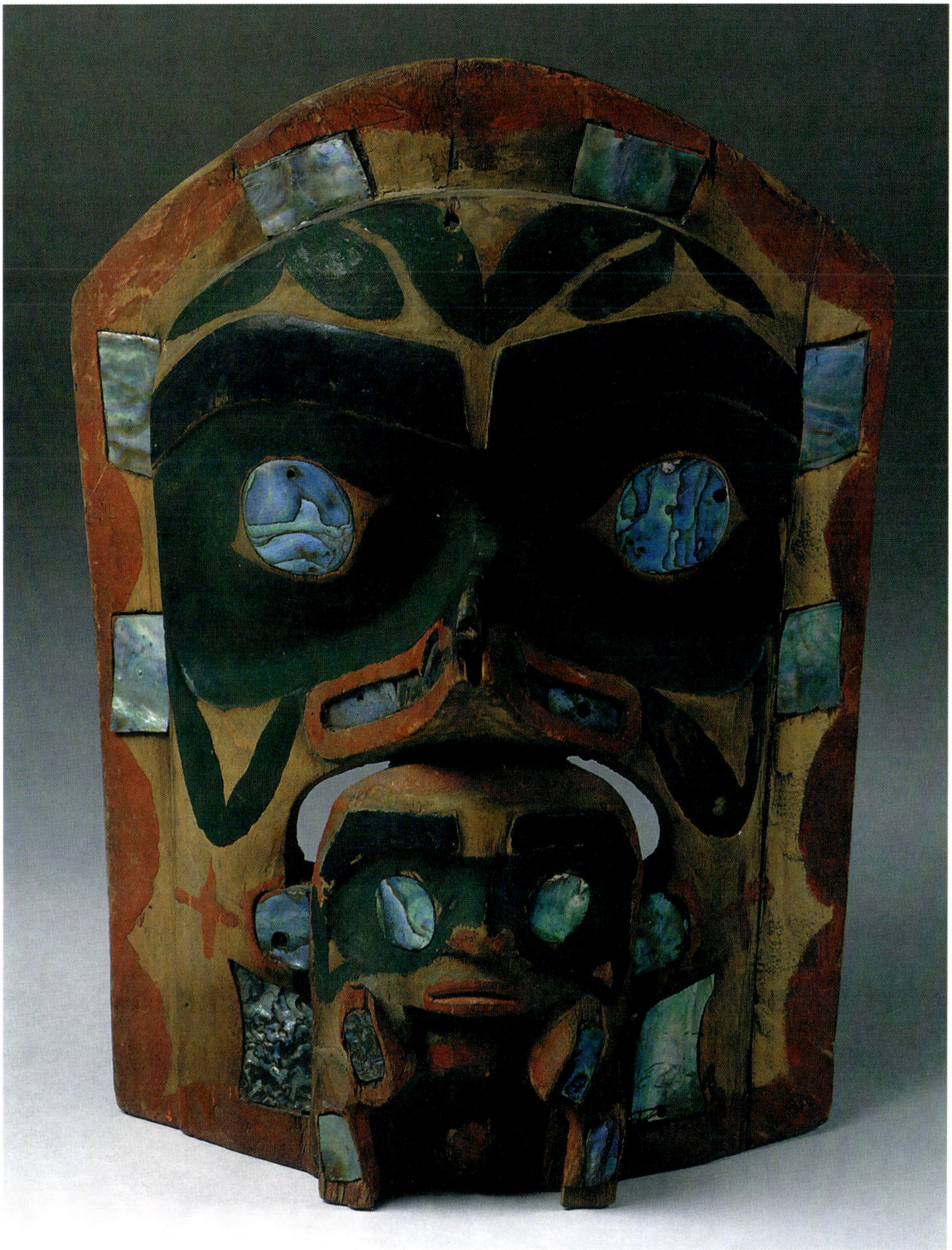

Masken der Tsimshian (ob. li., Kat.-Nr. 319), Haisla (ob. re., Kat.-Nr. 317), Nootka (unt. li., Kat.-Nr. 314) und Bella Coola (unt. re., Kat.-Nr. 315)

Rasseln der Nordwestküsten-Indianer (von li. nach re. u. ob. nach unt.: Kat.-Nr. 280, 282, 281 und 283)

Bemalte Zedernbastdecke der Kwakiutl (Kat.-Nr. 232) und hamatsa-*Wand von Tony Hunt (Kat.-Nr. 340)*

Geistertanz-Gewand der Lakota oder Blackfoot (Kat.-Nr. 661)

Zierstreifen für eine Bisonrobe der Lakota (Kat.-Nr. 593) · Bemalte Bisonrobe der Pawnee (Kat.-Nr. 559)
Bemalte Zeltplane der Blackfoot (Kat.-Nr. 557)

Jagdhut der Aleuten (Kat.-Nr. 999) · Kindertragesack der Lakota (Kat.-Nr. 553)
Federhaube der Blackfoot (Kat.-Nr. 594)

Graphik von Mark Henderson „sisiutl & copper“ (Kat.-Nr. 379) · hamatsa-*Rabenmaske von Eugene Hunt (Kat.-Nr. 321)*
Graphik von George Morrison: raven/human (unt. re., Kat.-Nr. 380)

Redaktionelle Hinweise

Nicht alle Objekte konnten auch im Bild wiedergegeben werden. Auf Bilder verzichtet wurde aus Pietätsgrunden bei den Katalognummern 478, 508 sowie 709–711. Auch bei Objekten, die zwar noch vorhanden, aber stark beschädigt waren, wurde auf eine bildliche Darstellung verzichtet. Bei Objektgruppen, die weitgehend identische Objekte umfaßten, wurde zuweilen ein Foto ausgelassen, weil darin keine sinnvolle Aussage enthalten wäre. Die Angaben „links" und „rechts" bei den Objektbeschreibungen beziehen sich auf die Seiten des Objektes, nicht auf die der Abbildung.

Die Herkunftsangaben sind in der Regel aus den Originalakten entnommen. Ein „vermutlich" vor der Herkunftsangabe bedeutet, daß aufgrund von Vergleichsobjekten eine andere Herkunft als die in den Originalakten angegebene anzunehmen ist. Ein Fragezeichen hinter der Herkunftsangabe bedeutet, daß die in den Originalangaben verzeichnete Herkunft angezweifelt wurde, ohne daß die tatsächliche Herkunft eindeutig hätte identifiziert werden können.

Die Literaturangaben hinter den Texteinträgen zu den Objekten beziehen sich auf Vergleichsobjekte. Es wurden nur in Ausnahmefällen mehr als drei Vergleichsobjekte genannt.

Zeitliche Angaben, die sich auf Jahrzehnte beziehen, wie zum Beispiel vierziger oder sechziger Jahre, meinen immer den entsprechenden Zeitraum dieses Jahrhunderts.

Abkürzungen

AIAM	American Indian Art Magazine
AMNH	American Museum of Natural History
BAE	Bureau of American Ethnology
BIA	Bureau of Indian Affairs
FBI	Federal Bureau of Investigation
HNAI	Handbook of North American Indians
HStA	Historisches Stadt-Archiv
MAI	Museum of the American Indian
MfV	Museum für Völkerkunde
NATO	North Atlantic Treaty Organization
RJM	Rautenstrauch-Joest-Museum
USA	United States of America

Abb. 6 Eine Kwakiutl-Frau mit Zedernbastdecke und geflochtenem Hut. Fotograf: E. S. Curtis. Um 1900

Nordwestküste

Die Indianer der Nordwestküste bewohnen den schmalen pazifischen Küstenstreifen zwischen Südalaska und Nordkalifornien, der durch zahlreiche Buchten und vorgelagerte Inseln gegliedert und von dem steil ansteigenden Küstengebirge begrenzt wird. Die Lebensgrundlage bildete früher der Fischfang an den Flüssen und auf dem Meer. Man fing vor allem Lachse, die im Sommer die Flüsse hinaufsteigen, um zu laichen, daneben viele Arten anderer Flußfische wie Forelle und Stör sowie Meeresfische wie Hering, Dorsch und Heilbutt. Eulachons, die ebenfalls in Schwärmen zum Laichen die Flüsse hinaufwandern, waren besonders wegen ihres hohen Ölgehaltes geschätzt. Im Norden sind die Lachsvorkommen nicht so reichlich, weshalb die hier lebenden Haida und Tlingit in erster Linie Heilbutt fingen.

Für jede Fischart hatte man spezielle Fanggeräte entwickelt. Man verbrachte im Sommer mehrere Wochen in einem Sommerlager in der Nähe der Fangplätze, die zum ererbten Familienbesitz gehörten, während man im Winter die Dörfer in den geschützten Buchten aufsuchte. Die Männer fischten, die Frauen nahmen die Fische aus und trockneten oder räucherten sie. Der Ertrag des Fischfangs war so groß, daß man im Winter von den im Sommer angelegten Vorräten leben konnte. Die Winterzeit war dagegen vor allem zeremoniellen und gesellschaftlichen Aktivitäten vorbehalten.

Der in dem feuchten und milden Klima gedeihende Regenwald lieferte die beiden wichtigsten Werkstoffe für die materielle Kultur. Aus Holz baute man Häuser und Boote und fertigte eine Vielzahl anderer Objekte wie zum Beispiel Werkzeuge, Hausrat oder auch Masken und Wappenpfähle. Aus Rindenbast flocht man Umhänge, die zusammen mit den aus Wurzelfasern hergestellten Regenhüten die wichtigsten Kleidungsstücke darstellten.

Der im späten 18. Jahrhundert einsetzende Handel mit Seeotterfellen brachte den Indianern zunächst mehr Wohlstand und führte zu einer Blüte von Kunst und Kultur. Im 19. Jahrhundert wurden durch eingeschleppte Krankheiten große Teile der Bevölkerung dezimiert. Die kanadische Regierung verbot die zentrale gesellschaftliche Institution des *potlatch*. Bei diesem Fest werden die geladenen Gäste als Zeugen der Weitergabe ererbter materieller und zeremonieller Privilegien mit Geschenken bedacht, deren Wert das Ansehen der Gastgeber bestimmt. Das *potlatch*-Verbot wurde erst 1951 wieder aufgehoben.

Die Indianer der Nordwestküste sind berühmt für ihr ausgeprägtes Zeremonialwesen, verbunden mit einer geschichteten Gesellschaftsordnung und einer besonderen symbolischen Formensprache in Schnitzkunst und Malerei. Seit den sechziger Jahren ist wie in anderen Kulturarealen auch eine Wiederbelebung des kulturellen Erbes zu beobachten, die an der Nordwestküste vor allem im Kunstschaffen ihren Ausdruck findet, das sich weiterhin der traditionellen Formensprache bedient. Die beliebtesten Kunstzweige sind Argillit-Schnitzerei (vgl. Kat.-Nr. 368–377), Silbergravur, Holzschnitzerei und seit den sechziger Jahren auch Siebdruck (vgl. Kat.-Nr. 378–380)

Das Kölner Inventarbuch weist 416[1] vorhandene Inventarnummern von der Nordwestküste aus, das sind 38,4 Prozent der gesamten Nordamerika-Sammlung. 48 Objekte sind verschollen, die meisten davon (45) sind während des Zweiten Weltkrieges verlorengegangen. Die Nordwestküste ist damit in Köln überdurchschnittlich gut vertreten (Boden/Gockel 1995: 50). 373 von 416 Objekten stammen aus dem in der Einführung ausführlich besprochenen Umlauff-Konvolut und gehen zum Teil auf die zweite Jacobsen-Reise zurück. Sie dokumentieren vor allem die im Alltag verwendeten Objekte gut (Fischfanggeräte, Kleidung, Flechtwaren, Werkzeug und Hausrat). Die meisten Objekte stammen von den Bella Coola und Nootka, während andere Ethnien der Nordwestküste nur mit wenigen Objekten vertreten sind. Auf die Fragwürdigkeit der Umlauffschen Dokumentation wurde bereits in der Einführung ausführlich eingegangen. Die Umlauffschen Herkunftsangaben wurden trotzdem übernommen und konnten nur in Einzelfällen durch Vergleichsstücke bestätigt oder widerlegt werden.

Demgegenüber kleine Objektmengen von einundzwanzig beziehungsweise elf Stücken wurden bei dem Ethnographica-Händler W. O. Oldman in London erworben und vom Museum für Völkerkunde in Berlin eingetauscht. Nach dem Zweiten Weltkrieg ist die Sammlung nur noch um Einzelstücke angewachsen, worunter auch einige Werke zeitgenössischer Künstler erwähnenswert sind (vgl. Kat.-Nr. 321, 340, 378–380).

1 Zedernbast
Nootka; 19. Jahrhundert
Bündel: Länge 75 cm, Breite 16 cm
Kauf Firma Umlauff, Hamburg
(1903/04), Inv.-Nr. 6548

Aus Zedernbast stellten die Nordwestküsten-Indianer Kleidungsstücke, Matten, Körbe, Taschen, Seile und Taue her. Auch in den Zeremonien spielte Zedernbast eine wichtige Rolle. Kopf- und Halsringe der *hamatsa*-Initianden waren ebenso daraus gefertigt wie die Behänge von Masken. Die Bastgewinnung und -verarbeitung war Frauenarbeit. Aus unbearbeitetem Bast entstanden zum Beispiel Kisten oder Bootsschaufeln. Um Körbe und Matten flechten zu können, mußten die Fasern zunächst in dünne Lagen und Streifen gesplißt werden.

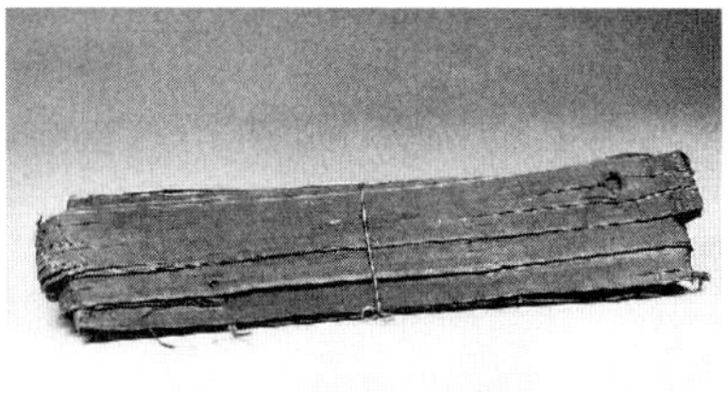

1

2 Geklopfter Zedernbast
Bella Coola; 19. Jahrhundert
Bündel: Länge 30 cm, Breite 26 cm
Kauf Firma Umlauff, Hamburg
(1903/04), Inv.-Nr. 6545

Um das weiche Material für Kleidung zu erhalten, mußte der Bast geklopft werden. Dies geschah mit Hilfe eines Bastklopfers. Durch das Schlagen lösten sich die einzelnen Fasern zu dünnen Fäden. Weichgeklopfter Zedernbast wurde auch für Windeln, Servietten und hygienische Binden verwendet.

2

3 Geklopfter Zedernbast
(ohne Foto)
Nootka; 19. Jahrhundert
Bündel: Länge 26 cm, Breite 18 cm
Kauf Firma Umlauff, Hamburg
(1903/04), Inv.-Nr. 6547

Wie Kat.-Nr. 2.

4

4 Kirschrinde
Nordwestküste; 19. Jahrhundert
Kirschrinde, Holz
Knäuel: Länge 22 cm, Breite 6,5 cm
Kauf Firma Umlauff, Hamburg
(1903/04), Inv.-Nr. 54309

Kirschrinde verrottet nur langsam und eignet sich deshalb besonders gut als Bindematerial an Speeren, Harpunen und Netzen. Die auf ein Holzkreuz gewickelte Rindenfaser ist zwar auf einer der Tafeln abgebildet, die der Umlauffschen Originalakte beigefügt sind, hat aber keine Originalnummer und ist auch nicht in der Liste aufgeführt. Eine Herkunftsangabe ist nicht vorhanden.

5

5 Nesselfaser
Nootka; 19. Jahrhundert
Knäuel: Länge 8 cm, Breite 4 cm
Kauf Firma Umlauff, Hamburg
(1903/04), Inv.-Nr. 6334

Nesselfaser wurde vor allem zur Herstellung von Netzen verwendet. Die Schnur ist aus zwei Fasern z-kreuzig verzwirnt.

6 Nesselfaser (ohne Foto)
Bella Coola; 19. Jahrhundert
Knäuel: Durchmesser 11 cm
Kauf Firma Umlauff, Hamburg
(1903/04), Inv.-Nr. 6335

Wie Kat.-Nr. 5.

7 Angelschnur
Nootka; 19. Jahrhundert
Holz, Nesselfaser
Knäuel: Länge 14 cm, Breite 5 cm
Kauf Firma Umlauff, Hamburg
(1903/04), Inv.-Nr. 6333

Die auf ein Holzkreuz gewickelte Angelschnur aus Nesselfaser ist aus zwei Fäden verzwirnt.

7

8 Netz (ohne Foto)
Nordwestküste; 19. Jahrhundert
Nesselfaser
Durchmesser etwa 70 cm
Kauf Firma Umlauff, Hamburg
(1903/04), Inv.-Nr. 6337

Das stark beschädigte weitmaschige Netz ist aus verzwirnten Nesselschnüren geknüpft. Wie bei Angeln, Speeren und Harpunen gab es eine große Vielfalt an Netzen, je nachdem welchen Fisch man damit fangen wollte. Heute werden Netze aus Nylonfaser oder Hühnerdraht bevorzugt. Sie sind zwar schwerer, sind aber leichter zu entleeren, weil sich die Fische in den Maschen nicht verfangen können.

9 Handnetz
Bella Coola; 19. Jahrhundert
Holz, Nesselfaser, Kirschrinde
Länge 52 cm, Breite 44,5 cm
Kauf Firma Umlauff, Hamburg
(1903/04), Inv.-Nr. 6329

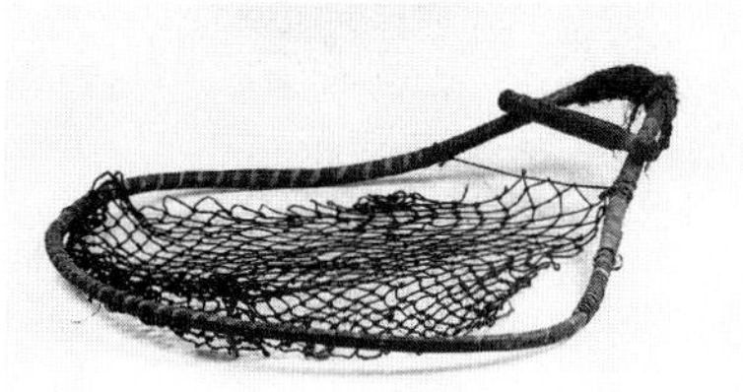

9

Die äußeren Schlaufen des aus zweifach verzwirnter Nesselfaser geknüpften Netzes sind mit Kirschrindenfaser an den tropfenförmigen Holzrahmen gebunden. Der an der Schmalseite gelegene Bügel diente als Handgriff und war ursprünglich ebenfalls mit Kirschrinde befestigt. Handnetze wurden benutzt, um die hinter Dämmen oder Wehren gefangenen Fische aus dem Wasser zu heben.

10 **Handnetz** (ohne Foto)
Bella Coola; 19. Jahrhundert
Holz, Zedernbast, Baumwollschnur
Länge 50 cm, Breite 44 cm
Kauf Firma Umlauff, Hamburg
(1903/04), Inv.-Nr. 6330

Wie Kat.-Nr. 9.

11 **Bügel für Handnetz**
Bella Coola; 19. Jahrhundert
Holz, Zedernspäne
Länge 44 cm, Breite 21 cm
Kauf Firma Umlauff, Hamburg
(1903/04), Inv.-Nr. 6328

Die Enden des tropfenförmig gebogenen Astes sind mit Zedernspänen zusammengebunden.

11

12 **Modell einer Fischfalle**
Nootka; 19. Jahrhundert
Zedernbast
Durchmesser 5,5 cm, Höhe 4,5 cm
Kauf Firma Umlauff, Hamburg
(1903/04), Inv.-Nr. 6395

Das Körbchen hat eine stark eingezogene Öffnung und ist in der Technik des umwickelnden Bindens, teils s-, teils z-kreuzig gefertigt. Die in eine Korbfalle geschwommenen Fische fanden den kleinen Ausgang nicht mehr, um zurückzuschwimmen.

12

13 **Fischreuse**
Bella Coola; 19. Jahrhundert
Zedernspäne, Zedernbast
Durchmesser 43 cm, Höhe 13 cm
Kauf Firma Umlauff, Hamburg
(1903/04), Inv.-Nr. 6401

13

Kleine, runde Korbfallen wurden verwendet, um kleine Fische zu fangen, die dann als Köder für größere Fische benutzt wurden. Der hochstehende Hals wurde nach innen gestülpt. Mit einem Köder versehen und mit Steinen beschwert, senkte man die an einer Leine hängende Reuse auf den Grund. Eine Schwimmblase an der Wasseroberfläche hielt die Leine und markierte die Position. Um den Fisch herauszuholen, wurde der Hals wieder nach außen gestülpt. Zedernbastfasern sind um ein starres Gerüst aus Zedernspänen umwickelnd gebunden. Die zusammengelegte Leine ist zopfgeflochten und mit Knoten in den Reusenwänden verankert. (Vgl. Stewart 1977: 112)

14 **Fischreuse** (ohne Foto)
Bella Coola; 19. Jahrhundert
Zedernspäne, Zedernbast
Durchmesser 35 cm, Höhe 31 cm
Kauf Firma Umlauff, Hamburg
(1903/04), Inv.-Nr. 6400

Die Reuse hat eine stark eingezogene Öffnung und ist in der Technik des umwickelnden Bindens gefertigt. Die zopfgeflochtene Leine ist mit Knoten in den Reusenwänden verankert.

15 **Fischkorb**
Nordwestküste? Feuerland?;
19. Jahrhundert
Pflanzenfaser
Durchmesser 25 cm, Höhe 15 cm
Kauf Firma Umlauff, Hamburg
(1903/04), Inv.-Nr. 6397

Sowohl Machart als auch Material dieses Fischkorbes entsprechen nicht den an der Nordwestküste üblichen. Hingegen wäre es möglich, daß der Korb aus Feuerland stammt, wie ein Vergleichsstück bei Mowat (1992: 108/Fig. 122) belegt (vgl. Einführung).

15

16 Senkgewicht
Bella Coola; 19. Jahrhundert
Stein
Länge 20 cm, Breite 14,5 cm
Kauf Firma Umlauff, Hamburg
(1903/04), Inv.-Nr. 6252

Das eiförmige Senkgewicht hat eine um den Bauch verlaufende und eine von dieser ausgehende, über eine Kopfseite geführte Rillenfurche. Senkgewichte dienten als Anker für Netze und anderes Fischgerät, mehrere große auch für Kanus. (Vgl. Stewart 1977: 31)

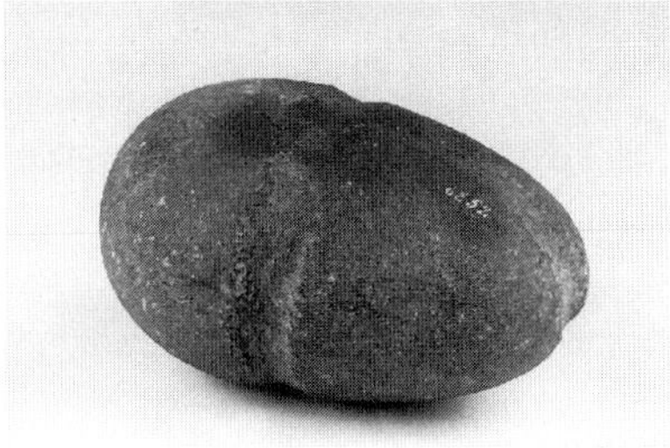

16

17 Angelhaken
Kwakiutl; 19. Jahrhundert
Holz, Knochen, Wurzelfaser, Nesselfaser
Länge 14,5 cm, Breite 6,5 cm
Kauf Firma Umlauff, Hamburg
(1903/04), Inv.-Nr. 6314

Die u-förmig gebogene Holzleiste hat einen dreieckigen Querschnitt. Der gerade rückweisende, knöcherne Widerhaken ist mit gesplißter Wurzelfaser festgebunden. Auch das leicht nach außen gebogene zweite Ende des Hakens trägt eine Umwicklung aus Wurzelfaser. Der schlaufenförmige Leinenhalter ist aus Nesselfaser gefertigt. U-förmige, unter Dampf gebogene

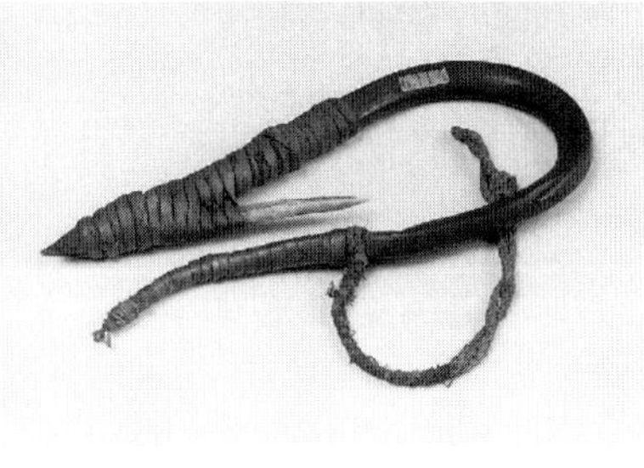

17

Angelhaken wurden von den Ethnien an der mittleren und südlichen Nordwestküste für den Heilbutt-Fang verwendet. Das breite, gebogene Ende verhinderte, daß der Fisch den ganzen Haken verschlang. (Vgl. Holm 1987: 80/No. 26; Stewart 1977: 37/16-MK)

18 Angelhaken
Nordwestküste; 19. Jahrhundert
Holz, Eisen, Wurzelfaser, Schnur
Länge 12 cm, Breite 7 cm
Tausch Museum für Völkerkunde, Berlin (1937/14), Inv.-Nr. 40399

Der Angelhaken ist etwas kleiner als Kat.-Nr. 17 und hat im Gegensatz zu diesem einen Widerhaken aus Eisen und einen ovalen Querschnitt. Das freie Ende ist nicht umwickelt, die Leine aus kommerzieller Schnur gefertigt. Laut Berliner Inventarbuch stammt der Angelhaken von Jacobsens erster Sammelreise an die Nordwestküste in den Jahren 1881 bis 1883.

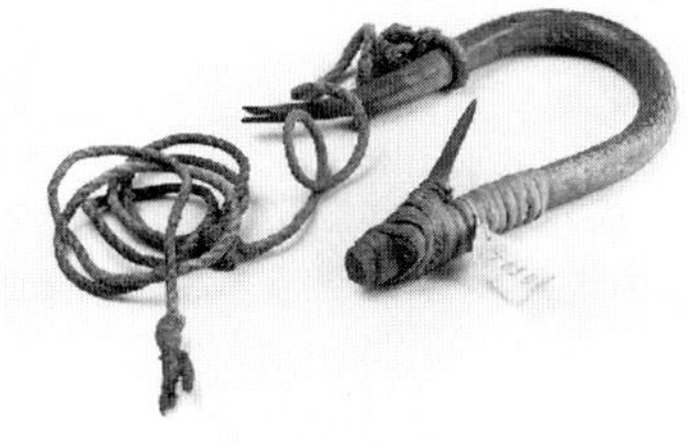

18

19 Fischkette
Haida; 19. Jahrhundert
Holz, Zedernbast, Wurzelfaser, Eisen
Gesamthöhe 57 cm, Haken zwischen 6,5 und 7,5 cm
Kauf Firma Umlauff, Hamburg
(1903/04); Inv.-Nr. 6320

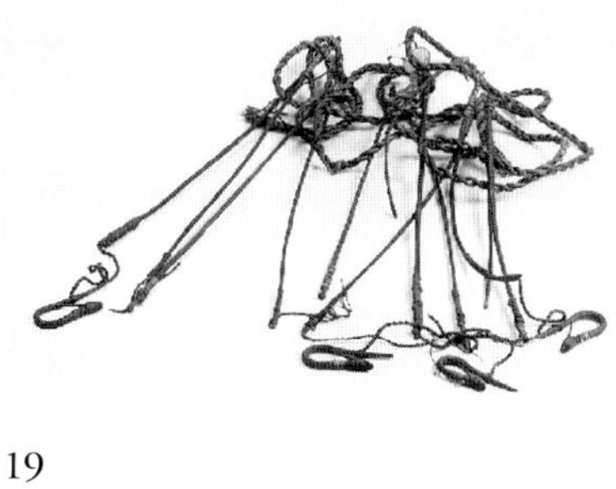

19

An einem dicken Seil aus gezwirntem Zedernbast sind in Abständen von ungefähr zwanzig Zentimetern mehrere kleine u-förmig gebogene, hölzerne Angelhaken mit Eisendornen befestigt. Die Verbindungen bestehen aus Wurzelfaser, die Hakenleinen aus doppelt verzwirntem Zedernbast.

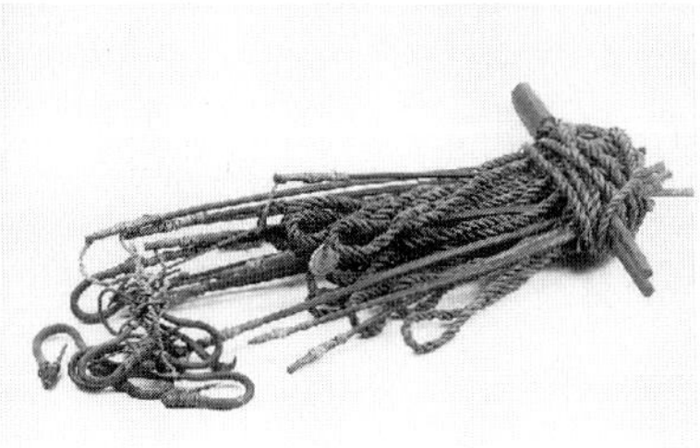

20

20 Fischkette mit Haltegestell
Haida; 19. Jahrhundert
Holz, Zedernspäne, Wurzelfaser, Eisen, Schnur
Gesamthöhe 65 cm, Haken 9 cm
Kauf Firma Umlauff, Hamburg
(1903/04), Inv.-Nr. 6326

Wie Kat.-Nr. 19. Das Haltegestell verhindert das Verheddern der einzelnen Haken beim Transport. Um die Fischkette zu setzen, hält man das Gestell in einer Hand und läßt die Leine mit den Haken durch den offenen Schlitz gleiten. (Vgl. Stewart 1977: 38/II KW)

21

21 Angelhaken
Bella Coola; 19. Jahrhundert
Holz, Eisen, Schnur
Haken 19 cm, Leine 116 cm
Kauf Firma Umlauff, Hamburg
(1903/04), Inv.-Nr. 6301

Der schwere, gekrümmte Eisenhaken hat einen winzigen Widerhaken und ist in einer konischen Holztülle geschäftet. Diese konnte auf einen Schaft gesteckt werden, den man ins Wasser hielt. Bei der Berührung durch einen Fisch zog man die Angel ruckartig nach oben, um den Fisch aufzuspießen. Die Tülle löste sich dabei vom Schaft. Dadurch wurde verhindert, daß dieser brach, wenn sich der verletzte Fisch heftig bewegte und zu befreien versuchte. (Vgl. Stewart 1977: 75/12 X)

22

22 Angelhaken
Bella Coola; 19. Jahrhundert
Holz, Knochen, Sehne
Länge 11 cm, Breite 3 cm
Kauf Firma Umlauff, Hamburg
(1903/04), Inv.-Nr. 6310

An einen geflickten Holzstiel ist mit Sehnenfaden ein langer, rückweisender Knochendorn gebunden.

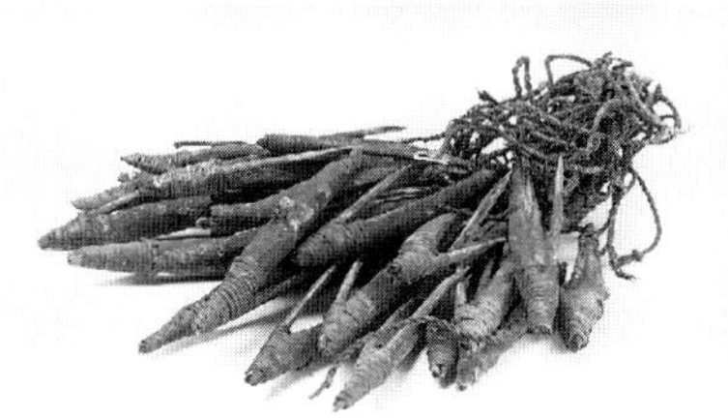

23

23 Fischkette
Haida; 19. Jahrhundert
Holz, Knochen, Rindenfaser, Sehne
Gesamthöhe 33 cm, Haken 14 cm
Kauf Firma Umlauff, Hamburg
(1903/04), Inv.-Nr. 6321

Die Angelhaken an dieser stark beschädigten Fischkette sind durch eine Schnur aus teils gezwirnten, teils geflochtenen Sehnenfäden miteinander verbunden. Diese sind durch eine Durchbohrung in der Mitte der Holzhaken geführt, auf der Rückseite mit einem Knoten verankert und zusätzlich am Hakenende festgebunden.

24

24 Angelgerät
Bella Coola; 19. Jahrhundert
Holz
Länge 26 cm, Breite 10,5 cm
Kauf Firma Umlauff, Hamburg
(1903/04), Inv.-Nr. 6467

Die Verwendungsweise dieses Holzes ist nicht geklärt. Es könnte sich um einen der großen v-förmigen Angelhaken mit Schenkeln aus einem Stück Holz handeln, die in der Dorsch-Fischerei verwendet wurden. An der Eintiefung am vorderen Ende, die heller erscheint als das übrige Holz, war möglicherweise ein Widerhaken angebunden.

25 Angelhaken
Bella Coola; 19. Jahrhundert
Baumwolle, Eisen
Haken 7,3 cm, Knäuel 5 cm
Kauf Firma Umlauff, Hamburg
(1903/04), Inv.-Nr. 6541

Eine Eisennadel mit zwei spitzen Enden ist an eine aus Baumwollfäden geflochtene Leine gebunden. Mehrere beköderte Angelhaken wurden an einer mit Steinen beschwerten Leine auf dem Meeresboden ausgelegt, um bodennahe Fische zu fangen. (Vgl. Stewart 1977: 45)

25

26 Harpunenspitze
Kwakiutl; 19. Jahrhundert
Eisen, Knochen, Sehne, Harz
Spitze 10 cm, Leine 11 cm
Kauf Firma Umlauff, Hamburg
(1903/04), Inv.-Nr. 6312

Die Spitze für eine Lachsharpune besteht aus einem Eisendorn und einer zweiteiligen Knochentülle. Die Umwicklung aus Sehnenfaden ist mit Harz verpicht, die Harpunenleine aus Sehne geflochten. (Vgl. Stewart 1977: 71)

26

27 Harpunenspitze
Nootka; 19. Jahrhundert
Eisen, Knochen, Sehne, Harz
Spitze 10 cm, Leine 17 cm
Tausch Museum für Völkerkunde,
Berlin (1937/14), Inv.-Nr. 40396

Wie Kat.-Nr. 26. Die vom Berliner Museum für Völkerkunde im Tausch erworbene Spitze für eine Lachsharpune stammt von der ersten Jacobsen-Reise in den Jahren 1881 bis 1883.

27

28 Harpunenspitze
Nootka; 19. Jahrhundert
Muschel, Knochen, Schnur, Sehne,
Harz
Spitze 8,5 cm, Leine 35 cm
Tausch Museum für Völkerkunde,
Berlin (1937/14), Inv.-Nr. 40397

In die zweiteilige Knochentülle ist eine dreieckige Muschelklinge mit geschliffenen Kanten eingesetzt. Die Umwick-

28

lung aus Schnur wurde mit Harz verpicht. Die Leine besteht aus dreifach verzwirntem Zedernbast. (Vgl. Stewart 1977: 37)

29 Harpunenspitze
Kwakiutl; 19. Jahrhundert
Knochen, Sehne
Spitze 9,5 cm, Leine 15 cm
Kauf Firma Umlauff, Hamburg
(1903/04), Inv.-Nr. 6313

Die Harpunenspitze mit knöchernem Dorn und zweiteiliger Tülle gehört zu einer Lachsharpune. Die Leine ist aus zweifach verzwirnter Sehne gefertigt. (Vgl. Stewart 1977: 71)

29

30 Harpunenspitze
Kwakiutl; 19. Jahrhundert
Holz, Knochen, Bast
Spitze 14,5 cm, Leine 24 cm
Kauf Firma Umlauff, Hamburg
(1903/04), Inv.-Nr. 6309

Die zu einer Lachsharpune gehörige Holzspitze sitzt in einer Tülle, von der eine Seite aus Holz, die andere dagegen aus Knochen gefertigt ist. Für Umwicklung und Leine wurden verzwirnte Bastfasern verwendet.

30

31 Harpunenspitze
Kwakiutl; 19. Jahrhundert
Knochen, Eisen, Schnur, Sehne, Harz
Spitze 7,5 cm, Leine 58 cm
Kauf Firma Umlauff, Hamburg
(1903/04), Inv.-Nr. 6311

Die Eisenklinge der Stör-Harpune ist abgebrochen. Die zweiteilige Knochentülle wurde mit Sehnenfaden umwickelt und mit Harz verpicht. Die dreifach gezwirnte Leine trägt eine Umwicklung aus Sehnenfaden. Man befestigte die Spitze an einer langen, gabelförmigen Stange und tastete den Flußgrund nach Stören ab, die sich meist in Bodennähe aufhalten. (Vgl. Stewart 1977: 69/70)

31

32 Harpunenspitze
Bella Coola; 19. Jahrhundert
Eisen, Knochen, Sehne, Schnur, Harz
Spitze 17 cm, Leine 25 cm
Kauf Firma Umlauff, Hamburg
(1903/04), Inv.-Nr. 6304

32

Die eiserne Harpunenspitze mit zwei gerade rückweisenden Widerhaken auf einer Seite wurde für die Seehundjagd verwendet. Die aus zwei schlauchgeflochtenen Schnüren verzwirnte Leine ist unter der Umwicklung der zweiteiligen Knochentülle hindurchgeführt und direkt an der Eisenspitze befestigt. Die Umwicklung ist mit Harz verpicht.

33

33 Harpunenspitze
Bella Coola; 19. Jahrhundert
Eisen, Knochen, Schnur
Spitze 15,5 cm, Leine 199 cm
Kauf Firma Umlauff, Hamburg
(1903/04), Inv.-Nr. 6307

Die Eisenspitze hat beidseitig einen gerade rückweisenden Widerhaken und ist in einer zweiteiligen Knochentülle geschäftet, aus der sich ein Teil gelöst hat.

34

34 Harpunenspitze
Haida; 19. Jahrhundert
Eisen, Knochen, Schnur, Sehne, Harz
Spitze 14,5 cm, Leine 15 cm
Kauf Firma Umlauff, Hamburg
(1903/04), Inv.-Nr. 6305

Die Eisenspitze hat einseitig drei gekrümmt rückweisende Widerhaken und eine zweiteilige Knochentülle. Die Umwicklung ist mit Harz verschmiert.

35 Harpunenspitze
Haida; 19. Jahrhundert
Eisen, Horn, Sehne
Spitze 25 cm, Leine 9 cm
Kauf Firma Umlauff, Hamburg
(1903/04), Inv.-Nr. 6302

Die lange Eisenspitze hat auf einer Seite drei gekrümmt rückweisende Widerhaken und ist mit Eisennieten sowie einer Umwicklung aus gezwirn-

35

tem Sehnenfaden an der zweiteiligen Horntülle befestigt. Die Leine ist aus dicker Sehne schlauchgeflochten.

36 Harpunenspitze
Haida; 19. Jahrhundert
Eisen, Holz, Schnur
Spitze 17 cm, Leine 25 cm
Kauf Firma Umlauff, Hamburg
(1903/04), Inv.-Nr. 6306

Die Harpunenspitze aus Eisen für die Robbenjagd hat beidseitig vier gerade rückweisende Widerhaken und ist in einer zweiteiligen Holztülle geschäftet.

36

37 Harpunenspitze
Haida; 19. Jahrhundert
Knochen, Holz, Wurzelfaser, Baumwolle, Sehne
Spitze 28,5 cm, Leine 56 cm
Kauf Firma Umlauff, Hamburg
(1903/04), Inv.-Nr. 6317

Die knöcherne Spitze mit zwei gerade rückweisenden Widerhaken sitzt in einer Holztülle und ist mit einer Umwicklung aus Wurzelfaser und gemusterten Stoffstreifen befestigt. Die kurze Leine besteht aus Sehnenfaden.

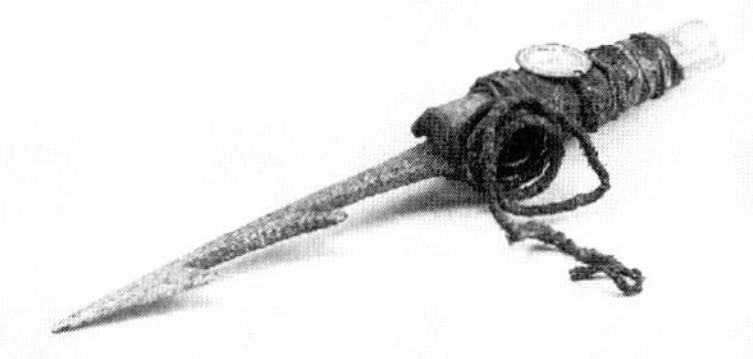

37

38 Harpunenspitze
Haida; 19. Jahrhundert
Knochen, Sehne
Spitze 22,5 cm, Leine 98 cm
Kauf Firma Umlauff, Hamburg
(1903/04), Inv.-Nr. 6318

Die ganz aus Knochen gefertigte Harpunenspitze ist mit drei gerade rückweisenden Widerhaken versehen. Die Umwicklung und die verzwirnte Leine bestehen aus Sehnenfäden.

38

39 Harpunenspitze
Haida; 19. Jahrhundert
Holz, Knochen, Sehne, Wurzelfaser, Kirschrinde
Spitze 33,5 cm, Leine 20 cm
Kauf Firma Umlauff, Hamburg
(1903/04), Inv.-Nr. 6316

39

An die Enden einer gabelförmigen Harpunenspitze aus Holz sind mit Wurzelspänen zwei kurze rückweisende Knochendorne gebunden. Die Holzgabel besteht aus zwei Teilstücken, deren Enden mit Sehne und Kirschrindenfaser zusammengebunden sind. Eine verzwirnte Sehne bildet die Leine.

40 Harpune
Haida; 19. Jahrhundert
Holz, Knochen, Nesselfaser, Zedernbast, Zedernspäne
Länge 170 cm, Breite 14 cm
Kauf Firma Umlauff, Hamburg
(1903/04), Inv.-Nr. 6643

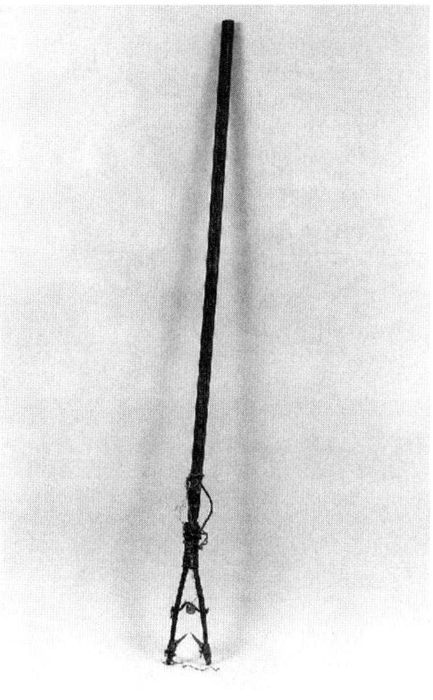

40

Eine Harpunenspitze wie Kat.-Nr. 39 sitzt auf einem langen, vorne zugespitzten Holzschaft und ist mit diesem durch eine Leine verbunden. Bei der Berührung mit der Beute knickt die Spitze ab.

41 Harpunenleine (ohne Foto)
Kwakiutl; 19. Jahrhundert
Sehne
Länge etwa 160 cm
Kauf Firma Umlauff, Hamburg
(1903/04), Inv.-Nr. 6539

Die Harpunenleine besteht aus einer zweifach verzwirnten Sehne.

42 Harpunenleine (ohne Foto)
Bella Coola; 19. Jahrhundert
Sehne
Länge etwa 130 cm
Kauf Firma Umlauff, Hamburg
(1903/04), Inv.-Nr. 6538

Die Harpunenleine ist aus drei Strängen zopfgeflochten.

43 Knochenspitze
Haida; 19. Jahrhundert
Knochen
Länge 13 cm, Breite 2,3 cm
Kauf Firma Umlauff, Hamburg
(1903/04), Inv.-Nr. 6308

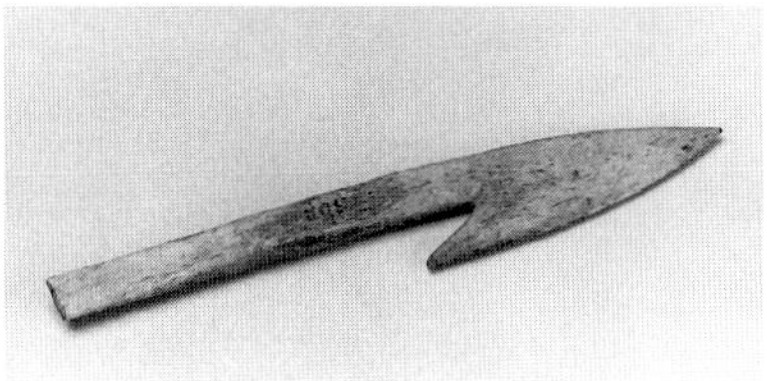

43

Die flache Knochenspitze mit einseitigem Widerhaken gehört vermutlich zu einem Speer.

44 Speerspitze
Bella Coola; 19. Jahrhundert
Holz, Eisen, Sehne
Länge 21 cm, Breite 2,3 cm
Kauf Firma Umlauff, Hamburg (1903/04), Inv.-Nr. 6315

Die dreizackige, abnehmbare Spitze eines Lachsspeers weist an den Seiten kurze, gerade rückweisende Widerhaken auf, die mit Sehnenfaden festgebunden sind. Sowohl die Widerhaken als auch der kurze Dorn in der Mitte sind aus Eisen gefertigt. (Vgl. Stewart 1977: 74)

44

45 Speerspitze
Nordwestküste? Feuerland?;
19. Jahrhundert
Knochen
Länge 45 cm, Breite 2,2 cm
Kauf Firma Umlauff, Hamburg (1903/04), Inv.-Nr. 6322

Die lange Knochenspitze weist auf einer Seite eine Reihe von gerade rückweisenden Widerhaken auf. Gusinde (1974 Bd. 2: 510/Abb. 54) bildet ein Vergleichsstück aus Feuerland ab. Möglicherweise hat Umlauff die Speerspitze fälschlicherweise der Nordwestküsten-Sammlung beigefügt. (Vgl. Kat.-Nr. 46)

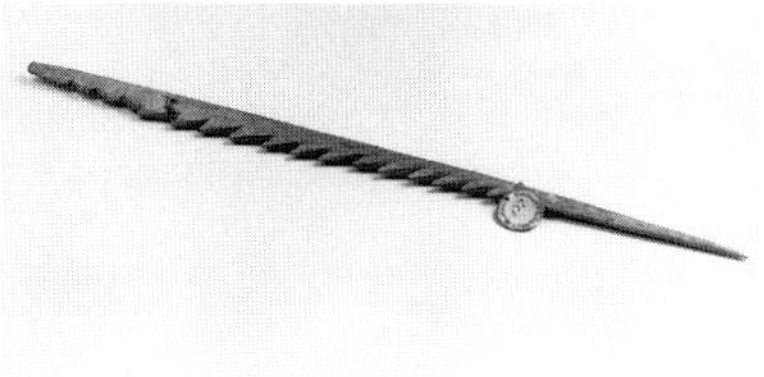

45

46 Speerspitze (ohne Foto)
Nordwestküste? Feuerland?;
19. Jahrhundert
Knochen
Länge 45 cm, Breite 2 cm
Kauf Firma Umlauff, Hamburg (1903/04), Inv.-Nr. 6323

Wie Kat.-Nr. 45.

47 Schwimmblase
Bella Coola; 19. Jahrhundert
Tierblase, Holz, Baumwollschnur
Länge 27 cm, Breite 14 cm,
Höhe 8 cm
Kauf Firma Umlauff, Hamburg (1903/04), Inv.-Nr. 6413

Von den beiden natürlichen Öffnungen der Blase ist eine durch einen Holzstöpsel verschlossen, der entfernt werden kann, um Luft hineinzublasen. Beide Enden sind mit Schnur fest umwickelt beziehungsweise zugebunden. Schwimmblasen brauchte man, um die Enden von Angel- oder Harpunenleinen auf der Wasseroberfläche zu halten und deren Standorte zu markieren.

48 Boje?
Bella Coola; 19. Jahrhundert
Holz
Länge 22 cm, Breite 19 cm,
Höhe 20 cm
Kauf Firma Umlauff, Hamburg (1903/04), Inv.-Nr. 6614

Das Holzobjekt ist in Form eines menschlichen Gesichts gestaltet, wodurch vermutlich wie im Falle der Fischkeulen (vgl. Kat.-Nr. 50) der Respekt der Menschen vor den Wassertieren, von denen sie sich ernähren, ausgedrückt werden soll.

48

49 Lockfisch
Bella Coola; 19. Jahrhundert
Holz, Rindenfaser
Länge 17,5 cm, Breite 3,5 cm
Kauf Firma Umlauff, Hamburg (1903/04), Inv.-Nr. 6325

Der Lockfisch ist aus sehr leichtem Holz gefertigt. Die Unterseite ist flach, die Oberseite halbrund. Beide Enden verjüngen sich und tragen Umwicklungen aus Rindenfaser. Laut Originalakte

47

soll das Objekt einen Fisch darstellen. Das leichte Holz dieses Lockfisches läßt ihn an der Wasseroberfläche treiben. Wenn der Beutefisch ihm folgt, kann er mit einem Speer erlegt oder mit einem Handnetz herausgefischt werden.

49

50 Fischkeule
Kwakiutl; 19. Jahrhundert
Holz
Länge 36 cm, Durchmesser 8 cm
Kauf Firma Umlauff, Hamburg (1903/04), Inv.-Nr. 6479

Das kugelförmige Schlagteil ist in Form eines menschlichen Gesichts geschnitzt. Nase und Mund sind zu einer Seite hin verzogen. Mit den Fischkeulen wurden die an Land oder ins Boot gezogenen Fische schnell getötet. Die figürliche Gestaltung ist Ausdruck des Respektes für die Kreatur, die mit dieser Waffe erschlagen wurde. (Vgl. MfV Wien: Kat.-Nr. 51755)

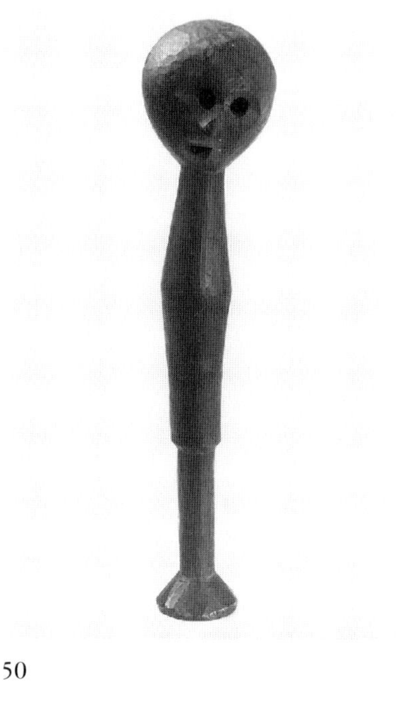

50

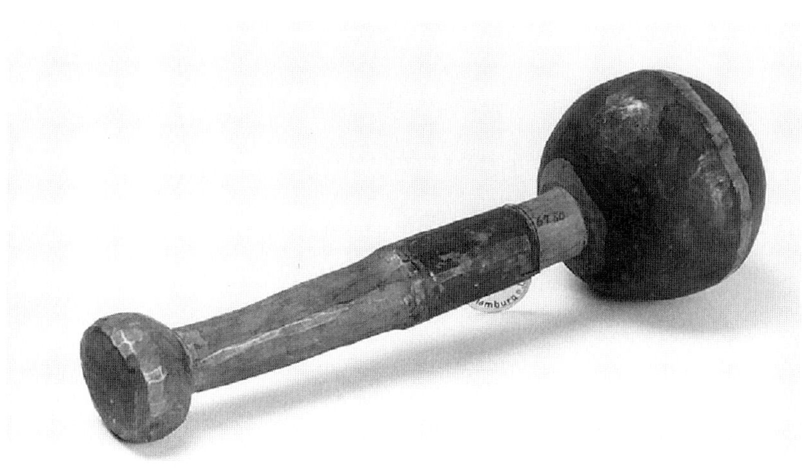

51

51 Fischkeule
Tsimshian; 19. Jahrhundert
Holz
Länge 26,5 cm, Durchmesser 10 cm
Kauf Firma Umlauff, Hamburg (1903/04), Inv.-Nr. 6480

Der runde Keulenkopf und der obere Abschnitt des Stiels zeigen eine schwarze Bemalung.

52 Fischmesser
Bella Coola; 19. Jahrhundert
Holz, Eisen
Länge 14 cm, Breite 6,5 cm
Kauf Firma Umlauff, Hamburg (1903/04), Inv.-Nr. 6462

52

Die Form des klemmgeschäfteten Messers mit abgerundeter Eisenklinge erinnert stark an die sichelförmigen *ulu* der Eskimo-Frauen (vgl. Kat.-Nr. 890–893), die ebenfalls zum Ausnehmen und Zerlegen von Fischen und Seehunden benutzt wurden. (Vgl. Stewart 1977: 155)

53 Fischmesser
Bella Coola; 19. Jahrhundert
Eisenblech
Länge 12 cm, Breite 4,5 cm
Kauf Firma Umlauff, Hamburg (1903/04), Inv.-Nr. 6511

53

Als Fischmesser wurden früher unter anderem geschliffene Muschelschalen gebraucht. Dieses Blechmesser ist wie eine Muschelschale geformt. Die Messer waren vielseitig verwendbar und fanden zum Beispiel auch in der Netz- und Korbherstellung Verwendung. (Vgl. Stewart 1977: 156)

54 Fischmesser
Tsimshian; 19. Jahrhundert
Knochen
Länge 14,6 cm, Breite 4 cm
Kauf Firma Umlauff, Hamburg (1903/04), Inv.-Nr. 6490

Eine weitere Form des Fischmessers stellte man aus den Ellen- oder unteren Vorderbeinknochen von Hirschen her. Das spitze Ende wurde geschärft, indem man es auf einem Stein schliff. In den

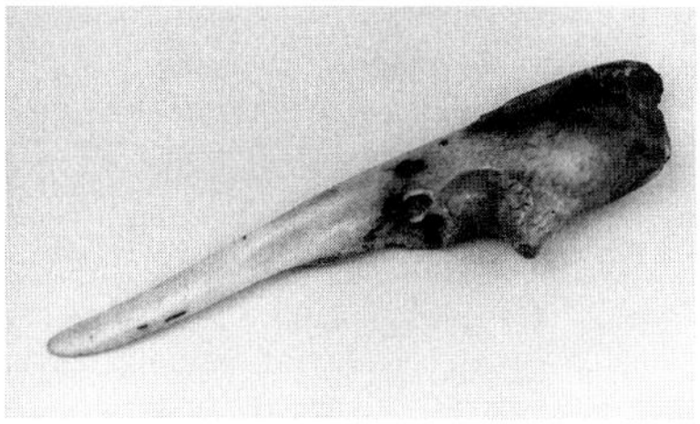

54

Originalakten ist vermerkt, daß das Messer nicht nur zum Aufschlitzen der Fische, sondern auch zum Ablösen des Zedernbastes und in der Mattenflechterei verwendet wurde. (Vgl. Stewart 1977: 155)

55 **Fischmesser**
Tsimshian; 19. Jahrhundert
Knochen
Länge 18,5 cm, Breite 3 cm
Kauf Firma Umlauff, Hamburg
(1903/04), Inv.-Nr. 6489

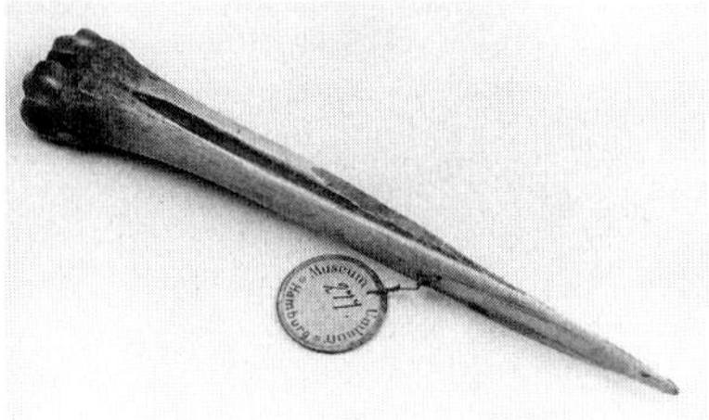

55

Das Gerät aus einem zugespitzten Knochen konnte sowohl als Fischmesser oder als Ahle bei Flechtarbeiten verwendet werden. (Vgl. Stewart 1984: 175)

56 **Fischmesser**
Tsimshian; 19. Jahrhundert
Knochen
Länge 14 cm, Breite 3 cm
Kauf Firma Umlauff, Hamburg
(1903/04), Inv.-Nr. 6492

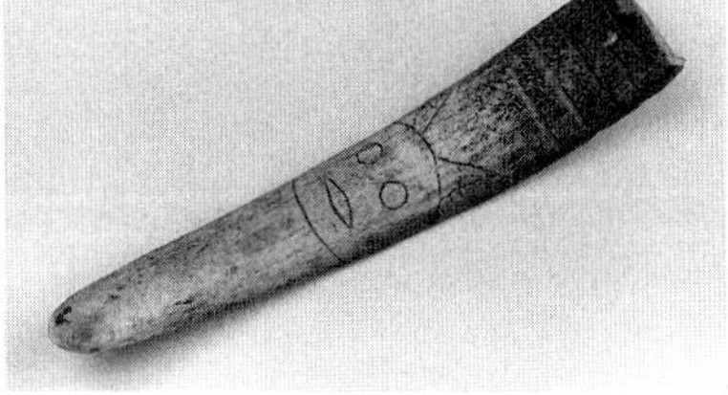

56

Das aus einem Röhrenknochen gefertigte, unten zugespitzte Fischmesser zeigt ein eingeritztes Tiergesicht mit spitzen Ohren und großen, kreisförmigen Augen.

57 **Lanzenspitze**
Kwakiutl; 19. Jahrhundert
Knochen
Länge 24,5 cm, Breite 2,7 cm
Kauf Firma Umlauff, Hamburg
(1903/04), Inv.-Nr. 6324

Die leicht gekrümmte, lange Knochenspitze, die hinter dem Schaftansatz beidseitig einen kurzen Widerhaken aufweist, gehörte laut Originalakte zu einer Lanze für die Bärenjagd.

58 **Bogen** (ohne Foto)
Nordwestküste; 19. Jahrhundert
Holz
Länge 128 cm, Breite 4,5 cm
Geschenk Dr. Carl von Joest, Sechtem
(1902/23), Inv.-Nr. 5618

Der Querschnitt des geraden Bogenstabes ist halbrund. Auf der Unterseite tritt in der Längsmitte ein Steg hervor. Die Enden sind keilförmig abgesetzt. Die Unterseite trägt stellenweise eine schwarze und rote Bemalung.

59 **Bogen-Bruchstücke**
(ohne Foto)
Nootka; 19. Jahrhundert
Holz
Länge 70,5 und 70 cm, Breite 3,5 cm
Kauf Firma Umlauff, Hamburg
(1903/04), Inv.-Nr. 6289

Der in zwei Teile zerbrochene Bogen hat ähnlich wie Kat.-Nr. 58 auf der Unterseite einen über die gesamte Länge verlaufenden Steg. Der Bogen-

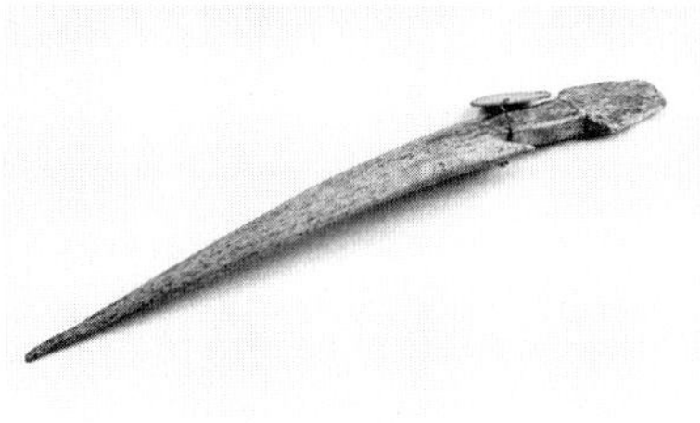

57

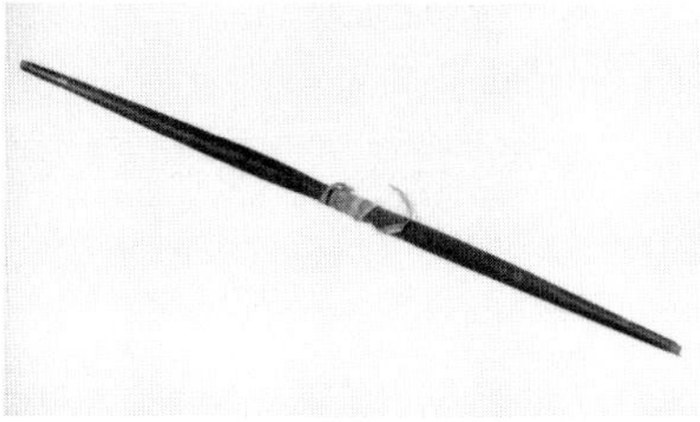

60

stab ist etwas breiter und flacher. Der halbrunde Querschnitt wird zu den Enden hin dreieckig. Zur Befestigung der Sehne sind die Enden knaufförmig ausgeschnitten.

60 **Bogen**
Nootka; 19. Jahrhundert
Holz, Sehne, Baumwolle
Länge 130,5 cm, Breite 5 cm
Kauf Firma Umlauff, Hamburg
(1903/04), Inv.-Nr. 6290

Der einfache gerade Bogenstab ist aus demselben Holz wie Kat.-Nr. 58 und 59. Die Unterseite ist jedoch ganz flach, der Querschnitt wie bei den beiden anderen halbrund. Am Scheitel findet sich eine leichte Verjüngung, die mit Stoffstreifen umwickelt ist. An den kurzen, keilförmigen Enden ist eine in sich verzwirnte Sehnenschnur festgebunden.

61 **Bogen** (ohne Foto)
Kwakiutl; 19. Jahrhundert
Holz
Länge 127 cm, Breite 5 cm
Tausch Museum für Völkerkunde,
Berlin (1937/14), Inv.-Nr. 40403

Der als Lachsbogen verwendete Bogenstab hat eine flache Unterseite, einen halbrunden Querschnitt, einen verjüngten Scheitel und fünfeckig abgesetzte Enden zur Befestigung der Sehne. Der Bogenstab stammt von der ersten Sammelreise des Adrian Jacobsen an die Nordwestküste in den Jahren 1881 bis 1883.

62 **Bogen**
Nootka; 19. Jahrhundert
Holz, Sehne
Länge 121,5 cm, Breite 3,5 cm
Kauf Firma Umlauff, Hamburg
(1903/04), Inv.-Nr. 6291

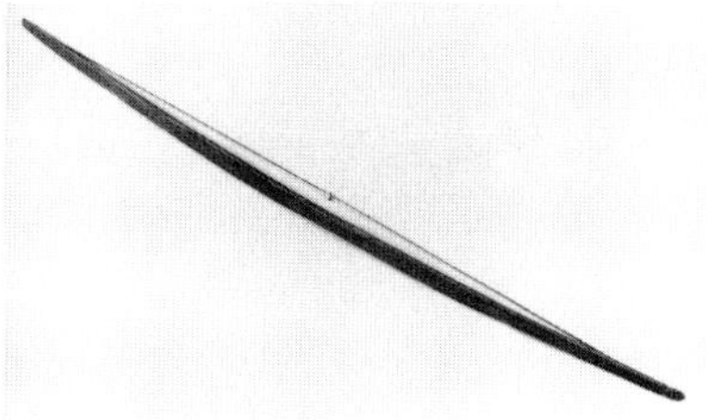

62

Der Bogenstab aus hellem Holz hat einen flachovalen Querschnitt, ist leicht gebogen und verjüngt sich ganz leicht am Scheitel. An den keilförmig eingeschnittenen Enden ist eine verzwirnte Sehne festgebunden.

63 **Bogen**
Nordwestküste; um 1900
Holz, Sehne, Nesselfaser
Länge 140,5 cm, Breite 4,5 cm
Kauf W. O. Oldman, London
(1908/01), Inv.-Nr. 22160

Der gerade Bogenstab verjüngt sich im Scheitel. Er hat einen rechteckigen Querschnitt und einen nur leicht ausgeprägten Steg auf der Unterseite. Die Sehne ist mit Schlaufen aus Nesselfaser an den fünfeckig ausgeschnittenen Enden befestigt.

64 **Bogen**
Makah; um 1900
Holz, Sehne, Zedernbast, Kirschrinde
Länge 114 cm, Breite 4,5 cm
Kauf W. O. Oldman, London
(1908/01), Inv.-Nr. 22161

Die Enden dieses sehr flachen Bogenstabes sind leicht aufgebogen. Im wenig verjüngten Scheitel zeigt er eine Umwicklung aus Kirschrindenfaser, die auf der Unterseite mit einer Lage ungeklopften Zedernbastes unterlegt ist. Die Sehne ist an den fünfeckig ausgeschnittenen Enden festgebunden. (Vgl. King 1981: Pl. 79/No. 103)

65 **Pfeil**
Nootka; 19. Jahrhundert
Holz, Eisen, Federn, Baumwollschnur, Rindenfaser

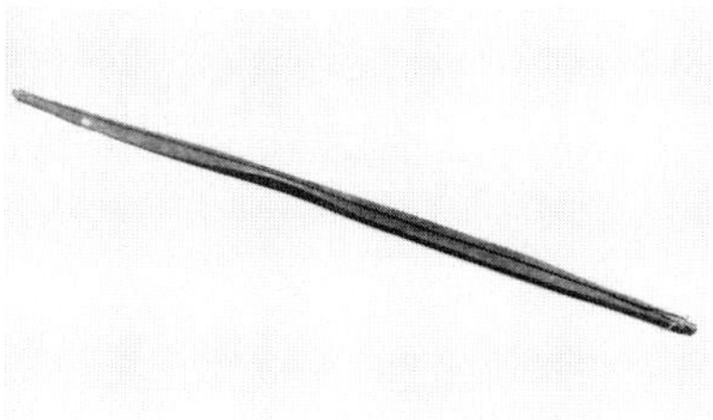

63

Gesamtlänge 74,2 cm, Spitze 13,8 cm
Kauf Firma Umlauff, Hamburg
(1903/04), Inv.-Nr. 6296

Der Pfeil wurde für die Jagd auf Landtiere, wie zum Beispiel Bergziegen und Hirsche, verwendet. Der Holzschaft ist am Ende u-förmig eingekerbt. Die Spitze besteht aus einem langen Eisendorn, der lanzettförmig ausläuft. Die Tangentialbefiederung ist mit einer Umwicklung aus Schnur und Rindenfaser befestigt.

66 **Pfeil** (ohne Foto)
Nootka; 19. Jahrhundert
Holz, Federn, Baumwollschnur
Länge 63 cm
Kauf Firma Umlauff, Hamburg
(1903/04), Inv.-Nr. 6297

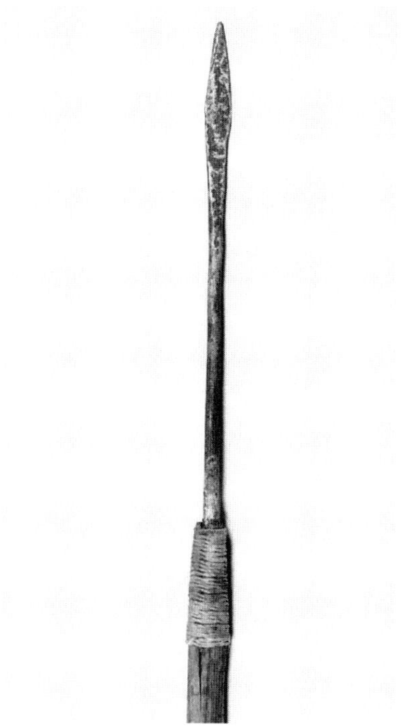

65

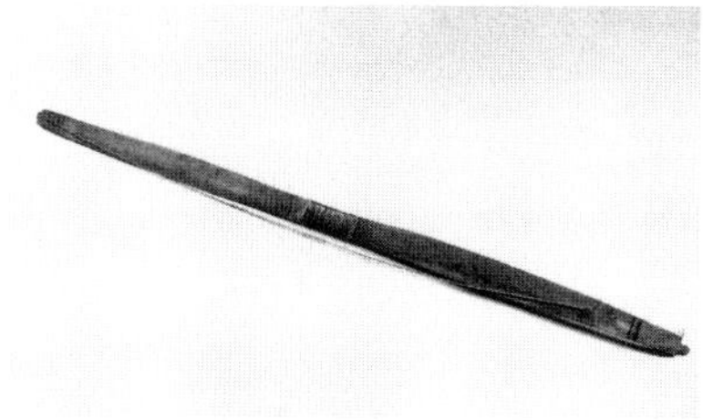

64

Bei diesem Pfeil fehlt die Spitze. Die Einbohrung für eine Dornschäftung und Spuren einer Umwicklung sind am vorderen Schaftende zu erkennen. Der Schaft verjüngt sich zu beiden Enden und hat eine u-förmige Kerbe und eine Umwicklung aus Baumwollschnur, unter der noch Reste einer ehemals vorhandenen Befiederung erkennbar sind.

67 **Pfeil** (ohne Foto)
Nootka; 19. Jahrhundert
Holz, Eisen, Federn, Wurzelfaser, Baumwollschnur
Gesamtlänge 69 cm, Spitze 16 cm
Kauf Firma Umlauff, Hamburg
(1903/04), Inv.-Nr. 6298

Die eingedornte und mit Wurzelspänen umwickelte lange Eisenspitze ist lose. Das Schaftende mit einer Umwicklung aus Baumwollschnur ist abgebrochen. Die zweiseitige Tangentialbefiederung ist stark beschädigt.

68 **Vogelpfeil** (ohne Foto)
Bella Coola; 19. Jahrhundert
Holz, Federn, Bast, Schnur
Länge 96,5 cm
Kauf Firma Umlauff, Hamburg
(1903/04), Inv.-Nr. 6292

Vogelpfeile haben verdickte, stumpfe Spitzen, die die getroffenen Vögel lediglich betäuben, ihr Federkleid aber nicht zerfetzen. Der Schaft weist eine v-förmige Kerbe und eine Tangentialbefiederung auf. Der Querschnitt des Schaftes ist rund und wird an der Basis oval.

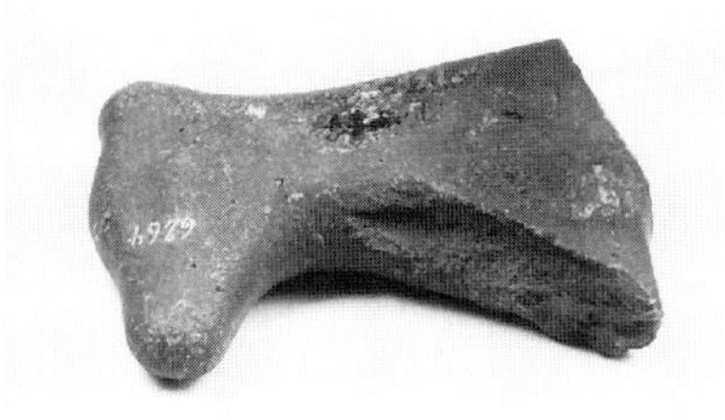

69

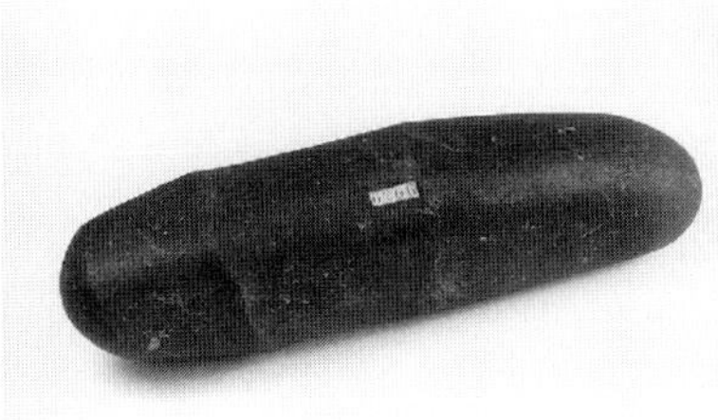

70

71

69 **Keulenkopf-Fragment**
Bella Coola; 19. Jahrhundert
Stein
Länge 11,5 cm, Breite 8,5 cm
Kauf Firma Umlauff, Hamburg
(1903/04), Inv.-Nr. 6264

Das zoomorph gestaltete Keulenkopf-Fragment ist in den Originalakten als Kriegshammer bezeichnet.

70 **Keulenkopf**
Bella Coola; 19. Jahrhundert
Stein
Länge 19 cm, Breite 4,5 cm
Kauf Firma Umlauff, Hamburg
(1903/04), Inv.-Nr. 6266

Der längliche Keulenkopf aus schwarzem, poliertem Stein hat eine umlaufende breite, jedoch nur ganz leicht eingetiefte Furche für eine Schlingenschäftung.

71 **Steinwaffe**
Bella Coola; 19. Jahrhundert
Stein
Länge 21 cm, Breite 5,5 cm
Kauf Firma Umlauff, Hamburg
(1903/04), Inv.-Nr. 6270

Das flache, leicht gekrümmte Steingerät ist in den Originalunterlagen als Waffe bezeichnet, ohne daß eine genauere Verwendung angegeben ist.

72 **Handhammer**
Bella Coola; 19. Jahrhundert
Stein
Länge 14 cm, Breite 9 cm
Kauf Firma Umlauff, Hamburg
(1903/04), Inv.-Nr. 6256

Handhämmer werden im Gegensatz zu geschäfteten Hämmern (vgl. Kat.-Nr. 75–80) direkt in der Hand gehalten. Sie unterscheiden sich durch die Gestaltung der Schlagfläche, die plan, halbrund oder nippelförmig sein kann. Bei dem vorliegenden Stück sind beide Enden plan. (Vgl. Kat.-Nr. 73–74; Hawthorn 1979: 10/Fig. 3; King 1981: Pl. 40/No. 50; Stewart 1984: 30/CS 2)

73 **Handhammer**
Bella Coola; 19. Jahrhundert
Stein
Länge 17,5 cm, Breite 8 cm
Kauf Firma Umlauff, Hamburg
(1903/04), Inv.-Nr. 6258

Wie Kat.-Nr. 72.

74 **Handhammer**
Bella Coola; 19. Jahrhundert
Stein
Länge 15 cm, Breite 7,5 cm
Kauf Firma Umlauff, Hamburg
(1903/04), Inv.-Nr. 6259

Wie Kat.-Nr. 72.

75 **Hammerstein** (ohne Foto)
Bella Coola; 19. Jahrhundert
Stein
Länge 18 cm, Breite 9,5 cm
Kauf Firma Umlauff, Hamburg
(1903/04), Inv.-Nr. 6260

Der Hammerstein mit nur einem verdickten Ende und angedeuteter Rillenfurche war wie die folgenden (vgl. Kat.-Nr. 76–80) für einen schlingengeschäfteten Hammer gedacht, mit dem man zum Beispiel Keile in das Holz oder Pfähle für Fischwehre in den Untergrund trieb. (Vgl. Hawthorn 1979: 11/Fig. 4 Mitte)

76 **Hammerstein** (ohne Foto)
Bella Coola; 19. Jahrhundert
Stein
Länge 16 cm, Breite 7 cm
Kauf Firma Umlauff, Hamburg
(1903/04), Inv.-Nr. 6262

Der längliche Hammerstein mit einem planen und einem angerundeten Ende weist eine leichte, in der Längsmitte verlaufende Rillenfurche auf.

77 **Hammerstein** (ohne Foto)
Bella Coola; 19. Jahrhundert
Stein
Länge 11 cm, Breite 6 cm
Kauf Firma Umlauff, Hamburg
(1903/04), Inv.-Nr. 6269

Wie Kat.-Nr. 76.

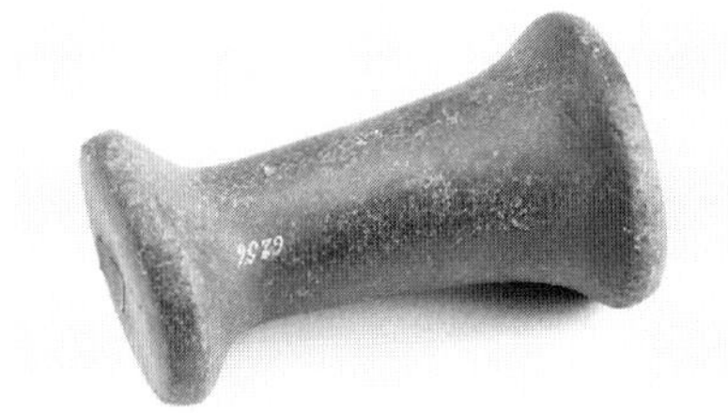

72

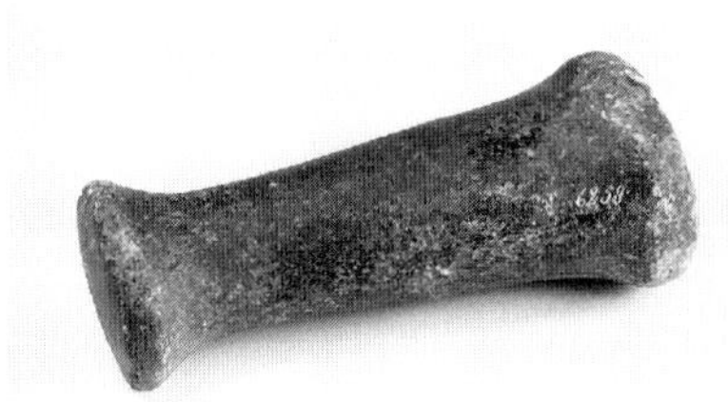

73

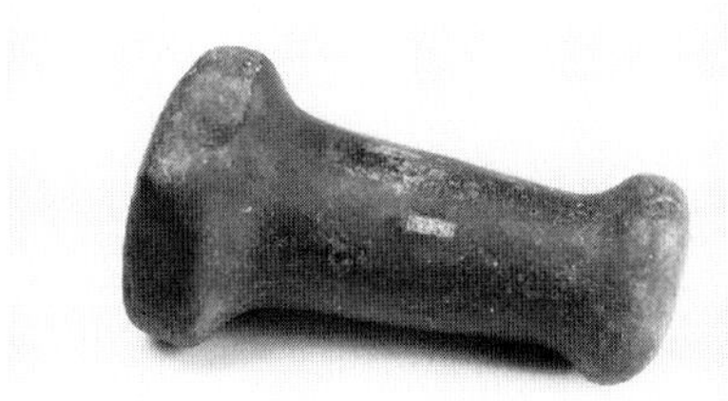

74

78 **Hammerstein** (ohne Foto)
Bella Coola; 19. Jahrhundert
Stein
Länge 13,3 cm, Breite 9,2 cm
Kauf Firma Umlauff, Hamburg
(1903/04), Inv.-Nr. 6253

Bei diesem Hammerstein für einen schlingengeschäfteten Hammer ist die breite Einfurchung nur auf der Oberseite ausgeprägt. Ein Ende ist plan, das andere abgerundet.

79

79 **Hammerstein**
Bella Coola; 19. Jahrhundert
Stein
Länge 12 cm, Breite 8 cm
Kauf Firma Umlauff, Hamburg
(1903/04), Inv.-Nr. 6254

Der Hammerstein hat eine deutlich ausgeprägte und umlaufende Furche nahe dem stumpfen Ende.

80 **Hammerstein**
Bella Coola; 19. Jahrhundert
Stein
Länge 13 cm, Breite 7,5 cm
Kauf Firma Umlauff, Hamburg
(1903/04), Inv.-Nr. 6255

Der Hammerstein zeigt eine breite Rillenfurche. Ein Ende ist als Tierkopf, vermutlich als Wolfskopf, gestaltet. Als Tierköpfe gestaltete Hammersteine symbolisieren vermutlich die tiergestaltigen Geisthelfer. (Vgl. Hawthorn 1979: 11/Fig. 4 links; HNAI Vol. 7 1990: 2/Fig. 1l)

80

81 **Hammer**
Kwakiutl; 19. Jahrhundert
Holz
Breite 21 cm, Höhe 33 cm
Kauf Firma Umlauff, Hamburg
(1903/04), Inv.-Nr. 6421

Der Holzhammer mit knieförmigem Stiel hat ein zylindrisches stumpfes Schlagteil.

82 **Holzbügel**
Bella Coola; 19. Jahrhundert
Holz
Länge 10,5 cm, Breite 5,5 cm
Kauf Firma Umlauff, Hamburg
(1903/04), Inv.-Nr. 6432

In die halbrunde Oberseite dieses Holzbügels ist eine mittige, längs verlaufende Rillenfurche gekerbt. Die Verwendung des Gerätes ist unklar.

83 **Keil**
Bella Coola; 19. Jahrhundert
Stein
Länge 31 cm, Breite 5 cm
Kauf Firma Umlauff, Hamburg
(1903/04), Inv.-Nr. 6267

Keile aus Stein, Holz oder den Geweihstangen des Wapitihirsches dienten dazu, die Zedernrinde vom Stamm zu sprengen oder Stämme in Bretter zu spalten. Der Keil hat einen rechteckigen Querschnitt und ein leicht zurückspringendes Griffteil.

83

81

84 **Keil** (ohne Foto)
Bella Coola; 19. Jahrhundert
Stein
Länge 14 cm, Breite 3,5 cm
Kauf Firma Umlauff, Hamburg
(1903/04), Inv.-Nr. 6273

Der längliche Keil hat einen ovalen Querschnitt.

85 **Keil** (ohne Foto)
Bella Coola; 19. Jahrhundert
Stein
Länge 15,5 cm, Breite 4,5 cm
Kauf Firma Umlauff, Hamburg
(1903/04), Inv.-Nr. 6274

Wie Kat.-Nr. 84.

86 **Keil**
Bella Coola; 19. Jahrhundert
Stein
Länge 22 cm, Breite 4,8 cm
Kauf Firma Umlauff, Hamburg
(1903/04), Inv.-Nr. 6276

82

86

Der Steinkeil ist in der Mitte durchgebrochen und im Rautenstrauch-Joest-Museum wieder zusammengeklebt worden.

87 Keil
Tsimshian; 19. Jahrhundert
Holz, Zedernspäne
Länge 64 cm, Breite 4,5 cm
Kauf Firma Umlauff, Hamburg
(1903/04), Inv.-Nr. 6428

Die Keile mußten schweren Beanspruchungen standhalten. Für Holzkeile wurde deshalb das harte Holz der Eibe bevorzugt. Es wurden aber auch Keile aus Fichte, Ahorn oder Holzapfel benutzt. Zunächst erhitzte man das Holz, um es zu härten, und rieb es dann mit Talg ein, damit es sich nicht krümmte. Das stumpfe Ende wurde mit Zedernspänen umwickelt, damit es beim Aufschlagen des Hammers nicht splitterte. Das andere Ende, das ins Holz getrieben werden sollte, wurde zu einer Spitze abgeschrägt. (Vgl. Stewart 1984: 31/WC 12)

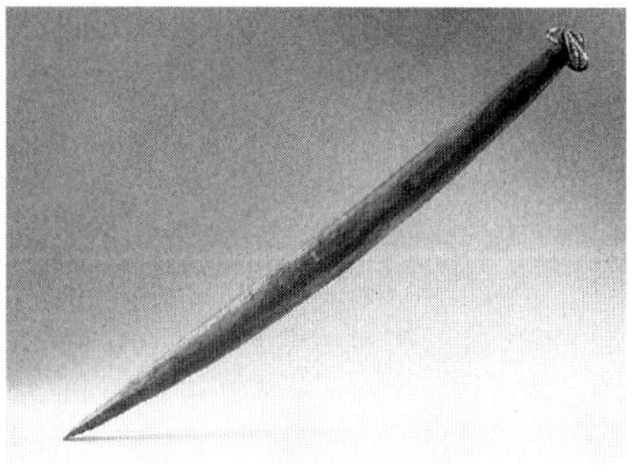

87

88 Keil
Tsimshian; 19. Jahrhundert
Holz, Zedernspäne
Länge 39 cm, Breite 4 cm
Kauf Firma Umlauff, Hamburg
(1903/04), Inv.-Nr. 6429

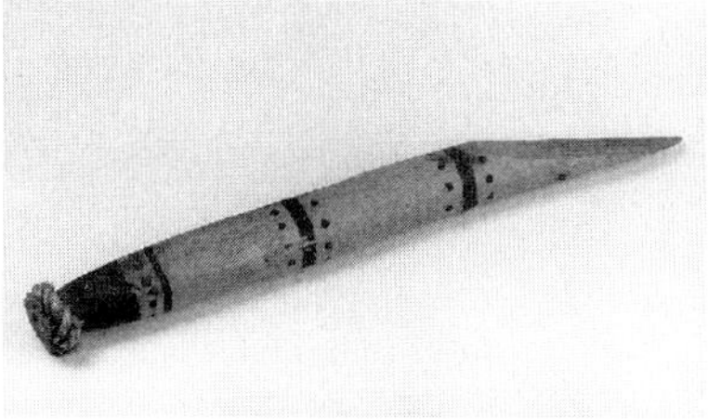

88

Der Keil trägt eine schwarze Bemalung aus von Punktreihen flankierten Ringornamenten. Das stumpfe Ende ist mit verzwirnten Zedernspänen umwickelt und ausgefranst.

89 Keil
Tsimshian; 19. Jahrhundert
Holz, Zedernspäne
Länge 34 cm, Breite 4 cm
Kauf Firma Umlauff, Hamburg
(1903/04), Inv.-Nr. 6466

Das stumpfe Ende des einseitig zugespitzten Holzkeils ist wie bei Kat.-Nr. 88 mit Zedernspänen umwickelt, um ein Zersplittern des Holzes beim Aufschlag des Hammers zu verhindern. (Vgl. Stewart 1984: 31/NWC 9)

90 Beilklinge
Nootka; 19. Jahrhundert
Stein
Länge 18,5 cm, Breite 8,5 cm
Kauf Firma Umlauff, Hamburg
(1903/04), Inv.-Nr. 6265

Die Äxte an der Nordwestküste hatten im allgemeinen eine Ellbogenform. Sie wurden zum Abschlagen von Ästen und zum Modellieren der groben Form bei Schnitzarbeiten gebraucht. Die auf einer Seite geschliffenen Steinklingen sind schon früh durch Metallklingen ersetzt worden. Die Vorderkante der

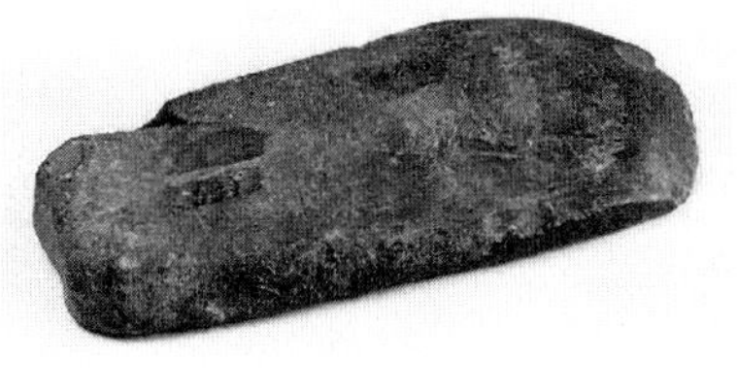

90

89

dünnen, glatten Beilklinge aus schiefrigem Gestein ist scharf geschliffen.

91 Beilklinge (ohne Foto)
Nootka; 19. Jahrhundert
Stein
Länge 16,5 cm, Breite 5 cm
Kauf Firma Umlauff, Hamburg
(1903/04), Inv.-Nr. 6278

Wie Kat.-Nr. 90.

92 Beilklinge (ohne Foto)
Bella Coola; 19. Jahrhundert
Stein
Länge 14,5 cm, Breite 6,5 cm
Kauf Firma Umlauff, Hamburg
(1903/04), Inv.-Nr. 6261

Diese Beilklinge aus hellgrauem Stein hat einen ovalen Querschnitt und eine geschliffene Schneide.

93 Beilklinge
Bella Coola; 19. Jahrhundert
Stein
Länge 17 cm, Breite 5 cm
Kauf Firma Umlauff, Hamburg
(1903/04), Inv.-Nr. 6263

Die Beilklinge aus schiefrigem Gestein hat eine einseitig geschliffene Schneide und eine rillenförmige Furche für eine Schlingenschäftung auf der Oberseite. (Vgl. Hawthorn 1979: 11/Fig.5; Stewart 1984: 33/TS 2 und NWC 3)

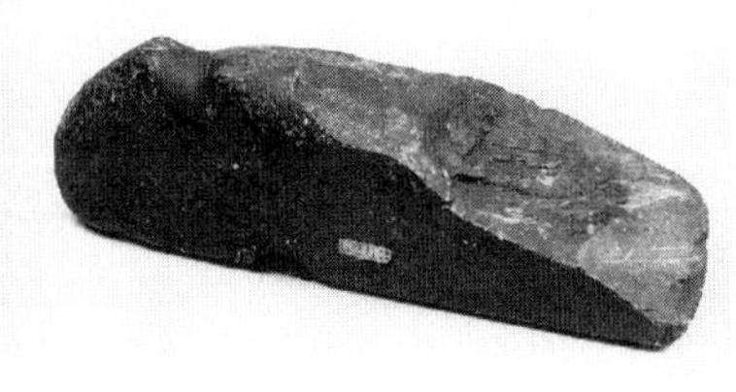

93

94

94 Beilklinge
Tsimshian; 19. Jahrhundert
Stein
Länge 10,5 cm, Breite 5 cm
Kauf Firma Umlauff, Hamburg
(1903/04), Inv.-Nr. 6275

Die Schneide dieser flachen Beilklinge mit Kantenschliff ist keilförmig zugespitzt.

95 Ellbogen-Beil
Bella Coola; 19. Jahrhundert
Holz, Eisen, Zedernbast
Länge 25 cm, Breite 15,5 cm
Kauf Firma Umlauff, Hamburg
(1903/04), Inv.-Nr. 6520

Das ellbogenförmige Beil hat einen vergleichsweise kurzen Griff. Die Eisenklinge ist mit einer Umwicklung aus Zedernbast befestigt. (Vgl. HNAI Vol. 7 1990: 2/Fig. 1w)

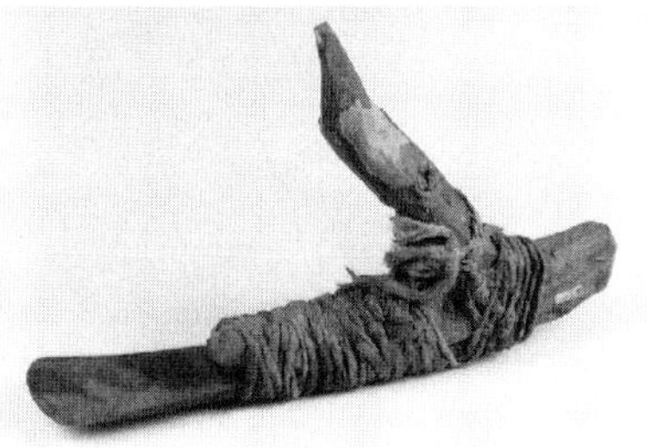

95

96 Ellbogen-Beil
Bella Coola; 19. Jahrhundert
Holz, Eisen, Leder, Zedernbast
Länge 34 cm, Breite 17 cm
Kauf Firma Umlauff, Hamburg
(1903/04), Inv.-Nr. 6521

Der Stiel dieses ellbogenförmigen Beils ist aus zwei Stücken zusammengesetzt, die durch eine Umwicklung aus gezwirnter Zedernbastschnur verbunden sind. Die Eisenklinge ist im Bereich der Umwicklung mit einem Lederstück unterlegt. (Vgl. HNAI Vol. 7 1990: 2/Fig. 1y)

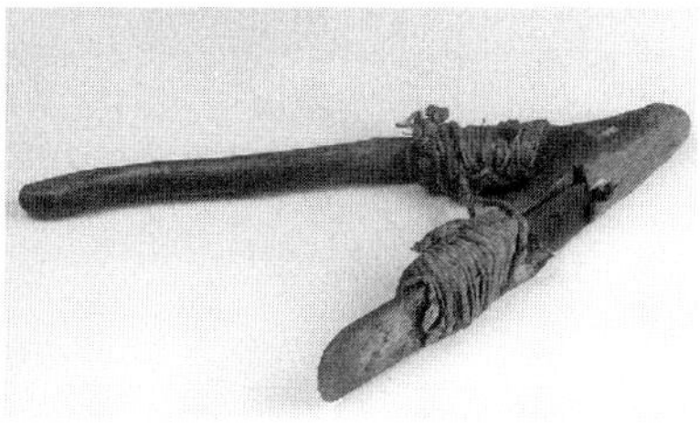

96

97 Griff eines D-Beils
Bella Coola; 19. Jahrhundert
Holz, Leder
Länge 17 cm, Breite 6,5 cm
Kauf Firma Umlauff, Hamburg
(1903/04), Inv.-Nr. 6431

Das Griffende dieses Beils in D-Form ist in Form eines Tierkopfes gestaltet. Die Grifform mit ausgeprägten Lagern für Daumen und Zeigefinger ist der Hand angepaßt. Der Griff ist gerissen und mit einem Eisennagel repariert. Die fehlende Klinge war mit dem Lederriemen festgebunden. D-Beile wurden für Schnitzarbeiten verwendet. Sie waren nur bei den Ethnien auf Vancouver Island und südlich davon im Gebrauch. Viele Griffe waren figürlich beschnitzt. (Vgl. Hawthorn 1979: 12/Fig. 6; HNAI Vol. 7 1990: 2/Fig. 1u; Stewart 1984: 34 oben)

98 D-Beil
Kwakiutl; 19. Jahrhundert
Holz, Eisen, Leder
Länge 20 cm, Breite 9 cm
Tausch Museum für Völkerkunde, Berlin (1937/14), Inv.-Nr. 40402

98

97

Das nach der Form des Handgriffs benannte D-Beil hat eine lange Eisenklinge, die mit Rohlederriemen an den Holzgriff gebunden ist. Auf das über die Klinge hinausragende Kopfende des Griffs ist ein Tiergesicht geschnitzt. Die der Klinge gegenüberliegende Seite des Holzgriffs ist mit Vertiefungen für Daumen und Handballen so gestaltet, daß er gut in der Hand liegt. Das Berliner Inventarbuch verzeichnet als Sammler Adrian Jacobsen. (Vgl. Hawthorn 1979: 12/Fig. 6; HNAI Vol. 7 1990: 2/Fig. 1u; Stewart 1984: 34 oben)

99 Meißel
Bella Coola; 19. Jahrhundert
Holz, Eisen, Kischrinde
Länge 19,5 cm, Breite 3,5 cm
Kauf Firma Umlauff, Hamburg
(1903/04), Inv.-Nr. 6461

Der Meißel hat eine kurze Eisenklinge, die mit einer Umwicklung aus Kirschrinde festgebunden ist. Meißel benutzte man für Schnitzarbeiten, man schlug mit ihnen Kerben ins Holz, hob Späne ab oder entfernte Holzstückchen aus den schlecht zugänglichen Stellen einer Schnitzarbeit. (Vgl. Stewart 1984: 34/WC 2)

99

100

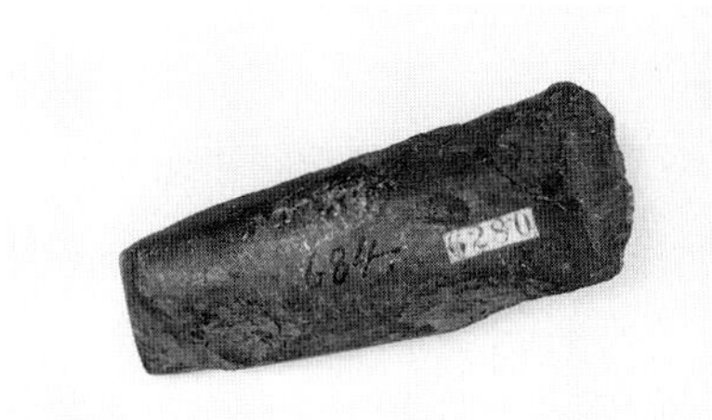

101

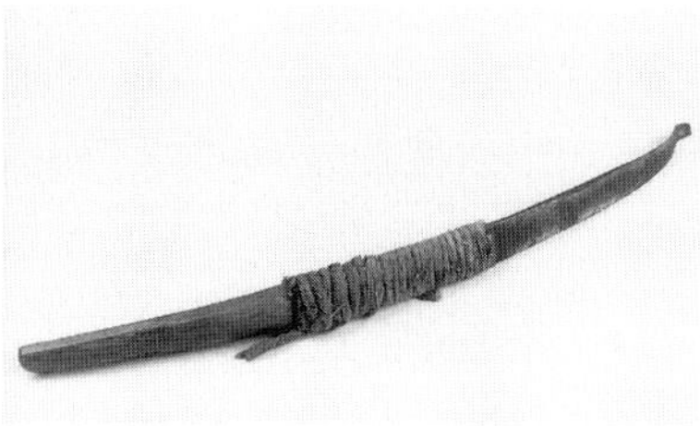

102

100 Meißel
Kwakiutl; 19. Jahrhundert
Holz, Knochen, Rindenfaser
Länge 27,5 cm, Breite 3,5 cm
Kauf Firma Umlauff, Hamburg
(1903/04), Inv.-Nr. 6463

Die klemmgeschäftete Klinge aus Knochen ist mit Ritzzeichnungen in einer Art Fischgratmuster versehen und mit einer Umwicklung aus Rindenfaser an dem hölzernen Griff befestigt.

101 Meißelklinge?
Nootka; 19. Jahrhundert
Stein
Länge 7,5 cm, Breite 2,8 cm
Kauf Firma Umlauff, Hamburg
(1903/04), Inv.-Nr. 6280

Das kleine, einseitig geschliffene Steingerät hat vermutlich einmal als Meißelklinge Verwendung gefunden.

102 Schnitzmesser
Bella Coola; 19. Jahrhundert
Holz, Eisen, Baumwolle
Länge 33 cm, Breite 2,5 cm
Kauf Firma Umlauff, Hamburg
(1903/04), Inv.-Nr. 6464

Schnitzmesser mit gekrümmter Eisenklinge dienten zum Aushöhlen von Löffeln, Schüsseln oder Masken. Mit ihnen führte man die feineren Arbeiten an den geschnitzten Holzobjekten aus. (Vgl. HNAI Vol. 7 1990: 3/Fig. 1jj; Stewart 1984: 35 oben)

103 Bohrer
Nootka; 19. Jahrhundert
Holz, Eisen, Zedernbast
Länge 24 cm, Durchmesser 1,5 cm
Kauf Firma Umlauff, Hamburg
(1903/04), Inv.-Nr. 6488

Der Bohrer hat einen langen Eisendorn, der im mittleren Teil mit Zedernbaststreifen umwickelt ist. Um Löcher in Holz zu bohren, wurde der Bohrstab zwischen den Händen gedreht.

104

104 Schaber
Bella Coola; 19. Jahrhundert
Stein
Länge 8 cm, Breite 6 cm
Kauf Firma Umlauff, Hamburg
(1903/04), Inv.-Nr. 6285

Der flache ovale Stein mit geschliffenen Kanten wurde möglicherweise als Schaber verwendet.

105 Palette
Kwakiutl; um 1900
Stein
Länge 18,5 cm, Breite 14,5 cm,
Höhe 4,5 cm
Kauf W. O. Oldman, London
(1908/01), Inv.-Nr. 22165

Die flache Steinschale weist zwei Hohlformen zur Aufnahme beziehungsweise zum Mischen von Farben auf.

106 Bastschaber
Nordwestküste; 19. Jahrhundert
Knochen
Länge 29 cm, Breite 18 cm
Kauf Firma Umlauff, Hamburg
(1903/04), Inv.-Nr. 6483

Bastschaber waren häufig aus der Nasenscheidewand eines Wals, manchmal auch aus Holz gefertigt. Das vorliegende Exemplar weist einen Handgriff und eine v-förmig zugespitzte Kante auf. Der Bast wird über eine abgerundete Kante eines Steins gelegt und mit dem Gerät bearbeitet, bis sich die einzelnen Fasern voneinander lösen. (Vgl. Stewart 1984: 124)

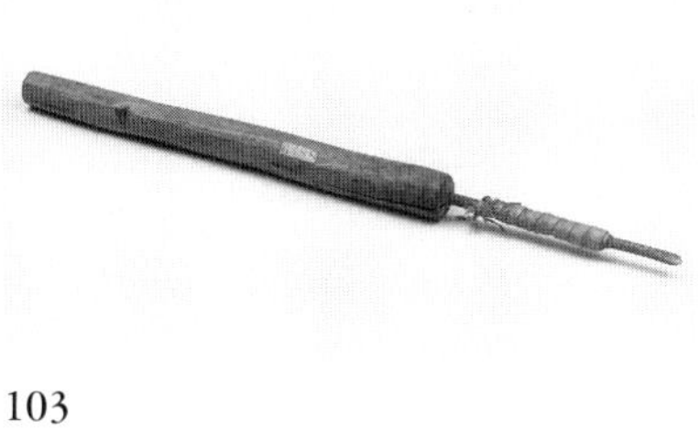

103

105

106

107

107 **Bastschaber**
Nootka oder Kwakiutl;
19. Jahrhundert
Knochen
Länge 43,5 cm, Breite 11,5 cm
Kauf Firma Umlauff, Hamburg
(1903/04), Inv.-Nr. 6484

Wie Kat.-Nr. 106.

108 **Bastklopfer**
Nootka; 19. Jahrhundert
Knochen
Länge 26 cm, Breite 4 cm, Höhe 5 cm
Kauf Firma Umlauff, Hamburg
(1903/04), Inv.-Nr. 6468

Das Griffende des aus Walknochen gefertigten Bastklopfers ist als Schwanzflosse gestaltet. Die Längsrillen auf der Schlagseite sollen verhindern, daß der Bast am Gerät kleben bleibt. Gewässerter Bast wurde auf einen Stein oder eine Holzplanke gelegt und unter Zusatz von Öl mit einem Bastklopfer bearbeitet. (Vgl. King 1981: Pl. 70/Nos. 75–76; Stewart 1984: 126)

109 **Bastklopfer**
Nootka oder Kwakiutl;
19. Jahrhundert
Knochen
Länge 26 cm, Breite 4 cm, Höhe 4 cm
Kauf Firma Umlauff, Hamburg
(1903/04), Inv.-Nr. 6469

Wie Kat.-Nr. 108.

110 **Bastklopfer**
Kwakiutl; 19. Jahrhundert
Knochen
Länge 26,5 cm, Breite 4 cm,
Höhe 4 cm
Tausch Museum für Völkerkunde,
Berlin (1937/14), Inv.-Nr. 40401

Die Rückseite des aus Walknochen gefertigten Bastklopfers ist mit eingeritzten Querstrichen verziert. Laut Berliner Inventarbuch stammt der Bastklopfer von der ersten Reise des Adrian Jacobsen an die Nordwestküste, die er von 1881 bis 1883 im Auftrage des Berliner Museums unternahm.

111 **Gurt** (ohne Foto)
Kwakiutl; 19. Jahrhundert
Zedernbast
Länge etwa 220 cm, Breite 10 cm
Kauf Firma Umlauff, Hamburg
(1903/04), Inv.-Nr. 6544

Der zopfgeflochtene Gurt geht im breiteren Mittelteil in ein leinwandbindiges Diagonalgeflecht über. Er ist vermutlich Teil eines Gerätes, mit dessen Hilfe man auf Bäumen sicher arbeiten konnte. Dieses bestand aus einem Fuß- und einem Rückenteil. Das Fußteil war in der Regel aus Holz und wurde am Stamm festgebunden. Der daraufstehende Arbeiter trug einen zusätzlichen Rückengurt wie diesen, um nicht hintenüberzufallen. (Vgl. Stewart 1984: 135)

112 **Tau** (ohne Foto)
Bella Coola; 19. Jahrhundert
Zedernbast
Bündel: Länge 73 cm, Breite 35 cm
Kauf Firma Umlauff, Hamburg
(1903/04), Inv.-Nr. 6533

Das Tau ist aus drei Zedernbaststrängen z-kreuzig verzwirnt. Verzwirnte Bastfasern bleiben flexibler als einfache. Durch das Hinzufügen neuer Fasern ist es möglich, das Tau nach Wunsch zu verlängern. Taue brauchte man zum Beispiel als Bootsleinen, beim Aufstellen der Wappenpfähle, als Tragegurte oder zum Verschnüren von Kisten.

113 **Tau**
Bella Coola; 19. Jahrhundert
Zedernbast
Bündel: Länge 59 cm, Breite 35 cm
Kauf Firma Umlauff, Hamburg
(1903/04), Inv.-Nr. 6534

Wie Kat.-Nr. 112.

108

109

110

113

114

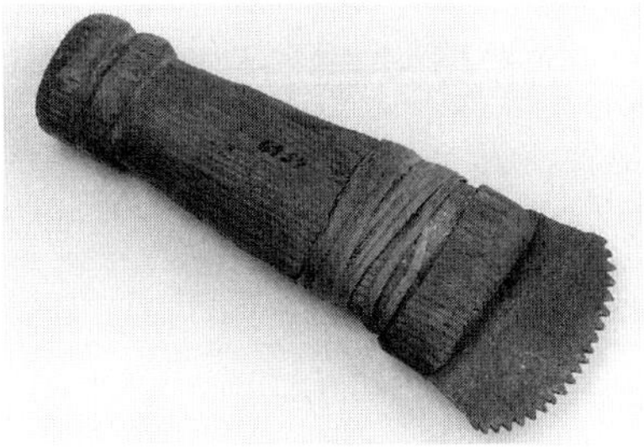

115

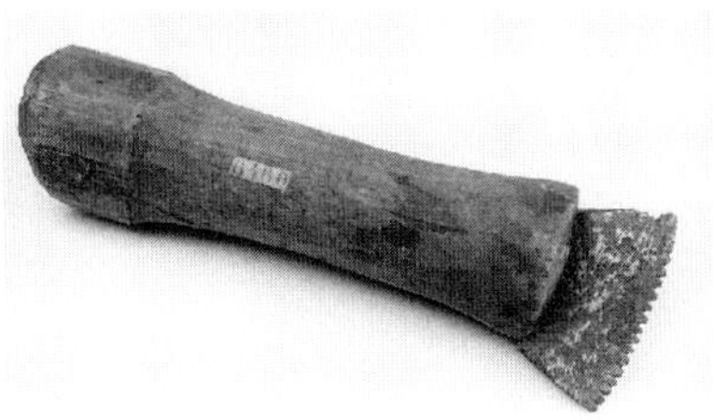

116

114 **Tau**
Bella Coola; 19. Jahrhundert
Seetang
Bündel: Länge 39 cm, Breite 28 cm
Kauf Firma Umlauff, Hamburg
(1903/04), Inv.-Nr. 6535

Die langen wurzelartigen Stiele des Seetangs, mit denen die Pflanze sich an den Felsen festklammert, lieferten das Material für dieses mehrfach geknotete Tau.

115 **Fellkratzer**
Bella Coola; 19. Jahrhundert
Holz, Eisen, Zedernspäne
Länge 15 cm, Breite 5,5 cm
Kauf Firma Umlauff, Hamburg
(1903/04), Inv.-Nr. 6459

Die beiden klemmgeschäfteten Kratzer Kat.-Nr. 115 und 116 mit gezähnten Eisenklingen sind in der Originalakte als Fellkratzer bezeichnet. Die Angabe ist allerdings mit Vorsicht zu betrachten, da auch die beiden Bastschaber Kat.-Nr. 106 und 107 dort als Fellschaber ausgegeben sind. Das vorliegende Stück zeigt eine Umwicklung aus Zedernspänen und weist am Griffende eine ausgeprägte Vertiefung für den Daumen auf.

116 **Fellkratzer**
Bella Coola; 19. Jahrhundert
Holz, Eisen
Länge 15 cm, Breite 4 cm
Kauf Firma Umlauff, Hamburg
(1903/04), Inv.-Nr. 6460

Wie Kat.-Nr. 115.

117 **Spindel**
Bella Coola; 19. Jahrhundert
Holz, Knochen
Länge 40,5 cm, Durchmesser 6,8 cm
Kauf Firma Umlauff, Hamburg
(1903/04), Inv.-Nr. 6439

Spindeln wurden mit Spinnwirteln (vgl. Kat.-Nr. 118–121) aus Stein oder wie hier aus Knochen beschwert und dienten zum Spinnen von Bergziegenwolle oder Nesselfaser.

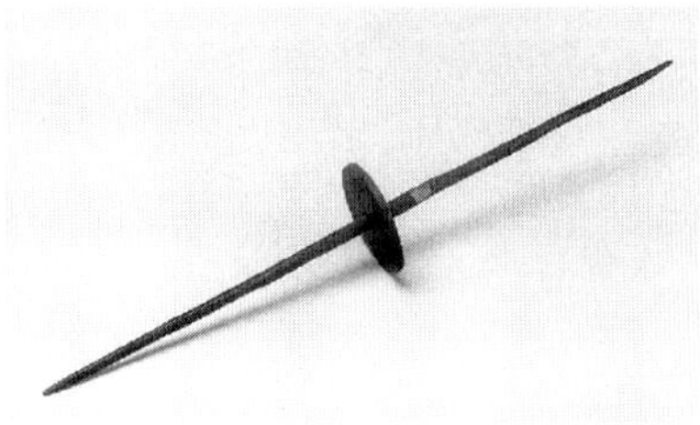

117

118

118 **Spinnwirtel**
Bella Coola; 19. Jahrhundert
Stein
Durchmesser 5 cm
Kauf Firma Umlauff, Hamburg
(1903/04), Inv.-Nr. 6393

Vgl. Kat.-Nr. 117.

119 **Spinnwirtel** (ohne Foto)
Bella Coola; 19. Jahrhundert
Knochen
Durchmesser 6,5 cm
Kauf Firma Umlauff, Hamburg
(1903/04), Inv.-Nr. 6438

Vgl. Kat.-Nr. 117.

120 **Spinnwirtel**
Bella Coola; 19. Jahrhundert
Knochen
Durchmesser 6,3 cm
Kauf Firma Umlauff, Hamburg
(1903/04), Inv.-Nr. 6474

Vgl. Kat.-Nr. 117.

121 **Spinnwirtel** (ohne Foto)
Bella Coola; 19. Jahrhundert
Knochen
Durchmesser 6 cm
Kauf Firma Umlauff, Hamburg
(1903/04), Inv.-Nr. 6476

Vgl. Kat.-Nr. 117.

122 **Nadel oder Ahle**
Bella Coola; 19. Jahrhundert
Knochen
Länge 25,5 cm
Kauf Firma Umlauff, Hamburg
(1903/04), Inv.-Nr. 6510

120

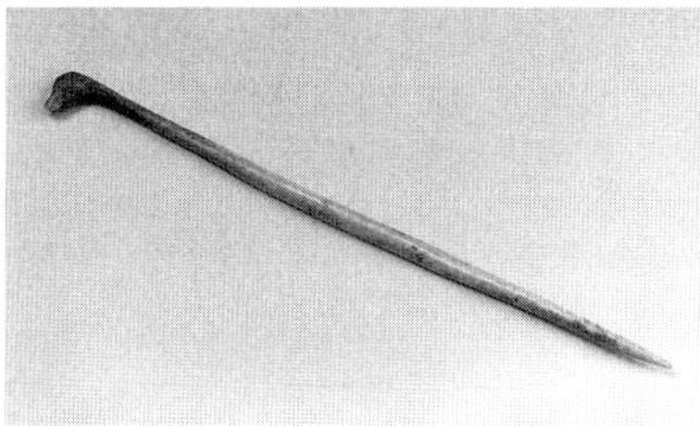

122

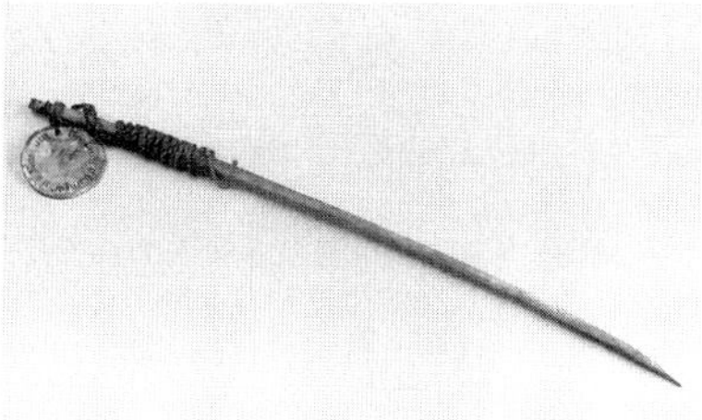

123

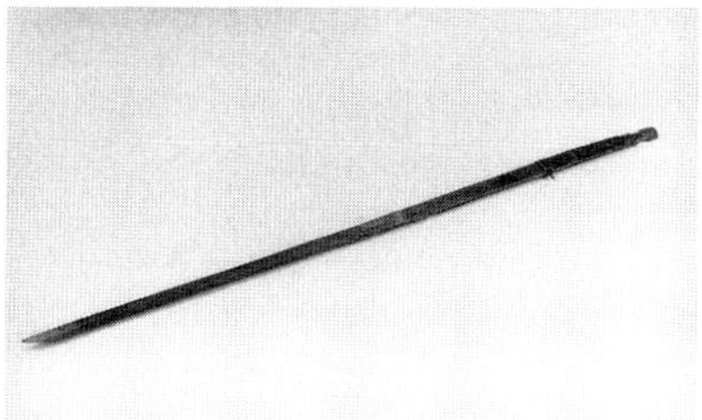

125

Der Nadelkopf ist als stilisierter Tierkopf gestaltet. In der Originalliste ist angegeben, daß das Gerät als Hautkitzler gebraucht wurde. Es könnte sich auch um eine Ahle handeln.

123 **Flechtnadel**
Bella Coola; 19. Jahrhundert
Knochen, Zedernbast
Länge 23 cm
Kauf Firma Umlauff, Hamburg
(1903/04), Inv.-Nr. 6433

Auf die dünne, spitz zulaufende Knochennadel ist hinten eine gezwirnte Zedernbastschnur gewickelt.

124 **Flechtnadel** (ohne Foto)
Bella Coola; 19. Jahrhundert
Holz
Länge 38 cm
Kauf Firma Umlauff, Hamburg
(1903/04), Inv.-Nr. 6435

Die lange, runde Flechtnadel weist an dem leicht zurückspringenden hinteren Ende eine Durchbohrung auf.

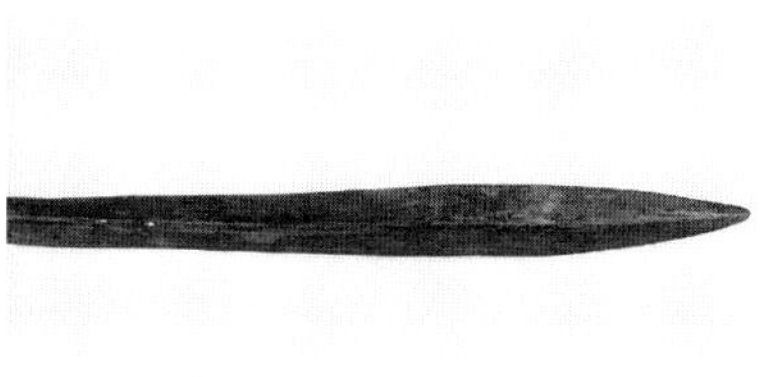

126

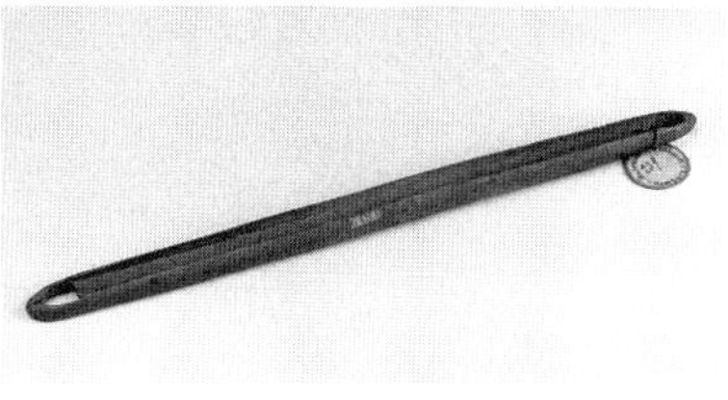

127

125 **Flechtnadel**
Bella Coola; 19. Jahrhundert
Holz, Kupferdraht
Länge 38,5 cm
Kauf Firma Umlauff, Hamburg
(1903/04), Inv.-Nr. 6436

Die Nadel ist im hinteren Bereich gespalten und mit Hilfe eines Kupferdrahtes zusammengebunden.

126 **Flechtnadel**
Bella Coola; 19. Jahrhundert
Holz
Länge 87 cm
Kauf Firma Umlauff, Hamburg
(1903/04), Inv.-Nr. 6437

Die Spitze der sehr langen Nadel hat einen dreieckigen Querschnitt, wie er auch bei Pfeilen üblich ist. Das Schaftende ist durchbohrt. (Vgl. Drucker 1955: 48/Pl. 19)

127 **Zwei Nadeln**
Kwakiutl; 19. Jahrhundert
Holz beziehungsweise Knochen
Länge 29,5 cm und 18,6 cm
Kauf Firma Umlauff, Hamburg
(1903/04), Inv.-Nr. 6434

Die Inventarnummer 6434 ist doppelt belegt. Unter der Originalnummer 239 ist auf einer der dem Umlauffschen Konvolut beigefügten Bildtafeln diese hölzerne Netznadel abgebildet, während die dünne Knochenahle in der Originalakte nicht vorkommt. Die zum Knüpfen von Netzen verwendete Holznadel ist denen der Eskimo (vgl. Kat.-Nr. 864) sehr ähnlich.

128 **Paddel**
Zentrale Küste; 19. Jahrhundert
Holz
Länge 150 cm, Breite 13 cm
Geschenk Dr. Carl von Joest, Sechtem
(1902/23), Inv.-Nr. 5687

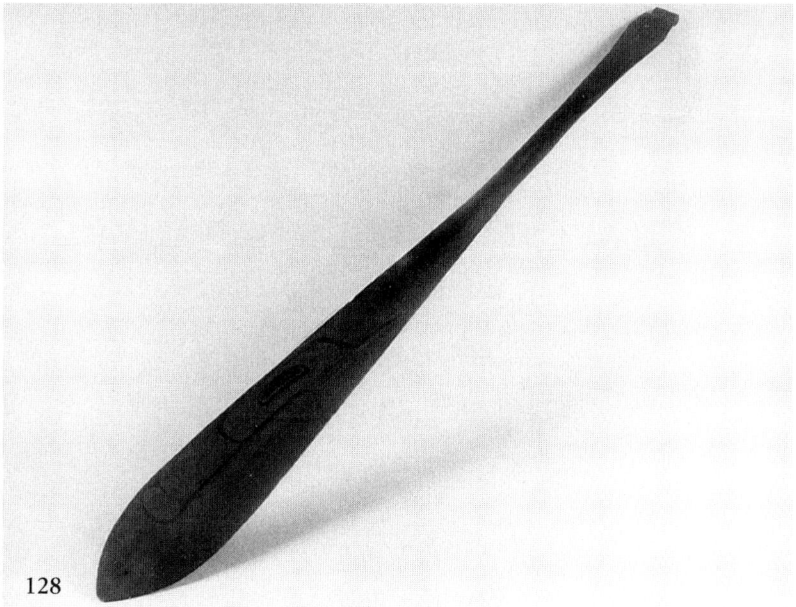

128

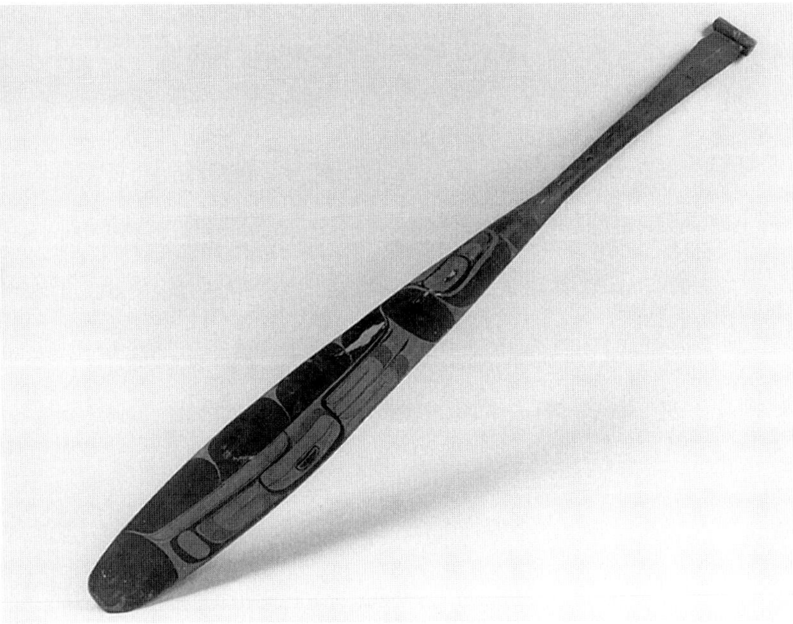

129

Das Stechpaddel zeigt ein langes, lanzettförmiges Blatt, das mit nur leicht ausgeprägten Schultern vom Griffteil abgesetzt ist. Letzteres hat konvexe Seiten und den für die Nordwestküste typischen Quergriff. Das Blatt ist mit u-förmigen und ovoiden Formelementen in den Farben Schwarz und Rot bemalt. (Vgl. Holm 1984: 93/No. 158)

129 Paddel
Bella Coola; 19. Jahrhundert
Holz
Länge 164 cm, Breite 14 cm
Kauf Firma Umlauff, Hamburg
(1903/04), Inv.-Nr. 6642

Das Blatt des unten abgerundeten lanzettförmigen Stechpaddels zeigt eine schwarze Bemalung.

130 Kanu-Modell
Nördliche Küste;
19. Jahrhundert
Holz
Länge 97 cm, Breite 19,5 cm,
Höhe 20 cm
Kauf Firma Umlauff, Hamburg
(1903/04), Inv.-Nr. 6481

Das Bootsmodell mit hochgezogenem Bug und Heck zeigt die typische Silhouette der Boote der nördlichen Nordwestküsten-Ethnien. Typisch für diese ist ferner die entlang den Seitenkanten ausgehöhlte Furche. Bug und Heck sind mit ovoiden und u-förmigen Formelementen in Schwarz und Rot bemalt. (Vgl. Drucker 1955: 64; Holm 1984: 92/No. 156; Holm/Reid 1975: 66/No. 16)

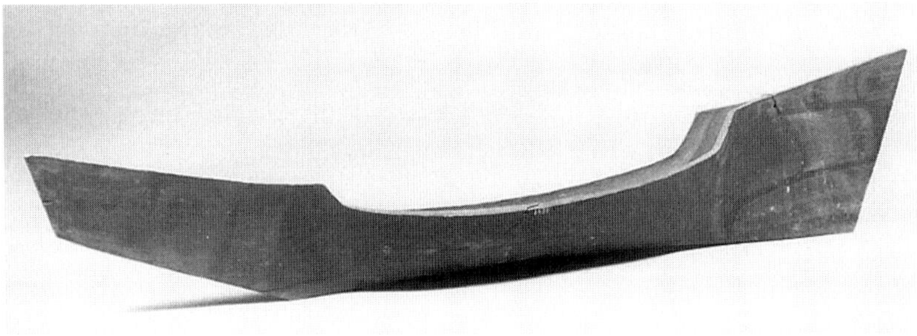

130

131 Bootsschöpfer
Nootka oder Kwakiutl; um 1900
Zedernbast, Holz, Kirschrinde,
Baumwollschnur
Länge 33 cm, Breite 19 cm,
Höhe 16 cm
Kauf W. O. Oldman, London
(1912/06), Inv.-Nr. 27694

Ein längliches Stück unbearbeiteten Zedernbastes ist an beiden Seiten eingeknickt, die hochgebogenen Teile sind in Falten zusammengerafft und mit Baumwollschnur umwickelt. Oberhalb der Umwicklung ist ein Querholz zwischen die Falten geklemmt, das ursprünglich an beiden Seiten mit Kirschrindenfaser festgebunden war. An einer Seite hat sich die Umwicklung gelöst. (Vgl. Stewart 1984: 120)

131

132 Schneeschuhe
Nordwestküste oder nordwestliche
Subarktis; 19. Jahrhundert
Holz, Leder, Eisennägel
Länge 116 cm, Breite 26,5 cm
Kauf Firma Umlauff, Hamburg
(1903/04); Inv.-Nr. 6331

Der einteilige Rahmen aus einer hellen, runden Holzleiste hat zwei Querstreben und eine abgerundete Spitze. Die Querstreben dienen der Stabilisierung der Form. Das Geflecht ist im mittleren Bereich direkt am Rahmen, im vorderen und hinteren dagegen an innen am Rahmen entlang verlaufenden Riemenschlaufen befestigt. Sie sind in den Rahmen gezapft und zusätzlich mit kleinen Eisennägeln gesichert. Die leicht nach oben gebogene Spitze ist typisch für die Schneeschuhe der subarktischen Indianer am Mackenzie und Yukon. Ihr oberer Teil

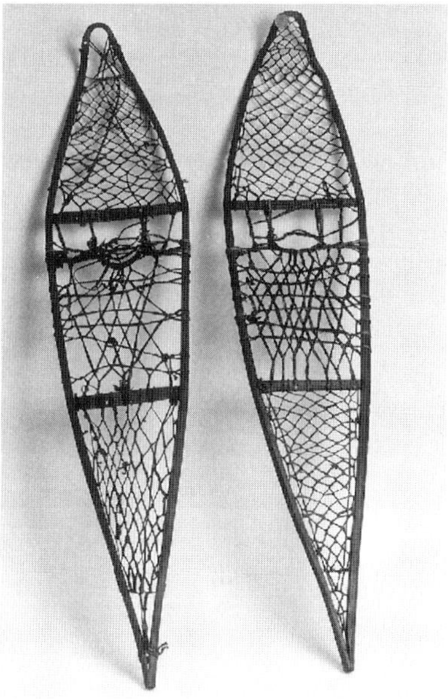

132

besteht aus einem gesonderten Stück Holz. Das teilweise geknotete Geflecht aus Lederriemen ist vergleichsweise grob und unregelmäßig ausgeführt, was ein Hinweis auf eine Herstellung an der Nordwestküste sein könnte, wo Schneeschuhe entweder von den subarktischen Nachbarn eingehandelt oder den subarktischen Vorbildern nachgearbeitet wurden.

Flechtwaren

An der Nordwestküste waren alle drei Grundtechniken des Flechtens bekannt: echtes Flechten, Binden (umwickelndes Binden und Zwirnbinden) sowie Wulsthalbflechten. Flechtmaterialien waren Fichten- oder Zedernwurzel, gesplißte Zedernzweige, weichgeklopfter Zedernbast und verschiedene Grasarten. Viele Gegenstände des täglichen Bedarfs wie Matten, Körbe und Taschen, aber auch Kleidungsstücke, vor allem Decken, Capes und Hüte, und sogar Bootssegel waren geflochten. Körbe und Taschen in verschiedenen Größen wurden als Aufbewahrungs- und Transportbehälter für alle möglichen größeren und kleineren Gegenstände sowie Lebensmittel und Kleidung gebraucht. Für den Touristenmarkt wurden schon im vorigen Jahrhundert umflochtene Flaschen und Spazierstöcke sowie Tisch-Sets hergestellt (vgl. Kat.-Nr. 382–411).

133 **Sammelkorb**
Nootka; 19. Jahrhundert
Zedernspäne, Zedernwurzel
Länge 42 cm, Breite 29 cm,
Höhe 27 cm
Kauf Firma Umlauff, Hamburg
(1903/04), Inv.-Nr. 6376

Das offene Geflecht des quaderförmigen Korbes ist im Bereich des Innenbodens ein randparalleles, zweibindiges Köpergeflecht. Bodenrand und Wände sind in der Technik des umwickelnden Bindens abwechselnd s- und z-kreuzig hergestellt. Körbe mit offenem Geflecht aus starrem Material dienten als Sammelkörbe für Muscheln. Das Wasser konnte durch das offene Geflecht abtropfen. (Vgl. Lobb 1978: 26, 93)

134 **Sammelkorb**
Nootka; 19. Jahrhundert
Zedernspäne, Zedernwurzel
Länge 28 cm, Breite 21 cm,
Höhe 26 cm
Kauf Firma Umlauff, Hamburg
(1903/04), Inv.-Nr. 6379

Der keilförmige Lastkorb ist in der Technik des umwickelnden Bindens hergestellt. Die Umwicklungen sind abwechselnd s- und z-kreuzig. Die Kanten wurden verstärkt. An den Ecken sind Ösen zur Halterung des Kopftragegurtes angebracht. An zwei das Kettgerüst bildenden Spänen ist die Rinde belassen worden, wodurch diese als Zierstreifen wirken. Die Keilform erleichterte das Verstauen an den Seitenwänden der Kanus.

135 **Sammelkorb** (ohne Foto)
Kwakiutl; 19. Jahrhundert
Zedernspäne, Zedernwurzel
Länge 37,5 cm, Breite 28 cm,
Höhe 39,5 cm
Kauf Firma Umlauff, Hamburg
(1903/04), Inv.-Nr. 6377

Das offene Geflecht ist in der Technik des umwickelnden Bindens, abwechselnd z- und s-kreuzig, hergestellt. Die Kanten sind durch kräftigere Späne und Umwicklungen verstärkt. An den vier oberen Ecken sind Ösen als Halterung für einen Kopftragegurt angebracht. (Vgl. Stewart 1984: 168)

136 **Sammelkorb** (ohne Foto)
Kwakiutl; 19. Jahrhundert
Zedernspäne, Zedernwurzel
Länge 34 cm, Breite 29 cm,
Höhe 34 cm
Kauf Firma Umlauff, Hamburg
(1903/04), Inv.-Nr. 6378

Der Korb ist bis auf das Fehlen der Kantenverstärkungen genauso konstruiert wie Kat.-Nr. 135. (Vgl. Holm 1987: 46; Lobb 1978: 93)

137 **Sammelkorb**
Kwakiutl; 19. Jahrhundert
Zedernspäne, Zedernwurzel
Länge 25 cm, Breite 16,5 cm,
Höhe 18 cm
Kauf Firma Umlauff, Hamburg
(1903/04), Inv.-Nr. 6380

Wie Kat.-Nr. 135–136.

133

134

137

138

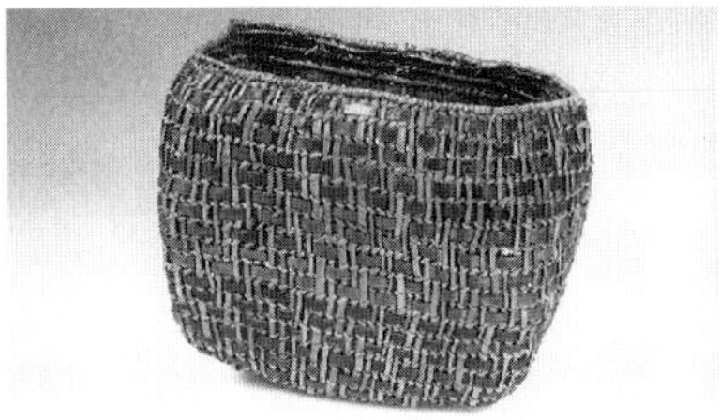

140

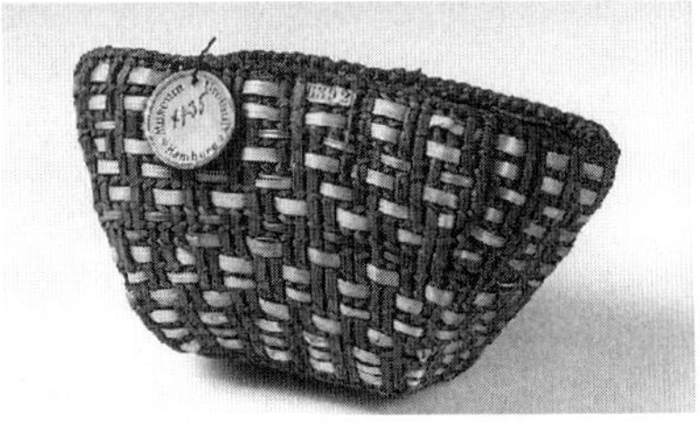

141

142

143

138 Sammelkorb
Kwakiutl; 19. Jahrhundert
Zedernspäne, Zedernwurzel,
Zedernbast, Wolle, Baumwolle
Länge 10,5 cm, Breite 8,5 cm,
Höhe 10 cm
Kauf Firma Umlauff, Hamburg
(1903/04), Inv.-Nr. 6381

Der keilförmige Miniaturkorb ist in derselben Art und Weise konstruiert wie die drei vorherigen. Die Kantenverstärkungen reichen aber nur bis auf eine Höhe von etwa drei Vierteln, und die Ösen fehlen. Das Tragband ist aus Zedernbast und Stoff zu einem Zopf geflochten und hat ein breiteres Mittelteil aus roten und grünen Woll- und weißen Baumwollfäden. Das Körbchen wurde vermutlich zum Sammeln von Beeren benutzt.

139 Sammelkorb (ohne Foto)
Kwakiutl; 19. Jahrhundert
Zedernspäne, Zedernwurzel
Länge 9 cm, Breite 9 cm, Höhe 8,5 cm
Kauf Firma Umlauff, Hamburg
(1903/04), Inv.-Nr. 6390

Wie Kat.-Nr. 138, jedoch quaderförmig.

140 Sammelkorb
Nootka; 19. Jahrhundert
Zedernbast, Zedernwurzel
Länge 18 cm, Breite 9 cm,
Höhe 15 cm
Kauf Firma Umlauff, Hamburg
(1903/04), Inv.-Nr. 6383

Boden und Kettgerüst sind aus starrer Wurzelfaser. An den Wänden wechseln breite eingeflochtene Zedernbaststreifen mit abwechselnd s- und z-kreuzig zwirngebundenen Reihen aus Wurzelspänen.

141 Sammelkorb
Kwakiutl; 19. Jahrhundert
Zedernspäne, Rindenfaser
Länge 16 cm, Breite 7 cm, Höhe 9 cm
Kauf Firma Umlauff, Hamburg
(1903/04), Inv.-Nr. 6392

Das keilförmige Körbchen zeigt eine Kombination aus echtem Flechten und umwickelndem Binden.

142 Sammelkorb
Tsimshian; 19. Jahrhundert
Birkenrinde, Wurzelfaser, Holz, Leder, Wolle
Länge 25 cm, Breite 13 cm,
Höhe 19,5 cm
Kauf Firma Umlauff, Hamburg
(1903/04), Inv.-Nr. 6591

Der ovale Korb mit leicht fliehenden Wänden ist aus Birkenrinde gefaltet und mit Wurzelfaser zusammengenäht. Der obere Rand ist mit einer Holzspanleiste verstärkt. An einer der seitlichen Lederschlaufen ist noch ein Rest grünen Wollstoffs vorhanden. Der Korb wurde laut Originalliste benutzt, um Wasser zu holen und Beeren zu sammeln.

143 Korb?
Bella Coola; 19. Jahrhundert
Pflanzenfaser
Durchmesser 34 cm, Höhe 10 cm
Kauf Firma Umlauff, Hamburg
(1903/04), Inv.-Nr. 6398

Der Zweck dieses trichterförmigen Korbes ohne Standfläche ist nicht angegeben. Es könnte sich um eine Art Sieb handeln. Der Flechtansatz ist ein zweibindiger Köper. Die Wände bestehen aus einem flexiblen Stakengeflecht. Die innere Windung des doppelten Randringes wird von allen, die äußere nur von einigen Kettfäden umfaßt. Das Material unterscheidet sich von dem der übrigen Korbbeispiele.

144 Henkelkorb
Kwakiutl; 19. Jahrhundert
Zedernbast, Zedernspäne, Holz,
Baumwolle
Länge 29,5 cm, Breite 24 cm,
Höhe 21 cm
Kauf Firma Umlauff, Hamburg
(1903/04), Inv.-Nr. 6399

Der Boden ist aus breiten Zedernbaststreifen randparallel in Leinwandbindung geflochten. Die Kettfäden der

144

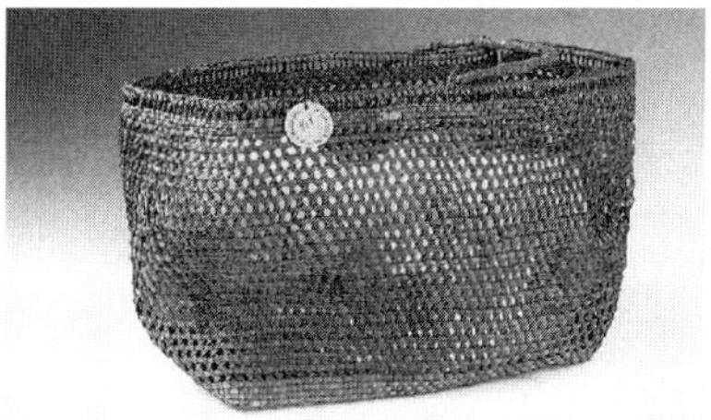

145

146

Wände sind ebenfalls Zedernbaststreifen, die Schußfäden sind helle Holzspäne. Die Bindung ist unregelmäßig. Zwischen jeweils zwei Holzspänen ist eine aus schmalen Zedernbaststreifen zwirngebundene Reihe eingesetzt. Den Rand bildet ein flexibler umwickelter Wulst. Der Henkel besteht aus verzwirnten Zedernspänen, die auf einer Seite mit Stoffstreifen umwickelt sind.

145 Henkelkorb
Nootka; 19. Jahrhundert
Zedernbast
Länge 30 cm, Breite 20 cm,
Höhe 20 cm
Kauf Firma Umlauff, Hamburg
(1903/04), Inv.-Nr. 6387

Der Korbboden ist aus breiten Zedernbaststreifen randparallel und in Leinwandbindung gefertigt. Für die Wände wurden feinere Zedernbaststreifen verwendet. Bis auf die ebenfalls leinwandgebundenen Ränder zeigen sie ein offenes Dreirichtungsgeflecht. Ein umwickelter Bastfaserstrang als Henkel ist einseitig abgerissen.

146 Korb
Bella Coola; 19. Jahrhundert
Zedernbast, Gras
Länge 27 cm, Breite 18 cm,
Höhe 18,5 cm
Kauf Firma Umlauff, Hamburg
(1903/04), Inv.-Nr. 6382

Der Boden des rechteckigen Korbes ist aus breiten Zedernbaststreifen randparallel in Leinwandbindung geflochten. Für das Kettgerüst der köperbindigen Wände wurden schmale Zedernbaststreifen, für die diagonal verlaufenden Schußfäden dunkler Zedernbast und helle Grasfaser verwendet. Der Korb zeigt sechs waagerechte Streifen und einen durchbrochen gearbeiteten Randabschluß. Er erscheint auf der letzten Seite des Umlauff-Konvolutes und gehört deshalb mit großer Wahrscheinlichkeit nicht zur zweiten Jacobsen-Sammlung (vgl. Einführung).

147 Unvollendeter Korb
(ohne Foto)
Nootka; 19. Jahrhundert
Zedernbast, Gras
Länge 34 cm, Breite 17,5 cm,
Höhe 8 cm
Kauf Firma Umlauff, Hamburg
(1903/04), Inv.-Nr. 6592

An diesem unvollendeten Korb, der ähnlich konstruiert ist wie Kat.-Nr. 146, schauen oben die Kettfäden aus Zedernbaststreifen hervor.

148 Korb
Nootka; 19. Jahrhundert
Zedernbast, Gras
Länge 13 cm, Breite 5 cm, Höhe 7 cm
Kauf Firma Umlauff, Hamburg
(1903/04), Inv.-Nr. 6394

Dieser kleine Korb ist wie Kat.-Nr. 146 gefertigt, hat aber nur einfarbige helle Schußfäden.

149 Korb
Nootka; 19. Jahrhundert
Zedernbast
Länge 34 cm, Breite 29 cm,
Höhe 8 cm
Kauf Firma Umlauff, Hamburg
(1903/04), Inv.-Nr. 6386

Der Boden dieses vollständig aus Zedernbaststreifen gefertigten Korbes zeigt im Boden eine Leinwandbindung, an den Wänden einen zweibindigen Köper. Am durchbrochenen Randabschluß ist eine gezwirnte Zedernbastschnur befestigt.

150 Korb
Nootka; 19. Jahrhundert
Zedernbast
Länge 20 cm, Breite 18 cm,
Höhe 18 cm
Kauf Firma Umlauff, Hamburg
(1903/04), Inv.-Nr. 6388

Der Korb ist aus unterschiedlich breiten und unterschiedlich getönten Zedernbaststreifen randparallel in Leinwandbindung gefertigt und hat einen durchbrochen gearbeiteten Randabschluß.

148

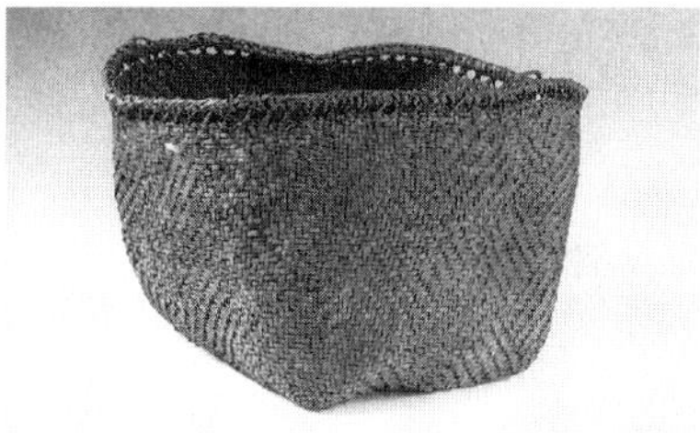

149

150

151

152

153

154

151 Korb
Nootka; 19. Jahrhundert
Zedernbast, Gras
Länge 15 cm, Breite 12 cm,
Höhe 14,5 cm
Kauf Firma Umlauff, Hamburg
(1903/04), Inv.-Nr. 6389

Der Korb ist aus verschieden breiten und unterschiedlich getönten Zedernbaststreifen gefertigt. Der Boden ist randparallel geflochten, an den Wänden sind die Techniken des echten Flechtens und des Zwirnbindens kombiniert. Unterhalb des Randes ist eine zwirngebundene Reihe aus einer hellen Grasfaser eingefügt.

155

152 Korb
Nootka; 19. Jahrhundert
Zedernbast
Länge 19 cm, Breite 11 cm,
Höhe 10 cm
Kauf Firma Umlauff, Hamburg
(1903/04), Inv.-Nr. 6385

Kett- und Schußfäden dieses Körbchens sind aus Zedernbast. Am Boden wurden doppelt so breite Fasern wie an den Wänden verwendet. Das randparallele Geflecht hat eine Leinwandbindung. Die durchbrochen gearbeiteten Streifen, in denen keine Schußfäden verwendet und statt dessen die Kettfäden gekreuzt wurden, geben dem Körbchen sein Strukturmuster. Es wurde angeblich zur Aufbewahrung von Nähutensilien gebraucht.

153 Deckelkorb
Nootka; 19. Jahrhundert
Zedernbast
Länge 13,5 cm, Breite 11,5 cm,
Höhe 9 cm
Kauf Firma Umlauff, Hamburg
(1903/04), Inv.-Nr. 6391

Die Streifen- und Karomuster von Korb und Deckel wurden durch die Verwendung verschieden getönter und unterschiedlich breiter Zedernbaststreifen erzeugt. Auch dieser leinwandbindig geflochtene Korb wurde angeblich zum Aufbewahren von Nähzeug benutzt.

154 Korb
Nootka; 19. Jahrhundert
Zedernbast, Rindenfaser
Länge 14 cm, Breite 8 cm, Höhe 9 cm
Kauf Firma Umlauff, Hamburg
(1903/04), Inv.-Nr. 6585

Das stark verformte Körbchen ist in Leinwandbindung geflochten und zeigt ein einfaches Karomuster. Die verwendeten Materialien sind Zedernbaststreifen und glatte Rindenstreifen, die Reste einer grünlichen Einfärbung aufweisen.

155 Henkelkorb
Nootka; 19. Jahrhundert
Zedernwurzel, Wolle
Länge 15 cm, Breite 5 cm,
Höhe 11,5 cm
Kauf Firma Umlauff, Hamburg
(1903/04), Inv.-Nr. 6384

Boden und Wände sind in Leinwandbindung randparallel geflochten. Als Henkel wurde eine gezwirnte Wollschnur verwendet. Die gesplißten Wurzelfasern verleihen dem Körbchen eine größere Starrheit als den aus Zedernbast gefertigten Exemplaren.

156 Henkelkorb
Tlingit; 19. Jahrhundert
Zedernwurzel, Rindenfaser
Länge 18 cm, Breite 12 cm,
Höhe 12 cm
Kauf Firma Umlauff, Hamburg
(1903/04), Inv.-Nr. 6586

Der kleine Tragkorb ist als zweibindiger Köper aus gesplißten Zedernwurzeln geflochten und punktuell mit heller Rindenfaser verziert. Für die Umflechtung des Henkels sind zusätzlich lila gefärbte Fasern verwendet worden.

156

157 Geflochtene Schale
vermutlich Küsten-Salish;
19. Jahrhundert
Wurzelfaser
Länge 36 cm, Breite 29 cm,
Höhe 12 cm
Kauf Firma Umlauff, Hamburg
(1903/04), Inv.-Nr.: 6396

157

Die ovale Korbschale ist durchstechend wulsthalbgeflochten. In den Randabschluß ist eine glatte braunrote Faser eingearbeitet. Die sehr eng geflochtene Schale ist wasserdicht und wurde laut Originalakte als Nachttopf verwendet. Die Flechttechnik des Wulsthalbflechtens ist für die Nootka untypisch, während sie bei den Küsten-Salish üblich war.

158 Deckelkorb
Küsten-Salish; um 1900
Pflanzenfaser
Durchmesser 17 cm, Höhe 18 cm
Kauf W. O. Oldman, London
(1905/05); Inv.-Nr. 15120

Der runde Korb ist mit zwei Elementen s-kreuzig zwirngebunden. Die Öffnung ist stark eingezogen und mit einem Deckel verschlossen. Auf der Korbwand sind drei Darstellungen von Kanus mit Insassen zu sehen. Die Deckelkante zeigt ein einfaches Ringdekor aus Sumpfgras.

159 Deckelkorb
Makah; um 1900
Zedernbast, Riedgras, Sumpfgras
Durchmesser 13 cm, Höhe 6,5 cm
Kauf W. O. Oldman, London
(1905/05); Inv.-Nr. 15121

Der kleine runde Korb mit eingezogenem Rand und Deckel ist in der Technik des umwickelnden Bindens hergestellt. Er zeigt als Verzierung drei Kanus mit Insassen und ein einfaches Streifendekor nahe dem unteren Rand. (Vgl. Holm 1987: 78/No. 15; Lobb 1978: 101)

160 Deckelkorb
Makah; um 1900
Zedernbast, Sumpfgras
Länge 10 cm, Breite 7,5 cm,
Höhe 7,5 cm
Kauf W. O. Oldman, London
(1905/05), Inv.-Nr. 15122

Das ovale Körbchen hat eine stark eingezogene Öffnung, die von einem Deckel verschlossen ist, und wurde in der Technik des umwickelnden Bindens gefertigt. Das Streifen- und Zackendekor ist in verschiedenen Brauntönen ausgeführt.

161 Deckelkorb
Nootka oder Makah; um 1900
Zedernbast, Sumpfgras
Durchmesser 17 cm, Höhe 11 cm
Kauf W. O. Oldman, London
(1905/05), Inv.-Nr. 15117

Der leicht verzogene Korb hat einen ovalen Boden und einen runden Deckel. Auch die Farbgebung ist an Korb und Deckel unterschiedlich. Am Deckel ist sie grün, gelb und lila, an den Korbwänden schwarz, rot und rost, so daß man vermuten könnte, daß Deckel und Korb ursprünglich nicht zusammengehört haben. Das Objekt ist in der Technik des umwickelnden Bindens hergestellt. Am Wandansatz sind einige Reihen zwirngebunden.

162 Rasselkorb (Farbtafel VI)
Tlingit; um 1900
Fichtenwurzel, Gras, Kieselsteinchen?
Durchmesser 20,5 cm, Höhe 10,5 cm
Kauf W. O. Oldman, London
(1905/05), Inv.-Nr. 15116

Der runde Deckelkorb ist mit zwei Elementen zwirngebunden und hat braune, goldene und rote Musterauflagen aus Gras. Der Deckelknauf ist zugleich eine Rassel und vermutlich mit kleinen Kieselsteinchen gefüllt. Wände und Deckel zeigen geometrische Muster.

163 Korb
Tlingit; um 1900
Fichtenwurzel, Gras
Durchmesser 17 cm, Höhe 14,5 cm
Kauf W. O. Oldman, London
(1905/05), Inv.-Nr. 15114

158

161

160

159

163

Der eimerförmige Korb ist mit zwei Elementen zwirngebunden und mit schwarzen, gelben und roten Musterauflagen versehen. (Vgl. Lobb 1978: 42, 55, 59)

164 Wickeltasche
Bella Coola; 19. Jahrhundert
Zedernbast
Länge 129 cm, Breite 26 cm
Kauf Firma Umlauff, Hamburg (1903/04), Inv.-Nr. 6339

An einen langen, schmalen, leinwandbindig geflochtenen Lappen ist am unteren Ende ein kleines Taschenfach angesetzt. In solchen Täschchen wurden Angelhaken oder andere Gegenstände, die vor Regen und Nässe geschützt werden mußten, aufbewahrt. Der Lappen wurde zum Schutz mehrfach darumgewickelt. (Vgl. Kat.-Nr. 165; HNAI Vol. 7 1900: 396/Fig. 3c; Stewart 1984: 132)

164

165

165 Wickeltasche
Nootka; 19. Jahrhundert
Zedernbast
Länge 53,5 cm, Breite 12,3 cm
Kauf Firma Umlauff, Hamburg (1903/04), Inv.-Nr. 6340

Wie Kat.-Nr. 164.

166 Tasche mit Einsatz
Nootka; 19. Jahrhundert
Zedernbast
Breite 38 cm, Höhe 38 cm
Kauf Firma Umlauff, Hamburg (1903/04), Inv.-Nr. 6351

166

Das Strukturmuster dieser Tasche, die in der Technik des randparallelen Flechtens in Leinwandbindung hergestellt ist, ergibt sich daraus, daß jeder zweite Schußfaden doppelt so breit ist wie die Kettfäden und die übrigen Schußfäden. Im Innern der Tasche ist eine zweite Tasche eingesetzt. Die darin aufbewahrten Gegenstände waren so besser vor Nässe geschützt.

167 Kleine Tasche (ohne Foto)
Nootka; 19. Jahrhundert
Zedernbast
Breite 21 cm, Höhe 16 cm
Kauf Firma Umlauff, Hamburg (1903/04), Inv.-Nr. 6341

Die Wände des schmalen Täschchens sind teilweise als offenes Dreirichtungsgeflecht und teilweise als randparalleles Geflecht in Leinwandbindung ausgeführt.

168

168 Kleine Tasche
Nootka; 19. Jahrhundert
Zedernbast
Breite 16 cm, Höhe 19,5 cm
Kauf Firma Umlauff, Hamburg (1903/04), Inv.-Nr. 6343

Das schmale, hochrechteckige Täschchen ist ähnlich gearbeitet wie Kat.-Nr. 167 und hat eine Tragschnur aus gezwirntem Zedernbast.

169

170

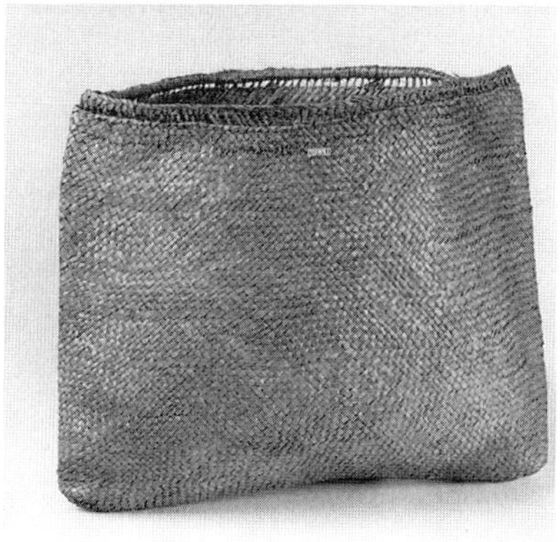

172

169 Henkeltasche
Nootka; 19. Jahrhundert
Zedernbast
Breite 22 cm, Höhe 20 cm
Kauf Firma Umlauff, Hamburg
(1903/04), Inv.-Nr. 6345

Die in Machart Kat.-Nr. 167–168 ähnliche Tasche hat einen Tragriemen aus gezwirntem Zedernbast.

170 Kleine Tasche
Nootka; 19. Jahrhundert
Zedernbast
Breite 17 cm, Höhe 17 cm
Kauf Firma Umlauff, Hamburg
(1903/04), Inv.-Nr. 6342

In diesem randparallel in Leinwandbindung geflochtenen Täschchen mit durchbrochener Randreihe und zopfgeflochtenem Abschluß wurde laut Originalakte Bindegarn aufbewahrt.

171 Tasche
Nootka; 19. Jahrhundert
Zedernbast
Breite 22 cm, Höhe 23 cm
Kauf Firma Umlauff, Hamburg
(1903/04), Inv.-Nr. 6344

Die schmale Tasche ist aus breiten Zedernbaststreifen diagonal in Leinwandbindung lose geflochten und hat zwei zwirngebundene Randreihen. Die Kettfädenenden stehen unversäubert über.

172 Tasche
Nootka; 19. Jahrhundert
Zedernbast
Breite 34 cm, Höhe 28 cm
Kauf Firma Umlauff, Hamburg
(1903/04), Inv.-Nr. 6350

Die fein geflochtene Tasche zeigt ein enges Diagonalgeflecht in Leinwandbindung, eine durchbrochene Randreihe und einen zopfgeflochtenen Abschluß. In ihr wurden Lebensmittel aufbewahrt.

173 Tasche
Nootka; 19. Jahrhundert
Zedernbast
Breite 25 cm, Höhe 29 cm
Kauf Firma Umlauff, Hamburg
(1903/04), Inv.-Nr. 6348

Für die durchbrochen erscheinenden Partien dieser leinwandbindigen Tasche wurden Schußfäden weggelassen und zwei nebeneinanderliegende Kettfäden gekreuzt.

174 Tasche (ohne Foto)
Nootka; 19. Jahrhundert
Zedernbast, Rindenfaser
Breite 25 cm, Höhe 28 cm
Kauf Firma Umlauff, Hamburg
(1903/04), Inv.-Nr. 6346

Die Tasche ist wie Kat.-Nr. 173 gefertigt und hat einen mit Rinde umwickelten Traggriff.

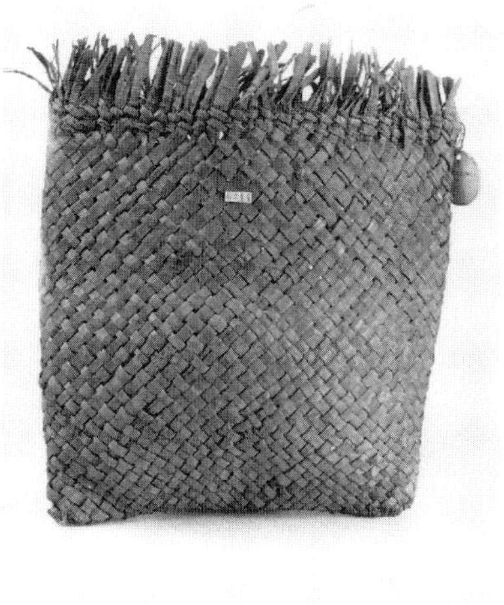

171

173

175

175 Tasche
Nootka; 19. Jahrhundert
Zedernbast
Breite 27,5 cm, Höhe 34 cm
Kauf Firma Umlauff, Hamburg
(1903/04), Inv.-Nr. 6347

Wie Kat.-Nr. 173.

176 Sacktasche
Nootka; 19. Jahrhundert
Tannenbast
Breite 33 cm, Höhe 40 cm
Kauf Firma Umlauff, Hamburg
(1903/04), Inv.-Nr. 6349

Die sackartige Tasche ist laut Originalakte aus Tannenbast gefertigt und diente zur Aufbewahrung von Zedernbastfasern für die Flechtarbeiten. Die helleren Tannenbastfasern sind zu einem feinen leinwandbindigen Geflecht verarbeitet.

177 Sacktasche
Nootka; 19. Jahrhundert
Zedernbast
Breite 46 cm, Höhe 73 cm
Kauf Firma Umlauff, Hamburg
(1903/04), Inv.-Nr. 6352

Die sackartige Tasche ist aus sehr breiten Zedernbaststreifen randparallel in Leinwandbindung geflochten. Am Rand ist ein aus Zedernbast gezwirntes Seil angebracht. In den Originalunterlagen ist der Sack als Reisetasche ausgewiesen. Stewart (1984: 132) bildet ein Vergleichsstück von den Bella Coola ab, das als Kartoffelsack Verwendung fand.

178 Tasche (ohne Foto)
Nootka; 19. Jahrhundert
Zedernbast
Breite 73 cm, Höhe 34 cm
Kauf Firma Umlauff, Hamburg
(1903/04), Inv.-Nr. 6353

176

177

179

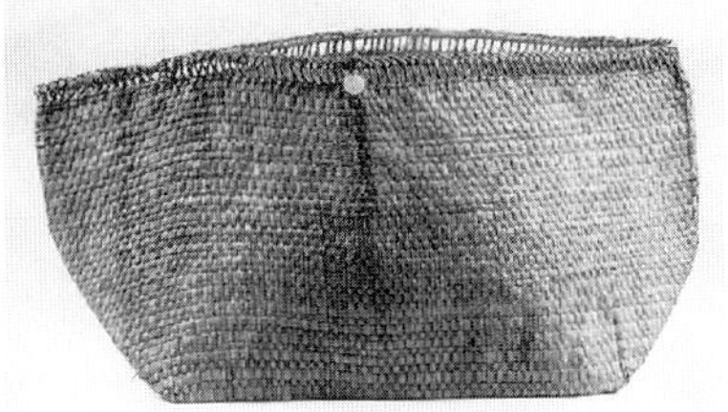

180

In den drei großen Taschen Kat.-Nr. 178–180 wurden getrocknete Fische aufbewahrt und transportiert. Sie zeigen unterschiedliche Varianten leinwandbindiger Geflechte. (Vgl. Kasten 1990: 74/Nr. 10)

179 Tasche
Nootka; 19. Jahrhundert
Zedernbast
Breite 58 cm, Höhe 41 cm
Kauf Firma Umlauff, Hamburg
(1903/04), Inv.-Nr. 6354

Vgl. Kat.-Nr. 178.

180 Tasche
Nootka; 19. Jahrhundert
Zedernbast
Breite 90 cm, Höhe 41,5 cm
Kauf Firma Umlauff, Hamburg
(1903/04), Inv.-Nr. 6356

Vgl. Kat.-Nr. 178

181 Tasche (ohne Foto)
Nootka; 19. Jahrhundert
Zedernbast
Breite 75 cm, Höhe 35 cm
Kauf Firma Umlauff, Hamburg
(1903/04), Inv.-Nr. 6359

Die große Tasche ähnelt von der Form her Kat.-Nr. 178–180, wurde aber laut Originalakte zum Transport von Kleidungsstücken auf Reisen verwendet. Sie zeigt ein Strukturmuster aus unterschiedlich getönten Zedernbaststreifen.

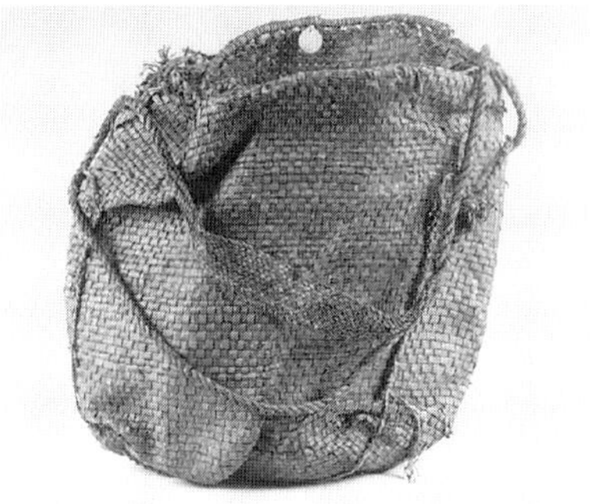

182

182 Tragetasche
Nootka; 19. Jahrhundert
Zedernbast
Breite 56 cm, Höhe 55 cm
Kauf Firma Umlauff, Hamburg
(1903/04), Inv.-Nr. 6355

Die grob gearbeitete Tasche ist mit einem aus Zedernbastschnüren gezwirnten Tragriemen versehen, der sich in der Mitte zu einem geflochtenen Band verbreitert. Die Tasche wurde an dem über die Stirn geführten Tragband auf dem Rücken hängend getragen.

Matten
Für geflochtene Matten in allen Größen gab es vielfältige Verwendungsmöglichkeiten im Alltag und während der Zeremonien. Im Haus wurden sie zum Isolieren der Wände, als Sitz- oder als Schlafmatten oder zum Abtrennen der Wohneinheiten verwendet. Im Kanu dienten sie als Sitzunterlage, als Abdeckung und Schutz gegen das Gischtwasser und nach Übernahme der Segelschiffahrt sogar als Segel. Lange Matten dienten als saubere Sitzunterlage für die *potlatch*-Gäste. Tote wurden in Matten bestattet. Matten gehörten auch zu den bei einem *potlatch* verteilten Geschenken.
Die Matten sind zumeist aus Zedernbast geflochten, seltener aus der Wolle der Bergziegen geknüpft. Viele sind mit Streifen oder Karos gemustert. Für die Muster verwendete man rot und schwarz oder dunkelbraun gefärbte Zedernbaststreifen. Es handelt sich um randparallele oder diagonale Geflechte in Leinwandbindung. Vor allem lange Matten wurden diagonal geflochten. So konnten auch für diese kürzere und handlichere Flechtfasern verwendet werden. Vor allem die Wandmatten trugen häufig aufgemalte Designs (vgl. Kat.-Nr. 197).

183 Matte
Küsten-Salish; 19. Jahrhundert
Wolle, Baumwolle
Länge 63 cm, Breite 54 cm
Kauf Firma Umlauff, Hamburg
(1903/04), Inv.-Nr. 6556

Das in der Originalakte als Tasche bezeichnete Objekt hat keine Taschenöffnung. Es ist aus gezwirnten Fäden der hellen Bergziegenwolle geknüpft. Die beiden äußeren der insgesamt fünf eingearbeiteten Streifen sind aus rot und beige gemustertem Baumwollstoff, die drei inneren aus grobem grünem Wollstoff.

184 Spielmatte
Nootka; 19. Jahrhundert
Zedernbast
Länge 50 cm, Breite 47 cm
Kauf Firma Umlauff, Hamburg
(1903/04), Inv.-Nr. 6358

In der Originalakte ist angegeben, daß diese Matte als Spielunterlage verwendet wurde, ohne daß näher bezeichnet ist, um welches Spiel es sich handelt. Sie ist nahezu quadratisch und hat abgerundete Ecken. Für den fünf Zentimeter breiten Rand wurden schmalere und teilweise dunklere Baststreifen verwendet. Auf einer Seite teilt ein dunkler Querstreifen die Matte in Längsrichtung ungefähr im Verhältnis 2:3. Auf der Rückseite verlaufen zwei dunklere Streifen durch die Quermitte. Möglicherweise sind auf diese Weise Spielfelder eingeteilt.

185 Matte
Nootka; 19. Jahrhundert
Zedernbast
Länge 46 cm, Breite 34 cm
Kauf Firma Umlauff, Hamburg
(1903/04), Inv.-Nr. 6362

In der Längsmitte der kleinen rechteckigen Matte sieht man vier dunkle Streifen, die in sich hell und dunkel kariert sind. In die Ränder sind breite Baststreifen eingearbeitet. An den Kopfseiten sind die Kettfäden durch zwei zwirngebundene Reihen gesichert und stehen als kurze Fransen über.

183

184

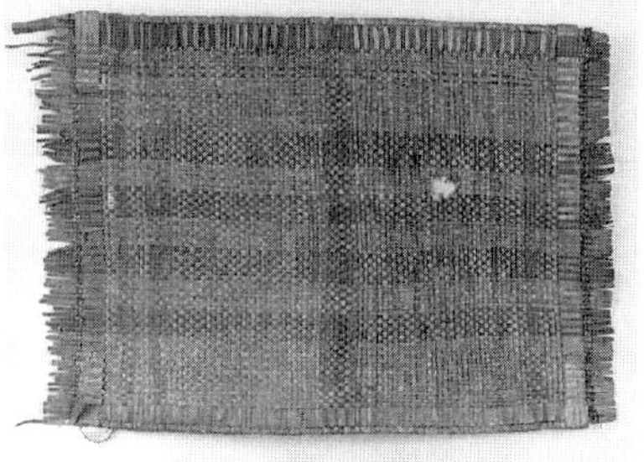

185

186

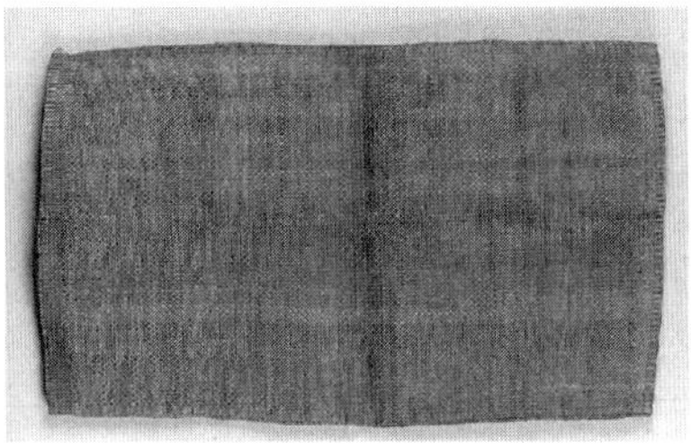

187

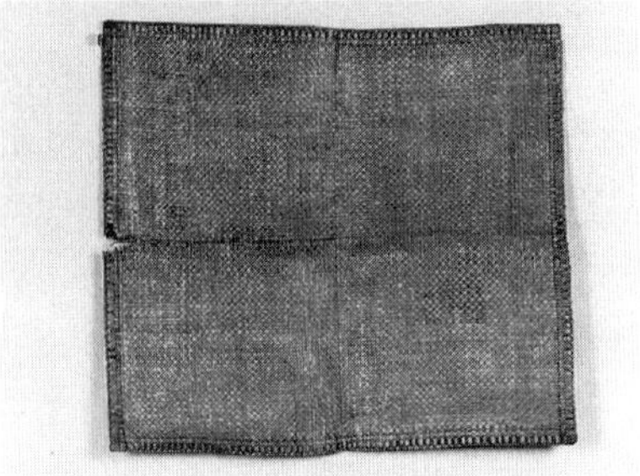

188

193

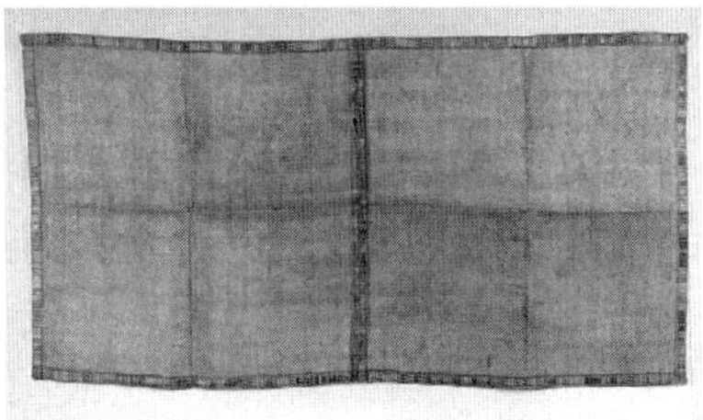

192

186 Matte
Nootka; 19. Jahrhundert
Zedernbast
Länge 68 cm, Breite 57 cm
Kauf Firma Umlauff, Hamburg
(1903/04), Inv.-Nr. 6361

Die rechteckige Matte zeigt ein offenes Karomuster aus dunklen Längs- und Querstreifen, die in sich wiederum durch kleine Karos gemustert sind.

187 Matte
Nootka; 19. Jahrhundert
Zedernbast
Länge 95 cm, Breite 56 cm
Kauf Firma Umlauff, Hamburg
(1903/04), Inv.-Nr. 6363

Die ungemusterte Matte hat als Randabschluß einen breiten Zedernbaststreifen.

188 Sitzmatte
Nootka; 19. Jahrhundert
Zedernbast
Länge 100 cm, Breite 93 cm
Kauf Firma Umlauff, Hamburg
(1903/04), Inv.-Nr. 6364

Die ansonsten monochrome Matte ist nur an den Rändern durch dunklere Fasern gemustert.

189 Schlafmatte
Nootka; 19. Jahrhundert
Zedernbast
Länge 160 cm, Breite 50 cm
Kauf Firma Umlauff, Hamburg
(1903/04), Inv.-Nr. 6360

Die schmale, längliche Matte hat eine Randzier aus breiten, dunkelbraunen Zedernbaststreifen. Das Muster besteht aus dunklen Querstreifen, die in sich kariert sind.

190 Matte (ohne Foto)
Nootka; 19. Jahrhundert
Zedernbast
Länge 175 cm, Breite 100 cm
Kauf Firma Umlauff, Hamburg
(1903/04), Inv.-Nr. 6368

Zu dieser stark beschädigten Matte ist in den Originalunterlagen vermerkt, daß sie auf Reisen gebraucht wurde. Sie zeigt ein feingliedriges Karomuster aus verschiedenen Braun- und Rottönen.

191 Sitzmatte (ohne Foto)
Nootka; 19. Jahrhundert
Zedernbast
Länge 228 cm, Breite 116 cm
Kauf Firma Umlauff, Hamburg
(1903/04), Inv.-Nr. 6365

Die rechteckige Matte ist optisch in zwei gleichgroße Quadrate aufgeteilt, deren Ränder mit dunklen Zedernbaststreifen verziert sind.

192 Sitzmatte
Nootka; 19. Jahrhundert
Zedernbast
Länge 240 cm, Breite 120 cm
Kauf Firma Umlauff, Hamburg
(1903/04), Inv.-Nr. 6370

Wie Kat.-Nr. 191.

193 Sitzmatte
Nootka; 19. Jahrhundert
Zedernbast
Länge 254 cm, Breite 118 cm
Kauf Firma Umlauff, Hamburg
(1903/04), Inv.-Nr. 6371

Die rechteckige Matte ist aus zwei gleichgroßen quadratischen Teilstücken zusammengesetzt, die wiederum durch mittige Musterstreifen optisch in vier kleinere Quadrate aufgeteilt sind.

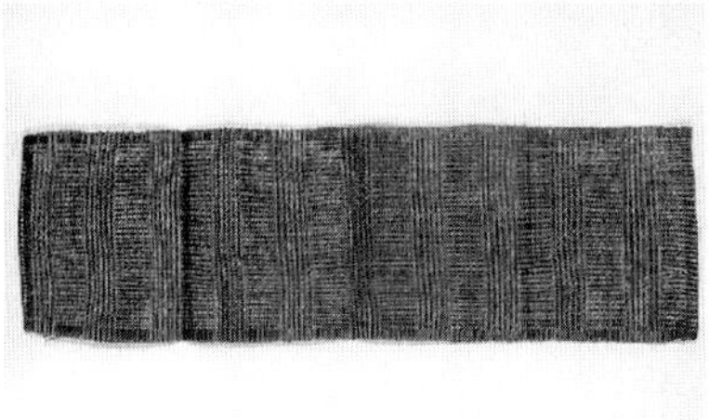

189

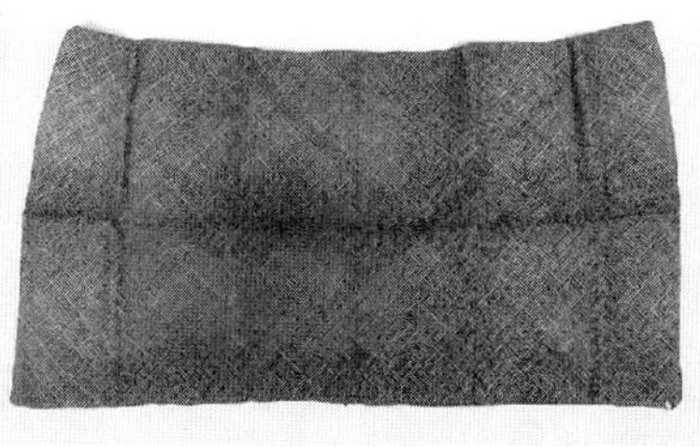

194

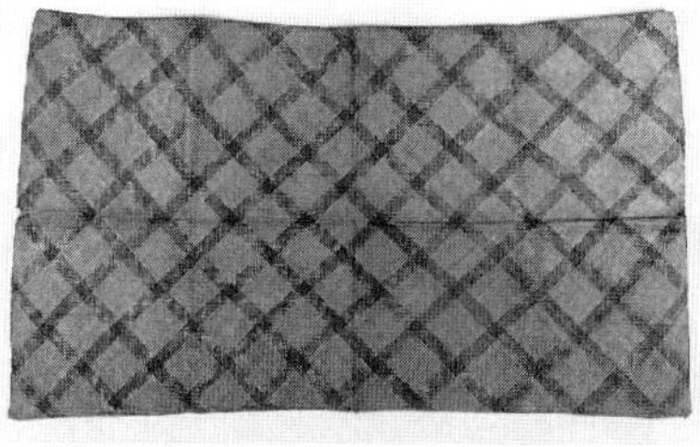

195

196

197

194 Sitzmatte
Nootka; 19. Jahrhundert
Zedernbast
Länge 200 cm, Breite 114 cm
Kauf Firma Umlauff, Hamburg
(1903/04), Inv.-Nr. 6369

Die große, rechteckige Matte ist im Gegensatz zu den vorherigen Beispielen diagonal und nicht randparallel geflochten. Das Schachbrettmuster setzt sich aus schmalen hell und dunkel gestreiften Quadraten zusammen.

195 Sitzmatte
Nootka; 19. Jahrhundert
Zedernbast
Länge 200 cm, Breite 125 cm
Kauf Firma Umlauff, Hamburg
(1903/04), Inv.-Nr. 6372

Die diagonal geflochtene Matte ist mit großen offenen Karos verziert, die durch die Verwendung verschiedenfarbiger Zedernbastfasern entstanden sind.

196 Sitzmatte
Nootka; 19. Jahrhundert
Zedernbast
Länge 40 cm, Breite 39 cm
Kauf Firma Umlauff, Hamburg
(1903/04), Inv.-Nr. 6357

Die leicht trapezförmige Sitzmatte zeigt ein unregelmäßiges Karomuster aus verschiedenfarbigen Zedernbaststreifen.

197 Bemalte Matte
Nordwestküste; um 1900
Zedernbast
Länge 169 cm, Breite 91 cm
Kauf W. O. Oldman, London
(1912/06), Inv.-Nr. 27693

Die stark beschädigte Matte ist durch die Verwendung dunklerer Bastfasern in Musterfelder aufgeteilt, die mit Tiermotiven und abstrakten Motiven in den Farben Schwarz, Rot, Grün und Blau bemalt sind. (Vgl. Haberland 1979: 131/F-6)

198 Mörser
Bella Coola; 19. Jahrhundert
Stein
Durchmesser 22 cm, Höhe 16 cm
Kauf Firma Umlauff, Hamburg
(1903/04), Inv.-Nr. 6251

In diesem großen, runden Steinmörser zerstampfte man vermutlich Lebensmittel oder auch Farbpigmente.

199 Mörser
Nordwestküste; 19. Jahrhundert
Stein
Durchmesser 12,5 cm, Höhe 9 cm
Vorbesitzer unbekannt (1990/06),
Inv.-Nr. 52957

Der Mörser hat im Gegensatz zu Kat.-Nr. 198 fliehende Wände. Obwohl es sich um alten Bestand handelt, wurde er erst 1990 inventarisiert.

200 Feuerstein
Bella Coola; 19. Jahrhundert
Quarz
Länge 3 cm, Breite 3 cm
Kauf Firma Umlauff, Hamburg
(1903/04), Inv.-Nr. 6286

Mit Quarzstückchen wie Kat.-Nr. 200 und 201 konnte man Feuer schlagen. Geschliffen wurden sie auch als Schaberklingen in der Holzbearbeitung verwendet.

201 Feuerstein (ohne Foto)
Bella Coola; 19. Jahrhundert
Quarz
Länge 3 cm, Breite 2 cm
Kauf Firma Umlauff, Hamburg
(1903/04), Inv.-Nr. 6287

Wie Kat.-Nr. 200.

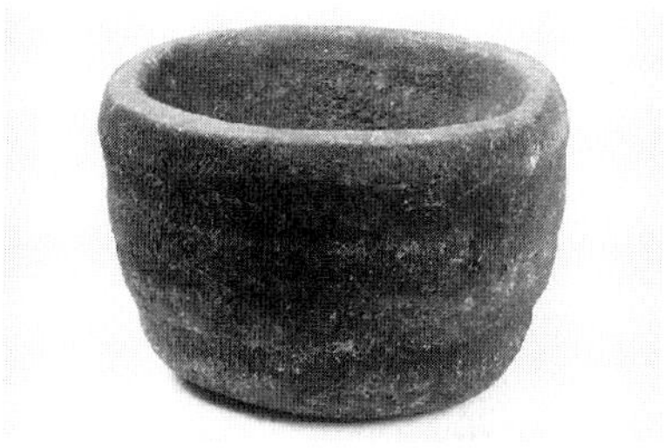

198

199

200

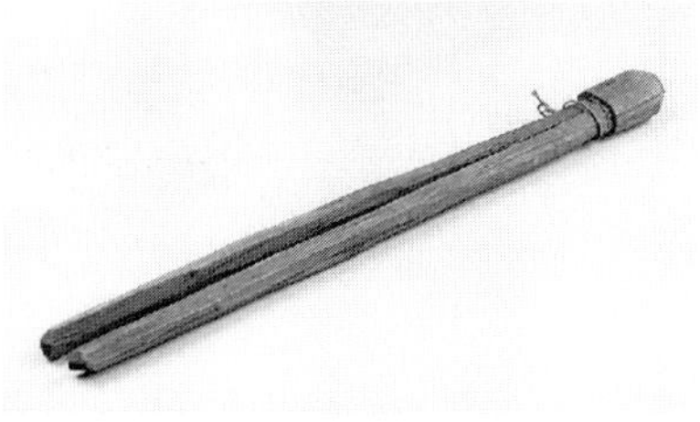

203

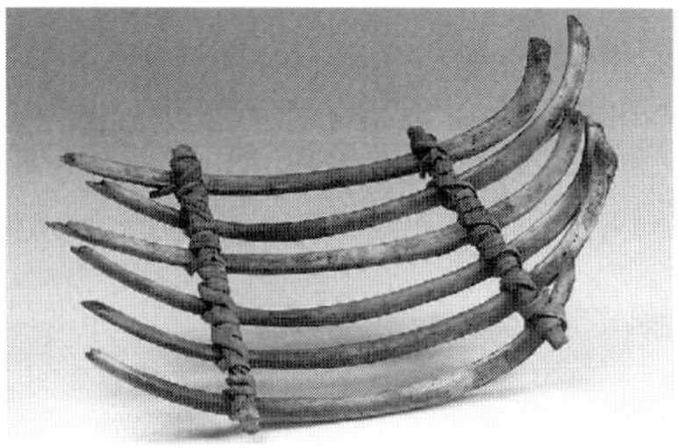

204

202 **Feuerzange** (ohne Foto)
Bella Coola; 19. Jahrhundert
Holz
Länge 115 cm, Breite 3,5 cm
Kauf Firma Umlauff, Hamburg
(1903/04), Inv.-Nr. 6299

Mit Zangen aus bis kurz vor dem Ansatz längs gespaltenen Hölzern wurden glühende Steine aus dem Feuer geholt, die man für das Kochen in Holzkisten oder Körben brauchte. Lange Zangen wurden auch benutzt, um Fisch zu räuchern. Die Fischhälften wurden zwischen die beiden Holzleisten geklemmt, die dann oben zusammengebunden wurden. Das zugespitzte Ende der Zange wurde neben dem Feuer in den Boden gerammt. (Vgl. Kat.-Nr. 203; Stewart 1977: 130, 157)

203 **Feuerzange**
Bella Coola; 19. Jahrhundert
Holz
Länge 32 cm, Breite 3 cm
Kauf Firma Umlauff, Hamburg
(1903/04), Inv.-Nr. 6300

Wie Kat.-Nr. 202.

204 **Seiher**
Bella Coola; 19. Jahrhundert
Knochen, Holz, Rindenfaser
Länge 26 cm, Breite 14 cm
Kauf Firma Umlauff, Hamburg
(1903/04), Inv.-Nr. 6486

205

Bei diesem Gerät handelt es sich um eine Art Sieb, bei dem sechs parallel angeordnete Rippenknochen mit Rindenfaser an zwei quer dazu angebrachten Holzleisten festgebunden sind. Es wurde benutzt, um Fischstücke aus dem Kochtopf zu heben. (Vgl. Stewart 1977: 157)

205 **Fleischkonserve**
Bella Coola; 19. Jahrhundert
Leder, Sehne, Trockenfleisch
Länge 18,5 cm, Breite 13,5 cm
Kauf Firma Umlauff, Hamburg
(1903/04), Inv.-Nr. 6519

Das Trockenfleisch ist in eine Ledertasche eingenäht und wurde in dieser Form als Reiseproviant verwendet.

Löffel
Als Eßbesteck verwendeten die Indianer lediglich Löffel. Da man die Nahrung stark zerkochen ließ, waren Löffel zum Essen am besten geeignet. Besonders verzierte Löffel kamen nur bei festlichen Anlässen zum Einsatz. Löffel wurden aus Holz, Knochen oder Horn geschnitzt oder in speziell für die Löffelproduktion hergestellten Formen gepreßt. Das Rohmaterial wurde durch Feuchtigkeits- und Hitzeeinwirkung biegsam gemacht. Lange, spatelförmige Löffel (vgl. Kat.-Nr. 206–209) wurden speziell für den Verzehr einer bestimmten Süßspeise, des Seifenbeeren-Schaums, hergestellt. Es gab eine festgelegte Etikette, die zum Beispiel vorschrieb, in welcher Art und Weise man mit einem Löffel essen sollte.

206 **Eßspatel**
Kwakiutl; 19. Jahrhundert
Holz
Länge 36 cm, Breite 3 cm
Kauf Firma Umlauff, Hamburg
(1903/04), Inv.-Nr. 6458

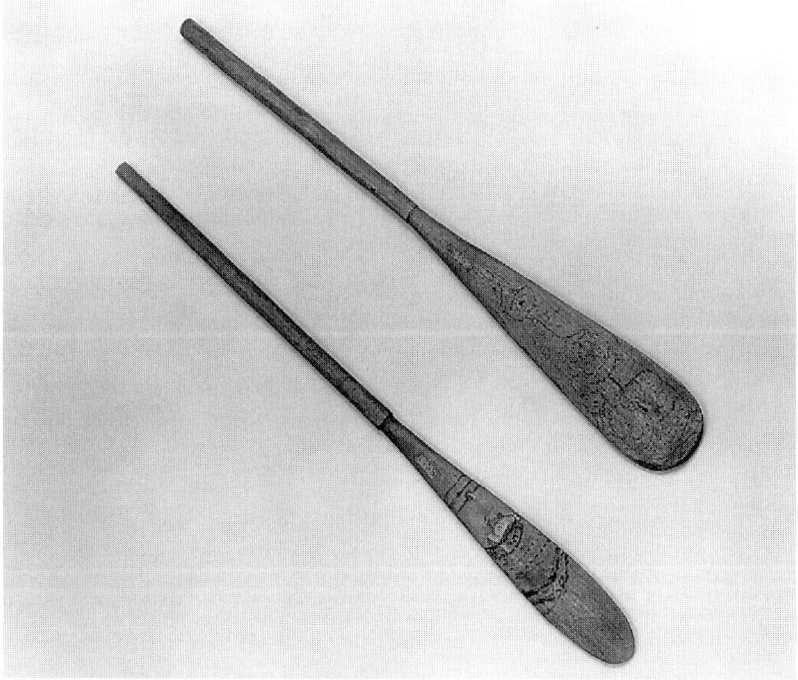

207 / 206

Der paddelförmige Löffel mit länglicher, tropfenförmiger Laffe ist mit eingebrannten Linien und Punktreihen verziert. (Vgl. Kat.-Nr. 207; Holm 1984: Nos. 86–87)

207 Eßspatel
Kwakiutl; 19. Jahrhundert
Holz
Länge 33,5 cm, Breite 4 cm
Kauf Firma Umlauff, Hamburg
(1903/04), Inv.-Nr. 6493

Der Beerenschaumspatel ist mit eingebrannten Zeichnungen verziert. Auf der Rundung der tropfenförmigen Laffe ist vermutlich ein Vogelgesicht dargestellt. Die darunter befindlichen Motive sind undeutlich. Die Rückseite zeigt einen großen s-förmigen Schnörkel. (Vgl. Kat.-Nr. 206; Holm 1984: Nos. 86–87)

208 Eßspatel
vermutlich nördliche Küste;
19. Jahrhundert
Holz
Länge 34 cm, Breite 5 cm
Kauf Firma Umlauff, Hamburg
(1903/04), Inv.-Nr. 6414

Die flache, längliche Laffe ist unverziert. Die Gestaltung der Griffoberseite erinnert an Wirbelknochen wie bei einem Rückgrat. Das flossenähnliche Griffende zeigt unter dem schraffierten Feld ein Augengelenk. So bezeichnet man die in der Nordwestküsten-Malerei häufig verwendeten ovoiden Formen. Auch die stegartige Erhebung auf der Rückseite ist mit kreuzweise eingeritzten Schraffuren verziert. (Vgl. Wardwell 1978: 113/No. 89)

209 Eßspatel
vermutlich nördliche Küste;
19. Jahrhundert
Holz
Länge 33,5 cm, Breite 5 cm
Kauf Firma Umlauff, Hamburg
(1903/04), Inv.-Nr. 6415

Die flache, längliche Laffe ist im oberen Teil mit kreuzweise eingeritzten

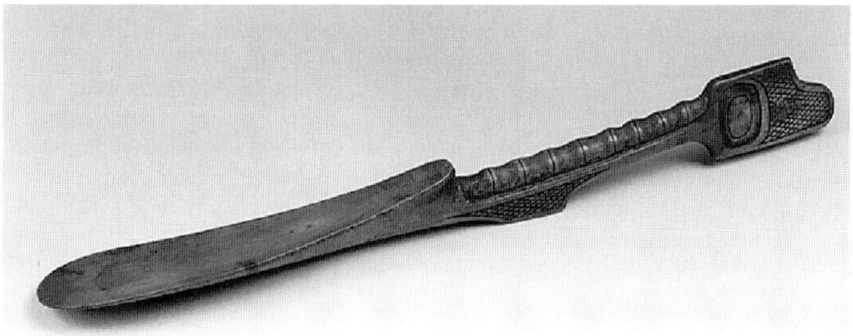

208

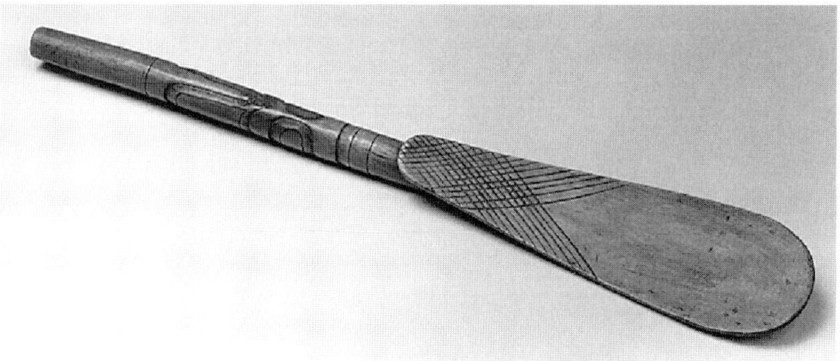

209

Schraffuren versehen. Die Schnitzerei auf dem runden Griff stellt einen stilisierten Tierkopf dar.

210 Schöpflöffel
Bella Coola; 19. Jahrhundert
Holz
Länge 78,5 cm, Breite 22 cm
Kauf Firma Umlauff, Hamburg
(1903/04), Inv.-Nr. 6523

Der große, schmucklose Schöpflöffel wurde benutzt, um Fleischstücke aus den Kochtöpfen zu heben.

211 Schöpflöffel
Kwakiutl; 19. Jahrhundert
Holz
Länge 20,5 cm, Breite 12,5 cm
Kauf Firma Umlauff, Hamburg
(1903/04), Inv.-Nr. 6457

Das Griffende des kleinen, schaufelartigen Schöpflöffels ist als Bärenkopf gestaltet.

212 Schöpflöffel (Farbtafel VIII)
Kwakiutl; 19. Jahrhundert
Holz, Glasperlen
Länge 51 cm, Breite 15,5 cm
Kauf Firma Umlauff, Hamburg
(1903/04), Inv.-Nr. 6522

Der große Schöpflöffel ist aus einem Stück Holz geschnitzt. Der Griff ist

210

211

teilweise durchbrochen gearbeitet, so daß die Laffe mitsamt einem einfachen Griffansatz auf dem figürlich gestalteten Griffteil aufzusitzen scheint. Dargestellt ist die mythische Seeschlange Sisiutl. Die Zunge ist herausgestreckt und eingerollt. Als Augen sind weinrote Glasperlen eingesetzt. In der Originalakte findet sich der Hinweis, daß der Löffel bei der Krankenheilung verwendet wurde und das Trinken daraus Patienten heilen konnte, die infolge von Schlangenbissen erkrankt waren.

213 Schöpflöffel
Zentrale Küste; 19. Jahrhundert
Holz
Länge 36,5 cm, Breite 10 cm
Kauf Firma Umlauff, Hamburg (1903/04), Inv.-Nr. 6456

Der hölzerne Schöpflöffel mit abgewinkeltem Stielende ist innen und außen rot und blau bemalt. In der Löffelrundung erscheint die typischen ovoiden und u-förmigen Formlinien. Auf der Rückseite ist ein Raubtier mit gebleckten Zähnen dargestellt, dessen Identität aufgrund der stark verblaßten Farben und der Bruchkante am vorderen Rand nicht mehr zu erkennen ist. (Vgl. Holm 1984: 82/No. 134; Holm 1987: 206; Jonaitis 1991: 36)

213

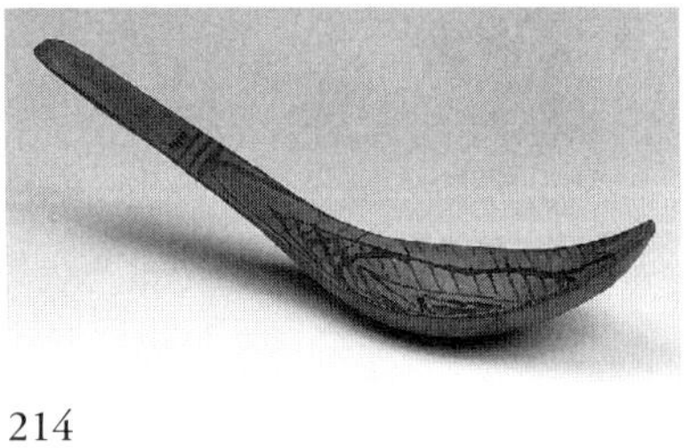

214

215

214 Löffel
Bella Coola; 19. Jahrhundert
Holz
Länge 26 cm, Breite 6 cm
Tausch Museum für Völkerkunde, Berlin (1937/14), Inv.-Nr. 40405

Der Innenseite der Laffe zeigt eine sehr flüchtig wirkende schwarze und rote Bemalung. Der Löffel stammt aus einem Tausch mit dem Museum für Völkerkunde in Berlin und ist Teil eines ganzen Bündels gleichartig gestalteter Löffel, von denen lediglich einer nach Köln abgegeben wurde. Das Berliner Inventarbuch verzeichnet als Sammler F. Jacobsen. Der Löffel würde demnach ebenfalls von der zweiten Jacobsen-Reise, an der auch Adrians Bruder Fillip teilnahm, stammen. (Vgl. King 1981: Pl.34/No. 47)

215 Löffel
vermutlich Kwakiutl;
19. Jahrhundert
Holz
Länge 21 cm, Breite 6 cm
Kauf Firma Umlauff, Hamburg (1903/04), Inv.-Nr. 6455

Die s-förmige Silhouette des Löffels erinnert an einen Wasservogel mit vorgestrecktem Schnabel. Aufgrund der spitz zulaufenden Laffe ist zu vermuten, daß es sich um den Löffel einer jungen Frau aus gutem Hause handelt, für die es sich nicht geziemte, den Mund weit zu öffnen. (Vgl. Holm 1987: 90/No. 30, Jonaitis 1991: 36)

216 Löffel
Bella Coola; 19. Jahrhundert
Horn
Länge 28,5 cm, Breite 8,5 cm
Kauf Firma Umlauff, Hamburg (1903/04), Inv.-Nr. 6454

Die großen Hörner des Wildschafes lieferten das Rohmaterial für den einfachen, hellen Hornlöffel mit großer Laffe und zugespitztem Stiel. Etwa fünf Zentimeter unterhalb der Stielspitze fallen beidseitig zwei kleine Einkerbungen auf. (Vgl. Jonaitis 1991: 36)

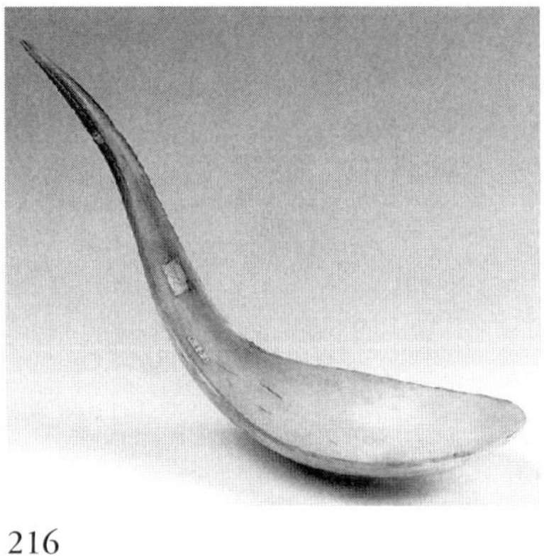

216

217

218

217 Löffel
vermutlich Tlingit; 19. Jahrhundert
Horn, Kupferniete
Länge 22 cm, Breite 6 cm
Kauf Klaus Clausmeyer, Düsseldorf
(1961/01), Inv.-Nr. 47908

Der fein gestaltete Löffel ist aus zwei Teilen zusammengesetzt, die von einer Kupferniete zusammengehalten werden. Der figürlich geschnitzte Stiel zeigt die natürliche Krümmung des Bergziegenhorns. Die figürliche Darstellung beginnt oben mit einer Reihe von kleinen Zylindern, die die geflochtenen Ringe auf den Hüten der Adligen repräsentieren. Es folgen ein anthropomorphes Gesicht, ein Killerwal und ein Adler. Solche fein gearbeiteten Löffel wurden nur bei festlichen Anlässen gebraucht, bei denen das Zurschaustellen des Familienbesitzes angebracht war. (Vgl. Holm 1984: Fig. 141–142; Holm 1987: 155)

218 Löffel
Tsimshian; 19. Jahrhundert
Horn, Messingdraht
Länge 30 cm, Breite 6 cm
Kauf Firma Umlauff, Hamburg
(1903/04), Inv.-Nr. 6452

Der Löffelstiel ist mit figürlichen Motiven beschnitzt, die von oben nach unten einen Raubwal mit der typischen geteilten Schwanz- und der großen, senkrecht stehenden Rückenflosse, eine hockende anthropomorphe Gestalt und einen Kopf darstellen. Die Laffe ist mit Hilfe eines Messingdrahtes am Stiel befestigt.

219 Löffel
Tsimshian; 19. Jahrhundert
Horn
Länge 15,5 cm, Breite 5,5 cm
Kauf Firma Umlauff, Hamburg
(1903/04), Inv.-Nr. 6453

Der schlichte Löffel aus geschwärztem Bergziegenhorn hat eine leicht s-förmige Silhouette und einen kurzen, runden, spitz zulaufenden Stiel. (Vgl. Drucker 1955: 52; Holm 1984: No. 135)

220 Schale
Kwakiutl; 19. Jahrhundert
Holz
Länge 18 cm, Breite 9,5 cm,
Höhe 4,5 cm
Kauf Firma Umlauff, Hamburg
(1903/04), Inv.-Nr. 6471

Das länglich ovale Schälchen mit minimaler Standfläche hat weit fliehende, dünne Wände, die auf der Unterseite mit eingeritzten Formlinien verziert sind.

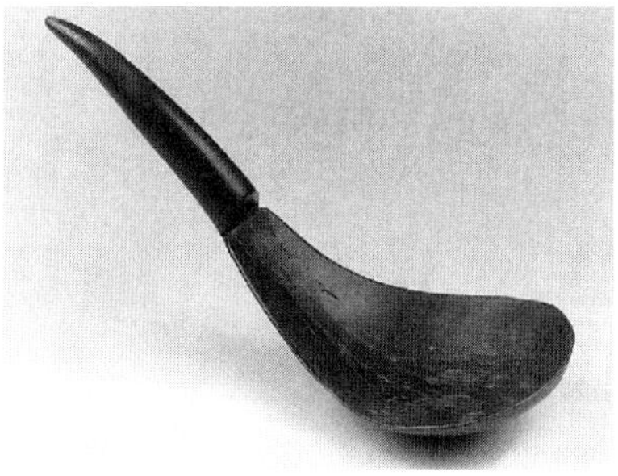

219

221 Schale
Bella Coola; 19. Jahrhundert
Holz
Länge 12 cm, Breite 6 cm,
Höhe 5,5 cm
Kauf Firma Umlauff, Hamburg
(1903/04), Inv.-Nr. 6472

Die kleine tiergestaltige Schale war laut Originalakte angeblich für Kinder gedacht. Auch der Boden und die abgeschrägte Fläche unter der Tierschnauze sind mit eingeritzten Gesichtern verziert.

222 Transchale
Haida; 19. Jahrhundert
Holz
Länge 22 cm, Breite 12,5 cm,
Höhe 8,5 cm
Kauf Firma Umlauff, Hamburg
(1903/04), Inv.-Nr. 6470

Die länglich ovale Holzschale stellt einen Seehund mit vorgestrecktem Kopf und Schwanzflosse dar. Die Handflossen und andere anatomische Details sind durch abstrakte Formlinien auf dem Bauch der Schale wiedergegeben, die aber aufgrund des auf der Außenseite ausgetretenen Tran-

220

221

222

fetts, für dessen Aufbewahrung die Schale hergestellt wurde, teilweise nicht mehr erkennbar sind. Der Rand ist mit eingekerbten Querrillen versehen. (Vgl. Holm 1984: 79/No. 128; Holm 1987: 150/No. 59)

223 Transchüssel
Kwakiutl; 19. Jahrhundert
Holz
Länge 13,5 cm, Breite 11 cm,
Höhe 7 cm
Kauf Firma Umlauff, Hamburg
(1903/04), Inv.-Nr. 6473

Die hochgezogenen Schmalseiten sind als Tierköpfe gestaltet und stellen vermutlich Bären dar. Die ölige Patina gibt einen Hinweis auf die Verwendung als Transchüssel.

224 Transchüssel
Haida; um 1900
Holz
Länge 30 cm, Breite 23 cm,
Höhe 11 cm
Kauf W. O. Oldman, London
(1908/01), Inv.-Nr. 22166

Die rechteckige Schüssel hat nur leicht fliehende Wände und abgerundete Kopfseiten. Die Kopfseiten zeigen eingeschnittene Bärengesichter, die Längsseiten in Gruppen angeordnete senkrechte Rillen. Die ölige Patina weist auf die Verwendung als Transchüssel hin. (Vgl. Holm 1984: 74–75/Nos. 117–119)

225 Schüssel
Bella Coola; 19. Jahrhundert
Holz
Länge 60,5 cm, Breite 33 cm,
Höhe 18,5 cm
Kauf Firma Umlauff, Hamburg
(1903/04), Inv.-Nr. 6482

Die wie ein Boot geformte Schüssel hat hochgezogene Kopfseiten, die halbrund abschließen, und eine randliche Rillenverzierung. Schüsseln diesen Typs sind auch von anderen Ethnien an der Nordwestküste bekannt. Sie waren für den täglichen Gebrauch gedacht. (Vgl. Hawthorn 1979: 182/Fig. 354–356; Jonaitis 1991: 33; HNAI Vol. 7 1990: 459/Fig. 3)

226 Schüssel
Makah, Louis Jokum; um 1900
Holz, Glasperlen
Länge 54 cm, Breite 24 cm,
Höhe 10,5 cm
Kauf W.O. Oldman, London
(1905/05), Inv.-Nr. 15102

Die auf vier kurzen Beinen stehende ovale Festschüssel für Lachse ist mit zwei Tierköpfen und -schwänzen ausgestattet. Die typischen kreuzweisen

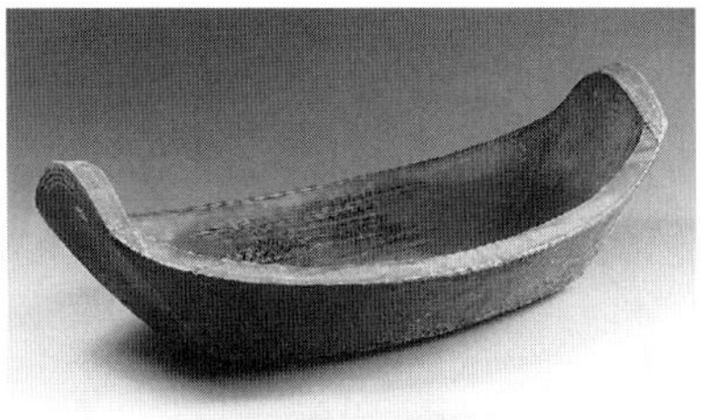

225

223

226

224

227

228

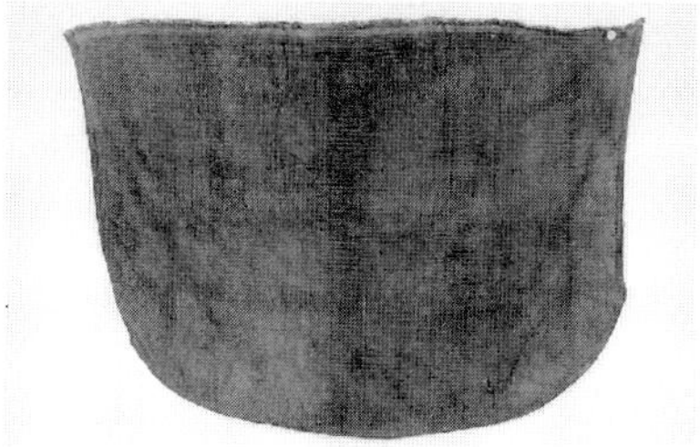

230

Schraffuren auf den Schwänzen weisen sie als Biberschwänze aus. Die Köpfe an den langen Hälsen haben leicht geöffnete Mäuler, kleine Ohren und Einlagen aus Glasperlen als Augen. Die Außenseite der Schüssel ist rotbraun bemalt. Der Rand ist mit einer ausgekerbten Zickzacklinie verziert. (Vgl. Kat.-Nr. 227)

227 Schüssel
Makah, Louis Jokum; um 1900
Holz, Glasperlen
Länge 41 cm, Breite 16,5 cm,
Höhe 9,5 cm
Kauf W.O. Oldman, London
(1905/05), Inv.-Nr. 15103

Die kleinere und nur mit einem Tierkopf und -schwanz versehene Schüssel ist ähnlich gestaltet wie Kat.-Nr. 226. Der Kopf ist bis auf das weit geöffnete Maul rotbraun eingefärbt. Die Augen werden von Einlagen aus großen blauen Glasperlen gebildet. Der Rand ist unverziert.

228 Schale
Nordwestküste; um 1880
Knochen, Kupfer, Kieselsteine
Länge 39,5 cm, Breite 31 cm,
Höhe 12 cm
Kauf Stolper Galleries, New York
(1969/01), Inv.-Nr. 49794

Die aus einem Walwirbelknochen geschnitzte flache Schale diente als Öllampe. Sie stellt eine Schildkröte mit vorgerecktem Kopf und Vorderbeinen dar. Runde Scheiben aus Kupferblech sind als Augen eingesetzt. In den Schalenrand wurden kleine Kiesel eingelassen.

229 Schale
Bella Coola; 19. Jahrhundert
Holz
Länge 27,5 cm, Breite 10,5 cm,
Höhe 8 cm
Kauf Firma Umlauff, Hamburg
(1903/04), Inv.-Nr. 6590

In der Originalakte ist das Objekt als Klapper bezeichnet und zusammen mit den übrigen Musikinstrumenten abgebildet. Es handelt sich aber vermutlich um eine figürlich gestaltete Festschale. Die Gesichtszüge ähneln mit den hohlen Wangen und Augenhöhlen sowie den geschürzten Lippen der Dämonin Dzunukwa. Es gibt große Festschüsseln, bei denen Dzunukwa ebenfalls mit angezogenen Knien dargestellt ist (z. B. Jonaitis 1991: 199) und zu der weitere kleine, auf Brüsten, Nabel und Knien plazierte Schalen gehören. Diese werden als Kinder der Dzunukwa angesprochen. Um eine solche könnte es sich hier handeln. (Vgl. Jonaitis 1991: 207)

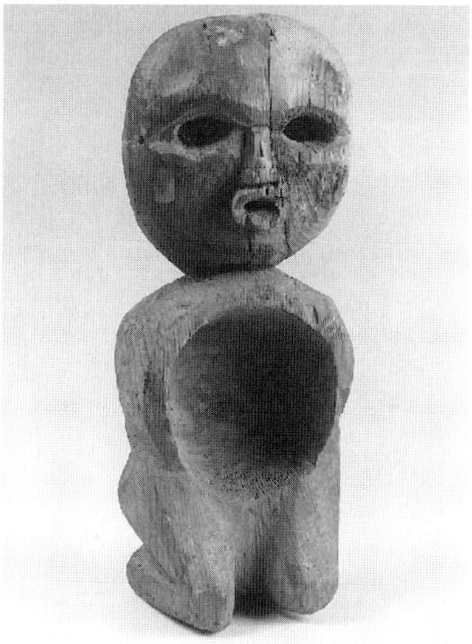

229

Kleidung
Die Kleidung der Nordwestküsten-Indianer war aus Zedernbast gefertigt und dem kühlen, feuchten Klima gut angepaßt. Die zahlreichen dünnen Fasern des geklopften Zedernbastes isolierten gut und trockneten schnell wieder am Feuer, wenn sie naß geworden waren. Als Schutz vor der Feuchtigkeit wurde die Kleidung außerdem mit Fischöl eingefettet. Als Kleidungsstücke kannte man Schurze, Röcke, Capes und Decken oder Umhänge. Die Schurze bestanden oft nur aus losen Zedernbaststreifen, die oben zusammengehalten wurden, während die übrigen Kleidungsstücke in der Regel zwirngebunden waren. Kleine Bündel aus weichgeklopftem Bast wurden in fingerbreiten Abständen mit Bast-, Nessel- oder Wollfäden fixiert. Einige Umhänge sind aus der Wolle von Bergziegen und -schafen gefertigt. Besonderen Regenschutz boten Regenschürzen und -hüte. Um 1875 war die Herstellung von Zedernbastkleidung nahezu ausgestorben und durch gekaufte europäische Kleidung und Stoffe ersetzt.

230 Decke
Bella Coola; 19. Jahrhundert
Zedernbast, Nesselfaser, Haut, Stoff
Länge 150 cm, Breite 110 cm
Kauf Firma Umlauff, Hamburg
(1903/04), Inv.-Nr. 6550

Die Zwirnbindungen dieser Decke mit halbrunder Unterseite liegen etwa einen halben Zentimeter auseinander. An den Kanten liegen die Zwirnreihen dicht beieinander. Die gerade Oberkante ist mit dünnen Hautstreifen umwickelt. Mit Hilfe zweier Stoffschnüre kann die Decke um Hals oder Hüften gebunden werden. (Vgl. Kat.-Nr. 231; King 1981: Pl. 73)

233

234

231 Decke (ohne Foto)
Nootka; 19. Jahrhundert
Zedernbast, Wolle, Haut, Nesselfaser
Länge 165 cm, Breite 112 cm
Tausch Museum für Völkerkunde, Berlin (1937/04), Inv.-Nr. 40404

Die Decke ist etwas loser gebunden als Kat.-Nr. 230, die Kanten sind gleich gestaltet. Am oberen Rand sind drei zwirngebundene Reihen aus weißer Wolle eingefügt. Laut Berliner Inventarbuch stammt die Decke von der ersten Jacobsen-Reise in den Jahren 1881 bis 1883. Die Herkunft ist nicht angegeben. (Vgl. King 1981: Pl. 73)

232 Decke (Farbtafel XII)
Kwakiutl; um 1900
Zedernbast
Länge 165 cm, Breite 104 cm
Kauf Robert Stolper, New York (1965/02), Inv.-Nr. 49623

Diese in den Farben Schwarz, Rot, Grün und Blau bemalte, zwirngebundene Decke aus geklopftem Zedernbast war ehemals im Besitz des Museum of the American Indian in New York. In einer schwarzen Umrahmung, die der halbrunden Unterkante folgt, sind verschiedene Tierköpfe und -körperteile dargestellt. Das zentrale Motiv stellt möglicherweise einen Bären dar und zeigt den für die Nordwestküstenkunst typischen Röntgenstil, das heißt, daß auch die inneren Organe dargestellt sind. Es wird flankiert von einzelnen ovoiden und u-förmigen Elementen, Tatzen und Flossen. Einzelne Körperteile konnten symbolisch für das ganze Tier stehen. Die Tierköpfe an den Seiten mit den gebleckten Zähnen und nach oben eingerollten Nasen stellen vermutlich Wölfe dar. Bemalte Zedernbastdecken wurden nur zu zeremoniellen Anlässen getragen.

233 Cape
Nootka; 19. Jahrhundert
Zedernbast, Haut, Wolle, Nesselfaser, Ziegenhaare
Breite 83 cm, Höhe 39 cm
Kauf Firma Umlauff, Hamburg (1903/04), Inv.-Nr. 6551

Die an den Seiten geschlossenen Capes hatten eine Öffnung für den Kopf und bedeckten die Schultern bis auf Brusthöhe. Die Zwirnbindungen liegen ungefähr einen Zentimeter auseinander. Der obere Rand ist mit einem dünnen Hautstreifen umwickelt. Aus roten Wollbündeln, die von den Zwirnfäden gehalten werden, sind abstrakte Motive, deren Umrisse an Fische erinnern, aufgelegt. In den unteren, in engeren Abständen gebundenen Rand waren weiße Bergziegenhaare eingearbeitet, die nur noch in Resten vorhanden sind. Das Cape schließt unten mit kurzen Fransen ab.

235

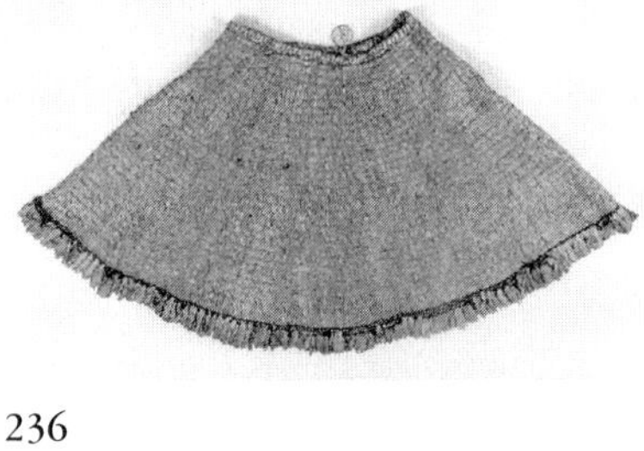

236

234 Cape
Nootka; 19. Jahrhundert
Zedernbast, Wolle, Haut
Breite 75 cm, Höhe 45 cm
Kauf Firma Umlauff, Hamburg (1903/04), Inv.-Nr. 6553

Die heller erscheinenden Zwirnfäden dieses Capes sind aus Wolle. Die Oberkante ist mit einem Hautstreifen umwickelt. An der Unterkante liegen die Zwirnbindungen enger beieinander. Sie schließt mit einer Zwirnbindung aus Zedernbast und kurzen Fransen ab.

235 Cape
Bella Coola; 19. Jahrhundert
Wolle, Schnur, Leder
Breite 83 cm, Höhe 41 cm
Kauf Firma Umlauff, Hamburg (1903/04), Inv.-Nr. 6552

Bei diesem stark zerschlissenen Wollcape sind Stränge aus grobem hellbraunem, dunkelbraunem und rotem Wollstoff wie die Zedernbaststränge bei den übrigen Capes behandelt worden. Die Stoffstreifen stammen vermutlich von gekauften Stoffen oder aufgetrennten Kleidern. Die Zwirnbindungen aus Schnur liegen circa einen Zentimeter auseinander, am unteren Rand etwas enger. Die Lederumwicklung am oberen Rand ist schadhaft.

236 Cape
Bella Coola; 19. Jahrhundert
Wolle, Baumwolle, Leder
Breite 85 cm, Höhe 44 cm
Kauf Firma Umlauff, Hamburg (1903/04), Inv.-Nr. 6554

Der zwirnbindige Umhang hat wie Kat.-Nr. 235 Kettfäden aus grobem Wollstoff. Die Zwirnbindungen sind zum größten Teil aus Baumwollstoff, am oberen Rand ist eine Reihe aus rotem, am unteren Rand sind mehrere Reihen aus grünem und dunkelbraunem Stoff eingefügt. Der obere Rand zeigt eine Umwicklung aus Rohlederstreifen.

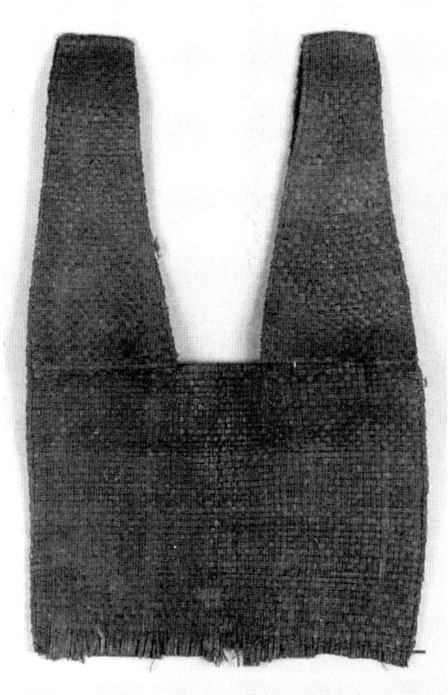

238

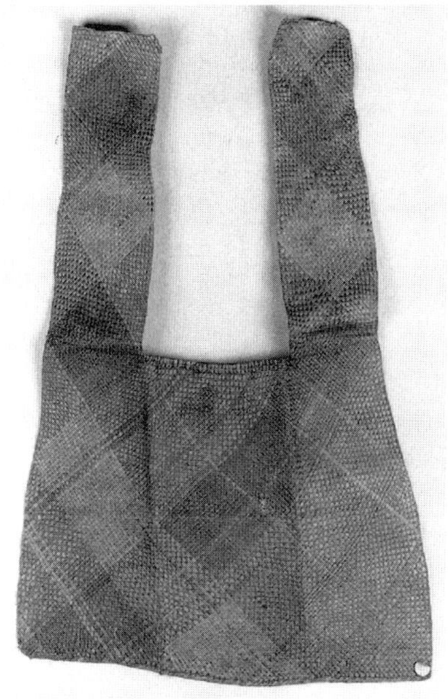

239

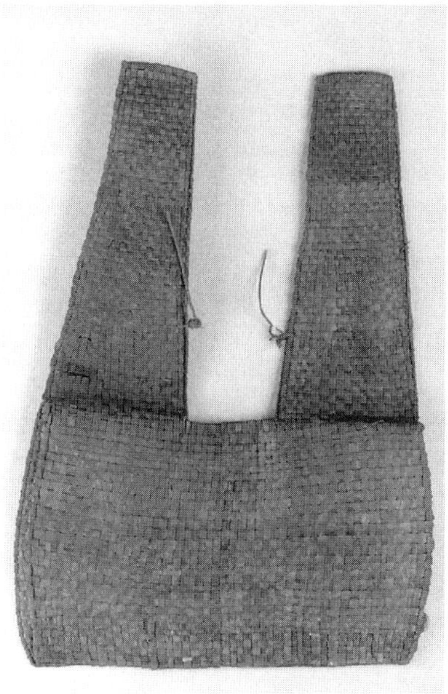

240

Regenschürzen
Geflochtene Schürzen dienten als besonderer Regenschutz und wurden vornehmlich bei Bootsfahrten getragen. Beim Knien oder Sitzen im Boot schützten die breiten, aus zwei Lagen bestehenden Schürzenschöße die Oberschenkel, die dem Regen besonders ausgesetzt waren. Im Gegensatz zu den Kleidungsstücken, die auf der Haut getragen wurden und aus weichgeklopftem Zedernbast hergestellt waren, sind sie aus ungeklopftem Bast und ungleich starrer. Auch die Flechttechnik ist eine andere. Es handelt sich um randparallele oder diagonale leinwandbindige Geflechte.

237 **Regenschürze** (ohne Foto)
Nootka; 19. Jahrhundert
Zedernbast, Stoff
Breite 86 cm, Höhe 110 cm
Kauf Firma Umlauff, Hamburg
(1903/04), Inv.-Nr. 6366

An den Rändern von Trägern und Schürzenteil wurden schwarz gefärbte Zedernbaststreifen verwendet. Am unteren Rand stehen die Kettfäden als kurze Fransen über und sind mit einer zwirnbindigen Reihe gesichert. Die Träger werden durch ein Stoffband über der Brust zusammengehalten.

238 **Regenschürze**
Nootka; 19. Jahrhundert
Zedernbast
Breite 66 cm, Höhe 100 cm
Kauf Firma Umlauff, Hamburg
(1903/04), Inv.-Nr. 6367

Die unverzierte Schürze ist aus sehr breiten Zedernbaststreifen geflochten. Am unteren Rand stehen die Kettfäden als kurze Fransen über und sind durch zwei zwirngebundene Reihen gesichert.

239 **Regenschürze**
Nootka; 19. Jahrhundert
Zedernbast
Breite 75 cm, Höhe 106 cm
Kauf Firma Umlauff, Hamburg
(1903/04), Inv.-Nr. 6374

Die fein geflochtene Schürze ist mit einem schräg verlaufenden Karomuster aus unterschiedlich getönten Zedernbaststreifen verziert.

240 **Regenschürze**
Nootka; 19. Jahrhundert
Zedernbast, Schnur
Breite 55 cm, Höhe 79 cm
Kauf Firma Umlauff, Hamburg
(1903/04), Inv.-Nr. 6375

Bei dieser Regenschürze sind die verwendeten Zedernbaststreifen auf der Rückseite oder unteren Lage wesentlich schmaler als die auf der Vorderseite oder oberen Lage. Die Träger werden von einer Schnur zusammengehalten.

Hüte
Für die Herstellung von geflochtenen Hüten wurden entweder Zedernbast oder die gesplißten Wurzeln von Zedern oder Fichten verwendet. Sie waren in der Regel in der Technik des Zwirnbindens mit zwei Elementen hergestellt. Stabilisierende Verstärkungsreihen in der Nähe des Randes konnten auch aus drei Elementen geflochten sein. Die Hüte waren oft doppelwandig, so daß sie als wasserdichter Regenschutz dienten. Viele von ihnen haben ringförmige Einsätze, die einen festen Sitz auf dem Kopf gewährleisteten. Die zum Teil ausladenden Krempen boten zugleich den Augen einen Schutz vor der tiefstehenden Sonne und den vom Meer reflektierten Sonnenstrahlen.

241 **Hut**
Nootka; 19. Jahrhundert
Zedernwurzel
Durchmesser 32 cm, Höhe 18,5 cm
Kauf Firma Umlauff, Hamburg
(1903/04), Inv.-Nr. 6629

Der hohe, spitzkegelförmige Hut trägt eine schwarze und rote Bemalung. Der untere Teil ist komplett schwarz eingefärbt, der obere zeigt ein in Rot und Schwarz gestaltetes Tiermotiv mit breitem Maul. Der Hut gehört vermutlich nicht zur zweiten Jacobsen-Sammlung, da er auf der letzten Seite des Umlauffschen Verkaufsangebotes erscheint (vgl. Einführung).

241

242

243

244

245

242 **Hut**
Nootka; 19. Jahrhundert
Zedernbast, Wolle
Durchmesser 29 cm, Höhe 21,5 cm
Kauf Firma Umlauff, Hamburg
(1903/04), Inv.-Nr. 6630

Die auf dem Foto hell erscheinende obere Kante ist aus Wollfäden gefertigt. Der Hut ist außen ganzflächig mit braunroter Farbe bestrichen. Am Rand und etwa einen Zentimeter oberhalb davon erkennt man je eine leicht erhabene, aus drei Elementen zwirngebundene stabilisierende Reihe. (Vgl. Stewart 1984: 147)

243 **Hut**
Bella Coola oder Kwakiutl;
19. Jahrhundert
Zedernspäne
Durchmesser 36 cm, Höhe 17 cm
Kauf Firma Umlauff, Hamburg
(1903/04), Inv.-Nr. 6631

Der trichterförmige Hut mit weit ausladender Krempe zeigt in der unteren Hälfte ein Strukturmuster aus zickzackförmig verlaufenden Streifen, das dadurch entstanden ist, daß an den Musterstellen jeweils zwei anstatt drei Kettfäden von den sich kreuzenden Schußfäden erfaßt wurden.

244 **Hut**
Bella Coola; 19. Jahrhundert
Zedernbast
Durchmesser 25 cm, Höhe 19 cm
Kauf Firma Umlauff, Hamburg
(1903/04), Inv.-Nr. 6632

Die topf- oder kuppelartige Form ist typisch für die Hüte der nördlichen und zentralen Küste.

245 **Hut**
vermutlich Nootka; um 1900
Zedernwurzel, Gras
Durchmesser 37 cm, Höhe 17 cm
Kauf W. O. Oldman, London
(1905/05), Inv.-Nr. 15130

Der Frauenhut zeigt eine schwarze, blaue und rote Bemalung. Das Dekorationsfeld der Hutwand ist durch waagerechte schwarze Linien zweigeteilt. Dargestellt sind abstrakte Motive, unter anderem die „Augengelenke" genannten ovoiden Formelemente. Auf der Innenseite ist der Hut mit einem Streifendekor aus gelben sowie grün und lila gefärbten Grasfasern versehen.

246 **Hut-Fragment**
Nordwestküste; 19. Jahrhundert
Zedernwurzel
Durchmesser 6,5 cm, Höhe 11 cm
Kauf Firma Umlauff, Hamburg
(1903/04), Inv.-Nr. 6645

246

Ringförmige, zwirngebundene Flechtornamente wurden auf Holz- oder Flechthüte montiert. Sie gaben Auskunft über die gesellschaftliche Position des Trägers, wobei die Anzahl der Ringe das Wappen einer bestimmten Adelsfamilie repräsentiert beziehungsweise ein fester Bestandteil dieses Wappens ist.

247 Mütze
Nordwestküste; 19. Jahrhundert
Wollstoff, Glasperlen, Holz, Federn, Satin, Schnur, Baumwolle
Länge 21 cm, Breite 12 cm, Höhe 16 cm
Geschenk Wellcome Museum, London (1956/10), Inv.-Nr. 45754

Auf eine Kappe aus dunkelblauem Wollstoff sind mit rotem Wollstoff Gebiß und Augen eines Tierkopfes appliziert. Die Ränder der Kappe und der Applikationen sind mit weißen Glasperlen eingefaßt. Die aufgestellten Ohrenklappen sind mit Wurzelspänen verstärkt. Rosetten aus verschiedenfarbigen Stoffen sind auf der Kappe, in einem Augenwinkel und am Hinterkopf befestigt. Hinten ist außerdem ein mit rotgefärbten Federn geschmückter Holzstab eingesteckt.

248 Halsband
Tsimshian; 19. Jahrhundert
Holz, Kupfer
Durchmesser 23 cm
Kauf Firma Umlauff, Hamburg (1903/04), Inv.-Nr. 6495

Auf einen dünnen, zu einem Ring gebogenen Holzreif ist eine dreiteilige Spirale aus dickem Kupferdraht aufgezogen. Der Holzreif ist an einer Stelle durchgebrochen.

249 Halsband
Tsimshian; 19. Jahrhundert
Zedernbast, Kupfer
Durchmesser 14 cm
Kauf Firma Umlauff, Hamburg (1903/04), Inv.-Nr. 6496

Bei diesem Halsband ist die zweiteilige Kupferdrahtspirale auf eine Schnur aus geklopftem Zedernbast aufgezogen, deren Enden verknotet sind.

250 Armring
Bella Coola; 19. Jahrhundert
Messing
Länge 7 cm, Breite 5,2 cm
Kauf Firma Umlauff, Hamburg (1903/04), Inv.-Nr. 6497

Ein einfacher, massiver Messingring ist zu einem ovalen Armreif gebogen. (Vgl. HNAI Vol. 7 1990: 124/Fig. 8)

251 Armring
Kwakiutl; 19. Jahrhundert
Kupfer
Länge 6 cm, Breite 5,3 cm
Kauf Firma Umlauff, Hamburg (1903/04), Inv.-Nr. 6498

Der zu einem Armreif gebogene dicke Kupferdraht ist stark verformt und weist deutliche Oxydationsspuren auf.

252 Armreif
Haida; 19. Jahrhundert
Silber
Länge 6,5 cm, Breite 5 cm
Kauf Firma Umlauff, Hamburg (1903/04), Inv.-Nr. 6499

247

248

249

250

251

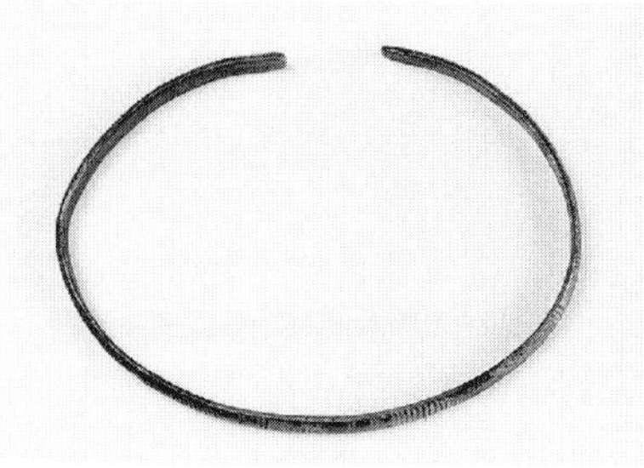

252

Der biegsame, ovale Armreif ist mit feinen geometrischen Gravuren verziert und wurde laut Originalakte von Frauen getragen.

253 Ohr- oder Nasenschmuck
Haida; 19. Jahrhundert
Perlmutt
Länge 4 cm, Breite 2,5 cm
Kauf Firma Umlauff, Hamburg
(1903/04), Inv.-Nr. 6503

Die Form des Perlmuttstückes ähnelt einem Dreieck. Es ist oben und unten mit einer Durchbohrung versehen. Perlmuttgehänge wurden vor allem von Frauen getragen. Als Nasenschmuck wurden Perlmuttstücke an über die Ohren geführten Fäden getragen, da sie zu schwer sind, um direkt an die Nasenscheidewand gehängt zu werden. (Vgl. Kat.-Nr. 254; Jonaitis 1991: 151)

254 Ohr- oder Nasenschmuck
Haida; 19. Jahrhundert
Perlmutt
Länge 3,6 cm, Breite 2,2 cm
Kauf Firma Umlauff, Hamburg
(1903/04), Inv.-Nr. 6504

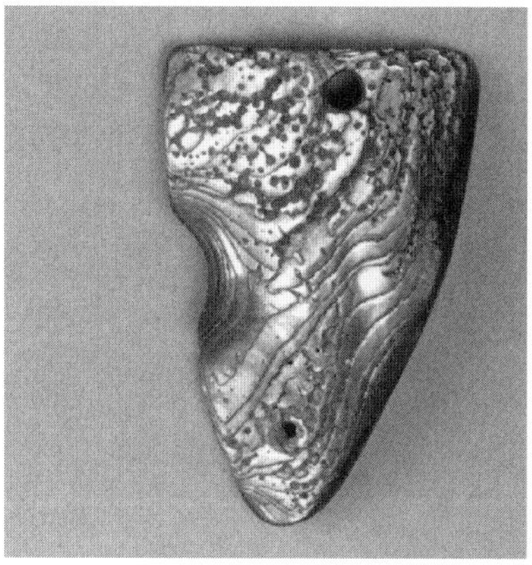

253

254

255

Auch dieses rechteckige Perlmuttgehänge weist an jeder Schmalseite eine Durchbohrung auf. (Vgl. Kat.-Nr. 253)

255 Lippenpflock
Haida; 19. Jahrhundert
Knochen
Länge 3,5 cm, Breite 1,4 cm
Kauf Firma Umlauff, Hamburg
(1903/04), Inv.-Nr. 6506

Das kleine Knochenstück hat eine flache Unterseite und einen dreieckigen Aufriß. Die Kopfseiten sind konkav ausgeschnitten. An der Nordwestküste trugen Frauen Lippenpflöcke als Schmuck und Zeichen ihres hohen Status. Dazu steckte man die aus Knochen, Stein, Schiefer, Holz oder Elfenbein geschnitzten Pflöcke durch einen in die Unterlippe geschnittenen Schlitz.

256 Schmucknadel
vermutlich Tlingit; 19. Jahrhundert
Elfenbein
Länge 15 cm, Breite 1,2 cm
Kauf Firma Umlauff, Hamburg
(1903/04), Inv.-Nr. 6509

Die aus Walroßelfenbein geschnitzte Schmucknadel ist in der Form einer Echse gestaltet und wurde von Frauen getragen.

257 Nadel
Tsimshian; 19. Jahrhundert
Knochen
Länge 13 cm
Kauf Firma Umlauff, Hamburg
(1903/04), Inv.-Nr. 6508

Die dünne, halbrunde Knochennadel wurde zum Zusammenhalten oder -stecken der Kleidung benutzt.

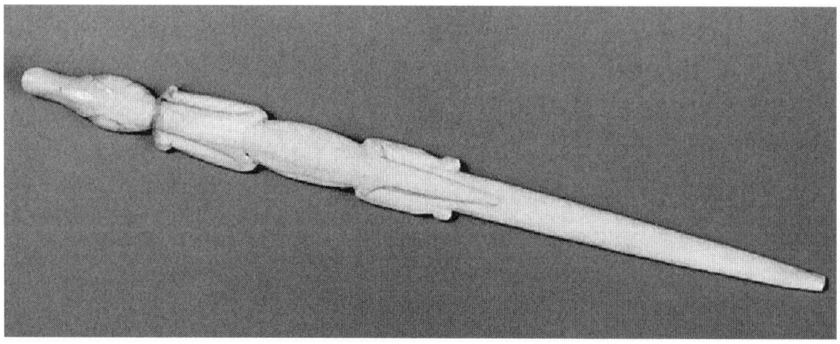

256

257

258 Kamm
Nootka; 19. Jahrhundert
Holz
Länge 8,5 cm, Breite 7 cm
Kauf Firma Umlauff, Hamburg (1903/04), Inv.-Nr. 6500

Der zwölfzahnige Kamm ist aus rötlichem Holz geschnitzt und weist im Griffteil ein auf beiden Seiten unterschiedliches Muster aus einmal waagerecht, einmal senkrecht verlaufenden Kerbschnitten auf.

259 Kamm
Nootka; 19. Jahrhundert
Holz
Länge 9 cm, Breite 6 cm
Kauf Firma Umlauff, Hamburg (1903/04), Inv.-Nr. 6501

Der neunzahnige Kamm ist aus gelblichem Holz geschnitzt und ähnlich wie Kat.-Nr. 258 verziert.

260 Spiel
Bella Coola; 19. Jahrhundert
Holz, Wolle, Horn
Holzstäbchen 11,8 cm, Stoffumwicklung 59 cm, Hornknebel 9,8 cm
Kauf Firma Umlauff, Hamburg (1903/04), Inv.-Nr. 6536

Dieser Satz Spielstäbe bestand ursprünglich aus einundfünfzig in ein längliches Stoffstück eingewickelten Holzstäbchen, von denen noch dreißig vorhanden sind. Sie sind mit unterschiedlichen ringförmigen schwarzen und roten Markierungen versehen. Die Stoffumwicklung läuft an einem Ende spitz zu und kann mit Hilfe eines messerartig geschnitzten Hornknebels verschlossen werden. Bei dem Spiel ging es darum, zu erraten, wieviele und welche Steine sich in der Hand eines Mitspielers befanden. (Vgl. Haberland 1979: 55/A-11)

261 Teil eines Spiels
Bella Coola; 19. Jahrhundert
Knochen, Kork
Länge 6,5 cm, Durchmesser 3 cm
Kauf Firma Umlauff, Hamburg (1903/04), Inv.-Nr. 6505

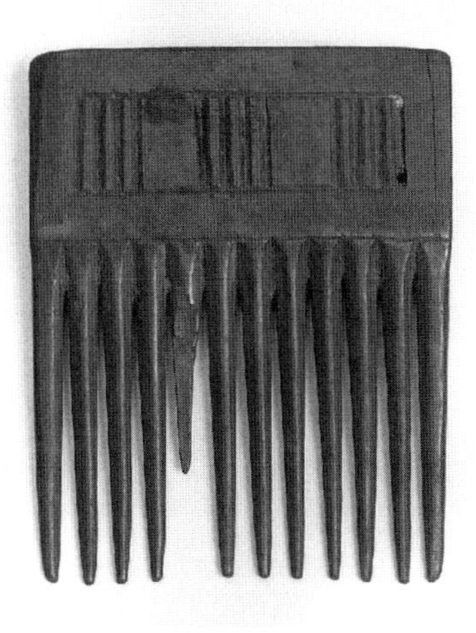

258

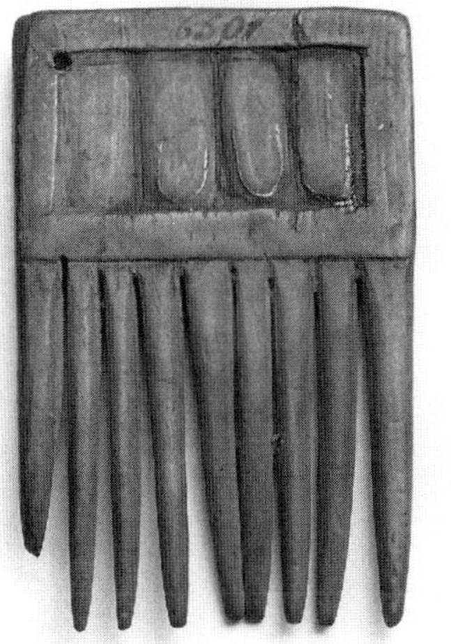

259

Das zylindrische, hohle Knochenobjekt ist an beiden Enden mit Korkstöpseln verschlossen und laut Originalakte als Nadelkissen benutzt worden. Es zeigt an beiden Rändern einen Kranz aus eingeritzten und geschwärzten Dreiecken. Ein Vergleichsstück bei Holm (1987: 40/No. 7) ist jedoch als Teil eines Ratespiels bezeichnet, bei dem es darum ging, die Position eines in bestimmter Weise dekorierten Spielsteins zu erraten. Das Spiel wurde an der gesamten Küste und oft mit hohem Einsatz gespielt. Es ist denkbar, daß der Spielstein nachträglich zu einem Nadelkissen umfunktioniert wurde.

262 Trommel
Bella Coola; 19. Jahrhundert
Holz, Schnur, Eisennägel
Länge 81,5 cm, Breite 47,5 cm, Höhe 74,5 cm
Kauf Firma Umlauff, Hamburg (1903/04), Inv.-Nr. 6402

Für die Herstellung der rechteckigen Kastentrommeln kerbte man ein dünnes Holzbrett an den für die Ecken vorgesehen Stellen ein und bog es unter Einwirkung von Dampf in die gewünschte Form. Als Deckel wurde ein gesondertes Holzbrett eingesetzt. In gleicher Weise wurden auch Kisten zur Aufbewahrung von Nahrungsmitteln und Geräten hergestellt. Die Konstruktion solcher Kisten ist ein besonders eindrucksvolles Beispiel für den hohen Stand der Holzverarbeitungskunst an der Nordwestküste. (Vgl. Obomsawin 1974: 85)

260

261

262

263

264

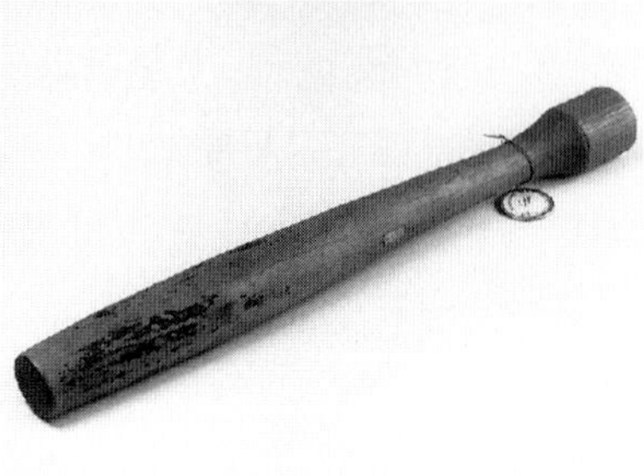

266

263 Trommel
Nootka; 19. Jahrhundert
Eisen, Haut, Bast
Durchmesser 44 cm, Höhe 6 cm
Kauf Firma Umlauff, Hamburg
(1903/04), Inv.-Nr. 6404

Ein kreisrunder Eisenreifen ist ganz mit einer Schnur aus gezwirntem Zedernbast umwickelt. Die Hautbespannung ist festgeklebt. An zwei Stellen, wo sich der Kleber gelöst hat, ist sie mit Bastschnüren festgebunden.

264 Trommel
Bella Coola; 19. Jahrhundert
Holzspäne, Haut
Durchmesser 32,5 cm, Höhe 3 cm
Kauf Firma Umlauff, Hamburg
(1903/04), Inv.-Nr. 6405

Woraus der Rahmen dieser stark verzogenen Handtrommel besteht, kann nicht gesagt werden, da die Haut vollständig darumgewickelt ist. Zwischen den umwickelten Rahmen und die Bespannungsfläche ist in die Innenkante ein Holzspan geklemmt, der sich stellenweise herauswölbt. Am Rand sind in regelmäßigen Abständen Löcher durch das Trommelfell gestoßen.

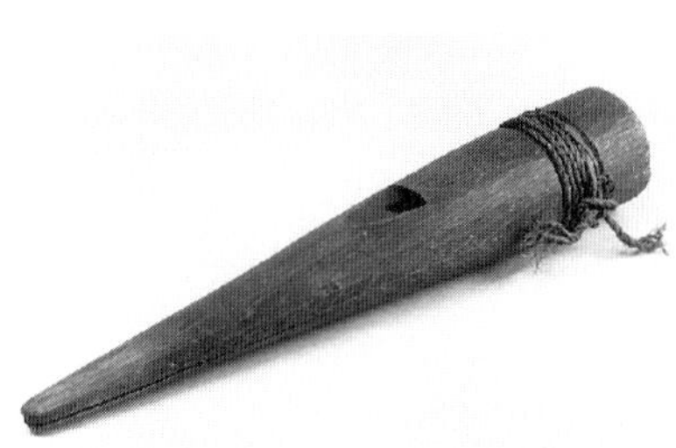

267

265 Trommel (ohne Foto)
Haida; 19. Jahrhundert
Holz, Haut, Eisennägel, Leder
Durchmesser 59 cm, Höhe 7 cm
Kauf Firma Umlauff, Hamburg
(1903/04), Inv.-Nr. 6403

Über einen leicht eiförmigen Holzreifen ist eine Rohhaut gespannt und auf der Unterseite mit Eisennägeln befestigt. Die überlappenden Enden des Holzreifens werden von Holzstiften zusammengehalten. Das Handkreuz aus Lederriemen und das Trommelfell sind stark beschädigt.

266 Trommelschlegel
Bella Coola; 19. Jahrhundert
Holz
Länge 34,5 cm, Durchmesser 3,5 cm
Kauf Firma Umlauff, Hamburg
(1903/04), Inv.-Nr. 6420

Das Schlagteil des keulenförmigen, schmucklosen Trommelschlegels ist zylinderförmig verdickt.

267 Flöte
Bella Coola; 19. Jahrhundert
Holz, Zedernbast
Länge 31,5 cm, Durchmesser 5,3 cm
Kauf Firma Umlauff, Hamburg
(1903/04), Inv.-Nr. 6416

Die Flöten bestanden in der Regel aus Holzstücken, die der Länge nach durchgeschnitten, ausgehöhlt und wieder zusammengesetzt wurden. Flötentöne galten als Zeichen der Anwesenheit der übernatürlichen Wesen. Flöten wurden im Wald geblasen, um die Zeremonien anzukündigen. Die keilförmige Flöte ist mit gezwirnter Zedernbastschnur umwickelt.

268 Flöte
Bella Coola; 19. Jahrhundert
Holz, Schnur
Länge 21 cm, Breite 4 cm
Kauf Firma Umlauff, Hamburg
(1903/04), Inv.-Nr. 6417

Vgl. Kat.-Nr. 267, jedoch mit einer Umwicklung aus Schnur.

269 Flöte
Bella Coola; 19. Jahrhundert
Holz, Zedernbast
Länge 25 cm, Breite 2,5 cm
Kauf Firma Umlauff, Hamburg
(1903/04), Inv.-Nr. 6419

Vgl. Kat.-Nr. 267.

268

269

270

272

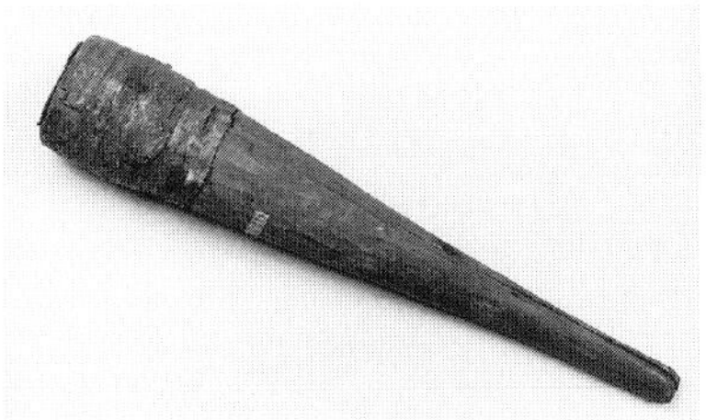
273

270 Flöte
Bella Coola; 19. Jahrhundert
Holz, Sehne
Länge 32 cm, Breite 8 cm
Kauf Firma Umlauff, Hamburg
(1903/04), Inv.-Nr. 6422

Vgl. Kat.-Nr. 267.

271 Flöte
Bella Coola; 19. Jahrhundert
Holz, Schnur
Länge 9 cm, Breite 4 cm
Kauf Firma Umlauff, Hamburg
(1903/04), Inv.-Nr. 6424

Die Flöte hat zwei Schächte und dementsprechend zwei Blaslöcher sowie ein Schalloch auf jeder Seite.

272 Flöte
Bella Coola; 19. Jahrhundert
Holz, Rindenfaser, Schnur
Länge 12 cm, Breite 4 cm
Kauf Firma Umlauff, Hamburg
(1903/04), Inv.-Nr. 6425

Die kleine Doppelflöte ist aus zwei keilförmigen Einzelflöten zusammengesetzt, von denen eine im hinteren Bereich eine Umwicklung aus Rindenfaser trägt. Die beiden Teilflöten wurden anschließend mit einer Schnur zusammengebunden.

273 Flöte
Bella Coola; 19. Jahrhundert
Holz, Rindenfaser
Länge 19,5 cm, Durchmesser 3 cm
Kauf Firma Umlauff, Hamburg
(1903/04), Inv.-Nr. 6426

Vgl. Kat.-Nr. 267.

274 Flöte
Bella Coola; 19. Jahrhundert
Holz, Stoff
Länge 7 cm, Breite 2,8 cm
Kauf Firma Umlauff, Hamburg
(1903/04), Inv.-Nr. 6427

Manche Flöten waren so klein, daß man sie im Mund halten konnte, ohne daß sie zu sehen waren. Die damit erzeugten Töne galten als Geisterstimmen.

275 Flöte
Bella Bella; 19. Jahrhundert
Holz, Sehne
Länge 27,5 cm, Breite 3 cm
Kauf Firma Umlauff, Hamburg
(1903/04), Inv.-Nr. 6446

Die längliche Flöte mit unten rechteckigem, oben rundem Querschnitt und keilförmigem Mundstück trägt an zwei Stellen eine Umwicklung aus in sich verdrehtem, dickem Sehnenfaden.

271

276 Flöte
Tsimshian oder Kwakiutl;
19. Jahrhundert
Holz, Rindenfaser
Länge 29 cm, Breite 3,5 cm
Kauf Firma Umlauff, Hamburg
(1903/04), Inv.-Nr. 6418

Vgl. Kat.-Nr. 267.

274

275

276

277

278

279

277 Rassel
Nootka; 19. Jahrhundert
Muscheln, Holz, Zedernbast
Ring: Durchmesser 14 cm, Muscheln: Durchmesser 14,5 cm
Kauf Firma Umlauff, Hamburg (1903/04), Inv.-Nr. 6410

Auf einen ringförmig gebogenen Holzreif, dessen Enden mit einer Bastschnur zusammengebunden sind, wurden sechs durchbohrte Muschelscheiben aufgezogen. (Vgl. HNAI Vol.7 1990: 468/Fig. 11)

278 Rassel
Bella Coola; 19. Jahrhundert
Holz, Rindenfaser, Vogelschnäbel, Bastschnur
Durchmesser 17 cm
Kauf Firma Umlauff, Hamburg (1903/04), Inv.-Nr. 6411

Zwei konzentrische Holzreifen werden von einem Querstab in Position gehalten und sind vollständig mit Rindenfaser umwickelt. Mit Bastschnur sind Schnäbel des Papageitauchers daran gebunden, die bei Bewegungen aneinanderschlagen und ein Rasselgeräusch erzeugen. (Vgl. Drucker 1955: 102/Pl. 69)

279 Rassel
Bella Coola; 19. Jahrhundert
Horn, Zedernbast, Sehne, Kieselsteinchen?
Länge 25 cm, Breite 6 cm
Kauf Firma Umlauff, Hamburg (1903/04), Inv.-Nr. 6430

Das Horn eines Bergschafes ist unter Feuchtigkeitseinwirkung auseinandergebogen, dann gefaltet und an den Seiten mit Sehne zusammengenäht worden. Der Handgriff wird von einem Büschel Zedernbast eingefaßt. In dem Hohlraum befinden sich vermutlich Kieselsteinchen, die das Rasselgeräusch erzeugen. (Vgl. Stewart 1984: 155)

280 Rassel (Farbtafel XI)
Nootka; 19. Jahrhundert
Holz, Sehne, Kieselsteinchen
Länge 36 cm, Breite 13 cm, Höhe 16 cm
Kauf Firma Umlauff, Hamburg (1903/04), Inv.-Nr. 6406

Die aus zwei ausgehöhlten Holzformen zusammengenähte und vermutlich mit Steinchen gefüllte Rassel ist in Form eines Vogels (Möwe?) geschnitzt und zeigt auf der Oberseite eine schwarze, teilweise ringförmige Bemalung. Im Brustbereich sind Längsrillen ins Holz gekerbt. (Vgl. Gunther 1962: 41/No. 37)

281 Rassel (Farbtafel XI)
Bella Coola; 19. Jahrhundert
Holz, Zedernbast, Kieselsteinchen?
Länge 19,5 cm, Breite 13,5 cm, Höhe 11 cm
Kauf Firma Umlauff, Hamburg (1903/04), Inv.-Nr. 6408

Die aus zwei Holzteilen zusammengesetzte und vermutlich mit Kieselsteinchen gefüllte Handrassel hat einen Quergriff und einen Zedernbastbehang. Der Rasselkörper ist als menschliches Gesicht mit teils geschnitzten, teils gemalten Gesichtszügen gestaltet.

282 **Rassel** (Farbtafel XI)
Bella Coola; 19. Jahrhundert
Holz, Baumwolle
Länge 25 cm, Durchmesser 10,5 cm
Kauf Firma Umlauff, Hamburg
(1903/04), Inv.-Nr. 6409

Der aus zwei ausgehöhlten Holzformen zusammengesetzte Rasselkörper ist rot und schwarz bemalt. Eine Seite ist als Gesicht gestaltet mit einem an Stelle der Nase vorstehenden Steg. Die Rückseite zeigt abstrakte Muster. Die Rassel ist nur am Griff mit einem Stoffband zusammengebunden. Ehemals möglicherweise im Hohlraum vorhandene Kieselsteinchen fehlen heute.

283 **Paar Rasselbänder**
(Farbtafel XI)
Küsten-Salish; 19. Jahrhundert
Leder, Wolle, Hufe, Glasperlen
Bänder: Länge 21 cm, Breite 12 cm; Lederriemen 25 cm
Kauf Firma Umlauff, Hamburg
(1903/04), Inv.-Nr. 6442

Streifen aus rotem Wollstoff sind mit Leder unterlegt. Aus weißen, blauen, gelben und schwarzen Glasperlen sind Blüten, Ranken und Herzen appliziert. An den unteren Rand sind mit Lederriemen Hufteile angebunden. Die Rasselbänder wurden unterhalb des Knies getragen.

284 **Rasselgamasche**
Bella Coola; 19. Jahrhundert
Leder, Metall, Wolle
Breite 30 cm, Höhe 28 cm
Kauf Firma Umlauff, Hamburg
(1903/04), Inv.-Nr. 6443

Das kleine rechteckige Lederstück ist mit roten ovoiden Formen bemalt. Der Wollstoffbesatz am oberen und unteren Rand ist stark zerfressen. Zu dünnen Kegeln gebogene Blechhülsen erzeugen beim Tanzen ein Rasselgeräusch. Mit den langen Lederriemen kann der Schurz um Knie und Waden gebunden werden.

285 **Rasselgamasche** (ohne Foto)
Bella Coola; 19. Jahrhundert
Leder, Metall, Wollstoff
Breite 31 cm, Höhe 28 cm
Kauf Firma Umlauff, Hamburg
(1903/04), Inv.-Nr. 6445

Das in den Farben Schwarz, Grün und Rot auf das Lederstück gemalte Gesicht ist stark verblaßt. Von dem roten Wollstoffbesatz oben und unten sind nur noch Reste vorhanden, ebenso von dem Behang der zu Kegeln gebogenen Blechhülsen. (Vgl. Haberland 1979: 130/F-5)

286 **Rasselgürtel**
Bella Coola; 19. Jahrhundert
Leder, Metall
Länge 108 cm, Höhe 20 cm
Kauf Firma Umlauff, Hamburg
(1903/04), Inv.-Nr. 6557

Der Gürtel ist aus mehreren Lederstreifen zusammengebunden. An unterschiedlich langen Fransen hängen insgesamt vierundsechzig aus Blech gebogene Hülsen. Der Gürtel gehörte zur Ausrüstung eines Schamanen.

287 **Grizzlybären-Tatze**
Bella Coola; 19. Jahrhundert
Fell, Krallen, Leder, Schnur, Wollstoff
Länge 27 cm, Breite 19 cm
Kauf Firma Umlauff, Hamburg
(1903/04), Inv.-Nr. 6441

Die Tatze eines Grizzlybären mit Fell und nur noch vier Krallen ist teils mit Schnur, teils mit Lederriemen an dem Unterteil aus ungegerbtem Leder festgebunden. An der Schnur ist ein Fetzen dunkelbraunen Wollstoffs festgenäht. In der Originalakte ist die Tatze als Rückenkratzer bezeichnet. Grizzlybärenklauen wurden von den Initianden der Grizzly-Bären-Gesellschaft getragen. Manche trugen sogar ein komplettes Kostüm aus Bärenfell. (Vgl. Jonaitis 1991: 81)

286

Zedernbast-Ringe
Kopf- und Halsringe aus weichgeklopftem Zedernbast sind vor allem von der *hamatsa*-Zeremonie der Kwakiutl bekannt. Der *hamatsa*-Novize trug unterschiedliche Kopf-, Hals- und Armringe bei jedem Auftritt während der vier Tanznächte seiner Initiation. Der für die *hamatsa*-Zeremonien verwendete Zedernbast war immer rot gefärbt, während bei den übrigen Tänzen naturfarbener Zedernbast verwendet wurde. Zedernbast-Kopfschmuck wurde aber auch bei anderen Ethnien innerhalb von Initiations- und Heilungszeremonien verwendet.

288 **Armring**
Bella Coola; 19. Jahrhundert
Zedernbast
Durchmesser 8 cm
Kauf Firma Umlauff, Hamburg
(1903/04), Inv.-Nr. 6514

284

287

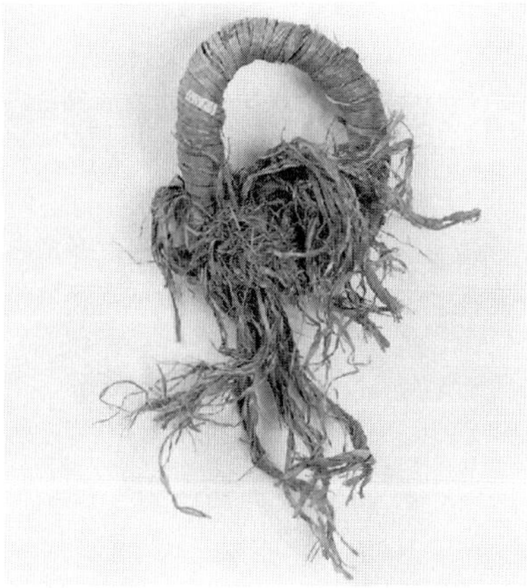

288

Der Armring besteht aus einem Zedernbastwulst, der mit einzelnen Zedernbastfasern umwickelt ist, die an einer Seite als Fransen überstehen. (Vgl. Stewart 1984: 156)

289 Halsring
Kwakiutl; 19. Jahrhundert
Zedernbast
Länge 42 cm, Breite 25 cm
Kauf Firma Umlauff, Hamburg (1903/04), Inv.-Nr. 6646

Hawthorn (1979: 115/Fig. 183) bildet ein ähnliches Stück als *hamatsa*-Halsring ab. (Vgl. Kat.-Nr. 290)

290 Halsring
Kwakiutl; 19. Jahrhundert
Zedernbast
Durchmesser 32 cm, Fransen 25 cm
Kauf Firma Umlauff, Hamburg (1903/04), Inv.-Nr. 6647

Wie Kat.-Nr. 289.

291 Halsring
Kwakiutl; 19. Jahrhundert
Zedernbast
Länge 144 cm
Kauf Firma Umlauff, Hamburg (1903/04), Inv.-Nr. 6662

Das Mittelteil des um den Hals zu legenden Bandes besteht aus drei parallel geführten Zedernbaststrängen, von denen der innere zopfgeflochten ist und die beiden äußeren dreifach verzwirnt sind. Alle drei gehen seitlich zunächst in ein Bündel dünnerer Zwirnstränge über. Darauf folgen auf beiden Seiten je zwei schlauchgeflochtene Abschnitte. Als Abschluß und an den Übergängen der einzelnen Abschnitte sind dünne, dreifach verzwirnte Zedernbastschnüre als Fransen angebracht.

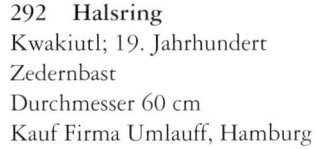

292 Halsring
Kwakiutl; 19. Jahrhundert
Zedernbast
Durchmesser 60 cm
Kauf Firma Umlauff, Hamburg (1903/04), Inv.-Nr. 6654

Der dicke innere Ring besteht aus dreifach verzwirnten Zedernbaststrängen. Außen ist im Zickzack ein dünnerer, ebenfalls dreifach verzwirnter Baststrang gelegt und in den Tälern an den inneren Wulst genäht. Lose Zedernbaststreifen zieren fransenartig die Auswölbungen des äußeren Kranzes.

292

289

290

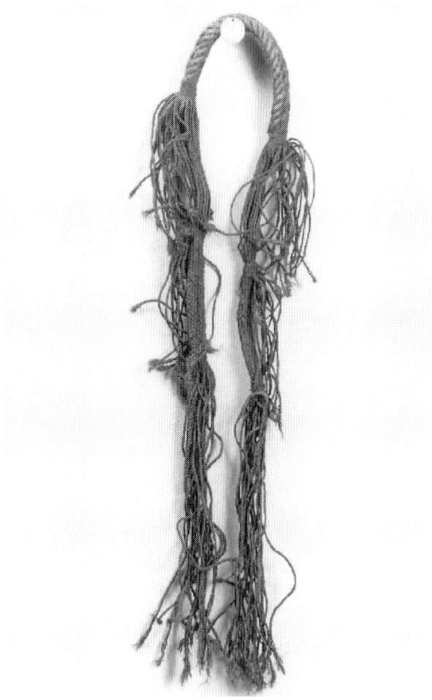

291

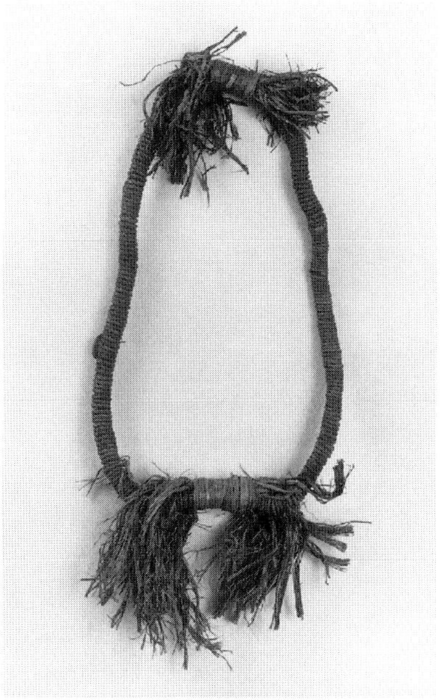

293

293 Halsring
Bella Coola; 19. Jahrhundert
Zedernbast
Länge 53 cm, Breite 29 cm
Kauf Firma Umlauff, Hamburg
(1903/04), Inv.-Nr. 6658

Um einen Wulst aus geklopften Zedernbastfasern ist eine dreifach verzwirnte Zedernbastschnur gewickelt. An beiden Seiten sind Büschel aus geklopftem Zedernbast befestigt.

296

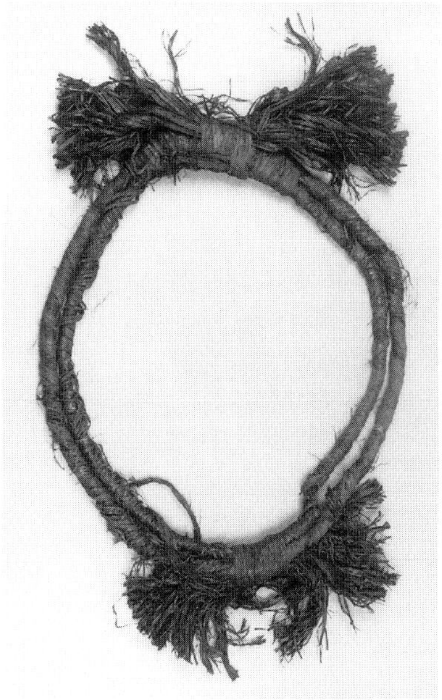

294

294 Halsring
Bella Coola; 19. Jahrhundert
Zedernbast
Länge 37 cm, Breite 31 cm
Kauf Firma Umlauff, Hamburg
(1903/04), Inv.-Nr. 6659

Zwei Zedernbastwülste sind an zwei Stellen zusammen umwickelt. Die Umwicklungen umfassen an diesen Stellen zusätzlich breite Büschel aus losen Zedernbastfasern, die seitlich als Fransen überstehen.

295 Halsring
Bella Coola; 19. Jahrhundert
Zedernbast
Durchmesser 33 cm, Fransen 32 cm
Kauf Firma Umlauff, Hamburg
(1903/04), Inv.-Nr. 6648

An einen schlauchgeflochtenen Wulst sind auf beiden Seiten Büschel aus dreifach verzwirnten Zedernbastschnüren gebunden.

296 Halsring
Bella Coola; 19. Jahrhundert
Zedernbast
Durchmesser 20 cm, Fransen 35 cm
Kauf Firma Umlauff, Hamburg
(1903/04), Inv.-Nr. 6655

An einen dicken Ring aus dreifach verzwirnten Zedernbaststrängen sind Fransen aus ebenfalls dreifach verzwirnten Zedernbastschnüren gebunden.

295

297 Halsring
Bella Coola; 19. Jahrhundert
Zedernbast
Durchmesser 25 cm
Kauf Firma Umlauff, Hamburg
(1903/04), Inv.-Nr. 6656

An einem Ring aus dreifach verzwirnten Zedernbaststrängen sind an drei Stellen Fransenbüschel aus Zedernbastschnüren befestigt.

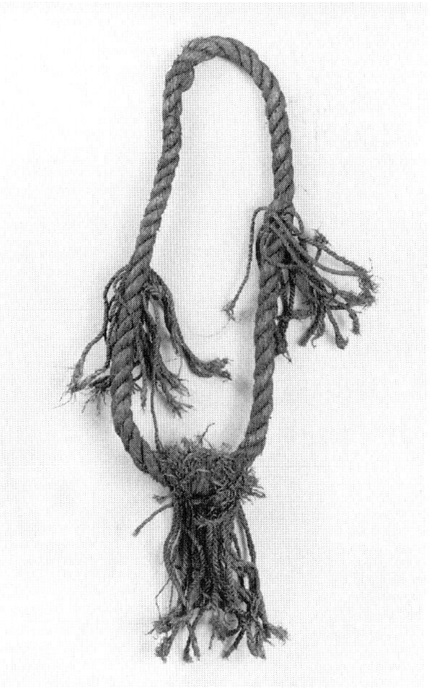

297

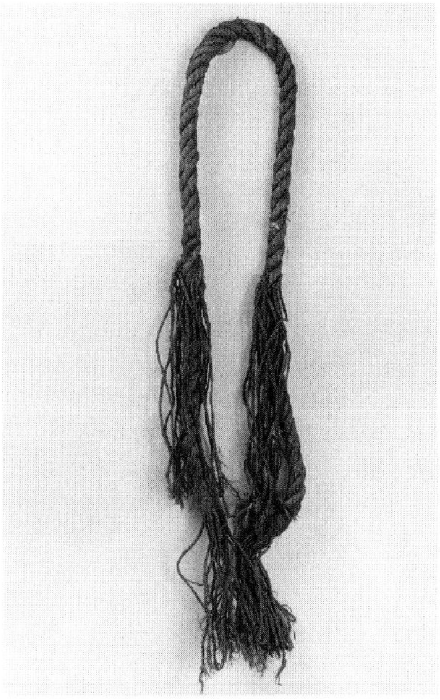

298

299

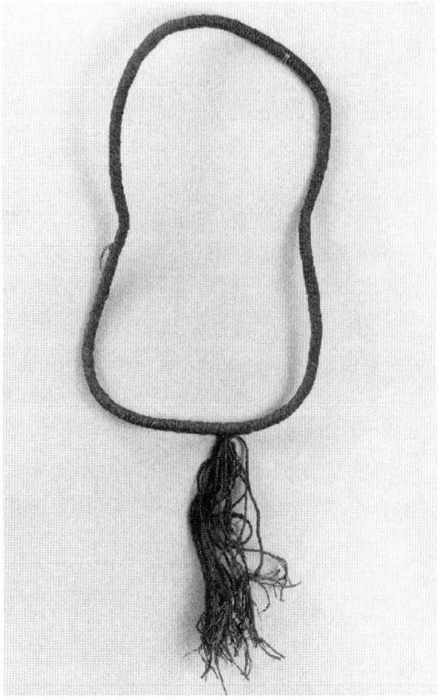

300

298 Halsring
Bella Coola; 19. Jahrhundert
Zedernbast
Länge 120 cm
Kauf Firma Umlauff, Hamburg
(1903/04), Inv.-Nr. 6657

Ein langer Strang aus dreifach verzwirnten Zedernbastfasern geht an den Enden in Fransen aus Zedernbastschnüren über. Auch seitlich sind Fransenbüschel zwischen die Verzwirnungen gesteckt.

299 Halsring
Bella Coola; 19. Jahrhundert
Zedernbast
Länge 45 cm, Breite 10 cm
Kauf Firma Umlauff, Hamburg
(1903/04), Inv.-Nr. 6660

Der aus drei Strängen verzwirnte Bastring weist an drei Stellen Büschel aus geklopftem Zedernbast auf.

300 Halsring
Bella Coola; 19. Jahrhundert
Zedernbast
Durchmesser 32 cm
Kauf Firma Umlauff, Hamburg
(1903/04), Inv.-Nr. 6661

Mit dünnen Fasersträngen hat man einen Wulst aus Zedernbastfasern fest umwickelt, an dem an einer Stelle ein Fransenbüschel aus verzwirnten Zedernbastschnüren befestigt ist.

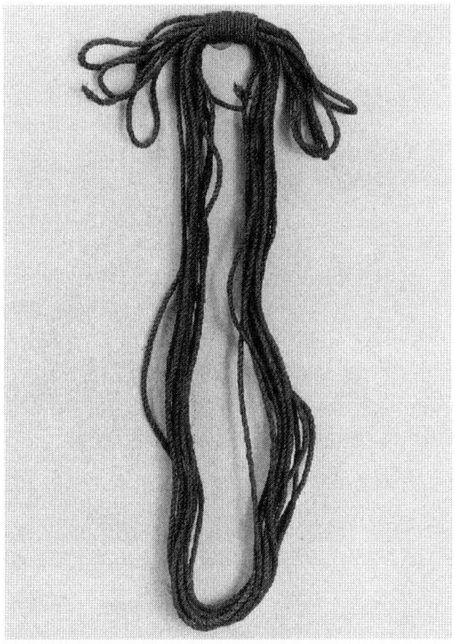

301

302

301 Halsring
Bella Coola; 19. Jahrhundert
Zedernbast
Länge 53,5 cm, Breite 18 cm
Kauf Firma Umlauff, Hamburg
(1903/04), Inv.-Nr. 6663

Eine zu zehn Kettensträhnen gelegte dreifach verzwirnte Zedernbastschnur ist an einer Stelle mit einer dünneren Schnur zusammengebunden. Die Umwicklung umfaßt gleichzeitig eine weitere in Schlaufen gelegte Zedernbastschnur, die tangential zu dem Hauptring angebracht ist.

302 Kopfring
Kwakiutl; 19. Jahrhundert
Zedernbast, Flanell
Durchmesser 20 cm, Höhe 9 cm
Kauf Firma Umlauff, Hamburg
(1903/04), Inv.-Nr. 6664

Der eckige Kopfring ist aus fünf geflochtenen Zedernbaststrängen gebildet und mit rot kariertem Flanellstoff gefüttert. Die Rückwand und die Büschel am oberen Rand sind aus losen, geklopften Zedernbastfasern. Hawthorn (1979: 114/Fig. 179) bildet ein Vergleichsstück ab, das als *hamatsa*-Kopfring bezeichnet wird. (Vgl. Jonaitis 1991: 151)

303

303 Kopfring
Kwakiutl; 19. Jahrhundert
Zedernbast
Durchmesser 16 cm, Höhe 7 cm
Kauf Firma Umlauff, Hamburg
(1903/04), Inv.-Nr. 6665

Der einfache Kopfring aus geklopften Zedernbastfasern ist mit einem breiten unbearbeiteten Zedernbaststreifen unterlegt.

304 Kopfring (ohne Foto)
Kwakiutl; 19. Jahrhundert
Zedernbast
Durchmesser 22 cm, Höhe 4,5 cm
Kauf Firma Umlauff, Hamburg
(1903/04), Inv.-Nr. 6667

Der stark beschädigte Kopfring besteht aus einer Lage ungeklopften Zedernbastes, an den auf einer Seite eine Schleife aus geklopftem Zedernbast gebunden ist.

308

305

305 Kopfring
Kwakiutl; 19. Jahrhundert
Zedernbast
Durchmesser 20 cm, Höhe 6 cm
Kauf Firma Umlauff, Hamburg
(1903/04), Inv.-Nr. 6668

Der Kopfring ist aus insgesamt siebzehn dreifach verzwirnten Zedernbastschnüren aufgebaut, die aneinandergenäht sind.

306 Kopfring
Kwakiutl; 19. Jahrhundert
Zedernbast
Durchmesser 20 cm, Höhe 6 cm
Kauf Firma Umlauff, Hamburg
(1903/04), Inv.-Nr. 6666

Der Kopfring ist wie Kat.-Nr. 303 gefertigt und mit ringförmigen Ornamenten aus gezwirnter gelblicher Zedernbastschnur verziert.

307 Kopfschmuck
Bella Coola; 19. Jahrhundert
Zedernbast
Durchmesser 40 cm
Kauf Firma Umlauff, Hamburg
(1903/04), Inv.-Nr. 6543

Dieser aus teils rohen, teils geklopften Zedernbaststreifen gebundene Kopfschmuck wird in der Originalakte als Sitzkissen eines Medizinmannes bezeichnet. Stewart (1984: 158) bildet ein ähnliches Bastobjekt jedoch als *hamatsa*-Kopfschmuck ab.

308 Kopfring
Haida; 19. Jahrhundert
Zedernbast
Durchmesser 20 cm, Fransen 45 cm
Kauf Firma Umlauff, Hamburg
(1903/04), Inv.-Nr. 6649

306

307

Der Kopfring ist aus drei Wülsten in sich gedrehter Zedernbastfasern hergestellt und mit einem kurzen und einem langen Zedernbastbüschel versehen. Es wurden sowohl gelbliche als auch rötliche Zedernbastfasern verwendet.

309 Kopfring
Bella Coola; 19. Jahrhundert
Zedernbast
Durchmesser 20 cm, Fransen 40 cm
Kauf Firma Umlauff, Hamburg
(1903/04), Inv.-Nr. 6650

Der Kopfring aus rotem Zedernbast besteht aus drei Wülsten und ist mit ringförmigen Anhängseln sowie Büscheln loser Zedernbastfasern versehen.

309

310

310 Kopfring
Bella Coola; 19. Jahrhundert
Zedernbast
Durchmesser 22 cm
Kauf Firma Umlauff, Hamburg
(1903/04), Inv.-Nr. 6651

An einen Ring aus drei Zedernbastwülsten sind auf zwei Seiten tangential Büschel aus Zedernbastfasern gebunden.

311 Kopfring
Bella Coola; 19. Jahrhundert
Zedernbast
Durchmesser 23 cm
Kauf Firma Umlauff, Hamburg
(1903/04), Inv.-Nr. 6652

Wie Kat.-Nr. 310, jedoch nur mit einem tangential befestigten Zedernbastbüschel.

311

312 Kopfring (ohne Foto)
Bella Coola; 19. Jahrhundert
Zedernbast
Durchmesser 23 cm
Kauf Firma Umlauff, Hamburg
(1903/04), Inv.-Nr. 6653

Der einfache Kopfring besteht aus einem in sich verdrehten Bündel Zedernbastfasern. Die sich überlappenden Enden sind durch eine Umwicklung verbunden.

Masken
Die aus Holz geschnitzten, meist polychromen Masken der Nordwestküste stellen menschliche Gesichter, Tiere (Vögel, Insekten, Waldtiere, Fische und Meeressäuger) und andere Naturphänomene (Sonne, Mond, Echo) sowie Misch- und Fabelwesen (Dämonen des Waldes und des Meeres) dar. Sie werden als Gesichtsmasken, Kopfaufsätze, Stirnmasken oder Fingermasken getragen. Kleine Masken werden am Zeremonialgewand befestigt. Einige Masken sind mit beweglichen Teilen und austauschbaren Segmenten ausgestattet oder haben Behänge aus Zedernbast beziehungsweise aus Stoff. Besonders theatralisch wirken die sogenannten Transformationsmasken. Durch das Aufklappen der äußeren Schale wird eine zweite Maske freigegeben und die Verwandlung eines tiergestaltigen Ahnen zu einem menschlichen Wesen visualisiert.
In den Mythen wird die Herstellung der Masken begründet und ihre Form und Gestaltung erklärt. Die Masken stellen damit eine Verbindung zum Übernatürlichen her. Sie sind sozusagen das abgelegte Kleid der mythischen Ahnen und Teil der übernatürlichen Gaben, die diese den ersten Menschen übergeben haben. Wie Lieder und Tänze gehören sie zum individuellen Besitz und verkörpern die Privilegien und Reichtümer einer Familie. Häufig sind die Motive der Masken Familienwappen, die ebenfalls von den mythischen Wesen verliehen wurden. Die Masken treten bei *potlatch*-Festen, während der Wintertänze, Initiationszeremonien und innerhalb von Heilungszeremonien auf. Schamanen tragen die Maske des Geistes, der sich in ihnen verkörpert. Es ist zu unterscheiden zwischen den profanen Tänzen, bei denen die mythischen Ahnen und deren Schätze gezeigt werden, und den sakralen Tänzen, bei denen die Tänzer von übernatürlichen Wesen besessen sind. Sakrale Masken sind bei den Kwakiutl an dem rot gefärbten Zedernbastbehang zu erkennen. Sakrale Tänze sind heute in die *potlatch*-Zeremonien integriert, aber durch eine längere Pause deutlich von den profanen Tänzen getrennt.
Das Rautenstrauch-Joest-Museum besitzt nur eine kleine Sammlung von einfachen Masken und Maskenteilen, die bis auf eine Ausnahme alle aus dem Umlauff-Konvolut, das im Jahre 1903 erworben wurde, stammen. Zwei der Masken gehören allerdings erwiesenermaßen nicht zur Jacobsen-Sammlung (vgl. Kat.-Nr. 317 und 319). Ein Maskenfragment (vgl. Kat.-Nr. 313) wurde nach dem Zweiten Weltkrieg ohne Nummer im Museum aufgefunden und galt lange Zeit fälschlicherweise als Totenmaske der Aleuten. Im Jahre 1993 hat das Museum eine *hamatsa*-Rabenmaske (vgl. Kat.-Nr. 321) als Auftragsarbeit von dem Kwakiutl-Künstler Eugene Hunt anfertigen lassen. Spektakuläre Stücke fehlen in der Sammlung. Trotzdem geben immerhin die Gesichtsmasken einen guten Einblick in die verschiedenen Stile der einzelnen Ethnien.

313 Fragment einer Maske
vermutlich Nootka; 19. Jahrhundert
Holz
Höhe 37 cm, Breite 23 cm
Kauf Firma Umlauff, Hamburg
(1903/04), Inv.-Nr. 6604

Dieses Maskenfragment wurde in den sechziger Jahren im Museum ohne Inventarnummer gefunden, neu inventarisiert und als Totenmaske aus Treibholz von den Aleuten bestimmt und auch mehrfach publiziert (zum Beispiel in Fröhlich 1967 und 1971; Collins 1973: No. 48). Inzwischen hat sich gezeigt, daß es sich um das Bruchstück

313

313 (Originalfoto)

der einzigen früher als fehlend verzeichneten Maske aus der bei Umlauff erworbenen Nordwestküsten-Sammlung handelt. Der auf dem nebenstehenden Originalfoto zu erkennende Fellkopfputz und Haarbehang am Kinn sind verlorengegangen. Ein Teil der linken Gesichtshälfte ist weggebrochen. Die Maske ist wohl auch nicht aus Treibholz geschnitzt. Der Zustand des Holzes ist vermutlich auf einen Wasserschaden im Museum zurückzuführen. Die überlebensgroße Maske wirkt durch ihre markanten Gesichtszüge, so daß selbst das Fragment noch als archaisch anmutendes Kunstwerk besticht.

314 **Gesichtsmaske** (Farbtafel X)
Nootka; 19. Jahrhundert
Holz, Zedernbast
Höhe 34 cm, Breite 20 cm,
Tiefe 15,5 cm
Kauf Firma Umlauff, Hamburg
(1903/04), Inv.-Nr. 6606

Die überlebensgroße, schwere Gesichtsmaske ist aufgrund stilistischer Merkmale eindeutig den Nootka an der Westküste von Vancouver Island zuzuordnen. Typisch sind die stark vorspringenden Augenbrauen, die herabgezogenen Mundwinkel sowie die spärliche rote und schwarze Bemalung. Unter den hohen Bögen der Augenbrauen liegen kleine Augen mit offenen Pupillen. Die halbkegelförmige Nase ist unten gerade abgeschnitten. Auf der Maske ist ein dünner geflochtener Zopf aus Zedernbast befestigt, der an der rechten Seite herabhängt. (Vgl. Haberland 1979: 182)

315 **Gesichtsmaske** (Farbtafel X)
Bella Coola; 19. Jahrhundert
Holz
Höhe 27 cm, Breite 17 cm,
Tiefe 12 cm
Kauf Firma Umlauff, Hamburg
(1903/04), Inv.-Nr. 6602

Der breite, geöffnete Mund und die halbkugelförmig vorstehenden Augäpfel verleihen dieser Gesichtsmaske einen fischähnlichen Ausdruck. Sie hat einen leicht eiförmigen Umriß. Das weiß grundierte Holz ist polychrom in den Farben Blau, Schwarz und Rot bemalt. Die Augen weisen runde Durchbohrungen auf. Die Nasenflügel sind weit aufgebläht, die Lippen leicht geöffnet.

316 **Gesichtsmaske**
Bella Coola oder Bella Bella;
19. Jahrhundert
Holz
Höhe 21 cm, Breite 28 cm,
Tiefe 10 cm
Kauf Firma Umlauff, Hamburg
(1903/04), Inv.-Nr. 6596

Die Maske hat menschliche Gesichtszüge. Das helle Holz ist in den Farben Blau, Rot und Schwarz bemalt. Unter den wuchtigen Brauen schauen die engstehenden Augen leicht nach oben. Die unten gerade abgeschnittene Nase weist eine Öffnung auf, durch die der Tänzer hindurchsehen kann. Die weit aufgeblähten Nasenflügel und die gespitzten Lippen werden durch die rote Bemalung betont. Die schwarze Zeichnung auf Oberlippe und Kinn soll wohl Bartwuchs andeuten.

317 **Gesichtsmaske** (Farbtafel X)
Haisla; um 1845
Holz, Fell
Höhe 27 cm, Breite 18 cm,
Tiefe 12,5 cm
Kauf Firma Umlauff, Hamburg
(1903/04), Inv.-Nr. 6601

Die hölzerne Gesichtsmaske ist grünlichblau gefaßt und hat auf Stirn, Wangen und Kinn eine asymmetrische bräunliche Zeichnung. Augenlider, Nasenflügel und Lippen sind ebenfalls braun gehalten. Die Augenbrauen sowie Schnurr- und Kinnbart sind aus Fellstücken gefertigt, deren Haarbesatz teilweise abgefressen ist. Die eng beieinanderstehenden Augen haben runde, offene Pupillen und liegen in tiefen schmalen Höhlen. Die kurze dicke Nase ist mit enormen Nasenlöchern ausgestattet. Die Lippen des breiten, geöffneten Mundes werden von parallelen vorstehenden Stegen gebildet.

316

Sawyer (1983: 146) datiert die Maske auf die Zeit um 1845. Sie erscheint auf der letzten Seite des Umlauff-Konvolutes (1903/04) und gehört damit sicher nicht zur zweiten Jacobsen-Sammlung, die erst 1885 entstanden ist.

318 Gesichtsmaske
Haida; 19. Jahrhundert
Holz, Leder, Eisennägel, Bastschnur
Höhe 24 cm, Breite 20 cm,
Tiefe 14,5 cm
Kauf Firma Umlauff, Hamburg
(1903/04), Inv.-Nr. 6595

Die ovale Maske mit spitzem Kinn und beweglichem Schnabel ist in den Farben Schwarz, Rot, Blau und Weiß bemalt. Den Unterkiefer bildet ein Lederlappen, der mit Nägeln am Holz befestigt ist. Der vorspringende, vorne scharf umgebogene Schnabel ist rot und zeigt seitlich je zwei sichelförmige Einkerbungen. Die leicht schräg gestellten Augen liegen unter wuchtigen Brauen in großen ovalen Höhlen und weisen an den Pupillen Öffnungen auf. Ein senkrechter Riß auf der rechten Gesichtshälfte wurde mit Bastschnur geflickt. Die Maske stellt einen Seepapagei dar und trat laut Originalakte als Begleiter von Rabe und Adler während der Wintertänze auf. (Vgl. Glenbow Museum 1987: 146/No. N 68)

318

320

319 Gesichtsmaske (Farbtafel X)
Tsimshian; 19. Jahrhundert
Holz
Höhe 22 cm, Breite 17,5 cm,
Tiefe 10 cm
Kauf Firma Umlauff, Hamburg
(1903/04), Inv.-Nr. 6607

Die Maske aus hellem Holz hat einen annähernd fünfeckigen Umriß und bildet ein menschliches Gesicht ab. Eine ausdrucksvolle Bemalung in Rot und Blau bedeckt Stirn-, Augen- und Mundpartie. Die weitgeöffneten, nach unten schauenden Augen zeigen keine Blicklöcher. Die Ohren sind seitlich als reliefierte Halbbögen herausgearbeitet. Die Masken der Tsimshian sind sehr fein gestaltet und erwecken den Eindruck, als sei die Haut straff über Muskeln und Knochen gespannt. Typisch sind die relativ dünnen Augenbrauenlinien und der breite Mund mit schmalen Lippen.

320 Kopfaufsatz
Nordwestküste, Haida?;
19. Jahrhundert
Holz
Höhe 16,5 cm, Breite 18 cm,
Tiefe 38 cm
Kauf Firma Umlauff, Hamburg
(1903/04), Inv.-Nr. 6600

Der als Vogelkopf gestaltete Aufsatz zeigt einen weit vorspringenden Schnabel mit scharf nach unten gebogener Spitze. Am hinteren Teil des Oberschnabels deutet eine halbrunde rote Erhöhung möglicherweise eine Nasenöffnung an. Der untere Teil ist durchbrochen gearbeitet und läßt eine Zunge erkennen. Die Augenkonturen sind als schmale Stege gearbeitet, die ein großes schwarzes Auge mit kleiner roter Pupille umschließen. Die Augenhöhle war ehemals weiß bemalt. Die Augenbraue zieht sich als breiter Grat am gesamten Oberkopf entlang. Auf dem Scheitel ist ein weiterer Tierkopf jeweils in Seitenansicht zu sehen. Aus dem geöffneten Maul ragt eine Reihe von Zähnen.

321 *Hamatsa*-Rabenmaske
(Farbtafel XVI)
Kwakiutl, Eugene Hunt; 1993
Zedernholz, Zedernbast, Leder, Schnur
Höhe 32 cm, Breite 20,5 cm,
Tiefe 69 cm, Bastbehang 100 cm
Kauf John Livingston, Victoria
(1993/03), Inv.-Nr. 53800

Die *hamatsa*-Rabenmaske stellt das mythische Rabenvogelmonster dar, einen der Hausgenossen des „Menschenfressers am nördlichen Ende der Welt". Sie tritt auf bei der Initiation eines Novizen in den *hamatsa*-Bund, den ranghöchsten Geheimbund der Kwakiutl. Die Aufnahme erfolgt aufgrund ererbter Privilegien. Der Initiationsvorgang beinhaltet die zeitweilige Entfernung des Initianden aus der menschlichen Gesellschaft. Er verbringt einige Zeit in der Wildnis, wo er unter den Einfluß des Menschenfressers gerät. Wenn er zurückkehrt, ist er von dessen wilden Eigenschaften besessen, fällt Menschen an und versucht, sie zu beißen. In einem dramatisch inszenierten Ritual wird er gezähmt und wieder

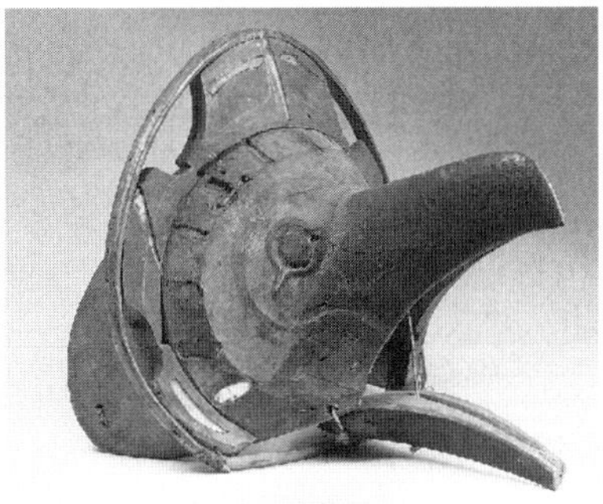

322

in die menschliche Gesellschaft integriert. Hierbei treten auch die Gehilfen des Kannibalen, der Grizzlybär und verschiedene Vogelmonster, darunter der *hamatsa*-Rabe, auf. Das Rabenvogelmonster ist dafür bekannt, daß es die Augen seiner Opfer auspickt und verschlingt. Es hat einen langen, wuchtigen Schnabel, dessen Unterkiefer lose durch einen Lederstreifen mit dem Kopf verbunden ist und der mit Hilfe einer Schnur bewegt werden kann. Gesicht und Schultern des Tänzers werden von den langen Zedernbaststreifen verdeckt, durch die sich die *hamatsa*-Raben von anderen Raben-Darstellungen unterscheiden. Eugene Hunt ist 1946 in Alert Bay geboren und der Cousin von Tony Hunt (vgl. Kat.-Nr. 340). An der Maske hat er zweieinhalb Wochen gearbeitet.

322 **Kopfaufsatz**
Bella Coola; 19. Jahrhundert
Holz, Glas, Bastschnur, Sehne
Höhe 21 cm, Breite 26 cm,
Tiefe 27 cm
Kauf Firma Umlauff, Hamburg
(1903/04), Inv.-Nr. 6608

Der nahezu kreisrunde Aufsatz ist in den Farben Blau, Rot und Schwarz bemalt. Der lange, vorne scharf umgebogene Schnabel weist ihn als Raben-Darstellung aus. Der Unterkiefer kann mit Hilfe einer Schnur bewegt werden. In den äußeren Rand des Vogelgesichtes waren ehemals kranzförmig Glasstückchen eingelegt, die aber fast alle verloren sind. Eine zweite Gesichtsrahmung wird durch einen dünnen Holzreif gebildet, der an kleinen Holzstegen

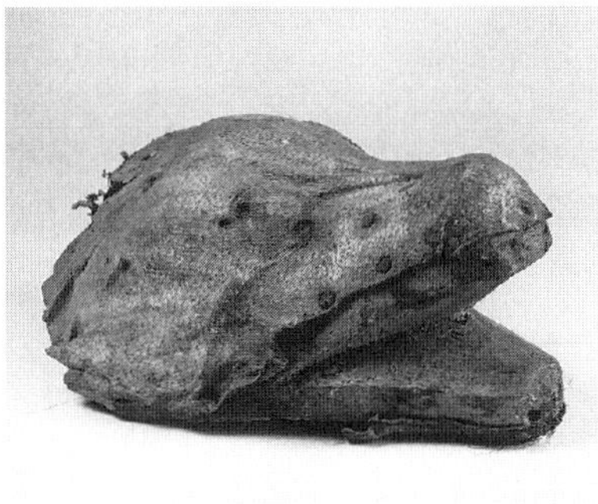

323

befestigt ist, die ebenfalls Glaseinlagen tragen. Am unteren Rand war, wie das Originalfoto belegt, ehemals ein Stoffbehang befestigt, der den Hinterkopf des Tänzers bedeckte.

323 **Kopfaufsatz**
Bella Coola; 19. Jahrhundert
Holz, Fell
Höhe 11,5 cm, Breite 17 cm,
Tiefe 25,5 cm
Kauf Firma Umlauff, Hamburg
(1903/04), Inv.-Nr. 6612

Der grob gearbeitete Kopfaufsatz stellt einen Bärenkopf mit weit geöffnetem Maul dar. Die Haare des Fellüberzugs, der mit Holznieten befestigt ist, sind fast vollständig abgefressen.

324 **Stirnmaske**
Nordwestküste; 19. Jahrhundert
Holz
Höhe 22,5 cm, Breite 26 cm,
Tiefe 9 cm
Kauf Firma Umlauff, Hamburg
(1903/04), Inv.-Nr. 6603

Die monochrome, relativ flache Maske wirkt allein durch die kräftig modellierten Gesichtszüge. Der helmartige Aufsatz ist in Form eines Vogelgesichtes mit vorspringendem, offenen Krummschnabel gestaltet. Der untere Teil zeigt ein menschliches Gesicht. Das Fehlen von Öffnungen zum Durchschauen weist das Objekt als Stirnmaske aus. Die halb geschlossen wirkenden Augen liegen in ovalen Höhlen. Die kurze Nase ist ein schmaler Grat und endet in unverhältnismäßig hohen, weit geblähten Nüstern, die auf der Oberlippe des leicht geöffneten Mundes aufsitzen. Die Stirnmaske scheint Umlauff bei dem Ethnographica-Händler Webster in London gekauft zu haben.

325 **Stirnmaske** (Farbtafel IX)
vermutlich Kwakiutl; 19. Jahrhundert
Holz, Perlmutt
Höhe 25 cm, Breite 19 cm,
Tiefe 14 cm
Kauf Firma Umlauff, Hamburg
(1903/04), Inv.-Nr. 6609

Die leicht gewölbte, oben abgerundete brettartige Stirnmaske ist in den Farben Schwarz, Grün und Rot bemalt und zeigt Einlagen aus Perlmutt. Dargestellt ist ein Vogel, unter dessen Schnabel eine kleine anthropomorphe Figur hockt.

326 **Stirnmaske**
Kwakiutl; 19. Jahrhundert
Holz, Perlmutt, Metall, Baumwollfaden, Papier
Höhe 8 cm, Breite 17 cm, Tiefe 19 cm
Kauf Firma Umlauff, Hamburg
(1903/04), Inv.-Nr. 6611

324

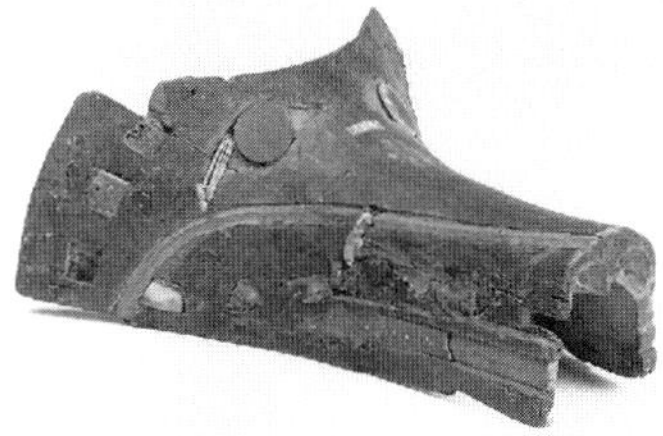

326

327

328

329

330

331

Die stark beschädigte Stirnmaske stellt einen Wolfskopf dar. Von den Perlmutteinlagen sind nur noch Reste vorhanden. Als Pupillen sind Metallscheiben eingesetzt. Ein Riß auf der rechten Seite ist mit Baumwollfaden geflickt. Die Maske ist schwarz bemalt, nur die eingetieften Augenhöhlen und über die Schnauze verlaufenden Rillen sind rot. Anstelle der Zahnreihen sind ebenfalls rot bemalte, mit einem gestanzten Ringmuster versehene Papierstreifen eingesetzt. Laut Verkaufskatalog wurde die Stirnmaske von Frauen getragen.

327 Stirnmaske
Bella Coola; 19. Jahrhundert
Holz, Sackleinen
Höhe 7 cm, Breite 12 cm,
Tiefe 16,5 cm
Kauf Firma Umlauff, Hamburg
(1903/04), Inv.-Nr. 6613

Die schwarz und rot bemalte Stirnmaske stellt einen Schweinskopf dar. Die schmalen Äuglein liegen in roten Feldern. In der leicht geöffneten Schnauze sind die Hauer zu erkennen. Als Halterung sind Bänder aus Sackleinen angebracht. Auch diese Maske wurde angeblich von Frauen getragen.

328 Stirnmaske
Bella Coola; 19. Jahrhundert
Holz, Baumwollfaden
Höhe 19 cm, Breite 20 cm,
Tiefe 10 cm
Kauf Firma Umlauff, Hamburg
(1903/04), Inv.-Nr. 6615

Die hölzerne Stirnmaske ist in den Farben Weiß, Rot, Dunkelgrün, Dunkelblau und Schwarz gefaßt. Es läßt sich nicht genau sagen, um welche Tiergattung es sich handelt. Die kräftige Bemalung ist noch sehr gut erhalten, wenn auch etwas grob ausgeführt. Die obere Leiste ist mit Hilfe von Baumwollfäden festgenäht.

329 Stirnmaske
Bella Coola; 19. Jahrhundert
Holz, Baumwollschnur
Höhe 11 cm, Breite 15 cm,
Tiefe 27 cm
Kauf Firma Umlauff, Hamburg
(1903/04), Inv.-Nr. 6610

Die Stirnmaske in Form eines Vogelschnabels hat einen sehr weit vorstehenden, spitzen Schnabel, der seitlich eingekerbt und vorne leicht geöffnet ist. Sie ist schwarz gefaßt und stellt vermutlich einen Raben dar. An den Augen fehlt der Farbauftrag, und es sieht so aus, als seien hier ehemals Knöpfe oder Nieten angebracht gewesen. Seitlich ist eine Baumwollschnur befestigt, um den Aufsatz in Position zu halten.

330 Stirnmaske
Bella Coola; 19. Jahrhundert
Holz
Höhe 13 cm, Breite 18 cm,
Tiefe 10 cm
Kauf Firma Umlauff, Hamburg
(1903/04), Inv.-Nr. 6597

Die kleine brettartige Stirnmaske stellt mit dem weit vorspringenden, nach oben weisenden Schnabel ein Vogelwesen, vermutlich einen Raben, dar. Die ehemals blaue Bemalung der Augenpartie ist stark verblaßt. Die geblähten Nasenflügel und die Lippen sind wie bei vielen anderen Masken rot gefaßt.

331 Stirnmaske
Bella Coola; 19. Jahrhundert
Holz
Höhe 4,5 cm, Breite 8,5 cm,
Tiefe 8,7 cm
Kauf Firma Umlauff, Hamburg
(1903/04), Inv.-Nr. 6598

Die winzige Stirnmaske hat einen langen, spitzen Schnabel und ist in den Farben Rot und Blau bemalt.

332 Maskenteil
Bella Coola; 19. Jahrhundert
Holz
Höhe 15 cm, Breite 12 cm, Tiefe 8 cm
Kauf Firma Umlauff, Hamburg
(1903/04), Inv.-Nr. 6616

Dargestellt ist ein menschliches Gesicht mit runden Augen, Hakennase, riesigen Nasenlöchern und gespitzten Lippen. Das helle Holz ist rot, blau und schwarz bemalt. Am unteren Rand ist ein kurzer Stiel angebracht, der eine Durchbohrung aufweist und mit dessen Hilfe das menschliche Gesicht an einer Maske befestigt werden konnte.

333 Kleine Maske
Kwakiutl; 19. Jahrhundert
Holz
Höhe 12 cm, Breite 9 cm, Tiefe 5,5 cm
Kauf Firma Umlauff, Hamburg
(1903/04), Inv.-Nr. 6617

Das Gesicht dieser kleinen Maske ähnelt mit den eingefallenen Augen und der offenen Mundhöhle den Dzunukwa-Masken (vgl. Kat.-Nr. 229). Dzunukwa heißt die furchtbare Riesin, die in den weit entfernten Bergwäldern lebt und auf ihrem Rücken einen Korb trägt, in dem sie Kinder sammelt, um sie zu Hause zu

332

333

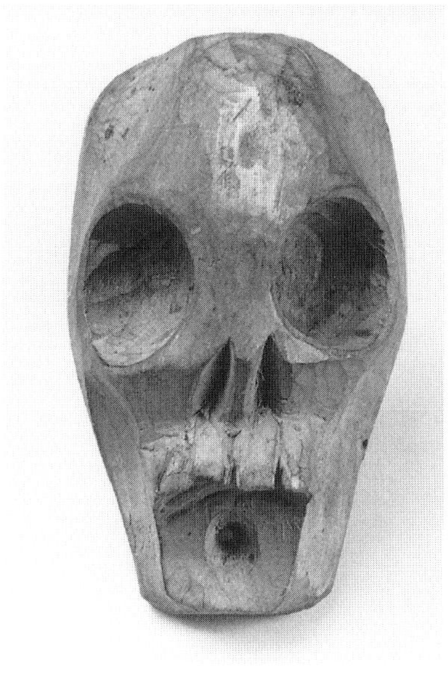

334

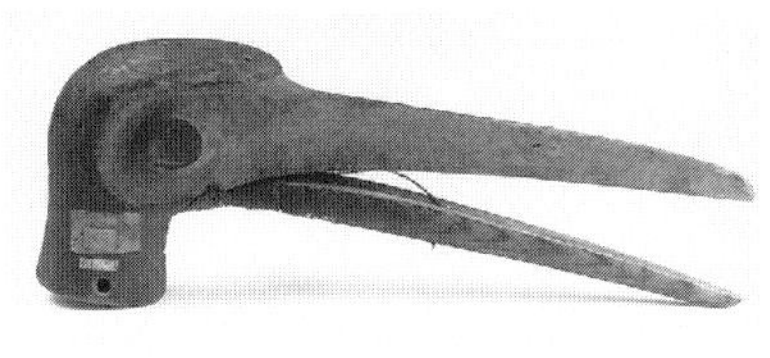

336

fressen. Die Kinder können sie aber überlisten, denn sie ist dumm und schwerfällig. In ihrem Haus hat sie große Reichtümer angesammelt, weshalb sie zugleich als Überbringerin von Reichtum und Glück gilt.

334 Kleine Maske
Bella Coola; 19. Jahrhundert
Holz
Höhe 11,5 cm, Breite 7 cm, Tiefe 5 cm
Kauf Firma Umlauff, Hamburg
(1903/04), Inv.-Nr. 6618

Die kleine Maske stellt einen Totenkopf dar. Sie wurde bei den Wolfstänzen an die großen Wolfsmasken angehängt. Hawthorn (1979: 123/Fig. 204–205) bildet einen *hamatsa*-Kopfring und eine *hamatsa*-Robe ab, die mit kleinen Totenkopf-Masken bestückt sind. Sie symbolisieren den grausamen Charakter des *hamatsa*. Ihre Anzahl entspricht der Anzahl der Male, die der Träger des Zeremonialgewandes als Initiierter bereits bei der *hamatsa*-Zeremonie getanzt hat.

335

335 Kleine Maske
Bella Coola; 19. Jahrhundert
Holz
Höhe 11 cm, Breite 5 cm, Tiefe 4,5 cm
Kauf Firma Umlauff, Hamburg
(1903/04), Inv.-Nr. 6619

Wie Kat.-Nr. 334.

336 Maskenteil
Kwakiutl; 19. Jahrhundert
Holz, Leder, Bastschnur, Eisennägel
Höhe 10 cm, Breite 10 cm,
Tiefe 26 cm
Kauf Firma Umlauff, Hamburg
(1903/04), Inv.-Nr. 6623

Manche Masken wurden mit einzelnen Tierköpfen als bewegliche oder abnehmbare Tierköpfe ausgestattet. Der schmale Reiherkopf hat einen langen, dünnen Schnabel. Der bewegliche Unterschnabel war durch ein kleines Lederstück mit dem Kopf verbunden. Es ist mit Eisennägeln befestigt und inzwischen durchgerissen. Eine gezwirnte Bastschnur verhindert ein zu weites Aufklappen des Schnabels. Kamm, Hals und das große runde Auge sind schwarz gefaßt. Die blaue Bemalung der Augenhöhle und des Schnabels ist stark verblaßt.

337

337 Maskenteil
Kwakiutl; 19. Jahrhundert
Holz
Höhe 22 cm, Breite 8,5 cm, Tiefe 14 cm
Kauf Firma Umlauff, Hamburg (1903/04), Inv.-Nr. 6625

Das kaum bemalte Maskenteil stellt einen Adlerkopf dar. Der stark nach unten gebogene, offene Schnabel ist mit einer Zunge ausgestattet und innen rot gefärbt. Um die sehr plastisch wirkenden Augen sind Reste einer weißen Bemalung erkennbar.

338 Teile eines Sisiutl
Nootka oder Kwakiutl;
19. Jahrhundert
Holz, Zedernspäne
Länge 192 cm, Höhe 78 cm
Kauf Firma Umlauff, Hamburg (1903/04), Inv.-Nr. 6669-6671

Das dreiteilige Objekt stellt die mythische doppelköpfige Schlange Sisiutl (vgl. Kat.-Nr. 379) dar, deren Leibteile fehlen. Das hochaufragende Mittelteil besteht aus zwei Brettern, die mit verzwirnten Zedernspänen verbunden sind. Im oberen Bereich ist ein menschlicher Kopf ausgeformt mit breitem Mund, Nase, durchbrochenen Pupillen und eingesetzten Augäpfeln. Die Seitenteile sind als Tierköpfe gestaltet und weisen am Rand Durchbohrungen mit Resten von Zedernbastschnur auf, mit denen sie wohl an den Leibteilen festgenäht waren. Die Tierköpfe haben leicht geöffnete Schnauzen. Die für die Sisiutl typischen eingerollten Nasen sind weggebrochen. Alle drei Teile sind mit Holzrädern versehen, auf denen das Objekt in den Zeremonialraum gezogen werden konnte. Die weiße Bemalung ist stark beschädigt.

339 *Tantsik*-Brettafel
Nootka; 19. Jahrhundert
Holz, Glimmer, Zedernbast
Länge 175 cm, Breite 20 cm
Kauf Firma Umlauff, Hamburg (1903/04), Inv.-Nr. 6672

Die Tafel besteht aus mehreren aufeinandergesteckten, bemalten und ehemals mit Glimmereinlagen versehenen Brettern, aus denen s-förmige Elemente ausgeschnitten sind. Auf das oberste Halbbrett mit dem langen Ohr ist ein Auge gemalt. Die übrige Bemalung ist so schadhaft, daß sie nicht mehr zu erkennen ist. Bei den Holzverbindungen handelt es sich um lose Steckverbindungen. Bruchstellen wurden mit gezwirnter Zedernbastschnur geflickt. Auf der Rückseite sind mit Zedernbast kleine Holzstückchen festgebunden. Mit den auch *power board* genannten *tantsik*-Brettafeln wurde die Kontrolle über das mythische Seemonster Sisiutl (vgl. Kat.-Nr. 338 und 379) demonstriert. Die *power boards* werden theatralisch eingesetzt. Sie tauchen in einer Reihe nebeneinander scheinbar aus dem Boden auf, um anschließend wieder zu versinken.

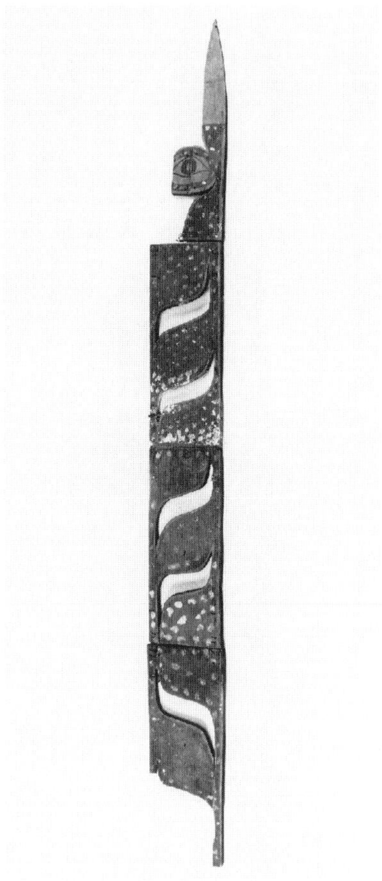

339

338

341

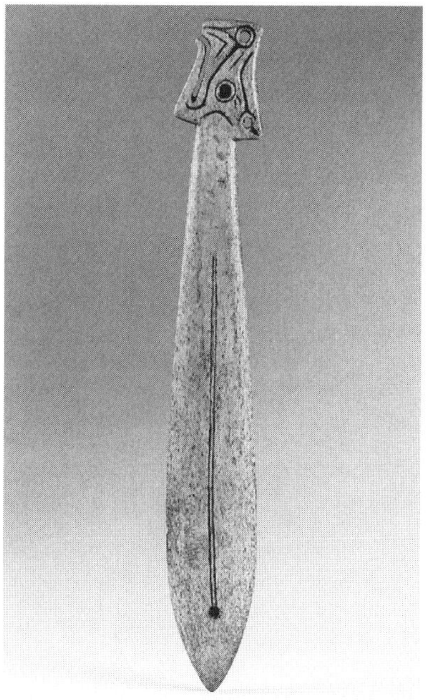

342

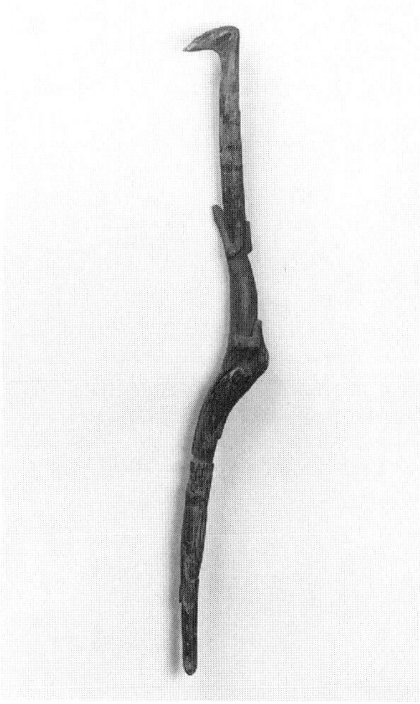

343

340 *Hamatsa*-Wand
(Farbtafel XII)
Kwakiutl, Tony Hunt; 1990
Holz, bemalt
Länge 307 cm, Höhe 269 cm
Kauf Ravens Gallery,
Vancouver (1990/09),
Inv.-Nr. 52359

Diese *hamatsa*-Wand hat das Rautenstrauch-Joest-Museum von dem Kwakiutl-Künstler Tony Hunt eigens für eine Szene zum *hamatsa*-Geheimbund in seiner Ausstellung „Männerbünde-Männerbande. Die Rolle des Mannes im Kulturvergleich" anfertigen lassen. Sie ist aus vier behauenen Zedernplanken zusammengesetzt und schwarz und rot mit mehreren Tiermotiven bemalt. Der Durchmesser der Öffnung beträgt circa sechzig Zentimeter. Durch sie steigt der Novize bei der Aufnahmezeremonie und wird von den Bundmitgliedern empfangen. Tony Hunt wurde 1942 in Alert Bay geboren. 1962 wurde er vom British Columbia Privincial Museum als Schnitzer angestellt, bis er sich ab 1972 nur noch der von ihm gegründeten Ravens Gallery widmete, in der die Werke verschiedener Künstler verkauft werden und der eine Schule angeschlossen ist.

341 **Modell-Kupfer**
Bella Coola; 19. Jahrhundert
Kupferblech
Länge 10 cm, Breite 5,5 cm
Kauf Firma Umlauff, Hamburg
(1903/04), Inv.-Nr. 6512

„Kupfer" werden die schildförmigen Platten aus Kupfer genannt, denen die Nordwestküsten-Indianer einen enormen Wert beimaßen. Meist waren sie mit einem Gesicht bemalt und trugen einen eigenen Namen. Ihr Wert entsprach dem Gesamtwert der während eines *potlatch* verteilten Güter. Dieses kleine Modell weist alle typischen Merkmale der echten Kupfer auf: die Y-Form, die t-förmig herausgeschlagenen Stege und die leichte Wölbung im Kopfteil.

342 **Zeremonialkeule**
Nootka; 19. Jahrhundert
Knochen
Länge 50 cm, Breite 7 cm
Kauf Firma Umlauff, Hamburg
(1903/04), Inv.-Nr. 6478

Die schwertförmige Keule aus Walknochen hat eine beidseitig geschliffene, spitz zulaufende Klinge. Der Griff ist durch Ritzzeichnungen als Tierkopf, vermutlich als Donnervogel, gestaltet und weist zwei Durchbohrungen auf. Die Schneide ist bis auf zwei von einer punktförmigen Vertiefung ausgehende Furchen unverziert. Die Keulen waren zum einen Statussymbol der Kriegshäuptlinge, wurden aber auch als tatsächliche Waffen eingesetzt. (Vgl. Drucker 1955: 94/Pl. 63; HNAI Vol. 7 1990: 401/Fig. 6; King 1981: Pl. 47/No. 67–70)

343 **Würdestock**
Kwakiutl; 19. Jahrhundert
Holz
Länge 73 cm, Breite 5 cm
Kauf Firma Umlauff, Hamburg
(1903/04), Inv.-Nr. 6633

Der aus Holz geschnitzte Stab hat eine kleine Krücke und ist in den Farben Schwarz, Rot und Blau bemalt. Die plastisch herausgearbeiteten und ziemlich realistisch gestalteten Tierfiguren sind laut Originalakte Otter, Rabe und Seehund. Ungewöhnlich für einen Seehund ist allerdings das große offenstehende Maul mit Zähnen, das eher dem Killerwal zuzuordnen ist. Beschnitzte und bemalte Stöcke dienten den Rednern, die für den gastgebenden Häuptling bei einem *potlatch* sprachen, bei großen Zeremonien als Amtsabzeichen.

344

344 **Wappenstange**
Bella Coola; 19. Jahrhundert
Holz
Länge 57 cm, Breite 4,5 cm
Kauf Firma Umlauff, Hamburg
(1903/04), Inv.-Nr. 6594

Die figürlich beschnitzte Holzstange ist relativ grob in den Farben Schwarz, Rot und Grün bemalt. Oben ist ein Adler zu erkennen, dann folgen ein brettartiges Mittelstück mit Streifenzier und ein weiteres Tiergesicht. Das untere Ende ist zugespitzt, um die Stange in den Boden rammen oder an einem anderen Objekt befestigen zu können.

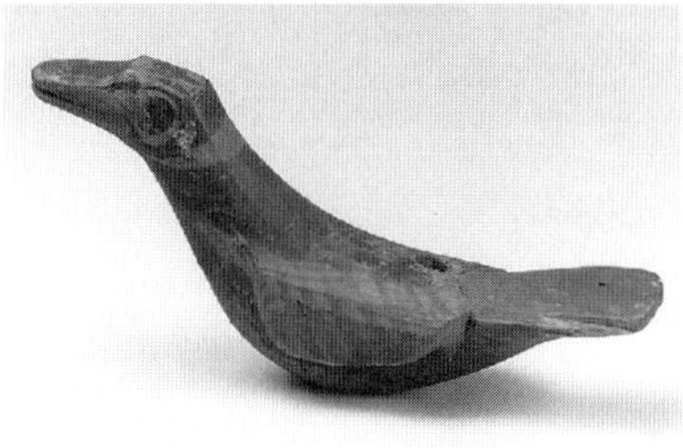

345

345 **Vogelfigur**
Tsimshian; 19. Jahrhundert
Holz
Länge 14 cm, Breite 5 cm, Höhe 7 cm
Kauf Firma Umlauff, Hamburg
(1903/04); Inv.-Nr. 6624

Die als Vogel geschnitzte Holzfigur ist mit schwarzer und roter Farbe bemalt und weist nahe des Schwanzes eine senkrechte Durchbohrung auf. Bei Festlichkeiten wurden solche Figuren draußen auf Stangen aufgesteckt.

346 **Teil eines Wappenpfahls**
vermutlich Bella Coola; vor 1910
Holz
Länge 230 cm, Breite 40 cm,
Tiefe 38 cm
Geschenk Firma Liesegang, Köln
(1954/45), Inv.-Nr. 52583

Die Nordwestküsten-Indianer stellten vor ihren Häusern Wappenpfähle auf, die mit jenen mythischen Tiergestalten beschnitzt waren, die in der Familiengeschichte der Hausbewohner eine besondere Rolle spielten. Hier handelt es sich wohl nur um den oberen Teil eines größeren Wappenpfahls. Die Bemalung ist in den Farben Schwarz und Rot gehalten. Im unteren Bereich ist der Pfahl ungewöhnlich weit vorgewölbt. Die in den Pfahl geschnitzten Gesichter weisen die typischen Stilmerkmale der Bella Coola auf. Dazu gehören kräftige Augenbrauen, flache Pupillen, gewölbte Wangen sowie die deutlich herausgearbeiteten Nasenflügel, die geöffneten, flachen Lippen und das zurückweichende Kinn. Gerhard (1991: 60) vermutet, daß der Wappenpfahl möglicherweise während der Völkerschau der Bella Coola in Köln im Jahre 1886 hergestellt worden sein könnte. Eine sichere Aussage hierzu kann jedoch erst nach einer Analyse des Holzes gemacht werden.

347 **Wappenpfahl**
Nordwestküste; vor 1910
Holz
Länge 382 cm, Breite 33 cm,
Tiefe 30 cm
Geschenk Firma Liesegang, Köln
(1954/45), Inv.-Nr. 52584

346

Der schwarz und rot bemalte Holzpfahl unbekannter Herkunft stellt verschiedene mythische Tiere dar. Oben beginnend sind ein Adler, ein Frosch (?), ein Habicht (?) und ein Bär oder Biber zu erkennen. Kennzeichen des Bibers sind die Nagezähne und das in den Pfoten

347

gehaltene Holzstück, es fehlt aber der typische zwischen den Beinen nach oben geklappte und schraffierte Schwanz. Charakteristisch für den Bären sind das offene Maul mit den großen gebleckten Zähnen und die kleinen Ohren. Ganz unten folgt wiederum ein Vogel.

348 Weibliche Figur
vermutlich Kwakiutl;
19. Jahrhundert
Holz
Länge 24,5 cm, Breite 6 cm,
Tiefe 5 cm
Kauf Firma Umlauff, Hamburg
(1903/04), Inv.-Nr. 6628

Der kegelförmig auslaufende Kopf der hockenden weiblichen Figur gibt möglicherweise die ringförmigen Hutfortsätze der Adligen (vgl. Kat.-Nr. 246) wieder. Das Gesicht ist geprägt durch die dicken gewölbten Brauen sowie die markanten Backenknochen und das vorstehende Kinn. Die plastisch gestalteten Hände sind vor den Bauch gehalten.

348

349 Menschliche Figur
Bella Coola; 19. Jahrhundert
Holz, Haut, Schnur, Pappe, Eisen
Länge 27 cm, Breite 6 cm,
Tiefe 4,5 cm
Kauf Firma Umlauff, Hamburg
(1903/04), Inv.-Nr. 6621

Das Ende eines Holzstabes ist durch schwarze und rote Bemalung als menschlicher Kopf gestaltet. Der Körper ist ganz mit Haut eingehüllt, die am Hinterkopf angenagelt, im übrigen lose mit Schnur festgebunden ist. Auf der Brust ist ein Stück Pappe in die Hautumhüllung gesteckt worden. Das leicht zugespitzte untere Ende ist angebohrt, so daß nicht auszuschließen ist, daß die Puppe auf ein anderes Zeremonialobjekt aufgesteckt wurde.

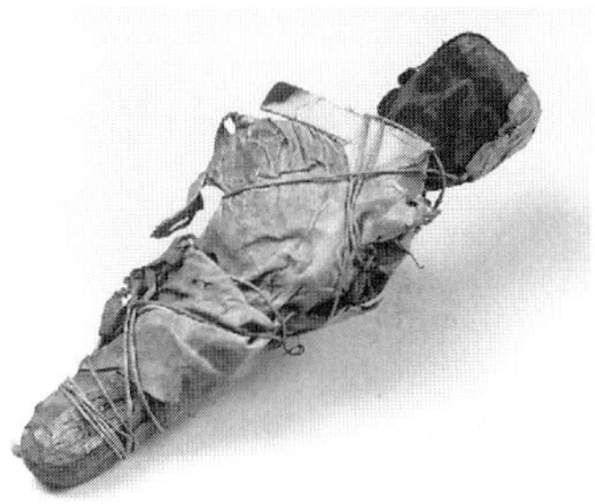

349

350 Anthropomorphe Darstellung
Bella Coola;
19. Jahrhundert
Holz
Länge 14,5 cm, Breite 3,5 cm
Kauf Firma Umlauff, Hamburg
(1903/04), Inv.-Nr. 6599

Der Kopf dieses keilartigen Instruments zeigt menschliche Gesichtszüge.

350

351

351 Walfigur
Bella Coola; 19. Jahrhundert
Holz
Länge 24,5 cm, Breite 8 cm,
Höhe 8 cm
Kauf Firma Umlauff, Hamburg
(1903/04), Inv.-Nr. 6622

Aus einem schmalen Holzbrett wächst eine Walfigur mit offenem Maul heraus. Sie ist in den Farben Weiß, Blau und Rot bemalt.

352 Weibliche Figur
Bella Coola; 19. Jahrhundert
Holz
Länge 16,5 cm, Breite 7 cm,
Tiefe 6 cm
Kauf Firma Umlauff, Hamburg
(1903/04), Inv.-Nr. 6626

Die hockende weibliche Figur ist mit lang herabhängenden Zöpfen und geschwollenem Leib, den sie mit den Händen umfaßt, dargestellt.

353 Tierfigur
Bella Coola; 19. Jahrhundert
Holz
Länge 16 cm, Breite 8 cm, Tiefe 10 cm
Kauf Firma Umlauff, Hamburg
(1903/04), Inv.-Nr. 6627

Eine Tierfigur sitzt mit angezogenen und weit nach hinten gebogenen Beinen und umfaßt mit den Armen eine kleinere Tierfigur, die ebenfalls die Knie angezogen hat. Nur die Köpfe sind schwarz und blau bemalt. Die größere Figur hat große, spitzovale Augen und eine hakenförmige Nase, die im Bogen bis in den Mund reicht. Die kleinere reckt die vorstehende Schnauze nach oben. Auf dem Rücken der Figur ist ein weiteres, anthropomorphes Gesicht eingeritzt, das ebenfalls schwarz und blau bemalt ist. Als Nase ist ein kleiner Steg eingesetzt.

354 Anthropomorphe Darstellung
Bella Coola; 19. Jahrhundert
Holz
Länge 18,5 cm, Breite 6 cm
Kauf Firma Umlauff, Hamburg
(1903/04), Inv.-Nr. 6634

Aus einem flachen Holzsstück, das im dunkleren unteren Bereich noch die Rinde trägt, ist ein ovales Gesicht ausgeschnitten. Die Gesichtszüge und ein strahlenförmiger Kranz am Rand sind in Form punktierter Linien in das Holz gebrannt.

355

355 Anthropomorphe Darstellung
Bella Coola; 19. Jahrhundert
Leder, Haare, Eisen
Länge 29 cm, Breite 15 cm
Kauf Firma Umlauff, Hamburg
(1903/04), Inv.-Nr. 6635

Aus dickem Leder ist ein Gesicht mit Oberkörper, Armen und Händen mit Fingern ausgeschnitten. In den oberen Rand sind Löcher gebohrt, in denen teilweise Büschel menschlicher Haare stecken. In der Taille stecken Reste von Eisennägeln oder -nieten.

352

353

354

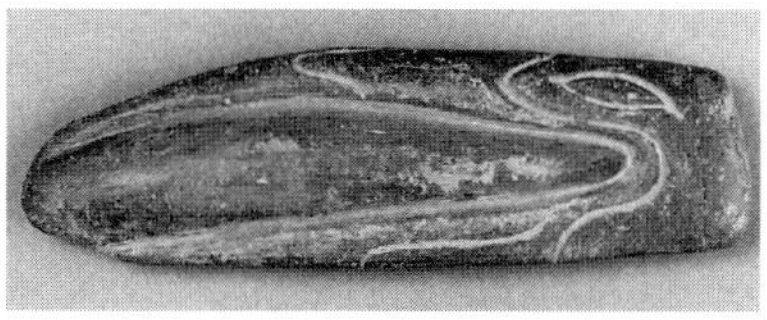

357

356 **Amulett** (ohne Foto)
Bella Coola; 19. Jahrhundert
Holz, Zedernbast
Schnur: Länge 500+150+130 cm,
Fischkörper: Länge 23 cm
Kauf Firma Umlauff, Hamburg
(1903/04), Inv.-Nr. 6638

An eine in drei Teile gerissene, aus Zedernbast zopfgeflochtene Schnur sind mehrere flache, aus Holz geschnitzte Fischkörper angebunden, die mit senkrechten roten Streifen bemalt sind. Das Amulett soll einen reichen Fischfang bewirken.

357 **Amulett**
Bella Coola; 19. Jahrhundert
Stein
Länge 14 cm, Breite 4 cm
Kauf Firma Umlauff, Hamburg
(1903/04), Inv.-Nr. 6272

Das längliche Steinobjekt ist in Form eines Vogel-, vermutlich eines Rabenkopfes geschnitzt und wurde laut Originalakte vom Schamanen benutzt.

358 **Amulett**
Bella Coola; 19. Jahrhundert
Leder
Durchmesser 3,6 cm
Kauf Firma Umlauff, Hamburg
(1903/04), Inv.-Nr. 6641

In das kleine, oben abgeplattete Lederstückchen sind grob menschliche Gesichtszüge eingeschnitten.

359 **Amulett**
Tsimshian; 19. Jahrhundert
Zähne, Leder, Harz
Länge 18,5 cm, Durchmesser 10 cm
Kauf Firma Umlauff, Hamburg
(1903/04), Inv.-Nr. 6639

Auf ein ledernes Band sind sechs durchbohrte Beinobjekte aufgezogen. Vier von ihnen sind einfache leicht gebogene und spitz zulaufende Nadeln.

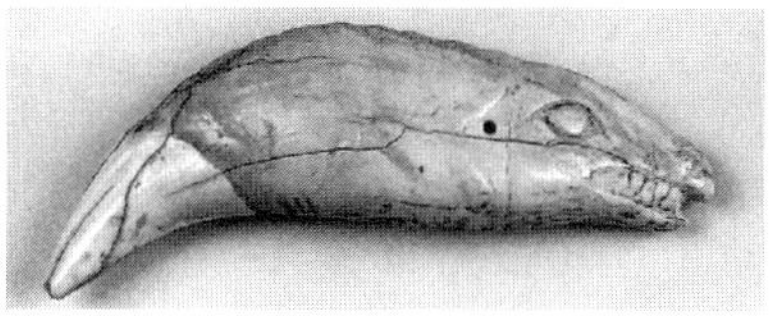

360

Das fünfte ist im Prinzip gleich, nur wesentlich größer, während das sechste flach und als Rabe gestaltet ist. In den Vertiefungen von Augenhöhle, Schnabel und den u-förmigen Formelementen auf dem Hals sind noch Reste einer rotbraunen harzigen Masse zu erkennen, mit der möglicherweise Perlmutteinlagen eingeklebt waren. Haberland (1979: 58/A-16) bildet eine Schamanenpuppe ab, die mit einer vollständigen Schamanenausrüstung ausgestattet ist, zu der eine ähnliche Halskette wie die hiesige gehört. Die einzelnen Anhänger repräsentieren vermutlich die Geisthelfer des Schamanen.

360 **Amulett**
Bella Coola; 19. Jahrhundert
Zahn
Länge 9,5 cm, Breite 3 cm
Kauf Firma Umlauff, Hamburg
(1903/04), Inv.-Nr. 6640

Die aus einem Bärenzahn geschnitzte Tierform zeigt ein halbgeöffnetes bezahntes Maul, ovale Augen, Quereinschnitte als Rückenwirbel sowie auf einer Seite zackenförmige Erhebungen. Hinter dem Kopf findet sich eine winzige Durchbohrung. Es handelt sich vermutlich um ein Anhängsel am Schurz eines Schamanen und stellt eines der übernatürlichen Wesen dar, die ihm zur Seite stehen.

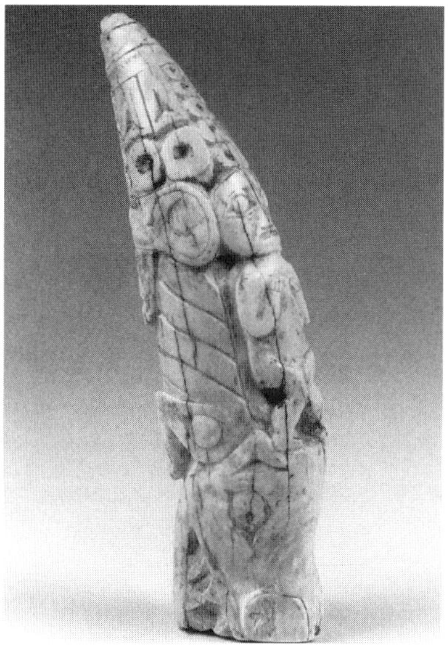

361

361 **Amulett**
Nördliche Nordwestküste; um 1900
Elfenbein
Länge 13 cm, Breite 4,5 cm
Kauf W. O. Oldman, London
(1905/16), Inv.-Nr. 16098

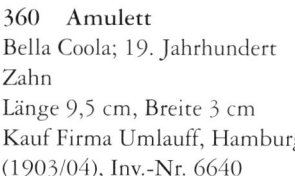

358

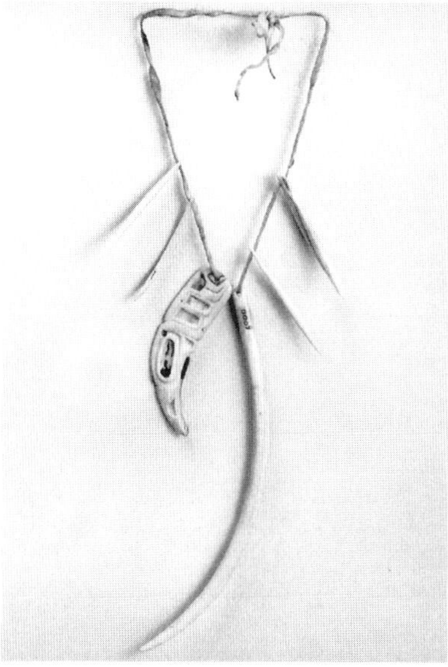

359

362

363

365

366

367

Das Amulett ist aus Walroßelfenbein geschnitzt und stellt ein Raubtier mit wuchtigem Gebiß dar, auf dessen Rücken eine anthropomorphe Gestalt erscheint.

362 Pfeifenkopf
Nootka; 19. Jahrhundert
Stein
Länge 4,5 cm, Höhe 4 cm
Kauf Firma Umlauff, Hamburg
(1903/04), Inv.-Nr. 6447

Der einfache, ellbogenförmige Pfeifenkopf ist aus schwarzem Stein geschnitzt.

363 Pfeifenkopf
Nootka; 19. Jahrhundert
Stein
Länge 4,5 cm, Höhe 2,5 cm
Kauf Firma Umlauff, Hamburg
(1903/04), Inv.-Nr. 6448

Der Pfeifenkopf aus schwarzem Stein hat einen sehr flachen, runden Tabakbehälter.

364 Pfeifenkopf (ohne Foto)
Nootka; 19. Jahrhundert
Stein
Länge 4,5 cm, Höhe 3 cm
Kauf Firma Umlauff, Hamburg
(1903/04), Inv.-Nr. 6449

Der Pfeifenkopf aus schwarzem Stein hat einen dünnen Stielansatz und einen Tabakbehälter mit stark fliehenden Wänden.

365 Pfeifenkopf
Nootka; 19. Jahrhundert
Stein
Länge 4,5 cm, Höhe 2,8 cm
Kauf Firma Umlauff, Hamburg
(1903/04), Inv.-Nr. 6450

Der Pfeifenkopf aus grünlichem Stein besitzt einen hohen Tabakbehälter.

366 Pfeifenkopf
Bella Coola; 19. Jahrhundert
Stein
Länge 7 cm, Höhe 5 cm
Kauf Firma Umlauff, Hamburg
(1903/04), Inv.-Nr. 6451

Der nicht ausgearbeitete Pfeifenkopf aus gräulichem Gestein weist eine nur ansatzweise vorhandene Durchbohrung im Stiel auf.

367 Schlauchtasche
Bella Coola oder Kwakiutl;
19. Jahrhundert
Magenhaut
Länge 83 cm, Breite 16 cm
Kauf Firma Umlauff, Hamburg
(1903/04), Inv.-Nr. 6440

Der schlauchförmige und gefaltete Seelöwenmagen wurde zum Aufbewahren von Daunenfedern benutzt, die als Zeichen des Friedens bei Tänzen den Anwesenden auf den Kopf gestreut wurden.

Argillit-Schnitzerei
Argillit ist ein ölhaltiges, schwarzes, weiches Schiefergestein, das sich leicht schnitzen läßt. In Nordamerika steht es nur auf den Königin-Charlotte-Inseln vor der Küste British Columbias an, wo die Haida leben. Die von den Haida um 1800 begonnene Argillit-Schnitzerei ist die erste rein kommerzielle, das heißt von vorneherein und ausschließlich nur für weiße Händler und Touristen produzierte Kunstform an der Nordwestküste.
Sheehan (1981: 21 ff.) unterscheidet mit Wilson Duff vier verschiedene Phasen der Argillit-Schnitzerei, in denen sich die historischen Entwicklungen widerspiegeln: das Aufblühen der Haida-Kultur durch den Seeotter-Pelzhandel, der Niedergang infolge von Pockenepidemien und repressiven Maßnahmen der Regierung, der Überlebenskampf und zuletzt die Rückbesinnung auf die eigenen Traditionen. Die letzte Phase dauert bis heute an.
Die zehn Argillit-Objekte, die das Rautenstrauch-Joest-Museum sein eigen nennt, sind allerdings alle aus dem 19. Jahrhundert und belegen nur die ersten drei Phasen der Argillit-Kunst der Haida.
Die ersten Schnitzereien aus Argillit waren reich dekorierte Tabakpfeifen. Sie konnten allerdings nicht geraucht werden, selbst dann nicht, wenn sie mit Saugrohr und Tabakbehälter ausgestattet waren. Sie waren mit traditio-

nellen Mustern geschmückt, die in den Augen der Weißen den Tierwappen ähnelten, jedoch im tatsächlichen sozialen Zusammenhang der Haida keinen Sinn ergaben.[2] Die beiden Pfeifen-Paneele Kat.-Nr. 368 und 369 stammen bereits aus der späten Zeit der ersten Phase, die ungefähr bis 1835 dauerte. Sie haben einen trapezoiden Querschnitt, sind durchbrochen gearbeitet, und Saugrohr und Tabakbehälter sind nicht mehr erkennbar oder überhaupt nicht vorhanden.

In der zweiten Phase von 1830 bis 1865 blieben die Pfeifen-Paneele zunächst die favorisierten Objekte, aber die darauf dargestellten Motive waren aus der Welt der Weißen entnommen: Menschen mit europäischem Haarschnitt und europäischer Kleidung, Häuser, Dampfer, Haustiere und sogar Engel kamen in Mode (vgl. Kat.-Nr. 370). Nach 1840 schnitzte man außerdem Schüsseln und Teller (vgl. Kat.-Nr. 373 und 374), Flöten (vgl. Kat.-Nr. 372), später sogar Tassen, Messer und Gabeln. Sie wurden zum Teil mit Einlagen aus Knochen, Glas, Papier oder Metall versehen (vgl. Kat.-Nr. 372). Alle diese Gegenstände konnten wegen der Brüchigkeit des Materials nicht benutzt werden und erfüllten nur eine dekorative Funktion.

1862 raffte eine Pockenepidemie große Bevölkerungsteile hinweg: Die Haida-Bevölkerung schrumpfte von 6.000 im Jahre 1850 auf 800 im Jahre 1885. Die Missionierung zeitigte die ersten Erfolge. Viele Dörfer wurden aufgegeben, die Bewohner zogen in die Siedlungen der Weißen. 1884 wurde von der Regierung der *potlatch* verboten. Die Argillit-Schnitzerei der dritten Phase entnahm ihre Motive wieder der traditionellen Haida-Kultur. Es entstanden Kisten, Festschüsseln, Modell-Wappenpfähle (vgl. Kat.-Nr. 377), Figuren (vgl. Kat.-Nr. 376) und szenische Darstellungen. Das beliebteste Thema für die szenischen Darstellungen war die Bärenmuttermythe (vgl. Kat.-Nr. 375). Wappenpfähle lösten die Pfeifen-Paneele als favorisierte Objekte ab. Die Wappenpfähle wurden von den Käufern als Ausdruck des Indianertums schlechthin gesehen.

368

368 Pfeifen-Paneel
Haida; um 1830
Argillit
Länge 17 cm, Höhe 6 cm
Kauf Firma Umlauff, Hamburg (1903/04), Inv.-Nr. 6529

Auf dem trapezoiden, durchbrochen gearbeiteten Pfeifen-Paneel sind mehrere ineinander verschlungene Tier- und Menschengestalten dargestellt, die miteinander durch ihre Schnäbel oder Zungen verbunden sind. Saugrohr und Pfeifenkopf sind zwar vorhanden, aber auf den ersten Blick nicht erkennbar. (Vgl. Sheehan 1981: 140/No. 6)

369 Pfeifen-Paneel
Haida; um 1830
Argillit
Länge 39,5 cm, Höhe 11,5 cm
Kauf Firma Umlauff, Hamburg (1903/04), Inv.-Nr. 6527

Das Pfeifen-Paneel hat eine schmale, unbearbeitete Basis und eine trapezähnliche Grundform: Ein Ende ist wesentlich schmaler als das andere. Saugrohr und Pfeifenkopf sind nicht vorhanden. Das durchbrochen gearbeitete Paneel stellt mehrere ineinander verschlungene Tier- und Menschenfiguren dar. Es wurde bei Umlauff in Hamburg erworben, ist aber auch in dem Verkaufskatalog von Webster aus dem Jahre 1901 (No. 31: 136/13958) abgebildet. (Vgl. Sheehan 1981: 141/No. 8)

370

370 Pfeifen-Paneel
Haida; 1840er Jahre
Argillit
Länge 39 cm, Höhe 10,5 cm
Kauf Firma Umlauff, Hamburg (1903/04), Inv.-Nr. 6528

Die abgewinkelte Grundlinie repräsentiert einen Schiffsrumpf. Auf dem Schiff sieht man zwei Europäer in Hockstellung vor architektonischen Gebilden, von denen das linke möglicherweise einen Zaun darstellt, das rechte ein von einer Bogenkonstruktion überwölbtes Fenster. Rücken an Rücken mit einem der Weißen umfaßt ein Vierbeiner, vermutlich ein Hund, den Vordersteven. Am anderen Ende rundet eine Libelle die Komposition ab. Die Gesichter beider Tiere sind im Haida-Stil gestaltet. Die schmale, flache Basis ist ebenso wie die Flügel der Libelle mit kreuzweise eingeritzten Schraffuren bedeckt. Auf dem Fensterbogen sind ährenartige Gebilde zu erkennen. Das Paneel hat kein Saugrohr und keinen Pfeifenkopf. (Vgl. Sheehan 1981: 142/No. 12)

371 Pfeife
Haida; 1850er Jahre
Argillit
Länge 12,5 cm, Höhe 6 cm
Kauf Firma Umlauff, Hamburg (1903/04), Inv.-Nr. 6530

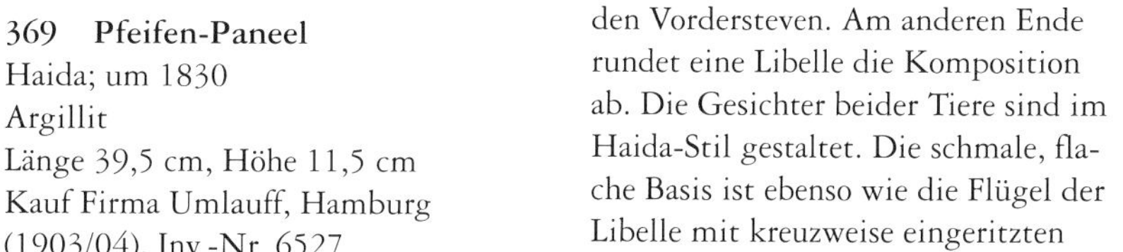

369

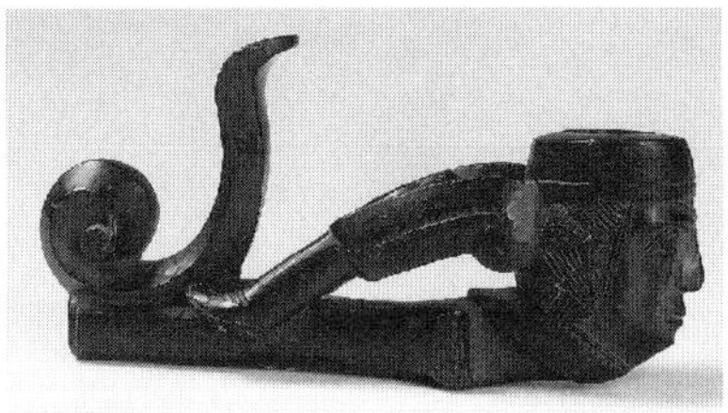

371

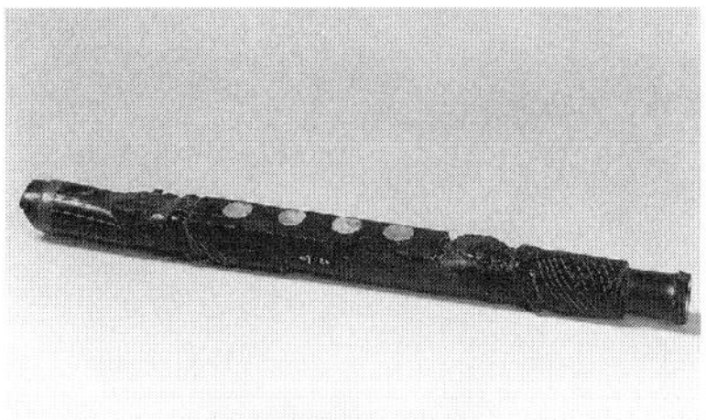

372

374

373

Die Pfeife ist in der klassischen europäischen Tonpfeifenform geschnitzt. Auf dem Tabakbehälter ist ein Weißer porträtiert, dessen Kragen und Schulterknöpfe auf dem Pfeifenstiel zu sehen sind. An seinem Hinterkopf ist ein einzelnes Bein in Kniebundhose und Stiefel angesetzt. Ein geschwungenes Gebilde auf dem hinteren Ende des Saugrohres ist auf einer Seite spiralig eingerollt. (Vgl. Sheehan 1981: 151/No. 42)

372 Flöte
Haida; um 1850
Argillit, Zinn, Knochen
Länge 34 cm, Breite 3 cm
Kauf Berkeley Galleries, London (1959/04), Inv.-Nr. 47526

Die Flöte hat einen rechteckigen Querschnitt und abgeschrägte Kanten. Das Mundstück ist von einem Zinnring eingefaßt. Vier runde Tonlöcher wechseln mit ovalen Ziereinlagen aus Knochen ab. Jenseits davon sind neben kreuzweisen Schraffuren Büsten von Europäern im Profil dargestellt, die in entgegengesetzte Richtungen schauen.

373 Teller
Haida; 1840 bis 1865
Argillit
Durchmesser 32 cm
Kauf Firma Umlauff, Hamburg (1903/04), Inv.-Nr. 6531

Der runde Teller zeigt eine Komposition aus ganzen und halben Rosetten, Halbkreisen sowie Blattmotiven. Solche Muster wurden von eingeführten bemalten Porzellantellern kopiert. Auch die runde Form ist von diesen übernommen. Haida-Geschirr war traditionellerweise nicht rund, sondern oval. Die Herkunft dieses Tellers ist in den Originalunterlagen mit Bella Coola angegeben. Es ist zu vermuten, daß er auf Handelswegen zuerst zu den Bella Coola gelangt und von diesen an Jacobsen verkauft worden ist. (Vgl. Haberland, 1979: 244/K-19)

374 Schale
Haida; 1840 bis 1865
Argillit
Länge 33,5 cm, Breite 21,5 cm
Kauf Firma Umlauff, Hamburg (1903/04), Inv.-Nr. 6532

Die flache Schale hat eine rechteckig-ovale Form und bis auf eine dem Umriß folgende eingeritzte Linie unverzierte Handgriffe an den Schmalseiten. Im Innern der Schale findet sich eine Komposition aus ganzen und halben Rosetten sowie Halbkreisen. Auch hier ist in der Originalakte als Herkunft Bella Coola (vgl. Kat.-Nr. 373) angegeben.

375 Skulptur
Haida; 1865 bis 1885
Argillit
Länge 20,5 cm, Höhe 14,5 cm
Kauf Firma Umlauff, Hamburg (1903/04), Inv.-Nr. 6524

Die Skulptur ist aus einem rechteckigen Argillit-Block geschnitzt. In der Seitenansicht ist eine nackte Frau zu sehen, die den Kopf mit dem lang herabwallenden Haar in den Nacken geworfen hat und von einem bärgestaltigen Gegenüber umfaßt wird. Hinter ihr sitzt, dem Betrachter zugewandt, ein zweiter Bär, dem allerdings die für Tierdarstellungen üblichen Tierohren über der Stirn fehlen, was auf sein menschliches Wesen beziehungsweise seine Verwandlungsfähigkeit hinweist. Unter der Frau schaut das Hinterteil eines kleinen Bären hervor, dessen Gesicht (mit Tierohren!) auf der Rückseite der Skulptur sichtbar ist. Die Bärenmutter-Mythe erzählt, wie eine Häuptlingstochter einst von einem übernatürlichen Bären geraubt und geschwängert wurde, dem sie daraufhin Zwillinge gebar, die wie ihr Vater sowohl Tier- als auch Menschengestalt annehmen konnten.

376 Skulptur
Haida; 1865 bis 1885
Argillit
Länge 21,5 cm, Höhe 27 cm
Kauf Firma Umlauff, Hamburg (1903/04), Inv.-Nr. 6525

375

376

Die mittlere Figur stellt einen Schamanen im traditionellen Ornat dar. Er hat langes, geflochtenes Haar und trägt einen tiergestaltigen Kopfaufsatz, einen Halsschmuck aus Knochenteilen und einen verzierten Tanzschurz. Die rechte Gestalt streckt die Arme nach ihm aus und symbolisiert das hilfesuchende Volk. Die linke Figur repräsentiert den übernatürlichen Hilfsgeist des Schamanen.

377 **Modell-Wappenpfahl**
Haida; 1865 bis 1900
Argillit
Länge 45 cm, Breite 8,5 cm
Kauf Firma Umlauff, Hamburg (1903/04), Inv.-Nr. 6526

Das Modell stellt einen Wappenpfahl mit den typischen ineinander verschlungenen Tierfiguren dar. Es handelt sich um einen Hauseingangspfosten. Durch die Öffnung nahe der Basis konnte man das Haus betreten. Die Rückseite des Modells ist konkav gehöhlt. Die konkave Rückseite ist ein Merkmal der frühen Pfähle, die ab 1865 aufkamen. Auch bei den echten Pfählen wurde das Stamminnere herausgehauen, weil es sich schneller zersetzt als die äußeren Teile und weil dadurch das Aufrichten der Pfähle erleichtert wurde. Dieser Modell-Wappenpfahl gehört zu den von Umlauff der Jacobsen-Sammlung angehängten Objekten (vgl. Einführung).

Druckgraphiken
Während die Argillit-Schnitzerei bereits zu Beginn des vorigen Jahrhunderts als neue und für den weißen Markt gedachte Kunstform auftauchte, ist die Erstellung von Druckgraphiken mit Nordwestküsten-Motiven eine Erscheinung dieses Jahrhunderts. In den sechziger Jahren wurde diese Technik erstmals von Nordwestküsten-Künstlern verwendet. Heute ist sie sehr beliebt.
Früher wurden vor allem Hauswände und Gebrauchsgegenstände wie Matten und Kisten bemalt. Die Malerei der Nordwestküste ist gekennzeichnet durch einen hohen Grad an Stilisierung, die es oft schwer macht, die dargestellten Figuren oder Szenen zu entschlüsseln. Wie in der plastischen Kunst auch, spielen Tierdarstellungen eine überragende Rolle. Tiere haben als Wappenzeichen beziehungsweise als Akteure in den Ursprungsmythen der Adelsfamilien große Bedeutung. Einzelne Körperteile wie Flossen, Schnäbel oder Münder können stellvertretend für das ganze Tier stehen. Die sogenannte Formlinie ist eine fließende, auf- und abschwellende Umrißlinie, die das Motiv strukturiert. Das Ovoid sieht aus wie ein unter Spannung stehendes Oval oder ein Rechteck mit abgerundeten Ecken und wird für einzelne Körperteile, vor allem für Augen, oder als Füllelement bei größeren Flächen eingesetzt. U- und S-Formen ergänzen die Komposition. Es herrscht eine Abneigung gegen freie Flächen, die durch Variationen der oben genannten Formelemente ausgefüllt werden. Die Graphik-Kunst ist zum Teil in das indianische Leben integriert. So werden zum Beispiel Einladungen zu *potlatch*-Festen oder T-Shirts für die Teilnehmer an einem bestimmten *potlatch* mit den familieneigenen Motiven bedruckt. Die meisten Graphiken gelangen jedoch auf den Kunstmarkt.

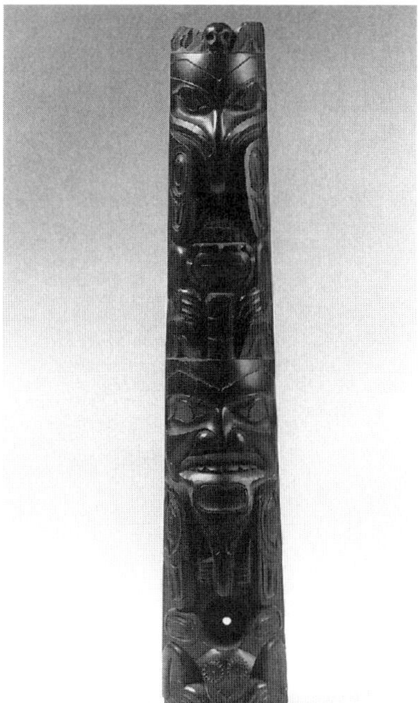

377

378

378 **Druckgraphik**
Haida, Clarence Steven Mills; 1987
Papier, bedruckt
Blatt: Länge 41 cm, Breite 33 cm,
Motiv: Durchmesser 22,4 cm
Kauf Clarence Steven Mills (1988/04), Inv.-Nr. 51280

Der in den Farben Schwarz und Rot gehaltene Siebdruck ist mit „Haida Moon" betitelt und vom Künstler signiert. Clarence Steven Mills wurde 1959 in Skidegate geboren und lebt heute in Victoria. Er ist in allen populären Kunstformen der Nordwestküste aktiv, als Holz- und Argillitschnitzer ebenso wie als Gold- und Silbergraveur und Graphiker.

379 **Druckgraphik**
(Farbtafel XVI)
Kwakiutl, Mark Henderson; vor 1989
Papier, bedruckt
Blatt: Breite 64,4 cm, Höhe 50,4 cm;
Motiv: Breite 52,3 cm, Höhe 36,5 cm
Kauf Native Pacific Art Group (1989/07), Inv.-Nr. 52461

381

Auf dem vom Künstler mit Bleistift signierten, fünffarbigen (Schwarz, Rot, Grün, Gelb, Braun) Siebdruck (121/150/78) ist die mythische doppelköpfige Schlange Sisiutl mit einem Kupfer (vgl. Kat.-Nr. 341) dargestellt. In der Mitte des Schlangenleibes ist ein Gesicht in Frontalansicht zu sehen. Auch an den Enden der zu einem Oval gebogenen Körperpartien sitzen im Profil gezeichnete Köpfe. Die typischen Kennzeichen der Sisiutl sind die hornähnlichen Fortsätze mit eingerollten Enden, die geblähten Nüstern, Fangzähne und eine heraushängende Zunge. Die übernatürliche Sisiutl konnte sich in viele Wesen verwandeln, unter anderem in ein selbstfahrendes Kanu, das von seinem Besitzer mit Seehunden gefüttert werden mußte. Die Sisiutl tötete und fraß jeden, den sie sah. Die Berührung mit ihrem Blut führte zur Versteinerung der jeweiligen Körperteile. Sie bewachte den Eingang der Häuser der übernatürlichen Wesen und wurde manchmal zum Schutz auf Häuser gemalt. In dem von dem Schlangenkörper gebildeten Oval ist ein sogenanntes Kupfer dargestellt, das heißt eine aus Kupfer gehämmerte, y-förmige Platte, die als sehr wertvoll erachtet wurde und deshalb als Tausch- und Schauobjekt bei *potlatch*-Festen eine große Rolle spielte. Kupfer waren wie das in dieser Druckgraphik abgebildete häufig mit Gesichtern dekoriert.

380 Druckgraphik
(Farbtafel XVI)
Kwakiutl, George Morrison; vor 1989
Papier, bedruckt
Blatt: Breite 50,8 cm, Höhe 37,7 cm;
Motiv: Länge 30,5 cm, Breite 29,8 cm
Kauf Native Pacific Art Group, Port Coquitlam (1989/07), Inv.-Nr. 52462

Der vom Künstler signierte, in den Farben Schwarz und Rot ausgeführte Siebdruck (12/200) hat keinen Titel. Das zur Kreisform verdichtete Motiv stellt einen Raben und ein menschliches Wesen dar. Der Rabe spielt in den Mythen der Nordwestküste eine bedeutende Rolle. Er schuf die Welt, setzte die Gestirne an den Himmel, die Fische ins Meer, die Lachse in die Flüsse und richtete die Gezeiten ein. Er bevölkerte die Erde, gab den Menschen Feuer und Wasser, plazierte Flüsse und Seen und ließ die Zedernbäume wachsen. Der Rabe kann sich in jedes beliebige Wesen verwandeln. Er gilt als gierig, geschwätzig, trickreich, aber glücklos. Wie hier wird er oft mit einer Sonnenscheibe in dem langen Schnabel dargestellt, was daran erinnert, daß er es war, der die Sonne am Himmel aufgehangen und so der Welt das Licht gebracht hat.

381 Briefkarten
Haida, Freda Diesing; vor 1979
Papier, bedruckt
Länge 13 cm, Breite 10,8 cm
Geschenk Ursula Dyckerhoff, Bonn (1993/09), Inv.-Nr. 54201–54204

Die vier Briefkarten mit lithographierten Motiven sind alle in den für die Haida typischen Farben Schwarz, Weiß und Rot gestaltet. Dargestellt sind ein Wolf, ein Wal, ein Hundshai und ein Rabe. Die in Prince Rupert geborene Künstlerin gehört zum Adler-Clan. Sie hat bei berühmten Künstlern wie Robert Davidson und Tony Hunt gelernt. Neben der Herstellung von Lithographien übt sie sich auch in der Holzschnitzkunst. Die Karten wurden von einer in indianischem Besitz befindlichen Gesellschaft, der North West Screencraft Enterprises Ltd., in British Columbia hergestellt.

Geflochtene Souvenirs aus dem vorigen Jahrhundert
Schon seit den sechziger Jahren des vorigen Jahrhunderts produzierten vor allem die Nootka und Makah massenweise geflochtene Souvenirs für den Touristenmarkt. Neben Zierkörben (vgl. Kat.-Nr. 382–400) waren bei den weißen Abnehmern auch Souvenirartikel beliebt, die keine Vorbilder in der Kultur der Nordwestküsten-Indianer hatten, wie Tisch-Sets, Untersetzer (vgl. Kat.-Nr. 401–403), Serviettenringe (vgl. Kat.-Nr. 404) oder gar umflochtene Glasflaschen (vgl. Kat-Nr. 405–409) und Spazierstöcke (vgl. Kat.-Nr. 410–411). Das Rautenstrauch-Joest-Museum besitzt etliche Beispiele dieser frühen Touristenkunst, die alle von den Nootka stammen.
Die Böden oder Bodeninnenteile der Körbe sind in der Regel aus Zedernbaststreifen randparallel in Leinwandbindung geflochten. Den Rand bildet meist ein breiter Zedernbaststreifen. Auch das Kettgerüst ist aus Zedernbast, während für die Schußfäden naturfarbenes und bunt gefärbtes Sumpfgras verwendet wurde. Sumpfgras hat eine goldgelbe Färbung und wurde in natürlichem Zustand verarbeitet oder zuvor mit Anilinfarben purpur, lila und grün gefärbt.
Die Wände und Deckel und manchmal auch der äußere Rand der Böden sind in der Technik des umwickelnden Bindens gefertigt, das heißt, ein passives Gittergerüst aus Zedernbaststreifen wird von einer aktiven Sumpfgrasfaser an den Kreuzungspunkten umwickelt. Die bevorzugten Farben waren Lila, Gold, Purpur und Grün. Sie sind in den meisten Fällen stark verblaßt. Die Muster sind meist einfache Streifen-, Ring- oder Zackenmuster.

382 **Deckelkorb**
Nootka; 19. Jahrhundert
Zedernbast, Sumpfgras
Länge 24 cm, Breite 5,5 cm, Höhe 15 cm
Kauf Firma Umlauff, Hamburg (1903/04), Inv.-Nr. 6566

383 **Deckelkorb**
Nootka; 19. Jahrhundert
Zedernbast, Sumpfgras
Länge 22 cm, Breite 12 cm, Höhe 13 cm
Kauf Firma Umlauff, Hamburg (1903/04), Inv.-Nr. 6567

384 **Deckelkorb** (ohne Foto)
Nootka; 19. Jahrhundert
Zedernbast, Sumpfgras
Länge 15 cm, Breite 9 cm, Höhe 7,5 cm
Kauf Firma Umlauff, Hamburg (1903/04), Inv.-Nr. 6568

385 **Deckelkorb**
Nootka; 19. Jahrhundert
Zedernbast, Sumpfgras
Länge 14 cm, Breite 7,5 cm, Höhe 9 cm
Kauf Firma Umlauff, Hamburg (1903/04), Inv.-Nr. 6570

386 **Deckelkorb**
Nootka; 19. Jahrhundert
Zedernbast, Sumpfgras
Länge 8,5 cm, Breite 6,5 cm, Höhe 7 cm
Kauf Firma Umlauff, Hamburg (1903/04), Inv.-Nr. 6575

387 **Deckelkorb**
Nootka; 19. Jahrhundert
Zedernbast, Sumpfgras
Länge 14 cm, Breite 14 cm, Höhe 9 cm
Kauf Firma Umlauff, Hamburg (1903/04), Inv.-Nr. 6569

388 **Deckelkorb**
Nootka; 19. Jahrhundert
Zedernbast, Sumpfgras
Länge 9 cm, Breite 7 cm, Höhe 7 cm
Kauf Firma Umlauff, Hamburg (1903/04), Inv.-Nr. 6571

389 **Deckelkorb**
Nootka; 19. Jahrhundert
Zedernbast, Sumpfgras
Länge 9 cm, Breite 9 cm, Höhe 6 cm
Kauf Firma Umlauff, Hamburg (1903/04), Inv.-Nr. 6572

390 **Deckelkorb**
Nootka; 19. Jahrhundert
Zedernbast, Sumpfgras
Länge 9 cm, Breite 8 cm, Höhe 6 cm
Kauf Firma Umlauff, Hamburg (1903/04), Inv.-Nr. 6574

391 **Korb**
Nootka; 19. Jahrhundert
Zedernbast, Sumpfgras
Länge 12 cm, Breite 8 cm, Höhe 9 cm
Kauf Firma Umlauff, Hamburg (1903/04), Inv.-Nr. 6582

392 **Korb** (ohne Foto)
Nootka; 19. Jahrhundert
Zedernbast, Sumpfgras
Länge 10 cm, Breite 10 cm, Höhe 6,5 cm
Kauf Firma Umlauff, Hamburg (1903/04), Inv.-Nr. 6584

393 **Deckelkorb**
Nootka; 19. Jahrhundert
Zedernbast, Sumpfgras
Durchmesser 7,5 cm, Höhe 6 cm
Kauf Firma Umlauff, Hamburg (1903/04), Inv.-Nr. 6576

An diesem kleinen runden Deckelkörbchen bestehen Boden und Rand zwar auch aus Zedernbastfasern, die jedoch im Gegensatz zu den obigen Beispielen umwickelnd gebunden sind.

394 **Deckelkorb**
Nootka; 19. Jahrhundert
Zedernbast, Sumpfgras
Durchmesser 9 cm, Höhe 6,5 cm
Kauf Firma Umlauff, Hamburg (1903/04), Inv.-Nr. 6573

Dieses Deckelkörbchen in Topfform ist wie Kat.-Nr. 393 vollständig in der Technik des umwickelnden Bindens gefertigt. Nur der Rand, nicht aber der Boden, besteht aus Zedernbastfasern.

395 **Henkelkorb**
Nootka; 19. Jahrhundert
Zedernbast, Sumpfgras
Länge 11 cm, Breite 9 cm, Höhe 9,5 cm
Kauf Firma Umlauff, Hamburg (1903/04), Inv.-Nr. 6577

382

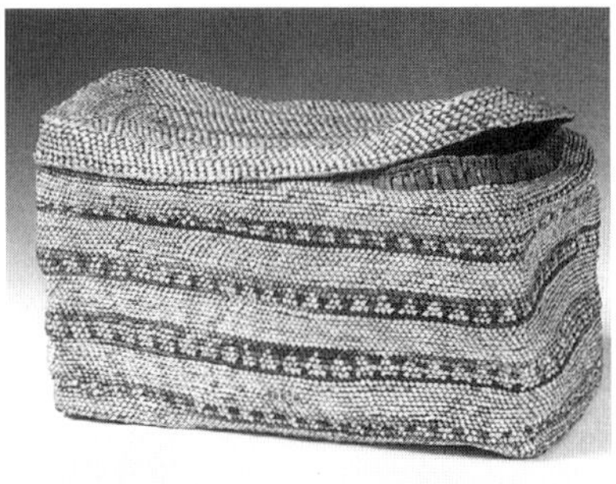

383

385

386

387

388

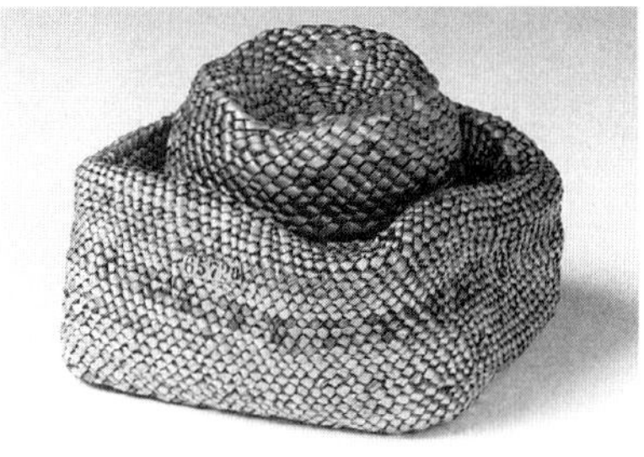

389

390

391

393

394

395

396

398

399

400

396 Henkelkorb
Nootka; 19. Jahrhundert
Zedernbast, Sumpfgras
Länge 22 cm, Breite 8,5 cm,
Höhe 11 cm
Kauf Firma Umlauff, Hamburg
(1903/04), Inv.-Nr. 6580

397 Korb (ohne Foto)
Nootka; 19. Jahrhundert
Zedernbast, Sumpfgras, Zedernspäne,
Zwirn
Länge 26,5 cm, Breite 12 cm,
Höhe 11,5 cm
Kauf Firma Umlauff, Hamburg
(1903/04), Inv.-Nr. 6579

Der Korb hat eine kleine rechteckige Grundfläche, stark fliehende Wände und ein einfaches Streifendekor. Der Boden ist mit einer Einlage aus Zedernspänen verstärkt, die mit Zwirn unregelmäßig festgenäht ist.

398 Korb
Nootka; 19. Jahrhundert
Zedernspäne, Zedernbast, Sumpfgras
Länge 22,5 cm, Breite 11 cm,
Höhe 8 cm
Kauf Firma Umlauff, Hamburg
(1903/04), Inv.-Nr. 6581

Der Boden dieses Zierkorbes mit rechteckigem Grundriß und stark fliehenden Seiten ist ein Gitter aus längslaufenden Zedernspänen und querlaufenden Zedernbaststreifen, die durch eine kreuzweise umwickelnde Bindung zusammengehalten werden. Die Wände sind einfach umwickelnd gebunden. Das Streifen- und Zackendekor in Purpur, Lila und Grün ist ausnahmsweise sehr gut erhalten.

399 Korb
vermutlich Nootka oder Makah;
19. Jahrhundert
Zedernbast, Sumpfgras
Länge 6,5 cm, Breite 4,5 cm,
Höhe 5 cm
Kauf Firma Umlauff, Hamburg
(1903/04), Inv.-Nr. 6583

Das kleine Körbchen hat als einziges der Kölner Beispiele die Farbe Hellrot im Dekor. Wegen der großen Ähnlichkeit zu Kat.-Nr. 382–400 ist eine Herkunft von den Nootka oder den ihnen benachbarten Makah zu vermuten.

400 Korb
Nootka; 19. Jahrhundert
Zedernbast, Sumpfgras
Länge 6 cm, Breite 4 cm, Höhe 4,5 cm
Kauf Firma Umlauff, Hamburg
(1903/04), Inv.-Nr. 6578

401 Untersetzer (ohne Foto)
Nootka; 19. Jahrhundert
Zedernbast, Sumpfgras
Länge 23 cm, Breite 18 cm
Kauf Firma Umlauff, Hamburg
(1903/04), Inv.-Nr. 6563

Der ovale Untersetzer ist in der Technik des umwickelnden Bindens hergestellt. Das passive Gerüst besteht aus Zedernbast, die aktiven Fäden sind naturfarbenes und gefärbtes Sumpfgras.

402 Untersetzer
Nootka; 19. Jahrhundert
Zedernbast, Sumpfgras
Durchmesser 20 cm
Kauf Firma Umlauff, Hamburg
(1903/04), Inv.-Nr. 6564

Wie Kat.-Nr. 401, jedoch rund.

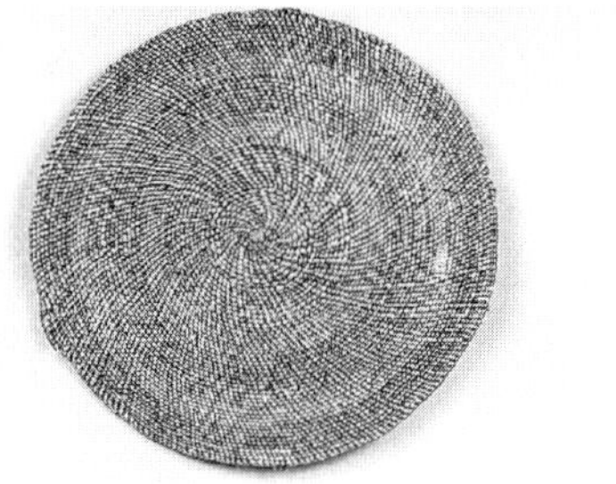

402

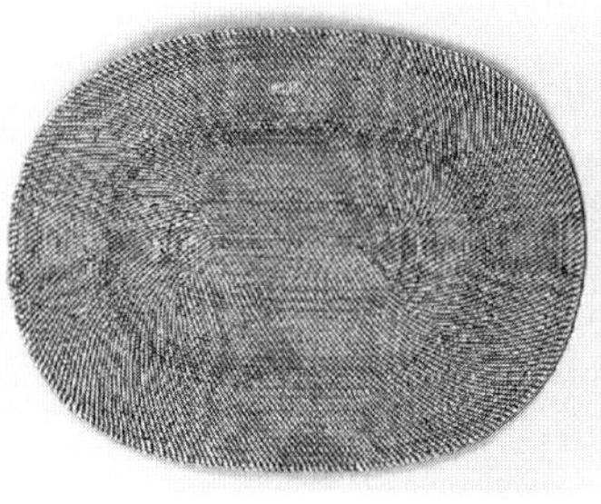

403

404

403 Untersetzer
Nootka; 19. Jahrhundert
Zedernbast, Sumpfgras
Länge 25 cm, Breite 20 cm
Kauf Firma Umlauff, Hamburg
(1903/04), Inv.-Nr. 6565

Wie Kat.-Nr. 401.

404 Serviettenring
Nootka; 19. Jahrhundert
Zedernbast, Sumpfgras
Durchmesser 8 cm, Höhe 9 cm
Kauf Firma Umlauff, Hamburg
(1903/04), Inv.-Nr. 6587

Der in der Mitte eingeschnürte Flechtzylinder ist in den Originalunterlagen als Armmanschette bezeichnet. Es handelt sich aber wohl eher um einen Serviettenring, wie sie auf dem Touristenmarkt an der Nordwestküste im vorigen Jahrhundert angeboten wurden, denn die Öffnung ist viel zu klein für eine Armmanschette. Gefertigt ist er in derselben Art wie die Untersetzer und Körbe.

408 407 406

405 Umflochtene Glasflasche
Nootka; 19. Jahrhundert
Glas, Zedernbast, Sumpfgras
Durchmesser 7 cm, Höhe 19 cm
Kauf Firma Umlauff, Hamburg
(1903/04), Inv.-Nr. 6558

Die geflochtenen Hüllen für die Glasflaschen sind in der Technik des umwickelnden Bindens gefertigt. Das passive gitterartige Gerüst ist aus Zedernbast, der aktive Faden ist Sumpfgras mit der typischen goldgelben Patina. Für die farbigen Streifen- und Zackenmuster wurde gefärbtes Sumpfgras verwendet. Die geflochtenen Verschlußkappen sind auf dieselbe Art hergestellt wie die Umhüllungen der Flaschen. (Vgl. Kat.-Nr. 406–409; Oregon Historical Society 1982: 166–167/Nos. 141–142)

405

409

406 Umflochtene Glasflasche
Nootka; 19. Jahrhundert
Glas, Zedernbast, Sumpfgras
Breite 6,5 cm, Tiefe 5 cm,
Höhe 19,5 cm
Kauf Firma Umlauff, Hamburg
(1903/04), Inv.-Nr. 6559

407 Umflochtene Glasflasche
Nootka; 19. Jahrhundert
Glas, Zedernbast, Sumpfgras
Breite 5,5 cm, Tiefe 5,5 cm,
Höhe 16,5 cm
Kauf Firma Umlauff, Hamburg
(1903/04), Inv.-Nr. 6560

408 Umflochtene Glasflasche
Nootka; 19. Jahrhundert
Glas, Zedernbast, Sumpfgras
Breite 5 cm, Tiefe 2,5 cm, Höhe 13 cm
Kauf Firma Umlauff, Hamburg
(1903/04), Inv.-Nr. 6561

409 Umflochtene Glasflasche
Nootka; 19. Jahrhundert
Glas, Zedernbast, Sumpfgras
Durchmesser 6,5 cm, Höhe 7,5 cm
Kauf Firma Umlauff, Hamburg
(1903/04), Inv.-Nr. 6562

410 Umflochtener Spazierstock
Nootka; 19. Jahrhundert
Holz, Zedernbast, Sumpfgras
Länge 87,5 cm
Kauf Firma Umlauff, Hamburg
(1903/04), Inv.-Nr. 6589

Die Spazierstöcke Kat.-Nr. 410 und 411 sind in derselben Art und Weise umflochten wie die Glasflaschen (vgl. Kat.-Nr. 405–409). Der vorliegende Stock hat einen verdickten Handknauf und ist aus sehr leichtem Holz gefertigt.

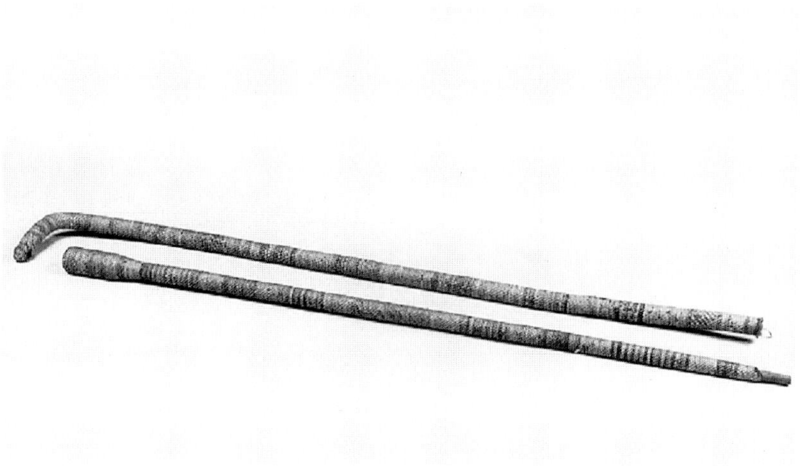

411 / 410

411 Umflochtener Spazierstock
Nootka; 19. Jahrhundert
Holz, Zedernbast, Sumpfgras
Länge 92 cm
Kauf Firma Umlauff, Hamburg
(1903/04), Inv.-Nr. 6588

Wie Kat.-Nr. 410, jedoch mit Handkrücke.

[1] Die Abweichung zwischen 416 Objekten, aber nur 411 Katalognummern ergibt sich daraus, daß die Inventarnummern 6669–6671 zur Katalognummer 338 und die Inventarnummern 54201–54204 zur Katalognummer 381 zusammengefaßt wurden.

[2] Ähnliche Entwicklungen kennen wir aus dem Südwesten, wo die Ikonographien von *kachina*-Figuren und Sandbildern vermischt oder neu erfunden wurden, der Stil aber blieb, so daß dem weißen Laien kein Unterschied auffiel. Wegen der äußeren Ähnlichkeit glaubte er, ein kulturell bedeutsames Objekt in Händen zu halten, das aber inhaltlich unbedeutend war.

Abb. 7 Eine junge Yurok-Frau in Festtracht. Fotograf unbekannt. Um 1900

Kalifornien, Plateau und Großes Becken

Das Kulturareal Kalifornien fällt ungefähr mit den Grenzen des heutigen US-Bundesstaates zusammen. Die dort lebenden Indianer waren Fischer und Sammler, deren Grundnahrungsmittel ein aus Eicheln gewonnenes und durch mehrfaches Auslaugen von seinen Bitterstoffen befreites Mehl war. Andere Wildfrüchte und -gemüse, Beeren, Fische und Wild ergänzten die Nahrung.

Gegen Ende des 18. Jahrhunderts wurden in Kalifornien die ersten spanischen Missionsstationen eingerichtet, für die die Indianer Frondienste leisten mußten. Nach einer kurzen Zeit der Zugehörigkeit zum unabhängigen Mexiko kam Kalifornien 1850 als 31. Bundesstaat zu den USA. Kurz zuvor war in der Sierra Nevada Gold gefunden worden. Der daraufhin einsetzende Goldrausch führte in der zweiten Hälfte des 19. Jahrhunderts zur gewaltsamen Ausrottung von neunzig Prozent der indianischen Bevölkerung, die vor allem in Südkalifornien bereits vorher durch von den Spaniern eingeschleppte Infektionskrankheiten stark dezimiert worden war.

Zwischen der Küstengebirgskette und den Rocky Mountains liegen im Norden das Frazer- und das Columbia-Hochplateau. Hier herrscht eine Trockensteppenvegetation mit Büschelgräsern und Kräutern vor. Im Süden folgt das abflußlose, halbwüstenartige Große Becken, bevor das Gelände zum Colorado-Plateau hin wieder ansteigt. Während die Plateau-Bewohner seßhafte Lachsfischer waren, deren Kultur teilweise unter dem Einfluß der benachbarten Nordwestküsten-Indianer stand, lebten die Indianer im Großen Becken als nomadische Sammler und Jäger vornehmlich von Nüssen, Grassamen sowie Hasen- und Antilopenfleisch.

Im Großen Becken nahmen die Südlichen Ute, die ab dem Ende des 17. Jahrhunderts regen Kontakt mit den Spaniern pflegten, bei der Verbreitung des Pferdes nach Norden eine Schlüsselstellung ein. Während des 19. Jahrhunderts übernahmen sie – wie auch die Nördlichen Shoshone und die Flathead – viele Kulturzüge der Bisonjägerkultur der Plains, mit deren Trägern sie teilweise in Konkurrenz um die Jagdgründe standen.

Heute macht vor allem der Fall der Westlichen Shoshone im Bundesstaat Nevada Schlagzeilen. Auf ihrem Gebiet liegt das nukleare Testgebiet der USA. Infolge der durch die Atomtests und radioaktiven Abfälle verursachten Bodenverseuchung und extrem hohen Krebsrate unter der Bevölkerung bekam die Landrechtsdebatte neuen Zündstoff (Domnick, 1992 und 1994).

Kalifornien, Plateau und Großes Becken gehören zu den in den Museen meist unterrepräsentierten Kulturarealen Nordamerikas (Boden/Gockel 1995: 51). Die Nordamerika-Sammlung des Rautenstrauch-Joest-Museums stellt keine Ausnahme dar. Kaum mehr als zusammen zwei Prozent – genau 25 Inventarnummern – der Sammlung kommen daher. Der einzige Kriegsverlust ist eine kalifornische Halskette aus Fruchtkernen aus dem Umlauffschen Sioux-Konvolut (vgl. Einführung). Die Herkunft der in Kalifornien registrierten Hirschhornbörse (vgl. Kat.-Nr. 434) könnte auch weiter im Norden liegen. Der Steigbügel (vgl. Kat.-Nr. 435) ist nicht indianischen Ursprungs, sondern entstammt der spanisch-kalifornischen Kultur.

Der überwiegende Teil der Objekte besteht aus Flechtwaren, von denen die meisten in der ersten Dekade dieses Jahrhunderts bei W. O. Oldman in London erworben wurden. Wie bereits in der Einführung dargelegt, waren Körbe besonders beliebte Sammelobjekte der an der evolutionistischen Wissenschaftstheorie orientierten Ethnologen der Jahrhundertwende: Die Kalifornier sah man als Beispiel für die Völker an, die angeblich auf den unteren Stufen der Zivilisation standen. Diese Annahme trachteten die Forscher mit Hilfe der gesammelten Objekte zu beweisen.

Tatsächlich sind große Teile des materiellen Inventars dieser Regionen geflochten: Sammelkörbe, Transportkörbe, Vorratskörbe und Kochkörbe sowie geflochtene Kappen als Kopfbedeckungen für die Frauen. Bei den besonders eng geflochtenen Kochkörben quollen die Fasern durch die Feuchtigkeit auf, wodurch die Körbe wasserdicht wurden. Zum Kochen füllte man Wasser hinein und brachte es dann mit heißen Steinen zum Sieden. Die Korbflechterei war in der Regel Frauenarbeit, obwohl auch einige Männer Netze und Körbe flochten.

Auf dem Plateau herrschte die Technik des Wulsthalbflechtens vor. Die Verzierungen wurden in der sogenannten *imbrication*-Technik, einer Art Schuppentechnik, aufgebracht, bei der der Musterfaden aufgelegt, von dem die Wülste zusammenbindenden Faden umfaßt und dann in einer Schlaufe, die den Stich verdeckt, zurückgeschlagen wurde (vgl. Kat.-Nr. 416, 419–421).

In Nordkalifornien wurden die Körbe in der Regel zwirngebunden. Musterbildende Fäden legte man in Nordwestkalifornien auf die Grundfäden auf und führte sie bei jeder Drehung so mit, daß die Auflage immer auf der Schauseite zu liegen kam, während auf der Innenseite das Muster nicht zu sehen ist (vgl. Kat.-Nr. 425–426, 430–433). In Südkalifornien herrschte dagegen wieder die Technik des Wulsthalbflechtens (vgl. Kat.-Nr. 427–429) vor. Die Wulsthalbgeflechte Südkaliforniens gehören zu den feinsten der Welt.

412 **Senkgewicht**
Großes Becken, Pyramid Lake, Nevada; um 4000 v. Chr.
Dolomitischer Marmor
Länge 8,5 cm, Breite 4 cm
Geschenk P. C. Ting (1979/03), Inv.-Nr. 49868

Das knollenförmige Senkgewicht hat nahe dem schmaleren Ende eine rundum laufende Einfurchung. Angelschnüre und Netze wurden mit steinernen Senkgewichten in Position gebracht und gehalten.

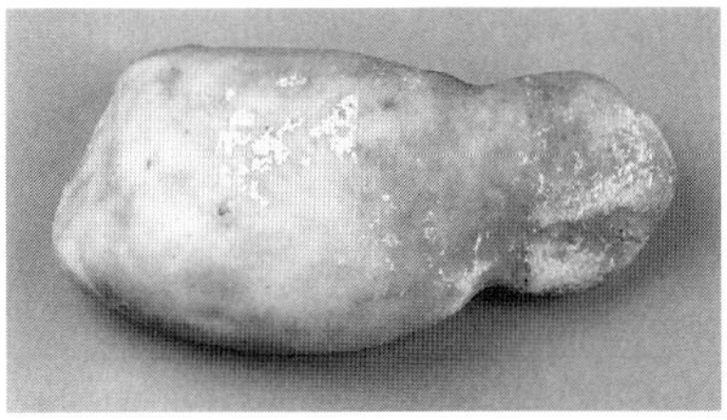

412

413 **Bogen**
Südliches Plateau, Modoc;
19. Jahrhundert
Holz, Sehne
Länge 121,5 cm, Breite 7,5 cm
Geschenk Carl von Joest, Sechtem (1902/23), Inv.-Nr. 5617

Der relativ breite, gerade Bogenstab ist im Scheitelbereich stark eingezogen. Die Stabenden haben abgesetzte Schultern, an denen die Sehne festgebunden ist. Der Rücken des Bogens ist mit einem geometrischen Muster aus länglichen Dreiecken und Streifen in den Farben Rot, Schwarz, Grün, Gelb und Orange bemalt. Sowohl die Form als auch das spitze Dreiecksdesign sind charakteristisch für die Bögen der Modoc. (Vgl. MfV Wien: Kat.-Nr. 13664)

414 **Teil eines Gewehrschuhs**
Großes Becken, Shoshone oder Ute; um 1865
Leder, Glasperlen
Länge 51 cm, Breite 14 cm, Fransen 26 cm
Kauf Julius Konietzko, Hamburg (1930/02), Inv.-Nr. 39366

Der in den Originalakten als Kalumet-Beutel bezeichnete Lederschlauch ist wohl eher Teil eines ledernen Schutzüberzugs für ein Gewehr. Es handelt sich um das hintere Ende, das den Gewehrkolben aufnehmen soll. Dafür spricht zum einen die markante Verjüngung an der Stelle, wo der Kolben in den Lauf übergeht, zum anderen der Tatbestand, daß der Lederschlauch am unteren Ende nicht zugenäht ist. Gewehrschuhe bestehen in der Regel aus mehreren aneinandergenähten Schlauchstücken. Das hintere Ende ist mit langen Fransen und einer flächigen Glasperlen-Applikation in Gassenstich-Technik verziert. Vor einem hellblauen Hintergrund erscheinen längliche Rauten mit eingeschlossenen Kreuzen und flankierenden flachen Dreiecken in durchscheinend Dunkelblau und Weinrot sowie in Gelb und Grün. Angeblich stammt der Gewehrschuh aus der Sammlung von Major Powell, dem ehemaligen Bürgerkriegsgeneral und späteren Direktor des Bureau of American Ethnology, der

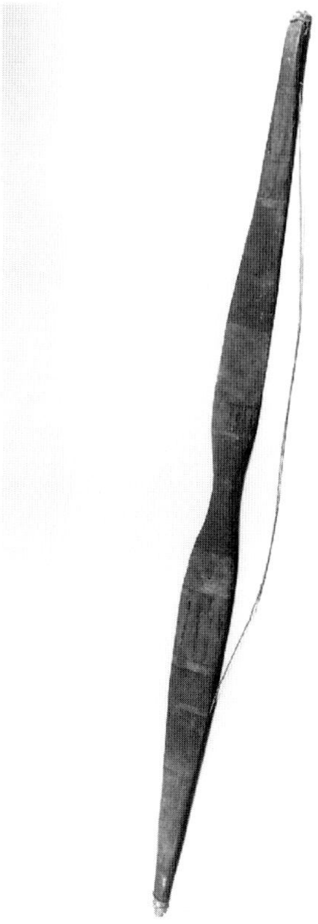

413

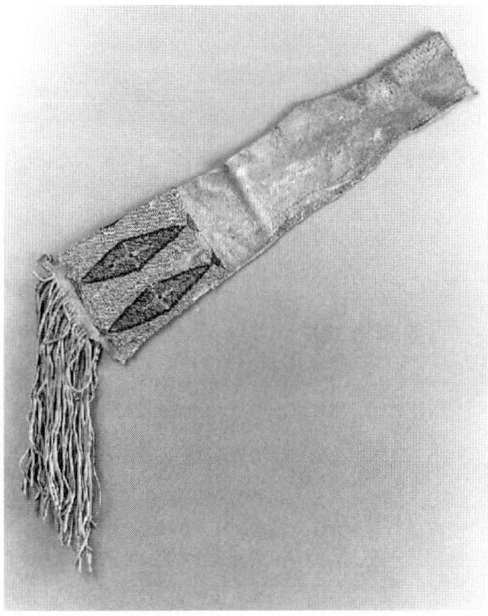

414

sich mit der Erkundung des Colorado-River-Gebietes in den Jahren 1869 bis 1876 einen Namen machte. Auf seinen Reisen besuchte er unter anderen die Shoshone und Ute.

415 **Modell-Wiege**
Plateau, vermutlich Flathead oder Nez Percé; um 1900
Leder, Holz, Baumwolle, Glasperlen, Wolle
Länge 46 cm, Breite 10 cm, Höhe 13 cm
Kauf W. O. Oldman, London (1905/05), Inv.-Nr. 15107

Das Modell ist einer Brett-Trage in der Form eines umgekehrten U mit Kopfschutzbügel nachgebildet. Der Körper der Babypuppe ist aus Stoff, ihr Kopf aus Leder gefertigt. Mund und Augen sind aus Glasperlen, ebenso der Halsschmuck und die Umwicklung des Kopfbügels. Auf den vorne geschnürten ledernen Tragesack und das Kopfteil sind mit Glasperlen zoomorphe (Hirsch, Vögel) und florale Motive appliziert. Durch Indianer aus dem Osten, die die weißen Pelzhändler als Bootsleute und Helfer begleiteten, lernten die Plateau-Gruppen die ursprünglich nur im Osten verbreiteten floralen Muster bereits zu Beginn des 19. Jahrhunderts kennen. Sie modifizierten die Vorlagen aus dem Osten insofern, als sie anstatt der dunklen helle und farbige Hintergründe sowie

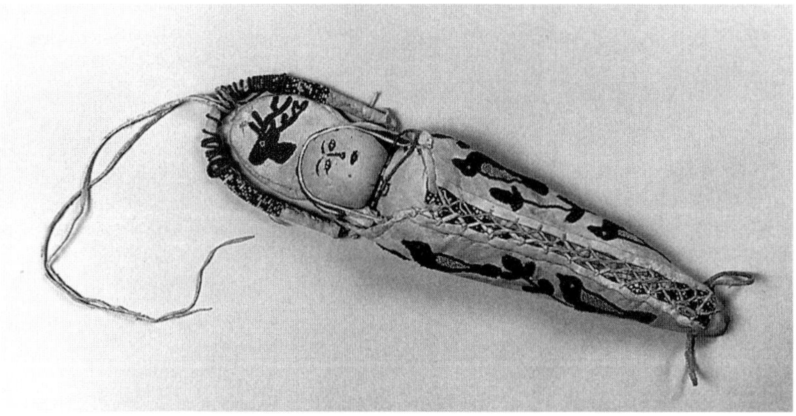

415

asymmetrische Muster verwendeten und neben den eingeführten Pflanzen- auch Tiermotive entwickelten. (Vgl. Völger 1976: Nr. 4.70.08)

416 Geflochtene Wiege
Plateau, vermutlich Thompson- und Frazer-River-Stämme; um 1900
Zedernwurzel, Kirschrinde, Zedernbast
Länge 70 cm, Breite 26 cm,
Höhe 12 cm
Kauf W. O. Oldman, London
(1905/05), Inv.-Nr. 15127

Die Kinderwiege ist wulsthalbgeflochten, wobei die einzelnen Wülste sehr breit und flach sind. Der geometrische Dekor der Außenwände besteht aus senkrechten Kolumnen, die in der *imbrication*-Technik aufgebracht sind, sowie waagerechten Streifen, die in einer Art Fischgrätenmuster gestickt sind. Die Farben der Verzierung sind Schwarz, Rot und Weiß. Die geflochtenen Wiegen der Plateau-Indianer wurden an Tragriemen horizontal auf dem Rücken getragen, während im übrigen Nordamerika die vertikale Tragweise üblich war. (Vgl. Conn 1979: 247/No. 333; Disselhoff 1937: 79/Abb. 5; Lobb 1978: 86)

417

417 Feuerfächer
Plateau?; um 1900
Pflanzenfasern
Höhe 39 cm, Breite 26 cm
Kauf W. O. Oldman, London
(1905/09), Inv.-Nr. 15358

Das Diagonalgeflecht des flachen Stielfächers weist eine leicht unregelmäßige Köperbindung auf. Die in drei Strängen gebündelten Flechtfasern sind zu einem kurzen dicken Griff vereinigt. Vergleichsstücke aus dem Plateau-Gebiet fehlen. Einen ähnlichen Feuerfächer bildet Mowat (1992: 98/Fig. 114) jedoch von den Otomi in Mexiko ab.

418 Korb
Plateau, Thompson- und
Frazer-River-Stämme; um 1900
Zedernwurzel, Kirsch- und
Zedernrinde
Höhe 28 cm, Breite 41 cm,
Tiefe 29 cm
Kauf W. O. Oldman, London
(1905/05), Inv.-Nr. 15128

Der in der Technik des Wulsthalbflechtens hergestellte Korb mit rechteckiger Grundfläche hat stark fliehende Wände. Die spärlich aufgebrachten Zierstreifen sind durch die konstruktiven, durchstechenden Umwicklungen fixiert. Für die Wülste verwendete man Bündel aus Wurzel- oder Grasfasern, die dann mit Zedernspänen umwickelt wurden. Das Material für die Verzierung war gesplißte Kirsch- oder Zedernrinde sowie gefärbtes Schilf. (Vgl. Conn 1979: 246/No. 330; Lobb 1978: 21, 100; Rozaire 1977: 8/No. 12)

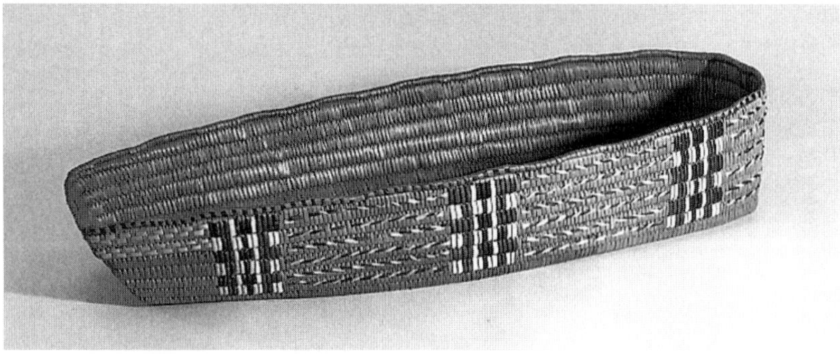

416

418

419 Korb
Plateau, Yakima; um 1900
Zedernwurzeln, Kirsch- und Zedernrinde
Höhe 20 cm, Durchmesser 21 cm
Kauf W. O. Oldman, London (1905/05), Inv.-Nr. 15110

Der eimerförmige, wulsthalbgeflochtene und außen ganzflächig in der *imbrication*-Technik verzierte Korb hat leicht fliehende Wände. Der Zierrand besteht aus kleinen ausgestellten Bögen. Das geometrische Design erscheint schwarz und braun vor einem goldgelben Hintergrund. An dem gezackten Rand konnte eine Abdeckung befestigt werden. Der Korb ist ebenso wie Kat.-Nr. 420–421 sehr eng geflochten und in den Originalunterlagen als wasserdichter Kochkorb bezeichnet. Gleichartige Körbe wurden jedoch auch als Vorrats-, Trag- oder Sammelkörbe verwendet. (Vgl. Lobb 1978: 95)

419

420 Korb (Farbtafel VI)
Plateau, Yakima; um 1900
Zedernwurzel, Kirsch- und Zedernrinde
Höhe 31 cm, Durchmesser 27 cm
Kauf W. O. Oldman, London (1905/05), Inv.-Nr. 15118

Der eimerförmige Korb ist wie Kat.-Nr. 419 gearbeitet. Die Außenwände sind ganzflächig in der *imbrication*-Technik verziert. Ein von aufeinandergestapelten Dreiecken flankiertes Zickzackband reicht über die gesamte Wandhöhe. In den verbleibenden Flächen sind geometrische Muster und anthropomorphe Figuren zu sehen. Der Hintergrund ist goldgelb. Das Muster ist im unteren Viertel rotbraun, darüber schwarzbraun. (Vgl. Kat.-Nr. 419, 421; Conn 1979: 247–249/Nos. 334–335; Lobb 1978: 77)

421

421 Korb
Plateau, Yakima; um 1900
Zedernwurzel, Kirsch- und Zedernrinde
Höhe 27 cm, Durchmesser 23 cm
Kauf W. O. Oldman, London (1905/05), Inv.-Nr. 15119

Der wulsthalbgeflochtene und in der *imbrication*-Technik verzierte Korb hat einen durchbrochen gearbeiteten Randabschluß, an dem eine Abdeckung aus Leder befestigt werden konnte. Das geometrische Design auf den Wänden besteht aus zwei mehrgliedrigen und gestuften Zickzacklinien und erscheint rotbraun und dunkelbraun vor einem goldgelben Hintergrund. (Vgl. Kat.-Nr. 419–420; Lobb 1978: 77)

422 Tasche (Farbtafel VII)
Plateau, Nez Percé; um 1900
Maisstroh, Wolle, Leder
Höhe 28 cm, Breite 25 cm
Kauf W. O. Oldman, London (1905/05), Inv.-Nr. 15111

Die flache, rechteckige Tasche ist mit geometrischen Mustern dekoriert, die auf Vorder- und Rückseite völlig unterschiedlich ausfallen. Auf der gezeigten Seite sind es zwei Bänder aus konzentrischen Rauten in den Farben Hellgrün, Dunkelgrün und Rot, auf der Rückseite ist es ein kleingliedriges, vielfarbiges Muster aus Dreiecken mit gestuften Seiten, Kästen und Balken. Die ungleiche Gestaltung der beiden Seiten ist typisch für die geflochtenen Taschen der Nez Percé. Die Tasche hat einen kurzen ledernen Tragriemen. (Vgl. Conn 1979: 251/No. 338; Lobb 1978: 75, 108, 111; Rozaire 1977: 13/No. 32)

423 Korb
Plateau, vermutlich Wishram oder Wasco; um 1900
Pflanzenfasern
Höhe 20 cm, Durchmesser 12,5 cm
Kauf W. O. Oldman, London (1905/05), Inv.-Nr. 15108

Der flexible, nicht standfeste, zylindrische Korb ist in der Technik des umwickelnden Bindens hergestellt und hat ein in zwei Reihen angeordnetes figürliches Design. Dargestellt sind mehrere Antilopen oder Hirsche und ein Vogel. Die Wishram und Wasco stellten diese Art von Körben aus Indianerhanf oder Binsen her. Für die Muster verwendeten sie gefärbte Maishülsen oder Grashalme. (Vgl. Kat.-Nr. 424; Conn 1979: 252/No. 343; Marr 1991: 46/Nos. 8–9)

423

424 Korb
Plateau, vermutlich Wishram oder Wasco; um 1900
Pflanzenfasern
Höhe 19 cm, Durchmesser 10 cm
Kauf W. O. Oldman, London (1905/05), Inv.-Nr. 15109

424

Wie Kat.-Nr. 423. Dargestellt sind mehrere krötenähnliche Figuren, ein Hirsch, ein Vogel und eine anthropomorphe Gestalt. (Vgl. Kat.-Nr. 423; Conn 1979: 252/No. 343, Marr 1991: 46/Nos. 8–9)

425 **Kochkorb**
Nordkalifornien, Yurok, Karok oder Hupa; um 1900
Haselnußschößlinge, Nadelbaumwurzeln, Sumpfgras
Höhe 22 cm, Durchmesser 31 cm
Geschenk Franz Xaver Bachem, Köln (1904/18), Inv.-Nr. 13219

Der leicht eingezogene Rand des runden, mit zwei Fäden s-kreuzig zwirngebundenen Korbes zeigt einen geometrischen Musterstreifen. Am Flechtansatz und den zwei erhabenen, der Formstabilisierung dienenden Reihen im randnahen Musterstreifen wurden drei Fäden verwendet. Die Musterbildung erfolgte durch aufgelegte Fäden aus goldgelben Fasern. Die Hupa, Karok und Yurok verwendeten für die passiven Gerüste ihrer zwirnbindigen Flechtwaren in der Regel Haselnußschößlinge, für die Schußfäden der Kochkörbe die Wurzelfasern von Nadelbäumen. Beliebtestes Dekorationsmaterial war das Sumpfgras, dessen Fasern mit dem Alter eine goldgelbe Patina annehmen. Nach Kroeber (1905: 115) sind keine Unterschiede zwischen den Korbwaren der Yurok, Karok und Hupa festzustellen. O'Neale befragte etliche Flechterinnen der Karok und Yurok nach ihren Kriterien für die Beurteilung und Zuordnung der Körbe und erfuhr, daß es keine einzelnen Motive oder Merkmale sind, sondern eine Kombination von Form, Material, Farbe und Mustern, die Aufschluß über die ethnische Zugehörigkeit der Herstellerinnen gibt (Schevill 1992: 171). Franz Xaver Bachem (1897–1936), der den Korb gestiftet hat, war Verlagsbuchhändler und Drucker in Köln sowie Seniorchef der Firma J. P. Bachem. Außerdem war er Vorstandsmitglied des Fördervereins des Rautenstrauch-Joest-Museums. Er selbst hat chinesische Bronzen gesammelt und hierüber auch ein Buch veröffentlicht. Er schenkte dem Museum den Kochkorb zusammen mit einigen Archäologica aus Costa Rica, die ihm ein „Missionar Krautwig in San José" mitgebracht hatte (RJM Orig.-Akte 1904/18: Schreiben vom 2. Oktober 1904). Fraglich ist, ob die kalifornische San José Mission, die nicht in Nord-, sondern in Zentralkalifornien lag, gemeint ist und ob der Korb überhaupt von diesem Missionar mitgebracht wurde. Möglicherweise stiftete ihn auch ein Außenkorrespondent der Kölnischen Volkszeitung, die damals im Bachem-Verlag erschien (Persönliche Korrespondenz Lambert Bachem vom 27. Mai 1994). (Vgl. HNAI Vol. 8 1978: 637/Fig. 5c; Rozaire 1977: 34/No. 41)

425

426 **Vorratskorb** (Farbtafel VI)
Nordkalifornien, vermutlich Wintun; um 1900
Pflanzenfasern
Höhe 31 cm, Durchmesser 41 cm
Kauf W. O. Oldman, London (1905/05), Inv.-Nr. 15112

Der große runde Korb mit geometrischem Muster hat einen leicht eingezogenen Rand. Er ist mit zwei Fäden s-kreuzig zwirngebunden, am Boden und an den zwei stablisierenden, erhabenen Randreihen wurden drei Fäden verwendet. Die Wände sind ganzflächig mit Musterfäden – schwarz vor goldgelbem Grund – belegt. Hauptornament ist ein Zickzackband aus Hakenelementen, beiderseits von Dreiecken mit eingeschlossenen Rhomben flankiert. Dazwischen finden sich versetzt angeordnete Parallelogramme beziehungsweise eine asymmetrische, getreppte Doppellinie. (Vgl. Mason 1902: Pl. 178)

427

427 **Korbschale**
Mittelkalifornien, vermutlich Pomo; um 1900
Pflanzenfasern, Venusmuschelscheiben, Wachtel- und Spechtfedern, Glasperlen, Haliotis
Höhe 7,5 cm, Durchmesser 22 cm
Kauf W. O. Oldman, London (1905/12), Inv.-Nr. 15920

Für die in der Technik des Wulsthalbflechtens hergestellten und außen mit Muschelscheibchen, Federn sowie Gehängen aus Glasperlen und Haliotis verzierten Korbschalen verwendeten die Pomo in der Regel Weidenschößlinge als passive Fasern und Riedgras für die Umwicklungen. Solche fein gearbeiteten und reich verzierten Juwel- oder Geschenk-Körbe galten als Wertobjekte. (Vgl. HNAI Vol. 8 1978: 636/Fig. 4; Mason 1902: Pl. 113; Rozaire 1977: 25–27/Nos. 57–59)

428 **Korb** (Farbtafel VI)
Südkalifornien, vermutlich Chumash; um 1900
Pflanzenfasern
Höhe 11,5 cm, Durchmesser 16 cm
Geschenk Ursula Dyckerhoff, Bonn (1993/19), Inv.-Nr. 54294

Die Wände des kleinen, bauchigen, wulsthalbgeflochtenen Korbes zieren drei geometrisch gemusterte Streifen mit Hakenreihen und Zickzacklinien in Dunkelbraun und Goldgelb vor rotbraunem Hintergrund. Die Musterbildung erfolgte durch Verwendung verschiedener Materialien. (Vgl. Gold und Macht 1987: 206/Nr. 5.43)

429 **Korbschale**
Südkalifornien, vermutlich Gabrielino; vor 1930
Pflanzenfasern
Höhe 7,5 cm, Durchmesser 23,5 cm
Geschenk Ursula Dyckerhoff, Bonn (1993/19), Inv.-Nr. 54295

Die runde Korbschale ist in der Technik des Wulsthalbflechtens hergestellt. Vor dem rötlichbraunen Hintergrund erscheint dicht unterhalb des Randes ein schmaler, goldgelb und dunkelbraun gemusterter Zierstreifen.

429

Geflochtene Frauenkappen
Die jüngeren Frauen der Hupa, Karok und Yurok trugen geflochtene, halbrunde, oben abgeflachte Kappen, die sie mit geometrischen Mustern verzierten. Die Kappen dienten zugleich als Stirnschutz, um die über die Stirn geführten Tragriemen der Lastkörbe abzupolstern. Die Kappen sind immer zwirngebunden und mit einer Musterauflage aus goldgelben, rotbraunen und braunschwarzen Fasern belegt. Das Hauptdekorationsfeld auf den Seitenwänden ist durch eine – manchmal imaginäre – Mittellinie in eine obere und eine untere Hälfte geteilt, an der sich die Muster spiegeln. Die Hupa verwendeten ebenso wie die benachbarten Karok und Yurok als passives Gerüst in der Regel Haselnußschößlinge, als aktive Fäden Wurzelfasern von Laub- und Nadelbäumen. Die Materialien für die Musterauflagen waren Sumpfgras, das mit dem Alter eine golden leuchtende Patina bekommt, sowie die schwarzen Stengel des Frauenhaarfarns und mit Erlenrinde rot gefärbter Riesenfarn (Goddard 1903: 32 ff.).

430

430 **Geflochtene Frauenkappe**
Nordkalifornien, Hupa; um 1900
Pflanzenfasern
Höhe 9 cm, Durchmesser 16,5 cm
Kauf W. O. Oldman, London (1905/05), Inv.-Nr. 15123

Das Muster der in Dreiergruppen angeordneten Dreiecke wird von den Hupa „Klapperschlangenmaul" genannt (Goddard, 1903: 44). (Vgl. Kat.-Nr. 431–433; Goddard 1903: Pl. 25/Fig. 4–6, Pl. 26/Fig. 1–2; Rozaire 1977: 36–37/Nos. 48–51)

431 **Geflochtene Frauenkappe**
Nordkalifornien, Hupa; um 1900
Pflanzenfasern
Höhe 9 cm, Durchmesser 17 cm
Kauf W. O. Oldman, London (1905/05), Inv.-Nr. 15124

Das Hauptornament besteht aus versetzt übereinander gestapelten Parallelogrammpaaren, die von drei getreppten Linien durchzogen werden. Parallelogramme sind ein häufig verwendetes Motiv auf den Frauenkappen der Hupa und kommen meistens paarweise vor, weshalb das Muster von den Hupa „eins auf das andere gesetzt" genannt wird (Goddard 1903: 46). (Vgl. Kat.-Nr. 430, 432–433; Goddard 1903: Pl. 25/Fig. 4–6, Pl. 26/Fig. 1–2; Rozaire 1977: 36–37/Nos. 48–51)

431

432 **Geflochtene Frauenkappe**
Nordkalifornien, Hupa; um 1900
Pflanzenfasern
Höhe 9 cm, Durchmesser 17,5 cm
Kauf W. O. Oldman, London (1905/05), Inv.-Nr. 15125

Das Hauptmusterfeld ist durch ein breites Band zweigeteilt. Daran angesetzt sind Trapeze, an deren Grundseiten jeweils drei kleine Dreiecke mit ihren Spitzen anstoßen. (Vgl. Kat.-Nr. 430–431, 433; Goddard 1903: Pl. 25/Fig. 4–6, Pl. 26/Fig. 1–2; Rozaire 1977: 36–37/Nos. 48–51)

432

433

433 **Geflochtene Frauenkappe**
Nordkalifornien, vermutlich Yurok; vor 1909
Pflanzenfasern
Höhe 8 cm, Durchmesser 18 cm
Geschenk A. Grunewald, Köln (1909/34), Inv.-Nr. 25013

Diese Kappe ist im Vergleich zu den drei übrigen etwas flacher, breiter und auch gröber gearbeitet. Das einfarbige Muster besteht aus versetzt übereinandergestapelten, innen offenen Parallelogrammpaaren. (Vgl. Kat.-Nr. 430–432; Goddard 1903: Pl. 25/Fig. 4–6, Pl. 26/Fig. 1–2; Rozaire 1977: 36–37/Nos. 48–51)

434 **Börse für Muschelgeld**
Kalifornien ?; um 1900
Horn
Länge 19 cm, Höhe 5 cm
Kauf E. W. Lenders, Philadelphia (1911/07), Inv.-Nr. 26618

Aus einem Geweihstück eines Wapitihirsches wurde das poröse Innere herausgekratzt. Geritzte und braun eingefärbte Flächen lassen die weißen, polierten Zickzackstreifen hervortreten. Die eingestanzten Punktornamente und die Enden sind rot und grün bemalt. Der ehemals vorhandene knöcherne Verschlußdeckel und ein Futteral aus Marderfell sind verlorengegangen. Ob die Herkunftsangabe Hupa tatsächlich zutrifft, ist fraglich. Die Hupa sind zwar bekannt für ihre Muschelgeldbörsen aus Wapitihirschhorn, die vorliegende Börse ähnelt den bekannten publizierten Exemplaren aber nicht.

435 **Steigbügel**
Gabilan Range, Monterey County, Spanisch-Kalifornien; 1775–1890
Holz
Höhe 20 cm, Breite 14 cm, Tiefe 6,5 cm
Geschenk W. Gunther, Köln (1914/04), Inv.-Nr. 30464

Der Steigbügel ist aus einem Stück Holz geschnitzt und hat eine halbrunde Fußöffnung sowie eine pilzähnliche Kappe über dem Riemenschlitz. Das Pferd, das vor der Ankunft der Spanier in Nordamerika unbekannt war, wurde von den kalifornischen Indianern nicht wie von den Plains-Indianern in ihre Kultur integriert. Der Fundort liegt im Herzen von Spanisch-Kalifornien.

435

434

*Abb. 8 Eine unverheiratete Hopi-Frau mit Woll-*manta *und* wicker-*Teller in Oraibi auf der Dritten Mesa. Fotograf: A. C. Vroman. 1902*

Südwesten

In den trockenen Steppen und Halbwüsten des Südwestens[1] leben verschiedene Ethnien, von denen jede auf ihre Art eine eigene Antwort auf die unwirtlichen Umweltbedingungen gefunden hat. Zum einen sind es die einfachen Bodenbauern am Unterlauf des Colorado und in der Wüste des südlichen Arizona. Die Pueblo-Indianer, benannt nach ihren aus Lehm errichteten Appartementhaus-Dörfern, sind ebenfalls Ackerbauern, während es sich bei der dritten Kultur-Tradition im Südwesten um Jäger- und Sammlergruppen handelt, die ab dem 13. Jahrhundert von Norden her eingewandert sind. Hierzu zählen die Apachen und die Navajo. Letztere übernahmen später von den im 16. Jahrhundert von Süden in das Gebiet vordringenden spanischen Kolonisatoren die Schafzucht und bilden heute mit über 200.000 Mitgliedern die größte eingeborene Nation in den USA.

Bereits vor rund 2000 Jahren gab es Bewässerungsfeldbau. Die bekannteste und einflußreichste Kulturtradition seßhafter Ackerbauern im Südwesten ist von den Anasazi überliefert. Sie entwickelte sich ab 100 v. Chr. unter dem Einfluß der mexikanischen Hochkulturen. Die Pueblo-Völker sind ihre Nachfahren. Die Sandalensohlen Kat.-Nr. 471 stammen aus einer sehr frühen Phase der Anasazi-Kultur, während die beiden Keramikschalen Kat.-Nr. 445 und 446 auf das 13. Jahrhundert zu datieren sind.

Insbesondere das Zeremonialwesen der Hopi-Indianer hat schon gegen Ende des vorigen Jahrhunderts Touristen wie Ethnologen gleichermaßen fasziniert. In die Sammlungen wurden hauptsächlich Zeremonialobjekte und *kachina*-Figuren aufgenommen, ferner Produkte der Teppichweberei der Navajo und der Töpferei der Pueblo-Indianer, die nach dem Kulturkontakt zu kommerziellen Kunstzweigen entwickelt wurden. Feldbaugeräte der Hackbau-Kulturen fehlen dagegen meist gänzlich.

Wenn von den Pueblo-Indianern die Rede ist, wird immer wieder ihr Konservatismus hervorgehoben. Trotz der frühen, schon von den spanischen Kolonisatoren betriebenen Christianisierung haben sie ihre ursprüngliche Religion im Geheimen beibehalten. Heute wird eher die Neugier von Forschern und Touristen als Gefahr empfunden. Deshalb ist das Fotografieren in den Dörfern der Pueblo-Indianer im allgemeinen verboten. Teilweise wird der Zutritt nur in Gegenwart eines einheimischen Führers geduldet.

Die Abteilung Südwesten verzeichnet den höchsten Anteil an modernen Stücken. Dazu gehören die meisten Keramiken und eine komplette Frauentracht mit Umhang, *manta*, Unterkleid, Gürtel und Wickelmokassins sowie zwei *tablitas*, die von jungen Frauen bei zeremoniellen Tänzen getragen werden. Die Anschaffungen wurden vor allem im Hinblick auf die Neugestaltung der Dauerausstellung getätigt. Trotzdem bleibt die Region Südwesten im Vergleich mit anderen Völkerkundemuseen unterrepräsentiert. (Boden/Gockel 1995: 51). Die Objekte aus dieser Region machen sieben Prozent der Sammlung aus.

Das ethnographische Material, insgesamt vierundachtzig Inventarnummern, stammt zum größten Teil von den Pueblo-Kulturen. Von diesen sind die Hopi am besten vertreten, während die übrigen Dörfer ebenso wie die eingewanderten Jäger und Sammler und die Colorado-River-Stämme nur mit einzelnen Stücken oder überhaupt nicht repräsentiert sind.

Unter den Verlusten sind neben einer Decke von den Navajo, einem Kopfschmuck der Zuni und einer Keramikschale der Hopi auch einige alte *kachina*-Figuren sowie ein Tanzstab eines *kachina*-Tänzers aus einer kleinen, bei E. W. Lenders in Philadelphia erstandenen Sammlung zu beklagen. Gerade die alten *kachina*-Figuren und Tanzbretter aus dieser Sammlung sind zudem durch einen Wasserrohrbruch Anfang der achtziger Jahre stark in Mitleidenschaft gezogen worden und können deshalb hier nicht alle abgebildet werden. Aufgrund vorhandener Originalfotos konnten jedoch die *kachina*-Typen teilweise noch identifiziert werden.

437

436 Wurfkeule (*putc kohu*)
Hopi; um 1900
Holz, bemalt
Länge 64 cm, Breite 7,5 cm
Geschenk Küppers-Loosen, Köln
(1910/04), Inv.-Nr. 25050

Die flache, leicht gekrümmte Holzkeule mit stumpfwinkliger Spitze und kurzem Haltegriff ist beidseitig in den Farben Rot und Schwarz bemalt. Die kurzen Parallelstriche entsprechen der Wangenbemalung der Hopi-Krieger. Solche Wurfkeulen wurden bei der Hasenjagd verwendet. Vor dem Wurf hält man die Keule senkrecht mit der konvexen Seite nach vorne. Dann schleudert man sie mit Schwung nach unten und läßt los, wenn sie sich waagrecht in der Luft befindet. Die Krümmung bewirkt eine stabilisierende Rotation beim Flug. Die Keulen werden bei den Zeremonien der Kriegerbünde auch als Tanzbrett in der Hand gehalten. (Vgl. Hough 1918: Pl. 4/Fig. 4)

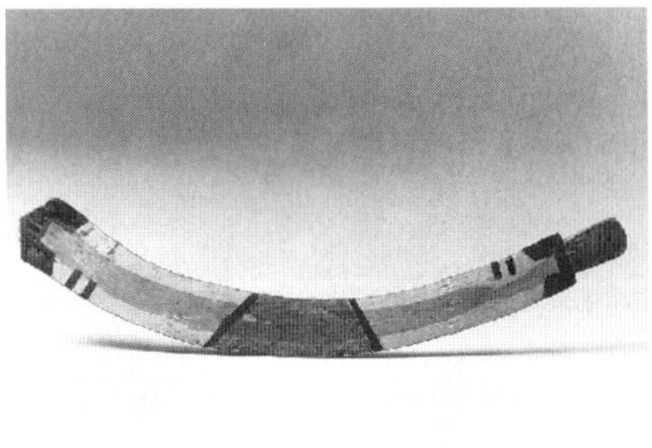

436

437 Pumpenbohrer
Navajo; um 1900
Holz, Eisen, Stein, Leder
Höhe 41 cm, Breite 22 cm
Kauf E.W. Lenders, Philadelphia
(1911/07), Inv.-Nr. 26614

Der Holzschaft hat einen Dorn aus Eisen als Bohrspitze und eine Schwungscheibe aus geschliffenem Sandstein. Das Querholz ist mit einem Lederriemen am Schaft befestigt. Zum Bohren wird das Querholz in Schwung versetzt, der Lederriemen wickelt sich ab und versetzt den Schaft in Rotation. Die Schwungscheibe bewirkt durch ihre Trägheit ein Wiederaufwickeln der Schnur in der entgegengesetzten Richtung, wonach sich der Vorgang wiederholt. Auch die den Navajo benachbarten Pueblo-Indianer benutzten bei der Schmuckherstellung solche Pumpenbohrer zum Durchbohren von Muschel- und Steinscheiben. (Vgl. Roediger 1961: 141/Fig. 19)

438 Webgitter
Zuni; um 1900
Holz, Baumwolle
Höhe 16 cm, Breite 45,5 cm
Kauf E. W. Lenders, Philadelphia
(1911/07), Inv.-Nr. 26616

Das Webgitter diente zum Weben von schmalen Gürteln, Bändern und Schärpen. Die Kettfäden werden durch die Löcher in der Mitte der senkrechten Holzstäbchen und die dazwischenliegenden Schlitze geführt. Die Fachbildung erfolgt durch Heben beziehungsweise Senken der Kettfäden in den Schlitzen. Die Webkette wird auf einer Seite an einem Baum oder Pfosten befestigt. Das andere Ende ist um den Rücken des Webers geführt. Durch die Sitzstellung kann die Spannung der Kette reguliert werden. Die Webgitter sind eine europäische Innovation, die um 1900 im Südwesten eingeführt wurde. (Vgl. Fane 1991: 131/No. 111)

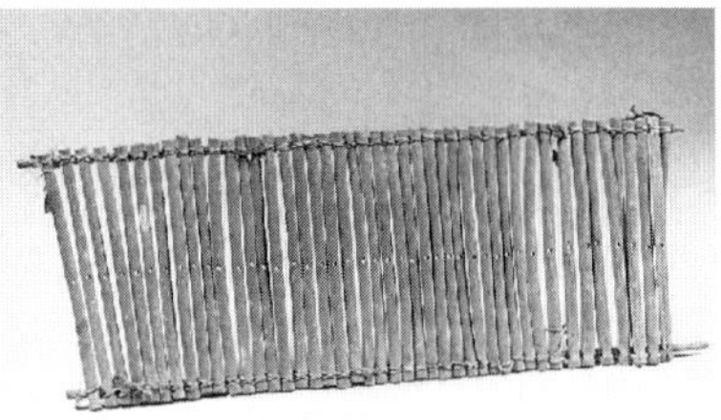

438

439 Wasserflasche
vermutlich Paiute; um 1900
Pflanzenfasern, Pinienharz, Pferdehaare
Höhe 39 cm, Durchmesser 24 cm
Geschenk Küppers-Loosen, Köln
(1910/04), Inv.-Nr. 25046

Für Menschen mit nomadischer Lebensweise sind Behälter aus Keramik ungeeignet, weil sie leicht zerbrechen können. Diese bauchige Korbflasche ist wulsthalbgeflochten und mit Pinienharz verpicht. Das Harz wird geschmolzen und von außen auf das Flechtwerk gebürstet. Für die Innenabdichtung wird das zähflüssige Harz in die Flasche gegossen. Heiße Steine werden dann in der Flasche hin- und hergerollt, damit das Harz nicht hart wird, bevor es in alle Öffnungen gedrungen

439

ist. Nach dem Aushärten bekommt es eine durchscheinende Amberfarbe. Der Boden ist rund, so daß die Flasche nur auf sandigem Untergrund stehen kann. Unterhalb des stark eingezogenen und leicht ausgestellten Flaschenhalses sind zwei Ösen aus geflochtenen Pferdehaaren angebracht, an denen eine Schnur zum Aufhängen befestigt ist. Die Paiute verkauften ihre Korbflaschen an Angehörige anderer Ethnien im Südwesten. Bis in die dreißiger Jahre zogen die Indianer die Korbflaschen Metallbehältern vor, weil das Wasser in ihnen kühl bleibt. (Vgl. Feest 1993b: 33/Nr. 15; Whiteford 1986: 21/Fig. 18)

440 **Korbschale**
Mescalero Apachen; um 1900
Weiden- oder Sumachzweige, Yuccafasern
Höhe 7 cm, Durchmesser 38 cm
Kauf W. O. Oldman, London (1905/05), Inv.-Nr. 15126

Die flache, runde Korbschale ist durchstechend wulsthalbgeflochten. Für die Einlagen verwendeten die Apachen Weiden- oder Sumachzweige, für die Umwicklungen Yuccablätter. Bei der Farbgebung wurden die natürlichen Farbschattierungen der Yuccablätter ausgenutzt. Wenn die inneren Blätter Frost ausgesetzt werden, nehmen sie eine weißlichgelbe Färbung an, wenn man sie an der Sonne trocknen läßt eine goldgelbe. Rotbraune Fasern stammen von der Yuccawurzel. Eine schwarze Färbung erreicht man, indem man die Blätter zusammen mit Sonnenblumenkernen oder Pinienharz kocht. Das Muster könnte man als sehr groben Spiralwirbel auffassen. Die Korbschalen dienten zum Sammeln und Transportieren von Früchten, Wurzeln und Nüssen. Später wurden sie auch zum Verkauf an Touristen hergestellt. Die Korbflechterei der Mescalero ist heute gänzlich zum Erliegen gekommen. (Vgl. Tanner 1968: 28/Fig. 2.23; Whiteford 1988: 58/Fig. 41)

440

441 **Korbschale**
Cochiti; um 1900
Yuccablattfasern, Holzreif
Höhe 11 cm, Durchmesser 42 cm
Tausch Museum für Völkerkunde, Berlin (1937/14), Inv.-Nr. 40424

441

Das Diagonalgeflecht der großen runden Korbschale ist ein dreibindiger Köper mit einem Strukturmuster aus konzentrischen Quadraten. Die Faserenden verdecken den Holzreif, der als Randstabilisator dient, und bilden an der Außenseite einen Fransenring. Die Schale wurde benutzt, um Getreide zu worfeln oder um erhitzten Sand abzuseihen, der zum Rösten von Mais gebraucht wurde. Als Sammler ist im Berliner Inventarbuch Thomas Keam verzeichnet, der ab 1875 in dem nach ihm benannten Keam's Canyon in Arizona einen Handelsposten unterhielt. (Vgl. Tanner 1968: 11/Fig. 24; Whiteford 1986: 10/Fig. 10)

442 **Korbteller**
Hopi, Dritte Mesa, Oraibi; um 1900
Pflanzenfasern
Durchmesser 35 cm
Kauf W. O. Oldman, London (1905/05), Inv.-Nr. 15129

442

Der runde Korbteller ist mit einem einfachen Ringmuster in Rot, Hellbraun, Beige und Grün dekoriert. Die Ränder und der Flechtansatz in der Mitte sind leicht nach oben gewölbt. Sogenannte *wicker*- oder Staken-Geflechte werden nur von den Hopi auf der Dritten Mesa und in dem Dorf Moenkopi hergestellt. Es handelt sich um eine Sonderform des echten Flechtens, bei der die Kette ein festes Gerüst aus starrem Material bildet, während die Schußfasern aus flexiblem Material bestehen. Für das Kettgerüst verwendete man Sumachzweige, für die Schußfäden die Zweige der Goldaster. Die *wicker*-Teller fanden eine vielfältige Verwendung bei den Zeremonien. Man trug auf ihnen Gebetsstöcke oder auch Lebensmittel wie Maismehl und *piki*, ein aus blauem Maismehl und Chamisa-Asche auf Steinen gebackenes Fladenbrot, in die unterirdischen *kiva*. Frauen, die der *lakon*-Frauengesellschaft der Hopi angehören, halten diese Körbe bei ihren Tänzen in den Händen und werfen sie anschließend in die Menge. Vor einer Hochzeit stellen die Verwandten der Braut eine große Zahl von Körben her, die sie zum Hause des Bräutigams bringen. Hierbei stellen die Körbe einen Gegenwert zu den von der Familie des Bräutigams hergestellten Hochzeitskleidern der Braut dar. Korbteller werden heute auch als Wandschmuck zum Verkauf hergestellt (Allen 1989; James 1902: 41 ff.). (Vgl. Kat.-Nr. 443; Rozaire 1977: Fig. 95–96; Tanner 1968: Fig. 2.16–2.17; Whiteford 1988: Fig. 107–108, Pl. 14)

443 Korbteller
Hopi, Dritte Mesa, Oraibi; um 1900
Pflanzenfasern
Durchmesser 35 cm
Tausch Museum für Völkerkunde, Berlin (1937/14), Inv.-Nr. 40425

Der stakengeflochtene Teller zeigt ein zentrales Blütenmotiv in Rot, Gelb, Hellbraun, Natur und Grün. Der Rand und der Flechtansatz in der Mitte des Tellers sind leicht nach oben gewölbt. Laut Berliner Inventarbuch hat Thomas Keam (vgl. Kat.-Nr. 441) den Teller gesammelt. (Vgl. Kat.-Nr. 442; Rozaire 1977: Fig. 95–96; Tanner 1968: Fig. 2.16–2.17; Whiteford 1988: Fig. 107–108, Pl. 14)

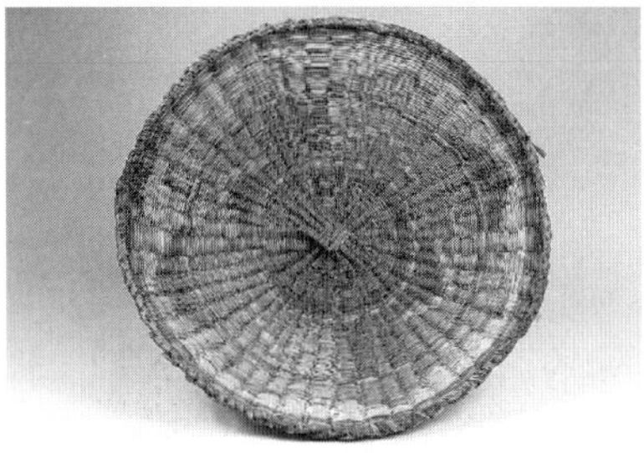

443

444 Korbschale
Hopi, Zweite Mesa; 1994
Gras, Yuccafasern
Höhe 5 cm, Durchmesser 32,5 cm
Kauf Schulz, Leverkusen (1994/10), Inv.-Nr. 54733

Die flache Korbschale ist in der Technik des Wulsthalbflechtens hergestellt. Für den spiralig geführten Wulst wurden Grasfasern oder Stengel der Goldaster verwendet, für die Umwicklung Yuccafasern. Das Muster ist durch die Verwendung verschiedenfarbiger Fasern entstanden. Es stellt eine *kachina*-Maske mit Federkranz, Strichaugen und Bart dar. Auf dem Kinn und an den Seiten des Bartes sind einzelne Bastfasern aufgestickt. Nur die Frauen der Zweiten Mesa kennen die Technik des Wulsthalbflechtens. Flache Teller und Schalen werden heute sowohl für den zeremoniellen Gebrauch

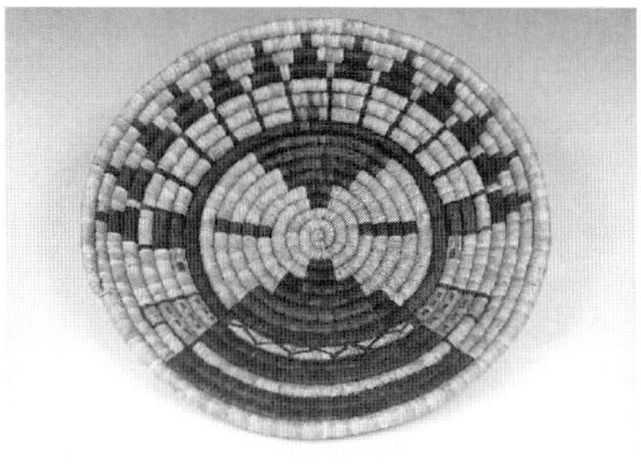

444

als auch zum Verkauf hergestellt. (Vgl. Feest 1993b: 43; Miller 1989: 64/Fig. 4)

Töpferei

Die Anfänge der Töpferei im Südwesten liegen 1.500 Jahre zurück. Das Rautenstrauch-Joest-Museum besitzt mit den beiden Anasazi-Schalen Kat.-Nr. 445 und 446 zwei Keramiken aus prähistorischer Zeit. In historischer Zeit hat jedes Dorf seinen eigenen Keramikstil entwickelt. Die Herkunft kann man an der Farbe ablesen. Die Keramik von Santa Clara und San Ildefonso ist schwarz, die aus Cochiti (vgl. Kat.-Nr. 447–448) und Santo Domingo (vgl. Kat.-Nr. 449) hat einen gräulichen Grundton. Die Keramik aus den Dörfern Laguna, Acoma (vgl. Kat.-Nr. 450) und Zuni ist weißgrundig, die der Hopi in der Regel gelbgrundig. Für die Dekoration wurden meist nur wenige Farben verwendet, insbesondere Schwarz, Braun und Rot.
Die meisten Keramiken im Rautenstrauch-Joest-Museum sind relativ moderne Produkte der Hopi und Hopi-Tewa (vgl. Kat.-Nr. 452–460). Die cremefarben bis orangerot schattierende Färbung kommt durch den hohen Eisengehalt des Tons, der in oxydierender Atmosphäre gebrannt wird, zustande. Die Farbschwankungen ergeben sich aus dem Eisengehalt und der Brenntemperatur. Der Feldbrand mit Schaf- oder Ziegendung erreicht höchstens 850° Celsius. Dungbriketts werden bienenkorbartig über die Töpfe geschichtet. Die Farben trägt man vor dem Brennen mit dem Pinsel auf. Töpferscheiben sind unbekannt, die Keramiken werden in Spiralwulsttechnik aufgebaut. Die Wände glättet man mit einem Schaber aus einer Kürbisschale, einem Holzstück oder einer Keramikscherbe, poliert sie mit einem in tonhaltiger Flüssigkeit getränkten und hart getrockneten Stofflappen vor und schmirgelt sie zuletzt mit in Wasser getauchten Steinen. Heutzutage verwendet man auch auch Sand- oder Schmirgelpapier.
Das Signieren (vgl. Kat.-Nr. 449–450, 455–458) mit Namen oder Symbolen war ursprünglich unbekannt. Es widersprach der kulturell gebotenen Zurückhaltung des Individuums. Es war auch nicht nötig, weil die Indianer an den typischen Merkmalen von Form und Muster die Herstellerin erkennen konnten. Signaturen setzten sich erst auf Betreiben weißer Händler durch. Für die Sammler steigt der Wert eines Stückes, wenn es von einer bekannten Künstlerin stammt. Auch von den Mitarbeitern des Museum of Northern Arizona in Flagstaff, das jährlich eine Ausstellung indianischen Kunsthandwerks organisiert, wurden die Töpferinnen angehalten, ihre Ware zu signieren. Nampeyo aus dem Hopi-Tewa-Dorf Hano war eine der ersten, deren Name kommerzialisiert wurde. Die ursprünglich von archäologischen Funden stammenden Muster, die Nampeyo aufgriff, wurden später von anderen Töpferinnen in den Hopi-Dörfern nachgeahmt. Aus den alten Motiven haben sich die heute gängigen Muster entwickelt, bei denen es sich in der Regel um stilisiert dargestellte Wolken, Federn, Maiskolben und andere Lebensformen handelt. Die Signaturen mit Symbolen beziehen sich auf persönliche oder Clan-Namen. So signierten Nampeyo und ihre Nachkommen teilweise mit einem Maiskolben als Symbol für den Mais-Clan, dem sie angehören. Bereits auf den Petroglyphen war es üblich, den eigenen Clan mit einem symbolischen Zeichen abzubilden. Symbole wurden eine Zeitlang bevorzugt, weil viele Töpferinnen nicht schreiben konnten. Nach 1930 kamen die ersten Namenssignaturen auf. Viele Künstlerinnen der Gegenwart benutzen jedoch überhaupt keine Signatur (Stanislawski 1976: 47 ff.).

445

445 Schale
Anasazi-Tradition, vermutlich Mancos-Tal, Colorado; um 1220 (Pueblo III)
Keramik, bemalt
Höhe 15 cm, Durchmesser 22 cm
Tausch Stolper Galleries, Amsterdam (1967/06), Inv.-Nr. 49692

Die tiefe, runde Keramikschale mit grauweißem Überzug hat keine Standfläche. Die schwarze Bemalung auf der Innenseite läßt das weiße Muster im Negativ hervortreten. Die Dekorationsfläche ist durch waagerechte Striche zweigeteilt und mit zwei unterschiedlichen mäanderartigen Mustern dekoriert. Reihen kleiner Quadrate mit einem Punkt in der Mitte, die Maiskörner symbolisieren, unterbrechen das Muster im oberen Feld.

446 Schale
Anasazi-Tradition, vermutlich Mancos-Tal, Colorado; um 1220 (Pueblo III)
Keramik, bemalt
Höhe 7 cm, Durchmesser 15,1 cm
Tausch Stolper Galleries, Amsterdam (1967/06), Inv.-Nr. 49693

Die kleine, runde Schale hat einen grauweißen Überzug. Handgriff und Innenseite sind mit schwarzen Bändern und Zackenreihen bemalt.

446

447 Henkeltasse
vermutlich Cochiti; vor 1940
Keramik, bemalt
Höhe 7,5 cm, Durchmesser 15,5 cm
Tausch Naturwissenschaftliches Museum, Wuppertal (1940/04), Inv.-Nr. 42197

Die dickwandige Henkeltasse zeigt eine rote und schwarze Bemalung auf einer grauweißen Grundierung. Die rote Farbe des Bodens greift leicht auf die Wandung über. Das Muster aus Linien, girlandenähnlichen Formen und geschwungenen Zackenreihen ist in Schwarz ausgeführt.

447

448 Schale
vermutlich Cochiti; vor 1940
Keramik, bemalt
Höhe 8,5 cm, Durchmesser 24,5 cm
Tausch Naturwissenschaftliches Museum, Wuppertal (1940/04), Inv.-Nr. 42198

Die mit einem grauweißen Überzug versehene Keramikschale ist relativ dickwandig und hat eine kleine Standfläche sowie stark fliehende Wände. Der Rand ist außen rot abgesetzt. Innen zeigt die Schale ein zentrales Pflanzenornament sowie Linien und Girlanden in schwarzer Farbe.

448

449 Schale
Santo Domingo, Signatur: „Paulita Pacheco, Santo Domingo Pueblo“; um 1990
Keramik, bemalt
Höhe 6,5 cm, Durchmesser 21,5 cm
Kauf Schulz, Leverkusen (1994/10), Inv.-Nr. 54731

Innen- und Standfläche der flachen, runden Keramikschale sind rostrot gefärbt. Der äußere Rand zeigt ein Musterband, das senkrecht in acht gleiche Segmente geteilt ist, von denen jedes in der Diagonalen halbiert und abwechselnd oben beziehungsweise unten halb weiß, halb schwarz gefärbt ist. Die Ecken der dreieckigen Segmente sind schwarz ausgemalt und wirken dadurch abgerundet.

449

450 Topf
Acoma, Signatur: „Acoma NM C/G“; vor 1994
Keramik, bemalt
Höhe 15 cm, Durchmesser 21 cm
Kauf Schulz, Leverkusen (1994/10), Inv.-Nr. 54732

Der bauchige Topf hat eine schmale Schulter und eine leicht eingezogene Öffnung. Er ist innen und außen mit einem milchigweißen Überzug versehen und außen in einem hellen Rostrot und Braun bemalt. Auf einen breiten roten Randstreifen folgt ein dünner brauner Streifen und dann ein breiteres weißes Band. Auf der Schulter beginnt ein breites Musterfeld, das fast die gesamten Seitenwände des Topfes einnimmt. Es ist senkrecht in acht Segmente unterteilt, die mit unterschiedlichen abstrakten Motiven, hauptsächlich stilisierten Blattformen, gemustert sind. Das Dekorationsfeld ist unten wiederum durch je eine schmale braune und weiße Linie vom roten Boden abgesetzt. Die Initialien C/G. stehen möglicherweise für Connie oder Corrine Garcia.

450

451 Krug
Mohave; um 1885
Keramik, bemalt
Höhe 13 cm, Durchmesser 10 cm
Überweisung Museum für Angewandte Kunst, Köln (1958/17),
Inv.-Nr. 47198

Der birnenförmige Krug mit Standring hat eine stark ausschwingende Lippe, die in den Henkel übergeht. Der Hals ist leicht eingezogen. Auf den grauweißen Überzug sind rote Linien und Punkte gemalt. Das ehemalige Kunstgewerbemuseum und heutige Museum für Angewandte Kunst in Köln hat den Krug im Jahre 1932 bei der Firma Umlauff in Hamburg erworben.

451

452 Topf
Hopi oder Hopi-Tewa; siebziger Jahre
Keramik, bemalt
Höhe 13 cm, Durchmesser 19 cm
Kauf Schulz, Leverkusen (1990/05),
Inv.-Nr. 52916

Der Keramiktopf hat einen kleinen Halsansatz und ist außen schwarz und rot bemalt. Die dekorierten Flächen sind teilweise gitterförmig schraffiert.

452

453 Schale
Hopi oder Hopi-Tewa; siebziger Jahre
Keramik, bemalt
Höhe 6 cm, Durchmesser 14,5 cm
Kauf Schulz, Leverkusen (1990/05),
Inv.-Nr. 52911

Die dickwandige Schale hat einen runden Boden und ist innen schwarz und rot bemalt. Die nicht ganz geschlossene Linie symbolisiert den Lebensweg der Töpferin, das Schließen der Linie wäre gleichbedeutend mit dem Ende des Lebens. Auf dem Schalenboden ist eine sichelförmige Fläche rot ausgemalt. Die restliche Dekorationsfläche

453

nimmt ein geschwungenes stilisiertes Vogelmotiv ein. Die Farbe weist stellenweise Krakelüren auf. (Vgl. Frederick 1988: 12)

454 Schale
Hopi, Sichomovi, vermutlich Zella Cheeda; siebziger Jahre
Keramik, bemalt
Höhe 7,5 cm, Durchmesser 15 cm
Kauf Schulz, Leverkusen (1905/05),
Inv.-Nr. 52912

Die flache, dickwandige Schale hat eine stark eingezogene Öffnung und eine wenig ausgeprägte Standfläche. Sie ist außen schwarz bemalt und auf dem Boden mit dem Rehsymbol signiert, das Zella Cheeda seit den dreißiger Jahren verwendet.

454

455 Vase
Hopi, Signatur: „L. Shula Walpi"; achtziger Jahre
Keramik, bemalt
Höhe 7,5 cm, Durchmesser 8,5 cm
Kauf Schulz, Leverkusen (1990/05),
Inv.-Nr. 52910

455

Die kleine Vase hat einen bauchigen Körper und einen engen Hals. Der cremefarben bis orange schattierende Untergrund ist mit geometrischen Mustern in Schwarz und Rot bemalt. Auf dem Hals sieht man bandförmig aufgereihte Hakenmotive. Der durch senkrechte Linien in vier Musterfelder aufgeteilte Bauch zeigt Kreissegmente sowie stilisierte Federmotive.

456 **Napf**
Hopi, Hano, Clara Peesha;
achtziger Jahre
Keramik, bemalt
Höhe 8,5 cm, Durchmesser 13,5 cm
Kauf Schulz, Leverkusen (1990/05),
Inv.-Nr. 52913

456

Der runde Keramiknapf mit kleiner Standfläche und leicht eingezogener Öffnung ist außen schwarz und rot bemalt. Die dicht bemusterte Dekorationsfläche ist durch waagerechte Linien zum Rand und Boden hin abgeschlossen und durch senkrechte Linien in vier etwa gleich große Segmente gegliedert, auf denen stilisierte Federmotive dargestellt sind.

457 **Napf**
Hopi, Hano, Signatur: „Clara Peesha (Hopi)"; 80er Jahre
Keramik, bemalt
Höhe 10,5 cm, Durchmesser 11,5 cm
Kauf Schulz, Leverkusen (1990/05),
Inv.-Nr. 52914

Der Napf ähnelt im Stil Kat.-Nr. 456, ist jedoch etwas höher und etwas großzügiger bemustert.

457

458 **Napf**
Hopi, Signatur: „R. Kaye Tewayquna Hopi"; 80er Jahre
Keramik, bemalt
Höhe 10 cm, Durchmesser 15,5 cm
Kauf Schulz, Leverkusen (1990/05),
Inv.-Nr. 52915

Der runde Keramiknapf hat eine leicht eingezogene Öffnung. Der cremefarben bis orangerot schattierende Untergrund ist außen schwarz und rot bemalt. Die Muster stellen vermutlich stilisierte Vögel oder Federn dar.

458

459 **Topf**
Hopi-Tewa, Polacca, Barbara Maha;
1989
Keramik, bemalt
Höhe 19 cm, Durchmesser 21,5 cm
Kauf Schulz, Leverkusen (1990/05),
Inv.-Nr. 52917

Der fast kugelige Keramiktopf hat eine sehr stark eingezogene Öffnung. Die rote und schwarze Bemalung zeigt stilisierte Maiskolben, Vogelfedern und Blitze.

459

460 **Hochzeitsvase**
Hopi-Tewa, Polacca, Bill Navasie;
achtziger Jahre
Keramik, bemalt
Höhe 36 cm, Durchmesser 16 cm
Kauf Schulz, Leverkusen (1990/05),
Inv.-Nr. 52918

Zwischen den beiden Öffnungen der hohen Vase mit milchigweißem Überzug wölbt sich ein Henkel hoch. Die Muster der dunkelroten und schwarzen Bemalung sind teils rein geometrisch, teils zeigen sie stilisierte Vogel- oder Federmotive. Einige Teilflächen sind mit braunen Tupfen versehen. Der weiße Überzug erfordert sehr hohe Brenntemperaturen, die nur mit elektrischen Brennöfen, nicht aber mit den traditionellen Dungöfen erreicht werden können. Bei der Hochzeit fand ein Geschenkaustausch zwischen den Familien der Braut und des Bräutigams statt. Entsprechend der traditionellen Arbeitsteilung, die den Frauen das Töpfern und Flechten und den Männern das Weben zuwies, stellte die Familie des Mannes zu diesem Anlaß die Kleidung der Braut und andere Webwaren her. Die Familie der Frau überreichte zum Ausgleich große Mengen von Flechtwaren und Töpfen. Während die Weberei heute nur noch den zeremoniellen Bedarf deckt, hat sich die Töpferei zu einem kommerziellen Kunsthandwerk entwickelt. Dies hatte zur Folge, daß sich die traditionelle Arbeitsteilung lockerte und auch Männer zu töpfern begannen. Bill Navasie, der diesen Topf geschaffen hat, ist der Enkel der sogenannten „Frosch Frau" Paqua Naha, die mit einem Frosch signierte, weil sie nicht

460

schreiben konnte. Auch die Nachkommen von Paqua Naha signieren ihre Töpfe mit dem Froschsymbol. Hier sind zusätzlich Musiknoten zu sehen. (Vgl. Arizona Highways 1974: Innenseite Umschlag; AIAM 1989, 14 [3]: 82; AIAM 1987, 12 [4]: 15)

461 Frauenfigur
Hopi; um 1900
Keramik, bemalt
Höhe 14,5 cm, Breite 6,5 cm
Kauf E. W. Lenders, Philadelphia (1911/07), Inv.-Nr. 26605

Die Tonfigur stellt eine unverheiratete Frau mit sogenannter Schmetterlingsfrisur dar, für die das lange Haar zu tellerartigen Gebilden frisiert wird. Brüste und Schamlippen sind ausgeformt. Die aufgemalten Kleidungsstücke entsprechen der traditionellen Frauenkleidung, bestehend aus einer schwarzen Woll-*manta* (vgl. Kat.-Nr. 468), die die linke Schulter freiläßt, einem rotem Gürtel und weißen Mokassins. Wegen der plastisch ausgearbeiteten Beine sieht das Kleidungsstück allerdings eher wie ein Overall aus. Es handelt sich vermutlich um ein Kinderspielzeug, auf keinen Fall aber, wie in der Originalliste angegeben, um eine *kachina*-Figur. *Kachina*-Figuren aus Ton sind nicht bekannt. Außerdem war das Töpferhandwerk Frauenarbeit, während die *kachina*-Figuren von Männern hergestellt wurden[2]. (Vgl. Coe 1976: 219/ Nr. 632; Hough 1918: Pl. 49/Fig. 1–2)

Webkunst

Um 700 n. Chr. übernahmen die Vorfahren der Pueblo-Indianer unter mexikanischem Einfluß den Anbau von Baumwolle und die Verwendung des aufrecht hängenden Webstuhls. Im 16. Jahrhundert führten die Spanier Schafe ein. Seit dieser Zeit verwendeten die Pueblo-Indianer auch Schafwolle. Während die Baumwolle in der Regel weiß belassen wurde, färbte man die Schafwolle zunächst mit natürlichen, später mit Anilinfarben. Im späten 19. Jahrhundert griffen die Pueblo-Indianer verstärkt auf im Handel angebotene Baumwollgarne zurück. Kommerzielle Garne wurden seitdem für broschierte Muster benutzt. Noch bis in die dreißiger Jahre unseres Jahrhunderts bauten die Hopi vereinzelt Baumwolle an. Bei den Pueblo-Indianern war die Weberei Männersache, während bei den Navajo, die das Weben von den Pueblo-Völkern erlernten, die Frauen weben. Heute kaufen die Indianer des Südwestens ihre Alltagskleidung im Geschäft. Für Feste und Zeremonien weben die Pueblo-Indianer bis heute die traditionellen Kleidungsstücke selbst. Die Navajo stellen bereits seit dem Ende des 19. Jahrhunderts Decken und Teppiche fast ausschließlich für den Verkauf an Weiße her.

461

462 Gürtel
Navajo; um 1900
Wolle, Baumwolle, Stein, Metall
Gesamtlänge 340 cm, Fransen 60 cm, Breite 8 cm
Geschenk Küppers-Loosen, Köln (1910/04), Inv.-Nr. 25043

Die Grundfarbe des Frauengürtels ist rot. An den Seiten finden sich schmale grüne Längsstreifen und weiße Kanten. In der Mitte ist ein Ornamentstreifen eingearbeitet, der vor einem roten und weißen Hintergrund ein geometrisches Muster aus Hakenmotiven mit getreppten Rändern und Rauten zeigt. Der Kettrips hat im Musterbereich flottierende Kettfäden. Dabei handelt es sich abwechselnd um weiße Baumwoll- und rote Wollfäden. Für die rote Kette wurden jeweils zwei Wollfäden als einer behandelt, wodurch die roten

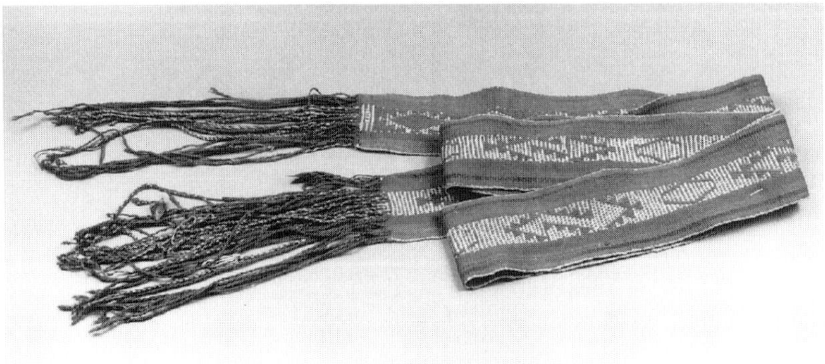

462

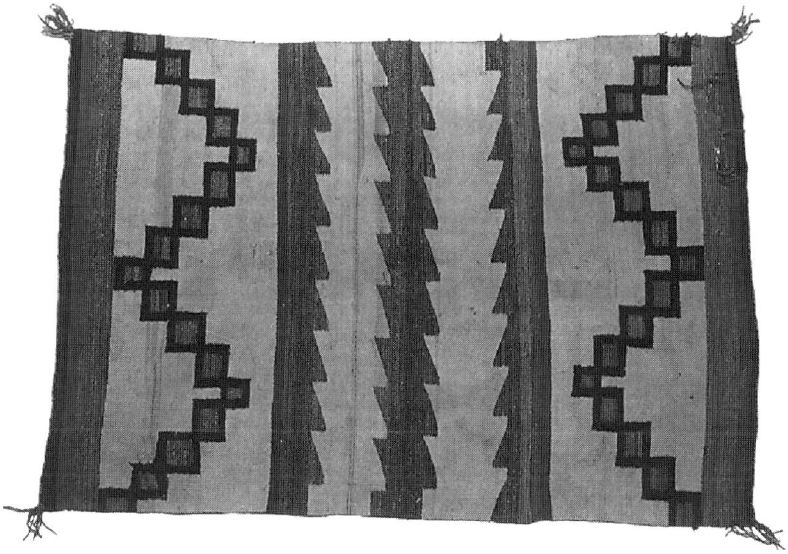

465

Musterteile erhaben erscheinen. Die Fransen an beiden Seiten sind gezwirnt. Ungewöhnlich sind die auf einer Seite in die Fransen eingebundene Pfeilspitze aus Stein sowie zwei gebogene Scheiben aus Metall. Sie waren beim Tragen auch nicht zu sehen, da die Navajo-Frauen bei der Befestigung des Gürtels die Fransen einschlugen. (Vgl. Fane 1991: 75/Fig. 20)

463 **Kniebänder** (ohne Foto)
Navajo; um 1900
Wolle, Baumwolle
Länge 80 und 87 cm, Breite 5,5 cm
Geschenk Küppers-Loosen, Köln (1910/04), Inv.-Nr. 25044

Die beiden roten Kniebänder in Kettrips-Bindung haben seitlich schmale blaue Längsstreifen und einen durch flottierende Kettfäden rot und weiß gemusterten Mittelstreifen, bei dem abwechselnd wollene und baumwollene Kettfäden verwendet wurden. Die randliche Kette und der Eintrag sind aus Baumwolle. Mit den an beiden Seiten mit kurzen Fransen versehenen Kniebändern wurden die gestrickten oder ledernen Leggings der Männer unterhalb des Knies festgebunden. (Vgl. Fane 1991: 75/No. 21; HNAI 1983 Vol. 10: 602/Fig. 10 Mitte)

464 **Decke** (Farbtafel V)
Navajo, Gallup-Gebiet; um 1940
Wolle, Baumwolle
Länge 192 cm, Breite 147 cm
Tausch Stolper Galleries, Amsterdam (1967/06), Inv.-Nr. 49689

Die Decke zeigt ein konzentrisches Rautenmuster in Dunkelbraun, Rot, Weiß und Hellbraun. Die Konturen sind gezackt und beginnen bei längerer Betrachtung vor den Augen zu tanzen (*eye-dazzler*-Effekt). Es handelt sich um einen Schußrips mit verzahnter Wirkerei. Für die Kette wurde Baumwolle, für den Eintrag Wolle verwendet. Die Decke war früher im Besitz des Museum of the American Indian in New York.

465 **Satteldecke**
Navajo, Gallup-Gebiet; 1910–1930
Wolle
Länge 214 cm, Breite 153 cm
Geschenk Anonym (1968/06), Inv.-Nr. 49789

Die gewirkte, doppelt zu legende Satteldecke weist drei breite Musterzonen auf, die jeweils von orangefarbenen Querstreifen eingefaßt sind. Die mittlere zeigt helle und braune Zackenstreifen, die äußeren einen getreppten Zickzack in Mittelbraun mit dunkelbraunem Rahmen auf hellem Grund. Die Querenden sind mittelbraun, orange und dunkelbraun gestreift. An den vier Ecken sind Büschel von Kettfadenenden belassen.

466 **Gürtel** (*kwawa*)
Hopi; um 1900
Wolle
Gesamtlänge 242 cm, Fransen 24 cm, Breite 10 cm
Geschenk Küppers-Loosen, Köln (1910/04), Inv.-Nr. 25042

Das Muster des Frauengürtels zeigt von außen nach innen schwarze, schmale grüne und breitere rote Streifen. Der Mittelstreifen ist schwarz und rot gemustert. Das geometrische Muster besteht aus gefüllten Rauten. Es handelt sich um einen Kettrips mit flottierenden Kettfäden im Musterstreifen und unterschiedlich langen Fransen auf beiden Seiten. Solche Gürtel werden mehrfach um den Körper geschlungen. (Vgl. Fane 1991: 130–131/Nos. 110–111)

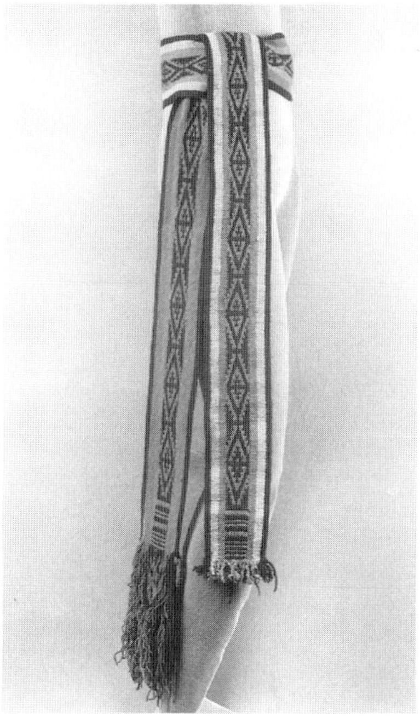

466

467 **Gürtel**
Pueblo-Indianer; um 1990
Baumwolle, Wolle
Länge 183 cm, Breite 6,8 cm
Kauf New Mex Port, Albuquerque, (1991/10), Inv.-Nr. 52948

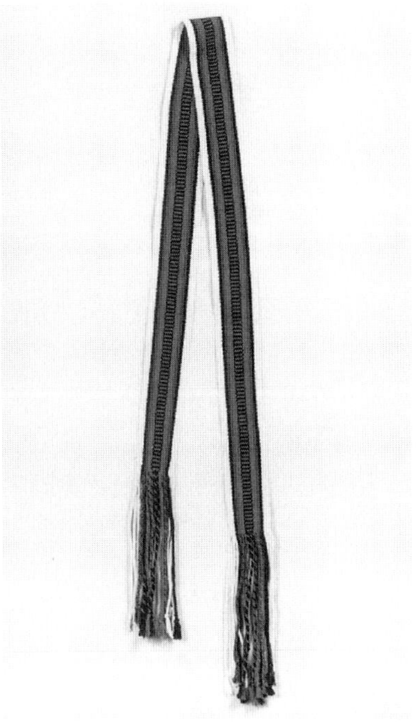

467

Die weißen Kettfäden und der Schuß sind aus Baumwolle, die schwarzen, roten und grünen Kettfäden aus Wolle. Der Kettrips zeigt ein Streifenmuster aus Längs- und Kompositstreifen und auf beiden Seiten lange gezwirnte Fransen. Der Frauengürtel im traditionellen Stil gehört auch heute noch zur Festkleidung der Pueblo-Frauen. Die Firma New Mex Port kaufte ihn ebenso wie das Wollkleid Kat.-Nr. 468 auf der Eight Northern Pueblo Art and Craft Fair in San Juan in New Mexico im Juli 1991.

468

468 *Manta*
Pueblo-Indianer; um 1990
Wolle, Baumwolle
Höhe 97 cm, Breite 60 cm
Kauf New Mex Port, Albuquerque (1991/09), Inv.-Nr. 52946

Das traditionelle schwarze Wollkleid der Pueblo-Indianerinnen entsteht durch Zusammennähen einer rechteckigen Decke. Bis auf eine Öffnung für den Arm ist die rechte Seite mit einer Ziernaht aus sich kreuzenden schwarzen Wollschnüren geschlossen. Die linke Schulter bleibt frei. Der leinwandbindige Wollstoff ist auf der Außenseite aufgerauht. Die Kanten sind durch aufgenähte schwarze Baumwollstreifen versäubert. Das Kleid ziert oben und unten eine Streifen-Applikation aus gezwirnten schwarzen, roten und grünen Wollschnüren, die an der Seite als Fransen überstehen. Solche Kleider werden noch heute zu festlichen Gelegenheiten getragen.

469

469 **Unterkleid**
San Felipe, Isabel Garviso; um 1988
Viskose
Höhe 110 cm, Breite 75 cm
Kauf New Mex Port, Albuquerque (1991/10), Inv.-Nr. 52947

Auf das hemdartige grüne Unterkleid mit Kragen und Brustschlitz ist oberhalb des Saumes und an den kurzen Ärmeln ein weißer Spitzenbesatz und eine mit Blüten und Rauten gemusterte Bordüre appliziert. Das Unterteil ist in Falten an die Schulterpasse angesetzt. Unter dem Einfluß der Spanier begannen die Pueblo-Frauen, bunte Unterkleider unter der schwarzen Woll-*manta* zu tragen. Die Ärmel und der verzierte Saum schauen dabei unter der *manta* (vgl. Kat.-Nr. 468) hervor.

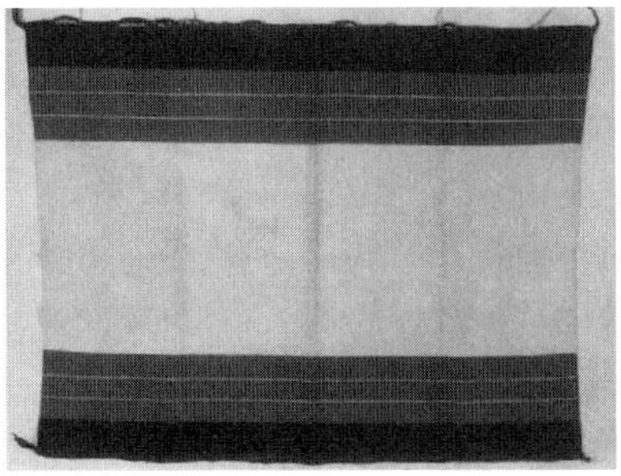

470

470 **Umhang**
Hopi; um 1990
Wolle
Breite 111,5 cm, Höhe 92,5 cm
Kauf Schulz, Leverkusen (1994/10), Inv.-Nr. 54730

Der weiße Schußrips hat an beiden Seiten farbige Längsstreifen. Außen kommt zunächst ein neun Zentimeter breiter schwarzer Streifen, innen folgt eine breite rote Bahn, die durch zwei dünne weiße Schußstreifen geteilt ist. Der wulstartige Randabschluß ist mit schwarzer Wolle umnäht. In den Ecken sind Fransenbüschel und an der Oberkante an vier Stellen gezwirnte Baumwollfäden angebracht. Noch heute gehören diese Umhänge zur traditionellen Festkleidung der Pueblo-Indianerinnen. (Vgl. Fane 1991: 152/No. 148; HNAI 1979 Vol. 9: 574/Fig. 16; Tanner 1968: Fig. 3.5b, 3.13)

471 **Sandalensohlen**
Anasazi-Traditon; 100 v. Chr. – 400 n.Chr. (Basketmaker II)
Pflanzenfasern
Länge 9 und 12 cm,
Breite 4,5 und 5 cm
Vorbesitzer unbekannt (1994/05), Inv.-Nr. 54308

471

In prähistorischer Zeit stellte man Sandalensohlen aus Yuccafasern her. Es handelt sich um ein leinwandbindiges Diagonalgeflecht. In der Mitte ist jeweils eine Schlaufe für die Zehen angebracht.

472 Mokassins

San Felipe, Nat Valencia; 1991
Leder
Länge 24 cm, Breite 9 cm,
Höhe 40 cm
Kauf New Mex Port, Albuquerque
(1991/10), Inv.-Nr. 52949

Weiße Mokassins trugen die Pueblo-Indianerinnen auch früher nur zu festlichen Gelegenheiten. Hier handelt es sich um den Wickelgamaschen-Typ, der in den meisten Pueblos verbreitet war. Das weiche Oberleder besteht aus zwei Teilstücken. Der vordere Teil geht in die Zunge über, das lange überstehende Ende des rückwärtigen Teils wird wie eine Gamasche um das Bein gewickelt und mit Hilfe eines Lederbandes unterhalb des Knies festgebunden. Die harte Sohle ist schwarz gefärbt.

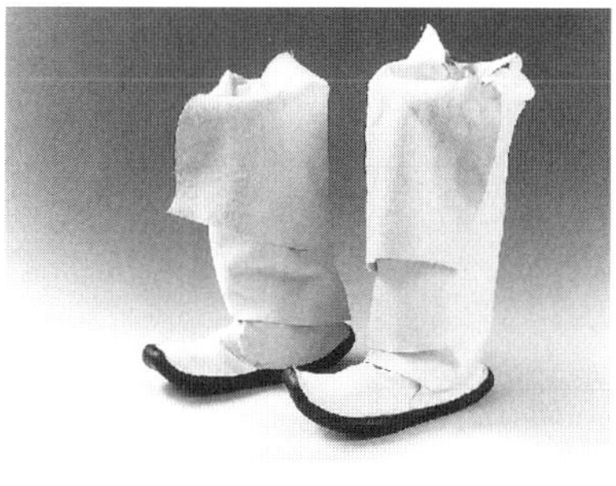

472

473 Stiefel

Tewa; um 1900
Leder, Kaolin
Länge 22 cm, Breite 7 cm,
Höhe 24 cm
Geschenk Küppers-Loosen, Köln
(1910/04), Inv.-Nr. 25045

Der mit Kaolin weiß gefärbte Schaft der kniehohen Mädchenstiefel besteht aus weich gegerbtem Hirschleder. Zunächst wurde ein kompletter Lederstrumpf angefertigt, an den eine Sohle aus Rohhaut genäht wurde. Die breite Umschlagfalte unterhalb des Knies wurde als Täschchen genutzt. Mit Durchziehriemen an den Knöcheln und am oberen Rand konnte der Schaft festgeschnürt werden. Dieser stiefelartige Schuh-Typ ist anders als der Wickelgamaschen-Typ (vgl. Kat.-Nr. 472)

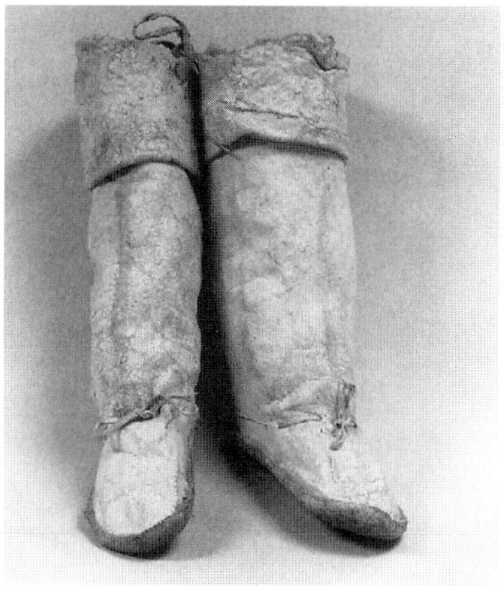

473

typisch für die Tewa-Dörfer Taos, Picuris, San Juan und Santa Clara. Während die für zeremonielle Anlässe gedachten Schuhe der Frauen mit Kaolin geweißt wurden, färbten die Männer ihre Festtagsmokassins mit Bergmahagoni rotbraun ein (Underhill 1954: 124).

474 Schrappinstrument

Apachen; um 1900
Holz
Länge 36 und 37 cm
Kauf E. W. Lenders, Philadelphia
(1911/07), Inv.-Nr. 26617 a–b

Das Instrument besteht aus zwei dünnen Holzstäben, von denen das eine

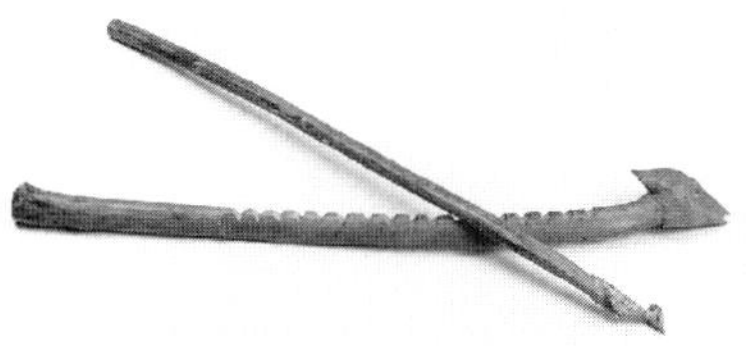

474

mit Kerben versehen, das andere glatt ist. Die Enden sind wie Tierköpfe gestaltet. Der eingekerbte Stab zeigt einen Antilopenkopf mit Hörnern, der glatte einen weniger sorgfältig gearbeiteten Vogelkopf. Der Ton wird erzeugt, indem man mit dem glatten Stab über die Zacken des eingekerbten Stabes reibt, wobei häufig ein Korb als Resonanzkörper dient. Auch die Pueblo-Indianer kannten Schrappinstrumente. (Vgl. Coe 1986: Nos. 250–251)

475 Rassel

Havasupai; um 1900
Kürbisschale, Holz, Leder
Länge 25,5 cm, Breite 16 cm
Geschenk Küppers-Loosen, Köln
(1910/04), Inv.-Nr. 25047

Durch einen flachen runden Kürbis ist ein Holzstab gesteckt, der zugleich als Handgriff dient. Der Kürbis hat eine gelbliche bis rötliche Färbung. Auf einer Seite ist ein siebenzackiger Stern eingeritzt. Durch ein Loch am unteren Ende des Griffs ist ein kurzes Lederband gezogen. Das Rasselgeräusch wird durch kleine Steinchen im Innern erzeugt. Kürbisrasseln gibt es auch bei den Pueblo-Indianern. Die Rasseln werden bis heute bei den *kachina-* und anderen zeremoniellen Tänzen benutzt. (Vgl. MfV Wien, Kat.-Nr. 114985; HNAI 1979 Vol. 9: 410/Fig. 5; Hough 1918: Pl. 50/Fig. 3, 5)

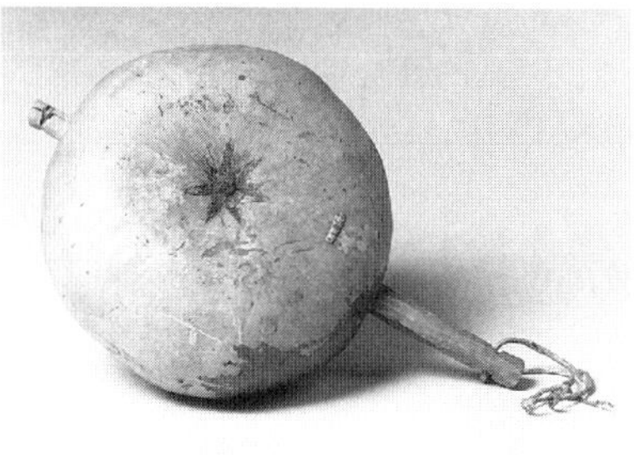

475

476 **Rassel** (*yongocowna*)
Hopi; um 1900
Schildkrötenpanzer, Leder, Hirschhufe
Länge 37 cm, Breite 18 cm,
Höhe 6 cm
Geschenk Küppers-Loosen, Köln
(1910/04), Inv.-Nr. 25051

An den Panzer einer Schildkröte ist ein Lederläppchen gebunden, an dem Hirschhufe hängen. Mit einem zweiten Lederband wird die Rassel direkt unterhalb des Knies um die linke Wade gebunden. Durch die Bewegungen des Tänzers werden die Hufe nach oben gegen den Panzer geschlagen und erzeugen ein lautes Klappergeräusch. Die Oberseite des Panzers zeigt entsprechende Abnutzungsspuren. Schildkröten werden von den Hopi hoch geschätzt. Weil sie im Wasser leben, stehen sie mit den Regen spendenden Gottheiten in Verbindung. Der Klang der Rasseln soll den Göttern signalisieren, daß die Menschen Regen für das Gedeihen ihrer Feldfrüchte benötigen. *Yongocowna* bedeutet Kaktusesser. Der Name rührt daher, daß die Schildkröte, von der der Panzer stammt, Kakteen frißt (RJM Orig.-Akte 1910/04; Schreiben vom 30. März 1908). (Vgl. Fane 1991: 118; Hough 1918: Pl. 51/Fig. 5; Washburn 1980: No. 165)

476

477 **Trommel**
Hopi; um 1900
Holz, Haut, Eisen
Höhe 45 cm, Durchmesser 33 cm
Geschenk Küppers-Loosen, Köln
(1910/04), Inv.-Nr. 25052a

Die stark beschädigte, zweifellige Faßtrommel ist aus zehn Dauben zusammengesetzt, die oben und unten von schmalen Holzreifen zusammengehalten werden. Die Befestigung erfolgte mit Eisenklammern und -nägeln. Die Felle sind durch einen im Zickzack geführten Spannriemen aus Haut festgezurrt. Die Faßform des stellenweise rot bemalten Trommelkörpers geht wahrscheinlich auf europäischen Einfluß zurück. Die traditionellen Hopi-Trommeln wurden aus dem vollen Stamm gearbeitet. Zu der Trommel gehörte ursprünglich ein Schlegel (Inv.-Nr. 25052b) aus einem Stock, dessen oberes Ende verdünnt und zu einem Reifen gebogen war.

477

Kachina

Kachina (*katsinam*) nennen die Hopi jene übernatürlichen Wesen, die ihnen als Fruchtbarkeitsbringer und Vermittler zu den Göttern beistehen. In einer paradiesischen Vorzeit lebten die *kachina* mit den Hopi zusammen, verließen diese aber, als sich die Hopi nicht mehr an die von den *kachina* aufgestellten Lebensregeln hielten. Sie hinterließen den Hopi jedoch das Wissen um die Zeremonien, mit denen sie der Dürre und dem Hunger in ihrer trockenen Heimat begegnen konnten. In der Vorstellung der Hopi leben die *kachina* auf den Gipfeln der San Francisco-Berge im Westen ihres Wohngebietes. In der Zeit zwischen Dezember und Juli besuchen die *kachina* die Zeremonien. Sie werden dabei von männlichen Tänzern, die Mitglieder religiöser Bünde sind, verkörpert. Man kennt über zweihundert verschiedene *kachina*, die sich durch die Maske, die Körperbemalung, die Kleidung sowie den charakteristischen Ruf, den Gesang, die Art des Tanzes und das allgemeine Betragen unterscheiden. Es gibt männliche und weibliche *kachina*, die jedoch alle von männlichen Tänzern personifiziert werden. Zur typischen Zeremonialkleidung der *kachina*-Tänzer gehören neben der Maske ein knielanger Rock (vgl. Kat.-Nr. 479), eine gemusterte Schärpe (vgl. Kat.-Nr. 480) und Mokassins mit Knöchelbändern (vgl. Kat.-Nr. 481). Andere Pueblo-Völker hatten ähnliche Glaubenskonzepte, aber der *kachina*-Kult der Hopi ist der ausgeprägteste und bekannteste.
Hölzerne Figuren werden als Abbilder der *kachina* von den *kachina*-Darstellern geschnitzt und als Geschenke an die Kinder überreicht. Bei den einfacheren *puchtihu* sind die Körper nicht plastisch gestaltet. Zylindrische Körper repräsentieren männliche, flache dagegen weibliche *kachina*. Bei den aufwendiger gestalteten *kachintihu* sind Körperformen und Gliedmaßen ausgearbeitet. Für die Herstellung verwendet man das Wurzelholz von Pappeln, das früher mit Erd- und Pflanzenfarben bemalt wurde. Heute verwendet man Acrylfarben.
Man hängt die *kachina*-Figuren in den Wohnungen auf. So lernen die Kinder die *kachina* kennen und haben von klein an Anteil am segensreichen Kontakt mit ihrer Potenz. *Kachina*-Figuren gehören bereits seit dem Ende des vorigen Jahrhunderts zu den beliebtesten Souvenirartikeln aus dem Südwesten.
Die *kachina*-Masken, meist hölzerne Kastenmasken, teils aber auch lederne Sackmasken, werden in den unterirdischen Zermonialräumen, den sogenannten *kiva*, aufbewahrt, betreut und versorgt. Nach Auffassung der Indianer sind Museen keine geeigneten Aufbewahrungsorte für die heiligen *kachina*-Masken, da ihnen dort nicht die gebotene ehrfürchtige Behandlung zuteil werden kann. Eine Zurschaustellung vor Nicht-Eingeweihten in Ausstellungen oder Abbildungen ist zudem unerwünscht.

479

478 **Maske** (*koyemshi mud head*)
(ohne Foto)
Zuni; um 1920
Leder, Federn, Baumwolle
Höhe 29,5 cm, Breite 38 cm,
Tiefe 28 cm
Tausch Stolper Galleries, Amsterdam
(1967/06), Inv.-Nr. 49685

Die schlammfarbene Sackmaske hat mehrere rüben- und knollenförmige Auswüchse, an denen mit Baumwollfäden kleine Federn befestigt sind. Die runden Augen und die breite Schnauze stehen weit vor. Mit der durch den unteren Rand gefädelten Schnur kann die Maske am Hals zusammengezogen werden. Wie die unmaskierten *koyaala*-Clowns unterhalten auch die sogenannten Schlammköpfe bei den *kachina*-Tänzen das Publikum mit Späßen, üben zugleich aber auf ihre Weise eine Form der sozialen Kontrolle aus, indem sie den Zuschauern in spaßiger Weise die Anstößigkeit von Normübertretungen vor Augen führen. Die rüben- und knollenförmigen Auswüchse sind in der Regel mit Erde gefüllt und ein deutlicher Hinweis auf die Fruchtbarkeit bringenden Eigenschaften der Clowns. (Vgl. Richards 1978: 26/Fig. 5; van Dongen et al. 1987: 224/Fig. 99)

479 **Kilt** (*katsin vitkuna*)
Hopi; um 1900
Baumwolle, Wolle
Breite 97,5 cm, Höhe 53,5 cm
Geschenk Küppers-Loosen (1910/04),
Inv.-Nr. 25040

Sowohl die Kette als auch der Schuß dieses leinwandbindigen Tuches, das, um den Körper gewickelt, zu einem knielangen Kilt wird, sind aus Baumwolle. Der bunte Musterstreifen ist mit schwarzen, roten, grünen, orangefarbenen und braunen Wollfäden bestickt. Die terrassierten Dreiecke stellen Gewitterwolken dar, die senkrechten Balken darunter den aus ihnen herabfallenden Regen. Der Saum ist oben und an den Seiten umgeschlagen und im Bereich des Musterstreifens umstochen. Der untere Rand zeigt einen verschlungenen Randabschluß aus schwarzer Wolle[3]. Die knielangen Kilts werden bei *kachina*-Auftritten, aber auch bei anderen zeremoniellen Gelegenheiten getragen. Die typischen Fehlstellen im Saum gehen auf das Heben der Knie beim Tanzen zurück. (Brako 1993: 70 f.) Gleichartige Kilts sind auch aus anderen Pueblos bekannt. (Vgl. HNAI 1979 Vol. 9: 371/Fig. 9; Washburn 1980: 150/No. 163)

480 **Schärpe** (*mochapugon kwawa*)
Hopi; um 1900
Baumwolle, Wolle, Seidenbänder
Länge 206 cm, Breite 25 cm
Geschenk Küppers-Loosen, Köln
(1910/04), Inv.-Nr. 25041

Die Schärpe besteht aus zwei gleichgemusterten Teilstücken, die mit einer Ziernaht aus roten und grünen Wollfäden aneinandergenäht sind, die seitlich als Bommeln überstehen. Es handelt sich um naturweißes Baumwollgewebe in Leinwandbindung mit roter Salkante. An den Enden zeigen die rot eingefaßten Musterfelder schwarze, grüne, dunkelblaue und rote Querstreifen mit geometrischem Muster aus broschierten wollenen Musterschüssen. Weiteren Zierrat bilden die Seidenband-Applikationen und Fransen. Die roten Rhomben stellen Blüten von Melonen, Kürbissen oder Blumen dar, die weißen hakenförmigen Linien symbolisieren Bohnensprossen und die paarweise angeordneten kurzen weißen Linien die Spuren von Pookhonghoya, Gott des Krieges und des Schutzes. Das Zickzack-Ornament soll die Zähne des Berglöwen symbolisieren (RJM Orig.-Akte 1910/04; Schreiben von Frederick Weygold vom 30. 3. 1908). Die Schärpe ist Teil der Zeremonialkleidung der *kachina*-Darsteller. Sie wird so um die Hüfte geschlungen, daß die beiden gemusterten Enden nebeneinander auf der rechten Seite herabhängen. (Vgl. Conn 1979: 186/No. 240; HNAI 1979 Vol. 9: 558/Fig. 7; Washburn 1980: 75)

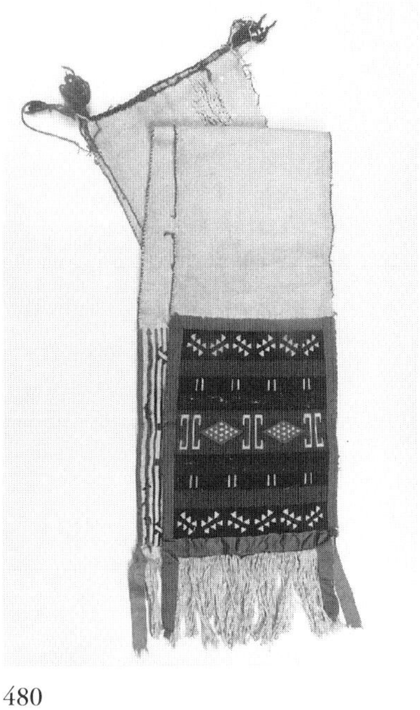

480

481 **Knöchelbänder**
Zuni; spätes 19. Jahrhundert
Stachelschweinborsten, Pferdehaare,
Leder, Wolle
Länge 20,5 cm, Breite 5,5 cm
Kauf E. W. Lenders, Philadelphia
(1911/07), Inv.-Nr. 26613

481

Sechs paarweise angeordnete Rohlederstreifen sind mit weißen Stachelschweinborsten und musterbildenden schwarzen Pferdehaaren umwickelt und lose auf eine Unterlage aus blauem und rotem Wollstoff genäht. Das Muster besteht aus drei offenen, getreppten Rauten. Die Knöchelbänder gehörten zur Ausstattung der *kachina*-Tänzer und wurden mit Lederriemen an den Fersen der Mokassins festgebunden. Um 1900 wurden sie durch Bänder aus buntem Garn ersetzt. (Vgl. Fane 1991: 152/No. 147; McCoy 1994: 38/Fig. 3; Orchard 1916: Pl. XIV)

482 *Kachina*-Figur
Hopi; um 1900
Pappelwurzelholz, bemalt
Höhe 11,5 cm, Breite 4 cm
Kauf E. W. Lenders, Philadelphia (1911/07), Inv.-Nr. 26596

482

Die weiße Kastenmaske zeigt ein schwarz und rot gestreiftes Stirnband, Strichaugen und einen herzförmigem Mund. Der Körper dieser kleinen Figur ist vollständig ausgearbeitet. Auf die Brust ist eine Halskette gemalt.

483 *Kachina*-Figur
Hopi; um 1900
Pappelwurzelholz, bemalt
Höhe 11,5 cm, Breite 7,5 cm
Kauf E. W. Lenders, Philadelphia (1911/07), Inv.-Nr. 26597

Die Figur trägt eine ockerfarbene Kastenmaske, die in der unteren Gesichtshälfte mit schwarz umrahmten, getreppten Wolkensymbolen in den Farben Gelb, Weiß und Rot bemalt ist. Auffällig sind die großen, roten Ohren. Der Röhrenmund ist verlorengegangen. Der zylindrische Körper ist weiß grundiert und mit roten Längsstreifen bemalt. Die Figur trägt einen roten Halsschmuck.

483

484 *Kachina*-Figur (*qööqöqlö*)
Hopi; um 1900
Pappelwurzelholz, bemalt
Höhe 11 cm, Breite 5 cm
Kauf E. W. Lenders, Philadelphia (1911/07), Inv.-Nr. 26595

Die braune Kastenmaske der Figur ist mit einer schwarzen Zeichnung versehen. Augenbrauen und Nase bilden eine durchgehende, mit kurzen Strichen besetzte Linie. Augen und Mund sind punktförmig. Das Motiv auf den Wangen stellt eine Vogelfährte dar. Der Körper ist ein einfacher Zylinder mit leicht schräger Standfläche. *Qööqöqlö* hat meistens ein schwarzes Gesicht mit blauer Zeichnung. Da er ein Richtungs-*kachina* ist, kann er aber auch andere Farben haben, je nachdem aus welcher Himmelsrichtung er das Dorf betritt. Er ist ein großzügiger, freundlicher *kachina*. (Vgl. Colton 1959: Fig. 12; Antes 1980: Nrn. 95–99, 378; Hartmann 1978: Nr. 120)

484

485 *Kachina*-Figur (*malo kachina*) (ohne Foto)
Hopi; um 1900
Bemaltes Pappelwurzelholz, Wolle
Höhe 20 cm, Breite 8 cm
Kauf E. W. Lenders, Philadelphia (1911/07), Inv.-Nr. 26588

Malo kachina trägt eine Kastenmaske, deren Gesichtshälften von einer schwarz und weiß gestrichelten Linie getrennt sind. Die beiden Gesichtshälften sind komplementär in Rot und Grün bemalt beziehungsweise umrandet. Auf dem Kopf waren ursprünglich

Haarsträhnen und Federn angebracht. Die Schulterpartien, von denen die Farbe auf die Brust herabläuft, sind unterschiedlich gefärbt, ebenso die Mokassins. Die Figur trägt einen knielangen Rock mit einer gemusterten Borte an der rechten Seite. Der Farbauftrag ist fast völlig zerstört. Sämtliche Attribute (Röhrenmund, Blütenohr, Federn, Haare) sind verlorengegangen. Außerdem sind die vor dem Bauch verschränkten Unterarme und die Beine abgebrochen. (Vgl. Antes 1980: 80; Hartmann 1978: Nrn. 18, 75–77; Washburn 1980: 157)

486 ***Kachina*-Figur** (*angakchina?*)
Hopi; um 1900
Bemaltes Pappelwurzelholz, Baumwolle
Höhe 18 cm, Breite 7 cm
Kauf E. W. Lenders, Philadelphia (1911/07), Inv.-Nr. 26594

Die Figur trägt eine Kastenmaske, auf der ein eingerollter Stoffstreifen angebracht ist. Das halblange Haar hängt seitlich herab. Um das Kinn ist ein durch viele aufgemalte Rechtecke gemusterter Reif gelegt. Von der hellen Brustpartie laufen vier Farbbahnen über den schwarzen Oberkörper. Der knielange Rock ist an der Hüfte mit einem schwarzen Horizontalstreifen abgesetzt. Unterarme und Zehen sind abgebrochen. Die Figur sieht *angakchina* ähnlich, obwohl der charakteristische Bart und die Federn auf dem Kopf fehlen. (Vgl. Antes 1980: Nrn. 187–189, 332; Hartmann 1978: Nr. 143; Washburn 1980: No. 154)

487 ***Kachina*-Figur**
(*wupomo kachina*)
Hopi; um 1900
Bemaltes Pappelwurzelholz, Baumwolle
Höhe 24 cm; Breite 8 cm
Kauf E. W. Lenders, Philadelphia (1911/07), Inv.-Nr. 26601

Die obere Hälfte der runden Maske ist durch eine schwarz und weiß gestrichelte Linie zweigeteilt, die untere Hälfte ist schwarz bemalt. Der Oberkörper ist rot bemalt mit weißen Schulterpartien und Unterarmen. Die Figur trägt einen an der Seite gemusterten Kilt und eine bemalte Schärpe aus Baumwollstoff. Die für *wupomo kachina* typischen Attribute – Federkranz, vorstehende Augen, Schnabel mit heraushängender Zunge sowie Fellkragen – sind auf dem Originalfoto noch erkennbar, aber nicht mehr vorhanden. *Wupomo kachina* ist ein Wächter-*kachina*. Mit einer Peitsche aus Yuccablättern züchtigt er diejenigen, die sich nicht normgerecht verhalten. Er hält auch an den *kiva* Wache, wenn geheime Zeremonien durchgeführt werden. (Vgl. Antes 1980: Nr. 180; Hartmann 1978: Nrn. 38, 45–47; Washburn 1980: No. 51)

486

487

488 ***Kachina*-Figur** (ohne Foto)
Hopi; um 1900
Pappelwurzelholz, bemalt
Höhe 23 cm, Breite 13 cm
Kauf E. W. Lenders, Philadelphia (1911/07), Inv.-Nr. 26600

Vom Schnabel ausgehend laufen zwei schwarz eingerahmte rote Striche über dem Kopf auseinander und im Nacken wieder zusammen. Die ehemals wahrscheinlich grüne Sackmaske hatte ursprünglich einen Fellkragen und war von einem Federbusch gekrönt. Die Figur trägt einen knielangen Kilt mit einer gemusterten Borte. Der Farbauftrag ist stark beschädigt. Schnabel, Fellkragen und Federbusch fehlen, die linke Hand ist abgebrochen.

489 ***Kachina*-Figur** (*hemis kachina*)
(ohne Foto)
Hopi; um 1900
Pappelwurzelholz, bemalt
Höhe 37,5 cm, Breite 10 cm
Kauf E. W. Lenders, Philadelphia (1911/07), Inv.-Nr. 26599

Die Figur trug ursprünglich eine große gestufte *tablita*, die als Ganzes eine Regenwolke darstellte. Bemalt war die *tablita* mit vielfarbigen Regenbögen sowie schwarzen Säulen, die weiße Kappen tragen und Wolken mit daraus herabfallendem Regen darstellen[4]. Auf den Stufenabsätzen waren Federn angebracht. Die Kastenmaske hat einen Augenschirm und unterschiedlich gefärbte Gesichtshälften (rechts grün und rot umrahmt, links ocker und grün umrahmt), in die von den Seiten her Keimblätter hineinragen. Die beiden Gesichtsfelder werden durch einen vertikalen, mit drei Ringen besetzten Mittelstreifen getrennt. Die Ringe stellen Maiskörner dar. Der Oberkörper ist schwarz. Ein weißes *bandolier* ist über die rechte Schulter geführt. Die Figur trägt einen knielangen Kilt mit gemusterter Borte an der Seite und rote Mokassins. *Hemis kachina* tritt bei der *niman*-Zeremonie auf, die am Ende der *kachina*-Saison aus Anlaß der Heimkehr der *kachina* in die San Francisco-Berge begangen wird. Die *hemis kachina* erscheinen bei Sonnenaufgang in einer langen Reihe. Sie bringen die ersten geernteten Maiskolben und verteilen sie unter die Zuschauer. (Vgl. Colton 1959: Fig. 1; Antes 1980, Nrn. 321–322; Hartmann 1978: Nrn. 15, 82–83)

490 ***Kachina*-Figur**
(*sio hemis kachina*)
Hopi; um 1900
Bemaltes Pappelwurzelholz, Federn
Höhe 58 cm, Breite 27 cm
Kauf Klaus Clausmeyer, Düsseldorf
(1966/06), Inv.-Nr. 48109

Die mit Wolkensymbolen und stilisierten Maispflanzen geschmückte *tablita* ist nur lose aufgesetzt. An der Rückseite sind Federn angebracht. Die Kastenmaske zeigt oben und seitlich weitere *tablita*-artige geschnitzte Wolkensymbole, die nicht zur Ikonographie von *sio hemis kachina* gehören. Die unterschiedlich gefärbten Gesichtsfelder, die durch einen schwarz und weiß gestrichelten Mittelstreifen getrennt sind und in die von den Seiten Kürbiskeime hineinragen, sowie der schwarze Oberkörper mit dem weißen *bandolier* über der rechten Schulter sind dagegen wieder typische Merkmale dieses *kachina*-Typs. Die Figur trägt einen knielangen Kilt mit gemusterter Borte an der Seite und rote Mokassins. Die vor dem Bauch gehaltenen Hände sind abgebrochen. Möglicherweise handelt es sich hier um eine jener Figuren mit bewußt durcheinandergewürfelten Charakteristika, die manche Schnitzer anfertigten, weil sie keine getreuen Abbilder der heiligen Wesen an Fremde verkaufen wollten. *Sio hemis kachina* stammt ursprünglich aus Zuni. Er ist wahrscheinlich in den neunziger Jahren des 19. Jahrhunderts von den Hopi übernommen worden. (Vgl. Antes 1980: Nrn. 324–325; Colton 1959: No. 155; Hartmann 1978: Nrn. 5, 24, 96–99)

490

491 ***Kachina*-Figur** (*ahöla*)
Hopi; um 1900
Bemaltes Pappelwurzelholz, Federn
Höhe 57 cm, Breite 17,5 cm
Kauf Klaus Clausmeyer, Düsseldorf
(1966/06), Inv.-Nr. 48110

Der Rand der vorgeblendeten Maske ist zackenartig ausgeschnitten. Das eigentliche Gesichtsfeld ist von einem zweiten, nach innen gerichteten Zackenrand umgeben. Die rechte Gesichtshälfte ist blau mit schwarzen kreuzförmigen Zeichnungen, die Sterne darstellen. Die linke Gesichtshälfte ist braun gefärbt. In beide Felder ragen die Ecken eines auf einer Spitze stehenden Dreiecks hinein, aus dem der Schnabel herauswächst. Am Hinterkopf ist ein aufrecht stehender Federbusch angebracht. *Ahöla* trägt ein gelbes Halstuch, ein weißes Hemd mit gemusterter Borte, einen knielangen Kilt und eine Schärpe. Hinten ist ein Fuchsfell am Gürtel befestigt. Fell und Schärpe sind bei dieser Figur geschnitzt. *Ahöla* soll die Hopi einst in ihre jetzige Heimat geführt haben. (Vgl. Antes 1980: Nr. 89; Colton 1959: No. 2; Hartmann 1978: Nr. IX)

491

492 ***Kachina*-Figur** (*salako mana*)
(Farbtafel V)
Hopi; um 1900
Pappelwurzelholz, bemalt
Höhe 40 cm, Breite 18 cm
Kauf E. W. Lenders, Philadelphia
(1911/07), Inv.-Nr. 26589

Salako mana trägt eine *tablita* mit treppenartig ausgeschnittener Oberkante und aufgemalter Kürbisblüte. Die weiße Gesichtsmaske zeigt ein blau, weiß und rot gestreiftes Stirnband, umrahmte Strichaugen und rote Wangenpunkte. Von dem sogenannten Regenbogenmund breiten sich verschiedenfarbige Strahlen über die Kinnpartie aus. Der Körper ist unbekleidet und mit roten Längsstreifen bemalt. *Salako mana* ist die mythische Jungfrau, die den Hopi Mais und andere Nutzpflanzen gebracht hat. (Vgl. Colton 1959: No. 118; Hartmann 1978: Nrn. 25, 68–72)

493 ***Kachina*-Figur** (*salako mana*)
(ohne Foto)
Hopi; um 1900
Pappelwurzelholz, bemalt
Höhe 18 cm, Breite 6 cm
Kauf E. W. Lenders, Philadelphia
(1911/07), Inv.-Nr. 26592

Die Figur besaß ursprünglich eine aufwendige, getreppte *tablita*, die außen mit Flaumfedern geschmückt war. Die weiße Gesichtsmaske zeigt ein schwarzes Stirnband, umrahmte Strichaugen, rote Wangenpunkte und einen Regenbogenmund. Der Körper ist unbekleidet und mit roten Längsstreifen bemalt. Der Halsschmuck ist ebenfalls aufgemalt. Die *tablita* fehlt, Hände und Füße sind abgebrochen. (Vgl. Colton 1959: No. 118; Hartmann 1978: Nrn. 25, 68–72)

494 ***Kachina*-Figur** (*palhik mana*)
Hopi; um 1900
Pappelwurzelholz, bemalt
Höhe 18,5 cm, Breite 12 cm
Kauf E. W. Lenders, Philadelphia (1911/07), Inv.-Nr. 26591

Ursprünglich trug die Figur auf beiden Seiten und auf dem Scheitel der Maske *tablita*-artige Brettchen mit getreppten Wolkensymbolen, von denen nur eins auf der linken Seite übriggeblieben ist. Die weiße Gesichtsmaske zeigt ein gestreiftes Stirnband, umrahmte Strichaugen, rote Wangenpunkte und einen Regenbogenmund. Die weibliche Figur ist bekleidet mit einer *manta* (vgl. Kat.-Nr. 468), einem roten Frauengürtel (vgl. Kat.-Nr. 466) und einem weißem Frauenumhang mit farbigen Randstreifen (vgl. Kat.-Nr. 470). *Palhik mana* wird nur in den Dörfern der Dritten Mesa von maskierten Tänzern personifiziert und ist deshalb auch nur dort als *kachina* anzusehen. Ihr Beiname „Flüssigkeit trinkendes Mädchen" rührt wahrscheinlich daher, daß die Frauen während der *mamzrau*-Zeremonie eine sehr dünne Schleimsuppe zu sich nehmen. *Palhik mana* erscheint während dieser Zeremonie, wenn nicht in persona, so doch als Bild auf den Tanzbrettern, die die Tänzerinnen in der Hand halten. *Palhik mana* und *salako mana* sehen sich sehr ähnlich, haben aber unterschiedliche Funktionen. (Vgl. Antes 1980: Nr. 412; Hartmann 1978: Nrn. III, 26)

494

495

495 **Clown-Figur** (*koyaala*)
Hopi; um 1900
Bemaltes Pappelwurzelholz, Baumwolle
Höhe 15,5 cm, Breite 7 cm
Kauf E. W. Lenders, Philadelphia (1911/07), Inv.-Nr. 26603

Die hockende Figur hat die Beine an den Körper gezogen und hält sie mit den Armen umschlungen. Der Körper ist unbekleidet und vollständig mit schwarzen und weißen Streifen bemalt. Aus den aufrecht stehenden Hörnern und anstelle der Ohren wachsen Büschel aus Baumwollfäden. Letztere stehen für die Maisbüschel auf den gehörnten Kappen der echten Clowns. Die Figur stellt den Clown *koyaala* dar. Clowns treten während der *kachina*-Tänze auf. Sie unterhalten das Publikum mit Späßen. Indem sie Verstöße gegen die guten Sitten nachmachen, leisten sie einen Beitrag zur sozialen Kontrolle. (Vgl. Antes 1980: Nrn. 364–366, 368, 369; Hartmann 1978, Nrn. 10, 131; Washburn 1980: Nos. 128, 130)

496 **Clown-Figur** (*koyemshi*)
Hopi; um 1900
Pappelwurzelholz, bemalt
Höhe 11,5 cm, Breite 6 cm
Kauf E. W. Lenders, Philadelphia (1911/07), Inv.-Nr. 26604

Die braun bemalte *koyemshi*-Clown-Figur trägt eine erdfarbene Sackmaske mit beulenartigen Auswüchsen an Stirn, Schläfen und Hinterkopf. Augen und Mund stehen leicht vor. Die Wangen sind mit kurzen Parallelstrichen gezeichnet. Die Enden des schwarzen Halstuches sind auf der Brust gekreuzt. Als weiteres Kleidungsstück ist ein Lendentuch aufgemalt. Die Figur sitzt mit angezogenen Beinen und hält die Arme um die Knie geschlungen. *Koyemshi* besitzen nach Überzeugung der Hopi außergewöhnliche Kräfte. Sie tre-

496

ten in nahezu allen Zeremonien auf. Ihr Verhalten (vgl. Kat.-Nr. 478 und 495) entspricht dem der anderen Clowns. (Vgl. Antes 1980: Nrn. 360–362; Hartmann 1978; Nrn. 33–35, 48, 51; Washburn 1980: Nos. 24, 135–137)

497

497 ***Kachina*-Figur** (*avachhoya*)
Hopi; achtziger Jahre
Bemaltes Pappelwurzelholz, Federn, Wolle
Höhe 21 cm, Breite 12 cm
Geschenk Maurer, Bonn (1990/06), Inv.-Nr. 52533

Die braune Sackmaske wird von einem Federkopfschmuck gekrönt. Das Gesicht ist blau gefärbt und wird von feinen schwarzen und weißen Linien eingefaßt, die an den Schläfen getreppt sind und zwischen den Augen ein V bilden. Markant sind ferner der mächtige rote Röhrenmund und der grüne Kragenwulst. Der Körper ist rosafarben mit weißen Kreisen. Die Gliedmaßen sind vollständig ausgearbeitet. Auf die Brust ist ein Türkisschmuck mit roten Anhängern gemalt. Die Figur trägt einen weißen Gürtel, einen schwarzen Durchziehschurz, Kniebänder und braune Mokassins, hinten außerdem eine breite Zeremonialschärpe mit feiner Zeichnung sowie Handgelenkbänder aus Wolle. *Avachhoya* oder der „Gefleckte Mais *kachina*" ist der jüngere Bruder von *hemis kachina* (vgl. Kat.-Nr. 489). Sein Tanz gilt dem Wachstum des Maises und ist so anstrengend, daß ihn nur junge Männer aufführen können. (vgl. Antes 1980: 299, 328; Hartmann 1978: Nr. 141; Washburn 1980: No. 101)

Tanzbretter

Marau vaho heißen die Tanzbretter, die die Hopi-Frauen während der *marau*-Zeremonie benutzen. Diese Zeremonie der *marau*-Gesellschaft, einer der drei Frauenbünde der Hopi, dient ähnlich wie die *kachina*-Zeremonien in erster Linie der Förderung von Fruchtbarkeit und Wachstum sowie der Gewährleistung ausreichender Ernten. Sie findet im September und Oktober statt, also außerhalb der *kachina*-Zeit.
Ähnlich wie bei den *kachina*-Festen finden zunächst an mehreren Tagen geheime Zeremonien in der *kiva* der *marau*-Gesellschaft statt. Nur am letzten Tag werden öffentliche Tänze auf der *plaza* aufgeführt. Die Frauen stellen sich in Hufeisenformation auf, bewegen sich langsam seitwärts und schwenken die Bretter unter Gesängen auf und ab und hin und her. Es handelt sich eher um eine Prozession als um einen Tanz.
Die *marau vaho* sind hochrechteckige Holzbretter mit einem oder zwei Griffen. Vorgeschrieben ist die Verwendung von Nadelhölzern. Meist ist nur die Vorderseite bemalt. Dargestellt sind Fruchtbarkeitssymbole, wie Wolken oder Regenbögen, Klansymbole oder Götterfiguren, wie die Vegetationsgötter Alosaka (vgl. Kat.-Nr. 502) und Muyingwa oder der Sonnengott Tawa (vgl. Kat.-Nr. 501).
In der Verlängerung des Griffes erscheint zumeist ein stilisierter Maiskolben. Die Punkte in den Quadraten stellen den Keim im Innern der Maiskörner dar. Interessant in diesem Zusammenhang ist, daß die Zuni-Frauen, die keine Tanzbretter verwendeten, echte, mit Federn geschmückte Maiskolben schwenkten.

498 **Tanzbrett** (*marau vaho*)
Hopi; um 1900
Holz, bemalt
Höhe 40 cm, Breite 15 cm
Kauf E. W. Lenders, Philadelphia (1911/07), Inv.-Nr. 26606

Aus einem flachen Holzbrett sind die Körperumrisse einer weiblichen Gestalt ausgeschnitten, die die Arme seitlich vom Körper nach oben abgewinkelt hält. Ihre Haltung entspricht der einer Frau mit einem Tanzbrett in den Händen während einer Zeremonie. Ungewöhnlich ist die beidseitige Bemalung. Die Frau trägt eine *tablita* mit aufgemalten Wolken- und Regenbogensymbolen sowie eine schwarze *manta*, einen roten Gürtel und einen roten Umhang. In das auf dem Rücken lang herabfallende Haar sind drei weiße Bänder gebunden. Während die Farben auf der Vorderseite stark beschädigt sind, sind sie auf der Rückseite gut erhalten.

498

499 **Tanzbrett** (*marau vaho*)
Hopi; um 1900
Holz, bemalt
Höhe 39 cm, Breite 13 cm
Kauf E. W. Lenders, Philadelphia (1911/07), Inv.-Nr. 26607

Das einseitig bemalte Holzbrett mit zwei kurzen Griffen und grauweißer Grundierung zeigt eine weibliche

499

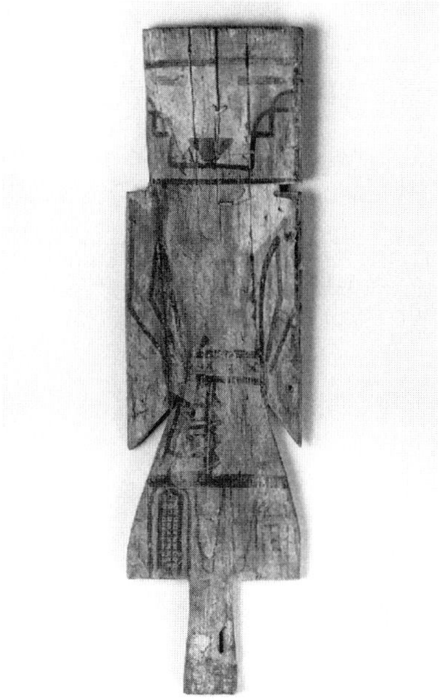

500

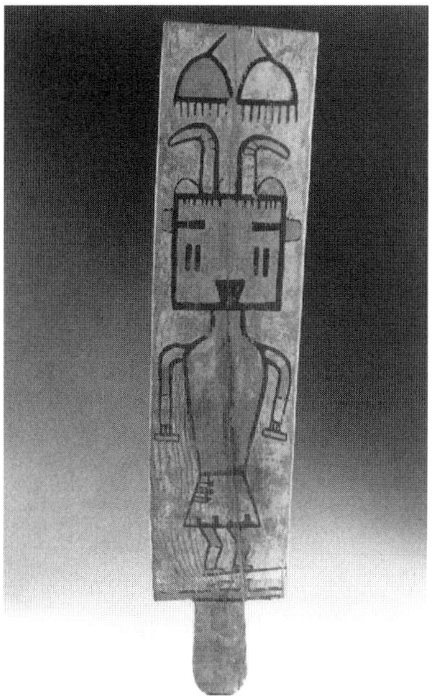

502

Gestalt, die einen Tontopf auf dem Kopf balanciert und die Arme seitlich vom Körper und nach oben abgewinkelt hält. Sie ist gekleidet mit der typischen schwarzen Woll-*manta* (vgl. Kat.-Nr. 468), die nur über einer Schulter getragen und von einem roten Gürtel in der Taille gehalten wird. Unterhalb der Figur ist ein stilisierter Maiskolben zu sehen.

500 **Tanzbrett** (*marau vaho*)
Hopi; um 1900
Holz, bemalt
Höhe 54 cm, Breite 15 cm
Kauf E. W. Lenders, Philadelphia (1911/07), Inv.-Nr. 26609

Auf dem einseitig bemalten Holzbrett mit Griff ist eine *kachina*-Figur dargestellt. Sie trägt eine Kastenmaske mit treppenförmigen Ornamenten auf den Wangen. Der Oberkörper zeigt eine rote Bemalung. Der knielange Kilt ist mit einem roten Band gegürtet. Seitlich hängt eine Schärpe herab. Beiderseits der Beine sind stilisierte Maiskolben zu sehen. Die Rückseite ist lediglich mit sechs Paaren kurzer roter Parallelstriche, dem Kriegersymbol, bemalt. Seitlich sind mehrere kleine Löcher in das Holz gebohrt, an denen wohl einmal Federn befestigt waren.

501 **Tanzbrett** (*marau vaho*)
(Farbtafel V)
Hopi; um 1900
Holz, bemalt
Höhe 51 cm, Breite 15 cm
Kauf E. W. Lenders, Philadelphia (1911/07), Inv.-Nr. 26610

Das einseitig bemalte Holzbrett mit kurzem Handgriff zeigt den Sonnengott Tawa, dessen Tochter die *marau*-Gesellschaft begründete. Das runde, strahlend gelbe Gesicht stellt die Sonnenscheibe, der Federkranz die Sonnenstrahlen dar. Charakteristisch für Tawa sind die verschiedenfarbigen Stirnfelder, die Strichaugen und die roten Ohren. Der Mund wird aus zwei sich mit der Spitze berührenden Dreiecken gebildet. Tawa trägt eine Körperbemalung und ist mit *kachina*-Rock und -Schärpe bekleidet. Er hält einen Federstab in der Hand. Die Figur ist zwischen farbige Streifen gestellt, die Regenbögen symbolisieren. Oberhalb des Griffs ist ein stilisierter Maiskolben abgebildet.

502 **Tanzbrett** (*marau vaho*)
Hopi; um 1900
Holz, bemalt
Höhe 59 cm, Breite 13,5 cm
Kauf E. W. Lenders, Philadelphia (1911/07), Inv.-Nr. 26611

Der gehörnte Vegetationsgott Alosaka wird im allgemeinen mit rundem Gesicht dargestellt. Im vorliegenden Fall läßt die Kastenmaske darauf schließen, daß es sich hier um die *kachina*-Verkörperung Alosakas handelt. Auf den Wangen erscheint das Kriegersymbol. Der Oberkörper ist rot bemalt. Die Figur ist mit einem knielangen Kilt mit seitlicher Borte bekleidet. Was sie in den Händen hält, ist nicht auszumachen. Oberhalb der Figur sind Wolken, unter ihr ist ein Regenbogen wiedergegeben.

503 ***Tablita***
Hopi, Erste Mesa; um 1990
Bemaltes Sperrholz, Metall, Baumwolle, Federn
Breite 34,5 cm, Höhe 38,5 cm
Kauf Schulz, Leverkusen (1994/10), Inv.-Nr. 54728

Der *tablita* genannte Kopfaufsatz wird von Frauen und Mädchen bei profanen Tänzen getragen. Aus einem rechtecki-

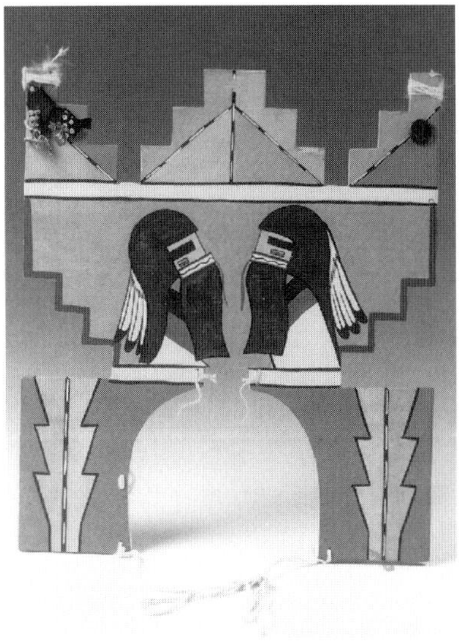

503

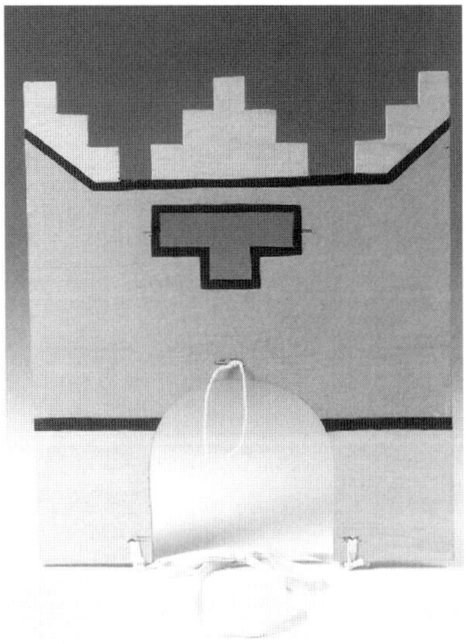

504

gen Brett sind oben treppenförmige Wolkensymbole ausgesägt. Die beiden äußeren Spitzen sind mit Baumwollfäden umwickelt, links sind außerdem Federreste und ein metallener Schmetterling angebracht. Auf den Flügeln des Schmetterlings sind mit kurzen Metallfedern, wie man sie aus Kugelschreibern kennt, zwei Metallkäfer befestigt. Mit Baumwollbändern wird die *tablita* am Kopf gehalten. Die bunte Bemalung auf der Vorderseite zeigt drei horizontale, durch Streifen abgesetzte Musterzonen. In der mittleren sind die Büsten zweier Frauen zu sehen, die einander im Profil zugewandt sind. Die Rückseite ist auf die gleiche Weise aufgeteilt, in der mittleren Musterzone sind hier drei Maiskolben dargestellt, in der unteren Blütenmotive. Die *tablitas* werden von einem Onkel oder vom Verlobten eines Mädchens geschnitzt. Nach den Tänzen steht es den Mädchen frei, sie zu verkaufen, was sie aber selten tun. (Vgl. Kat.-Nr. 504; Coe 1986: Nos. 308–310; HNAI 1979 Vol. 9: 566/Fig. 6)

504 *Tablita*
Hopi, Erste Mesa; achtziger Jahre
Bemaltes Sperrholz, Baumwolle, Schuhriemen
Breite 34,5 cm, Höhe 37,7 cm
Kauf Schulz, Leverkusen (1994/10), Inv.-Nr. 54729

Auch diese einfach dekorierte *tablita* zeigt getreppte Wolkensymbole und eine dreigeteilte Dekorationsfläche, von der der obere und der untere Teil gelb, der mittlere türkis eingefärbt ist. Sie sind durch schwarze Linien getrennt. Die Farbe Türkis steht für Regen, die Farbe Gelb für Blüten. In der mittleren Zone ist ein umgekehrtes „T" ausgesägt. (Vgl. Kat.-Nr. 503; Coe 1986: Nos. 308–310; HNAI 1979 Vol. 9: 566/Fig. 6)

505 Altartafel
Hopi; um 1900
Bemaltes Holz, Baumwolle
Höhe 54 cm, Breite 5 cm
Kauf E. W. Lenders, Philadelphia (1911/07), Inv.-Nr. 26608

Die schmale, brettartige Altartafel ist auf beiden Seiten in gleicher Art bemalt. Sie trägt einen gezackten Aufsatz, dessen Spitze mit Baumwollfäden umwickelt ist. Darunter erkennt man ein Gesicht, aus dem auf einer Seite ein Stück ausgebrochen ist. Es folgen ein getrepptes Wolkensymbol, ein Querbalken und ein weiteres Gesicht. Der untere Bretteil ist schmaler und mit einer Umwicklung aus Baumwollstoffstreifen versehen. Solche Tafeln wurden vor den Altären in den halbunterirdischen *kiva* aufgestellt.

506 Zeremonialschild
Hopi; um 1900; Leder, bemalt
Durchmesser 44 bis 48 cm
Geschenk Küppers-Loosen, Köln (1910/04), Inv.-Nr. 25048

Der dünne Lederschild ist einseitig bemalt. Ausgehend von dem zentralen Oval, das möglicherweise ein Samenkorn darstellt, verlaufen gelbe, schwarze und grüne Strahlen zum unteren Rand. Aus dem gelben Oval wachsen oben und an den Seiten kleine Keimblätter. Das rot umrandete Rechteck dürfte in diesem Zusammenhang als Keim zu deuten sein. Oberhalb befindet sich ein sichelförmiges Motiv. Der Rand ist rundum mit grünen, schwarzen und weißen Rechtecken besetzt. An der Oberkante sind Reste von insgesamt acht Lederriemchen verblieben, an denen früher wohl einmal Federn befestigt waren, die auch anderen Zeremonialgeräten besondere Heiligkeit verliehen. Zeremonialschilde wurden von verschiedenen Ethnien im Südwesten angefertigt, zum Beispiel von den Hopi, Zuni, aber auch von Pueblo-Indianern am Rio Grande sowie von den Papago und einigen yuma-sprachigen Gruppen.

505

506

507 **Zeremonialschild**
Südwesten; um 1900
Leder, bemalt
Durchmesser 30 cm
Geschenk Küppers-Loosen, Köln
(1910/04), Inv.-Nr. 25049

Der kleine, runde Schild aus Rohhaut zeigt auf der bemalten Vorderseite noch Faser-, auf der unbemalten Rückseite Haarreste. Die Schauseite ist zunächst weiß eingefärbt worden. Die Motive der nur noch in Spuren vorhandenen roten und blauen Bemalung sind nicht mehr erkennbar. Die Lederbändchen, die durch den oberen Rand gezogen sind, haben vermutlich einmal Federn gehalten.

507

508 **Kriegsgottdarstellung und Zubehör** (ohne Foto)
Zuni; um 1900
Holz
Figur: Höhe 74 cm, Stäbe: Länge zwischen 20,5 und 44,5 cm,
Tafeln: Höhe 64 und 73,5 cm
Tausch Stolper Galeries, Amsterdam
(1967/06), Inv.Nr 49694

Die stark stilisierte Holzfigur stellt Ahaiiúta, den älteren der beiden Zwillingskriegsgötter der Zuni, dar. Unter der helmartigen Kopfbedeckung, die von einem kurzen Pickel gekrönt wird, fällt das Nackenhaar lang herab. Abgesehen von der stegartigen Nase und dem stark vorspringenden Kinn sind die Gesichtszüge nicht ausgeführt. Der schmale brettartige Körper endet in einem stark verwitterten rundplastischen Sockel. In der Mitte des Körpers ist eine Vertiefung zu erkennen. Bei Vergleichsstücken ist an dieser Stelle ein stufenförmig ausgeschnittener Pflock eingelassen, der den Nabel der Welt bezeichnet, aus dem einst die Menschen aus der Unterwelt ans Tageslicht emporgestiegen sind. Unter dem Zubehör befinden sich zwei brettartige Altartafeln, aus denen Himmelskörpersymbole herausgesägt sind: eine Sichel für den Mond, ein Kreuz für den Morgenstern und ein Kreis für die Sonne. Die terrassierte Spitze symbolisiert den Wolkenhimmel als Wohnsitz der Götter. Die Bretter werden hinter der Figur aufgestellt. Von einem ist nur noch ein Teilstück vorhanden. Weiteres Zubehör sind längliche Stäbe, deren Köpfe kegel- beziehungsweise ellipsenförmig ausgebildet sind. Hierbei handelt es sich entweder um Gebetsstöckchen oder um stilisierte Waffen der Götter. In der Vorstellung der Zuni öffneten die göttlichen Zwillinge den Schoß von Mutter Erde, damit die Menschen ans Licht der Welt gelangen konnten. Die Kriegsgötter sind den Zuni wohlgesonnen. Ahaiiúta ist zugleich der Gott des Spielglücks. Der Kult der Götter obliegt den Priestern einer Kriegergeheimgesellschaft. Beim Sieg über einen Feind, bei der Aufnahme eines Novizen in die Gesellschaft und zur Wintersonnenwende wurden neue Abbilder der Götter gefertigt. Mit ihren Ausrüstungsgegenständen versehen, wurden sie einen Tag und eine Nacht lang verehrt und anschließend zu besonderen Altären gebracht. Die alten Figuren wurden weggeworfen und statt ihrer die neuen aufgestellt (Cushing, 1895). Die Kriegsgottdarstellungen sind den Zuni heilig, weshalb das Museum auf eine Aufstellung in der Schausammlung und eine Abbildung im Bestandskatalog verzichtet. In der Tauschliste von 1967 heißt es sogar, daß die Zuni vor einigen Jahren die letzten vorhandenen Figuren verbrannt hätten aus Entsetzen darüber, daß einige von ihnen verkauft wurden. (Vgl. Cushing 1895: Fig. 1; Dockstader 1962: No. 174; Parsons 1918: 389/Fig. 45)

Sandbilder der Navajo

Sandgemälde sind Teil von komplexen mehrtägigen Heilungszeremonien, die die Navajo *„hatáal“* (Gesang) nennen. Der Zweck dieser Gesänge ist die Genesung eines Kranken. Ein Diagnostiker stellt fest, woran ein Patient leidet und welcher Gesang vonnöten ist. Der Patient sucht sich einen *hatáalii* (Sänger), der die Zeremonie für ihn durchführt. Die Zeremonie besteht im wesentlichen aus der Rezitation von Mythentexten und der Herstellung von Sandgemälden, die auf Szenen und Figuren aus der Mythe Bezug nehmen. Die Bilder wurden auf dem glattgefegten Boden eines *hogan*, der traditionellen Behausung der Navajo, in der noch heute die Zeremonien durchgeführt werden, unter Anleitung des Zeremonialleiters von mehreren Helfern ohne technische Hilfsmittel aus der freien Hand auf den Boden gestreut. Die Sandgemälde bleiben nur für wenige Augenblicke in vollendetem Zustand, da in ihnen die Macht der abgebildeten Wesen präsent ist, die für den Patienten zwar heilsam, für andere aber gefährlich ist. Der Patient setzt sich auf das Bild. Der Zeremonialleiter überträgt das Sandbild auf ihn, indem er den Sand von bestimmten Teilen des Bildes nimmt und auf die ihnen symbolisch entsprechenden Körperteile des Patienten preßt. Der übrige Sand wird aufgesammelt und in alle vier Himmelsrichtungen verstreut.
Schon zu Beginn unseres Jahrhunderts traten die Motive der Sandbilder auf Navajo-Decken auf. Seit den vierziger Jahren werden Sandbild-Nachbildungen für den Verkauf auf Unterlagen aus Holz oder Gips hergestellt. Der Sand haftet durch Klebstoff. Für die Umriß-

zeichnungen werden Schablonen und Messer als Hilfsmittel verwendet. Um dem schädlichen Einfluß der in die mythischen Motive gebannten Macht zu entgehen, wandelten die Hersteller der kommerziellen Sandbilder die Motive ab: Farben wurden vertauscht oder bestimmte Details weggelassen. In den achtziger Jahren verdienten immerhin 500 Navajos ihren Lebensunterhalt mit der Herstellung kommerzieller Sandbilder (HNAI 1983 Vol. 10: 655).
Heilzeremonien werden auch heute noch durchgeführt. Permanente Sandbilder und Kassettenaufnahmen der langen Texte dienen heute als Erinnerungshilfe für die früher allein aus dem Gedächtnis memorierten Texte und Motive.

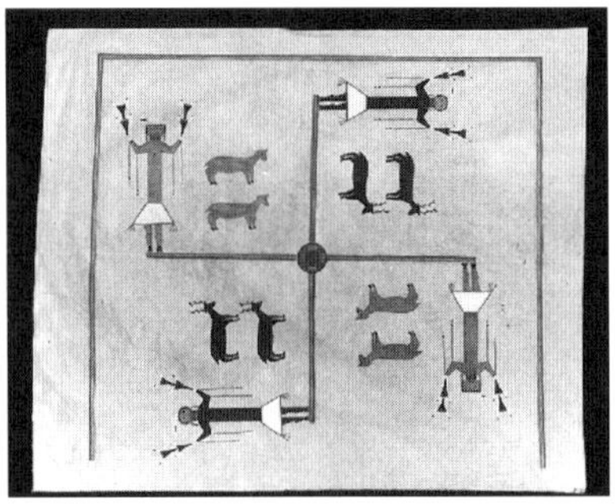

509

509 Sandbild-Nachbildung
Navajo, Bruce Hataalii; achtziger Jahre
Baumwollstoff, bemalt
Breite 117 cm, Höhe 99 cm
Kauf Kahlenberg, Santa Fé (1989/17), Inv.-Nr. 52945

Diese Erinnerungshilfe für die zeremonielle Sandbildmalerei stellt das Motiv *„whirling logs“* (wirbelnde Balken) dar. Vom Kreis in der Mitte, der den Großen Geist symbolisiert, gehen vier Balken zu den vier Kardinalpunkten oder Himmelsrichtungen, wo Vater Himmel (schwarz) und Mutter Erde (blau) abgebildet sind. Zwischen ihnen sieht man Paare von Antilopen und Hirschen. Die Figuren sind als Zeichen ihrer Macht mit überlangen Oberkörpern ausgestattet. Sie werden behütet von einem Regenbogen, der auf einer Seite offen ist, um dem Geist das Kommen und Gehen zu ermöglichen.

510

510 Sandbild- Nachbildung
(Titelfoto)
Navajo; sechziger oder siebziger Jahre
Sand, Leim, Sperrholz, Leder
Bild: 41 x 41 cm;
Unterlage: 49 x 49 cm
Geschenk I. Sarma, Köln (1990/04), Inv.-Nr. 52360

Das Bild zeigt als Motiv die heiligen Symbole von Sonne und Adler. Auf der Rückseite findet sich ein mit Bleistift geschriebener, erklärender Text. Danach soll das Bild den erhabenen Geist des Adlers bei der Heilung eines kranken Kindes zu Hilfe rufen. Die kleine gelbe Figur in der Mitte stellt das kranke Kind dar. Der Hintergrund des zentralen Kreises symbolisiert den Geist der Sonne. Die weiße und die gelbe Sichel über beziehungsweise unter der Gestalt des Kindes stehen für die Einheit von Himmel und Erde. Das Sandbild ist auf ein lederbezogenes Holzbrett montiert. Die Familie Sarma erhielt es als Mitbringsel von einer amerikanischen Austauschschülerin, deren Vater, Dr. Jochin Cottonwood, als Arzt in der Navajo-Reservation gearbeitet hatte.

511 Bruchstück einer Tonfigur
Tesuque oder Picuris; um 1900
Glimmerton
Höhe 15 cm, Breite 7,5 cm
Tausch Naturwissenschaftliches Museum, Wuppertal (1940/04), Inv.-Nr. 42211

Die mit ausgestreckten Beinen sitzende Figur aus rosagolden schimmerndem Glimmerton hielt ursprünglich einen Topf auf dem Schoß mit den Armen umfaßt. Der Kopf mit kleinen Auswüchsen oder Hörnern an den Seiten und auf dem Scheitel ist schräg nach oben gewendet. Die Augen sind bohnenförmig. Der Mund steht offen, was dem Gesicht einen lächelnden Ausdruck verleiht. Ab 1890 wurden Statuetten dieser Art, die den Regengott darstellen sollen, in großer Anzahl für den Verkauf an Touristen hergestellt. Die Gunther Candy Company of Chicago warb 1898 mit Regengott-Figuren als Werbegeschenk. (Vgl. Kat.-Nr. 512; AIAM 12 [1]: 64)

512 Torso einer Tonfigur
(ohne Foto)
Tesuque oder Picuris; um 1900
Glimmerton
Höhe 8,5 cm, Breite 6 cm
Tausch Naturwissenschaftliches Museum, Wuppertal (1940/04), Inv.-Nr. 42487

Nur der Torso einer sitzenden Tonfigur wie Kat.-Nr. 511 ist erhalten. Der Kopf, die Beine und die Arme mit dem auf den Knien gehaltenen Topf sind nicht mehr vorhanden. Das Originalfoto zeigt ein leicht nach oben gewandtes lächelndes Gesicht mit geöffnetem Mund, wie es für die Regengott-Figuren üblich ist. (Vgl. Kat.-Nr. 511; AIAM 12 [1]: 64)

511

513

513 Souvenir-*kachina*

Südwesten; achtziger Jahre
Bemaltes Holz, Federn
Höhe 14 cm, Breite 9,5 cm
Geschenk Ingeborg Maurer, Bonn (1990/06), Inv.-Nr. 52534

Die blaue Kastenmaske ist mit einem pinkfarbenen Federbusch und großen flügelartigen Ohren ausgestattet. Ringförmige Augen in einem quer über das Gesicht geführten und in den Augenwinkeln gebrochenen Band sowie die vorstehende Schnauze prägen das Gesicht. Die Schulterpartie ist gelb, der restliche Oberkörper rot bemalt. Die Figur trägt einen Halsschmuck und einen knielangen Rock. Anstelle der Beine hat sie lediglich einen eingekerbten Kegelstumpf. Auf der Standfläche steht neben einer Bärentatze der Schriftzug „*warrior*" (Krieger) und die Zahl 2.25 (vermutlich der Dollar-Preis). Rohlinge für solche einfachen Souvenir-Figuren werden auf der Drehbank gefertigt und können für die verschiedensten *kachina*-Typen gebraucht werden (vgl. Kat.-Nr. 514). Die Figuren werden dann von indianischen Arbeitern bemalt und dürfen infolgedessen als indianische Handarbeit verkauft werden (Wright/Roat 1962: 19). Im vorliegenden Fall ist vermutlich *holi kachina* dargestellt.

514 Souvenir-*kachina*

Hopi; achtziger Jahre
Bemaltes Holz, Federn
Höhe 16,5 cm, Breite 8,5 cm
Geschenk Ingeborg Maurer, Bonn (1990/06), Inv.-Nr. 52535

Ein ähnlicher Rohling wie bei Kat.-Nr. 513 ist mit einem anderen Dekor versehen und stellt nun *mongwa kachina* dar. Oben auf der braunen Sackmaske ist eine blaue Flaumfeder, seitlich sind große Flügelohren angebracht. *Mongwa*, auch Großer Gehörnter Eulen-*kachina* genannt, hat gelbe runde Augen und einen spitz zulaufenden Schnabel. Auf den pinkfarbenen Oberkörper ist ein Türkisgehänge gemalt. Der knielange Kilt und der Kegelstumpf sind weiß und mit farbigen Streifen abgesetzt. Auf der Standfläche findet sich die Zahl 2.25, die vermutlich den Dollar-Preis angibt.

514

1 Das Kulturareal Südwesten umfaßt streng genommen auch einige Ethnien im Nordwesten Mexikos. Objekte von diesen Ethnien sind im Rautenstrauch-Joest-Museum jedoch nicht vorhanden.
2 Die Angaben auf der Originalliste sind auch insofern nicht zuverlässig, als dort die *marau vaho* (vgl. Kat.-Nr. 498–502) und die Altartafel (vgl. Kat.-Nr. 505) als *kachina*-Figuren bezeichnet sind.
3 Gemäß Seiler-Baldinger 1991: Abb. 225 handelt es sich um einen im dritten Umlauf verhängt eingehängten sanduhrverschlungenen Randabschluß.
4 Diese Gebilde sind auch häufig als Phallussymbole interpretiert worden (Wright 1976: 63). Beide Interpretationen beinhalten ein Gebet um Fruchtbarkeit.

Abb. 9 Der Lakota Short Bull im Geistertanz-Hemd. Fotograf: Frederick Weygold. 1909

Prärien und Plains

Zwischen dem Mississippi und dem Felsengebirge erstrecken sich weite Grasländer, die von Zentralkanada bis an den Rio Grande reichen. Bis zur Mitte des 18. Jahrhunderts waren die fruchtbaren Prärien von Indianern bewohnt, die wie ihre Nachbarn im Osten Ackerbau betrieben. Hauptanbaupflanzen waren auch hier Mais, Bohnen und Kürbisse. Die Plains im Westen waren nur dünn besiedelt und dienten den Präriestämmen als Jagdgebiet.

Erst nach der Einführung des Pferdes durch die Weißen entstand die Kultur der berittenen Bisonjäger, die unser Indianerbild so eindrücklich geprägt hat. Ihre Lebensgrundlage bildeten die riesigen Bisonherden, denen die Indianer auf ihren jahreszeitlichen Wanderungen folgten. Die amerikanische Besiedlung des Westens, verbunden mit der militärischen Unterwerfung der Plains-Völker, sowie die Ausrottung der Bisonherden durch weiße Jäger führten Ende des vorigen Jahrhunderts zum Niedergang dieser Kultur. Die Reservationen, die man den Indianern ließ, liegen meist auf unfruchtbarem Land und gehören heute zu den ärmsten in ganz Nordamerika.

Die Zahl der Jagdwaffen und die vielen aus Leder gefertigten Stücke in der Sammlung geben Zeugnis von der Ausrichtung der Plains-Völker auf die Jagd. In handwerklicher Hinsicht bedeutete die frühe Reservationszeit eine Blütezeit für die Kultur der Plains-Völker. Davon zeugen die aufwendigen Applikationen mit von den Europäern eingeführten Glasperlen, die die Verzierungen mit Stachelschweinborsten ablösten. Das sogenannte *quillwork* wurde jedoch auch nach der Einführung der Glasperlen beibehalten, und an vielen Objekten wurden beide Techniken verwendet. Für die zeitliche Einordnung ist von Bedeutung, daß transparente Perlen erst ab 1850 in Gebrauch kamen und geschliffene metallische Perlen vor allem in der Zeit zwischen 1885 und 1895 beliebt waren.

In dieser Abteilung ist mit 40 von 190 Inventarnummern die verhältnismäßig höchste Fehlquote zu verzeichnen. Besonders bedauerlich ist der Verlust von zahlreichen Federhauben, ledernen Kleidungsstücken und Waffen, vor allem Steinkeulen, die in jede Plains-Sammlung gehören. Pferdegeschirr fehlt völlig, ebenso Haushaltsgerät und Musikinstrumente.

Von den verbleibenden 150 Objekten[1], knapp 14 Prozent der Nordamerika-Sammlung, stammen die meisten aus den westlichen Plains. Mit wenigen Ausnahmen sind die Plains-Stücke auf das späte 19. Jahrhundert zu datieren, also auf die frühe Reservationszeit. Älter sind nur einzelne Stücke, wesentlich jünger nur die im Auftrag des Museums angefertigte Zelthaut (vgl. Kat.-Nr. 557) und ein Fellbeutel (vgl. Kat.-Nr. 636).

Gerade im Bereich der Plains ist es bei fehlender Dokumentation schwierig, die Herkunft eines Objekts im nachhinein zu bestimmen. Sammelort und Herstellungsort müssen nicht übereinstimmen. Häufig wurden die Objekte bei großen Festen erstanden, an denen Angehörige verschiedener Ethnien teilnahmen. Verschiebungen ergaben sich auch durch Handel oder durch kriegerische Auseinandersetzungen, in deren Folge Objekte in die Hände eines anderen Stammes gerieten. Wenn eine Frau in eine andere Ethnie einheiratete, behielt sie häufig die zu Hause erlernte Fertigungsweise bei. Bei den meisten Stücken dieser Abteilung, insbesondere bei den fünf größeren Konvoluten, den beiden Geschenken von Dr. Carl von Joest (1902/23 und 1906/11), den Geschenken von Max Traine (1904/07) und Arnim von Guilleaume (1908/25) sowie dem Kauf bei Franz Müller-Gossen (1953/13), sind keine oder nur sehr ungenaue Herkunftsangaben vorhanden. Bei Arnim von Guilleaume heißt es nur „Varia. Amerika“, bei Müller-Gossen „Prärie-Indianer“. Der Fall der Sioux-Collection von der Firma Umlauff wurde bereits in der Einführung diskutiert. Aus diesem Grunde kann nur in wenigen stilistisch eindeutigen Fällen eine präzisere Angabe zur Ethnie gemacht werden.

520

521

515 **Trockenfleisch** (*pemmikan*) (ohne Foto)
Plains
Fleisch, Knochenmark, Fett, Beeren
Vorbesitzer unbekannt (1994/05), Inv.-Nr. 54301

Getrocknetes Bisonfleisch, das unter dem Namen *pemmikan* bekannt ist, diente als Reiseproviant und Wintervorrat. Das Fleisch wurde in dünne Streifen geschnitten und zum Trocknen über Holzgestelle gehängt. Dann zerstampfte man es mit einem Mörser zu Pulver und mischte es mit Knochenmark, Talg und Beeren.

516 **Prärierüben**
Plains
Länge 37 cm
Vorbesitzer unbekannt (1994/05), Inv.-Nr. 54297

Wildwachsende Pflanzen ergänzten die Fleischnahrung der Bisonjäger. Prärierüben wurden sowohl frisch als auch getrocknet oder gekocht gegessen.

517 **Zwei Wildzwiebeln**
(ohne Foto)
Plains
Länge 9 cm und 12 cm
Vorbesitzer unbekannt (1994/05), Inv.-Nr. 54303

516

518 **Pflaumenfladen** (ohne Foto)
Plains
Pflaumenmus und -kerne
Durchmesser 7,5 cm
Vorbesitzer unbekannt (1994/05), Inv.-Nr. 54299

519 **Kirschfladen** (ohne Foto)
Plains
Kirschmus und -kerne
Länge 7 cm, Breite 5 cm
Vorbesitzer unbekannt (1994/05), Inv.-Nr. 54300

520 **Büschel Salbei**
Plains
Länge 38 cm
Vorbesitzer unbekannt (1994/05), Inv.-Nr. 54304

Salbei wurde als Heilkraut und als reinigendes Räuchermittel verwendet.

521 **Süßgras**
Plains
Länge 54 cm
Vorbesitzer unbekannt (1994/05), Inv.-Nr. 54298

Das aromatische Süßgras wurde vor den Zeremonien verbrannt, damit sich die Teilnehmer in seinem Rauch reinigen konnten.

522 **Getrockneter Büffeldung**
(ohne Foto)
Plains
Vorbesitzer unbekannt (1994/05), Inv.-Nr. 54302

Getrockneter Büffeldung diente als Brennmaterial.

523 **Pfeil**
Plains; 19. Jahrhundert
Holz, Eisen, Pflanzenfasern
Gesamtlänge 68,7 cm, Spitze 3,5 cm
Geschenk Carl von Joest, Sechtem (1902/23), Inv.-Nr. 5621

Auf den dünnen, teilweise schwarz gefärbten Holzschaft ist eine kleine, rautenförmige und beidseitig geschliffene Eisenspitze klemmgeschäftet und zusätzlich durch eine Umwicklung aus pflanzlicher Faser gesichert. Das vermutlich nicht befiederte Ende des Pfeils ist abgebrochen und zeigt ebenfalls eine Umwicklung. Der Besitzer eines Pfeils konnte häufig anhand der aufgemalten oder eingeritzten Kennmarken identifiziert werden.

524 **Bogen**
Plains; 19. Jahrhundert
Holz, Sehne, Wolle, Leder
Länge 142 cm, Breite 3 cm
Geschenk Carl von Joest, Sechtem (1902/23), Inv.-Nr. 5622

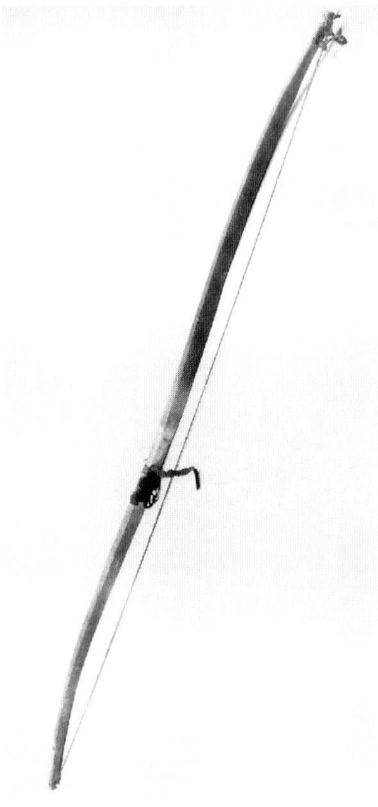

524

Der Bogenstab mit leichter Scheitelsenke ist im Scheitel und an den Enden leicht verjüngt. Beide Stabenden sind zur Befestigung der aus zwei Fasern verzwirnten Sehne eingekerbt. Der Bogenrücken zeigt Reste einer blauen Bemalung. Im Scheitel findet sich eine Umwicklung aus roten und dunkelblauen Wollstoff- und Rohhautstreifen. Zu dem Bogen gehörten ursprünglich vier Pfeile, von denen noch zwei (vgl. Kat.-Nr. 525–526) vorhanden sind.

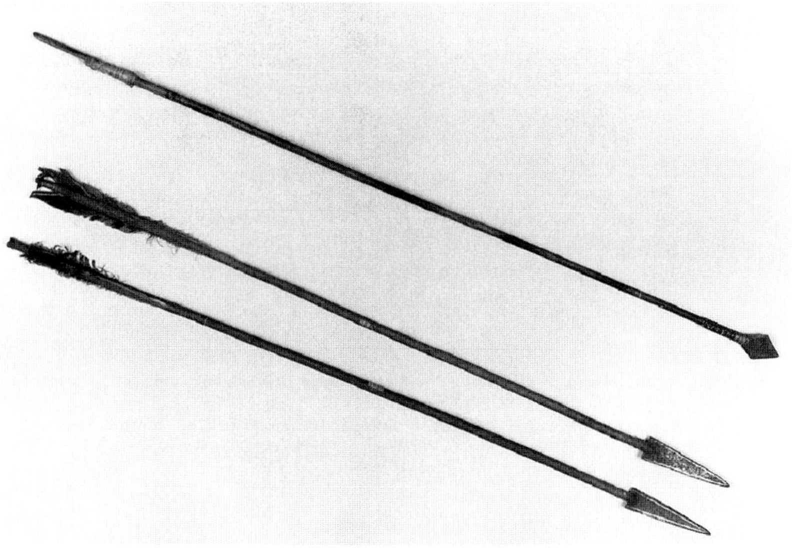

523 / 525 / 526

525 Pfeil
Plains; 19. Jahrhundert
Holz, Eisen, Federn, Haut
Gesamtlänge 64,8 cm, Spitze 8,4 cm
Geschenk Carl von Joest, Sechtem (1902/23), Inv.-Nr. 5624

Der Holzschaft zeigt drei wellenförmige Längsrillen und ist am Ende v-förmig eingekerbt. Die lange dreieckige und beidseitig geschliffene Eisenspitze ist klemmgeschäftet und mit sehr dünnen Hautstreifen umwickelt. Auch die zweiseitige Radialbefiederung ist durch Hautstreifen gesichert.

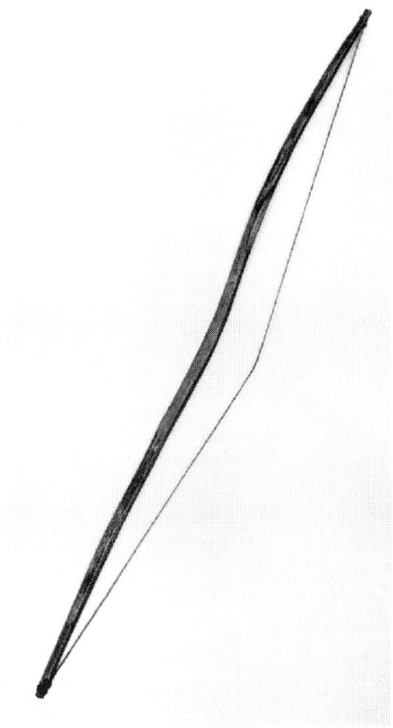

527

526 Pfeil
Plains; 19. Jahrhundert
Holz, Eisen, Federn, Haut
Gesamtlänge 66 cm, Spitze 8,3 cm
Geschenk Carl von Joest, Sechtem (1902/23), Inv.-Nr. 5625

In den dünnen Holzschaft sind drei wellenförmige Längsrillen geritzt. Er ist v-förmig eingekerbt. Die lange dreieckige und beidseitig geschliffene Eisenspitze ist klemmgeschäftet und durch eine Umwicklung aus dünnen Hautstreifen gesichert. Auch die dreiseitige Radialbefiederung ist vorne und hinten durch Umwicklungen aus Hautstreifen befestigt.

527 Bogen
Plains; 19. Jahrhundert
Holz, Sehne
Länge 116 cm, Breite 2,8 cm
Geschenk Max Traine, Köln (1904/07), Inv.-Nr. 11846

An dem hölzernen Bogenstab mit leichter Scheitelsenke ist eine aus drei Strängen verzwirnte Sehne festgeknotet. Einseitige Kerben verhindern das Wegrutschen. Zu diesem Bogen und einem zweiten, nicht mehr vorhandenen gleicher Machart gehören der Köcher mit Bogenfutteral Kat.-Nr. 539 und ursprünglich dreizehn Pfeile, von denen noch neun (vgl. Kat.-Nr. 528–536) vorhanden sind. Die Pfeile sind alle ungefähr 65 cm lang und zum leichteren Anlegen an die Bogensehne an der sich etwas verbreiternden Basis v-förmig eingekerbt. Die relativ kurzen dreieckigen Eisenspitzen sind beidseitig geschliffen und klemmgeschäftet. Bis auf Kat.-Nr. 529 haben sie eine gerade oder leicht konvexe Basis. Bei Kat.-Nr. 533 ist die Spitze verlorengegangen. Bis auf Kat.-Nr. 536 sind die Holzschäfte mit eingeritzten Längsrillen versehen, die teils gerade, teils wellen- bis zickzackförmig verlaufen. Wellenlinien auf dem Schaft stellen Blitze dar, die der Waffe symbolisch Schnelligkeit und tödliche Kraft verleihen sollen. Alle neun Pfeile tragen eine dreiseitige Radialbefiederung, die, soweit nicht aufgrund schlechter Lagerungsbedingungen zerstört, auf eine Länge von 6 mm gestutzt ist. Dünne Streifen membranartiger Häutchen bilden die Umwicklungen sowohl an den Pfeilspitzen als auch vorne und hinten an der Befiederung.

528 Pfeil
Plains; 19. Jahrhundert
Holz, Eisen, Federn, Haut
Gesamtlänge 65,5 cm, Spitze 3,7 cm
Geschenk Max Traine, Köln (1904/07), Inv.-Nr. 11848

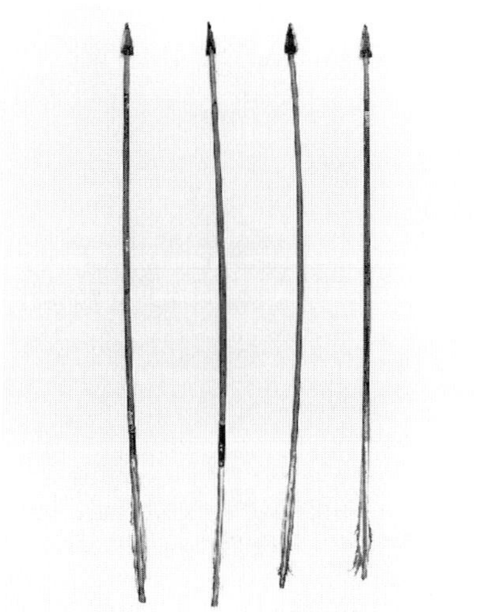

528 / 529 / 530 / 531

Unterhalb der Spitze und auf der Umwicklung finden sich Reste blauer, im Bereich der Befiederung Reste roter Bemalung.

529 Pfeil
Plains; 19. Jahrhundert
Holz, Eisen, Federn, Haut
Gesamtlänge 66 cm, Spitze 3,9 cm
Geschenk Max Traine, Köln (1904/07), Inv.-Nr. 11849

Die relativ schmale Pfeilspitze hat als einzige an der Basis zwei leicht rückweisende Widerhaken. Unterhalb der Spitze und auf der Umwicklung finden sich Reste schwarzblauer Bemalung.

530 Pfeil
Plains; 19. Jahrhundert
Holz, Eisen, Federn, Haut
Gesamtlänge 64,2 cm, Spitze 4,3 cm
Geschenk Max Traine, Köln (1904/07), Inv.-Nr. 11850

531 Pfeil
Plains; 19. Jahrhundert
Holz, Eisen, Federn, Haut
Gesamtlänge 63,5 cm, Spitze 3,8 cm
Geschenk Max Traine, Köln (1904/07), Inv.-Nr. 11852

Der gesamte Holzschaft zwischen Spitze und Umwicklung scheint einmal blauschwarz eingefärbt gewesen zu sein. Jetzt sind nur noch Farbreste vor-

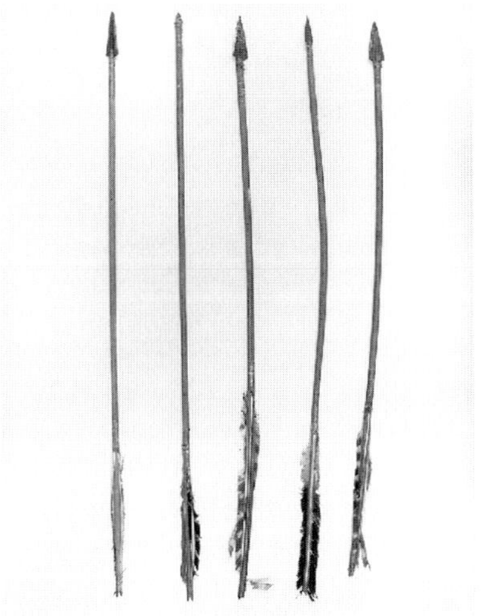

532 / 533 / 534 / 535 / 536

handen. An der Basis ist unterhalb der Befiederung ein schmales rotes Band aufgemalt.

532 Pfeil
Plains; 19. Jahrhundert
Holz, Eisen, Federn, Haut
Gesamtlänge 65,3 cm, Spitze 5 cm
Geschenk Max Traine, Köln (1904/07), Inv.-Nr. 11853

533 Pfeil
Plains; 19. Jahrhundert
Holz, Federn, Haut, Zwirn
Länge 66 cm
Geschenk Max Traine, Köln (1904/07), Inv.-Nr. 11854

Die Spitze fehlt, obwohl man offenbar versucht hat, sie durch eine zusätzliche Zwirnumwicklung zu sichern. Der Holzschaft zeigt neben zwei geraden Längsrillen eine auffällige wellenförmige Rille, deren Wellenbögen nach vorne immer enger werden, und eine zickzackförmige Einritzung im Bereich der Befiederung.

534 Pfeil
Plains; 19. Jahrhundert
Holz, Eisen, Federn, Haut, Sehne
Gesamtlänge 65,7 cm, Spitze 5 cm
Geschenk Max Traine, Köln (1904/07), Inv.-Nr. 11859

Die relativ breite und große Spitze ist zusätzlich zur Hautumwicklung durch einen gezwirnten Sehnenfaden gesichert. Im hinteren Teil der Befiederung ist der Schaft rot bemalt.

535 Pfeil
Plains; 19. Jahrhundert
Holz, Eisen, Federn, Haut
Gesamtlänge 60 cm, Spitze 3,5 cm
Geschenk Max Traine, Köln (1904/07), Inv.-Nr. 11860

536 Pfeil
Plains; 19. Jahrhundert
Holz, Eisen, Federn, Haut
Gesamtlänge 63,3 cm, Spitze 4,5 cm
Geschenk Max Traine, Köln (1904/07), Inv.-Nr. 11861

Der Holzschaft ist leicht gekrümmt und weist als einziger keine Längsrillen auf. Im hinteren Teil der Befiederung ist der Schaft rot bemalt.

537 Pfeil
Südliche Plains, Comanchen; vor 1886
Holz, Eisen, Sehne
Gesamtlänge 70 cm, Spitze 12 cm
Tausch Naturwissenschaftliches Museum, Wuppertal (1940/04), Inv.-Nr. 42195

Die schwere, lanzettförmige und beidseitig geschliffene Eisenspitze hat an der Basis eine Reihe kleiner, gerade rückweisender Widerhaken. Sie ist dorngeschäftet und mit Sehnenfaden umwickelt. Der Holzschaft verjüngt sich sowohl zur Basis als auch zur Spitze hin leicht. Auch an der tief eingekerbten Schaftbasis findet sich eine Sehnenfadenumwicklung, jedoch keine Befiederung. Der Pfeil wurde dem Wuppertaler Museum im Jahre 1886 von einem Herrn C. Camphausen geschenkt.

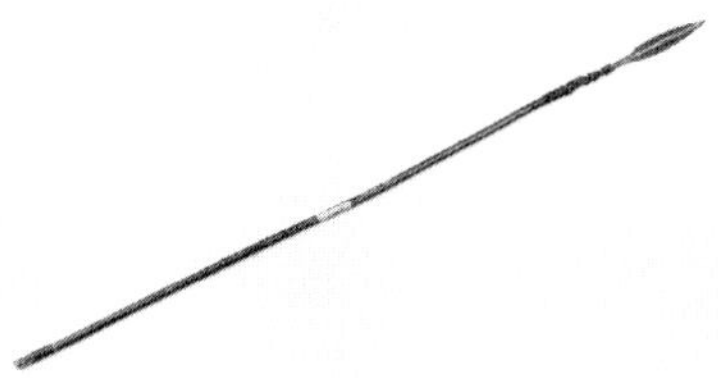

537

538 Pfeil (ohne Foto)
Plains; 19. Jahrhundert
Holz, Federn, Sehne
Länge 70 cm
Tausch Naturwissenschasftliches Museum, Wuppertal (1940/04), Inv.-Nr. 42196

Der gerade und sich zu beiden Enden leicht verjüngende Holzschaft ist unterhalb der nicht mehr vorhandenen Spitze rot bemalt. Auch die dreiseitige Radialbefiederung, die durch Umwicklungen aus Sehnenfaden befestigt war, ist fast völlig zerstört. Darunter erscheint eine feine Zeichnung aus Bändern und Linien in Schwarz und Rot.

539 Köcher und Bogenfutteral
Plains; 19. Jahrhundert
Leder, Sehne, Holz
Bogentasche: Länge 90 cm, Breite 8 cm; Köcher: Länge 73 cm, Breite 12,5 cm
Geschenk Max Traine, Köln (1904/07), Inv.-Nr. 11856

Die Lederschläuche sind aus verfilztem Wildleder gefertigt und mit Sehnenfaden zusammengenäht. Der Köcher hat einen Boden aus Rohhaut und einen Holzstab als Versteifung an der Seite, der mit Rohhautstreifen festgenäht ist. Am Tragriemen ist eine zu einer Schlaufe gelegte Ersatzsehne festgebunden.

540 Köcher und Bogenfutteral
Südliche Plains, Apachen; 19. Jahrhundert
Leder, Holz, Wolle
Bogentasche: Länge 185 cm, Breite 10 cm; Köcher: Länge 61 cm, Breite 14 cm
Kauf W. O. Oldman, London (1907/03), Inv.-Nr. 19463

Der Köcher hat seitlich eine Holzstabversteifung. Eine Seite ist mit ockerfarbenem Wollstoff eingefaßt. Das Bogenfutteral zeigt eine figürliche Bemalung in Orangerot und Grün. Dargestellt sind Krieger zu Pferde mit Waffen

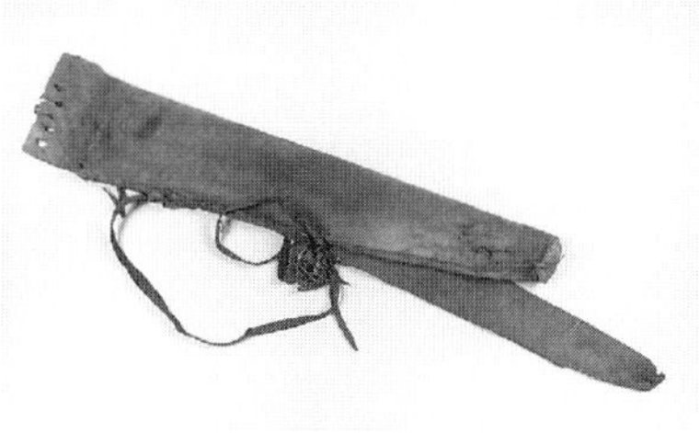

539

540

(Gewehre, Colts, Tomahawks) in den Händen. Ferner sind Streifen, Punkte und Zickzacklinien aufgemalt. Tragriemen und Zierlappen sind mit ausgestanzten Löchern und Zacken verziert.

541 Köcher
Südliche Plains, Comanchen oder Kiowa-Apachen; um 1850
Leder
Länge 57 cm, Breite 14,5 cm, Fransen 12 cm
Geschenk Carl von Joest, Sechtem (1902/23), Inv.-Nr. 5627

Der Tragriemen des rohledernen Köchers mit seitlichen Fransen ist an zwei Lederösen befestigt. Eine ehemals vorhandene Zeichnung ist nicht mehr entzifferbar.

541

542

542 Schild
Südliche Plains, Comanchen oder Kiowa-Apachen; um 1850
Leder, Gras
Höhe 50 cm, Breite 56 cm, Fransen 10 cm
Geschenk Carl von Joest, Sechtem (1902/23), Inv.-Nr. 5628

Der fast runde Lederschild ist mit Gras ausgepolstert und am unteren Rand mit Lederfransen besetzt. Die aufgezeichneten Motive sind nicht mehr erkennbar.

Keulen
Im Gegensatz zu den ganz aus Holz gefertigten Kugelkopfkeulen der Waldland-Indianer im Nordosten (vgl. Kat.-Nr. 669–671) waren in den waldarmen Plains Keulen mit runden

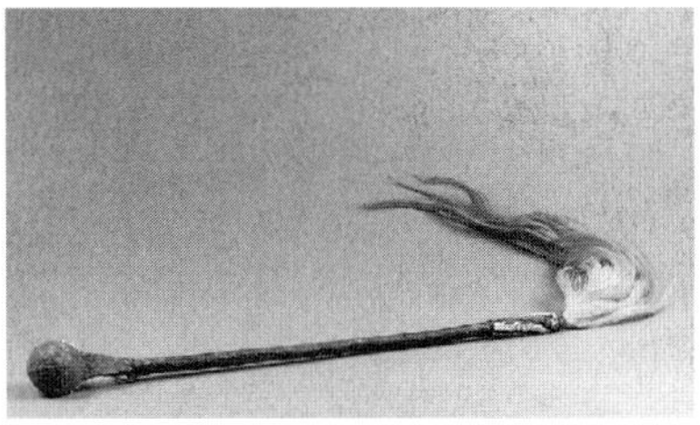

543

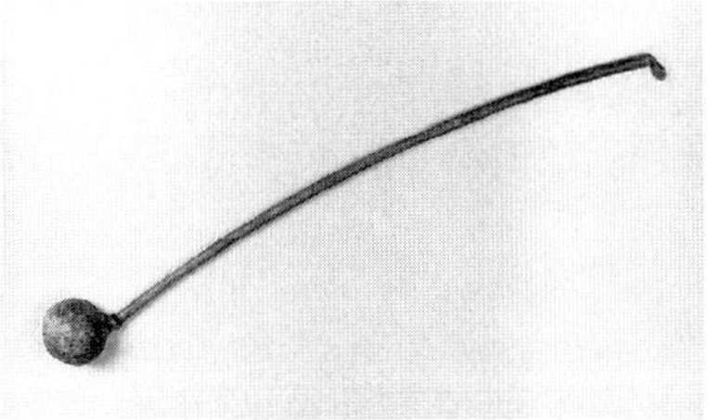

544

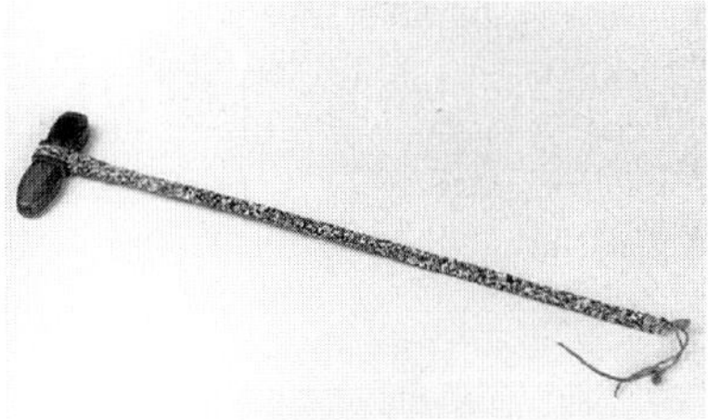

546

oder spitzeiförmigen Steinköpfen üblich. Die Holzstiele wurden an einem Ende ausgedünnt und um eine in den Stein geschnittene Furche gelegt. Der Schaft wurde dann in nasses Leder eingenäht, das beim Trocknen schrumpfte und so eine stabile Halterung bot. Vier Keulen dieses Typs, die das Rautenstrauch-Joest-Museum einmal besaß, müssen alle zu den Kriegsverlusten gezählt werden. Ein besonderer Typ waren die sogenannten Totschlägerkeulen (vgl. Kat.-Nr. 543), bei denen ein runder Steinkopf nicht fest am Stiel aufsaß, sondern freischwingend mit diesem verbunden war. Zierkeulen wie Kat.-Nr. 545 und 546 kamen bei Zeremonien als Abzeichen der Krieger zum Einsatz oder wurden als *coup*-Stab benutzt. Die Frauen benutzten den Keulen ähnliche Hämmer mit runden Steinköpfen, um Zeltpflöcke einzuschlagen, *pemmikan* (vgl. Kat.-Nr. 515) zu zerstampfen und Leder weichzuklopfen.

543 Keule
Südliche Plains, Apachen;
19. Jahrhundert
Holz, Leder, Stein, Glasperlen, Haare
Gesamtlänge 98 cm, Schaft 45 cm
Kauf Julius Konietzko, Hamburg (1930/02), Inv.-Nr. 39369

Bei dieser Totschlägerkeule sind der Holzschaft und der Steinkopf fest in eine Lederhülle eingenäht, und zwar so, daß zwischen Kolben und Kopf einige Zentimeter flexibler Lederhülle verbleiben. Mit dem freischwingenden Ende konnte eine größere Schlagwirkung erzielt werden als mit den fest mit dem Stiel verbundenen Keulenköpfen. Am mit orangefarbenen, weißen und grünen Glasperlen verzierten Schaftende ist ein langer Schweif aus weißen Pferdehaaren angebracht. Die Glasperlen sind in Gassenstich-Technik auf eine gesonderte Lederhülle appliziert. Die Lederumhüllung am Keulenkopf ist in den Farben Schwarz und Rot bemalt, die Nähte sind mit einzelnen weißen Glasperlen besetzt. (Vgl. Hail 1980: 158/Nos. 167–168; HNAI Vol. 10 1983: 379/Fig. 9)

544 Keule
Südliche Plains; 19. Jahrhundert
Leder, Stein, Holz
Länge 75 cm
Tausch Naturwissenschaftliches Museum, Wuppertal (1940/04), Inv.-Nr. 42190

Bei dieser einfachen Keule sind der lange Holzstiel und das kugelförmige steinerne Schlagteil zusammen in eine lederne Hülle eingenäht.

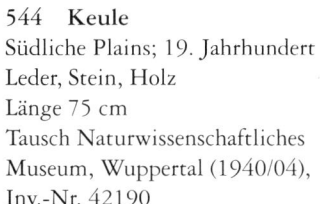

545 Zierkeule
Plains; 19. Jahrhundert
Horn, Holz, Leder, Glasperlen, Haare, Stachelschweinborsten, Baumwolle, Filz
Gesamtlänge 138 cm, Fransen 66 cm, Keulenkopf 15 cm
Geschenk Carl von Joest, Sechtem (1902/23), Inv.-Nr. 5608

An einem langen dünnen Holzstiel ist mit einer perlenverzierten Stoffschlaufe ein aus zwei Hornenden bestehendes spitzeiförmiges Schlagteil befestigt. Der Stiel ist mit geflochtenen Haarsträhnen umwickelt. Drei Stoffmanschetten – vorne, in der Mitte und hinten – sind mit Schnüren aus hellblauen, dunkelblauen und weißen Glasperlen belegt. An den Rändern wurden rote Filzstückchen angesetzt, deren Kanten in Fransen geschnitten sind. Am Stielende ist mit Lederriemen ein langer geflochtener Pferdehaarschweif befestigt, der am oberen Ende in einer unverzierten, am unteren in einer mit rot gefärbten Stachelschweinborsten umwickelten Lederhülse steckt. Zierkeulen wurden von Mitgliedern der Militärbünde als Abzeichen ihres Amtes getragen. Mit Hornköpfen ausgestattete Keulen wurden in den der Bisonjagd vorangehenden Tänzen, mit denen man die Jagdtiere ehren wollte, verwendet.

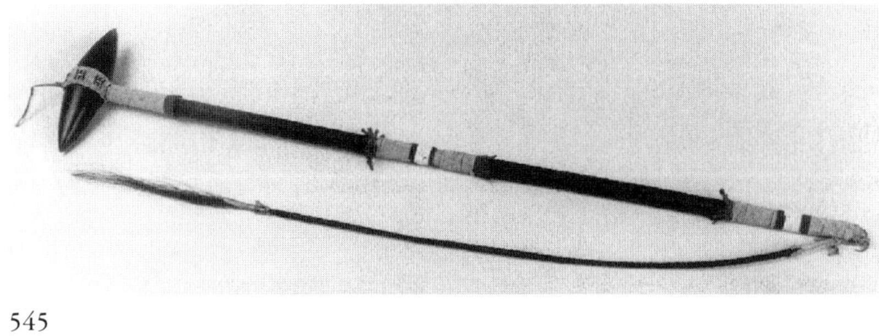

545

546 Zierkeule
Plains; um 1900
Catlinit, Holz, Leder, Glasperlen, Blei
Länge 58 cm, Breite 12 cm
Kauf Müller-Gossen, Krefeld (1953/13), Inv.-Nr. 43976

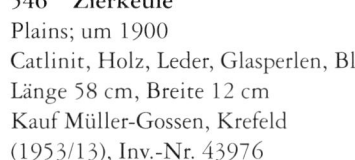

Der Keulenkopf aus Catlinit ist in der Längsrichtung durchbohrt und mit Blei ausgegossen. Er ist mit einer per-

547

lenverzierten Lederschlaufe am Stiel befestigt, der selbst ganz in einer Lederhülse steckt, die mit bunten Glasperlenschnüren belegt ist.

547 Modell-Keule oder -Hammer
Plains; um 1900
Stein, Holz, Haare, Sehne, Baumwolle
Länge 28 cm, Breite 4,5 cm
Kauf Franz Müller-Gossen, Krefeld (1953/13), Inv.-Nr. 43975

Der kugelförmige Kopf aus Stein und der Holzschaft sind durch gezwirnte rote und lilafarbene Haarsträhnen miteinander verbunden. Die Umwicklung des Holzschaftes besteht am oberen Ende aus Baumwollschnur, in der Mitte aus gelb, rot und lila gefärbten Haaren und am unteren Ende aus blaugrün gefärbtem Sehnenfaden. Möglicherweise handelt es sich um ein Kinderspielzeug.

548 Beil
Plains; um 1900
Holz, Eisen
Länge 42,5 cm, Breite 17 cm
Kauf Müller-Gossen, Krefeld (1953/13), Inv.-Nr. 43977

In einen flachen Holzstiel ist in Parallelrichtung zum Schaft eine Eisenklinge eingesetzt, die sich nach unten verbreitert und eine sichelförmige Schneide hat.

549 Schabergriff
Nördliche Plains, Blackfoot; 19. Jahrhundert
Knochen
Länge 34 cm, Kopf 9 cm
Geschenk Eugen und Adele Rautenstrauch, Köln (1899/01), Inv.-Nr. 9588

Das Kugelgelenk eines leicht gebogenen Knochens ist vorne l-förmig ausgeschnitten, um eine Stein- oder Eisen-

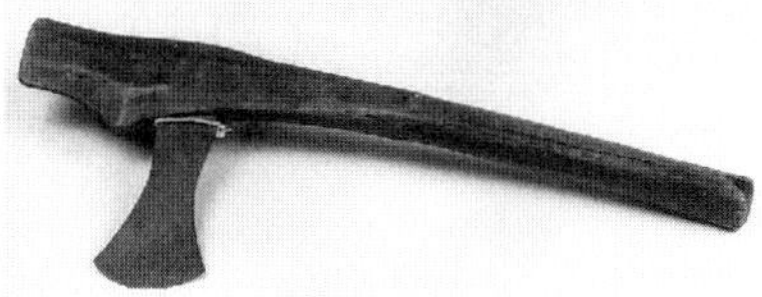
548

klinge aufzunehmen. Auf den Stiel ist zwar die Bemerkung *„Blackfeet war club"* geschrieben, die Form des Gerätes entspricht jedoch der eines Schabers, mit dem die Frauen das Fettgewebe von der Innenseite der Büffel- und Hirschhäute kratzten und die Haare von der Oberseite entfernten. Im Notfall konnte das Gerät sicherlich auch als Waffe dienen. (Vgl. Hail 1980: 174/No. 204)

550 Peitsche
Plains; 19. Jahrhundert
Holz, Leder, Eisenschrauben, Messing
Holzgriff 42 cm, Riemen 58 cm
Geschenk Carl von Joest, Sechtem (1902/23), Inv.-Nr. 5614

In den hölzernen Stiel sind zwei lange Lederriemen eingelassen. Seitlich sind in den vom Griff abgesetzten, rot bemalten oberen Teil zwei Reihen Eisenschrauben hineingedreht, wodurch die Peitsche zugleich als Striegel benutzt werden konnte. Auf einer Seite sind Längsrillen in das Holzteil geschnitten, auf der anderen Seite ist eine Messingniete eingeschlagen.

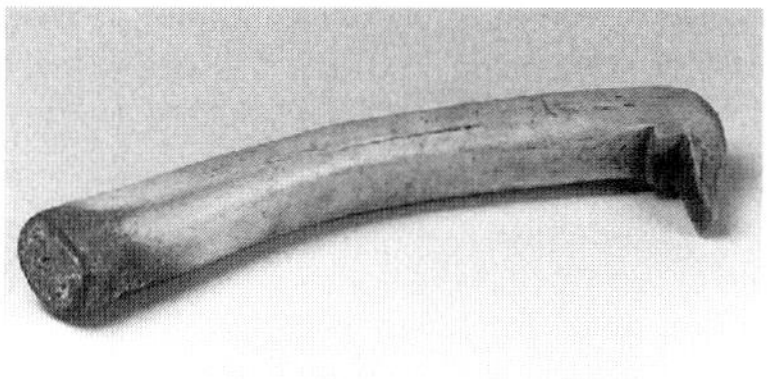
549

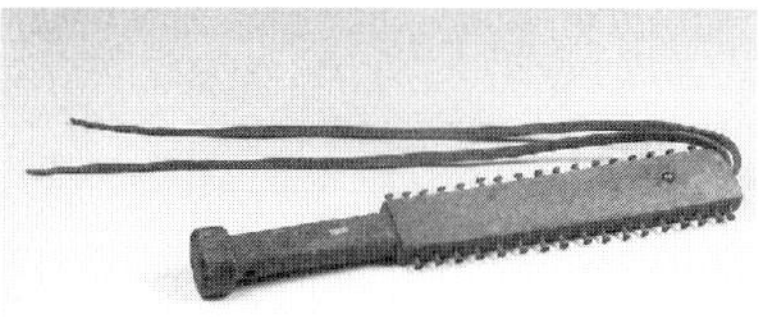
550

551 Modell-Sattel
Nördliche Plains; 19. Jahrhundert
Holz, Leder, Wolle, Glasperlen
Länge 24 cm, Höhe 18 cm
Geschenk Wellcome Museum, London (1956/10), Inv.-Nr. 45755

Ein Holzgerüst ist mit Leder straff bezogen. Die hohen, y-förmigen Zwiesel vorne und hinten enden in flachen Scheiben. Am Hinterzwiesel hängt ein Schmucklappen aus Wollstoff, auf den Glasperlen appliziert sind. Die blattförmigen Ornamente sind im sogenannten Crow-Stich aufgebracht. Rahmensättel dienten als Packsättel oder als Reitsättel für Frauen, während Männer ohne oder nur mit Kissensätteln ritten.

551

552

554

552 Satteltasche
Zentrale Plains, vermutlich Lakota;
19. Jahrhundert
Leder, Wolle, Baumwolle, Glasperlen
Länge 68 cm, Breite 27 cm,
Fransen 26 cm
Geschenk I. Menne, Köln (1954/39),
Inv.-Nr. 44767

Die längliche Satteltasche hat nur noch ein seitliches Taschenfach, das Pendant auf der anderen Seite scheint abgeschnitten worden zu sein. Das Mittelteil, das auf dem Pferderücken liegt, ist offen und hat einen mit dunkelrotem Wollstoff eingefaßten Schlitz für den Sattelknauf. Die Oberseite ist aus Leder und mit Glasperlen in Gassenstich-Technik verziert, die Unterseite besteht aus Baumwollstoff. An den eingefaßten Rändern sind Lederfransen angebracht. Die Glasperlen-Applikation zeigt geometrische Muster in den Farben Mittelblau, durchscheinend Weinrot, Gelb, Mittelgrün, Hellblau und durchscheinend Dunkelblau vor weißem Hintergrund. (Vgl. Hail 1980: 199/No. 255)

553 Kindertragesack
(Farbtafel XV)
Zentrale Plains;
2. Hälfte 19. Jahrhundert
Leder, Stachelschweinborsten, Baumwolle, Glasperlen, Metallglöckchen, Seidenband
Höhe 62 cm, Tiefe 37 cm
Geschenk Carl von Joest, Sechtem
(1902/23), Inv.-Nr. 5684

Der lederne Kindertragesack in Haubenform ist mit kariertem Baumwollstoff gefüttert. Den Rücken bildet ein unverziertes, grün und gelb gefärbtes Stück Leder. Der Kopf ist ganzflächig und die Seiten streifenweise mit *quillwork* verziert. Am Hinterkopf sind mit Stachelschweinborsten umwickelte Rohlederstreifen so angebracht, daß sie steif nach hinten abstehen. Daran wurden ein grünes Seidenband sowie Lederfransen mit Metallglöckchen befestigt. Das *quillwork* ist in den Farben Rot, Violett und Orange ausgeführt. Zum Färben der Stachelschweinborsten wurden ab 1856 Anilinfarben verwendet, die sich wegen ihrer großen Leuchtkraft leicht von den Naturfarben (vgl. Kat.-Nr. 619) unterscheiden lassen. Das geometrische Muster zeigt Kästen und Dreiecke mit eingeschlossenen Rechtecken, auch ‚*tipi* mit Tür' genannt. Das Dreieck symbolisiert das kegelförmige Zelt der Plains-Indianer (vgl. Kat.-Nr. 557 und 558). An den Schnürriemen sind teilweise Metallglöckchen befestigt. Der Rand ist mit Glasperlenschnüren in Gelb, durchscheinend Dunkelblau, Hellgrün und durchscheinend Weinrot eingefaßt. Die Lederschlaufe auf dem Rücken dient dazu, die Trage aufzuhängen. Zum Transport wurden die Tragesäcke auf ein Brett gebunden. Kindertragen wurden von den weiblichen Verwandten der Kindesmutter angefertigt und innerhalb der Familie weitergegeben. Der Reichtum der Verzierung war Ausdruck der Zuneigung und des Stolzes der gesamten Verwandtschaft für das Neugeborene.

554 Kindertragesack
Plains; 19. Jahrhundert
Leder, Glasperlen, Wolle, Baumwolle, Metallglöckchen
Höhe 77,5 cm, Tiefe oben 26 cm,
unten 40,5 cm
Geschenk Carl von Joest, Sechtem
(1906/11), Inv. Nr. 17970

Die Seitenteile dieses Kindertragesackes in Haubenform sind aus Leder und mit Glasperlen-Applikationen verziert. Die Rückseite und das Unterteil sind aus rotem Wollstoff gefertigt. Der Sack ist mit Baumwollstoff gefüttert. Er kann mit drei ledernen Riemen zugeschnürt werden. Der Zierlappen am Hinterkopf ist mit Glasperlenschnüren belegt und eingefaßt. Vier Metallglöckchen sind daran befestigt. Die Perlen-Applikation auf dem Sack zeigt geometrische Muster in den Farben Dunkelblau, Rot, Grün und Gelb vor hellblauem Hintergrund. Sie ist zum größten Teil in Gassenstich-Technik ausgeführt, während die diagonal halbierten Rechtecke durch aufgelegte Perlenschnüre gebildet wurden.

555 Falttasche (*parflèche*)
Plains; 19. Jahrhundert
Leder, bemalt
Länge 70 cm, Breite 45 cm
Geschenk Carl von Joest, Sechtem
(1902/23), Inv.-Nr. 5634

Zur Herstellung einer *parflèche* wurden die Längsseiten eines rechteckigen Stückes Rohleder so nach innen geklappt, daß sich die Kanten berührten. Die Schmalseiten wurden danach ebenfalls nach innen umgeschlagen, so daß sie sich in der Mitte trafen, wo sie mit Lederriemen zusammengebunden wurden. Drei entsprechende Lochpaare sind vorhanden. Auf der Rückseite befinden sich zwei Lederschlaufen zum Aufhängen. Die leicht trapezoiden Taschenklappen sind bemalt. Die grünlichblauen, orangefarbenen und gelben Muster sind mit feinen braunen Strichen umrandet. In ein randliches Zacken- und Wellendesign sind Kästen mit eingeschlossenen Rauten gestellt.

555

556 Falttasche (*parflèche*)
(Farbtafel VIII)
Plains; 19. Jahrhundert
Leder, bemalt
Breite 66 cm, Tiefe 46 cm
Geschenk Carl von Joest, Sechtem
(1902/23), Inv.-Nr. 5635

Die *parflèche* ist wie Kat.-Nr. 555 konstruiert. Die leicht trapezoiden Taschenklappen zeigen ein ineinander verschachteltes Rautenmuster in Grün, Rot und Gelb mit braunen Umrissen.

557 Zeltplane (Farbtafel XIV)
Nördliche Plains, Blackfoot; 1988
Durchmesser 330 cm, Höhe 360 cm
Leinwand, bemalt
Geschenk Milwaukee Public Museum
(1988/28), Inv.-Nr. 51786

Die Zeltplane ist mit geometrischen und figürlichen Mustern in Rot, Blauschwarz, Hellblau sowie Grün und Gelb bemalt. Die Bemalung gibt die Einteilung des Blackfoot-Universums in die Oberwelt oder den Himmel, die mittlere Welt oder die von Menschen und Tieren bevölkerte Erde und die Unterwelt oder das Totenreich wieder. Die Spitze ist blauschwarz, der untere Rand rot bemalt. Aus den farbigen Flächen sind jeweils helle Kreise ausgespart. Auf den Mittelteil sind zwei Bisons aufgemalt, über denen ein Morgenstern erstrahlt. Die Plane ist gedacht als Abdeckung für das kegelförmige Stangenzelt oder *tipi* der Plains-Indianer. Drei oder vier Grundstangen wurden zunächst aufgerichtet und in Position gebracht. Sie bildeten das Grundgerüst, an das die übrigen Stangen kreisförmig angelehnt wurden. Die Blackfoot bevorzugten die Vier-Stangen-Konstruktion. Die Zeltplane wurde an der Stange, die für die Mitte der Rückseite vorgesehen war, befestigt und zusammen mit dieser in die Höhe gehoben. Die nach vorne geschlagenen Seitenkanten wurden mit Holzpflöcken verbunden.

558 Modell-*tipi*
Zentrale Plains; 19. Jahrhundert
Leder, Holz, Stachelschweinborsten, Blechhülsen, Federn
Höhe 67 cm, Durchmesser 31,5 cm
Tausch Stolper Galleries, Amsterdam
(1967/06), Inv.-Nr. 49686

Das Gerüst besteht aus zwölf rotbraun gefärbten Holzstäben, die über die lederne Abdeckung hinausragen. Zwei gesonderte Holzstäbe halten die Rauchklappen, die mit Hilfe dieser Stangen bewegt werden können. Die lederne Zelthaut, die vorne mit kleinen Querhölzchen verschlossen ist, zeigt eine figürliche Bemalung. Dargestellt sind Krieger in Adlerfederhauben zu Pferde. Ein Lederlappen dient als Tür. Seitlich sind mit Stachelschweinborsten umwickelte Rohlederstreifen, die in Blechhülsen mit Flaumfederbüscheln enden, angebracht. Dieses figürlich bemalte Modell-*tipi* fand vermutlich eine zeremonielle Verwendung.

558

Kleidung

Ihre Kleidung stellten die Plains-Indianer vornehmlich aus weichem Hirsch- oder Antilopenleder her. Die Männer trugen Mokassins, hüfthohe Leggings und Lendenschurze. Als Überkleid diente eine Bisonrobe (vgl. Kat.-Nr. 559). Lederhemden waren bis zur Mitte des 19. Jahrhunderts unüblich beziehungsweise nur bestimmten auserwählten Führern der Militärbünde vorbehalten. Sie waren aufwendig dekoriert, zum Teil mit Bemalungen, zum Teil mit Zierstreifen aus Stachelschweinborsten oder Glasperlen über Schultern und Ärmeln oder mit Bündeln von Menschen- oder Pferdehaar, die die vom Träger genommenenen Skalps repräsentierten (vgl. Kat.-Nr. 565). Von den Hemdträgern erwartete man ein besonders ehrenhaftes und tapferes Verhalten. Erst ab der zweiten Hälfte des 19. Jahrhunderts gehörten Lederhemden auch zur Alltagskleidung der Männer. Westen (vgl. Kat.-Nr. 563–564) waren als Kleidungsstücke ursprünglich unbekannt und sind der Mode der Europäer und Amerikaner nachempfunden.

Frauen trugen lange Lederkleider (vgl. Kat.-Nr. 561), kniehohe Leggings (vgl. Kat.-Nr. 570) sowie ebenfalls Mokassins und Roben. In den zentralen Plains war es üblich, zwei Tierhäute so aneinander zu nähen, daß die Hinterläufe die Schultern bedeckten. Die Enden wurden umgeschlagen, und die Schwänze hingen auf Brust und Rücken herab. Manchmal mußte ein zusätzliches Querstück als Passe eingesetzt werden. Aus dem Kleid mit zwei Häuten und Schulterpasse entwickelten die Lakota ein Kleid aus drei Häuten, wobei sie die Haut, die quer über die Schultern getragen wurde, ganzflächig mit Glasperlen verzierten (vgl. Kat.-Nr. 562).

559 **Robe** (Farbtafel XIV)
Zentrale Plains, vermutlich Pawnee; frühes 19. Jahrhundert
Leder, bemalt
Breite 231 cm, Höhe 184 cm
Geschenk Carl von Joest, Sechtem (1902/23), Inv.-Nr. 5686

Die Robe besteht aus einer ganzen gegerbten Bisonhaut und zeigt in der Längsmitte eine durchgehende Naht. Sie ist in den Farben Rot, Grün, Schwarz und Weiß bemalt. In eckiger Umrahmung erscheint ein zentrales Sonnen- beziehungsweise Federkranzmotiv, das durch einen vertikalen Balken zweigeteilt ist. Es handelt sich offensichtlich um eine von einer Frau für einen Mann hergestellte Robe, denn die von Frauenhand bemalten Roben zeigen stark stilisierte Motive, während Männer die Roben mit figürlichen oder bilderschriftlichen Zeichnungen versahen. Das Geschlecht des Trägers bestimmt auch die Motive. Das Sonnenmotiv und der Federkranz auf der hiesigen Robe sind den Männern vorbehaltene Motive. Bisonroben wurden immer mit dem Schwanz auf der rechten Seite getragen. (Vgl. MAI New York Kat.-Nr. 20/1305; MfV Basel Kat.-Nr. IV a 118[2])

560 **Robe**
Zentrale Plains, vermutlich Lakota; 19. Jahrhundert
Leder, Stachelschweinborsten, Hirschhufe, Haare
Länge 125 cm, Höhe 110 cm
Geschenk Carl von Joest, Sechtem (1906/11), Inv.-Nr. 17955

Die Robe ist aus der gegerbten Haut eines Büffelkalbes gefertigt und mit zweiundzwanzig schmalen, aus rot gefärbten Stachelschweinborsten applizierten Streifen verziert. Darunter ist eine Reihe *quill*-umwickelter Lederriemenpaare angebracht, an deren Enden Hirschhufe und an einem rot gefärbte Haare befestigt sind. Rote *quill*-Streifen werden mit Frauen assoziiert. (Vgl. Orchard 1916: Pl. VII)

561 **Kleid** (ohne Foto)
Zentrale Plains, Lakota; 19. Jahrhundert
Leder, Glasperlen, Blech, Messing
Höhe 120 cm, Schulterbreite 100 cm
Geschenk Carl von Joest, Sechtem (1906/11), Inv.-Nr. 17956

Das Unterteil des Frauenkleides ist aus zwei gegerbten Häuten zusammengenäht. Die Schulterpartien sind reich mit Glasperlen in Gassenstich-Technik verziert. Die Grundfarbe ist Hellblau, die Farben des einfachen geometrischen Musters sind Gelb, Dunkelblau und durchscheinend Weinrot. Die Seitennähte werden von Glasperlen verdeckt. Oberhalb des Saumes sind aus Glasperlen zunächst waagerechte Reihen, dann Zickzackstreifen und darüber eine Reihe Messingnieten appliziert. Auf

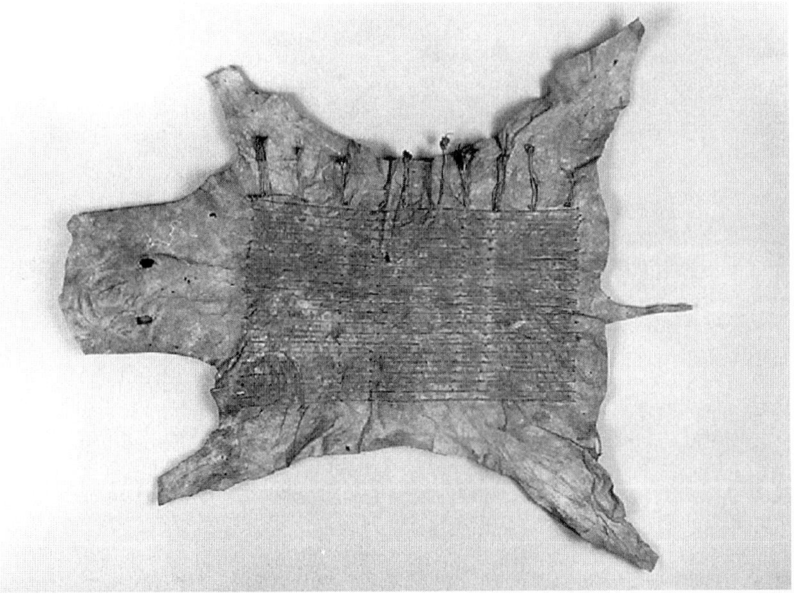

560

dem Rock wurden punktuell Lederbändchen angebracht, deren Ansatzpunkte ebenfalls eine Glasperlenverzierung zeigen. In die Seitennähte sind unten dreieckige Lederstückchen eingesetzt, die mit Perlengassen und Blechhülsen, aus denen Haarbüschel hervorschauen, verziert sind und über den Saum des Kleides herausragen. Ärmel und Saum weisen Fransen auf.

562 **Kleid-Oberteil** (Farbtafel III)
Zentrale Plains, Lakota;
19. Jahrhundert
Leder, Glasperlen
Höhe 32 cm, Länge 134 cm
Geschenk Carl von Joest, Sechtem
(1906/11), Inv.-Nr. 17957

Die Schulterpasse ist ganzflächig mit Glasperlen in Gassenstich-Technik bedeckt. Der Hintergrund ist Mittelblau mit Mustern in Rot, Grün, Gelb und Dunkelblau. Am Halsausschnitt, auf der Schulternaht und entlang den Rändern sind Streifen, in das Feld dazwischen einzelne Sanduhrmotive, u-förmige Gebilde und Balken appliziert. In die Ärmelkanten sind Fransen geschnitten. Solche aufwendig verzierten Schulterpassen wurden an Lederkleider genäht, die nur zu festlichen Gelegenheiten getragen wurden. In der frühen Reservationszeit kam es auch vor, daß man die Schulterpassen lose über einem Baumwollkleid trug. Die mittigen, u-förmigen Motive auf Brust und Rücken stehen symbolisch für die Schwänze der beiden Tierhäute, aus denen früher der untere Teil der Lederkleider zusammengesetzt war. (Vgl. Conn 1979: 184/No. 185)

563 **Weste** (Farbtafel III)
Zentrale Plains, vermutlich Lakota;
2. Hälfte 19. Jahrhundert
Leder, Baumwolle, Glasperlen,
Messingperlen, *hairpipes*
Höhe 31 cm, Breite 29 cm
Geschenk Carl von Joest, Sechtem
(1902/23), Inv.-Nr. 5682

Die ärmellose Lederweste ist auf der Außenseite ganzflächig mit Glasperlen in Gassenstich-Technik verziert und

564

innen mit kariertem Baumwollstoff gefüttert. Die Kanten wurden mit rotem Baumwollstoff gefaßt. Auf die ledernen Schnürriemen sind sogenannte *hairpipes* und Messingperlen aufgezogen. Die weißgrundige Glasperlen-Applikation zeigt vorne gerahmte Rechtecke mit Spitzenreihen am oberen Rand, auf der Rückseite Gabelmotive und Dreiecke. Die Farben des Musters sind Weiß, Dunkelblau, Hellblau, Grün, Rot und Gelb. Die Ränder säumt eine einzelne Perlengasse in Dunkelblau mit paarweise zusammenstehenden gelben Punkten. (Vgl. Hail 1980: 79/No. 11, 81/No. 14)

564 **Weste**
Zentrale Plains, vermutlich Lakota;
2. Hälfte 19. Jahrhundert
Leder, Baumwolle, Glasperlen
Höhe 55 cm, Breite 51 cm
Geschenk Carl von Joest, Sechtem
(1902/23), Inv.-Nr. 5683

Die ärmellose Lederweste ist ganzflächig mit Glasperlen in Gassenstich-Technik verziert. Die Kanten sind mit beigem Baumwollstoff eingefaßt. Die Glasperlen-Applikation ist weißgrundig und zeigt geometrische Muster in Royalblau, Mittelgrün, durchscheinend Weinrot und Gelb. Die Vorderseite zeigt neben den typischen geometrischen Mustern auf der linken Brustseite eine US-amerikanische Flagge. Sowohl die weißgrundige Glasperlen-Applikation als auch die Diagonalstreifen entlang den Kanten sind typisch für die Männerwesten der Lakota. (Vgl. Hail 1980: 80/No. 12)

565 **Hemd**
Zentrale Plains, vermutlich Lakota;
19. Jahrhundert
Leder, Glasperlen, Stachelschweinborsten, Haare, Seide
Höhe 80 cm, Schulterbreite 60 cm
Geschenk Carl von Joest, Sechtem
(1902/23), Inv.-Nr. 5691

Die Seiten des Lederhemdes sind offen und weisen Lederriemen zum Zubinden auf. Die Ärmel sind dagegen zu Schläuchen zusammengenäht. Seiten und Ärmel sind durch angenähte Lederstücke, deren untere Ränder mit Fransen ausgestattet sind, verlängert. Das Hemd ist im oberen Teil grünblau, im unteren gelb eingefärbt. Die Farbe Blau symbolisiert den Himmel, die Farbe Gelb die Erde. Die ledernen Brust- und Rückenlappen sowie die Zierstreifen über Brust, Rücken und Ärmel sind mit Glasperlen in geometrischen Mustern in Weiß, Hellgrün, Rosa, Rost und Mittelblau verziert. Die Ränder der Zierstreifen werden von Haarsträhnen gesäumt. Der Halsausschnitt ist von einem rosafarbenen Seidenband eingefaßt. Es handelt sich um ein sogenanntes *„warrior shirt“*, also ein Kriegerhemd, das nur von den Anführern der Militärgesellschaften getragen werden durfte.

565

566

566 Hemd und Leggings

Südliche Plains, vermutlich Apachen; 19. Jahrhundert
Leder, Glasperlen
Hemd 60 cm, Leggings 132 cm
Geschenk Arnim von Guilleaume, Köln (1908/25),
Inv.-Nr. 23402–23404

Lange Fransen, aus dem Leder gestanzte Zacken und Löcher, Bemalung und relativ einfach gegliederte Glasperlen-Applikationen sind die bevorzugten Verzierungstechniken der Indianer der südlichen Plains. Sowohl die Seiten als auch die Ärmel sind zusammengenäht. Die gelb eingefärbten, langen Brust- und Rückenlappen zeigen aufgemalte Kreismotive. Auf der Naht sitzen durchscheinend rosafarbene beziehungsweise hellblaue Glasperlen. Die in Gassenstich-Technik gearbeiteten Glasperlen-Applikationen zeigen ein Dekor aus dunkelblauen Dreiecken auf weißem Grund. Lederfransen zieren Saum, Ärmel und Schultern. Unter dem Brustlappen befindet sich ein u-förmiges Motiv mit eingeschlossenem Strahlenkreis, auf die Ärmel sind gekreuzte Beile, Kreise und Streifen, zwischen Saum und Ansatz der seitlichen Zierstreifen horizontale Streifen gemalt. Die Bemalung ist in Ocker, Braunrot, Hellrot und Grün ausgeführt. Die Leggings sind gelb eingefärbt. Die Muster der perlenbestickten seitlichen Streifen und der Bemalung entsprechen denen auf dem Hemd. Ein Legging zeigt außerdem einen Indianer mit Tomahawk. Ergänzt wird die Verzierung durch Fransen und seitlich angebrachte Lederlappen mit gezacktem Rand und Lochmuster.

567 Leggings

Plains; 19. Jahrhundert
Leder
Länge 67 cm, Breite 20–27 cm
Geschenk Carl von Joest, Sechtem (1902/23), Inv.-Nr. 5681

In die Nähte der einfachen, unverzierten Männer-Leggings sind oberhalb der Knie zur Verbreiterung Keile, unterhalb der Knie kurze Lederfransen eingesetzt. Die ledernen Strumpfbänder haben schlitzförmige Knopflöcher. Auffallend sind die zahlreichen unregelmäßig verteilten hellen Flecken im Leder.

568 Leggings

Zentrale Plains, vermutlich Lakota; spätes 19. Jahrhundert
Leder, Baumwolle, Glas- und Metallperlen
Länge 75 cm, Breite 17–31 cm
Kauf Franz Müller-Gossen, Krefeld (1953/13), Inv.-Nr. 43978

An die schlauchförmigen Stoffleggings wurden lederne, mit Glasperlen ver-

567

zierte Stulpen genäht, die seitlich mit Lederriemen verschlossen sind. Die weißgrundige Glasperlen-Applikation zeigt geometrische Motive in Mittelgrün, Mittelblau, Hellblau, Blaßgelb und durchscheinend Weinrot. Die spärlich verwendeten geschliffenen silber- und messingfarbenen Metallperlen wurden erst um 1885 eingeführt und waren etwa zehn Jahre lang beliebt.

569 Hosenbein
Plains; 2. Hälfte 19. Jahrhundert
Leder, Jute, Glasperlen, Wolle, Baumwolle
Länge 100 cm, Breite 36 cm
Geschenk Carl von Joest, Sechtem (1902/23), Inv.-Nr. 5692

Die Hose aus dunklem Leder, von der nur noch ein Bein vorhanden ist, gehörte zu der Ausrüstung einer Indianer-Figur, die zusammen mit der bei Umlauff erworbenen Sioux-Sammlung ins Museum kam. Sie war offensichtlich geknöpft, wie die Knopflochleiste zeigt. Löchrige Stellen im Hosenboden wurden mit Flicken aus einem Jutesack ausgebessert. Der Bund ist innen mit Baumwolle gefüttert, in die Seitennaht ein zusätzlicher, mit Fransen bestückter Lederstreifen eingesetzt. Aufgenähte lederne Zierstreifen mit lose aufgelegten Glasperlenschnüren verlaufen um die Knöchel und die Seiten hinauf. Weiße sowie hellblaue, weinrote und mittelblaue Perlen aus durchsichtigem Glas bilden ein Wirbelsäulenmotiv. Die Lederstreifen werden zunächst von rotem Wollstoff, dann von einer direkt auf das Hosenbein applizierten Perlengasse umrahmt.

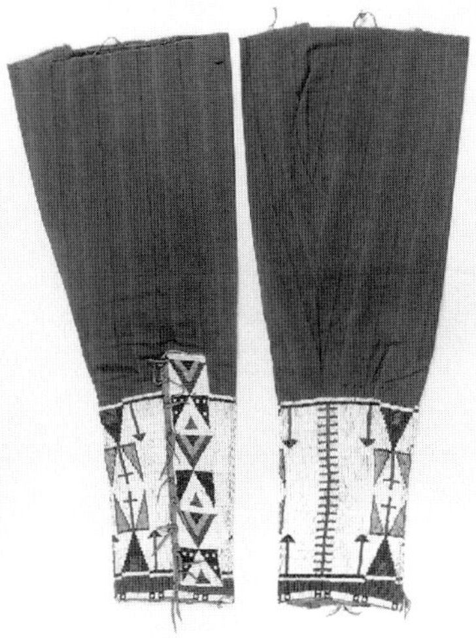

568

570 Leggings
Zentrale Plains, vermutlich Lakota; 2. Hälfte 19. Jahrhundert
Leder, Glasperlen
Länge 37 cm, Breite 16 cm
Geschenk Carl von Joest, Sechtem (1902/23), Inv.-Nr. 5678

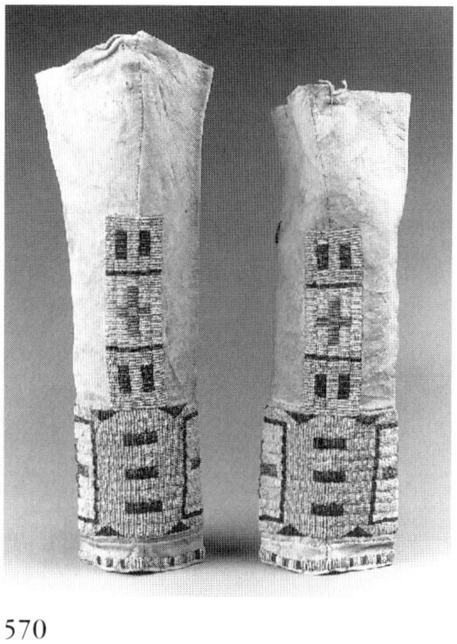

570

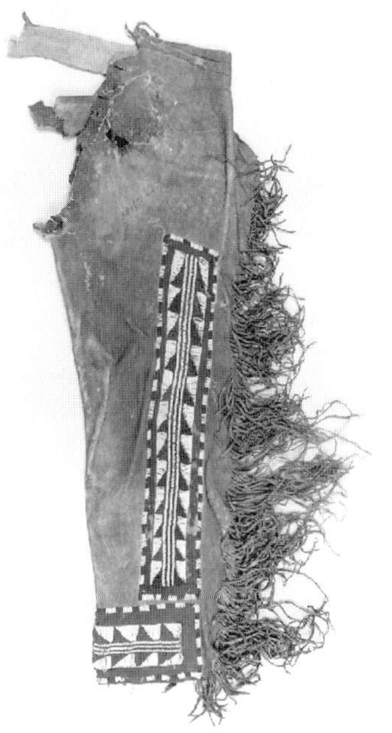

569

Die kniehohen Mädchen-Leggings sind aus rechteckigen Lederstücken schlauchförmig zusammengenäht. Das untere Drittel und ein auf die Naht gesetzter Lederstreifen zeigen eine Glasperlen-Applikation in Hellblau mit Dunkelblau, Gelb und durchscheinend Weinrot. Das Muster besteht aus Quadraten mit eingeschlossenen Kreuzen, kurzen Quer- und Längsbalken und Dreiecken. Ein hellblauer Hintergrund ist typisch für Frauenkleidung der Lakota (vgl. Kat.-Nr. 561–562).

Mokassins
Der Hartgrasbewuchs der Prärien und Plains erforderte stärkere Sohlen als der weiche Boden des Waldlandes. Während bei den Mokassins der Waldland-Indianer Sohle und Oberleder in der Regel aus einem einzigen Stück geschnitten waren, nähten die Plains-Indianer zusätzlich Sohlen aus dem besonders widerstandsfähigen Rohleder unter ihre Mokassins. Auch Zungen und Stulpen wurden teilweise gesondert angenäht. Die typische Verzierung mit Glasperlen beginnt bei vielen Exemplaren erst einige Millimeter oberhalb der Sohlennaht, wodurch ein eventuell erforderliches Auswechseln der Sohle leichter möglich war.

572

573

574

575

576

577

578

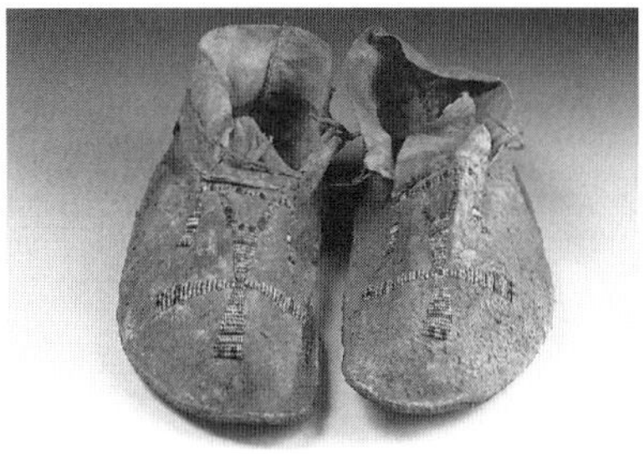

579

580

582

583

584

585

586

587

571 **Mokassins** (Farbtafel IV)
Zentrale Plains, vermutlich Lakota; spätes 19. Jahrhundert
Leder, Stachelschweinborsten, Glasperlen, Baumwolle
Länge 26 cm, Breite 9 cm, Höhe 8,5 cm
Geschenk Carl von Joest, Sechtem (1902/23), Inv.-Nr. 5656

Für die flächige Dekoration auf dem Fußrist sowie die in Dreiergruppen angeordneten Querstreifen auf der Sohle wurden bunt gefärbte Stachelschweinborsten, für eine einzige rundumlaufende Gasse am Sohlenrand dagegen Glasperlen verwendet. Die Naht zwischen Rohledersohle und Oberleder ist mit *quill*-Streifen umstochen. Die Ferse weist eine Mittelnaht und zwei kurze Lederfransen auf. Die trapezförmige Zunge ist gesondert angenäht. Die Knöchelränder sind mit lila Stoff eingefaßt. Die Stachelschweinborsten sind mit Anilinfarben leuchtend rot, orange, blau, grün und dunkelrot gefärbt. Die Farben der Glasperlen sind durchscheinend Dunkelblau, Gelb und Grün. Mokassins mit dekorierten Sohlen werden häufig als Toten-Mokassins bezeichnet. Die *quill*-Applikation an der Sohle ist unter der Ferse und dem Ballen stark beschädigt, was auf eine Abnutzung durch Tragen hinweist. In der frühen Reservationszeit ab 1880 verzierten die Indianerinnen ihre Produkte oft über und über mit Glasperlen. Nach 1910 kamen Mokassins mit dekorierten Sohlen wieder aus der Mode (Pohrt 1977: 32ff).

572 **Mokassins**
Zentrale Plains; 2. Hälfte 19. Jahrhundert
Leder, Stachelschweinborsten, Glasperlen, Blechhülsen, Federn
Länge 28 cm, Breite 10,5 cm, Höhe 10 cm
Überweisung Kunstgewerbemuseum, Köln (1950/12), Inv.-Nr. 45374

An das mit einer Fersennaht geschlossene Oberleder ist eine aufwendig gestaltete, nach vorne geklappte Zunge angenäht. Auf eine Glasperlen-Applikation folgen zunächst mit Stachelschweinborsten umwickelte Rohlederstreifen und zuletzt angehängte Blechhülsen, aus denen Federbüschel hervorschauen. Quer über den Rist verlaufen dünne parallele Streifen und Bänder aus rot gefärbten Borsten, die teilweise blau und purpurfarbige Dreiecke einschließen.

573 **Mokassins**
Zentrale Plains, vermutlich Arapaho; um 1900
Leder, Stachelschweinborsten, Glasperlen
Länge 27,5 cm, Breite 9,5 cm, Höhe 15,5 cm
Geschenk Arnim von Guilleaume, Köln (1908/25), Inv.-Nr. 23407

An das Oberleder sind Rohledersohle, Zunge und Stulpen mit zackenförmig ausgeschnittenem Rand angenäht. Über den Rist und um die Ferse verlaufen dünne Borstenstreifen. Knapp oberhalb der Sohlennaht ist eine einzelne Glasperlengasse appliziert. Die Fersennaht wird von zwei Perlenstreifen flankiert.

574 **Mokassins**
Plains; 19. Jahrhundert
Leder, Baumwolle, Stachelschweinborsten
Länge 26 cm, Breite 9 cm, Höhe 10 cm
Tausch Naturwissenschaftliches Museum, Wuppertal (1940/04), Inv.-Nr. 42189

Diese Mokassins mit Rohledersohle, Fersennaht und angenähter Zunge sind mit beigem Baumwollstoff gefüttert. Der Rand trägt eine Einfassung aus beigebraun gemustertem Stoff. Am Fersenboden wurden je zwei kurze Lederfransen angebracht. Die spärliche Borstenverzierung auf dem Fußrist zeigt ein Rautenmuster in Rot, Grün, Gelb und Lila.

575 **Mokassins**
Plains; 19. Jahrhundert
Leder, Baumwolle, Perlmuttknöpfe, Stachelschweinborsten
Länge 25 cm, Höhe 15 cm
Tausch Naturwissenschaftliches Museum, Wuppertal (1940/04), Inv.-Nr. 42192

An das mit einer Fersennaht verschlossene Oberleder sind eine Rohledersohle, eine lange rechteckige Zunge und Stoffstulpen angenäht. Die ehemals vorhandene Borstenzier auf dem Fußrist ist völlig zerstört. Sie stellte vermutlich einen Morgenstern dar. Die Stoffstulpen sind mit zwei Perlmuttknöpfen zu schließen.

576 **Mokassins**
Nördliche Plains, vermutlich Crow; 19. Jahrhundert
Leder, Glasperlen
Länge 27 cm, Breite 10,5 cm, Höhe 10,5 cm
Tausch Museum für Völkerkunde, Berlin (1937/14), Inv.-Nr. 40422

Für die Sohle dieser Mokassins wurde ein Rohlederstück einer ausgedienten *parflèche* (vgl. 555–556) wiederverwertet. Die bemalte Seite befindet sich auf der Innenseite. Die Verwendung von *parflèches* als Sohlen trat verstärkt in der Reservationszeit auf, als Transporttaschen an Bedeutung verloren und Rohleder schwieriger zu beschaffen war. Das Oberleder ist an der Ferse zusammengenäht. Die kurzen Stulpen und die zackenförmig ausgeschnittene Zunge sind gesondert angenäht. Die Knöchel, der Rist und der Sohlenrand tragen Glasperlen-Applikationen, teils in Gassenstich-, teils in Crow-Stich-Technik, die in den Farben Hellblau, Gelb, Dunkelblau und durchscheinend Weinrot gehalten sind.

577 **Mokassin**
Plains; 19. Jahrhundert
Leder, Glasperlen, Baumwolle, Blechhülsen, Federn
Länge 24 cm, Breite 9 cm, Höhe 8 cm
Geschenk Carl von Joest, Sechtem (1902/23), Inv.-Nr. 5695

Der einzelne Schuh gehörte einmal zur Ausrüstung einer bei Umlauff erworbenen Figur. Analog zu dem Hosenbein (vgl. Kat.-Nr. 569) ist merkwürdigerweise nur noch ein Teil vorhanden. Die Rohledersohle wurde rot eingefärbt. Eine ganzflächige Glasperlen-Applikation in Gassenstich-Technik ziert das Oberleder. Es handelt sich um ein einfaches Streifenmuster aus weißen, blauen und durchscheinend weinroten Glasperlen. Die beiden Zipfel der langen, angenähten Zunge sind mit weißen und blauen Querstreifen verziert und enden in Blechhülsen, aus denen rot gefärbte Federbüschel herausragen. Die Einfassung des Knöchels besteht aus schwarzem Baumwollstoff.

578 **Mokassin**
Plains; vor 1927
Leder, Glasperlen
Länge 25 cm, Breite 8,5 cm,
Höhe 8,5 cm
Kauf Julius Konietzko, Hamburg
(1926/08), Inv.-Nr. 38382

Auch dieser einzelne Schuh mit Rohledersohle, Fersennaht und angenähter Zunge ist bis auf die Stulpen ganzflächig mit Glasperlen-Applikationen in Gassenstich-Technik verziert.

588

589

590

Weiße, mittelblaue, durchscheinend weinrote, gelbe und durchscheinend dunkelgrüne Glasperlen bilden geometrische Muster aus Dreiecken entlang der Sohle und getreppt angeordneten kleinen Quadraten auf dem Rist.

579 **Mokassins**
Zentrale Plains, vermutlich Arapaho; um 1900
Leder, Glasperlen
Länge 26,5 cm, Breite 9,5 cm,
Höhe 8 cm
Geschenk Carl von Joest, Sechtem
(1902/23), Inv.-Nr. 5661

Die nur sparsam mit Glasperlen verzierten Mokassins haben eine Rohledersohle, eine Fersennaht und eine gesondert angenähte Zunge. Die Verzierung besteht aus einem Andreaskreuz-Motiv unter einem Querbalken mit Anhängern in den Farben Hell- und Royalblau, Gold, Weinrot und Weiß.

580 **Mokassins**
Zentrale Plains; um 1900
Leder, Glasperlen, Samt
Länge 25,5 cm, Breite 9 cm,
Höhe 8 cm
Geschenk Carl von Joest, Sechtem
(1902/03), Inv.-Nr. 5662

Das Oberleder samt Zunge ist aus einem Stück Leder gefertigt und an der Ferse zusammengenäht. Die rohlederne Sohle und die Stulpen sind angenäht. Die Stulpen sind zackenförmig ausgeschnitten. In die Naht ist ein Samtband eingesetzt. Die sparsame Glasperlen-Applikation auf dem Fußrist zeigt einen Längsbalken mit eingeschlossenen Kreuzen und seitlich angesetzten dreieckigen Anhängern in den Farben Dunkelblau, Mittelgrün, Hellblau, Gelb, durchscheinend Weinrot und Weiß.

581 **Mokassins** (Farbtafel IV)
Zentrale Plains, Cheyenne; um 1900
Leder, Glasperlen
Länge 25 cm, Breite 9,5 cm,
Höhe 7 cm
Geschenk Carl von Joest, Sechtem
(1902/23), Inv.-Nr. 5660

Typisch für die Mokassins der Cheyenne sind die Verdeckung der Fersennaht mit einer Glasperlengasse, die Querreihe über dem Rist, die Siebenzahl der Dreiecksmotive am Rand und die Anordnung eines Dreiecks auf der Zehenspitze. Die Stulpen und die zweizackige Zunge tragen einen Saum aus Glasperlen. Der Rist zeigt ein sogenanntes Bisonfährten-Motiv, das dem Abdruck des zweizehigen Bisonhufes ähnelt. Die Farben der verwendeten Glasperlen sind Weiß, Royalblau, Mittelblau, Rot, Rosa und Gelb.

582 **Mokassins**
Zentrale Plains; 19. Jahrhundert
Leder, Baumwolle, Glasperlen
Länge 28,5 cm, Breite 9,5 cm,
Höhe 8 cm
Geschenk Carl von Joest, Sechtem
(1902/23), Inv.-Nr. 5659

Die Mokassins haben eine Rohledersohle und eine lange Zunge, die in zwei Zipfeln ausläuft. Die Stoffeinfassung am Knöchelrand ist stark zerschlissen. Auch hier ist auf dem Rist ein Bisonfährten-Motiv (vgl. Kat.-Nr. 581) zu sehen, die Zehen sind mit losen Glasperlenschnüren belegt. Die übrige Glasperlen-Applikation ist in Gassenstich-Technik aufgebracht und zeigt Dreiecksmotive mit einem abgesetzten getreppten Rand in den Farben Weiß, Royalblau, Weinrot, Gelb und Grün. (Vgl. Walton 1985: 94/No. 12)

583 **Mokassins**
Plains; um 1900
Leder, Glasperlen
Länge 24 cm, Breite 8 cm,
Höhe 12 cm
Geschenk Carl von Joest, Sechtem
(1902/23), Inv.-Nr. 5658

Die rohledernen Sohlen sind auf der Außenseite grün eingefärbt. Die Sohle des linken Schuhs zeigt auf der Innenseite eine Bemalung, die sie als wiederverwendetes Teil einer *parflèche* (vgl. Kat.-Nr. 555–556) ausweist. Die Stulpen sind grün, die Zungen dagegen gelb eingefärbt. Die Zehen des Bisonfährten-Motivs auf dem Rist werden von aufgelegten Glasperlenschnüren gebildet, die übrige Glasperlen-Applikation ist in Gassenstich-Technik ausgeführt. Es wurden gelbe, hellgrüne, weinrote, hellblaue, weiße sowie dunkel- und royalblaue Perlen verwendet, von denen etliche grüne Farbspuren aufweisen, was darauf schließen läßt, daß die Einfärbung erst nachträglich erfolgte.

584 **Mokassins**
Zentrale oder nördliche Plains; um 1900
Leder, Glasperlen
Länge 26 cm, Breite 9 cm, Höhe 7,5 cm
Geschenk Carl von Joest, Sechtem (1906/11), Inv.-Nr. 17959

Die Mokassins mit Rohledersohle, Fersennaht und angenähter leicht trapezoider Zunge zeigen eine flächige Glasperlen-Applikation in Gassenstich-Technik in Royalblau, Hellblau, Weiß und durchscheinend Weinrot. Dargestellt sind Dreiecke mit getrepptem Rand sowie auf dem Rist eine Reihe aufeinandergestellter Pfeilspitzen.

585 **Mokassins**
Zentrale oder nördliche Plains; um 1900
Leder, Glasperlen
Länge 25 cm, Breite 9 cm, Höhe 11,5 cm
Geschenk Carl von Joest, Sechtem (1906/11), Inv.-Nr. 17960

Das Oberleder mit Fersennaht und angeschnittenen Stulpen ist rötlichbraun eingefärbt. Am Fersenboden sind kurze Lederfransen angebracht. Die sparsame Glasperlenzier bildet eine umlaufende Gasse oberhalb der Rohledersohle und auf dem Rist ein Andreaskreuz in Weiß, durchscheinend Weinrot, Gelb, Blau und Grün.

586 **Mokassins**
Zentrale oder nördliche Plains; spätes 19. Jahrhundert
Leder, Glas- und Metallperlen
Länge 25 cm, Breite 9 cm, Höhe 7,5 cm
Kauf Franz Müller-Gossen, Krefeld (1953/13), Inv.-Nr. 43959

Auch diese mit Rohledersohle und Fersennaht versehenen Mokassins zeigen eine nur sparsame Glasperlenverzierung in Form einer umlaufenden Randreihe und eines Andreaskreuzes auf dem Rist in den Farben Weiß, Royalblau, durchscheinend Weinrot, Grün und Orange. Außerdem wurden einige vieleckig geschliffene, kupferfarbene Metallperlen verwendet, die vor allem in der Zeit zwischen 1885 und 1895 beliebt waren. Zunge und Stulpen sind angenäht.

587 **Mokassins**
Plains; um 1900
Leder, Glasperlen, Baumwolle
Länge 26 cm, Breite 8,5 cm, Höhe 6,5 cm
Kauf Franz Müller-Gossen, Krefeld (1953/13), Inv.-Nr. 43960

Die mit Rohledersohle, Fersennaht und angenähter Zunge gearbeiteten und stark beschädigten Mokassins zeigen nur auf dem Fußrist eine sparsame Glasperlen-Applikation in Weiß, durchscheinend Weinrot, Blau, Grün und durchscheinend Hellrot. Der Knöchelrand ist mit rotem Stoff eingefaßt.

588 **Mokassins**
Südlicher Plains-Typ; um 1900
Bemaltes Leder, Glasperlen
Länge 27 cm, Breite 10 cm, Höhe 6 cm
Geschenk Arnim von Guilleaume, Köln (1908/25), Inv.-Nr. 23406

Die stark betonte und leicht nach oben weisende Zehenspitze, die Bemalung und die sehr spärliche Verwendung von Glasperlen deuten auf eine Herkunft aus den südlichen Plains. Ein eingeklebtes Papieretikett besagt, daß die Mokassins in „Libbie & Katie's INDIAN STORE Niagara Falls" verkauft wurden. An der Ferse und auf dem Rist wurden Lederstücke eingesetzt. Die Bemalung ist im hinteren Teil blau, auf der Zunge und der Spitze gelb, die Farben der Glasperlen sind Grün, Weiß und Dunkelblau. (Vgl. Hail 1980: 113/No. 49)

589 **Mokassins**
Plains; vor 1927
Leder, Glasperlen
Länge 14 cm, Breite 6 cm, Höhe 6 cm
Kauf Julius Konietzko, Hamburg (1927/05), Inv.-Nr. 38461

Die Kinderschuhe mit der üblichen Rohledersohle, Fersennaht und angenähten Zunge zeigen eine Applikation aus bunten Glasperlen ohne Musterkonturen.

590 **Mokassins**
Zentrale Plains, vermutlich Lakota; um 1900
Leder, Glasperlen
Länge 11 cm, Breite 4 cm, Höhe 4,5 cm
Überweisung Kunstgewerbemuseum, Köln (1950/12), Inv.-Nr. 45373

Auffällig an diesen Baby-Mokassins ist das umlaufende Muster aus schräg angeordneten kleinen Rechtecken. Auf dem Rist sieht man ein rechteckiges Feld, das im oberen Teil eingeschlossene Kreuze zeigt, im unteren das sogenannte Wirbelsäulenmotiv. Für die Sohle wurde gegerbtes Leder verwendet.

591

591 **Schuhe**
Plains?; vor 1937
Leder, Glasperlen, Baumwolle, Eisennägel
Länge 25 cm, Breite 8 cm, Höhe 9 cm
Geschenk Frau von Slytermann, Duisburg (1937/04), Inv.-Nr. 40391

Die Schuhe haben breite, hohe Absätze, die mit Eisennägeln befestigt sind. Auf das mit Stoff bezogene Oberleder sind ganzflächig Glasperlen in Peyotestich-Technik appliziert. Vor einem

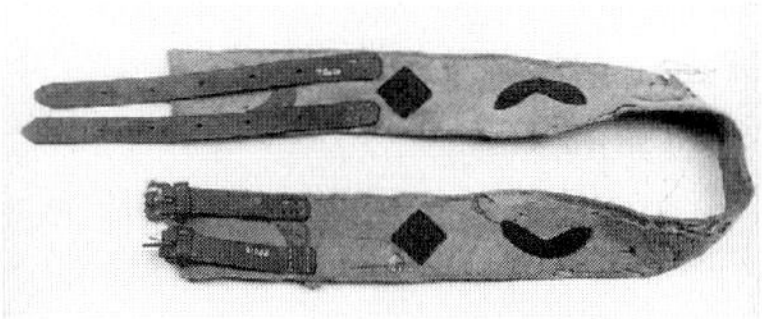

592

hellblauen Hintergrund erscheinen geometrische und Blumenmuster in Dunkelblau, Weiß sowie durchscheinend Weinrot, Gold und Grün. Die Schuhe sind sehr ungewöhnlich, obwohl auch Baseballkappen und Turnschuhe häufig mit Glasperlen verziert wurden, was immerhin beweist, daß es durchaus üblich war, die alten Verzierungstechniken auf Gegenstände der modernen Gesellschaft zu übertragen.

592 **Gürtel**
Plains; um 1900
Baumwolle, Filz, Leder, Metallschnallen
Länge 72 cm, Breite 4,5 cm
Kauf Franz Müller-Gossen, Krefeld (1953/13), Inv.-Nr. 43982

Der Stoffgürtel hat eine Auflage aus beigefarbenem Filz. Appliziert sind hell- und dunkelgrüne, braunrote und hellblaue Filzstückchen mit einfachen geometrischen Umrissen. Die Sicheln, Kreise und Rauten stellen vermutlich die in den Großen Ebenen üblichen Symbole der Gestirne dar. Der Verschluß besteht aus zwei schmalen Lederriemen und Metallschnallen.

593 **Zierstreifen** (Farbtafel XIV)
Zentrale Plains, vermutlich Lakota; um 1900
Leder, Glasperlen
Länge 156 cm, Breite 9 cm
Kauf Franz Müller-Gossen, Krefeld (1953/13), Inv.-Nr. 43969

Der Lederstreifen, der sich an vier Stellen kreisförmig verbreitert, ist ganzflächig mit Glasperlen in Gassenstich-Technik verziert. Vor weißem Hintergrund sind in Hellgrün, Mittelblau, durchscheinend Weinrot und Gelb geometrische Motive dargestellt. Das Motiv auf den Kreissegmenten wird „Vier Himmelsrichtungen" genannt. Die Zahl Vier hat symbolische Bedeutung. Sie steht für die vier Himmelsrichtungen genauso wie für die vier Lebensalter Kindheit, Jugend, Reife und Alter. Um das Entfernen des Fleisches und das Gerben zu erleichtern, wurden die Bisonhäute in der Mitte durchtrennt und später wieder zusammengenäht. Ein dekorativer Lederstreifen, früher mit Stachelschweinborsten, später mit Glasperlen verziert, wurde aufgenäht, um die Naht zu verdecken. Selbst als im späten 19. Jahrhundert die Bisonroben immer häufiger durch Wolldecken ersetzt wurden, brachte man die perlbestickten Bänder an. (Vgl. Hail 1980: 138/Figs. 118–120; Völger 1976: Nr. 4.42.12; Wissler 1927: 38)

Kopfschmuck

Im 19. Jahrhundert lösten Federhauben den älteren Kopfschmuck aus Bisonfell (vgl. Kat.-Nr. 598) ab. In vielen Plains-Stämmen gab es Kriegerbünde. Deren Mitglieder führten Tänze auf und kostümierten sich dabei als Bisons, um sich die Kraft dieser Tiere anzueignen. Bisonhörner, die zum Teil auch die Federhauben zieren, sind ein Symbol für die Zeugungsfähigkeit des Trägers.
Der Plains-Krieger mit der Adlerfederhaube auf dem Kopf ist zum idealisierten Abbild des Indianers schlechthin geworden. Einzelne Adlerfedern, die in bestimmter Weise zugeschnitten und auf dem Kopf angebracht waren, gaben Auskunft über die Art der kriegerischen Heldentaten, die der Träger vollbracht hatte. Die Haube aus den Schwanz- und Flügelfedern des Adlers war dagegen ein Symbol für Tapferkeit und das Ansehen eines einzelnen oder einer Gruppe im allgemeinen. Der Federkranz symbolisiert die Sonne und den ewigen Kreislauf der Schöpfung. Die häufig an den Spitzen der Federn angebrachten Flaumfederbüschel repräsentieren die Geister, die den Krieger beschützen. Die sogenannte *commander feather*, ein einzelner vom Federkleid befreiter Kiel, steht für den Träger der Haube. Wollstoffhülsen an der Basis der Federkiele sind meist rot, haben also die Farbe des Blutes und des Lebens. Die Federn wurden auf einer Lederkappe, ab 1850 auch auf Filzhüten mit abgeschnittener Krempe befestigt.
Der Adler, das Wappentier der Vereinigten Staaten, steht heute unter Naturschutz. Er darf nicht getötet oder gefangen werden. Es ist verboten, Adlerfedern zu verwenden. Händler bieten heute Imitationen an. Selbst die Indianer können echte Adlerfedern nur noch aus Zoos oder vom US-Fish and Wildlife Service erhalten, wenn tote Tiere aufgefunden werden. Sie müssen dazu vom Bureau of Indian Affairs eine Bescheinigung über ihre indianische Abstammung vorlegen sowie einen Nachweis ihrer Stammesverwaltung, daß die Adlerfedern für religiöse Zwecke verwendet werden.
Eine weitere Art des Kopfschmucks ist der sogenannte *roach*, den die Plains-Indianer in der zweiten Hälfte des 19. Jahrhunderts aus dem Osten übernahmen. Er wurde aus den Haaren von Hirschen, Dachsen, den Nackenhaaren des Stachelschweins oder Truthahnbarten gefertigt. Auch *roaches* gaben Auskunft über vollbrachte Kriegstaten. Sie waren ein zeremonieller Kopfschmuck beim *iruska*-Heilritual der Pawnee, das von den Omaha zu einem Kriegstanz umgewandelt wurde, der sich dann als Grastanz auch bei den anderen Plains-Völkern durchsetzte. Der Grastanz ist heute eine der Disziplinen bei den *pow-wow*-Tanzwettbewerben. Ein *roach* ist wesentlicher Bestandteil des Kostüms der Grastänzer.

594 **Kopfschmuck** (Farbtafel XV)
Nördliche Plains, Blackfoot; 2. Hälfte 19. Jahrhundert
Federn, Wolle, Leder, Seidenbänder, Metallglöckchen
Höhe 52 cm
Kauf Helmer Arts Ltd., Golden (1992/16), Inv.-Nr. 54205

Sechsundzwanzig schwarze Adlerfedern sind kranzförmig auf einen Filzhut mit abgeschnittener Krempe aufgebracht.

Die Kielenden sind teilweise mit rotem Wollstoff umwickelt. Ein zweiter, innerer Kranz aus kleineren Federn ist nur noch in Resten vorhanden. Das lederne Stirnband ist mit Dreiecksmotiven bemalt. Seitlich hängen rote und grüne Seidenbänder sowie kleine Metallglöckchen herab.

595 Kopfschmuck
Zentrale Plains;
2. Hälfte 19. Jahrhundert
Federn, Leder, Glasperlen, Seidenbänder, Wolle, Baumwolle, Stachelschweinborsten
Höhe 46 cm
Kauf Franz Müller-Gossen, Krefeld (1953/13), Inv.-Nr. 43958

An einer Kappe, die aus vier Lederstücken zusammengesetzt ist, ist ein Federkranz aus vierundzwanzig Adlerfedern sowie ein einzelner, von der Federfahne befreiter und mit rot gefärbten Stachelschweinborsten umwickelter Federkiel befestigt. Von den rot gefärbten Flaumfederbüscheln, die auf den Spitzen der Federn saßen, sind nur noch wenige übrig. Die Federkielenden stecken in Hülsen aus rotem Wollstoff. Weitere kleinere Federn befinden sich auf der Kappe innerhalb des Federkranzes und an den Schläfen, von denen zudem lange Stoffbänder herabhängen. Das lederne Stirnband ist mit Glasperlen verziert.

595

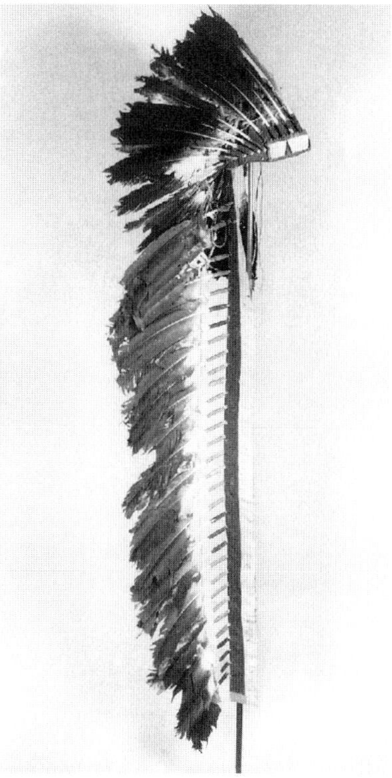

596

596 Kopfschmuck
Zentrale Plains; 19. Jahrhundert
Federn, Baumwolle, Wolle, Wollfilz, Leder, Glasperlen
Höhe 160 cm
Geschenk Heinz Paffendorf, Köln (1933/04), Inv.-Nr. 40031

597

598

599

Eine Lederkappe ist mit einem Kranz aus dreißig Adlerfedern besetzt, die einen Eulenbalg umschließen. Von der Mitte des Hinterkopfes hängt eine lange Stoffschleppe herab, an der weitere vierunddreißig Adlerfedern befestigt sind. Die Kielenden der Federn sind mit grünem und gelbem Filz umwickelt. Das lederne Stirnband ist am oberen Rand zackenförmig ausgeschnitten und mit Glasperlen verziert.

597 Schleppe zu Kopfschmuck
Zentrale Plains; 19. Jahrhundert
Federn, Wolle, Baumwolle, Leder, Stachelschweinborsten, Metallhäkchen
Höhe 130 cm, Breite 38 cm
Kauf Franz Müller-Gossen, Krefeld (1953/13), Inv.-Nr. 43957

Auf einem Träger aus Baumwollstoff mit einer Auflage aus rotem Wollstoff sind neununddreißig große Adlerfedern und zwei mal neun Paare kleinerer, an Lederriemchen aufgehängter Federn angebracht. Im mittleren Bereich der Schleppe zeigen die großen Federn mit dem Rücken nach vorne, weshalb diese Partie heller erscheint. An den Spitzen waren Flaumfedern angebracht, die aber weitgehend fehlen. Die Kielenden stecken in Hülsen aus rotem Wollstoff. Die kleineren Federn sind am Kiel mit roten und schwarzen Stachelschweinborsten umwickelt. Der Stoffträger ist mit der Nähmaschine genäht und weist drei kleine Metallhäkchen auf.

598 Kopfschmuck
Nördliche Plains; 19. Jahrhundert
Bisonfell, Hörner, Federn, Filz, Leder, Glasperlen, Wolle, Hermelinschwanz
Höhe 135 cm, Breite 33 cm
Tausch Stolper Galleries, München (1967/06), Inv.-Nr. 49687

An einem Filzhut mit abgeschnittener Krempe ist ein Stück Büffelhaut mit zwei aufrecht stehenden Hörnern befestigt. In die Haare, die an der Haut belassen wurden, sind zahlreiche Federbüschel und einige rote Wollfäden gebunden. An einer Seite ist ein Hermelinschwanz angebracht. Das Stirnband ist mit weißen, gelben und blauen Glasperlen in Gassenstich-Technik verziert. Hörner symbolisierten politische oder spirituelle Macht und durften nur von den Mitgliedern bestimmter Männerbünde getragen werden.

599 *Roach*
Plains; 19. Jahrhundert
Leder, Haare, Borsten
Länge 25 cm, Breite 5,5 cm
Tausch Museum für Völkerkunde, Berlin (1937/14), Inv.-Nr. 40412

Der *roach* genannte Kopfschmuck hat eine aus Tierhaaren geknüpfte Basis in der Form eines länglichen Tropfens. Bei den senkrecht abstehenden längeren Haaren handelt es sich um die Nackenhaare des Stachelschweins, bei den kürzeren um purpur und gelb gefärbte Hirschhaare. Das Objekt wurde in Berlin im Jahre 1936 inventarisiert und von Konrad Theodor Preuss gesammelt. (Vgl. Conn 1979: 166/No. 213)

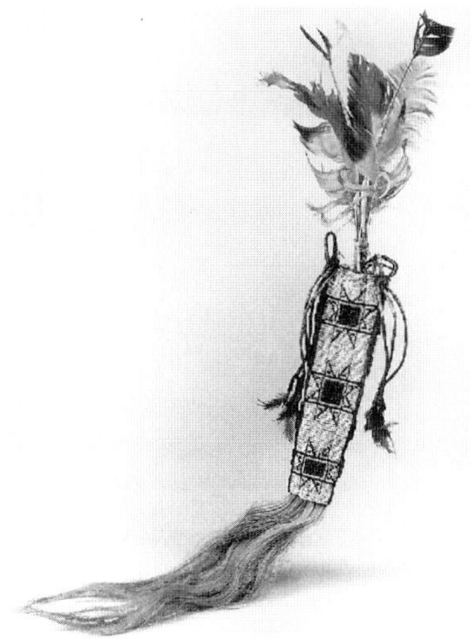

600

600 **Haarzierat**
Zentrale Plains, vermutlich Lakota; um 1900
Leder, Haare, Federn, Glasperlen, Stachelschweinborsten, Blechhülsen
Länge 83 cm, Breite 6,5 cm
Kauf Franz Müller-Gossen, Krefeld (1953/13), Inv.-Nr. 43971

Ein doppelt gelegter Lederstreifen ist auf einer Seite flächig mit Glasperlen in Gassenstich-Technik verziert. Vor weißem Hintergrund sind achtzackige Sterne mit eingeschlossenen Rechtecken und Kreuzen in den Farben Dunkelblau, durchscheinend Weinrot und Grün zu sehen. Oben sind Federn und seitlich mit Stachelschweinborsten umwickelte Lederriemen angebracht, die in Blechhülsen mit rot gefärbten Haarbüscheln enden. Unten ist ein langer Schweif aus gelblichen Pferdehaaren befestigt. Der Haarzierat wurde von Männern am Hinterkopf getragen. (Vgl. Hartmann 1973: 318/Nr. 37)

601 **Brustschmuck**
Plains; 19. Jahrhundert
Hairpipes, Glas- und Messingperlen, Leder
Höhe 50 cm, Breite 27 cm
Vorbesitzer unbekannt (1994/05), Inv.-Nr. 54305

Hairpipes nennt man die länglichen Knochenröhrchen, aus denen dieser Brustschmuck für Männer hergestellt ist. Sie sind zwischen senkrecht verlaufenden Rohlederstreifen auf Lederschnüre gezogen, die an den Seiten als Fransen überstehen. Für die mittlere Partie wurden Messingperlen verwendet. Auf den um den Nacken zu legenden Lederriemen sind ebenfalls Messing- und einige große achteckige, blaue Glasperlen gefädelt. Die Brustplatten aus waagerechten *hairpipes* wurden nur von Männern getragen, bei den Schmuckstücken der Frauen waren sie dagegen senkrecht angeordnet (vgl. Kat.-Nr. 605). Der Begriff *hairpipe* wurde von frühen Händlern für die röhrenförmigen Perlen aus Knochen, Muscheln oder Stein geprägt, die die Indianer des Ostens an einer Haarsträhne meist vorne an der Schläfe trugen. Im späten 19. Jahrhundert stellten die Weißen *hairpipes* aus Kuhknochen maschinell her und verkauften sie an die Indianer, die diese zu solchen aufwendigen Brustplatten verarbeiteten. Heute werden auch aus Plastik hergestellte *hairpipes* verwendet. (Vgl. Ewers 1957: Pl. 37b; Hartmann 1973: 321/Nr. 44)

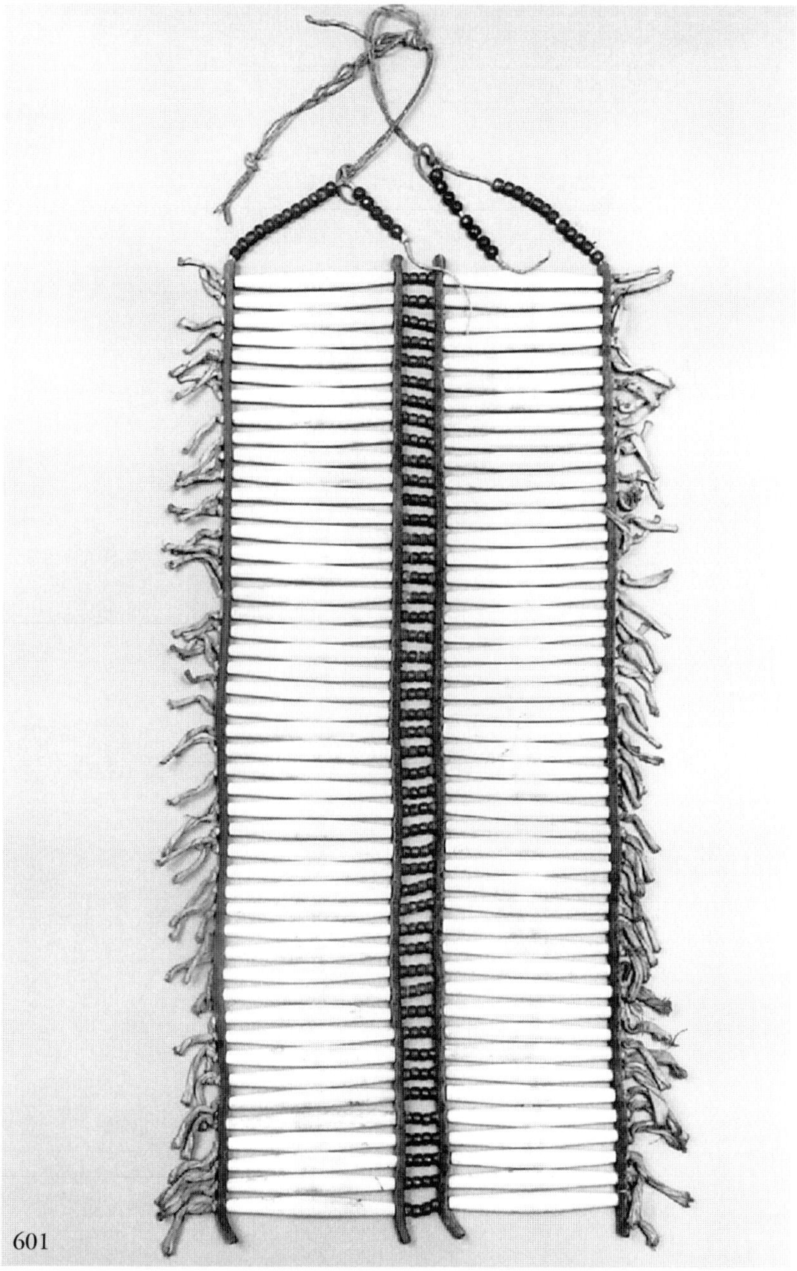

601

602

602 Halskette
Plains; 19. Jahrhundert
Leder, Bärenkrallen, Glasperlen, Sehnenfaden, Pflanzenfasern
Innenumfang 68 cm
Geschenk Carl von Joest, Sechtem (1902/23), Inv.-Nr. 5666

Neunundreißig Bärenkrallen sind an der Wurzel durchbohrt und auf einen Lederriemen aufgezogen. Durch ein zweites Loch in der Mitte jeder Kralle ist eine dünne, teils aus Sehnenfaden, teils aus gezwirnten Pflanzenfasern bestehende Schnur gezogen, auf die kleine mittelblaue Glasperlen gereiht sind. Bärenkrallen waren ähnlich wie Adlerfedern hochgeschätzt und durften nur von männlichen Anführern getragen werden. (Vgl. Hartmann 1973: 320/Nr. 41)

603 Kette
Nördliche Plains; 19. Jahrhundert
Messingperlen, Glasperlen, *hairpipe*, Holz, Leder, Baumwolle
Länge 38 cm
Geschenk Carl von Joest, Sechtem (1902/23), Inv.-Nr. 5664

Das Halsband aus Messingperlen und einer *hairpipe* trägt an einem ebenfalls mit Messingperlen besetzten Lederriemen einen Anhänger. Dieser besteht aus einem kleinen, rot gefärbten Holzreifen, der mit einem Netz aus Baumwollschnur bespannt ist. In der Mitte des Netzes sitzt ein mit gelben, blauen und grünen Glasperlenschnüren umwickelter Lederwulst.

604 Kette
Plains; 19. Jahrhundert
Hairpipes, Glasperlen, Baumwolle
Umfang 66 cm
Geschenk Carl von Joest, Sechtem (1902/23), Inv.-Nr. 5665

Auf ein Band aus Baumwollstoff sind sechs *hairpipes* sowie dreiundzwanzig große blaue, eine rote und zwei grüne, herzförmige Glasperlen gereiht.

605 Kette
Zentrale Plains, vermutlich Lakota; 19. Jahrhundert
Hairpipes, Messingperlen, Leder
Umfang 130 cm, Länge 53 cm
Geschenk Carl von Joest, Sechtem (1902/23), Inv.-Nr. 17965

Die dreisträhnige Kette aus *hairpipes* und Messingperlen ist auf einen Lederriemen gezogen. Es handelt sich um eine Frauenkette, bei der im Gegensatz zu dem Männerbrustschmuck die länglichen *hairpipes* senkrecht angeordnet sind. (Vgl. Ewers 1957: Pl. 33)

603

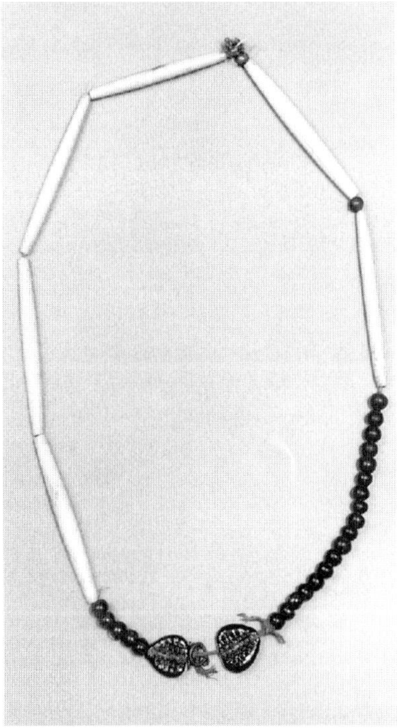

604

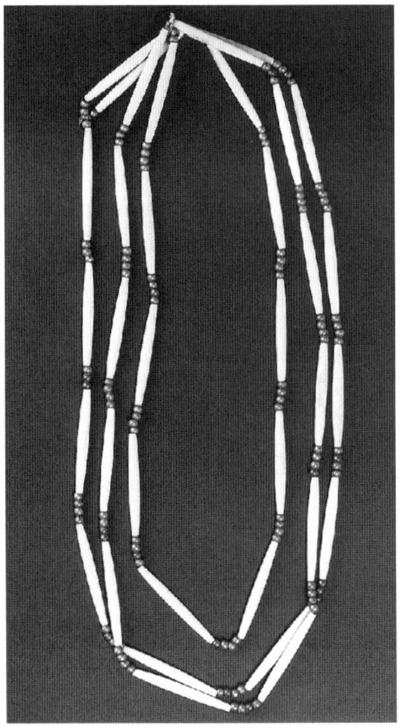

605

606

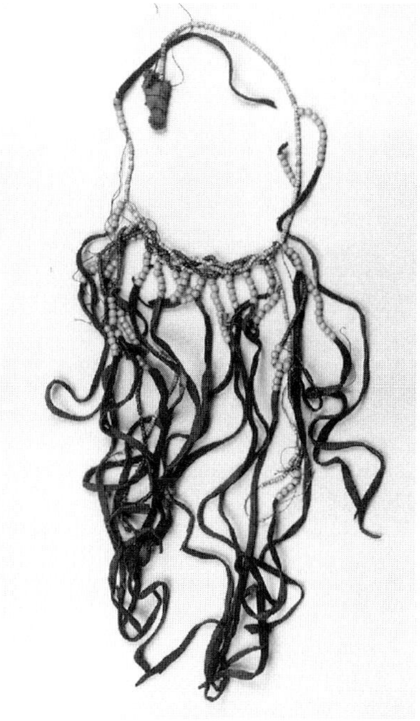

607

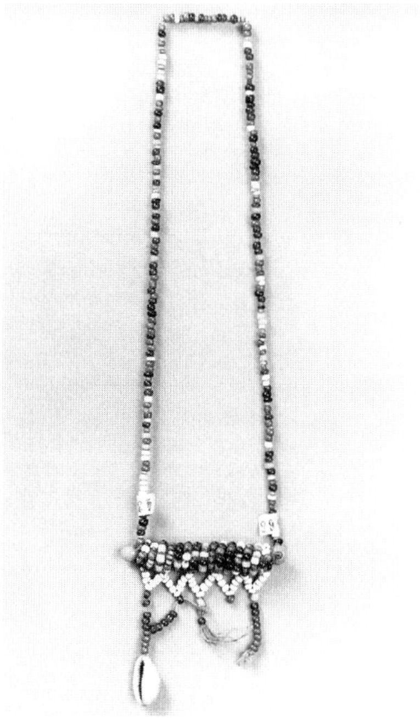

608

606 **Kette**
Südliche Plains; 19. Jahrhundert
Knochen, Messingperlen, Baumwolle
Länge 154 cm, Breite 3 cm
Geschenk Carl von Joest, Sechtem
(1902/23), Inv.-Nr. 5672

Insgesamt 149 Oberschenkelknöchelchen von Landschildkröten sind im Wechsel mit Messingperlen auf ein Stoffband gezogen. Die Knochen sind an den Gelenkköpfen durchbohrt und weisen Reste einer violetten Färbung auf. (Vgl. Hail 1980: 130/No. 94)

607 **Halsband**
Plains; um 1900
Leder, Glasperlen
Höhe 42 cm, Breite 26 cm
Kauf Franz Müller-Gossen, Krefeld
(1953/13), Inv.-Nr. 43967

Die Fransen dieses Halsbandes sind aus kommerziell gegerbtem Leder. Zwei türkisfarbene und eine durchscheinend weinrote Perlenschnur sind zu einem Zopf geflochten. Auf die daran hängenden Lederfransen sind große fleischfarbene Glasperlen gezogen. Um den Hals führt eine einzelne Perlenschnur.

608 **Kette**
Plains; um 1900
Glasperlen, Kaurischnecke, Baumwolle, Zwirn, Holz
Höhe 29 cm, Breite 7,5 cm
Kauf Franz Müller-Gossen, Krefeld
(1953/13), Inv.-Nr. 43968

Eine Perlenschnur aus vergleichsweise großen bunten Glasperlen ist unten um einen stoffbezogenen hölzernen Querstab gewickelt, an dem Dreiecksgirlanden aus Glasperlen und eine einzelne Kaurischnecke hängen.

609 **Oberarmband**
Plains; 19. Jahrhundert
Leder, Stachelschweinborsten, Blechhülsen, Federn
Höhe 30,5 cm, Durchmesser 9 cm
Geschenk Carl von Joest, Sechtem
(1902/23), Inv.-Nr. 5674

Zwei Rohlederstreifen sind zu Ringen zusammengenäht und mit weißen sowie rot, lila und orange gefärbten Stachelschweinborsten umwickelt. Das seitliche Gehänge besteht aus Lederriemen, die im unteren Bereich ebenfalls mit Stachelschweinborsten umwickelt sind und in Blechhülsen, aus denen Federn hervorschauen, enden. Oberarmbänder wurden von den Männern bei festlichen Gelegenheiten getragen. (Vgl. Kat.-Nr. 610; Hail 1980: 136/Nos. 110–111)

609

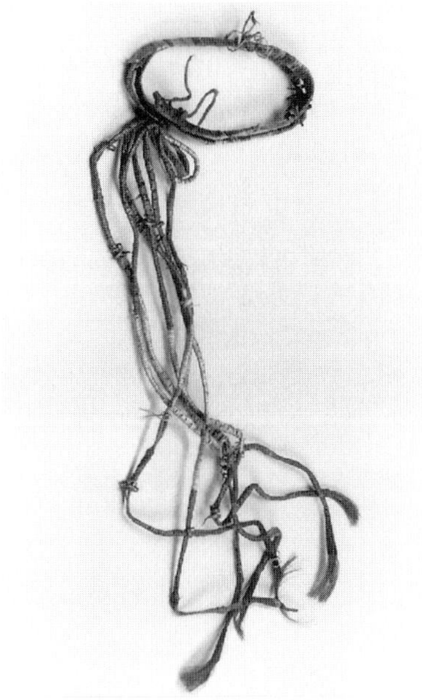

610

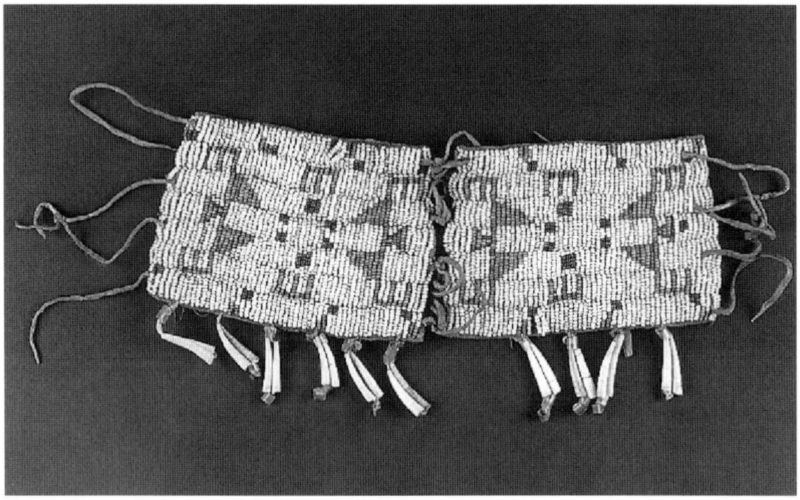

613

610 Oberarmband
Plains; 19. Jahrhundert
Leder, Stachelschweinborsten, Blechhülsen, Haare
Höhe 30 cm, Durchmesser 8 cm
Vorbesitzer unbekannt (1994/05), Inv.-Nr. 54306

Zwei ringförmig zusammengenähte Rohlederstreifen sind mit purpur, lila, gelb und rot gefärbten Stachelschweinborsten verziert. Die seitlich angehängten und in Schlaufen gelegten Lederriemen wurden ganz mit Stachelschweinborsten umwickelt. Sie enden in Blechhülsen, aus denen grün gefärbte Haare hervorschauen. (Vgl. Kat.-Nr. 609; Hail 1980: 136/Nos. 110–111)

611

612

611 Paar Armbänder
Plains; um 1900
Leder, Glasperlen, Seidenbänder
Länge 27,5 cm, Breite 4,5 cm
Kauf Franz Müller-Gossen, Krefeld (1953/13), Inv.-Nr. 43962

Die beiden breiten Streifen aus hellem, gegerbtem Leder sind ganzflächig mit Glasperlen-Applikationen in Gassenstich-Technik versehen. Das geometrische Muster erscheint in Royalblau, Mittelgrün und durchscheinend Gold vor weißem Hintergrund. An den Seiten sind Lederriemen sowie blaue Seidenbänder zum Binden angebracht. (Vgl. Kat.-Nr. 612; Hail 1980: 137/Nos. 113–115)

612 Paar Armbänder
Plains; spätes 19. Jahrhundert
Leder, Glas- und Metallperlen, Sehne
Länge 26 cm, Breite 7 cm
Kauf Franz Müller-Gossen, Krefeld (1953/13), Inv.-Nr. 43961

Ein mit Glasperlen verzierter Lederstreifen ist auf eine Unterlage aus Rohleder genäht. Auf dem Sehnenfaden sitzen zwischen den einzelnen Stichen dunkelblaue Glasperlen. Die Perlen-Applikation auf der Oberseite ist weißgrundig mit einem geometrischen Muster aus durchscheinend dunkelblauen, weinroten, hellblauen sowie mittelgrünen Glasperlen. Auch einige vieleckig geschliffene Metallperlen wurden verwendet, die erst ab 1885 in Gebrauch kamen. (Vgl. Kat.-Nr. 611; Hail 1980: 137/Nos. 113–115)

613 Armband
Zentrale Plains, vermutlich Lakota; 19. Jahrhundert
Leder, Glasperlen, Dentalia
Breite 24 cm, Höhe 10,5 cm
Geschenk Carl von Joest, Sechtem (1902/23), Inv.-Nr. 5677

Zwei rechteckige Lederstücke sind mit Glasperlen ganzflächig verziert und mit Lederriemchen zusammengebunden. An der Unterkante sind Anhängsel aus paarweise angeordneten Dentalia und relativ großen Glasperlen, sogenannten *ponybeads*, angebracht. Das filigrane geometrische Muster der Glasperlen-Applikation ist in durchscheinend Weinrot, Royalblau und Mittelgrün vor weißem Hintergrund gehalten.

614 **Paar Manschetten**
Zentrale Plains; 19. Jahrhundert
Leder, Stachelschweinborsten, Baumwolle
Höhe 15 cm, Breite 11–17 cm, Fransen 8 cm
Kauf Franz Müller-Gossen, Krefeld (1953/13), Inv.-Nr. 43963

Die sich leicht verjüngenden Ledermanschetten sind auf einer Seite mit Borsten-Applikationen verziert, die in einem weißen Rahmen lila Kreuze vor rotem Hintergrund zeigen. Der Rand ist mit Stoff eingefaßt.

614

615 **Band**
Zentrale Plains, vermutlich Lakota; um 1900
Leder, Glasperlen
Länge 37 cm, Breite 2,5 cm
Kauf Julius Konietzko, Hamburg (1930/02), Inv.-Nr. 39367

Das Lederband zeigt die typische weißgrundige Glasperlen-Applikation der Lakota. In Grün, Gelb und Rot sind Rauten mit eingeschlossenen Kreuzen aufgebracht.

615

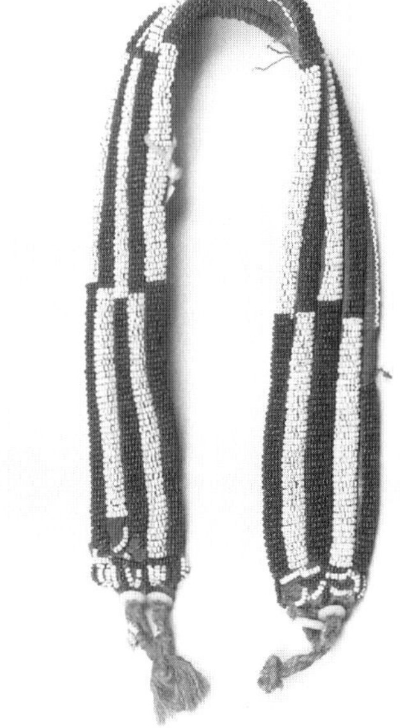

616

617

616 **Band**
Plains; um 1900
Baumwolle, Zwirn, Glasperlen, Kunststoffknöpfe
Länge 48 cm, Breite 4,5 cm
Kauf Franz Müller-Gossen, Krefeld (1953/13), Inv.-Nr. 43965

Fünf Wülste aus Baumwollstoff wurden mit Zwirn umwickelt, auf den auf der Schauseite blaue und weiße Glasperlen aufgezogen sind, die ein versetztes Streifenmuster bilden. Die Wülste sind nur an wenigen Stellen zusammengeheftet, liegen aber ansonsten nur lose nebeneinander. Auf den Verschlußschlaufen an den beiden Enden sitzen je zwei Knöpfe.

617 **Stirnschmuck für Pferde**
Zentrale Plains; 19. Jahrhundert
Leder, Stachelschweinborsten, Glasperlen, Blechhülsen, Federn
Höhe 22 cm, Breite 18,5 cm
Kauf Carl von Joest, Sechtem (1902/23), Inv.-Nr. 5673

Der Stirnschmuck für Pferde besteht aus einem breiten Rohlederstreifen, auf den drei schmale, mit farbigen Stachelschweinborsten umwickelte Streifen aufgelegt und nur punktuell angeheftet sind. Von den seitlichen Gehängen sind die längeren mit Glasperlenschnüren, die kürzeren mit Stachelschweinborsten umwunden. Alle enden in Blechhülsen, aus denen rot gefärbte Flaumfederchen hervorschauen.

618 **Schmuckband oder Zügel?**
Plains; um 1900
Glasperlen, Zwirn
Länge 243 cm, Breite 2,5 cm
Kauf Franz Müller-Gossen, Krefeld (1953/13), Inv.-Nr. 43966

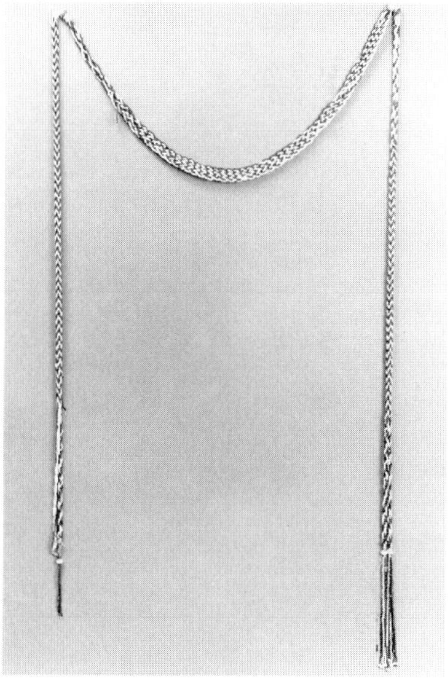

618

619

Das lange Band aus weißen und durchscheinend weinroten Glasperlen ist im mittleren Bereich aus fünf Strähnen zopfgeflochten, wobei jede Strähne aus einer weißen und einer roten Perlenschnur besteht. Hinter drei sehr großen Glasperlen folgt dann ein Flechtband von quadratischem Querschnitt aus vier roten und vier weißen Perlenschnüren, das sich auf einer Seite später in zwei Flechtbänder aus zwei roten und zwei weißen Strähnen teilt. Auf beiden Seiten endet das Band in Fransen aus einzelnen Perlenschnüren und schließt mit großen weißen Perlen ab.

619 **Tasche**
Östliche Plains, vermutlich Santee-Dakota; frühes 19. Jahrhundert
Leder, Baumwolle, Stachelschweinborsten, Glasperlen, Blechhülsen, Haare, Federn
Höhe 30 cm, Breite 12,5 cm
Geschenk Carl von Joest, Sechtem (1902/23), Inv.-Nr. 5649

Der Taschenrücken ist aus Leder und schließt am oberen Rand mit zwei überstehenden, halbkreisförmigen „Ohren" ab. Ein aufgenähter Baumwollstoff bildet das Taschenfach, das nur etwa zwei Drittel der gesamten Höhe einnimmt. Die Stachelschweinborsten auf dem darüber hinausragenden Taschenrücken und einem auf den Stoff aufgelegten Zierstreifen sind anders als bei den übrigen Plains-Objekten in der Kölner Sammlung mit Naturfarben und nicht mit den grellen Anilinfarben gefärbt. Auf den Ohren sind Halbbögen appliziert, darunter folgen zwei Andreaskreuze beidseits eines an den Seiten spiralig eingerollten Ornaments, zuunterst ein Balken mit dreieckigen Anhängseln. Der untere Rand des zackenförmig ausgeschnittenen Zierstreifens auf dem Taschenfach ist mit ineinandergreifenden Zackenreihen ganzflächig verziert und von weißen Glasperlen gesäumt. Anhängsel aus Blechhülsen, aus denen Haarbüschel hervorschauen, sind sowohl an den Zacken des Zierstreifens als auch am unteren Taschenrand angebracht. Hier finden sich auch Reste einer ehemals wohl vorhandenen Verzierung mit Federn. (Vgl. Conn 1979: 62/No. 55; Hartmann 1973: 351/Nr. 120)

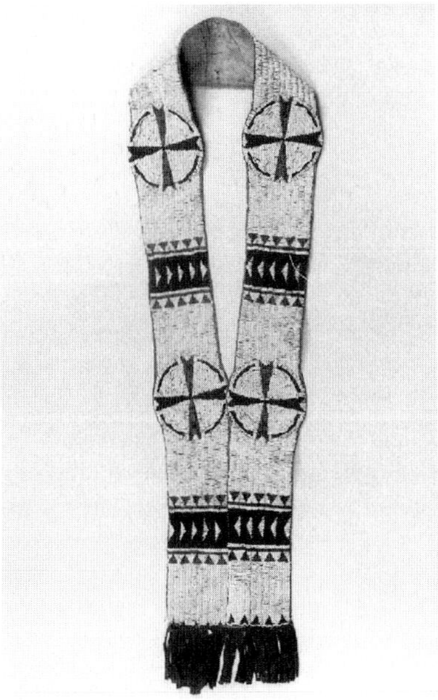

621

620 **Tasche** (Farbtafel VII)
Nördliche Plains, vermutlich Crow; 19. Jahrhundert
Leder, Glasperlen, Wolle
Breite 31 cm, Höhe 23 cm
Geschenk Carl von Joest, Sechtem (1902/23), Inv.-Nr. 5639

Die rechteckige Tasche aus hellem Leder zeigt auf der Vorderseite Zierstreifen aus überwiegend hellblauen Glasperlen. Auch die in den Ecken angehängten dreieckigen Lederläppchen sind mit Glasperlen verziert. Die Kanteneinfassung besteht aus rotem Wollstoff. Die sehr kurze Umschlagklappe ist mit mehreren Lederriemchen zu verschließen. (Vgl. Walton 1985: 196–197/Nos. 229, 334)

621 **Schultertasche**
Zentrale Plains, vermutlich Lakota; 2. Hälfte 19. Jahrhundert
Leder, Baumwolle, Glasperlen
Länge 87 cm, Breite 10 cm
Geschenk Carl von Joest, Sechtem (1902/23), Inv.-Nr. 5638

Für die Schultertasche wurde ein Zierstreifen für eine Bisonrobe (vgl. Kat.-Nr. 593) wiederverwendet. Die Enden des ledernen, mit Glasperlen flächig bestickten Lederstreifens sind über eine Länge von ungefähr zwanzig Zentimetern an den Seiten zusammengenäht und mit einer Stofftasche unterlegt. Die Tragbänder wurden ebenfalls mit Stoff gefüttert. Am unteren Taschenrand ist ein Fransenstreifen aus dunkelgrün gefärbtem Leder angebracht. Die in Gassenstich-Technik aufgebrachte Glasperlen-Applikation zeigt viermal das Motiv „Vier Himmelsrichtungen".

622 **Tasche**
Plains; 19. Jahrhundert
Haut, Leder, Glasperlen
Länge 23 cm, Breite 6,5 cm
Geschenk Carl von Joest, Sechtem (1902/23), Inv.-Nr. 5650

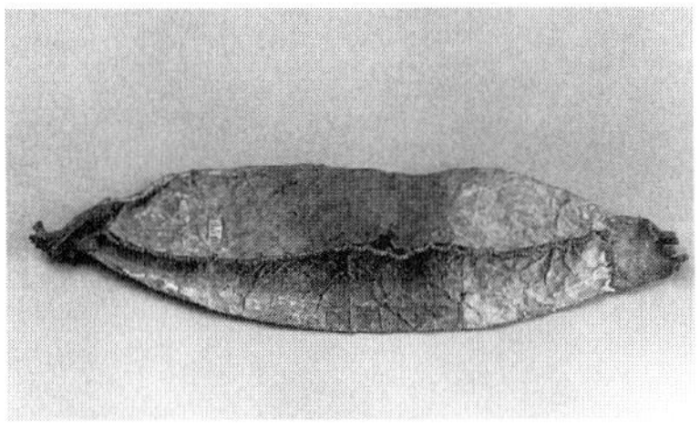

622

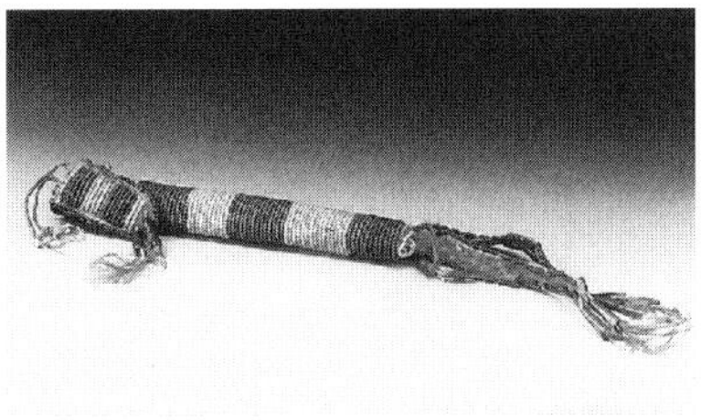

623

624

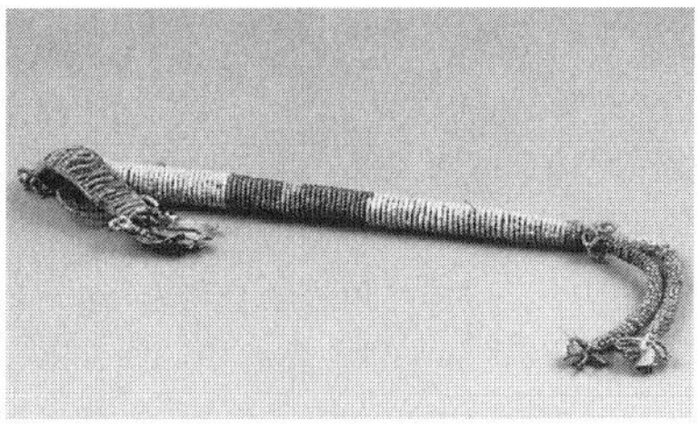

625

An den Enden des ovalen Falttäschchens aus Darmhaut sind kleine Lederstückchen mit kurzen Fransen angenäht. Die Kante ist mit kleinen Girlanden aus Glasperlenschnüren verziert. In solchen Täschchen bewahrten die Frauen die Stachelschweinborsten für das *quillwork* auf. (Vgl. Ling Roth 1908: 52/Fig. 5; Orchard 1916: Pl. IV)

623 **Ahlenscheide**
Zentrale Plains; spätes 19. Jahrhundert
Leder, Glas- und Metallperlen, Blechhülsen, Federn
Gesamtlänge 33 cm, Fransen 15 cm
Kauf Julius Konietzko, Hamburg (1926/08), Inv.-Nr. 38379

Eine rohlederne Hülse ist mit Glasperlenschnüren in den Farben durchscheinend Mittelblau und Weinrot sowie Gelb umwickelt. Auch einzelne vieleckig geschliffene Metallperlen wurden verwendet. Die Verschlußlasche ist mit Perlenschnüren bedeckt. Die Lederfransen sind mit einer Randzier aus leuchtend blauen Glasperlen versehen und enden in kegelförmigen Blechhülsen mit rot gefärbten Federbüscheln. In solchen Scheiden wurden Knochenahlen aufbewahrt. Sie wurden von den Frauen am Gürtel getragen und gehörten zusammen mit dem Messer und dem Feuerzeug zum täglich genutzten Werkzeug der Frauen.

624 **Ahlenscheide**
Zentrale Plains; um 1900
Leder, Glasperlen, Federn
Länge 21 cm
Kauf Franz Müller-Gossen, Krefeld (1953/13), Inv.-Nr. 43970

Die Ahlenscheide besteht aus einem Rohlederzylinder, der unten offen und mit Perlenschnüren umwickelt ist. Die Verschlußlasche ist lang und endet in einem Perlenschnurpaar mit Flaumfedern. Zum Verschließen sind Lederriemen angebracht. Verziert ist die Ahlenscheide mit unterschiedlich breiten Farbstreifen aus Perlenschnüren in den Farben Hellblau, Gelb und durchscheinend Weinrot. Für die Perlenschnüre der Verschlußlasche wurden außerdem schwarze, vieleckig geschliffene Glasperlen verwendet. (Vgl. Hail 1980: 199/No. 256)

625 **Gürtelgehänge**
Zentrale Plains; um 1900
Glasperlen, Holz, Leder, Baumwolle
Länge 32 cm
Kauf Julius Konietzko, Hamburg (1926/08), Inv.-Nr. 38380

Das Gürtelgehänge besteht aus einem Holzstab, der mit Stoff überzogen und mit gelben, roten und grünen Perlenschnüren umwickelt ist. Ein lederner Überschlag ist mit Perlenschnüren und -girlanden verziert und endet in kurzen Lederfransen. Am unteren Ende des Gehänges befinden sich zwei dünne Lederwülste, die ebenfalls mit Perlenschnüren umwickelt sind. Obwohl dieses Gürtelgehänge äußerlich den Ahlenscheiden ähnelt, kann es nicht als solches benutzt worden sein, weil kein Hohlraum vorhanden ist.

626 **Farbbeutel**
Zentrale Plains, vermutlich Lakota; 2. Hälfte 19. Jahrhundert
Leder, Glasperlen
Länge 15 cm, Breite 5 cm
Geschenk Carl von Joest, Sechtem (1902/23), Inv.-Nr. 5646

Der kleine Lederbeutel ist mit Fransen und Perlenstickerei verziert. Die Grundfarbe ist Hellblau mit einem geometrischen Muster in den Farben durchscheinend Dunkelblau, Dunkelgrün und Gelb. Im Beutelinnern sind Reste dunkelblauer Farbe vorhanden. Die Form des Beutels sowie die Verzierung am oberen Rand, an den Seiten und im unteren Drittel sind den Pfeifenbeuteln (vgl. Kat.-Nr. 657–660) nachempfunden. Miniatur-Pfeifenbeutel wurden manchmal auch als Symbol für die originalen Pfeifenbeutel in den Medizinbündeln aufbewahrt. (Vgl. Kat.-Nr. 627; Hail 1980: 200/No. 257)

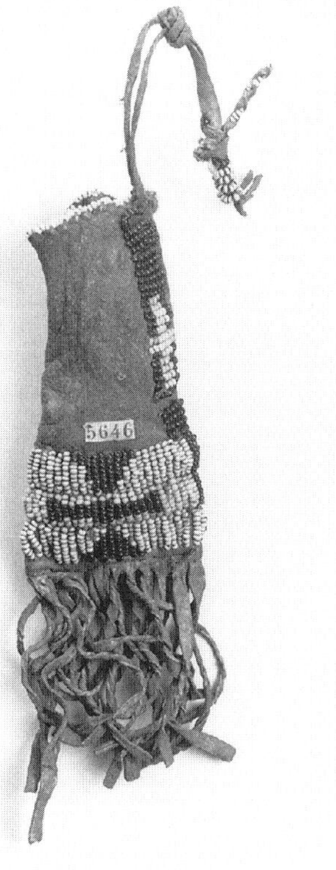

626

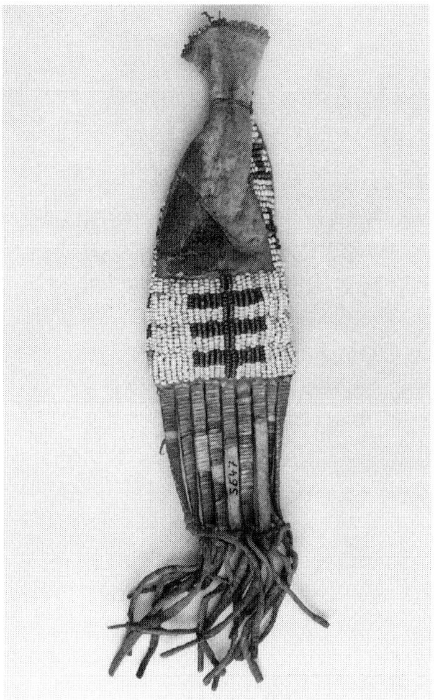

627

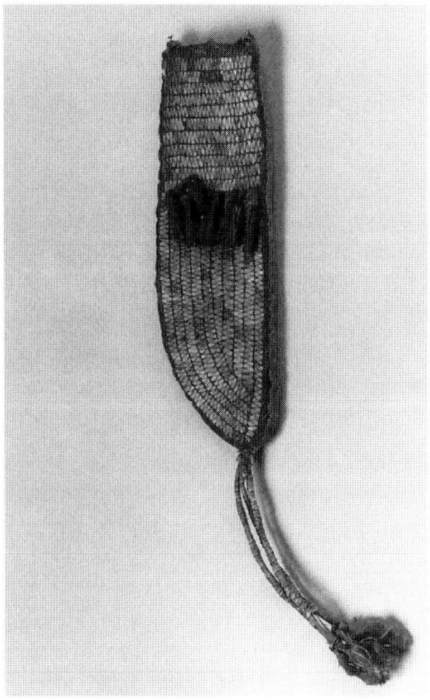

628

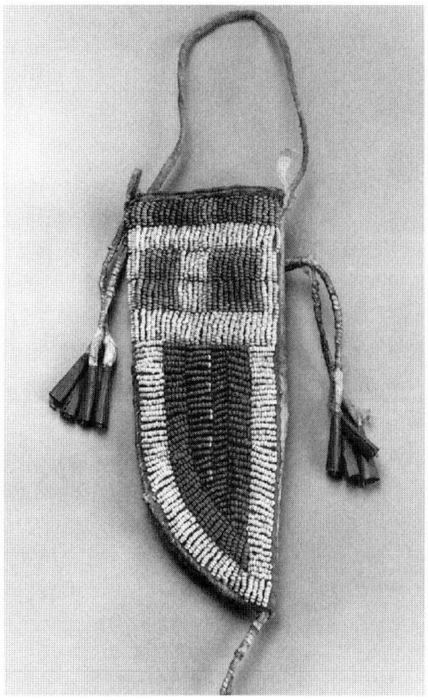

629

627 **Farbbeutel**
Zentrale Plains, vermutlich Lakota;
2. Hälfte 19. Jahrhundert
Leder, Glasperlen
Länge 21 cm, Breite 5,2 cm
Geschenk Carl von Joest, Sechtem
(1902/23), Inv.-Nr. 5647

Der kleine Lederbeutel ist mit gelbem Farbpulver gefüllt und mit einer weißgrundigen Glasperlen-Applikation verziert. Am unteren Rand sind zunächst mit Stachelschweinborsten umwickelte Rohlederstreifen und darunter Lederfransen angebracht. (Vgl. Kat.-Nr. 626; Hail 1980: 200/No. 257)

628 **Messerscheide**
Plains; 19. Jahrhundert
Leder, Stachelschweinborsten, Baumwolle, Blechhülsen
Gesamtlänge 29 cm, Fransen 12 cm, Breite 6 cm
Geschenk Carl von Joest, Sechtem
(1902/23), Inv.-Nr. 5648

Die kleine Messerscheide ist nur auf der ledernen Vorderseite flächig mit Stachelschweinborsten verziert. Die Rückseite besteht aus Stoff. Die im Ansatz in Schlaufen gelegten Fransen aus Stoff tragen eine *quill*-Umwicklung und enden in Blechhülsen. Im Gegensatz zu den symmetrischen Messerscheiden der Subarktiker (vgl. Kat.-Nr. 701) formen die Messerscheiden der Plains-Indianer die einschneidigen Messer nach.

629 **Messerscheide**
Plains; 19. Jahrhundert
Leder, Glasperlen, Stachelschweinborsten, Blechhülsen
Länge 35 cm, Breite 6 cm
Tausch Naturwissenschaftliches Museum, Wuppertal (1940/04),
Inv.-Nr. 42187

Die kleine Lederscheide ist auf einer Seite flächig mit Glasperlen-Applikationen in Gassenstich-Technik versehen. Die Grundfarbe ist Weiß mit einem Muster in den Farben Hellblau, Hellgrün, Mittelgrün und durchscheinend Weinrot. An den Seiten und an der Spitze sind mit Stachelschweinborsten umwundene Lederriemchen angebracht, die in Blechhülsen enden.

630 **Beutel**
Plains; 19. Jahrhundert
Leder, Glasperlen
Länge 20,5 cm, Breite 8 cm
Geschenk Carl von Joest, Sechtem
(1902/23), Inv.-Nr. 5689

Der Beutel hat zwar die Form einer Messerscheide, der spitz zulaufende untere Teil ist allerdings „blind“, das heißt nur ein einfacher Lederlappen. Ein Fach existiert nur im rechteckigen oberen Teil. Die kurze Verschlußlasche ist halbrund zugeschnitten. Die Perlenverzierung ist teils in Gassenstich-Technik, teils nur in Form loser Glasperlenschnüre aufgebracht.

630

631

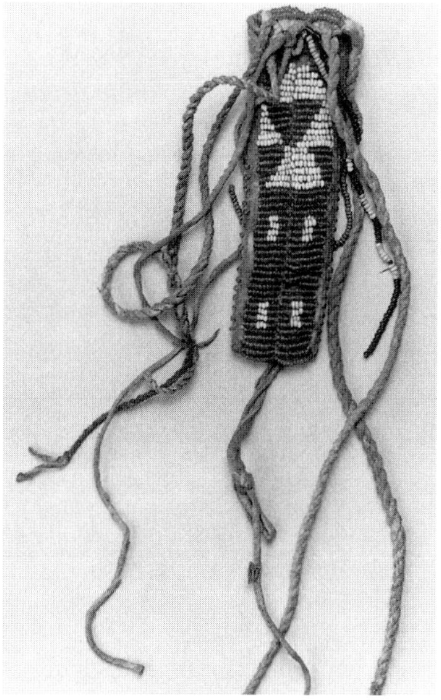

632

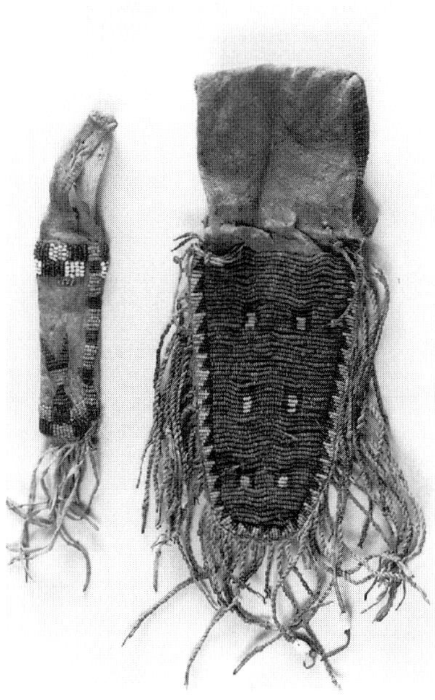

633

631 Beutel
Zentrale Plains, vermutlich Lakota; 19. Jahrhundert
Leder, Glasperlen, Stachelschweinborsten, Blechhülsen, Federn, Baumwolle
Höhe 11 cm, Breite 7 cm
Geschenk Carl von Joest, Sechtem (1902/23), Inv.-Nr. 5644

Der kleine Lederbeutel mit kurzer, halbrunder Umschlagklappe zeigt auf der Vorderseite eine flächige, weißgrundige Glasperlen-Applikation in Gassenstich-Technik. Am unteren Rand sind an Stoffbändern Blechhülsen und zwei lange mit Stachelschweinborsten umwickelte Lederriemen befestigt, die ebenfalls in Blechhülsen enden, aus denen Federchen hervorschauen. Kleine Beutel wurden für Gegenstände des täglichen Bedarfs am Gürtel getragen, da die Kleidungsstücke keine Taschen hatten. Darin wurden zum Beispiel Gerätschaften zum Feuermachen, Farbe zum Bemalen des Gesichtes oder in der Reservationszeit auch Lebensmittelkarten aufbewahrt. (Vgl. Hail 1980: 200/No. 258)

632 Beutel
Plains; spätes 19. Jahrhundert
Leder, Glasperlen
Gesamtlänge 30 cm, Fransen 20 cm, Breite 3 cm
Geschenk Arnim von Guilleaume, Köln (1908/25), Inv.-Nr. 23408

Die Seitennähte des kleinen länglichen Lederbeutels sind mit einzelnen Glasperlen besetzt und mit zahlreichen, zum Teil gezwirnten, zum Teil mit Perlen bestückten Lederfransen verziert. Auf die Vorderseite sind Glasperlen in Gassenstich-Technik appliziert. Die Farben der Perlen sind durchscheinend Rosa, durchscheinend Weinrot, Hellblau, Weiß und Rosa. Transparente Perlen wurden erst nach 1870 verwandt.

633 Zwei Gürteltaschen
Zentrale Plains, Cheyenne?; 19. Jahrhundert
Leder, Glasperlen
Große Tasche: Höhe 24 cm, Breite 9 cm; Kleine Tasche: Höhe 17,5 cm, Breite 4 cm
Geschenk Eugen und Adele Rautenstrauch, Köln (1899/01), Inv.-Nr. 4171

Die beiden Täschchen, zu denen der Gürtel fehlt, sind sehr unterschiedlich gestaltet. Die größere hat ein kleines rechteckiges Taschenfach mit einer doppelt so langen Taschenklappe von u-förmigem Schnitt, die ringsum mit gezwirnten Lederfransen besetzt und flächig mit Glasperlen verziert ist. Die Grundfarbe ist Mittelblau mit einem Muster in den Farben durchscheinend Weinrot und Gelb sowie einer einzelnen dunkelblauen Glasperle. Der Rand mit Sägezahnmotiv ist in Gassenstich-Technik gearbeitet, auf den Mittelteil sind Perlenschnüre lediglich aufgelegt und angeheftet. Das zweite Täschchen ist längsrechteckig und hat oben eine Lederschlaufe, unten einfache Lederfransen. Verziert ist es mit einer sparsamen Glasperlenstickerei in Gassenstich-Technik. Im ersten Täschchen befindet sich ein handgeschriebener Zettel mit der Angabe „Cheyenne, um 1850".

634 Beutel
Plains; um 1900
Leder, Glasperlen
Gesamthöhe 56 cm, Tragriemen 40 cm, Breite 15 cm
Kauf Franz Müller-Gossen, Krefeld (1953/13), Inv.-Nr. 43974

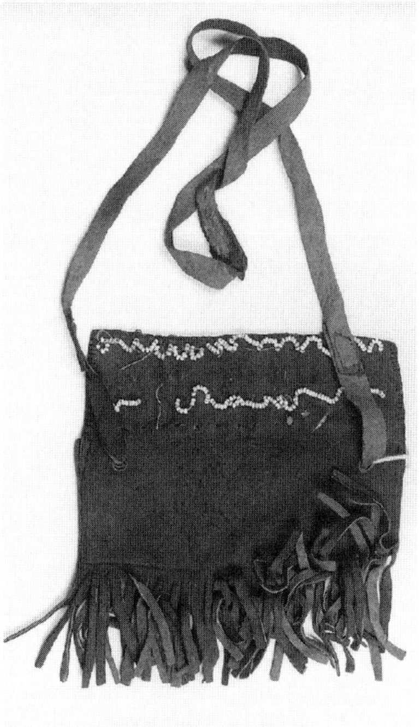

634

Die kleine Tasche aus rotbraunem Leder besitzt in der Umschlagklappe ein zweites Taschenfach. Am unteren Rand sind Fransen, auf der Umschlagklappe lose Glasperlenschnüre in drei hellblauen Farbtönen angebracht. Das Tragband ist mit Knoten verankert.

635 Beutel
Plains; um 1900
Leinen, Filz
Länge 51 cm, Breite 18 cm
Kauf Franz Müller-Gossen, Krefeld (1953/13), Inv.-Nr. 43973

Die Umschlagklappe des sackleinenen Beutels ist mit Kordeln und Filzstreifen verziert, die teilweise zopfgeflochten und nur an den Enden befestigt sind, ansonsten jedoch lose aufliegen.

636 Beutel
Nördliche Plains; 20. Jahrhundert
Fell, Leder, Baumwolle, Hufe
Höhe 35 cm, Breite 23 cm
Vorbesitzer unbekannt (1994/05), Inv.-Nr. 54307

Der untere Teil dieses Beutels ist aus den Fellstücken von Antilopenbeinen gefertigt, an denen die Hufe belassen wurden. Für Boden und Oberteil wurde gegerbtes Leder verwendet. Der zackenförmig ausgeschnittene obere Rand kann mit einem Durchziehriemen zusammengezogen werden, um den Beutel zu verschließen. Das Futter besteht aus Baumwolljersey. (Vgl. Walton 1985: 209/No.273)

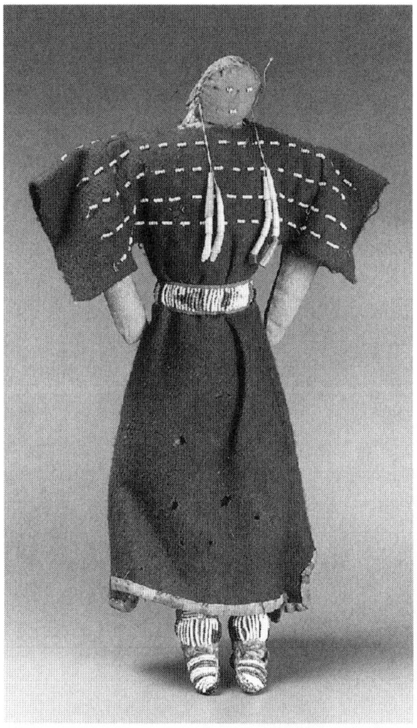

637

637 Puppe
Zentrale Plains, vermutlich Lakota; 19. Jahrhundert
Wolle, Baumwolle, Leder, Glasperlen, Dentalia
Höhe 36 cm, Breite 23 cm
Geschenk Carl von Joest, Sechtem (1902/23), Inv.-Nr. 5685

Die Stoffpuppe mit einem Körper aus Baumwollstoff trägt ein rotes Wollkleid in T-Form, dessen Saum mit beigem Baumwollstoff eingefaßt ist. Über Ärmel und Brust verlaufen vier horizontale, unterbrochene Reihen aus weißen Glasperlen. Der Ledergürtel und die Mokassins der Puppe sind ebenfalls mit Glasperlen verziert. Von den Ohren baumeln Gehänge aus Dentalia.

635

636

638 Puppe
Zentrale Plains; 19. Jahrhundert
Leder, Glasperlen, Messingnieten, Dentalia
Höhe 24 cm, Breite 18 cm
Geschenk Carl von Joest, Sechtem (1906/11), Inv.-Nr. 17971

Die Puppe trägt ein Lederkleid, dessen Brust und Schultern mit bunten Glasperlen bestickt sind, Mokassins, einen mit Messingnieten besetzten Ledergürtel sowie lange Ohrgehänge aus Dentalia. Auf den Rock sind punktweise Glasperlen gestickt und paarweise Lederfransen angebracht. Entlang dem Saum verläuft eine einzelne Glasperlengasse.

639 **Rasselkette**
Zentrale Plains, vermutlich Lakota; 19. Jahrhundert
Leder, Hufe
Umfang 162 cm, Breite 5 cm
Geschenk Carl von Joest, Sechtem (1902/23), Inv.-Nr. 5670

An einem breiten Lederstreifen sind mittels Lederriemchen Anhängsel aus geschnitzten Hufteilen befestigt. Die Hufteile haben eine grobe Dreiecksform mit gezackten Seiten. Hufe wurden zunächst gekocht, wonach die harten äußeren Teile in Stücke geschnitten und geschnitzt werden konnten. Diese Rasselkette ist Halsschmuck und Rassel in einem. Sie konnte auch um den Hals eines Pferdes gelegt werden und erzeugte dann bei dessen Bewegung einen munteren Klang. (Vgl. Hail 1980: 181/No. 244)

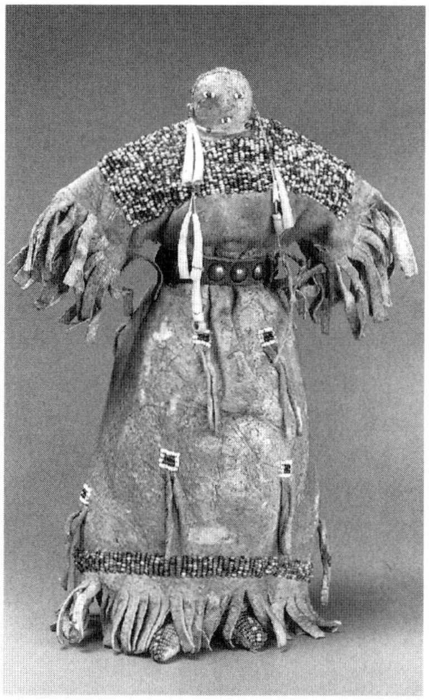

638

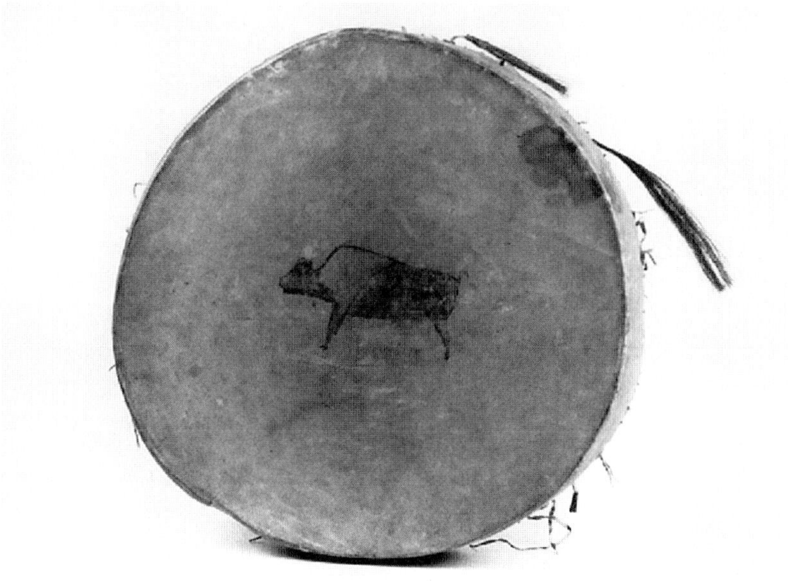

640

640 **Trommel**
Plains; 19. Jahrhundert
Holz, Haut, Haare, Blechhülsen
Durchmesser 49,7 cm
Geschenk Anonym (1968/06), Inv.-Nr. 49790

Ein ringförmiger Holzrahmen mit Strebenkreuz ist einseitig mit Haut bespannt. Die Seiten der Trommelmembran sind grün gefärbt, in der Mitte ist ein Bison aufgemalt. Vom Rand hängen Lederriemen mit Blechhülsen und lange, leuchtend rot gefärbte Haarbüschel herab. (Vgl. Coe 1976: 190/No. 518)

639

Nabelschnur-Amulette
Die Nabelschnur eines Neugeborenen wurde früher getrocknet und in einen kleinen Lederbeutel eingenäht, der meist die Form einer Kröte oder Echse hatte. Man befestigte ihn als erstes Spielzeug an der Wiege und trug ihn später um den Hals oder an der Kleidung. Man bewahrte das Amulett das ganze Leben lang auf und glaubte, es sichere dem Träger ein langes Leben. Viele Plains-Gruppen kennen eine Mythe, derzufolge die Schildkröte die ersten Menschen auf ihrem Rücken sicher durch die ganz von Wasser bedeckte Welt trug. Man schrieb der Schildkröte einen guten Einfluß auf die menschliche Fruchtbarkeit zu und erhoffte sich von ihr Schutz vor den Gefahren während der Geburt und im Säuglingsalter.

641 **Amulett**
Plains; 19. Jahrhundert
Leder, Glasperlen, Blechhülsen, Federn
Länge 18 cm, Breite 10 cm
Geschenk Carl von Joest, Sechtem (1902/23), Inv.-Nr. 22146

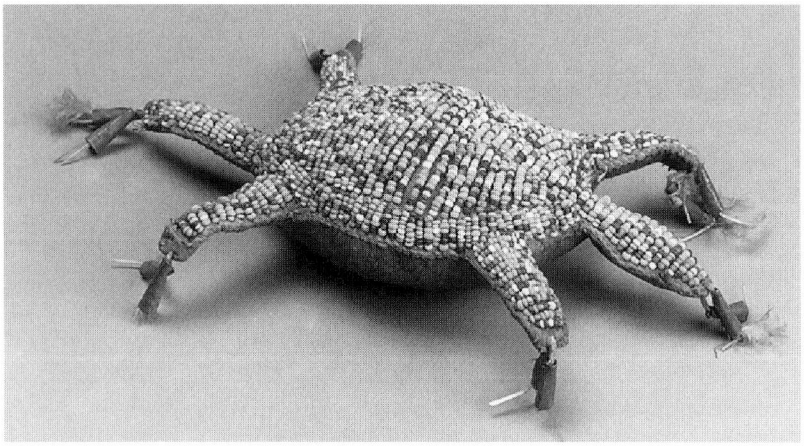

641

Das Lederkissen in Form einer Schildkröte ist auf der Oberseite ganzflächig mit bunten Glasperlen, teils in Gassenstich-, teils in Crow-Stich-Technik verziert. Auf der Unterseite ist ein Kreuz appliziert. An Kopf, Schwanz und Gliedmaßen sind Anhängsel aus kegelförmigen Blechhülsen mit roten Federchen angebracht.

642 Amulett
Plains; 19. Jahrhundert
Leder, Glasperlen, Blechhülsen, Federn
Länge 17 cm, Breite 14 cm
Kauf Klaus Clausmeyer, Düsseldorf (1966/06), Inv.-Nr. 49191

Das Amulett in Form einer Schildkröte zeigt auf der Oberseite in weißer Umrahmung ein grünes und blaues Schachbrettmuster. Die Seitennaht ist mit blauen Glasperlen besetzt. Die Gliedmaßen und der Schwanz werden von perlumwickelten Lederschnüren gebildet, die in Blechhülsen mit Haarbüscheln enden.

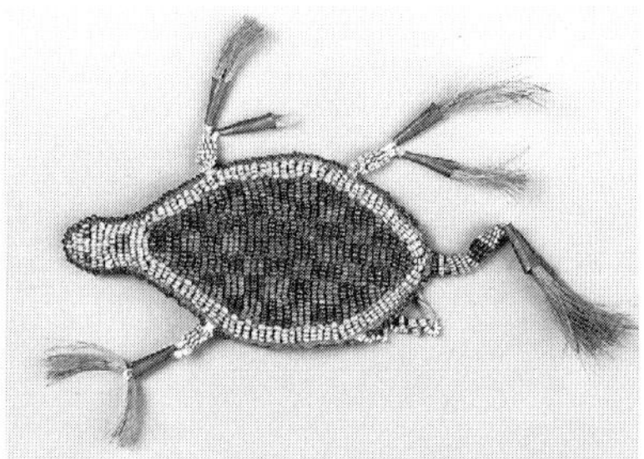

642

643 Amulett
Plains; 19. Jahrhundert
Leder, Glasperlen, Stachelschweinborsten, Blechhülsen, Haare
Länge 15 cm, Breite 5,5 cm
Tausch Naturwissenschaftliches Museum, Wuppertal (1940/04), Inv.-Nr. 42188

Das Lederkissen in Echsenform ist auf der Oberseite ganzflächig mit Glasperlen verziert. Seitlich und hinten sind in Schlaufen gelegte und mit Stachelschweinborsten umwickelte Lederriemen befestigt, die in Blechhülsen mit Haaren enden.

644 Amulett
Plains; 19. Jahrhundert
Leder, Glasperlen, Blechhülsen
Länge 9 cm, Breite 4,5 cm
Vorbesitzer unbekannt (1990/06), Inv.-Nr. 52956

Das Amulett hat die Form einer Echse. Hellblaue, durchscheinend weinrote und gelbe Glasperlen zieren die Oberseite. Die Seitennaht ist mit grünen Glasperlen besetzt. An den Seiten sind in Schlaufen gelegte und mit Stachelschweinborsten umwickelte Lederriemchen angebracht, die in Blechhülsen enden.

645 Amulett
Plains; 19. Jahrhundert
Leder, Zähne, Glasperlen, Zwirn
Länge 8 cm, Breite 5 cm
Geschenk Carl von Joest, Sechtem (1902/23), Inv.-Nr. 5696

643

644

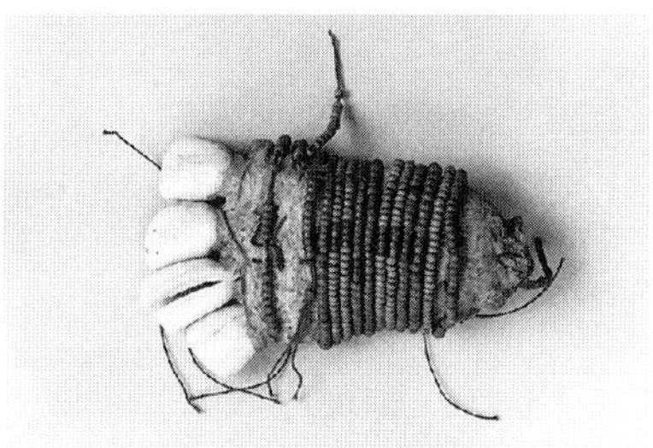

645

Vier große Schneidezähne eines Hirsches oder Pferdes sind vorne in ein Lederkissen eingesetzt, das mit Perlenschnüren umwickelt ist. Die auf einen Zwirnfaden gezogenen grünen, mittelblauen und durchscheinend weinroten Glasperlen bilden auf der Oberseite ein rotes Kreuz vor einem grün und blau gestreiften Hintergrund.

Tabakpfeifen[3]

Der zeremonielle Gebrauch von Tabak war in Nordamerika weit verbreitet. Der aufsteigende Rauch galt als heilig, weil er die Gebete der Menschen zu den übernatürlichen Wesen trug. Pfeifenköpfe wurden vorwiegend aus Catlinit hergestellt, einem seltenen, rötlichen Schiefergestein, das nur in wenigen Steinbrüchen in Minnesota und Wisconsin ansteht. Frisch gebrochen läßt es sich leicht bearbeiten und härtet später aus. Das Gestein wurde nach dem Maler George Catlin benannt, der den bekanntesten Pfeifensteinbruch in Minnesota 1836 als erster Weißer besuchte. Der begehrte Pfeifenstein wurde über weite Entfernungen gehandelt.

646 Pfeifenkopf

Östliche Plains; 19. Jahrhundert
Catlinit
Länge 11,5 cm, Höhe 7,5 cm
Geschenk Carl von Joest, Sechtem (1902/23), Inv.-Nr. 5613

Der Tabakbehälter dieses ellbogenförmigen Pfeifenkopfes aus Catlinit verjüngt sich stark zum Schnittpunkt mit dem Stielansatz hin. Am oberen Rand sowie an den beiden erhabenen Stegen auf dem Stiel sind rillen-, linien- und punktförmige Ziermuster angebracht.

646

647 Pfeifenkopf

Östliche Plains; 19. Jahrhundert
Catlinit
Länge 11,5 cm, Höhe 7 cm
Geschenk Carl von Joest, Sechtem (1902/23), Inv.-Nr. 5615

Sowohl der Tabakbehälter als auch der Stielansatz verjüngen sich zu ihrem Schnittpunkt hin. Ein Vordersporn ist nur leicht angedeutet. Der Tabakbehälter hat oben einen rechteckigen Querschnitt und eingeritzte bogenförmige Ziermuster. Der laut Originalliste zugehörige flache, hölzerne Stiel mit gedrehtem Mundstück fehlt. Anscheinend hat Umlauff ihn selbst dem Pfeifenkopf beigefügt, da im Webster-Katalog der Pfeifenkopf ohne Stiel abgebildet ist!

648 Pfeifenkopf

Östliche Plains; 19. Jahrhundert
Stein, Zinn
Länge 10,5 cm, Höhe 6,5 cm
Geschenk Carl von Joest, Sechtem (1902/23), Inv.-Nr. 5616

Der Tabakbehälter und Stielansatz des ellbogenförmigen Pfeifenkopfes verjüngen sich beide zu ihrem Schnittpunkt hin. Ein Vordersporn ist nur leicht angedeutet. Zackenförmig ausgeschnittene Zinneinlagen zieren die Oberkante und den Schnittpunkt. Aus dem Stielansatz ist ein niedriger Steg mit Zacken und Mulden herausgeschnitten.

649 Pfeifenkopf

Plains; 19. Jahrhundert
Catlinit
Länge 19 cm, Höhe 9 cm
Kauf W. Fussbahn, Bonn (1905/07), Inv.-Nr. 15281

Der hohe, runde Tabakbehälter des T-förmigen Pfeifenkopfes verjüngt sich zum Schnittpunkt mit dem Stielansatz hin. Die Unterseite des ansonsten runden Stielansatzes ist plan. Der hexagonal geschliffene Vordersporn läuft nach vorn spitz zu. Der Pfeifenkopf ist knapp hinter dem Ansatz des Tabakbehälters gebrochen.

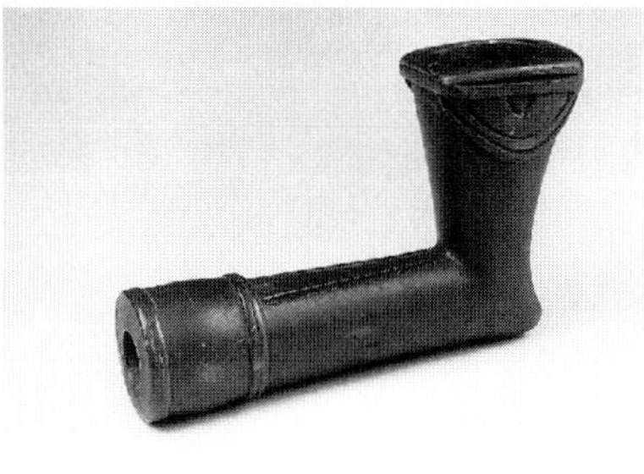

647

648

649

650

650 Pfeifenkopf

Plains; 19. Jahrhundert
Catlinit
Länge 20,5 cm, Höhe 9 cm
Geschenk Eugen und Adele Rautenstrauch, Köln (1899/01), Inv.-Nr. 9627

Der T-förmige Pfeifenkopf hat einen großen Tabakbehälter, der sich zum Stielansatz hin verjüngt. Dieser ist auf der Unterseite plan. Der lange Vordersporn ist hexagonal geschliffen und läuft spitz zu.

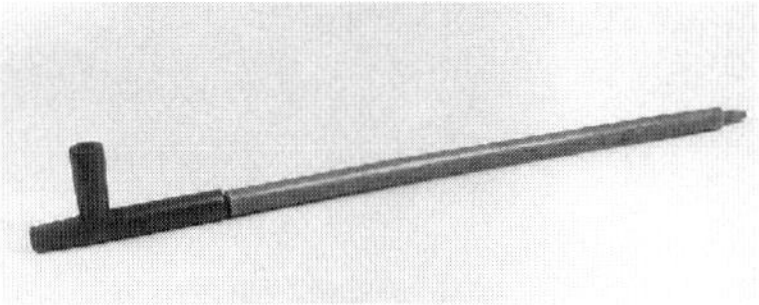

651

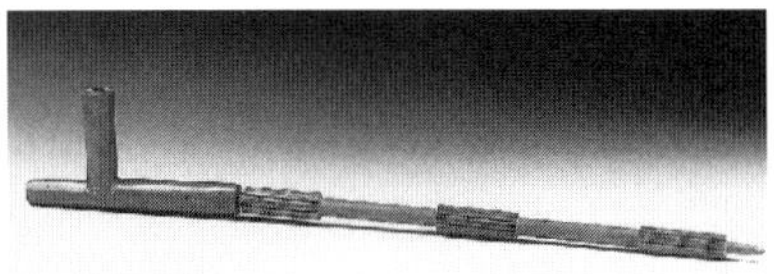

652

651 Pfeife
Plains; 19. Jahrhundert
Catlinit, Holz
Länge 72,5 cm (Kopf 16,5 cm),
Höhe 9 cm
Geschenk Carl von Joest, Sechtem
(1906/11), Inv.-Nr. 17972

Der Pfeifenkopf aus Catlinit ist T-förmig und hat einen großen runden Tabakbehälter, eine plane Grundfläche und einen hexagonal geschliffenen Vordersporn. Das Saugrohr ist aus hellem Holz.

652 Pfeife
Plains; 19. Jahrhundert
Catlinit, Holz
Länge 75 cm, Höhe 12 cm
Tausch Naturwissenschaftliches
Museum, Wuppertal (1940/04),
Inv.-Nr. 42193

Pfeifenkopf wie Kat.-Nr. 651. Das Holz des Saugrohres ist rot gefärbt und zeigt drei rosettenförmig geschnitzte Verdickungen.

Pfeifen-Tomahawks

Tomahawks heißen in Anlehnung an ein Wort aus der Algonkin-Sprache die Äxte mit Eisenklingen, die die Indianer, die zuvor keine Metallwerkzeuge kannten, nach dem Kontakt mit den Weißen den traditionell mit Stein- oder Muschelklingen ausgestatteten Geräten vorzogen. Im 18. Jahrhundert kam der sogenannte Pfeifen-Tomahawk auf, bei dem die Klinge mit einem Tabakbehälter versehen war und der in der Länge durchbohrte Stiel als Saugrohr diente. In ihm vereinigen sich die Idee der Macht des Kriegers und der spirituellen Kraft, die durch das Rauchen erlangt wird.

653 Pfeifen-Tomahawk
Zentrale Plains, Lakota;
2. Hälfte 19. Jahrhundert
Catlinit
Länge 47 cm, Höhe 19 cm
Geschenk Carl von Joest, Sechtem
(1902/23), Inv.-Nr. 5612

Sowohl der Kopf als auch das Saugrohr dieses Pfeifen-Tomahawks sind aus Catlinit gefertigt. Der Kopf zeigt eine breite Schneide und einen mit senkrechten Rillen verzierten Tabakbehälter. Sich kreuzende Linien zieren das Mittelstück. Der Stiel weist drei Einschnürungen auf. Sein Ende ist schraubenförmig geschnitzt. Aus Catlinit nachgebildete Tomahawk-Klingen wurden im 19. Jahrhundert für zeremonielle Zwecke und später auch für den Touristenmarkt hergestellt. Pfeifenstiele aus Catlinit kamen erst nach 1850 in Gebrauch.

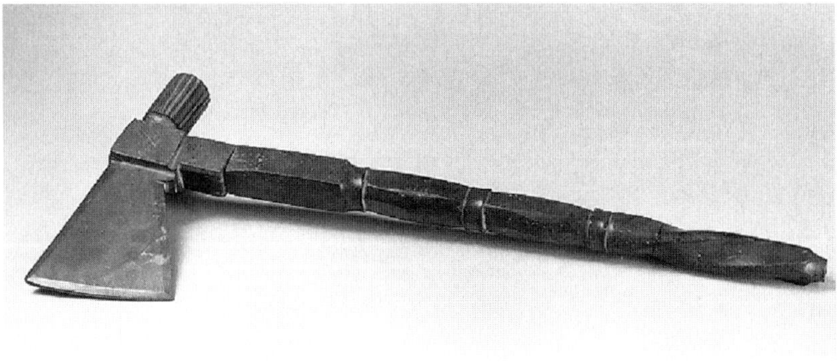

653

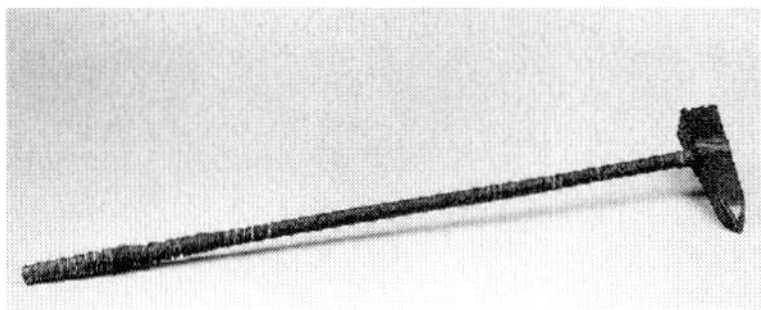

654

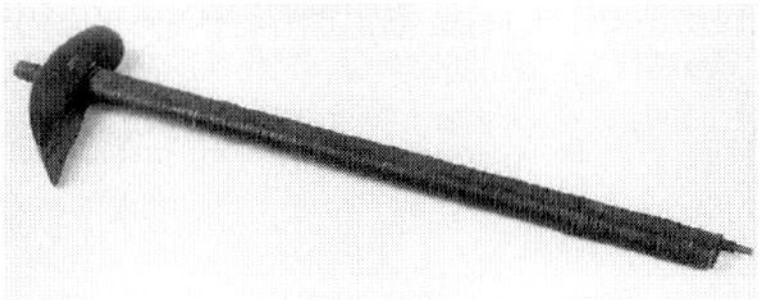

655

654 Pfeifen-Tomahawk
Plains; 19. Jahrhundert
Stein, Holz, Pferdehaare
Länge 74 cm, Höhe 15,5 cm
Geschenk Carl von Joest, Sechtem
(1902/23), Inv.-Nr. 5611

Der Kopf ist aus einem grünlichen, leicht marmorierten Stein gefertigt. Er hat einen quadratischen Grundriß und läuft nach unten hin spitz zu. Rand, Kanten und Spitze sind mit senkrechten Rillen verziert. Der Kopf ist mit einem aus Haaren geflochtenen Band an den hölzernen Stiel gebunden, der selbst gänzlich mit einem gleichartigen Band umwickelt ist. Das offene Diagonalgeflecht aus braunen, beigen und teilweise rot gefärbten Haaren ist offenbar maschinell hergestellt.

655 Pfeifen-Tomahawk
Plains; 19. Jahrhundert
Stein, Holz, Leder
Länge 61 cm, Höhe 15,5 cm
Geschenk Carl von Joest, Sechtem
(1902/23), Inv.-Nr. 5609

Der Kopf aus weichem, poliertem schwarzen Stein ist mit einer quer zum Schaft gestellten Klinge ausgestattet und wird von dem hölzernen Stiel durchstoßen. Das dünne Saugrohr ist auf den Stiel aufgelegt und mit diesem durch eine feste Umwicklung aus Rohlederstreifen verbunden.

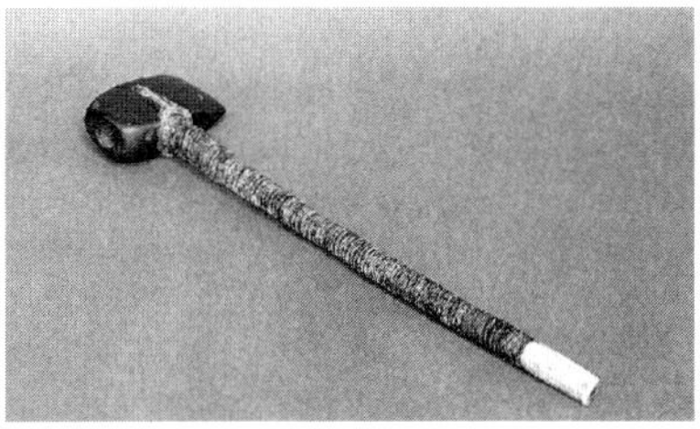

656

656 **Pfeifen-Tomahawk**
Plains; 19. Jahrhundert
Stein, Holz, Leder, Knochen
Länge 43 cm, Höhe 11 cm
Geschenk Carl von Joest, Sechtem (1902/23), Inv.-Nr. 5610

Der Kopf aus weichem, poliertem schwarzen Stein weist einen Klingenschliff in Schaftrichtung auf. Der hölzerne Schaft ist mit Rohlederstreifen umwickelt und endet in einem kurzen, knöchernen Mundstück. Der Steinkopf ist durchbohrt und mit Rohlederstreifen am Schaft verankert.

657 **Pfeifenbeutel**
Plains; 19. Jahrhundert
Leder, Glasperlen, Stachelschweinborsten
Gesamtlänge 57 cm, Fransen 24 cm, Breite 14 cm
Geschenk Carl von Joest, Sechtem (1906/11), Inv.-Nr. 17968

Der lange Lederschlauch ist mit Glasperlen in Gassenstich-Technik verziert. Um den oberen Rand und an der Seite verläuft je eine Gasse, das untere Drittel ist ganzflächig bestickt. Darüber ist eine dünne schwarze Linie eingebrannt. Am unteren Rand sind zunächst mit Stachelschweinborsten umwickelte Rohlederstreifen, darunter Lederfransen angebracht. Die Naht zwischen beiden ist mit einzelnen Glasperlen besetzt. Die Grundfarbe der Glasperlenstickerei ist Hellblau mit Gelb sowie durchscheinend Weinrot und Dunkelblau. Beutel dieser Art und Größe benutzten die Männer, um Pfeife und Tabak aufzubewahren. Sie gehörten nebst Inhalt ebenso zur Ausrüstung des Kriegers wie die Waffen und das Pferd.

658 **Pfeifenbeutel**
Plains; 19. Jahrhundert
Leder, Glasperlen, Stachelschweinborsten, Blechhülsen
Gesamtlänge 101 cm, Fransen 44 cm, Breite 15 cm
Geschenk Carl von Joest, Sechtem (1902/23), Inv.-Nr. 5637

Die Aufteilung der Zierelemente entspricht der von Kat.-Nr. 657. Am oberen Rand sind eine Lederschlaufe mit *quill*-Umwicklung und Blechhülsen sowie zwei lange Lederbänder, die im unteren Bereich mit hellblauen Glasperlenschnüren umwickelt sind, befestigt. Die Naht zwischen Rohlederstreifen und Fransen ist mit einzelnen hellblauen Glasperlen besetzt. Die Glasperlen-Applikation fällt auf Vorder- und Rückseite unterschiedlich aus. Die Vorderseite zeigt ein Donnervogel-Motiv, die Rückseite ein einfaches Rautenmuster. Die Farben der geometrischen Glasperlenzier sind Hellblau mit Dunkelblau, durchscheinend Weinrot, Mittelgrün und Gelb.

657

659 **Pfeifenbeutel**
Plains; spätes 19. Jahrhundert
Leder, Glasperlen, Stachelschweinborsten
Gesamtlänge 115 cm, Fransen 42 cm, Breite 15 cm
Geschenk Carl von Joest, Sechtem (1906/11), Inv.-Nr. 17967

Die Aufteilung der Verzierungselemente entspricht der von Kat.-Nr. 657 und 658. Die Hauptmusterfläche zeigt auf beiden Seiten einen Soldaten mit der US-amerikanischen Flagge und einen vierzackigen Stern. Die Farben der Glasperlen-Applikation sind Weiß, Dunkelblau und durchscheinend Weinrot, auf der Rückseite außerdem Gelb.

660 **Pfeifenbeutel**
Plains; 19. Jahrhundert
Leder, Glasperlen, Stachelschweinborsten
Gesamtlänge 88 cm, Fransen 33 cm, Breite 15 cm
Kauf Franz Müller-Gossen, Krefeld (1953/13), Inv.-Nr. 43972

658

659

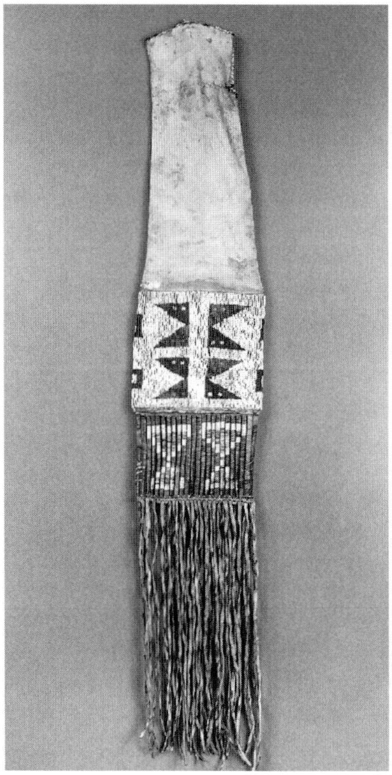

660

Die Aufteilung der Zierelemente entspricht der von Kat.-Nr. 657–659, die für Pfeifenbeutel typisch ist. Es wurde ein sehr helles, weiches Leder verwendet. Die Lederfransen sind mit diagonal verlaufenden grünen Farbstrichen bemalt. Die Glasperlen-Applikation ist weißgrundig mit geometrischen Mustern in Royalblau, Rostrot und Hellblau. Auf den mit Stachelschweinborsten umwickelten Rohlederstreifen sind zwei Sanduhrmotive erkennbar.

661 **Geistertanz-Gewand**
(Farbtafel XIII)
Plains, Lakota oder Blackfoot; um 1900
Baumwolle, Federn
Höhe 130 cm, Schulterbreite 60 cm
Tausch Stolper Galleries, Amsterdam (1967/06), Inv.-Nr. 49690

Das hemdartige Gewand mit keilförmigen Einsatzstücken an den Seiten ist in den Farben Rot, Grün, Blau, Rost, Gelb und Schwarz bemalt. Alle Nähte und Ränder sind mit kurzen Fransen besetzt. Die figürliche Bemalung besteht aus Mondsicheln, Morgensternen, Echsen und Zweigen. Auf dem Rücken ist ferner ein Vogel, der eine Schlange in den Klauen hält, dargestellt. Ärmel, Brust und Schultern sind rot gepunktet, der untere Saum ist grün gestrichelt. Unterhalb des Brustschlitzes hängt ein Federbüschel. Der Geistertanz war eine Heilserwartungsbewegung, die sich nach 1890 in den Reservationen auf den Plains schnell ausbreitete. Der Prophet Wovoka vom Stamme der Paiute hatte die Wiederkehr der Bisonherden und das Verschwinden der Weißen vorhergesagt. Er forderte eine Rückbesinnung auf die traditionellen indianischen Werte und eine Abkehr von den Produkten der Weißen, insbesondere vom Alkohol. Die zeremoniellen Tänze, bei denen man sich in weiße, mit indianischen Symbolen bemalte Hemden kleidete, wurden von den US-Behörden argwöhnisch betrachtet und als Kriegsvorbereitung gedeutet. Dies führte letztlich zur Ermordung von Sitting Bull, dem bekannten Häuptling der Oglala-Lakota, der zu den Anführern der Geistertanz-Bewegung zählte, und zu dem bekannten Massaker von Wounded Knee im Jahre 1890, bei dem mehrere hundert unbewaffnete Indianer von der US-Armee ermordet wurden. Die auf das Hemd gemalten Himmelskörper beziehen sich auf das Kommen einer neuen Welt, in der die Probleme der Gegenwart verschwunden sein werden. Die dargestellten Echsen stehen für die Zähigkeit und Ausdauer, mit der die Indianer bis dahin überleben werden. (Vgl. Maurer 1992: 172/No. 129)

662 **Peyote-Fächer**
Südliche Plains, Kiowa oder Comanchen; 1880–1890
Fasanenfedern, Leder, Glasperlen, Baumwolle
Länge 68 cm
Geschenk Anonym (1968/06), Inv.-Nr. 49783

Der Federfächer aus zwölf Fasanenfedern hat einen mit Glasperlen in Peyote-Stich-Technik verzierten Handgriff. An einer Feder ist das Federkleid eckig zugeschnitten und im mittleren Bereich ganz entfernt. Die Kiele enden in Ledermanschetten. Drei von ihnen sind wie die Hülse, in der sie zusammenlaufen, und der mit dieser durch einen Lederriemen verbundene Handgriff mit Glasperlen in den Farben Braun, durchscheinend Goldgelb, wenig Hellblau und Rot verziert. Der Handgriff schließt mit einer am unteren Ende in Fransen geschnittenen Ledermanschette ab, aus der lange gezwirnte Baumwollfäden heraushängen, die seinen Kern bilden. Peyote-Fächer dienen den Mitgliedern der Native American Church, die während des Gottesdienstes die Stücke des halluzinogenen Peyote-Kaktus verzehren, als Gebetshilfe. Sie werden während des Singens und Betens leicht hin und her bewegt. Peyote wurde von mexikanischen Indianern bereits lange vor der spanischen Eroberung bei religiösen Zeremonien benutzt. Gegen Ende des vorigen Jahrhunderts entstand aus mexikanischen Wurzeln, vermischt mit Elementen der nativistischen Geistertanz-Bewegung (vgl. Kat.-Nr. 661) und christlichem Gedankengut, die synkretistische Peyote-Religion, die sich im Jahre 1918 zur Native American Church formierte.

1 Der Unterschied zwischen 150 vorhandenen Objekten, aber nur 148 Bestandskatalog-Nummern in diesem Kapitel ergibt sich daraus, daß das Hemd und die beiden Leggings von Kat.-Nr. 566 einzeln inventarisiert wurden.

2 Den Hinweis auf die Vergleichsstücke verdanke ich Herrn Prof. Dr. Christian Feest, Frankfurt.

3 Einige der Pfeifenköpfe und Pfeifen (vgl. Kat.-Nr. 646–648, 653–656) im Rautenstrauch-Joest-Museum, die 1903 durch Carl von Joest bei dem Ethnographica-Händler Umlauff in Hamburg erworben wurden, sind bereits in einem Verkaufskatalog von W. D. Webster in London aus dem Jahre 1901 abgebildet. Alle, bis auf Kat.-Nr. 646, tragen dort den Vermerk „sold", also verkauft. Im einzelnen sind es: Kat.-Nr. 646: No. 31: 124/11219, Kat.-Nr. 647: No. 31: 116/11825, Kat.-Nr. 648: No. 31: 128/11220, Kat.-Nr. 653: No. 31: 123/14004, Kat.-Nr. 654: No. 31: 162/13998, Kat.-Nr. 655: No. 31: 163/13999, Kat.-Nr. 656: No. 31: 165/14000.

662

Abb. 10 Der Abnaki Joseph Paul Denis beim Herstellen von Birkenrindenkanu-Modellen. Fotograf unbekannt. 1923

Südosten, Nordosten und Subarktis

Die Objekte aus den Kulturarealen Subarktis, Nordosten und Südosten werden hier zusammengefaßt, weil das Rautenstrauch-Joest-Museum sowohl aus der Subarktis als auch aus dem Südosten Nordamerikas jeweils nur einige wenige Objekte besitzt. Das Kapitel behandelt mithin die großen subarktischen Nadelwaldgebiete ebenso wie die ehemals von Misch- und Laubwäldern bedeckten Landstriche der gemäßigten und subtropischen Klimazonen östlich des Mississippi.

Der Anbau von Mais, Bohnen und Kürbissen als Hauptnahrungspflanzen stellte die Lebensgrundlage der Indianer im Nord- und Südosten dar. Andere Feldfrüchte, Jagd und Fischfang ergänzten die Nahrung. Vor allem die Küstenbewohner, die heute zum großen Teil ausgerottet oder in anderen Gruppen aufgegangen sind, lebten in größerem Maße von Fischfang und Jagd. An den Großen Seen bildete die Ernte des wilden Wasserreises die Nahrungsgrundlage. Nach dem Kontakt mit den Europäern gewann die Pelztierjagd im Norden große wirtschaftliche Bedeutung. Hier engagierten sich vor allem die Stämme der Irokesen-Liga, die als Händler eine Schlüsselstellung zwischen den subarktischen Indianern und den Weißen einnahmen.

Zwischen der atlantischen Küste und dem Felsengebirge erstreckt sich ein großes, dünn besiedeltes Waldgebiet quer über das kanadische Tiefland. Die subarktischen Indianer lebten in erster Linie von der Jagd auf Elche und Karibus. Ab dem 17. Jahrhundert wurde diese Wirtschaftsform weitgehend durch die kommerzielle Pelztierjagd mit importierten Fallen ersetzt.

Eine eigenständige ethnische Gruppe bilden die Métis. Das sind die Nachkommen aus Mischehen zwischen französischen oder franko-kanadischen Waldläufern und indianischen Frauen. Die sogenannten *coureurs de bois* (Waldläufer) arbeiteten wie viele Indianer als Bootsmänner oder Packer im Dienst der Northwest- und der Hudson Bay-Pelzhandelsgesellschaften.

Die Indianer des Ostens waren die ersten Opfer der weißen Besiedlung. Der größte Teil der indianischen Bevölkerung, die bis dahin überlebt hatte, wurde 1834 in das Indianerterritorium von Oklahoma westlich des Mississippi umgesiedelt. Im Osten sind nur wenige kleine Reservationen verblieben. Im Norden verlief die Entwicklung anders. Das Land in der subarktischen Region war wegen des für den Ackerbau ungeeigneten Klimas für die Weißen lange Zeit uninteressant. Erst in diesem Jahrhundert sahen die subarktischen Indianer ihre Lebensgrundlagen durch die für die Energiegewinnung errichteten Staudämme, den Abbau von Bodenschätzen und die Tiefflugübungen der NATO über dem in deren Auslegung „unbewohnten" Gebiet bedroht.

Aus der Sammlung des Rautenstrauch-Joest-Museums können 61 Inventarnummern, das heißt etwas mehr als fünf Prozent, der Region Nordosten zugeordnet werden. Vier Stücke sind im Zweiten Weltkrieg verlorengegangen. Besonders bedauerlich ist der Verlust eines Birkenrinden-Kanus. Weiterhin fehlen ein Modell-Kanu und ein Zigarrenetui aus Birkenrinde sowie eine mit Stoff und Fell besetzte Lederkappe. Nicht allein in Köln sind die Regionen des Ostens in nur geringem Umfang vertreten (Boden/Gockel 1995: 50). Das liegt daran, daß in der Zeit um die Jahrhundertwende, als die großen Museumssammlungen angelegt wurden, viele Indianer des Ostens bereits ausgerottet oder vertrieben waren. Zumindest wies ihre materielle Kultur zu dieser Zeit bereits eine starke Beeinflussung durch die Weißen auf.

Zu den Objekten aus dem Nordosten zählt eine ganze Reihe von Souvenir-Artikeln, insbesondere mit Stachelschweinborsten und Elchhaaren verzierte Teller, Schachteln und andere Objekte aus Birkenrinde, die bereits in der Mitte des vorigen Jahrhunderts den Touristen an den Niagara-Fällen angeboten wurden. Hinzu kommen ein primitives Steinbeil sowie etliche Paare Mokassins. Zu den wertvolleren und älteren Objekten gehören drei alte Kugelkopfkeulen (vgl. Kat.-Nr. 669–671), eine fein gearbeitete Tasche der Huronen (vgl. Kat.-Nr. 706) und ein Paar mit Stachelschweinborsten verzierte Mokassins der Irokesen (vgl. Kat.-Nr. 687).

Die subarktische Sammlung ist mit zehn Objekten sehr klein. Der Ledermantel von den Red River Métis (vgl. Kat.-Nr. 681), ein Ledertäschchen mit

Zierleisten aus zu Bändern verwebten Stachelschweinborsten (vgl. Kat.-Nr. 707) und eine ebenfalls mit Borsten verzierte Messerscheide (vgl. Kat.-Nr. 701) gehören jedoch zu den ältesten und bemerkenswertesten Stücken der Nordamerika-Sammlung. Sie geben Zeugnis von der in der Subarktis einzigartigen Technik der *quill*-Weberei.

Während der Bestand der Abteilung Subarktis bis heute vollzählig geblieben ist, fehlt aus dem Südosten ein 1937 vom Museum für Völkerkunde in Berlin eingetauschter Korb der Chitimacha. Er stammt aus einem 18teiligen Set nach unten spitz zulaufender Tragekörbchen, von denen die übrigen in Berlin verblieben sind.

663 Beilklinge
Südosten; prähistorisch: *mound*-Kultur
Stein
Länge 20,5 cm, Breite 14 cm
Tausch Arthur Speyer, Niederwalluf (1960/10), Inv.-Nr. 47886

Die große, vorne geschliffene Steinklinge hat eine breite, umlaufende Rillenfurche mit erhabenen Rändern, die an den Kanten unterbrochen sind. Ungefähr ab 1000 v. Chr. entstanden am mittleren Mississippi und seinen Nebenflüssen die ersten *mounds* oder Grabhügel, also Erdaufschüttungen, die Begräbnisstätten enthielten. Berühmter sind jedoch die sogenannten Bilderhügel der Hopewell-Kultur (200 v. Chr. – 400 n. Chr.) am oberen Mississippi, die in Gestalt von Tieren oder geometrischen Mustern angelegt waren, sowie die im Südosten gelegenen *temple mounds*. Das sind Plattformhügel, auf denen kleine Tempel standen. Sie stammen aus der Zeit zwischen 500 n. Chr. und der spanischen Eroberung.

664 Keulenkopf
Südosten?; prähistorisch
Stein
Länge 9 cm, Breite 5,5 cm
Geschenk Eduard Hoenig, Bensberg (1978/08), Inv.-Nr. 52459

Der kleine, ovale Keulenkopf aus hellgrauem, poliertem Stein zeigt in der Mitte eine umlaufende Furche für eine Schlingenschäftung. (Vgl. Hothem 1991: 24)

665 Beilklinge
Nordosten?; prähistorisch
Stein
Länge 17 cm, Breite 12,5 cm
Vorbesitzer unbekannt (1994/05), Inv.-Nr. 54310

An der Schneide der breiten, flachen Steinklinge sind mehrere Ausbrüche zu sehen. Nahe der Basis ist eine umlaufende, von erhabenen Rändern gesäumte breite Rille für eine Schlingenschäftung ausgefurcht.

663

664

665

666

667

668

666 Beilklinge
Nordosten, Michigan; prähistorisch
Stein
Länge 25 cm, Breite 13,5 cm
Kauf W. O. Oldman, London (1908/01), Inv.-Nr. 22163

Die wuchtige, einseitig geschliffene Steinklinge läuft vorne spitz zu und hat nahe der Basis eine breite, umlaufende Rillenfurche für eine Schlingenschäftung.

667 Beilklinge
Nordosten?; prähistorisch
Stein
Länge 9,5 cm, Breite 7 cm
Geschenk Naturhistorischer Verein, Bonn (1933/05), Inv.-Nr. 40058

Die Steinklinge mit zugespitzter und geschliffener Klinge sowie abgerundetem Kopf weist nahe der Basis eine breite Furche für eine Schlingenschäftung auf.

668 Schale
Nordosten, Neufundland; prähistorisch
Stein
Länge 17,5 cm, Breite 11,5 cm
Kauf W. O. Oldman, London (1908/01), Inv.-Nr. 22164

Die ovale, flache und leicht ausgehöhlte Steinschale wurde möglicherweise zum Anrühren von Farbe benutzt.

669

670

672

Kugelkopfkeulen
Kugelkopfkeulen aus Holz waren die typischen Nahkampfwaffen der Indianer des nordöstlichen Waldlandes. Mit dem zu einer Kugel verdickten Schlagteil konnte man den Schädel eines Gegners zertrümmern. Die Keulen wurden aus dem vollen Holz geschnitzt und dann poliert. Das in die Kugel mündende Schaftende wurde häufig figürlich gestaltet. Ein Tierkopf hält zum Beispiel die Kugel im Maul, oder sie wird von einer Tierkralle umfaßt. Bilderschriftliche Einritzungen auf dem Schaft beziehen sich auf die Kriegstaten oder auf die Schutzgeister des Eigentümers.

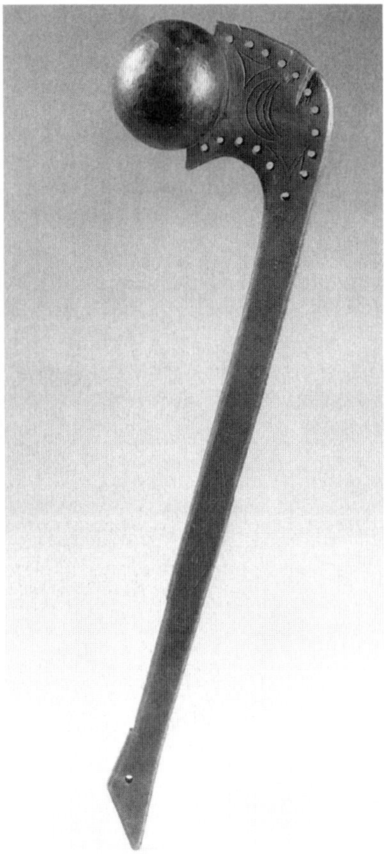

671

669 Kugelkopfkeule
Nordosten; 19. Jahrhundert
Holz
Länge 56 cm
Geschenk Carl von Joest, Sechtem (1902/23), Inv.-Nr. 5600

Das kugelförmig verdickte Schlagteil weist ein Bohrloch auf, in das vermutlich einmal eine Spitze aus Knochen, Stein oder Eisen eingelassen war. Solche Spitzen steigerten die Wirkung der Schlagwaffe. Der im Griffbereich etwas zurückspringende Schaft endet in einer zackig ausgeschnittenen Kante.

670 Kugelkopfkeule
Nordosten; 19. Jahrhundert
Holz, Leder
Länge 61 cm
Geschenk Carl von Joest, Sechtem (1902/23), Inv.-Nr. 5601

Der eiförmige Kopf dieser grob gearbeiteten und unpolierten Keule wird von drei Tierkrallen umfaßt. Am durchbohrten Schaftende ist ein lederner Handriemen befestigt. (Vgl. Dräger 1992: 31)

671 Kugelkopfkeule
Nordosten; 19. Jahrhundert
Holz
Länge 70 cm
Geschenk Carl von Joest, Sechtem (1902/23), Inv.-Nr. 5602

Das verbreiterte Schaftende umfaßt das kugelförmige Schlagteil und ist mit Lochreihen, der Schaft selbst mit Ritzzeichnungen verziert. Auf einer Seite sind die Konturen von Fischen eingeritzt. Die andere Seite zeigt eine anthropomorphe Figur, ein vierbeiniges Tier (Biber?), einen Vogel und den Schriftzug „Robert".

672 Beil
Nordosten; 19. Jahrhundert
Holz, Stein, Rohhaut, Eisennagel
Länge 50 cm, Tiefe 18,5 cm
Geschenk Carl von Joest, Sechtem (1902/23), Inv.-Nr. 5607

Der Holzschaft ist vorne zu einem Span ausgedünnt, der um die Steinklinge geschlungen und mit einem Riemen aus Rohhautstreifen sowie einem Eisennagel fixiert ist. Solche Steinbeile wurden Touristen als Beispiele für die archaische Kultur der Indianer verkauft. Ein Vergleichsstück im Museum für Völkerkunde in Wien (Kat.-Nr. 14089) wurde um 1880 erworben und vom Sammler mit der Bemerkung „von den zahmen Indianern am Niagarafalle zum Verkauf angefertigt" versehen.

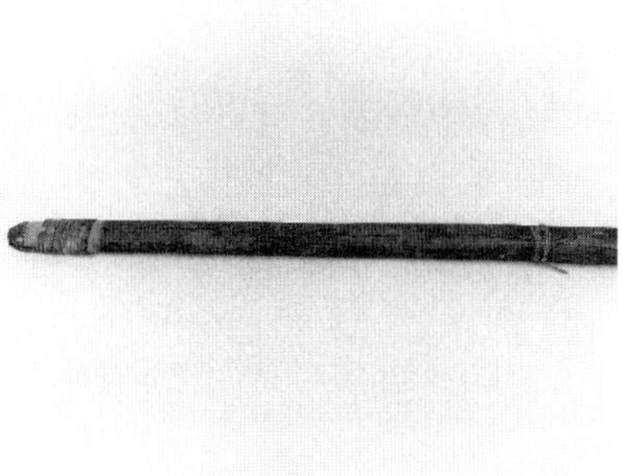

673

673 Lanzenschaft
Nordosten?; 19. Jahrhundert
Holz, Rindenfaser
Länge 168 cm, Breite 3 cm
Tausch Naturwissenschaftliches Museum, Wuppertal (1940/04), Inv.-Nr. 42236

Der Lanzenschaft ist vorne tief eingekerbt. Die klemmgeschäftete Klinge fehlt. Es sind Reste einer Umwicklung mit Rindenfasern vorhanden.

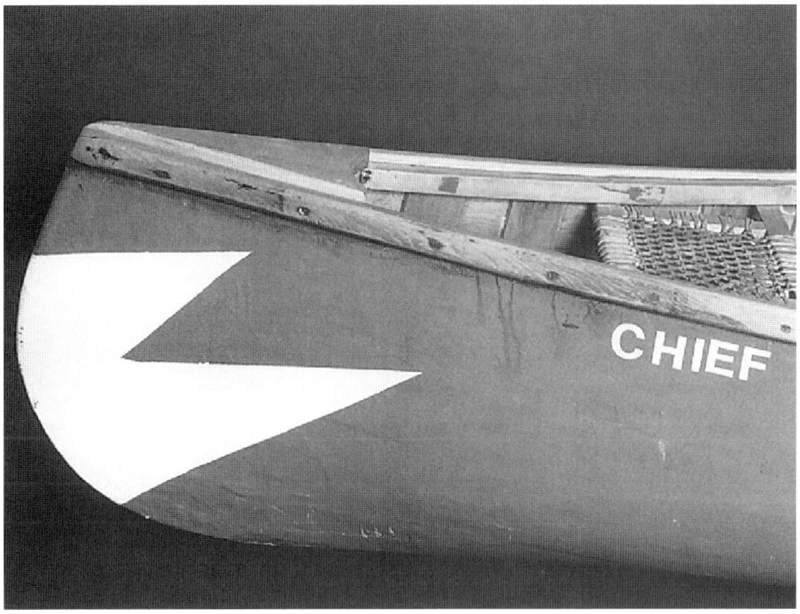

674

674 **Kanu**
Nordosten, Huronen; ca. 1960
Holz, Rohhaut, Metallschrauben und -nägel
Länge 500 cm, Breite 98 cm, Höhe 60 cm
Geschenk Kevin Darroch, Kanada (1982/13), Inv.-Nr. 54206

Das Kanu in traditioneller Machart ist rot und weiß bemalt und trägt die Aufschrift *„Chief"*. Das Gerüst besteht aus gebogenen Brettdauben. Zwischen die versteifenden Holzstreben ist vorne und hinten ein Sitz aus Rohhautstreifen geflochten. Für die Verbindungen wurden sowohl Holzstifte als auch Metallschrauben und -nägel verwendet. Der kanadische Kanute Kevin Darroch hat damit im Sommer 1982 eine Kanutour von Frankfurt den Main und Rhein hinunter bis nach Holland unternommen und das Kanu anschließend dem Rautenstrauch-Joest-Museum geschenkt.

Schneeschuhe

Schneeschuhe erleichtern das Gehen auf Schnee, indem sie durch Gewichtsverteilung auf eine große Fläche das Einsinken der Füße in den Schnee verhindern. Die Erfindung des Schneeschuhs bedeutete für die subarktischen Indianer, daß sie nun auch im Winter Jagd machen und im Wald leben konnten, während sie sich vorher zu dieser Jahreszeit auf die Eisfischerei an den Seeufern beschränken mußten. Nordamerikanische Schneeschuhe sind – anders als europäische und nordasiatische Brettskier – in der Regel Rahmenschneeschuhe. Die Rahmenleisten wurden unter Einwirkung von heißem Wasserdampf in die gewünschte Form gebogen und dann mit einem Geflecht aus Lederriemen oder Sehnen bespannt. Als Fußhalterung dienten lederne Gurte. Die Aussparung des Zehenlochs in der Bespannung erleichtert das Abrollen des Fußes beim Gehen. Der Stabilisierung dienen zwei bis vier Querleisten, an denen auch das Geflecht befestigt ist. Rahmenschneeschuhe sind im Vergleich zu Brettskiern leicht. Ihre relativ große Breite erfordert allerdings eine kräftezehrende, breitbeinige Gehweise. Schneeschuhe waren bei fast allen Völkern der Subarktis und der angrenzenden Gebiete im Gebrauch. Unterscheidungskriterium ist in erster Linie die Rahmenform: Während für den Westen eher längliche, schmale Rahmen typisch waren, herrschten im Osten breitere, bauchige Typen vor.

675 **Rahmenschneeschuhe**
Zentrale Subarktis; 19. Jahrhundert
Holz, Rohhaut, Baumwolle, Wolle
Länge 125 cm, Breite 34 cm
Geschenk Carl von Joest, Sechtem (1902/23), Inv.-Nr. 5632

Die Rahmenschneeschuhe haben eine längliche Form und leicht nach oben gebogene Spitzen. Der zweiteilige Holzrahmen wird von vier Querleisten stabilisiert. Die Bespannung ist teilweise als Dreirichtungsgeflecht, im mittleren Bereich als Diagonalgeflecht in Leinwandbindung ausgeführt. Im stärker belasteten Mittelteil ist das Geflecht direkt am Rahmen, der an dieser Stelle mit Stoff umwickelt ist, im vorderen und hinteren Teil an Hilfsschlaufen entlang der Innenseite des Rahmens befestigt. Die seitlich angebrachten roten Wollbüschel sollten angeblich das Wiederfinden der Schuhe im Schnee erleichtern. Schneeschuhe dieses Typs hatten zum Beispiel die Nördlichen Ojibwa, Cree und Yellowknives. (Vgl. Glenbow Museum 1987: 107/S 65; Levesque 1976: 39/Pl. 15, 65/Fig. 9)

676 **Rahmenschneeschuhe**
Östliche Subarktis; 19. Jahrhundert
Holz, Rohhaut
Länge 95,5 cm, Breite 48 cm
Geschenk Carl von Joest, Sechtem (1902/23), Inv.-Nr. 5633

Die sogenannte Schwalbenschwanz-Silhouette dieser Schneeschuhe ist typisch für die Indianer der östlichen Subarktis. Der Rahmen ist aus einer einzelnen gebogenen Holzleiste gefertigt und wird durch zwei Querstreben stabilisiert. Holznägel halten die Enden zusammen. Die Bespannung besteht aus einem Dreirichtungsgeflecht aus Rohhautstreifen, die im mittleren Teil

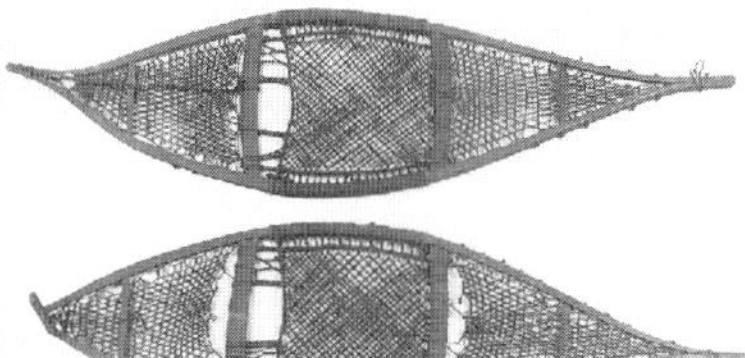

675

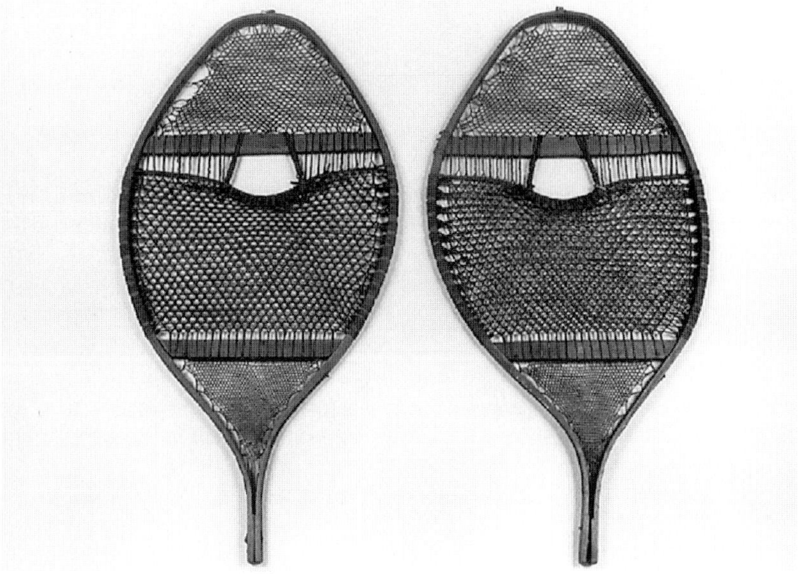

676

wie bei Kat.-Nr. 675 direkt um den Rahmen gewickelt, im vorderen und hinteren Bereich dagegen an Hilfsschlaufen befestigt sind. (Vgl. Levesque 1976: 30/Pl. 6; Lindig 1985: 40)

677 Rahmenschneeschuhe
Nordosten, südliches Quebec;
19. Jahrhundert
Holz, Rohhaut
Länge 97,5 cm, Breite 37,5 cm
Geschenk G. Kölle, Köln (1903/07),
Inv.-Nr. 8675

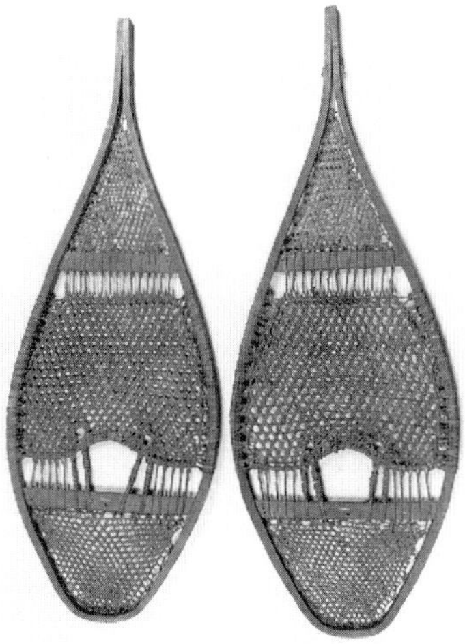

677

Der einteilige Rahmen ist durch zwei Querleisten stabilisiert und mit einem Dreirichtungsgeflecht aus Rohhautstreifen bespannt, deren Befestigung der von Kat.-Nr. 675 und 676 entspricht. Die längliche, vorne abgeplattete sogenannte Hechtschwanz-Silhouette deutet auf eine Herkunft aus dem südlichen Quebec hin. Sie ist typisch für die Micmac, Abnaki, Algonkin und Huronen. (Vgl. Kat.-Nr. 678, Levesque 1976: 36/Pl. 12; Schulamt der Stadt Zürich 1977: 173/Abb. 65; Völger 1976: Nr. 4.20.02)

678 Rahmenschneeschuh
Nordosten, südliches Quebec;
19. Jahrhundert
Holz, Rohhaut, Leder
Länge 98 cm, Breite 36 cm
Geschenk Wellcome Museum, London
(1956/10), Inv.-Nr. 45751

Der einzelne Rahmenschneeschuh gleicht in Form und Konstruktion Kat.-Nr. 677. An der vorderen Querleiste ist ein Ledergurtwerk als Fußhalterung befestigt. (Vgl. Kat.-Nr. 677; Levesque 1976: 36/Pl. 12; Schulamt der Stadt Zürich 1977: 173/Abb. 65; Völger 1976: Nr. 4.20.02)

679 Rahmenschneeschuh
Nordosten, vermutlich Algonkin;
19. Jahrhundert
Holz, Rohhaut
Länge 93 cm, Breite 38 cm
Geschenk Wellcome Museum, London
(1956/10), Inv.-Nr. 45752

Der einteilige, mehrfach gebrochene Rahmen hat eine längliche Form und ist durch zwei Querleisten stabilisiert. Das Dreirichtungsgeflecht der Bespannung ist auffallend feingliedrig. (Vgl. Levesque 1976: 60/Fig. 4)

680 Rock
Südosten, Seminolen; sechziger Jahre
Baumwolle, Kunstfaser
Höhe 75,5 cm, Breite 91 cm
Geschenk Dr. E. Hoenig, Bensberg
(1978/08), Inv.-Nr. 52460

Der aus mehreren Stoffstreifen bestehende Rock ist auf der Maschine genäht und hat einen Tunnelbund mit Gummizug. Auf orangefarbenem Grund rahmen bunte Zackenlitzen drei Patchwork-Streifen ein, die vorwiegend in Weiß und Violett gehalten sind. An zwei Stellen ist der Name „DIANE" aufgedruckt. Die Seminolen haben als einzige Indianergruppe die Patchwork-

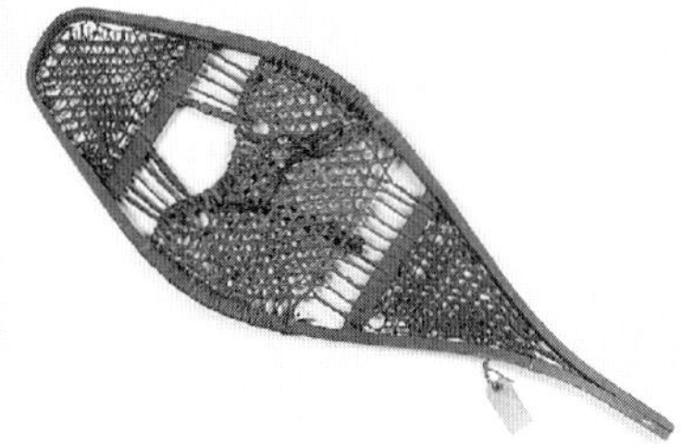

678

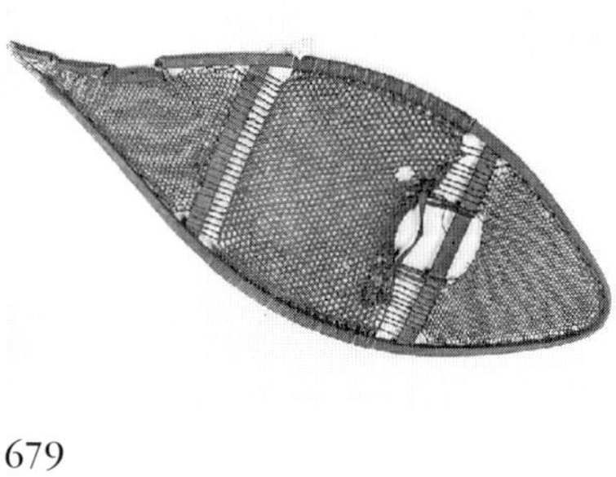

679

680

Technik von den Weißen übernommen. Um die Jahrhundertwende kamen sie in den Besitz mechanischer Nähmaschinen, und in der Folge entwickelte sich die Patchwork-Kleidung zur Nationaltracht der Seminolen. Sie wird heute überwiegend zu festlichen Anlässen als Ausdruck der ethnischen Zugehörigkeit getragen. Satin oder glänzende Synthetikstoffe, die den Feuerschein reflektieren, werden für das Grünkornfest bevorzugt. Dieses Fest findet statt, sobald die ersten Maiskolben röstreif sind. Es beinhaltet umfangreiche Reinigungszeremonien, mit denen das alte Jahr abgeschlossen und das neue begonnen wird. Zu dieser Gelegenheit werden stets neue Kleidungsstücke hergestellt, da das Tragen neuer Kleider als wichtiger Bestandteil des Erneuerungscharakters des Festes angesehen wird. Seit den fünfziger Jahren unseres Jahrhunderts werden Patchwork-Hemden und -Röcke auch für den Verkauf an Touristen hergestellt (Blackard, 1990; Downs, 1990).

681 **Mantel** (Farbtafel I)
Subarktis, Red River Métis-Typ; um 1840
Leder, Stachelschweinborsten
Höhe 116,5 cm, Breite 56 cm
Tausch Arthur Speyer, Niederwalluf (1967/08), Inv.-Nr. 49717

Der Mantel aus schwerem Leder hat einen europäischen Schnitt mit Taille und Stehkragen. Die Verzierungen auf den Schulterklappen bestehen aus zu Bändern verwebten Stachelschweinborsten. Diese zeigen ein feines geometrisches Muster in Weiß, Rot, Blau und Dunkelbraun. Entlang den Vorderkanten und dem Saum wurden florale Muster aufgemalt. Auch die drei rückseitigen Abnäher säumen kleine Blattmotive. An Saum und Schulterstücken befinden sich kurze Lederfransen. Die Fransen an den Schulterstücken sind mit Stachelschweinborsten umwickelt.

682 **Lederhemd**
Nordosten; um 1900
Leder, Glas- und Metallperlen, Federn, Metallknöpfe, Kunststoffknopf, Seidenbänder
Höhe 79 cm, Breite 64 cm
Kauf Müller-Gossen, Krefeld (1953/13), Inv.-Nr. 43981

Das langärmelige geschlossene Lederhemd hat einen Stehkragen und einen tiefen Brustschlitz, der durch fünf Knöpfe zu schließen ist. Ein offenbar verlorengegangener Metallknopf wurde später durch einen Kunststoffknopf ersetzt. Der Saum ist zackenförmig ausgeschnitten. In die Nähte von Schulterpasse und Ärmeleinsätzen sind Lederfransen eingearbeitet. An der rechten Schulter ist eine einzelne große schwarze Feder, an der linken Schulter sind sechs kleinere helle Federn befestigt. Die Federkiele wurden mit rotem Faden umwickelt. Die Schulterpasse, den u-förmigen Besatzstreifen auf der Brust und die Ärmelumschläge zieren Glasperlen-Applikationen. Für das florale Muster wurden durchscheinend weiße, hell- und weinrote, hellrosa, blaß-, mittel- und dunkelgrüne Glasperlen sowie einige Metallperlen verwendet. Die Ärmelumschläge sind mit rotem Seidenband eingefaßt.

683 **Leggings**
Nordosten; um 1900
Wolle, Samt, Seide, Leder, Glas- und Metallperlen, Metallknöpfe
Höhe 65 cm; Breite 21 cm
Kauf Müller-Gossen, Krefeld (1953/13), Inv.-Nr. 43979

682

683

Für diese Leggings wurde eine alte Uniformhose aus dunkelblauem Wollstoff mit rotem Nahtband umgearbeitet. Die mit Glas- und Metallperlen bestickten seitlichen Zierstreifen aus schwarzem Samt sind violett eingefaßt. Das florale Muster der Glasperlen-Applikation ist in den Farben Weiß, Rosa, durchscheinend Weinrot, Gelb, durchscheinend Mittelblau, Hellblau und Orange ausgeführt. Die Zierstreifen werden von kleinen Seidenfetzen eingerahmt, auf die dekorative Metallknöpfe genäht sind. Ein Etikett trägt die Aufschrift „Oldman 31998 Pau". (Vgl. Thompson 1983: 40/No. 5)

684 **Mokassins**
Südwestliche Subarktis;
19. Jahrhundert
Leder
Länge 28 cm, Breite 9 cm,
Höhe 17 cm
Kauf Firma Umlauff, Hamburg
(1903/04), Inv.-Nr. 6542

Die Mokassins haben weiche Sohlen und kurze Stulpen. An der Ferse und über den Zehen sind sie mit einer Mittelnaht geschlossen. Auf dem Fußrist ist ein u-förmiges Lederstück eingesetzt. Die Sohle ist hochgezogen und an der Einsatznaht gefältelt. Umlauff gibt als Herkunft die Bella Coola an, eine Ethnie, die an der Nordwestküste angesiedelt ist. Möglicherweise haben die Bella Coola die Mokassins von einer der nicht weit entfernt lebenden subarktischen Gruppen, zum Beispiel von den Carrier, eingehandelt.

685 **Mokassins**
Zentrale Subarktis, vermutlich Cree;
um 1900
Leder, Seide
Länge 25 cm, Breite 8 cm,
Höhe 16 cm
Überweisung Kunstgewerbemuseum,
Köln (1950/12), Inv.-Nr. 45368

Die vorne spitz zulaufenden Weichsohlen-Mokassins sind an der Ferse und in der Mitte über den Zehen zusammengenäht. Die hochgezogene Sohle wurde entlang der Einsatznaht gefältelt. Der u-förmige Einsatz auf dem Fußrist zeigt ein helleres, glattes Leder und eine Verzierung. Das florale Muster der Seidenfaden-Applikation wurde in den Farben Weinrot, Mittelgrün, Petrol, Rosa, Gelb und Hellgrün ausgeführt. Ein aufgelegter, aus golden und grün schimmernden Fasern verzwirnter Faden ziert die Naht. An die Knöchel sind kurze Umschläge und hohe Stulpen angenäht, die jeweils drei Lochpaare für die ledernen Schnürriemen aufweisen. (Vgl. Glenbow Museum 1987: 101/S 42; Levesque 1976: 47/Pl. 19)

686 **Mokassins** (Farbtafel IV)
Nordosten, Huronen; um 1850
Leder, Elchhaare, Seidenband
Länge 23 cm, Breite 8,5 cm,
Höhe 7 cm
Tausch Arthur Speyer, Niederwalluf
(1967/08), Inv.-Nr. 49718

Das Leder dieser weichsohligen Mokassins ist rauchgeschwärzt. Die hochgezogene Sohle ist mit einer gefältelten Naht an dem u-förmigen Riststück festgenäht. Rote Seidenbandeinfassungen zieren die seitlichen Umschläge. Auf den Risteinsatz und die Umschläge wurde ein florales Muster aus bunt gefärbten Elchhaaren appliziert. (Vgl. Dockstader 1962: 245; Glenbow Museum 1987: 52/W 69)

684

685

688

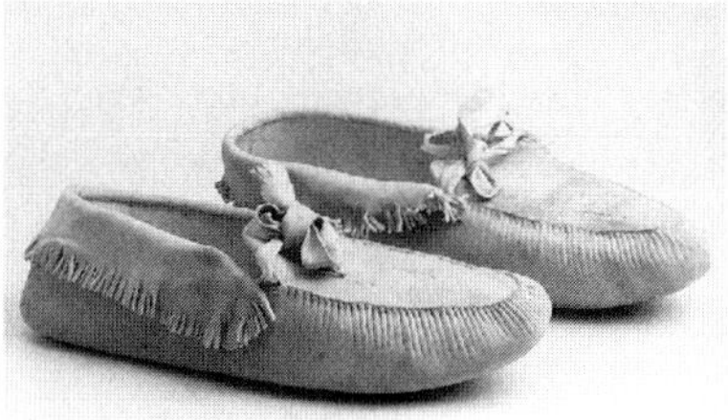

689

690

691

687 Mokassins (Farbtafel IV)
Nordosten, vermutlich Irokesen;
frühes 19. Jahrhundert
Leder, Stachelschweinborsten, Seidenband, Glasperlen
Länge 22 cm, Breite 8,5 cm,
Höhe 8 cm
Geschenk Carl von Joest, Sechtem
(1902/23), Inv.-Nr. 5657

Sohle und Oberleder sind aus einem einzigen Stück weich gegerbten Hirschleders gefertigt. Das u-förmige Einsatzstück auf dem Fußrist und die seitlichen Umschläge sind mit einer Applikation aus weißen sowie orange und blaugrün gefärbten Stachelschweinborsten in verschiedenen Techniken (vgl. Orchard 1916: 12, 14, 21, 47) verziert. Die seitlichen Umschläge werden von purpurfarbenen Seidenbändern eingefaßt und von weißen Glasperlen gesäumt. (Vgl. Hamburgisches Museum für Völkerkunde 1984: 166/ Abb. 292; Völger 1976: Nr. 4.30.29)

688 Mokassins
Nordosten, Algonkin; vor 1927
Leder, Elchhaare
Länge 21,5 cm, Breite 8 cm,
Höhe 6 cm
Kauf Julius Konietzko, Hamburg
(1926/08), Inv.-Nr. 38381

Sohle und Oberleder dieser Mokassins in Slipperform sind aus einem Stück weichen Leders gefertigt. Auf dem Fußrist ist mit einer gefältelten Naht ein u-förmiges Stück Leder eingesetzt, das noch Reste eines aus Elchhaaren applizierten floralen Musters erkennen läßt.

689 Mokassins
Nordosten; um 1900
Leder, Elchhaare
Länge 28 cm, Breite 10 cm,
Höhe 7 cm
Geschenk Arnim von Guilleaume,
Köln (1908/25), Inv.-Nr. 23405

Diese industriell gefertigten Mokassins in Slipperform sind wie Kat.-Nr. 688 konstruiert, haben jedoch seitliche Umschläge, in deren Kanten kurze Fransen eingeschnitten sind. Ferner wurden Schleifen aus Lederriemen angebracht. Von der Elchhaar-Applikation auf dem Fußrist sind nur noch Reste zu erkennen. Eine eingedruckte „6" gibt wohl die Schuhgröße der für den Verkauf gedachten Mokassins an.

690 Mokassins
Nordosten; um 1900
Leder, Elchhaare
Länge 19,5 cm, Breite 6,5 cm,
Höhe 5,5 cm
Überweisung Kunstgewerbemuseum,
Köln (1950/12), Inv.-Nr. 45370

Das Einsatzstück auf dem Fußrist geht in die Zunge über, auf der eine kleine Zierschleife sitzt. Für die spärliche Elchhaar-Applikation der Mokassin-Slipper wurden weiß, purpur und blaßlila gefärbte Elchhaare verwendet. Ein beigefügter, handgeschriebener Zettel besagt: „Canadischer Schuh von Montreal. In den Städten werden diese Schuhe von den Kindern immer getragen, von den Erwachsenen im Winter eventuell gebraucht als Überschuhe mit Stroheinlage."

691 Mokassins
Nordosten; um 1900
Leder, Elchhaare
Länge 11 cm, Breite 5,5 cm,
Höhe 3,5 cm
Überweisung Kunstgewerbemuseum,
Köln (1950/12), Inv.-Nr. 45369

Diese Baby-Mokassins sind wie Kat.-Nr. 690 konstruiert. In die Kanten der seitlichen Umschläge sind kurze Fransen eingeschnitten. Mit weiß, rot und grün gefärbten Elchhaaren ist eine einfache Blüte in einem gezackten Rahmen auf den Fußrist gestickt. Nur (noch) der linke Schuh trägt eine überdimensionierte Lederschleife.

692 Mokassins
Nordosten, Montreal oder Ontario,
vermutlich Irokesen;
Ende 19. Jahrhundert
Leder, Elchhaare, Baumwolle
Länge 26 cm, Breite 7 cm,
Höhe 7,5 cm
Geschenk Eugen und Adele Rautenstrauch, Köln (1899/01), Inv.-Nr. 9624

Sohle und Oberleder dieser weichsohligen Mokassins sind aus einem Stück gefertigt. Auf dem Fußrist ist mit einer gefältelten Naht ein u-förmiges Lederstück eingesetzt. Die Schuhe sind mit Stoff gefüttert und haben Schnürbänder aus Stoff. Die angesetzten seitlichen Umschläge sind rot eingefaßt.

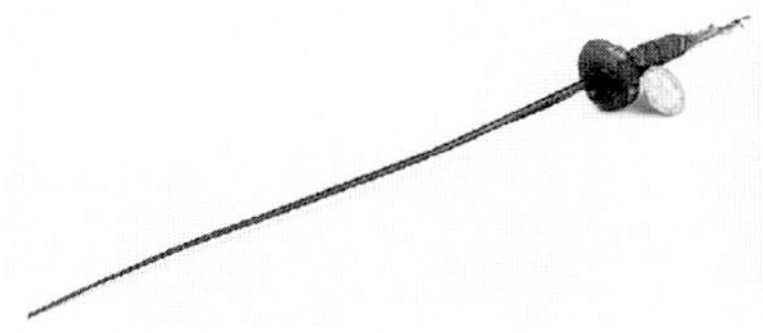

696

Rist und Umschläge zeigen eine einfache Verzierung aus applizierten Elchhaaren. Dargestellt sind Blütenmotive und Zickzacklinien in den Farben Blau, Gelb, Weiß, Lila und Purpur. (Vgl. Kat.-Nr. 693–695)

693 Mokassins
Nordosten, Montreal oder Ontario, vermutlich Irokesen;
Ende 19. Jahrhundert
Leder, Elchhaare, Baumwolle
Länge 16 cm, Breite 5 cm, Höhe 6 cm
Geschenk Eugen und Adele Rautenstrauch, Köln (1899/01), Inv.-Nr. 9625

Wie Kat.-Nr. 692. Bei diesem Paar Mokassins sind die Zierschleifen aus Baumwollstoff gefertigt. Die Stickerei wurde weniger sorgfältig ausgeführt.

694 Mokassins
Nordosten; um 1900
Leder, Baumwolle, Elchhaare, Schnürsenkel
Länge 26 cm, Breite 9 cm, Höhe 8 cm
Überweisung Kunstgewerbemuseum, Köln (1950/12), Inv.-Nr. 45372

692

693

Die Mokassins mit weicher Sohle, u-förmigem Einsatz auf dem Rist, gefältelter Naht und Umschlägen sind wie Kat.-Nr. 692 und 693 konstruiert und mit weichem Flanell gefüttert. An die mit rotem Stoff eingefaßten Umschlagklappen waren zu Schleifen gebundene Schnürsenkel angebracht, die auf einer Seite abgerissen sind. Die Elchhaar-Applikation auf dem Einsatzstück und auf den Umschlagklappen ist in zwei Blautönen, Weiß, Lachsrot, Weinrot, Lila und Petrol ausgeführt.

695 Mokassins
Nordosten; um 1900
Leder, Baumwolle, Elchhaare
Länge 24 cm, Breite 9 cm,
Höhe 8,5 cm
Überweisung Kunstgewerbemuseum, Köln (1950/12), Inv.-Nr. 45371

Wie Kat.-Nr. 694.

696 Haarpfeil
Nordosten?; 19. Jahrhundert
Fischbein, Fruchtkern, Federn, Gras
Länge 43 cm, Durchmesser 3,5 cm
Kauf Firma Umlauff, Hamburg (1903/04), Inv.-Nr. 6516

Auf einer langen schwarzen Fischbeinnadel sitzt ein großer brauner Fruchtkern (Kastanie?). Dahinter ist ein Büschel aus grün schimmernden Entenfedern und getrocknetem Gras festgebunden. Von den Federn sind allerdings nur noch Reste vorhanden. Der Haarpfeil diente vermutlich als Schmuck.

694

695

697 Kette
Nordosten; um 1900
Glasperlen, Baumwolle, Wolle
Länge 76 cm
Geschenk Carl von Joest, Sechtem (1902/23), Inv.-Nr. 5671

Auf einen mehrfach zusammengeknoteten Baumwoll- beziehungsweise Wollfaden sind zwei bis drei Zentimeter lange, milchigweiße Glasperlen gezogen. Die zu zwölf Strähnen zusammengelegte Kette diente Frauen wie Männern als Halsschmuck. (Vgl. Kat.-Nr. 698; AMNH New York: Kat.-Nr. 50/7556; Radin 1923: Pl. 21b)

698 Kette
Nordosten; um 1900
Glasperlen, Kaurischnecken, Muschelscheibe, Baumwolle
Länge 72 cm
Geschenk Carl von Joest, Sechtem (1902/23), Inv.-Nr. 5693

Diese siebensträhnige Kette ist aus den gleichen länglichen Glasperlen hergestellt wie Kat.-Nr. 697. An drei Strähnen wechseln je drei Glasperlen mit einer Kaurischnecke ab. An einer Strähne ist eine einzelne flamingofarbene Muschelscheibe angebracht. (Vgl. Kat.-Nr. 697; AMNH New York: Kat.-Nr. 50/7556; Radin 1923: Pl. 21b)

699 Kette
Nordosten?; um 1900
Rohrabschnitte, Baumwollzwirn
Länge 55 cm
Geschenk Carl von Joest, Sechtem (1902/23), Inv.-Nr. 5668

Die viersträhnige Kette, für die längliche, hellbraune Rohrstückchen auf einen Zwirnfaden aufgefädelt wurden, ähnelt vom Erscheinungsbild her Kat.-Nr. 697 und 698. Die Herkunft bleibt

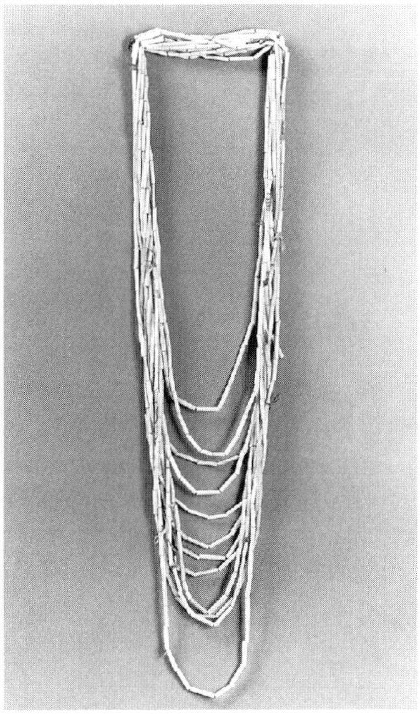

697

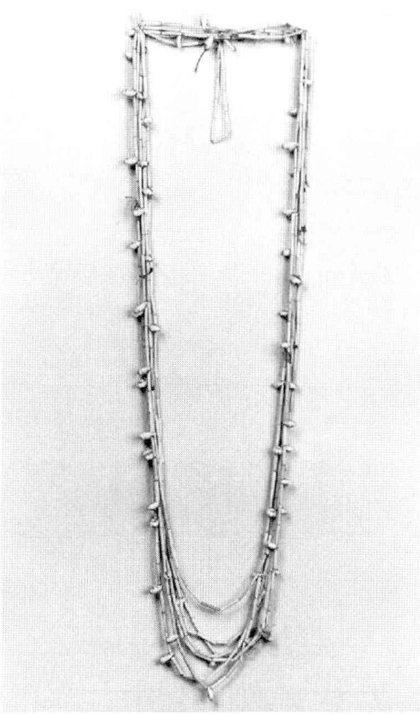

698

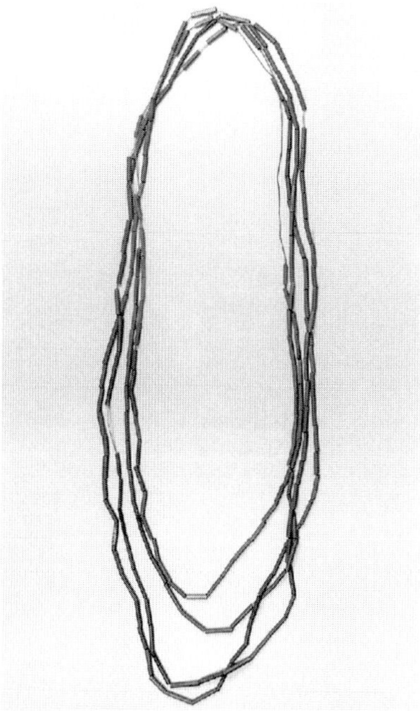

699

jedoch unsicher, auch wenn die schilfbestandenen Ufer der Großen Seen das Rohmaterial für die Perlen hätten liefern können.

700 **Band**
Zentrale Subarktis; 18. Jahrhundert
Stachelschweinborsten, Leder
Gesamtlänge 65 cm, Zopf 14 cm, Breite 3 cm
Geschenk Carl von Joest, Sechtem (1902/23), Inv.-Nr. 5679

Dünne Lederriemchen sind abschnittweise zu Paaren zusammengefaßt und mit weißen sowie rot und dunkelbraun gefärbten Stachelschweinborsten umwickelt. Jeweils zwei der Lederriemen wurden über eine Länge von sechs Millimetern umwickelt, danach wurde das Paar aufgelöst, und die Einzelriemen bildeten für den nächsten Abschnitt mit den außen benachbarten Riemen ein Paar, so daß in versetzter Folge Schlitze gebildet werden. Die Kanten des Bandes sind rot, innen folgen weiß umrahmte dunkelbraune Rechtecke, die helle Rauten einschließen. Auf einer Seite wurden die überstehenden Lederriemen zu einem Zopf geflochten. Bei dem in den Originalakten als Gürtel bezeichneten Band handelt es sich vermutlich um ein Band für eine um den Hals getragene Messerscheide. (Vgl. Glenbow Museum 1987: 41/W 19)

700

701 **Messerscheide**
Subarktis;
vermutlich 18. Jahrhundert
Leder, Stachelschweinborsten, Glasperlen
Höhe 19,5 cm, Breite 5 cm
Geschenk Carl von Joest, Sechtem (1902/23), Inv.-Nr. 5643

Auf die schmale Lederscheide sind zwei aus Stachelschweinborsten gewebte Bänder genäht. Das untere längliche Stück ist senkrecht, das obere kurze Stück waagerecht aufgelegt. Die fein gewebten Bänder zeigen geometrische Muster in den Farben Orange, Blau, Weiß und Gelb. Der Rand ist mit weißen Glasperlen besetzt. An die Rückwand wurde ein ohrenförmig ausgeschnittenes Lederläppchen genäht. Messerscheiden trug man an Bändern um den Hals.

702 **Schultertasche**
Südosten, vermutlich Seminolen; frühes 19. Jahrhundert
Wolle, Baumwolle, Glasperlen
Höhe 73 cm, Breite 18 cm
Geschenk Carl von Joest, Sechtem (1902/23), Inv.-Nr. 5636

Die quer über eine Brustseite zu tragende Tasche hat eine dreieckige Verschlußklappe. Die Schauseiten von

701

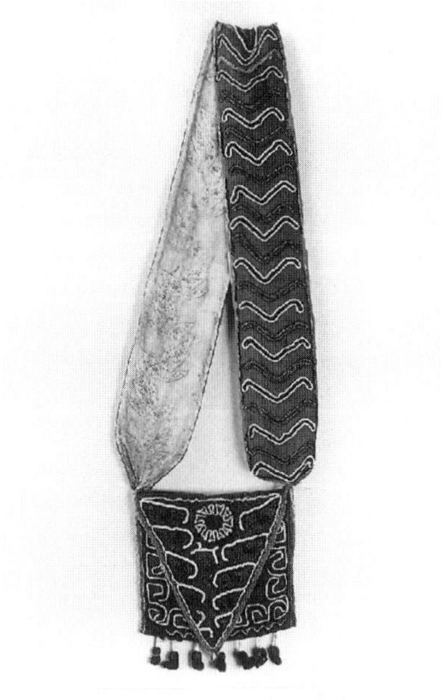

702

Tasche und Band sind aus rotem Wollstoff gefertigt und mit Glasperlen-Applikationen verziert: Auf dem Tragband befinden sich Rauten- und Kreuzmotive, die auf der Schulter in ein Muster aus Wellenlinien übergehen. Die Vorderseite der Tasche zeigt eine Rosette und hakenförmige Linien. Es wurden sehr kleine Glasperlen in den Farben Dunkelblau, Mittelblau, Weiß, Rosa und durchscheinend Smaragd verwendet. Am unteren Taschenrand hängen an Glasperlenschnüren blaue und rote Wollbommeln. Die Rückseite und das Futter von Tasche und Band bestehen aus zwei verschieden gemusterten Baumwollstoffen. Die Schultertaschen sind den Munitionstaschen der britischen Soldaten im 18. Jahrhundert nachempfunden. (Vgl. Kat.-Nr. 703; Conn 1979: 40/No. 18; Feder 1964: 49/Fig. 30)

703 Tragband für Schultertasche
Südosten, Creek oder Seminolen;
1. Hälfte 19. Jahrhundert
Wolle, Seide, Glasperlen
Länge 116 cm, Breite 8,5 cm
Tausch Naturwissenschaftliches Museum, Wuppertal (1940/04), Inv.-Nr. 42194

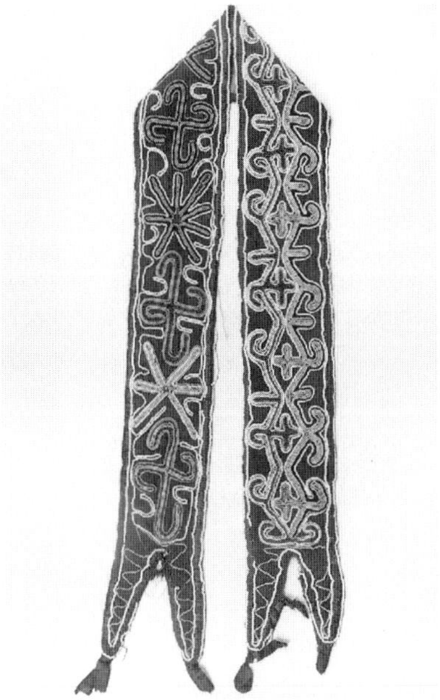

703

Das in Zipfeln endende Tragband für eine Schultertasche wie Kat.-Nr. 702 hat eine Schauseite aus rotem Wollstoff mit Glasperlen-Applikation und eine unverzierte Rückseite aus beigebrauner Seide. Die Kanten sind mit grünem Seidenband eingefaßt. Die winzigen weißen, durchscheinend smaragdfarbenen, hellblauen, schwarzen und durchsichtigen Glasperlen bilden ein abstraktes Muster aus Hakenkreuzen und sternförmigen Gebilden. In der Mitte wechselt das Muster zu einem komplexen Rautendesign.

704 Tasche
Nordosten, vermutlich Fox; um 1900
Wolle, Baumwolle, Glasperlen, Leder, Stachelschweinborsten
Höhe 16 cm, Breite 16 cm
Geschenk Carl von Joest, Sechtem (1906/11), Inv.-Nr. 17969

704

Der obere Rand dieses ansonsten nachtblauen Täschchens aus Wollstoff ist rot, die Seiten sind lila eingefaßt. Für das Futter wurde ein braun und beige geblümter Baumwollstoff verwendet. An dem ledernen Tragriemen sind noch Reste einer Umwicklung mit rot gefärbten Stachelschweinborsten zu erkennen. Die Tasche ist beidseitig mit einem floralen symmetrischen Muster aus bunten Glasperlen verziert.

705 Tasche
Nordosten, vermutlich Fox; um 1900
Samt, Baumwolle, Papier, Glasperlen, Pailletten
Höhe 16 cm, mit Band 46,5 cm, Breite 14 cm
Kauf Müller-Gossen, Krefeld (1953/13), Inv.-Nr. 43980

Die kleine Tasche aus schwarzem Samt ist mit einer Papiereinlage und einem Baumwollfutter unterlegt und auf beiden Seiten mit Glasperlen und Pailletten in Form eines symmetrisch angelegten Pflanzenmotivs verziert. Flächige Partien, zum Beispiel die Blütenblätter, wurden mit Papier unterlegt. Fransen aus durchsichtigen Glasperlenschnüren säumen das Tragband.

706 Tasche (Farbtafel VII)
Nordosten, Huronen; um 1800
Leder, Stachelschweinborsten, Blechhülsen, Haare
Höhe 28 cm, Breite 22 cm
Geschenk Carl von Joest, Sechtem (1902/23), Inv.-Nr. 5642

705

Zwei halbrunde Lederstücke, von denen das obere etwas kleiner und rauchgeschwärzt ist, wurden aufeinandergenäht. Das Taschenoberteil und die dreieckige Verschlußklappe weisen Applikationen aus weißen sowie orange und hellblau gefärbten Borsten auf. Das Muster wird aus Girlandenreihen mit eingeschlossenen Rosetten sowie blatt- und flügelartigen Motiven gebildet. Das Halbrund der Taschenoberseite wird von einem Kranz aus Blechzylindern eingefaßt, aus denen orange gefärbte Haarbüschel hervorschauen. (Vgl. Benndorf 1968: Abb. 26; Coe 1976: 83/Nr. 71; Dockstader 1962: 245)

707 **Tasche** (Farbtafel VII)
Zentrale Subarktis, Cree oder Chipewyan; Ende 18. Jahrhundert
Leder, Stachelschweinborsten, Haare
Höhe 25 cm, Breite 14,5 cm
Tausch Arthur Speyer, Niederwalluf (1967/08), Inv.-Nr. 49719

Die halbovale Tasche hat zwei Fächer. Auf die Vorderseite sind zwei aus weißen und rot gefärbten Stachelschweinborsten gewebte Zierstreifen mit geometrischen Mustern genäht. Unterhalb der Zierstreifen und rings um den Taschenrand wurden Fransen aus Haarbüscheln angebracht, die im oberen Bereich mit Stachelschweinborsten umwickelt sind. (Vgl. Glenbow Museum 1987: 95/S 26)

708 **Puppe**
Nordosten, Winnebago; frühes 20. Jahrhundert
Stroh, Wolle, Baumwolle
Höhe 50 cm, Breite 17,5 cm
Geschenk Kathlyn Hoebel, Madison (1929/06), Inv.-Nr. 38879

Die Strohpuppe trägt ein geblümtes Hemd, Leggings aus dunkelblauem, aufgerauhtem Wollstoff mit seitlichen Fransen und eine bunte Wolldecke im Stil der Hudson-Bay-Company-Decken um die Schultern. Das Originalfoto zeigt die Puppe mit Kopf und Federschmuck, die jedoch verlorengegangen sind. Über die Puppe schreibt Julius Lips (RJM Orig.-Akte 1929/06: Brief

708

vom 18. August 1929): „Einer meiner Hörer, Herr E. Adamson Hoebel, hat mir eine wertvolle indianische Puppe des Winnebagostammes in Nordamerika geschenkt, die die noch heute nicht zivilisierten Indianer als Opfergabe dem ‚Großen Geist' darbringen, um Fruchtbarkeit in der Familie zu erlangen."

Masken der Irokesen
Die Maisstroh- und Falschgesichter-Gesellschaften der Irokesen sind Medizinbünde, deren Mitglieder bei Zeremonien und bei Krankenheilungen aktiv werden. Die maskierten Bundmitglieder personifizieren hilfreiche mythische Wesen. Die Mitglieder der Maisstrohgesichter-Gesellschaft tragen Masken aus Maisstroh. Die Mythe besagt, daß die mythischen Wesen die Menschen einst die Methoden der Jagd und des Ackerbaus lehrten. Sie verkörpern die Geister der Ackerpflanzen, insbesondere die sogenannten drei Schwestern: Mais, Bohne und Kürbis. Die Falschgesichter tragen aus Holz geschnitzte Masken mit verzerrten Gesichtszügen, die die Geister des Waldes darstellen. Die Mythe erzählt, wie einst ihr Anführer den Schöpfer zu einem Wettkampf herausforderte. Er unterlag jedoch und wurde mit den verzerrten Gesichtszügen gestraft. Der Schöpfer verpflichtete daraufhin die Geister des Waldes, fortan ihre ungewöhnlichen Heilkräfte zum Nutzen der Menschen einzusetzen. Die Bundmitglieder sehen die Falschgesichter im Traum und schnitzen die Masken aus der Erinnerung. Obwohl sie den Irokesen heilig sind, werden bis heute Masken auch für den Verkauf hergestellt.

709 **Maisstrohmaske** (ohne Foto)
Nordosten, Irokesen; um 1900
Maisstroh, Leder
Höhe 33 cm, Breite 26 cm
Kauf E. W. Lenders, Philadelphia (1911/07), Inv.-Nr. 26619

Das Gesicht ist aus drei Wölbungen für die Augen und den Mund aufgebaut. Hierzu wurden getrocknete Maishülsen zu Zöpfen geflochten und dann zu Spiralen zusammengenäht. Das Gesicht wird von einem Kranz aus kurzen Maisstrohfransen umrahmt. Die Nase besteht aus einem aufgelegten Maisstrohzylinder. An beiden Schläfen sind zwei längliche Anhängsel angebracht, die in kugelförmigen Gebilden enden. Mit Hilfe des ledernen Riemens auf der Rückseite wird die Maske am Kopf festgebunden. (Vgl. Feest 1980: 195/Fig. 191; Fenton 1941: Pl. 13/Fig. 1)

710 **Maisstrohmaske** (ohne Foto)
Nordosten, Irokesen, Seneca, Cattaraugus Reservation; um 1955
Maisstroh, Baumwolle
Höhe 36 cm, Breite 31 cm
Kauf Gustav Konitzky, Cambridge (1957/18), Inv.-Nr. 47139

Die Maske ist genauso aufgebaut wie Kat.-Nr. 709, nur ist sie insgesamt etwas größer, und es fehlen die länglichen Anhängsel. Auf der Rückseite sind Baumwollbänder zur Befestigung der Maske am Kopf angebracht. Konitzky, der für das Rautenstrauch-Joest-Museum eine solche Maske besorgen sollte, schrieb (RJM Orig.-Akte 1957/18: Brief vom 27. Novem-

711

ber 1957): „... Die Suche war recht umständlich, zumal für die Herstellung, wie Ihnen vermutlich bekannt ist, nur die Blätter vom kleinen indianischen Mais verwendet werden dürfen. Da diese Pflanze immer seltener angebaut wird, die Seneca in diesem Jahr überhaupt keinen solchen Mais gepflanzt hatten, hat mein Verbindungsmann von kanadischen Irokesen solche Stauden beschafft, um den Leuten in der Cattaraugus Reservation das Material zu liefern. Im Hinblick auf die Frühlingszeremonie im Februar sind nun eine Anzahl von Masken angefertigt worden..." (Vgl. Conn 1979: 48/Nos. 33–34)

711 **Falschgesichter-Maske**
Nordosten, Irokesen, Seneca,
Roy Jimmerson; um 1955
Holz, Pferdehaare, Kupfer
Gesamthöhe 122 cm, Haare 93 cm,
Breite 19 cm
Kauf Gustav Konitzky, Cambridge
(1957/13), Inv.-Nr. 46853

Abgebildet ist das Preisfähnchen, das die aus rötlichbraunem Holz geschnitzte Maske für den zweiten Preis bei der Landesausstellung des Staates New York im Jahre 1956 erhielt. In die Stirn sind tiefe senkrechte Falten geschnitten. Ringförmige Kupferplättchen liegen auf den Augäpfeln. Die Lippen sind zu beiden Wangen hin trichterförmig aufgebläht. Die Maske wird vom Türsteher getragen, der während der Zeremonien der Falschgesichter den Eingang des Langhauses bewacht. In Konitzkys Begleitschreiben (RJM Orig.-Akte 1957/13: Schreiben vom 4. Oktober 1957) heißt es: „Vor etwa einer Woche bin ich von meiner letzten Reise zu den Irokesen wieder nach Cambridge zurückgekehrt, diesmal beladen mit wenigstens einem Teil der angekündigten Beute. Ich habe nach großer Mühe eine ausgezeichnete *False Face* Maske auftreiben können, was allerdings einige Arbeit und Mühe gekostet hat, von den Geldaufwendungen ganz zu schweigen. Es ergab sich bei meiner Ankunft auf dem Reservat, daß einer der beiden alten Maskenschnitzer vor ein paar Monaten ‚in die Jagdgründe seiner Ahnen' abgereist war, so daß von dort keine Masken zu erhalten waren. Gleichzeitig ist damit der beste Kenner der alten irokesischen Gesänge und Lieder unerreichbar geworden, ohne daß dieser Schatz auf Tonbänder aufgenommen werden konnte! Roy Jimmerson, der einzige noch verbleibende Schnitzer bei den Seneca, ist fast dauernd krank und arbeitet kaum noch. Auch er hat seit einem Jahr keine Masken mehr gemacht. Allerdings hatte er ein Stück, das ihm besonders wertvoll erschien, denn bei der Landesausstellung des Staates New York im Jahre 1956 hatte diese Maske den zweiten Preis erhalten. .... Nach vielem Überreden hat sich der immerhin 76jährige Mann von seiner Maske getrennt..." (Vgl. Conn 1979: 47/No. 32; Ritzenthaler 1969: Nos. 27, 36, 38, 46–47; Rogers 1989: 5)

712 **Bilderschriftrolle**
Nordosten, Ojibwa;
19. Jahrhundert
Birkenrinde
Länge 130 cm, Höhe 29 cm
Tausch Stolper Galleries, München
(1967/06), Inv.-Nr. 49688

Zwei rechteckige Birkenrindenstücke sind in der Mitte zusammengenäht und zwischen zwei runde Holzleisten gespannt. Die bilderschriftlichen Ritzzeichnungen stellen Motive aus der heiligen Mythe der Midewiwin-Gesellschaft dar und dienten beim Unterricht den Kandidaten als Gedächtnishilfe. (Vgl. Coe 1976: No. 160; Conn 1979: 91/No. 97)

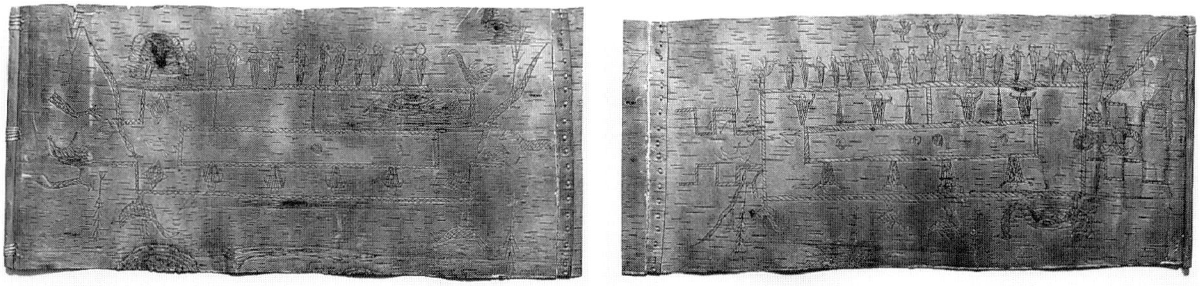

712

713 Pfeifenkopf
Südosten; prähistorisch: *mound*-Kultur
Stein
Höhe 11 cm, Tiefe 14,3 cm
Tausch Stolper Galleries, Amsterdam (1967/06), Inv.-Nr. 49691

Der Pfeifenkopf aus grünlichem Stein zeigt einen menschlichen Kopf, der dem Rauchenden zugewandt ist. Die offene Höhlung an der Stelle des Mundes ist zur Aufnahme des Pfeifenstiels gedacht. Die Rückseite des Tabakbehälters ist in Form eines Vogelschnabels gestaltet. Die Seiten weisen Einritzungen in Form geschwungener Linien auf. Der Pfeifenkopf war ehemals im Besitz des Museum of the American Indian in New York.

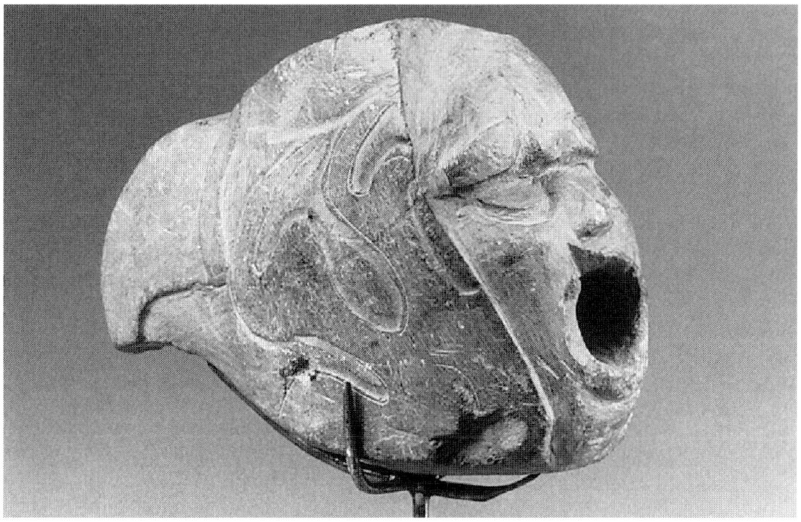

713

Souvenirs aus Birkenrinde
Nachdem die Indianer des Ostens ihre Position als gleichberechtigte Handelspartner und militärische Verbündete der Weißen verloren hatten, gerieten sie im Verlaufe des 18. und 19. Jahrhunderts immer mehr in Abhängigkeit von den Weißen. In dieser Situation begannen sie, Souvenirs zum Verkauf herzustellen. Die Niagara-Fälle waren schon damals ein bedeutendes Touristenzentrum. Vor allem die Huronen und Micmac stellten große Mengen von mit Elchhaaren bestickten Rindentellern für den Souvenirhandel her. Als Motive herrschen Blumen und Vögel vor sowie stereotype Abbildungen indianischer Menschen, die zum Beispiel Pfeife rauchen oder ihr Essen in von Dreibeinen herabhängenden Rindenkesseln über offenem Feuer kochen. Tiere und Pflanzen sind unverhältnismäßig groß dargestellt. Die Botschaften dieser Bilder könnten lauten: Die Indianer leben in einem natürlichen Paradies wie in den alten Zeiten. Ihre Aktivitäten verändern sich nicht. Sie sind Relikte einer vergangenen oder im Aussterben begriffenen Lebensweise. Das Rautenstrauch-Joest-Museum besitzt zwei Typen von Birkenrinden-Souvenirs: den oben beschriebenen Huronen-Typ mit übergroßen Tier- und Pflanzendarstellungen (vgl. Kat.-Nr. 717–731) und den von Graswülsten eingefaßten und mit Stachelschweinborsten bestickten Ojibwa-Typ (vgl. Kat.-Nr. 714–716). Außer Tellern wurden auch Schachteln, Bildständer und Zigarettenetuis produziert. Modell-Kanus, die im 18. Jahrhundert noch komplett mit Abbildern von Insassen, Paddeln und Zubehör ausgestattet waren und den originalen Vorbildern entsprachen, wurden nun mit Blumenmustern bestickt. Nicht vergessen werden dürfen die Mokassins, die zwar nicht aus Birkenrinde waren, aber als Symbole des Indianischen an sich ebenfalls in Massen von den Touristen erstanden wurden.

714 Zierteller
Nordosten, Niagara-Fälle, Ojibwa-Typ; um 1875
Birkenrinde, Stachelschweinborsten, Gras, Baumwollgarn
Durchmesser 19 cm
Geschenk Eugen und Adele Rautenstrauch, Köln (1899/01), Inv.-Nr. 9596

Das Mittelstück aus Birkenrinde ist von Grasbüschelwülsten eingefaßt, die mit einem Baumwollfaden umstochen sind. Die Verzierung besteht aus einem einfachen Sternmotiv aus grün, rot und lila gefärbten Stachelschweinborsten. Die Enden der Borsten wurden in vorgestochene Löcher gesteckt. Die Birkenrinde zog sich dann wieder zusammen und hielt die Borstenenden fest. (Vgl. Kat.-Nr. 715–716; Orchard 1916: Pl. XXII)

715 Zierteller
Nordosten, Niagara-Fälle, Ojibwa-Typ; um 1875
Birkenrinde, Stachelschweinborsten, Gras, Baumwollgarn
Durchmesser 18,5 cm
Geschenk Eugen und Adele Rautenstrauch, Köln (1899/01), Inv.-Nr. 9597

Zentrales Motiv dieses Ziertellers ist ein achtzackiger Stern in den Farben Grün, Lila, Weiß, Blau und Rot. (Vgl. Kat.-Nr. 714, 716; Orchard 1916: Pl. XXII)

714

715

716

717

718

719

720

721

722

723

724

725

726

727

716 Zierteller
Nordosten, Niagara-Fälle, Ojibwa-Typ; um 1875
Birkenrinde, Stachelschweinborsten, Gras, Baumwollgarn
Länge 18,5 cm, Breite 15,5 cm
Geschenk Eugen und Adele Rautenstrauch, Köln (1899/01), Inv.-Nr. 9598

Der ovale Teller ist mit einem Pflanzenmotiv aus weißen, grünen und lilafarbenen Stachelschweinborsten verziert. (Vgl. Kat.-Nr. 714–715; Orchard 1916: Pl. XXII)

717 Zierteller
Nordosten, Niagara-Fälle, Huronen-Typ; 1876
Birkenrinde, Elchhaare, Pappe, Baumwolle
Durchmesser 22 cm
Geschenk Eugen und Adele Rautenstrauch, Köln (1899/01), Inv.-Nr. 9599

Der flache, runde Zierteller aus Birkenrinde ist mit Pappe verstärkt und mit Stoff hinterlegt. Die Schauseite ist mit Applikationen aus buntem Elchhaar verziert. Dargestellt sind Indianer, die Mais ernten, sowie überdimensionierte Vögel und Pflanzen. Außerdem ist der Schriftzug „From Niagara Falls N.Y. 1876" zu lesen. Das Souvenir ist also zum 100. Jahrestag der Unabhängigkeit der Vereinigten Staaten hergestellt worden. (Vgl. Kat.-Nr. 718)

718 Zierteller
Nordosten, Niagara-Fälle, Huronen-Typ; 1876
Birkenrinde, Elchhaare, Pappe, Baumwolle
Durchmesser 22 cm
Geschenk Eugen und Adele Rautenstrauch, Köln (1899/01), Inv.-Nr. 9600

Neben Maispflückern sind Indianer, die Pfeife rauchen, und ein über offenem Feuer hängender Kochtopf abgebildet. Vögel und Blumen sind genauso groß wie die Menschen dargestellt. Am Rand ist der Schriftzug „From Niagara Falls N.Y. 1876" aufgestickt. (Vgl. Kat.-Nr. 717)

719 Zierteller
Nordosten, Niagara-Fälle, Huronen-Typ; um 1875
Birkenrinde, Elchhaare, Pappe, Baumwolle
Durchmesser 18,5 cm
Geschenk Eugen und Adele Rautenstrauch, Köln (1899/01), Inv.-Nr. 9603

Der Zierteller hat einen wellenförmigen Rand. Die Motive ähneln denen auf den anderen Tellern. (Vgl. Kat.-Nr. 717–718)

720 Zierteller
Nordosten, Niagara-Fälle, Huronen-Typ; um 1875
Birkenrinde, Elchhaare, Pappe, Baumwolle
Durchmesser 18,5 cm
Geschenk Eugen und Adele Rautenstrauch, Köln (1899/01), Inv.-Nr. 9601

Auf diesem Teller mit Wölkchenrand sind nur florale Motive zu sehen. (Vgl. Kat.-Nr. 721–723)

721 Zierteller
Nordosten, Niagara-Fälle, Huronen-Typ; um 1875
Birkenrinde, Elchhaare, Pappe, Baumwolle
Durchmesser 19 cm
Geschenk Eugen und Adele Rautenstrauch, Köln (1899/01), Inv.-Nr. 9602

Wie Kat.-Nr. 720.

722 Zierteller
Nordosten, Niagara-Fälle, Huronen-Typ; um 1875
Birkenrinde, Elchhaare, Pappe, Baumwolle
Durchmesser 28 cm
Geschenk Eugen und Adele Rautenstrauch, Köln (1899/01), Inv.-Nr. 9604

Wie Kat.-Nr. 720.

723 Zierteller
Nordosten, Niagara-Fälle, Huronen-Typ; um 1875
Birkenrinde, Elchhaare, Pappe, Baumwolle
Durchmesser 28 cm
Geschenk Eugen und Adele Rautenstrauch, Köln (1899/01), Inv.-Nr. 9605

Wie Kat.-Nr. 720

724 Zierteller
Nordosten, Niagara-Fälle, Huronen-Typ; um 1875
Birkenrinde, Elchhaare
Durchmesser 26 cm
Geschenk Eugen und Adele Rautenstrauch, Köln (1899/01), Inv.-Nr. 9606

Der tiefe, runde Teller aus Birkenrinde hat einen achteckigen Boden. Die Seiten sind aus acht trapezoiden Teilstücken mit bogenförmigen Rändern zusammengenäht. Die Applikation aus bunt gefärbten Elchhaaren stellt anthropomorphe Figuren dar, darunter einen Wasserträger, ferner Pflanzen und Vögel, die genauso groß wie Menschen sind. (Vgl. Kat.-Nr. 725–727)

725 Zierteller
Nordosten, Niagara-Fälle, Huronen-Typ; um 1875
Birkenrinde, Elchhaare
Durchmesser 26 cm
Geschenk Eugen und Adele Rautenstrauch, Köln (1899/01), Inv.-Nr. 9607

Wie Kat.-Nr. 724.

726 Zierteller
Nordosten, Niagara-Fälle, Huronen-Typ; um 1875
Birkenrinde, Elchhaare
Durchmesser 21,5 cm
Geschenk Eugen und Adele Rautenstrauch, Köln (1899/01), Inv.-Nr. 9608

Wie Kat.-Nr. 724.

727 Zierteller
Nordosten, Niagara-Fälle, Huronen-Typ; um 1875
Birkenrinde, Elchhaare
Durchmesser 22 cm
Geschenk Eugen und Adele Rautenstrauch, Köln (1899/01), Inv.-Nr. 9609

Wie Kat.-Nr. 724.

728 Zigarettenetui
Nordosten, Niagara-Fälle, Huronen-Typ; um 1875
Birkenrinde, Elchhaare
Breite 6 cm, Höhe 10 cm
Geschenk Eugen und Adele Rautenstrauch, Köln (1899/01), Inv.-Nr. 9611

728

729

730

731

Das ovale Zigarettenetui mit Steckdeckel ist in der gleichen Art und Weise wie die Birkenrindenteller verziert und gehört wie diese zu den frühen Souvenirs für Touristen. (Vgl. Philipps 1989: 61/Fig. 13)

729 Schachtel
Nordosten, Huronen-Typ;
2. Hälfte 19. Jahrhundert
Birkenrinde, Seide, Elchhaare
Breite 27 cm, Tiefe 14,5 cm,
Höhe 5 cm
Geschenk Carl von Joest, Sechtem
(1902/23), Inv.-Nr. 5640

Der Boden und der vierteilige Klappdeckel dieser Schachtel sind aus Birkenrinde, die Seitenwände aus rosafarbener Seide gefertigt. Auf die Sichtflächen des Deckels sind grün, gelb, orange, weiß und rot gefärbte Elchhaare in einem floralen Muster appliziert. (Vgl. Kat.-Nr. 730, Feest 1980: 155/Fig. 146)

730 Schachtel
Nordosten, Huronen-Typ;
2. Hälfte 19. Jahrhundert
Birkenrinde, Seide, Elchhaare
Breite 24,5 cm, Tiefe 18 cm,
Höhe 5,5 cm
Geschenk Carl von Joest, Sechtem
(1902/23), Inv.-Nr. 5641

Der Boden und der vierteilige Klappdeckel sind aus Birkenrinde, die Seitenwände aus dunkelgrüner Seide gefertigt. Auf die Sichtflächen des Deckels sind grün, gelb, orange, rot, purpur und weiß gefärbte Elchhaare in einem floralen Muster appliziert. (Vgl. Kat.-Nr. 729; Feest 1980: 155/ Fig. 146)

731 Bildständer
Nordosten, Huronen-Typ;
2. Hälfte 19. Jahrhundert
Birkenrinde, Elchhaare
Höhe 22 cm, Breite 18 cm
Geschenk Carl von Joest, Sechtem
(1902/23), Inv.-Nr. 5676

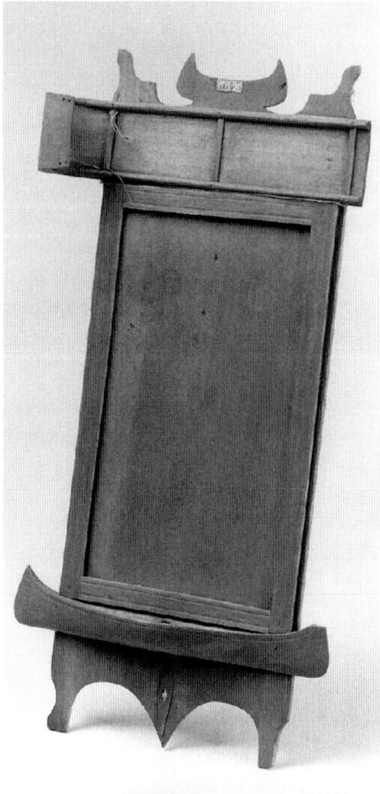

732

Der Stellrahmen für Fotos hat ein arkadenförmiges Bildfach. Die Ränder zieren Elchhaar-Applikationen. Motive und Farbgebung entsprechen denen auf den Birkenrindentellern. Dargestellt sind Vögel, Blumen und Zelte mit über dem Feuer hängenden Kochkesseln.

732 Bildständer
Nordosten; 19. Jahrhundert
Holz
Höhe 31 cm, Breite 16,5 cm
Geschenk Carl von Joest, Sechtem
(1902/23), Inv.-Nr. 5675

Der hölzerne Stellbilderrahmen ist mit stereotypen indianischen Attributen verziert. Aus der Kopfleiste ist ein Kanu ausgeschnitten, oberhalb des Bildfeldes wurde ein Schlitten mit hochgebogenen Kufen vorgeblendet, unterhalb des Bildfeldes ein zweites Indianer-Kanu.

733 Modell-Kanu
Nordosten, Niagarafälle, Ottawa?;
19. Jahrhundert
Birkenrinde, Stachelschweinborsten, Holz
Länge 56 cm, Breite 17 cm,
Höhe 10 cm
Geschenk Eugen und Adele Rautenstrauch, Köln (1899/01), Inv.-Nr. 9618

Das Holzleistengestell ist mit einer Bootshaut aus Birkenrinde bezogen. Typisch für die Kanus des Große-Seen-Gebietes ist, daß sowohl Bug als auch Heck nach oben gezogen sind. Das Modell ist mit bunt gefärbten Stachelschweinborsten verziert. Dargestellt sind florale Muster in den Farben Rot, Grünblau, Hellgrün, Weiß, Lila und Rosa. Am Bootsrand ist außerdem ein girlandenförmig ausgeschnittener Streifen aus Birkenrinde aufgelegt. (Vgl. Philipps 1989: 60/Fig. 12)

733

734 Modell-Schneeschuhe
(ohne Foto)
Westliche Subarktis; um 1900
Holz, Baumwollgarn, Eisennägel, Wolle, Seidenband
Länge 48 cm, Breite 15 cm
Überweisung Kunstgewerbemuseum Köln (1950/12), Inv.-Nr. 45375

Bei den Modell-Schneeschuhen handelt es sich ebenfalls um Souvenirartikel. Die einteiligen länglichen Rahmen haben leicht nach oben gebogene Spitzen und zwei stabilisierende Querleisten. Die stark beschädigte, geflochtene Bespannung ist anders als bei den Originalen nicht aus Lederriemen, sondern aus Baumwollgarn gefertigt. Rote Wollbüschel zieren den Rahmen. Die Schuhe sind mit einem rosafarbenen Seidenband zusammengebunden und tragen ein Etikett mit der Aufschrift „Kordilleren". (Vgl. Kat.-Nr. 735)

735 Modell-Schneeschuhe
(ohne Foto)
Westliche Subarktis; um 1900
Holz, Baumwollgarn, Eisennägel, Wolle
Länge 48 cm, Breite 15,5 cm
Überweisung Kunstgewerbemuseum, Köln (1950/12), Inv.-Nr. 45376

Wie Kat.-Nr. 734.

Abb. 11 Eskimo-Familie. Westgrönland. Fotograf unbekannt. Um 1900

Arktis

Das Kulturareal der Arktis erstreckt sich über eine Distanz von mehr als 5.000 Kilometern Luftlinie zwischen Ostgrönland und der von der Südküste Alaskas in das Beringmeer hineinragenden Inselkette der Aleuten. Eine kleine Eskimopopulation, die Yuit, lebt in Ostsibirien. Trotz der relativ großen kulturellen Homogenität der verschiedenen Eskimogruppen innerhalb dieses riesigen Siedlungsgebietes lassen sich am materiellen Inventar regionale Unterschiede und Besonderheiten feststellen.

Die traditionelle Lebensgrundlage der Eskimo und Aleuten war die Jagd auf Meeressäuger, vor allem auf Robben, aber auch auf Walrosse und Wale. In der Zentralarktis und Nordgrönland jagte man auch Moschusochsen, in den weiter von der Küste entfernt gelegenen Gebieten Zentralkanadas war die Jagd auf das Karibu, das amerikanische Ren, von Bedeutung. Schneefüchse und -hasen sowie Vögel und Fische ergänzten die Nahrung. Weil aufgrund der klimatischen Bedingungen Bäume weitgehend fehlten, war man für die Herstellung von Geräten auf Treibholz angewiesen, das die großen Flüsse aus den bewaldeten Gebieten mitführten. Als Werkstoffe verwendete man ferner vor allem Knochen und Walroßelfenbein. Als Brennstoff diente Robbentran.

Die Eskimo leben heute in vier verschiedenen Staaten: in dem Dänemark angeschlossenen Grönland, in Kanada, in den USA, die Alaska im Jahre 1867 der damaligen russischen Kolonialmacht abkauften. Im russischen Sibirien lebt die kleine Gruppe der Yuit. Die größte Autonomie haben heute die Eskimo in Grönland, das 1979 Selbstverwaltungsstatus erhielt und in Kalaallit Nunaat umbenannt wurde. Die Inuit in Kanada haben 1992 eine Landrechtsvereinbarung angenommen, die zu einem selbstverwalteten Inuit-Territorium führen wird. In Alaska wurde gemäß einer 1971 getroffenen Landrechtsvereinbarung die eingeborene Bevölkerung für die abgetretenen Landstriche finanziell entschädigt.

Die Eskimo in Grönland und Zentralkanada nennen sich selbst Inuit, das bedeutet „wirkliche Menschen". In der westlichen Arktis, die die Eskimogruppen des Mackenziedeltas und westlich davon umfassen, werden abweichende Dialekte gesprochen. Dementsprechend gibt es andere Bezeichnungen für die dort lebenden Eskimogruppen. Die Yuit in Ostsibirien wurden bereits erwähnt. In Südwestalaska leben die Yupik, in Südostalaska die Sugpiaq, in Nordalaska die Inupiat und im Mackenziedelta die Inuvialiut. Unter der zentralen Arktis versteht man die arktischen Gebiet in Kanada, die östlich des Mackenziedeltas gelegen sind. Die Bezeichnung Eskimo wird nach wie vor als Sammelbezeichnung für Ureinwohner der nordamerikanischen Arktis verwendet. Eine eigene Gruppe bilden die den Eskimo verwandten Aleuten, die die Inseln der Aleutenkette und die äußerste Spitze Südwestalaskas bewohnen.

Die Inventarbücher des Rautenstrauch-Joest-Museums weisen 388 Nummern aus der Arktis auf, von denen 49 während des Zweiten Weltkrieges verlorengegangen oder zerstört worden sind. Besonders bedauerlich ist der Verlust einiger Fellkleidungsstücke und eines Kajaks. 301 Objekte wurden im Tausch mit dem Nationalmuseet in Kopenhagen erworben. Nur etwa ein Drittel dieses Konvolutes stellt ethnographisches Material dar, welches mehrheitlich aus Grönland stammt. Die restlichen eingetauschten zwei Drittel sind prähistorisches Material, das schwerpunktmäßig aus Grönland und Alaska kommt. Bei den prähistorischen Objekten, das heißt bei Objekten aus voreuropäischer Zeit, wurden im Katalog die in der Originalakte dokumentierten Herkunftsorte übernommen. Eine genaue räumliche und zeitliche Einordnung konnte im Rahmen der Arbeit an diesem Katalog leider nicht vorgenommen werden.

Die knapp vierzig bei W.O. Oldman in London erworbenen Objekte stammen zum größten Teil ebenfalls aus Alaska. Die zentralkanadische Arktis ist, sowohl was das ethnographische als auch was das prähistorische Material betrifft, in der Sammlung des Rautenstrauch-Joest-Museums nur mit einzelnen Objekten vertreten. Fast alle der zentralarktischen Objekte stammen von den Iglulik.

736

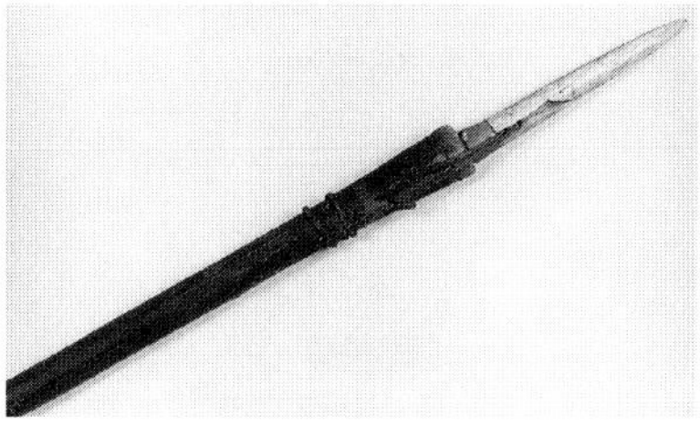

737

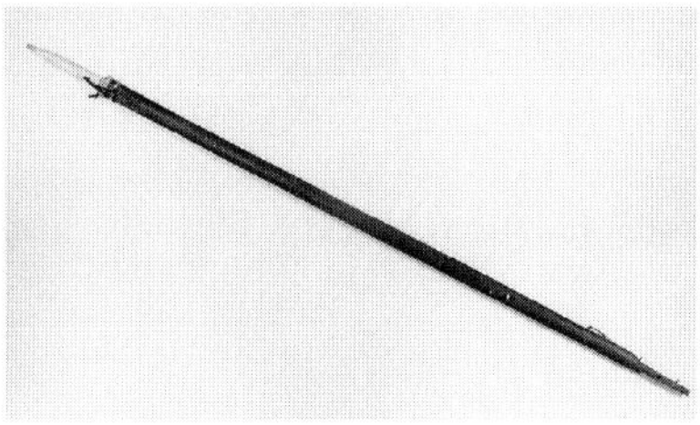

738

739

736 Sehne
Ostgrönland; frühes 20. Jahrhundert
Länge 230 cm
Tausch Nationalmuseet, Kopenhagen (1939/02), Inv.-Nr. 41250

Tiersehnen dienten zum Zusammennähen von Kleidung, Kajakhäuten und ähnlichem sowie als Bindematerial an Werkzeugen und Waffen.

Harpunen

Die Harpune war die wichtigste Jagdwaffe der Eskimo. Bei den Eisharpunen war der aus Walroßelfenbein oder Knochen gefertigte Vorschaft starr mit dem hölzernen Schaft verbunden. An der lose aufgesetzten Spitze wurde eine kurze Leine befestigt, die der Jäger in der Hand hielt. Beim Aufprall löste sich die Spitze vom Schaft und stellte sich unter dem Zug der Leine in der Wunde quer. Am hinteren Ende wiesen die Schäfte der Eisharpunen häufig einen Meißel aus Knochen oder Elfenbein auf, mit dem man Löcher ins Eis stoßen konnte.
Die Kajakharpunen hatten keine Eismeißel. Sie waren mit einem Vorschaft ausgerüstet, der beweglich am Holzschaft aufsaß und sich beim Auftreffen auf den Tierkörper abwinkelte. Gleichzeitig löste sich die eigentliche Spitze, die durch einen langen Riemen mit einer Schwimmblase (vgl. Kat.-Nr. 776–777) verbunden war, vom Vorschaft ab. Die Schwimmblase markierte die Position des getroffenen, flüchtenden Tieres und verhinderte sein Absinken. Der hölzerne Schaft trieb an der Wasseroberfläche und konnte aus dem Wasser gefischt werden. In den Schaft waren häufig Zapfen aus Elfenbein als Widerlager für die Wurfbretter oder Speerschleudern (vgl. Kat.-Nr. 781–784) eingelassen, die durch die Verlängerung des Armhebels eine Steigerung der Wurfkraft bewirkten.

737 Kajakharpune
Westgrönland; 19. Jahrhundert
Holz, Elfenbein, Knochen, Leder
Gesamtlänge 242 cm, Vorschaft 16 cm
Geschenk Eugen Rautenstrauch, Köln (1904/32), Inv.-Nr. 14878

Auf dem Holzschaft sitzt eine Tülle aus Elfenbein mit einem kleinen Nippel, der in eine entsprechende Höhlung des knöchernen Vorschaftes paßt. Dieser ist mit zwei starken Lederriemen an den Schaft gebunden. Die eigentliche Spitze fehlt. Das am Schaftende eingepaßte Verlängerungsstück, das mit Holznieten befestigt war und in einen beinernen Schuh mündet, hat sich gelöst.

738 Kajakharpune
Westgrönland; frühes 20. Jahrhundert
Holz, Elfenbein, Knochen, Leder
Gesamtlänge 156 cm, Vorschaft 21 cm
Tausch Nationalmuseet, Kopenhagen (1939/02), Inv.-Nr. 41284

Schaft und Vorschaft sind mit einem Lederriemen lose verbunden. Das ovale beinerne Einsatzstück am vorderen Schaftende weist einen kleinen Nippel auf, der genau in die entsprechende Höhlung im Vorschaft paßt. Knapp hinter der Tülle ist ein beinerner Reifen eingelassen und mit Beinnieten befestigt. Die eigentliche Harpunenspitze fehlt. Am hinteren Teil des Schaftes befinden sich zwei beinerne Stifte als Widerlager für eine Schleudervorrichtung (vgl. Kat.-Nr. 781–784) sowie zwei Lederriemen, an denen Knochenstückchen hängen. Eine alte Zeichnung auf der Karteikarte zeigt, daß an dem zurückspringenden Schaftende ursprünglich zwei sich flügelartig erweiternde Leisten saßen, die heute fehlen.

739 Harpunenvorschaft
Ostgrönland; prähistorisch
Knochen, Kupfer
Länge 29,5 cm
Tausch Nationalmuseet, Kopenhagen (1939/02), Inv.-Nr. 41345

Der spitz zulaufende, pickelförmige Harpunenvorschaft ist aus vier Knochenstücken zusammengesetzt und mit Reihen von Kupfernieten beschwert. An der Basis weist der Vorschaft drei Durchbohrungen und einen kurzen Dorn auf.

740 Harpunenvorschaft
Mackenziedelta; prähistorisch
Knochen
Länge 17 cm
Tausch Nationalmuseet, Kopenhagen (1939/02), Inv.-Nr. 41437

Das zurückspringende Ende des zylindrischen Knochenstücks ist keilförmig geschnitzt. Die beiden Durchbohrungen dienten zur Aufnahme eines Lederriemens, mit dem der Vorschaft am eigentlichen Schaft befestigt war. (Vgl. Murdoch 1892: 230/Fig. 222)

741 **Harpunenvorschaft**
Mackenziedelta; prähistorisch
Knochen
Länge 14 cm
Tausch Nationalmuseet, Kopenhagen (1939/02), Inv.-Nr. 41461

Der Harpunenvorschaft besteht aus einem länglichen, hohlkehligen Knochenstück, das seitlich eine Durchbohrung aufweist.

742 **Harpunenvorschaft**
Nordalaska, Point Barrow; prähistorisch
Knochen
Länge 10 cm
Tausch Nationalmuseet, Kopenhagen (1939/02), Inv.-Nr. 41475

Wie Kat.-Nr. 741. Das hintere Ende ist dornförmig abgesetzt.

743 **Harpunenvorschaft**
Nordalaska, Point Hope; prähistorisch
Elfenbein
Länge 5,5 cm
Tausch Nationalmuseet, Kopenhagen (1939/02), Inv.-Nr. 41497

Der kurze Vorschaft läuft vorne spitz zu und endet in einem leicht zurückspringenden, kurzen Dorn.

Harpunenspitzen
Die Sammlung umfaßt 23 Harpunenspitzen aus verDie Harpunenspitzen wurden aus Knochen oder Elfenbein geschnitzt. Die meisten haben zwar eine schlitzförmige Vorrichtung zur Aufnahme eines klemmgeschäfteten Harpunenblattes, aber nur zwei sind tatsächlich mit einem Eisen- (vgl. Kat.-Nr. 745) beziehungsweise einem Schieferblatt (vgl. Kat.-Nr. 761) armiert. Zwei Harpunenspitzen aus Westgrönland (vgl. Kat.-Nr. 747–748) sind kreuzförmig geschlitzt. Bei einigen ist keine Armierung aus einem anderen Material vorgesehen, vielmehr sind die Knochenstücke, aus denen sie hergestellt wurden, vorne zugespitzt (vgl. Kat.-Nr. 744, 753, 757, 759–760). Bei Kat.-Nr. 762 ist die

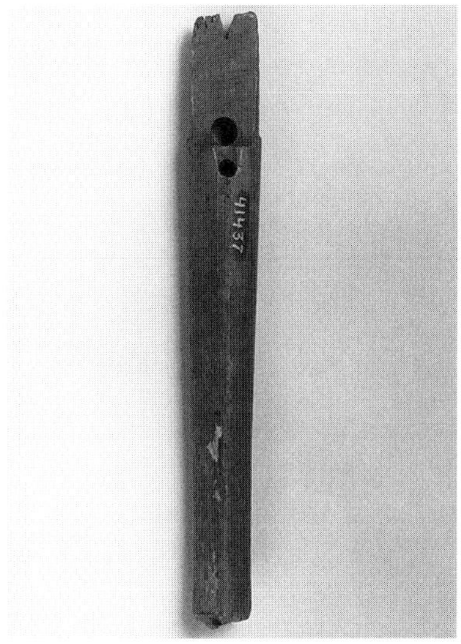
740

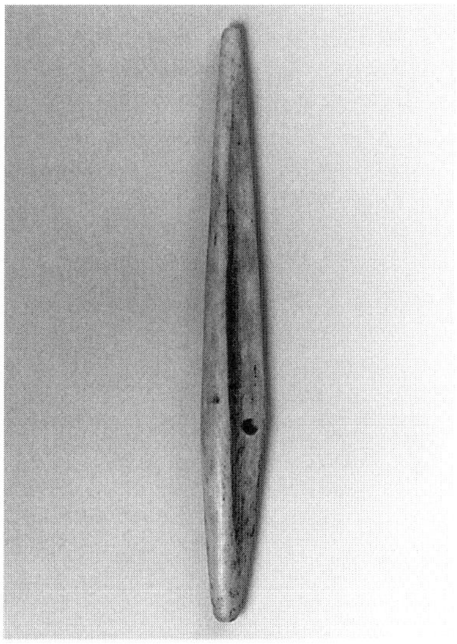
741

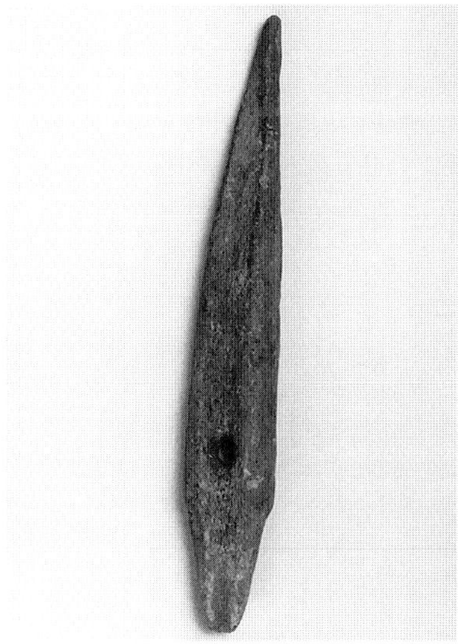
742

743

Spitze abgebrochen. Manche Harpunenspitzen sind zusätzlich mit Widerhaken bewehrt (vgl. Kat.-Nr. 747, 755, 760, 762).
Neben der Armierung kann man die Verlaufsrichtung der Durchbohrung für die Harpunenleine unterscheiden, die bei den hiesigen Beispielen bis auf drei (vgl. Kat.-Nr. 759, 764–765) immer parallel zum Blatt gerichtet ist. Die Höhlung, mit der die Harpunenspitze auf dem Vorschaft aufsitzt, ist in den meisten Fällen geschlossen und nur bei Kat.-Nr. 746 auf einer Seite offen. Bei Kat.-Nr. 749 und 751 ist aufgrund von Ausbrüchen nicht mehr mit Sicherheit festzustellen, ob die Vorschafthöhlungen rundum geschlossen waren oder nicht.
Von der Form her unterscheiden sich vor allem die grönländischen Exemplare von denen aus den verschiedenen Fundplätzen in Alaska. Sie sind flacher und breiter. Drei von ihnen laufen am Ende in zwei seitlichen Schößen aus. Demgegenüber erscheinen die Harpunenspitzen aus Alaska höher und schmaler, eine oder beide Kanten sind in der Regel geschliffen. Alle laufen hinter der Vorschafthöhlung in nur einer, oft leicht ausgestellten Spitze aus. Bei Kat.-Nr. 748 und 759 ist das Ende schwalbenschwanzförmig ausgeschnitten.

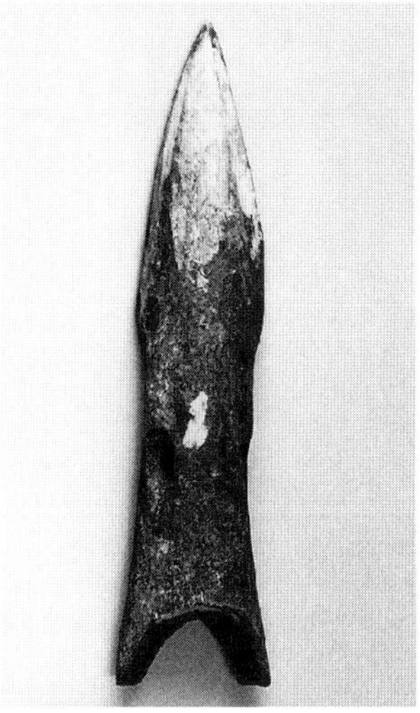

744

745

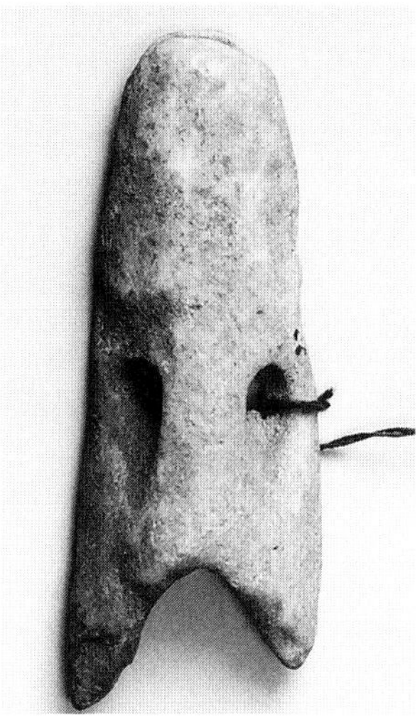

746

747

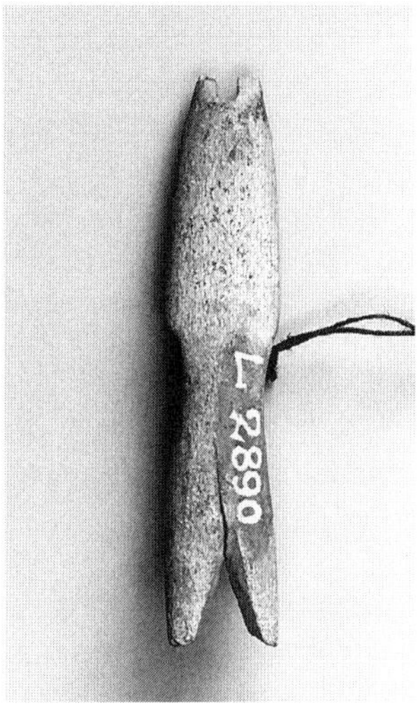

748

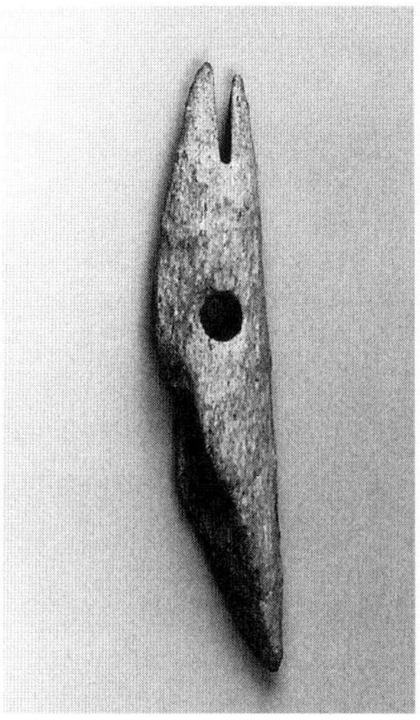

749

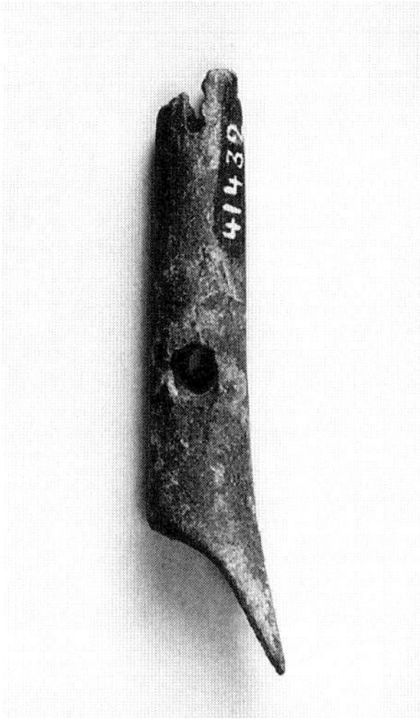

750

751

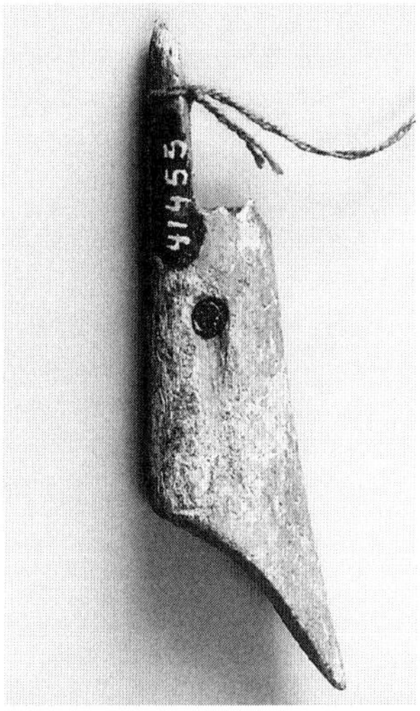

752

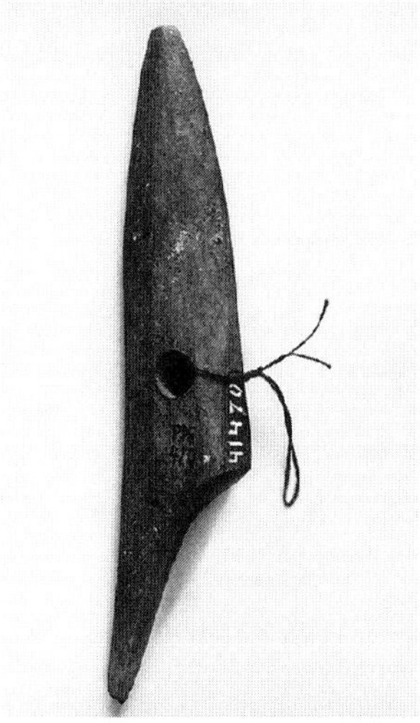

753

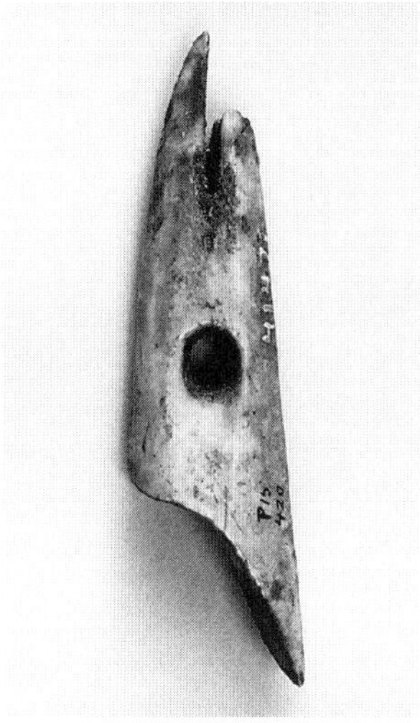

754

755

744 **Harpunenspitze**
Ostgrönland; prähistorisch
Knochen
Länge 11 cm, Breite 2,6 cm
Tausch Nationalmuseet, Kopenhagen (1939/02), Inv.-Nr. 41342

745 **Harpunenspitze**
Ostgrönland; prähistorisch
Knochen, Eisen
Länge 10,5 cm, Breite 2,7 cm
Tausch Nationalmuseet, Kopenhagen (1939/02), Inv.-Nr. 41343

746 **Harpunenspitze**
Westgrönland; prähistorisch
Knochen
Länge 7,2 cm, Breite 2,8 cm
Tausch Nationalmuseet, Kopenhagen (1939/02), Inv.-Nr. 41369

747 **Harpunenspitze**
Westgrönland; prähistorisch
Knochen
Länge 10 cm, Breite 2,9 cm
Tausch Nationalmuseet, Kopenhagen (1939/02), Inv.-Nr. 41370

748 **Harpunenspitze**
Westgrönland; prähistorisch
Knochen
Länge 5,8 cm, Breite 1,2 cm
Tausch Nationalmuseet, Kopenhagen (1939/02), Inv.-Nr. 41371

749 **Harpunenspitze**
Mackenziedelta; prähistorisch
Knochen
Länge 9,6 cm, Breite 1,4 cm
Tausch Nationalmuseet, Kopenhagen (1939/02), Inv.-Nr. 41431

750 **Harpunenspitze**
Mackenziedelta; prähistorisch
Knochen
Länge 7,1 cm, Breite 1 cm
Tausch Nationalmuseet, Kopenhagen (1939/02), Inv.-Nr. 41432

751 **Harpunenspitze**
Mackenziedelta, Barter Island; prähistorisch
Knochen
Länge 7 cm, Breite 1 cm
Tausch Nationalmuseet, Kopenhagen (1939/02), Inv.-Nr. 41454

752 **Harpunenspitze**
Mackenziedelta, Barter Island; prähistorisch
Knochen, Lederreste
Länge 7,9 cm, Breite 1,6 cm
Tausch Nationalmuseet, Kopenhagen (1939/02), Inv.-Nr. 41455

753 **Harpunenspitze**
Nordalaska, Point Barrow; prähistorisch
Knochen
Länge 12,1 cm, Breite 1,8 cm
Tausch Nationalmuseet, Kopenhagen (1939/02), Inv.-Nr. 41470

754 **Harpunenspitze**
Nordalaska, Point Barrow; prähistorisch
Elfenbein
Länge 8,2 cm, Breite 1,5 cm
Tausch Nationalmuseet, Kopenhagen (1939/02), Inv.-Nr. 41471

755 **Harpunenspitze**
Nordalaska, Point Barrow; prähistorisch
Elfenbein
Länge 7,4 cm, Breite 1,2 cm
Tausch Nationalmuseet, Kopenhagen (1939/02), Inv.-Nr. 41472

756 **Harpunenspitze**
Nordalaska, Point Barrow; prähistorisch
Elfenbein
Länge 5,3 cm, Breite 1,1 cm
Tausch Nationalmuseet, Kopenhagen (1939/02), Inv.-Nr. 41473

757 **Harpunenspitze**
Nordalaska, Point Barrow; prähistorisch
Knochen
Länge 8,5 cm, Breite 1,5 cm
Tausch Nationalmuseet, Kopenhagen (1939/02), Inv.-Nr. 41474

758 **Harpunenspitze**
Nordalaska, Point Hope; prähistorisch
Knochen
Länge 7,5 cm, Breite 1 cm
Tausch Nationalmuseet, Kopenhagen (1939/02), Inv.-Nr. 41489

759 **Harpunenspitze**
Nordalaska, Point Hope; prähistorisch
Knochen
Länge 8,5 cm, Breite 1,2 cm
Tausch Nationalmuseet, Kopenhagen (1939/02), Inv.-Nr. 41490

760 **Harpunenspitze**
Nordalaska, Point Hope; prähistorisch
Knochen
Länge 8,2 cm, Breite 1 cm
Tausch Nationalmuseet, Kopenhagen (1939/02), Inv.-Nr. 41491

761 **Harpunenspitze**
Nordalaska, Point Hope; prähistorisch
Knochen, Schiefer
Länge 8,5 cm, Breite 1,8 cm
Tausch Nationalmuseet, Kopenhagen (1939/02), Inv.-Nr. 41492

762 **Harpunenspitze**
Nordalaska, Point Hope; prähistorisch
Elfenbein
Länge 7,5 cm, Breite 2,1 cm
Tausch Nationalmuseet, Kopenhagen (1939/02), Inv.-Nr. 41493

763 **Harpunenspitze**
Nordalaska, Point Hope; prähistorisch
Knochen
Länge 7 cm, Breite 1 cm
Tausch Nationalmuseet, Kopenhagen (1939/02), Inv.-Nr. 41494

756

757

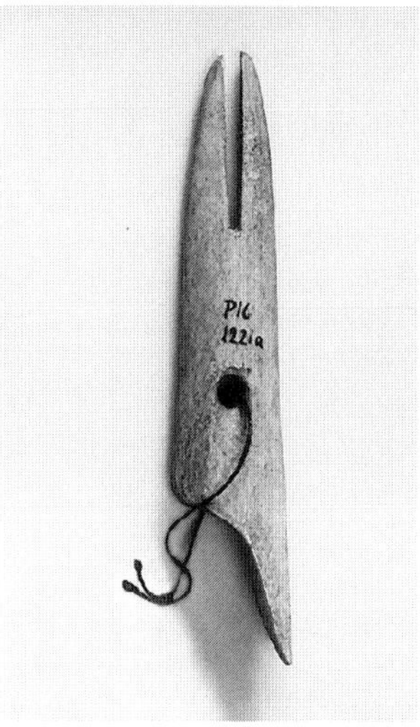
758

759

760

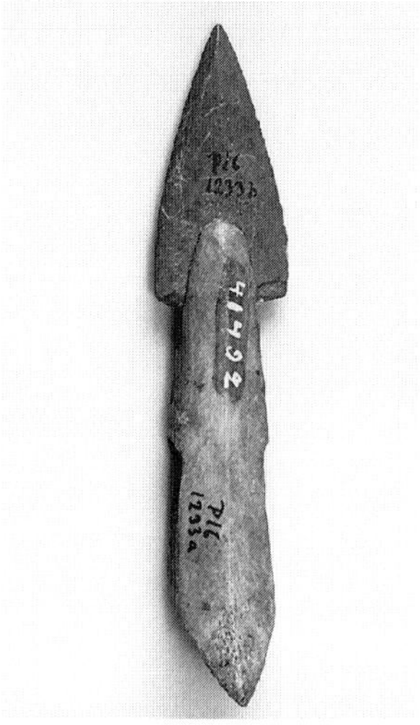
761

762

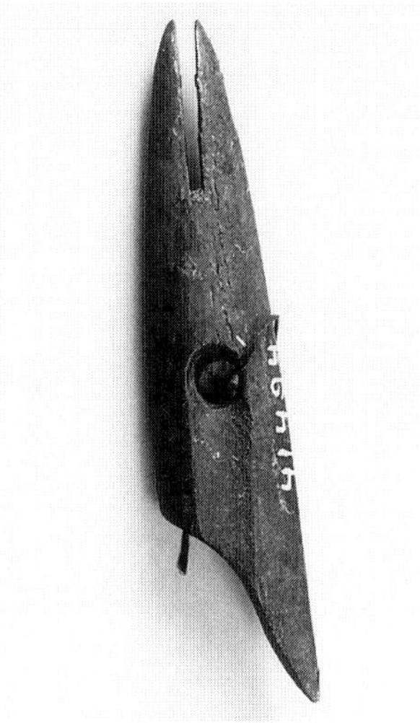
763

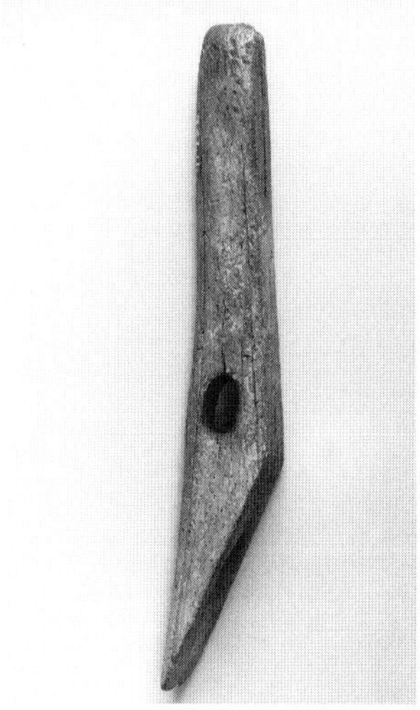
764

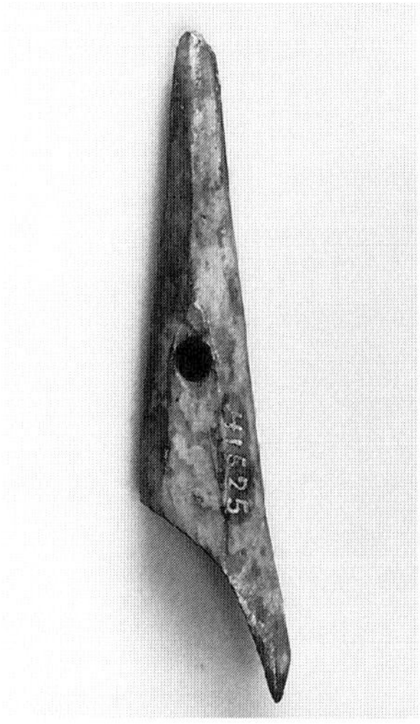
765

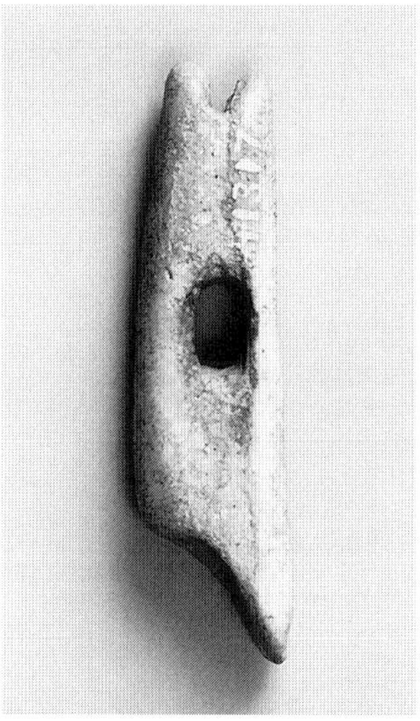
766

767

764 Harpunenspitze
Nordalaska, Point Hope; prähistorisch
Knochen
Länge 21,5 cm, Breite 2,3 cm
Tausch Nationalmuseet, Kopenhagen (1939/02), Inv.-Nr. 41496

Diese große Harpunenspitze wurde bei der Jagd auf Wale verwendet. (Vgl. Falck 1963: 18/Nr. 05.32.37/Fig. 25/Pl. VIII; Murdoch 1892: 238/Fig. 235b)

765 Harpunenspitze
Alaska, Beringstraße; prähistorisch
Elfenbein
Länge 8,9 cm; Breite 1,2 cm
Tausch Nationalmuseet, Kopenhagen (1939/02), Inv.-Nr. 41525

766 Harpunenspitze
Zentrale Arktis, Iglulik;
frühes 20. Jahrhundert
Knochen
Länge 6,8 cm, Breite 1,3 cm
Tausch Nationalmuseet, Kopenhagen (1939/02), Inv.-Nr. 41317

Harpunenspitzenblätter aus Schiefer
Als Armierung an Harpunenspitzen dienten Schieferblätter in der Form eines spitzwinkligen Dreiecks mit zwei geschliffenen Kanten. Die Katalognummern 767 bis 772 unterscheiden sich lediglich in Bezug auf die Größe und die Farbe des verwendeten Schiefergesteins.

767 Harpunenspitzenblatt
Mackenziedelta; prähistorisch
Schwarzer Schiefer
Länge 5,5 cm, Breite 2,5 cm
Tausch Nationalmuseet, Kopenhagen (1939/02), Inv.-Nr. 41433

768 Harpunenspitzenblatt
(ohne Foto)
Mackenziedelta; prähistorisch
Roter Schiefer
Länge 4,9 cm, Breite 3,1 cm
Tausch Nationalmuseet, Kopenhagen (1939/02), Inv.-Nr. 41434

769 Harpunenspitzenblatt
(ohne Foto)
Mackenziedelta; prähistorisch
Schwarzer Schiefer
Länge 3,7 cm, Breite 2 cm
Tausch Nationalmuseet, Kopenhagen (1939/02), Inv.-Nr. 41435

770 Harpunenspitzenblatt
(ohne Foto)
Mackenziedelta; prähistorisch
Grauer Schiefer
Länge 2,1 cm, Breite 1,9 cm
Tausch Nationalmuseet, Kopenhagen (1939/02), Inv.-Nr. 41436

771 Harpunenspitzenblatt
(ohne Foto)
Mackenziedelta, Barter Island;
prähistorisch
Grauer Schiefer
Länge 4 cm, Breite 2,6 cm
Tausch Nationalmuseet, Kopenhagen (1939/02), Inv.-Nr. 41456

772 Harpunenspitzenblatt
(ohne Foto)
Nordalaska, Point Hope; prähistorisch
Schwarzer Schiefer
Länge 4,6 cm, Breite 2,7 cm
Tausch Nationalmuseet, Kopenhagen (1939/02), Inv.-Nr. 41495

Fingerstützen
Als Fingerhalt brachte man an den Schäften von Harpunen und Speeren dorn- oder hakenförmige Knochen- oder Elfenbeinstückchen an. Haken dienten auch dazu, die Harpunenleine dicht am Schaft zu halten.

773

773 Fingerstütze
Westgrönland; prähistorisch
Knochen
Länge 3,5 cm, Breite 2,1 cm
Tausch Nationalmuseet, Kopenhagen (1939/02), Inv.-Nr. 41373

774 Fingerstütze
Zentrale Arktis, Iglulik;
frühes 20. Jahrhundert
Elfenbein
Länge 4,5 cm, Breite 2,1 cm
Tausch Nationalmuseet, Kopenhagen (1939/02), Inv.-Nr. 41318

775 Fingerstütze
Zentrale Arktis, Southampton Island;
prähistorisch
Elfenbein
Länge 3,5 cm, Breite 2,5 cm
Tausch Nationalmuseet, Kopenhagen (1939/02), Inv.-Nr. 41414

776 Schwimmblase
Aleuten?; um 1900
Leder, Holz
Länge 67 cm, Breite 42 cm
Kauf W.O. Oldman, London (1905/05), Inv.-Nr. 15098

774

775

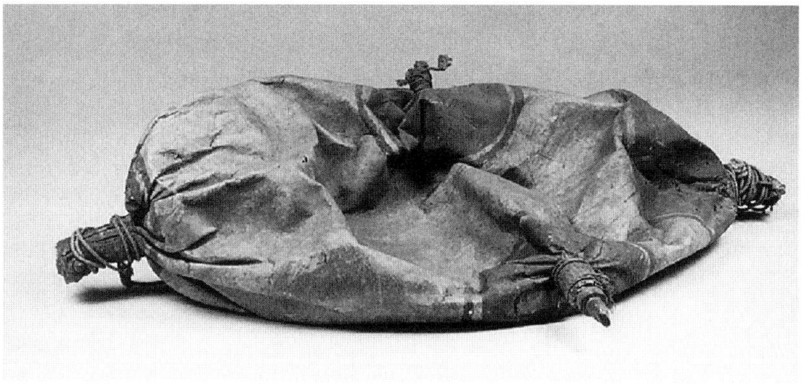

776

Die Schwimmblase besteht aus einem ganzen Robbenbalg, der gelb gefärbt ist. Die Körperausgänge (After, Hals) und die Gliedmaßen sind rot ummalt. Die Hautenden wurden gerafft und mit einer Kordel zusammengebunden. Einer der Körperausgänge ist mit Hilfe eines Holzpflocks verschlossen, der zum Lufteinblasen herausgenommen werden kann. Die Schwimmblasen, die durch eine Leine mit der Harpunenspitze verbunden waren, markierten die Position eines abgetauchten getroffenen Tieres und verhinderten sein Absinken. Holm (1987: 76/No. 24) bildet ein ähnliches Stück von den Makah an der Nordwestküste ab.

777 **Schwimmblase mit Leine und Harpunenspitze**
Westgrönland; frühes 20. Jahrhundert
Haut, Holz, Leder, Knochen, Elfenbein, Eisen, Sehne
Blase: Länge 60 cm, Breite 32 cm, Höhe 21 cm; Leine: Länge circa 1100 cm; Spitze: Länge 13,5 cm, Breite 3,3 cm
Tausch Nationalmuseet, Kopenhagen (1939/02), Inv.-Nr. 41285

Für die Schwimmblase wurde ein ganzer Robbenbalg verwendet. Die Körperöffnungen (After, Hals) und die Gliedmaßen sind mit Sehne zugebunden. An einer Flosse ist ein Mundstück aus Elfenbein angebracht, in dem ein Holzstöpsel steckt. Die aus mehreren Stücken bestehende Leine ist an einer Stelle durch eine Knochenschnalle, an einer anderen durch Schlaufe und Knebel verlängert. Die Harpunenspitze besteht aus einem breiten Träger aus Knochen mit einem Widerhaken und aus einem Eisenblatt, das klemmgeschäftet und genietet ist.

778 **Mundstück**
Alaska, Beringstraße; prähistorisch
Elfenbein
Länge 1,9 cm, Höhe 2 cm
Tausch Nationalmuseet, Kopenhagen (1939/02), Inv.-Nr. 41526

Der kleine, in der Längsachse durchbohrte Elfenbeinzylinder, dessen beide Enden verdickt sind, diente als Mundstück an einer Schwimmblase (vgl. Kat.-Nr. 776–777). Durch die Öffnung wurde Luft hineingeblasen, die Öffnung anschließend mit einem Stöpsel verschlossen.

779 **Lanze**
Westgrönland; 19. Jahrhundert
Holz, Knochen, Eisen, Elfenbein, Leder
Gesamtlänge 211 cm, Spitze 35 cm
Geschenk Eugen Rautenstrauch, Köln (1904/32), Inv.-Nr. 14877

Die Robbenlanze hat einen hölzernen Schaft und einen knöchernen Vorschaft, in den ein Eisenblatt klemmgeschäftet ist. Das Blatt ist zusätzlich mit Eisennieten gesichert. Der Vorschaft weist einen schräg verlaufenden Bruch auf, der mit Nägeln geflickt ist, und sitzt auf einem aus der beinernen Fassung des Holzschaftes vorstehenden Nippel. Schaft und Vorschaft sind beweglich durch zwei starke Lederriemen verbunden, so daß der Vorschaft beim Aufprall auf den Tierkörper wie ein Gelenk abknicken kann. Durch die heftigen Bewegungen des getroffenen Tieres könnte der Schaft sonst brechen.

780 **Lanze**
Westgrönland;
2. Hälfte 19. Jahrhundert
Holz, Knochen, Elfenbein, Eisen, Leder
Gesamtlänge 209 cm, Spitze 30,5 cm
Tausch Nationalmuseet, Kopenhagen (1939/02), Inv.-Nr. 41286

Der Holzschaft wird vorne von einer ovalen Tülle aus Elfenbein eingefaßt, auf deren vorstehendem Nippel der knöcherne Vorschaft lose aufsitzt.

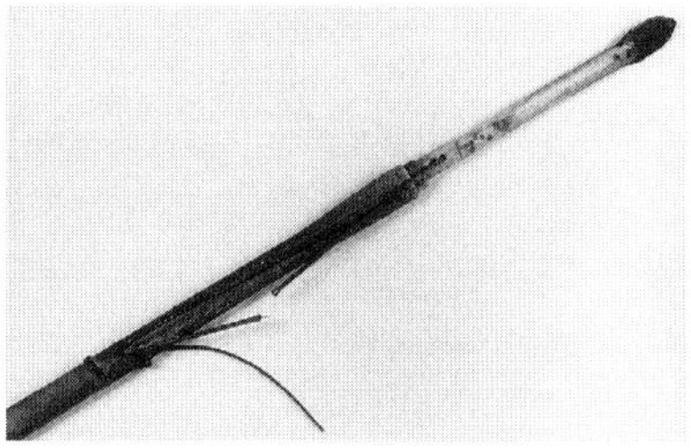

779

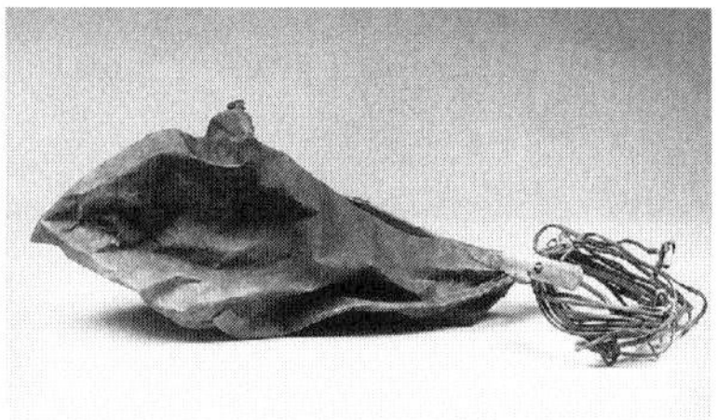

777

778

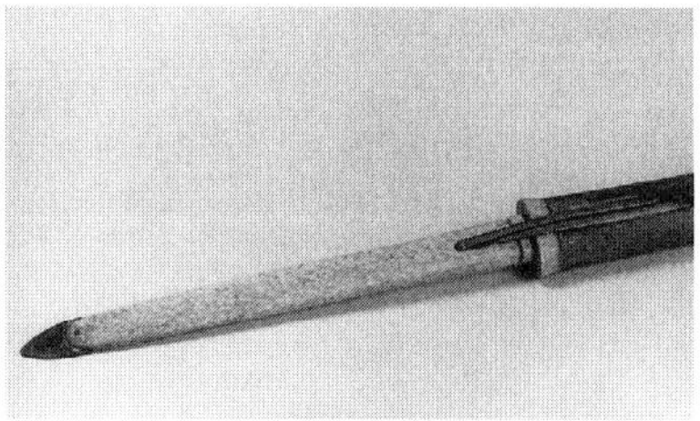

780

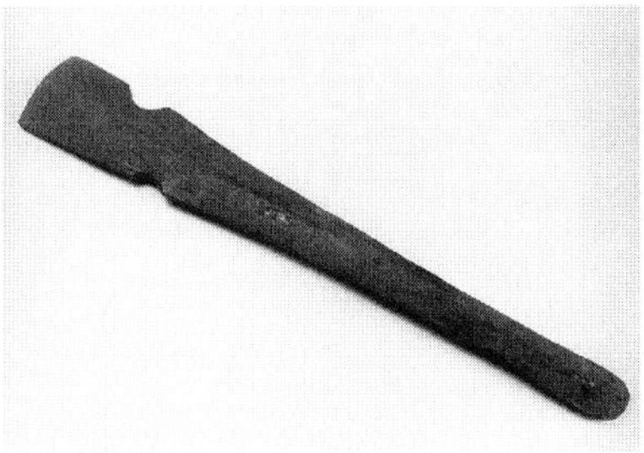

781

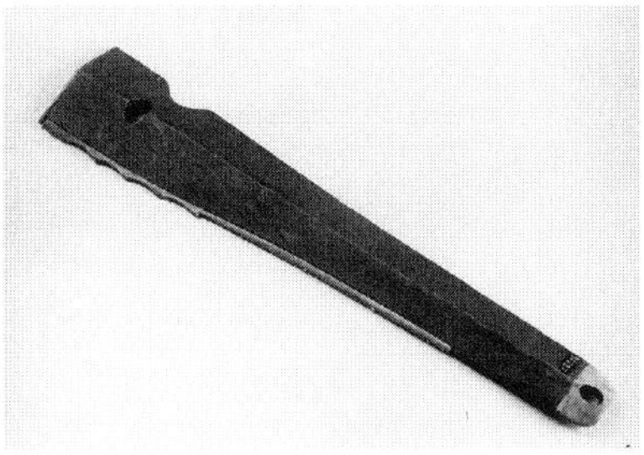

782

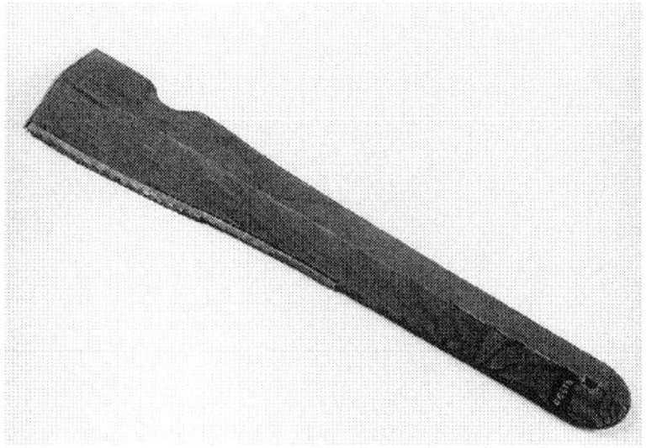

783

Schaft und Vorschaft sind durch Lederriemen miteinander verbunden. Die Eisenspitze ist in den Vorschaft klemmgeschäftet und zusätzlich mit Nieten gesichert. In den Schaft ist ein Stift eingelassen, an dem man ein Wurfbrett anlegen kann. Zu der Lanze gehört das Wurfbett Kat.-Nr. 782.

Speerschleudern

Speerschleudern oder Wurfbretter verlängern den Hebel des Armes und steigern so die Wurfkraft. Zum Anlegen an den Harpunen- oder Speerschaft weisen sie in der Längsachse eine Mittelfurche auf. Durchbohrungen im Schaftende dienen der Aufnahme eines in den Schaft des Projektils eingelassen Stifts oder Zapfens.

781 Speerschleuder
Grönland; frühes 20. Jahrhundert
Holz, Knochen
Länge 46 cm, Breite 6,5 cm
Kauf W.O. Oldman, London
(1922/20), Inv.-Nr. 35849

Das Wurfbrett weist an der abgerundeten Spitze einen genieteten beinernen Stift auf. Am hinteren Ende befinden sich zwei versetzt angeordnete Griffkerben. (Vgl. Tromnau 1988: 58)

782 Speerschleuder
Westgrönland;
2. Hälfte 19. Jahrhundert
Holz, Elfenbein
Länge 40 cm, Breite 7,8 cm
Tausch Nationalmuseet, Kopenhagen
(1939/02), Inv.-Nr. 41287

Das hölzerne Wurfbrett weist an einer Längsseite einen genieteten und an der Spitze einen eingezapften Beschlag aus Elfenbein auf. Der seitliche Beschlag zeigt vier Einbuchtungen, das Holz auf der gegenüberliegenden Seite eine Einbuchtung. Die Einbuchtungen erlauben einen sicheren Griff. Das Wurfbrett gehört zu dem Speer Kat.-Nr. 780.

783 Speerschleuder
Westgrönland; frühes 20. Jahrhundert
Holz, Elfenbein
Länge 42,5 cm, Breite 7,5 cm
Tausch Nationalmuseet, Kopenhagen
(1939/02), Inv.-Nr. 41290

Eine Längsseite ist zur Hälfte mit einem gezackten Beschlag aus Elfenbein versehen. Nahe der Basis wurde auf einer Seite eine Ausbuchtung für den Daumen ausgeschnitten.

784

784 Speerschleuder
Aleuten; um 1900
Holz, Glasperlen, Sehne, Fellreste
Länge 48,5 cm, Breite 5,5 cm
Kauf W.O. Oldman; London
(1908/01), Inv.-Nr. 22177

In die Oberkante der schwertförmigen Speerschleuder sind Glasperlen eingelassen. Das Wurfbrett verbreitert sich an der Basis flügelartig. Am Ansatzpunkt der Flügel befindet sich eine Durchbohrung, in der ein am Harpunen- oder Speerschaft befindlicher Stift oder Zapfen einrasten kann. Das Wurfbrett weist am hinteren Ende zwei Griffmulden und eine Umwicklung aus Sehne auf, die ursprünglich auch ein Fellstückchen umfaßt hat. (Vgl. King 1981: Pl. 25/No. 21)

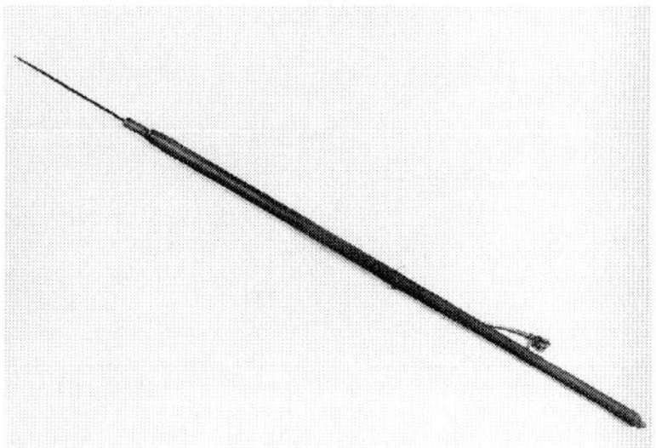

785

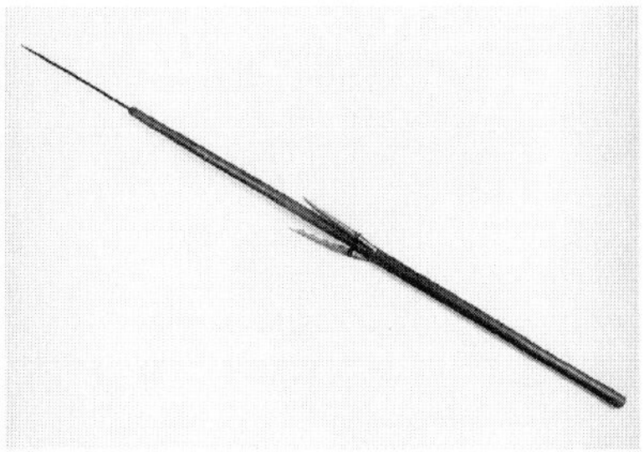

786

785 Speer
Westgrönland;
2. Hälfte 19. Jahrhundert
Holz, Eisen, Elfenbein, Knochen, Sehne, Haut
Gesamtlänge 164 cm, Spitze 33,5 cm
Tausch Nationalmuseet, Kopenhagen (1939/02), Inv.-Nr. 41288

Eine lange, dornförmige Eisenspitze mit einem kleinen Widerhaken steckt in einem kurzen, hölzernen Vorschaft, der mit seinem spitzen Ende in den Schaft getrieben ist. Der Vorschaft wurde mit einem starken, straff gespannten Riemen am Schaft befestigt. Der Riemen ist am Schaft entlang und durch eine Durchbohrung geführt, hinter der er mit einem kleinen Knochenknebel verankert ist. An diesem hängen noch Reste einer angebundenen Schwimmblase. In das Endstück ist ein kurzer beinerner Zapfen eingelassen.

786 Vogelspeer
Westgrönland; frühes 20. Jahrhundert
Holz, Eisen, Knochen, Sehne
Gesamtlänge 158 cm, Spitze 33 cm
Tausch Nationalmuseet, Kopenhagen (1939/02), Inv.-Nr. 41289

Der Speer hat eine lange, dornförmige Eisenspitze mit einem Widerhaken, die in den Holzschaft eingedornt wurde. Ungefähr in der Mitte des Schaftes sind drei längliche Knochenspitzen mit gezackten Innenseiten in den Schaft eingezapft, die zusätzliche Treffmöglichkeiten bieten, falls die vordere Spitze ihr Ziel verfehlt hat. Die Speerzacken erhalten durch eine Umwicklung aus fein geflochtenen Sehnensträngen zusätzliche Festigkeit.

787 Speerspitze
Ostgrönland; prähistorisch
Knochen, Eisen
Länge 21,7 cm, Breite 1,7 cm
Tausch Nationalmuseet, Kopenhagen (1939/02), Inv.-Nr. 41350

Das längliche Eisenblatt ist in den Knochenträger klemmgeschäftet und mit einer Eisenniete zusätzlich gesichert. In den Träger ist ein Gewinde mit fünf Umdrehungen geschnitten. Die Speerspitze gehört laut Originalakte zu einem Vogelspeer.

788 Speerzacke
Ostgrönland; prähistorisch
Knochen
Länge 14,5 cm, Breite 1,5 cm
Tausch Nationalmuseet, Kopenhagen (1939/02), Inv.-Nr. 41351

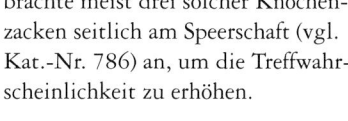

Die spitze Speerzacke für einen Vogelspeer weist auf einer Seite drei gerade rückweisende Widerhaken auf. Man brachte meist drei solcher Knochenzacken seitlich am Speerschaft (vgl. Kat.-Nr. 786) an, um die Treffwahrscheinlichkeit zu erhöhen.

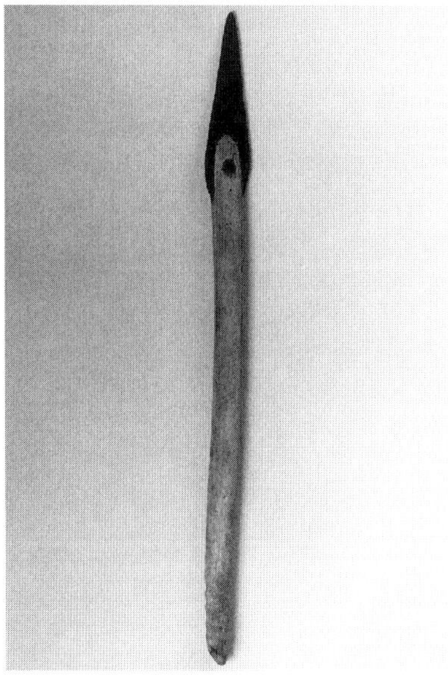

787

789 Speerzacke
Westgrönland; prähistorisch
Knochen
Länge 7,7 cm, Breite 1,3 cm
Tausch Nationalmuseet, Kopenhagen (1939/02), Inv.-Nr. 41376

Die stark verwitterte Speerzacke hat zwei gerade rückweisende Widerhaken.

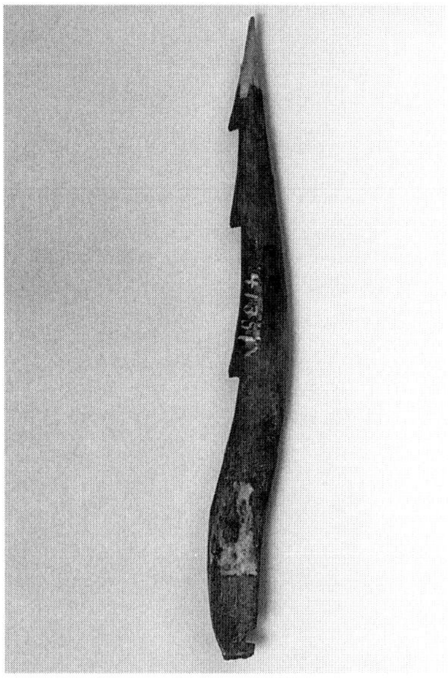

788

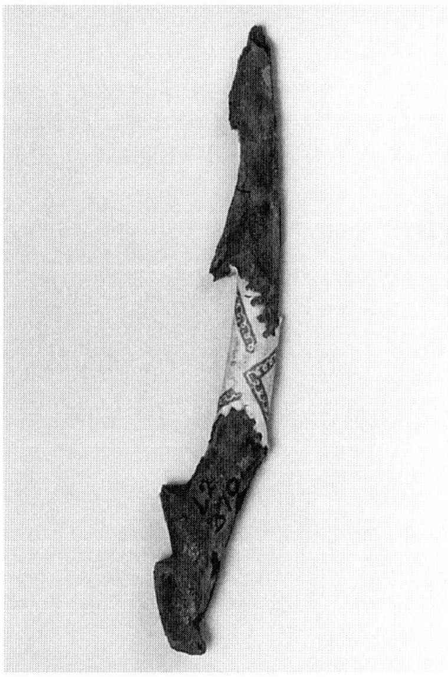

789

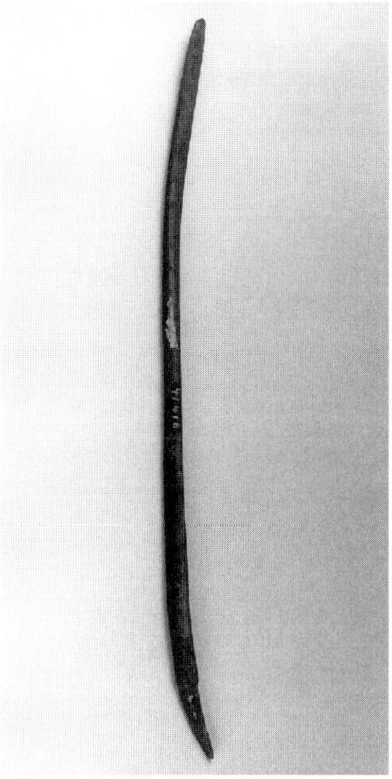

790

790 Speerzacke
Zentrale Arktis, Southampton Island; prähistorisch
Knochen
Länge 27,5 cm, Breite 0,8 cm
Tausch Nationalmuseet, Kopenhagen (1939/02), Inv.-Nr. 41416

Die lange, dünne Speerzacke aus Knochen ist leicht gebogen und an der Basis schräg abgeschnitten. Sie gehört laut Originalakte zu einem Fischspeer. Die Schäfte von Fischspeeren wurden ebenso wie die von Vogelspeeren mit seitlichen Zacken ausgerüstet, um die Trefferchance zu erhöhen.

791 Speerzacke
Zentrale Arktis, Southampton Island; prähistorisch
Elfenbein
Länge 5,3 cm, Breite 1 cm
Tausch Nationalmuseet, Kopenhagen (1939/02), Inv.-Nr. 41417

Die kleine, sehr scharfe Elfenbeinspitze diente laut Originalakte als Speerzacke.

792 Speerzacke
Nordalaska, Point Barrow; prähistorisch
Knochen
Länge 10,1 cm, Breite 1,1 cm
Tausch Nationalmuseet, Kopenhagen (1939/02), Inv.-Nr. 41484

Die knöcherne Speerzacke weist einseitig drei kleine gekrümmt rückweisende Widerhaken auf.

793 Speerzacke
Alaska, Beringstraße; prähistorisch
Knochen
Länge 14 cm, Breite 1,7 cm
Tausch Nationalmuseet, Kopenhagen (1939/02), Inv.-Nr. 41529

Die Knochenspitze zeigt eine schlitzförmige Durchbohrung und einseitig drei gekrümmt rückweisende Widerhaken.

794 Pfeil
Arktis; spätes 19. Jahrhundert
Holz, Knochen, Eisen, Sehne, Federn
Gesamtlänge 64,5 cm, Spitze 5 cm
Kauf W.O. Oldman, London (1904/10), Inv.-Nr. 12372

Der runde, hölzerne Schaft ist am hinteren Ende v-förmig eingekerbt. In den knöchernen Vorschaft sind auf einer Seite acht gekrümmt rückweisende Widerhaken eingeschnitten. Auf der gegenüberliegenden Seite wurden an sechs Stellen paarweise Querstriche eingeritzt. Die längliche, klemmgeschäftete und mit Nieten befestigte Eisenspitze besitzt auf jeder Seite drei kleine, gerade rückweisende Widerhaken. Der Vorschaft ist in den hölzernen Schaft gedornt und zusätzlich mit verzwirntem Sehnenfaden umwickelt. Die dreiseitige Radialbefiederung weist an beiden Enden eine Umwicklung mit

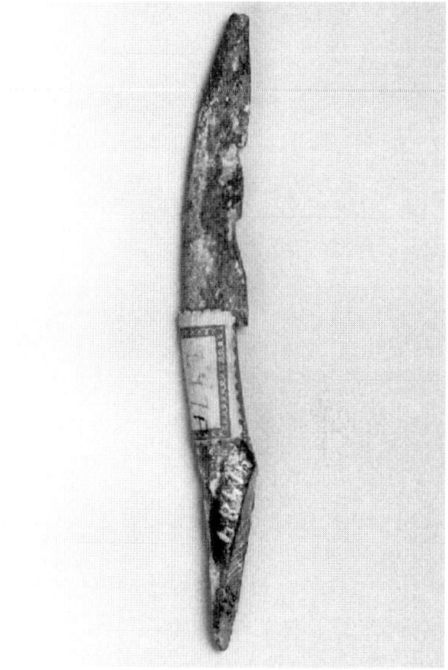

792

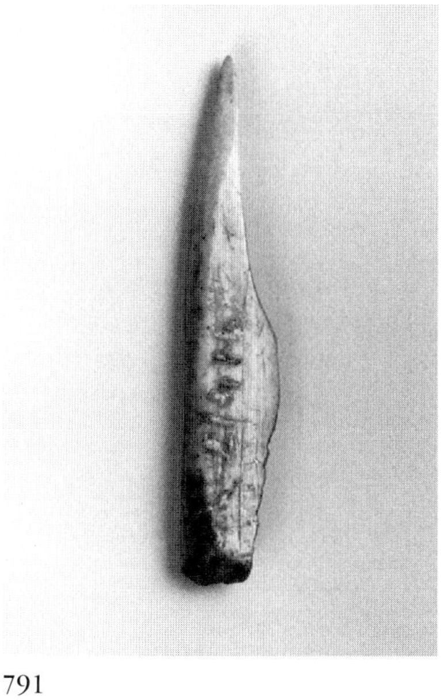

791

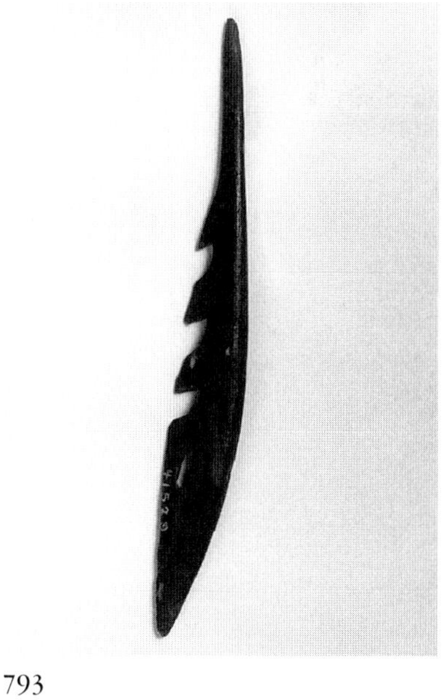

793

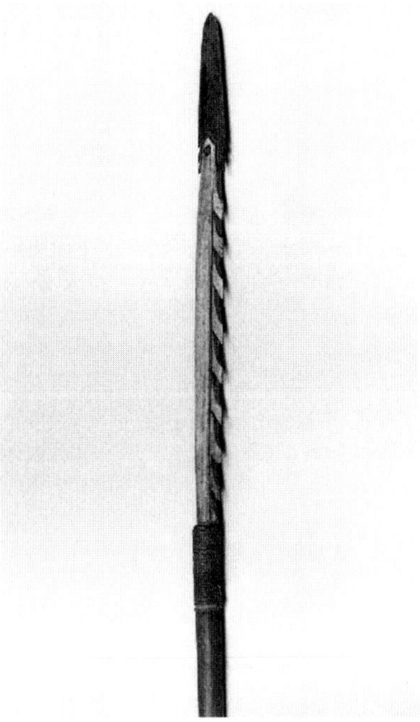

794

einfachem beziehungsweise gezwirntem Sehnenfaden auf. Unter der Befiederung und der Umwicklung ist der Schaft rot eingefärbt.

795 Pfeil
Arktis; spätes 19. Jahrhundert
Holz, Eisen, Federn, Sehne
Gesamtlänge 75 cm, Spitze 14 cm
Kauf W. Fussbahn, Bonn (1905/07), Inv.-Nr. 15270

Der Holzschaft ist u-förmig eingekerbt. Der Querschnitt wandelt sich von der Basis zur Spitze hin von oval zu rund. Der vordere Teil des Schaftes mit der messerklingenförmigen Eisenspitze, die auch eine Umwicklung aus Sehnenfaden aufwies, ist abgebrochen. Die Tangentialbefiederung ist vorne eingesteckt, hinten mit gezwirntem Sehnenfaden umwickelt. (Vgl. Nelson 1899: 158–159/Pl. LXI)

796 Pfeil (ohne Foto)
Arktis; spätes 19. Jahrhundert
Holz, Federn, Sehne
Länge 64 cm
Kauf W. Fussbahn, Bonn (1905/07), Inv.-Nr. 15271

Wie Kat.-Nr. 795. Die Spitze fehlt.

795

797 Pfeil
Arktis; spätes 19. Jahrhundert
Holz, Eisen, Federn, Sehne
Gesamtlänge 69 cm, Spitze 12 cm
Kauf W. Fussbahn, Bonn (1905/07), Inv.-Nr. 15272

797

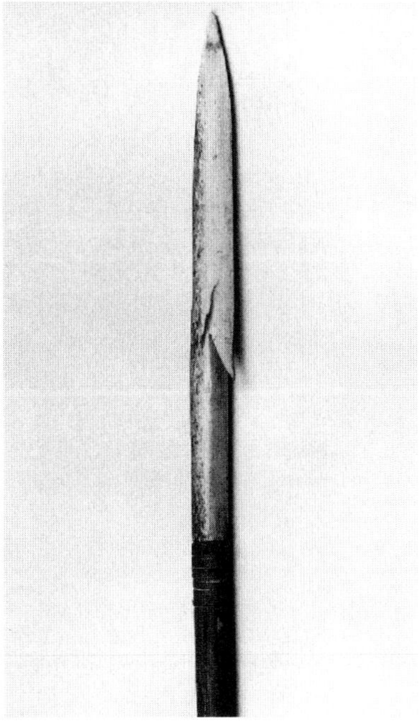

798

Wie Kat.-Nr. 795. Der Schaft verjüngt sich zur Spitze hin. Diese besteht aus einem langen Eisendorn, der sich vorne blattförmig weitet und einen kurzen Widerhaken aufweist.

798 Pfeil
Arktis; spätes 19. Jahrhundert
Holz, Knochen, Federn, Sehne
Gesamtlänge 80 cm, Spitze 13,5 cm
Kauf W. Fussbahn, Bonn (1905/07), Inv.-Nr. 15273

Die lange Knochenspitze, in die eine Vogelfährte eingeritzt ist, hat drei geschliffene Kanten und einen Widerhaken. Sie ist eingedornt und mit Sehnenfaden umwickelt. Der Pfeil weist eine dreiseitige Radialbefiederung auf. Der Schaft ist wie bei Kat.-Nr. 795–797 gestaltet.

799 Pfeil (ohne Foto)
Arktis; spätes 19. Jahrhundert
Holz, Federn, Sehne
Länge 58 cm
Kauf W. Fussbahn, Bonn (1905/07), Inv.-Nr. 15274

Wie Kat.-Nr. 796.

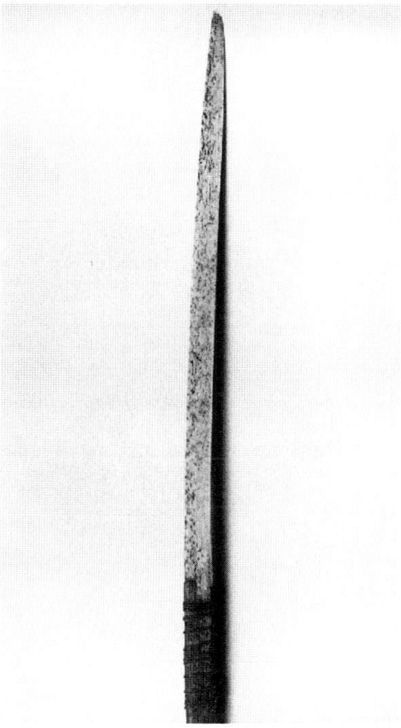

801

802

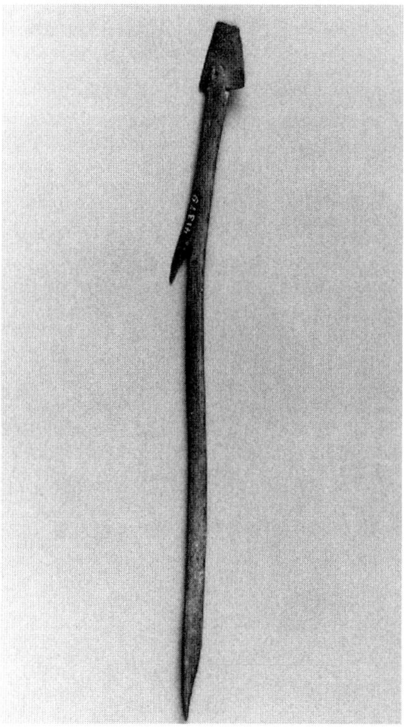

803

800 **Pfeil** (ohne Foto)
Arktis; spätes 19. Jahrhundert
Holz, Sehne
Länge 56 cm
Kauf W. Fussbahn, Bonn (1905/07), Inv.-Nr. 15275

Wie Kat.-Nr. 795. Spitze und Befiederung fehlen.

801 **Pfeil**
Arktis; spätes 19. Jahrhundert
Holz, Knochen, Sehne
Gesamtlänge 75 cm, Spitze 21 cm
Kauf W. Fussbahn, Bonn (1905/07), Inv.-Nr. 15276

Der Querschnitt des Holzschaftes mit u-förmiger Kerbe wandelt sich von oval im Bereich der Befiederung über rund im mittleren Bereich zu dreieckig an der Spitze. Die lange, eingedornte und leicht gebogene Pfeilspitze aus Knochen hat ebenfalls einen dreieckigen Querschnitt. Die Verbindungsstelle ist mit gezwirntem Sehnenfaden umwickelt. Die Befiederung fehlt. Sie war vorne eingesteckt und hinten mit gezwirntem Sehnenfaden umwickelt. (Vgl. Nelson 1899: 158–159/Pl. LXI)

802 **Pfeilspitze**
Westgrönland; prähistorisch
Knochen
Länge 15,3 cm, Breite 2,7 cm
Tausch Nationalmuseet, Kopenhagen (1939/02), Inv.-Nr. 41378

Die breite Pfeilspitze mit dreieckigem Querschnitt weist zwei versetzt angeordnete, gerade rückweisende Widerhaken auf.

803 **Pfeilspitze**
Westgrönland; prähistorisch
Knochen, Eisen
Länge 26,7 cm, Breite 2 cm
Tausch Nationalmuseet, Kopenhagen (1939/02), Inv.-Nr. 41379

In einen kurzen Knochenschaft mit einem gerade rückweisenden Widerhaken ist ein dreieckiges Eisenblatt klemmgeschäftet und genietet.

804 **Pfeilspitze**
Westgrönland; prähistorisch
Stein
Länge 4,2 cm, Breite 1 cm
Tausch Nationalmuseet, Kopenhagen (1939/02), Inv.-Nr. 41380

Die längliche Steinspitze mit kurzem Dorn hat einen dreieckigen Querschnitt und ist beidseitig geschliffen.

804

Die flache Knochenspitze mit dreiecki-gem Querschnitt hat auf einer Seite einen gerade rückweisenden Widerha-ken.

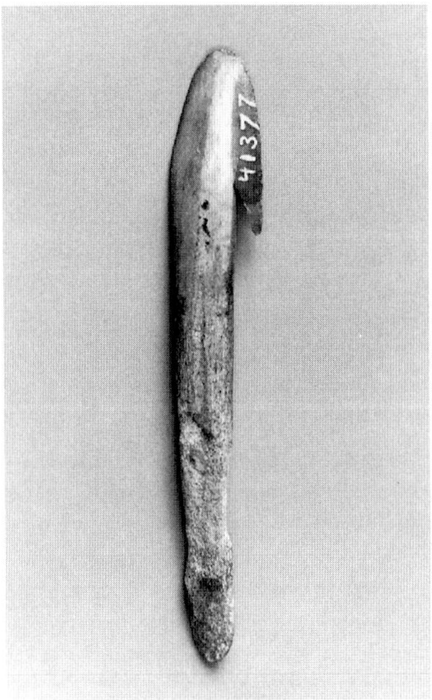

806

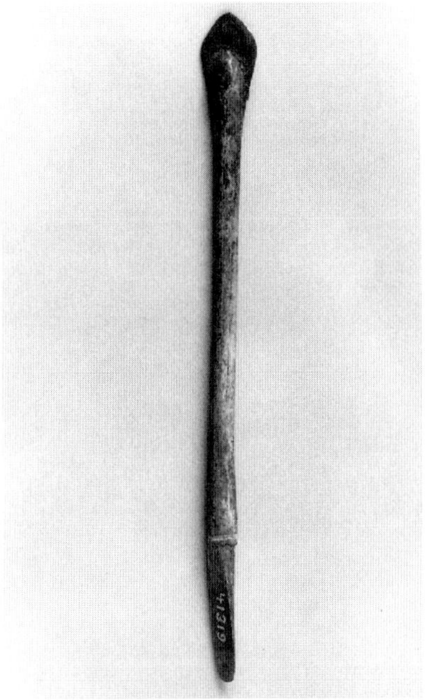

807

805 Pfeilspitze (ohne Foto)
Westgrönland; prähistorisch
Stein
Länge 5 cm, Breite 1,5 cm
Tausch Nationalmuseet, Kopenhagen (1939/02), Inv.-Nr. 41381

Die lanzettförmige Steinspitze ist rundum mit Abschlägen versehen.

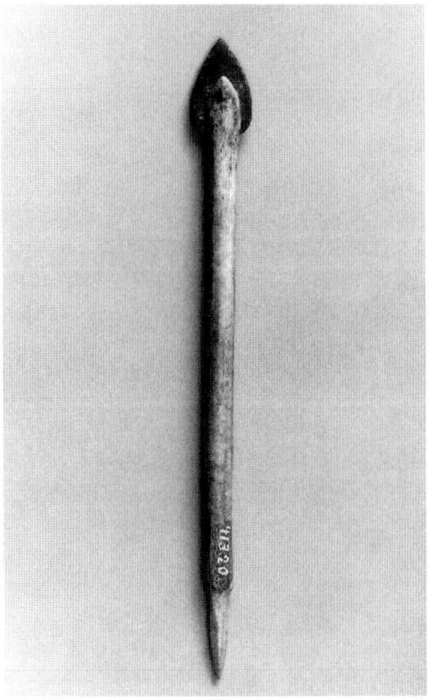

808

806 Pfeilspitze
Westgrönland; prähistorisch
Knochen
Länge 10,3 cm, Breite 1,7 cm
Tausch Nationalmuseet, Kopenhagen (1939/02), Inv.-Nr. 41377

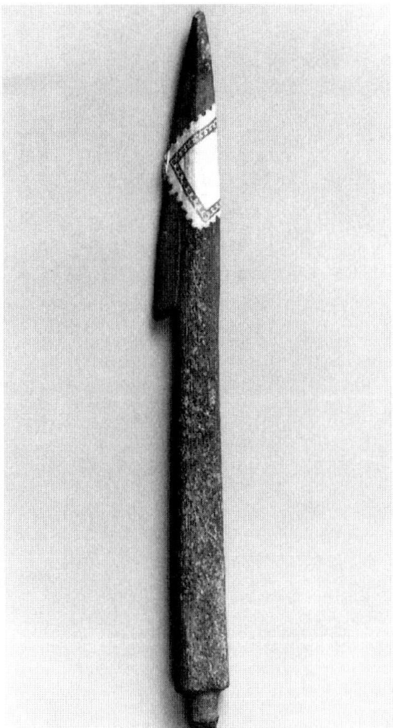

809

807 Pfeilspitze
Zentrale Arktis, Iglulik;
frühes 20. Jahrhundert
Knochen, Eisen, Kupfer
Länge 18,5 cm, Breite 1,8 cm
Tausch Nationalmuseet, Kopenhagen (1939/02), Inv.-Nr. 41319

Die kurze Eisenspitze ist in einen knöchernen Träger klemmgeschäftet und genietet. Die Niete weist die typi-sche grüne Patina von oxydiertem Kupfer auf. Hinter einer rundum lau-fenden Rille ist der Träger schräg abge-schnitten. (Vgl. Kat.-Nr. 808; Mathiassen 1928: 57/Fig. 27)

808 Pfeilspitze
Zentrale Arktis, Iglulik; frühes 20. Jahrhundert
Knochen, Eisen, Kupfer
Länge 18 cm, Breite 1,7 cm
Tausch Nationalmuseet, Kopenhagen (1939/02), Inv.-Nr. 41320

Vgl. Kat.-Nr. 807.

809 Pfeilspitze
Mackenziedelta; prähistorisch
Knochen
Länge 12,5 cm, Breite 1,2 cm
Tausch Nationalmuseet, Kopenhagen (1939/02), Inv.-Nr. 41438

Die Knochenspitze hat auf einer Seite einen gerade rückweisenden Widerha-ken und an der Basis einen kurzen, abgesetzten Dorn für die Schäftung.

810 Pfeilspitze
Mackenziedelta; prähistorisch
Elfenbein
Länge 11,5 cm, Breite 0,8 cm
Tausch Nationalmuseet, Kopenhagen (1939/02), Inv.-Nr. 41439

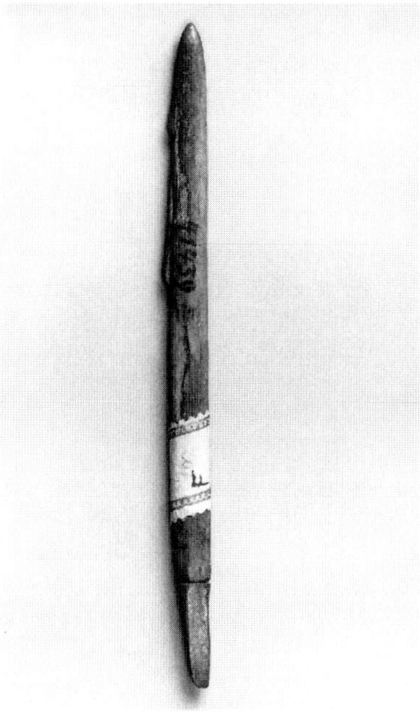

810

811

813

Die dünne Pfeilspitze weist auf einer Seite zwei kaum abgesetzte Widerhaken auf. Hinter einer rundum laufenden Rille ist die Basis keilförmig zugespitzt.

811 Pfeilspitze
Mackenziedelta, Barter Island; prähistorisch
Knochen
Länge 13,3 cm, Breite 1,2 cm
Tausch Nationalmuseet, Kopenhagen (1939/02), Inv.-Nr. 41457

Das flache Knochenstück ist vorne zugespitzt und hat auf einer Seite einen kleinen Widerhaken und läuft an der Basis in einem spitzen Dorn aus.

812 Zwei Pfeilspitzen (ohne Foto)
Mackenziedelta; prähistorisch
Knochen
Länge 12,5 cm und 26 cm, Breite 1,2 und 1 cm
Tausch Nationalmuseet, Kopenhagen (1939/02), Inv.-Nr. 41462 a-b

Die beiden unterschiedlich langen Pfeilspitzen weisen auf einer Seite drei kaum abgesetzte Widerhaken auf und enden in einem spitzen Dorn.

813 Pfeilspitze
Nordalaska, Point Barrow; prähistorisch
Knochen
Länge 12,3 cm, Breite 1,5 cm
Tausch Nationalmuseet, Kopenhagen (1939/02), Inv.-Nr. 41476

Die breite Pfeilspitze mit halbrundem Querschnitt zeigt eine winzige, abgesetzte Spitze und einen gerade rückweisenden Widerhaken auf einer Seite. Sie läuft an der Basis in einem spitzen Dorn mit zwei feinen seitlichen Ausbuchtungen aus, die eine bessere Arretierung im Schaft bewirken.

814 Pfeilspitze (ohne Foto)
Nordalaska, Point Barrow; prähistorisch
Knochen
Länge 13,4 cm, Breite 1 cm
Tausch Nationalmuseet, Kopenhagen (1939/02), Inv.-Nr. 41477

Die lange Knochenspitze mit dreieckigem Querschnitt endet in einem spitzen Dorn mit feinen Ausbuchtungen.

815 Pfeilspitze (ohne Foto)
Nordalaska, Point Barrow; prähistorisch
Knochen
Länge 12,5 cm, Breite 1 cm
Tausch Nationalmuseet, Kopenhagen (1939/02), Inv.-Nr. 41478

Die lange Spitze aus Knochen hat einen dreieckigen Querschnitt und läuft am Ende in einem langen Dorn aus.

816 Pfeilspitze (ohne Foto)
Nordalaska, Point Barrow; prähistorisch
Knochen
Länge 12 cm, Breite 1 cm
Tausch Nationalmuseet, Kopenhagen (1939/02), Inv.-Nr. 41479

Die lange Pfeilspitze aus Knochen hat einen ovalen Querschnitt und endet in einem langen, spitzen Dorn mit zwei winzigen Ausbuchtungen.

817 Pfeilspitze (ohne Foto)
Nordalaska, Point Barrow; prähistorisch
Knochen
Länge 13,8 cm, Breite 1 cm
Tausch Nationalmuseet, Kopenhagen (1939/02), Inv.-Nr. 41480

818

820

821

Der Querschnitt der langen Knochenspitze mit einem gerade rückweisenden Widerhaken wandelt sich von dreieckig an der Spitze zu rund an der Basis.

818 Pfeilspitze
Nordalaska, Point Barrow; prähistorisch
Stein
Länge 5 cm, Breite 1,8 cm
Tausch Nationalmuseet, Kopenhagen (1939/02), Inv.-Nr. 41481

Die kurze Steinspitze weist entlang beider Kanten eine Reihe kleiner Abschläge auf.

819 Pfeilspitze (ohne Foto)
Nordalaska, Point Barrow; prähistorisch
Stein
Länge 6 cm, Breite 2 cm
Tausch Nationalmuseet, Kopenhagen (1939/02), Inv.-Nr. 41482

Die retuschierte Steinspitze hat einen dreieckigen Querschnitt und endet in einem voluminösen Dorn.

820 Pfeilspitze
Nordalaska, Point Barrow; prähistorisch
Stein
Länge 4,6 cm, Breite 1,5 cm
Tausch Nationalmuseet, Kopenhagen (1939/02), Inv.-Nr. 41483

Die flache, dreieckige Pfeilspitze mit abgesetztem Endstück für eine Dornschäftung ist entlang den Kanten mit Reihen kleiner Abschläge versehen.

821 Pfeilspitze
Nordalaska, Point Barrow; prähistorisch
Stein
Länge 5,4 cm, Breite 1,2 cm
Tausch Nationalmuseet, Kopenhagen (1939/02), Inv.-Nr. 41500

Die Kanten der länglichen Pfeilspitze mit dreieckigem Querschnitt sind durch Abschläge ausgezackt.

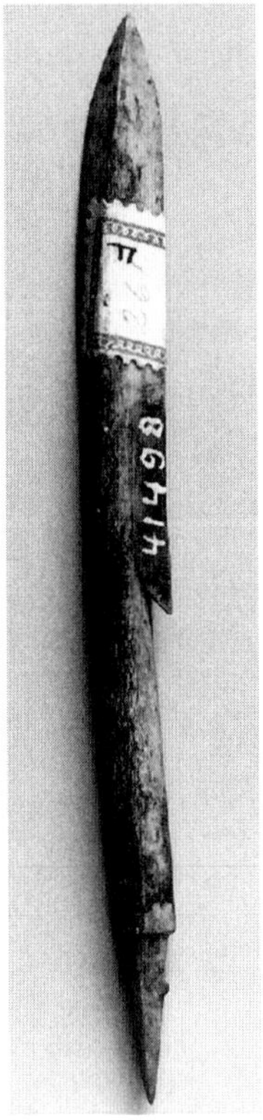

822

823

822 Pfeilspitze
Nordalaska, Point Hope; prähistorisch
Knochen
Länge 11,5 cm, Breite 1 cm
Tausch Nationalmuseet, Kopenhagen (1939/02), Inv.-Nr. 41498

Der Querschnitt der Pfeilspitze wandelt sich von dreieckig an der Spitze zu rund an der Basis. Auf einer Seite ist ein kurzer, gerade rückweisender Widerhaken ausgeschnitten. Das Ende ist als spitzer Dorn mit zwei feinen Ausbuchtungen gestaltet.

823 Pfeilspitze
Nordalaska, Point Hope; prähistorisch
Knochen
Länge 13,5 cm, Breite 1,5 cm
Tausch Nationalmuseet, Kopenhagen (1939/02), Inv.-Nr. 41499

Die lange Pfeilspitze aus Knochen hat einen dreieckigen Querschnitt und einseitig einen kleinen, gerade rückweisenden Widerhaken.

824 **Pfeilspitze** (ohne Foto)
Nordalaska, Point Hope; prähistorisch
Stein
Länge 5,2 cm, Breite 1,5 cm
Tausch Nationalmuseet, Kopenhagen (1939/02), Inv.-Nr. 41501

Wie Kat.-Nr. 821.

825 **Pfeilspitze**
Nordalaska, Point Hope; prähistorisch
Stein
Länge 6,1 cm, Breite 2 cm
Tausch Nationalmuseet, Kopenhagen (1939/02), Inv.-Nr. 41503

Wie Kat.-Nr. 820.

826 **Pfeilspitze** (ohne Foto)
Nordalaska, Point Hope; prähistorisch
Stein
Länge 3,4 cm, Breite 1 cm
Tausch Nationalmuseet, Kopenhagen (1939/02), Inv.-Nr. 41504

Wie Kat.-Nr. 820.

827 **Pfeilspitze** (ohne Foto)
Nordalaska, Point Hope; prähistorisch
Stein
Länge 6,8 cm, Breite 3 cm
Tausch Nationalmuseet, Kopenhagen (1939/02), Inv.-Nr. 41505

Die Pfeilspitze mit retuschierten Kanten hat eine dreieckige Spitze und eine breite Basis für eine Klemmschäftung.

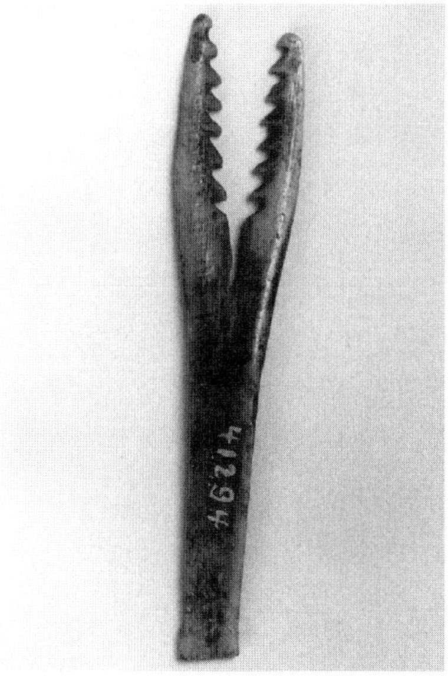

830

825

828 **Pfeilspitze** (ohne Foto)
Nordalaska, Point Hope; prähistorisch
Stein
Länge 5,2 cm, Breite 1,5 cm
Tausch Nationalmuseet, Kopenhagen (1939/02), Inv.-Nr. 41506

Die längliche Pfeilspitze mit retuschierten Kanten hat einen dreieckigen Querschnitt und verjüngt sich am hinteren Ende.

829 **Pfeilspitze** (ohne Foto)
Alaska, Beringstraße; prähistorisch
Stein
Länge 5 cm, Breite 2 cm
Tausch Nationalmuseet, Kopenhagen (1939/02), Inv.-Nr. 41528

Die Kanten dieser unsymmetrischen Steinspitze sind retuschiert.

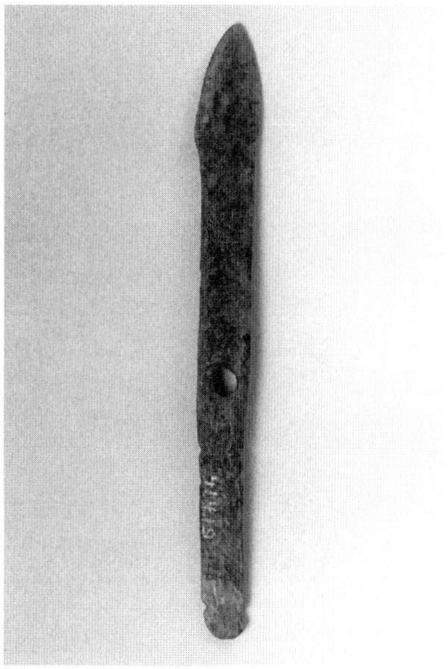

831

830 **Lanzenspitze**
Nordgrönland, Polar-Eskimo; frühes 20. Jahrhundert
Knochen
Länge 10,7 cm, Breite 2,2 cm
Tausch Nationalmuseet, Kopenhagen (1939/02), Inv.-Nr. 41294

Die zweizackige Spitze für eine Fischlanze wurde beim Fang auf dem Eis benutzt. Beide Zacken haben auf der Innenseite sieben kleine, scharfe, gerade rückweisende Widerhaken.

831 **Knochenspitze**
Zentrale Arktis, Southampton Island; prähistorisch
Knochen
Länge 14,2 cm, Breite 1,5 cm
Tausch Nationalmuseet, Kopenhagen (1939/02), Inv.-Nr. 41419

Das flache längliche Knochenstück, dessen Spitze sich leicht blattförmig erweitert und beidseitig geschliffen ist, weist oberhalb einer rundumlaufenden leichten Einschnürung eine kreisrunde Durchbohrung auf. Die Verwendung ist unklar.

832 **Steinspitze** (ohne Foto)
Mackenziedelta; prähistorisch
Stein
Länge 4,2 cm, Breite 2,5 cm
Tausch Nationalmuseet, Kopenhagen (1939/02), Inv.-Nr. 41449

Die Verwendung der ungeschliffenen Steinspitze ist unklar.

833 **Steinspitze** (ohne Foto)
Mackenziedelta; prähistorisch
Stein
Länge 3,5 cm, Breite 2,5 cm
Tausch Nationalmuseet, Kopenhagen (1939/02), Inv.-Nr. 41450

Vgl. Kat.-Nr. 832.

834 **Bola**
Westliche Arktis; frühes 20. Jahrhundert
Knochen, Stroh, Federkiele, Sehne
Schnur: Länge 80 cm, Bolakugeln: Länge 4 cm
Tausch Mills, Kokima (1925/04), Inv.-Nr. 38107

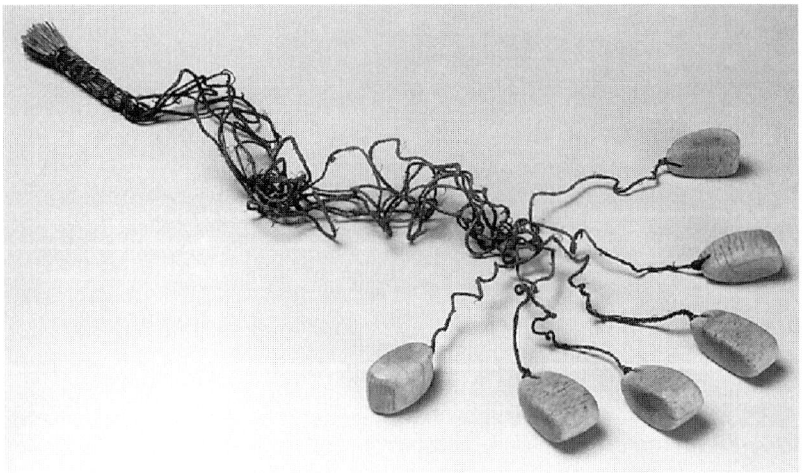

834

Sechs Knochenblöckchen sind an der Spitze durchbohrt und an langen, aus Sehnen geflochtenen Schnüren befestigt. Die Schnurenden bilden zusammen mit Strohhalmen und Federkielen einen Handgriff, der mit einem Lederriemen zusammengebunden ist. Die Bola wurde für die Vogeljagd verwendet. Beim Herannahen eines Vogelschwarms wirbelte der Jäger sie über dem Kopf, um sie sodann in den Schwarm zu schleudern. Der getroffene Vogel wurde von den Fäden umschlungen und zu Boden gezwungen. Wenn die Bola nicht benutzt wurde, legte man die Sehnenstränge zu Schlaufen zusammen, damit sie sich nicht verhedderten. (Vgl. HNAI Vol. 5 1984: 272/Fig. 15)

835

835 Bolakugel
Nordalaska, Point Barrow; prähistorisch
Elfenbein
Länge 3,8 cm, Breite 2 cm
Tausch Nationalmuseet, Kopenhagen (1939/02), Inv.-Nr. 41485

Die eiförmige Bolakugel aus Elfenbein weist am dickeren Ende eine kreisrunde Durchbohrung auf.

836 Wundpfropfen
Ostgrönland; frühes 20. Jahrhundert
Holz
Länge 10 cm, Breite 3 cm
Tausch Nationalmuseet, Kopenhagen (1939/02), Inv.-Nr. 41238

Das dickere Ende des hölzernen Keils mit halbrundem Querschnitt zeigt drei ringförmige Einkerbungen. Solche Holzpflöcke dienten als Wundpfropfen. Sie wurden in die Wunde eines von einer Harpune oder Gewehrkugel getroffenen Tieres gesteckt, um während des Abtransportes das Ausrinnen des Blutes zu verhindern. Bei den vom Kajak aus erlegten Robben trennte man mit einem stilettartigen Messer die Haut von der oberen Fettschicht und blies Luft in den so entstandenen Hohlraum. Der Einschnitt

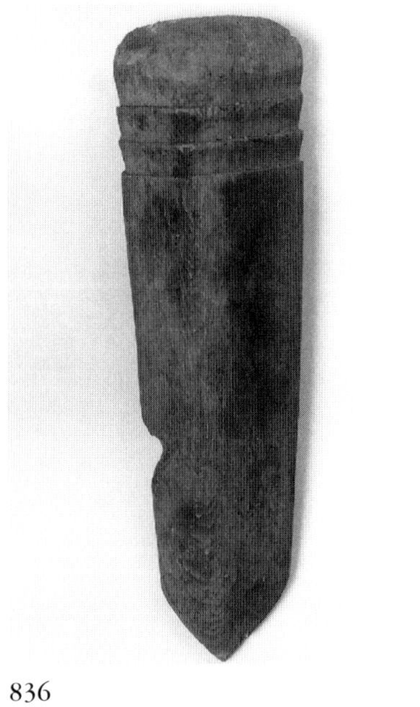

836

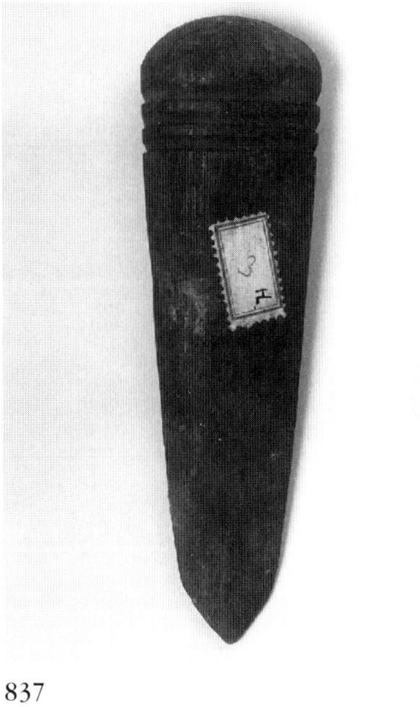

837

838

wurde mit einem Wundpfropfen verschlossen. Das erlegte Tier trieb so auf der Wasseroberfläche und konnte hinter dem Kajak hergezogen werden. (Vgl. Kat.-Nr. 837–838)

837 Wundpfropfen
Ostgrönland; frühes 20. Jahrhundert
Holz
Länge 12,5 cm, Breite 3,6 cm
Tausch Nationalmuseet, Kopenhagen (1939/02), Inv.-Nr. 41239

Wie Kat.-Nr. 836.

838 Wundpfropfen
Ostgrönland; prähistorisch
Holz
Länge 14 cm, Breite 6 cm
Tausch Nationalmuseet, Kopenhagen (1939/02), Inv.-Nr. 41352

Wie Kat.-Nr. 836.

839 Wundnadel
Ostgrönland; frühes 20. Jahrhundert
Knochen
Länge 11,5 cm, Breite 1,1 cm
Tausch Nationalmuseet, Kopenhagen (1939/02), Inv.-Nr. 41240

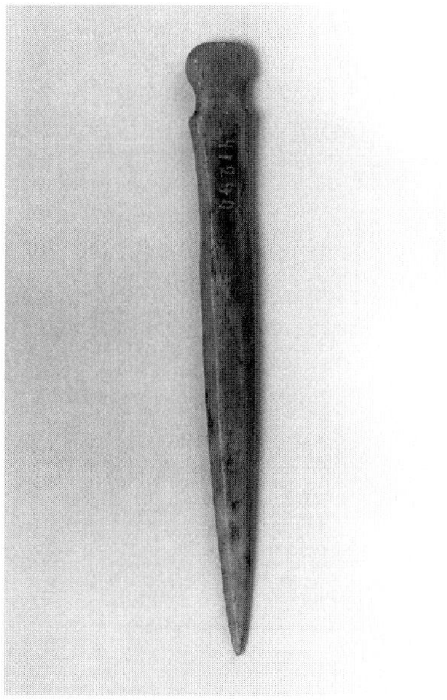

839

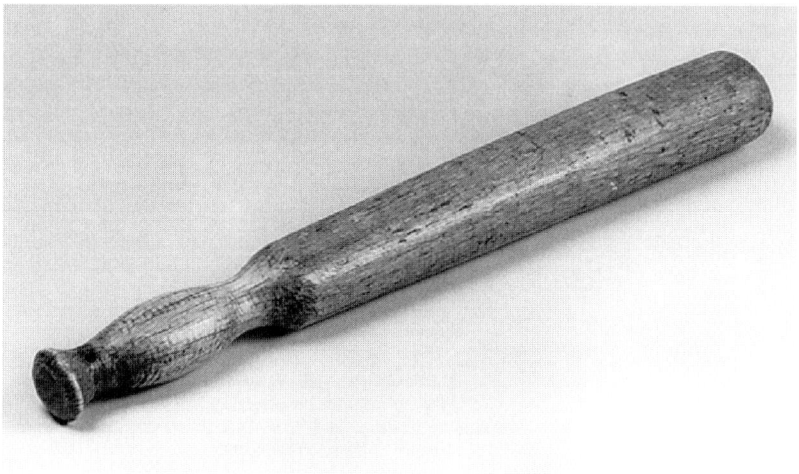

841

Die spitze Knochennadel wurde ähnlich wie die Wundpropfen (vgl. Kat.-Nr. 836–838) zum Verschließen der Wunde eines getroffenen Jagdtieres verwendet. Beide Kanten sind geschliffen, so daß die Nadel möglicherweise auch zum Abtrennen der Haut von der oberen Fettschicht verwendet wurde. In den entstandenen Hohlraum blies man Luft, so daß das Tier an der Wasseroberfläche trieb.

840 Wundnadeln ?
Arktis?; vor 1988
Knochen, Nylon-Schnürsenkel
Nadeln: Länge 23,5 cm, Breite 1,8 cm
Geschenk Frau Dietzsch-Kluth, Köln (1988/19), Inv.-Nr. 51281 a-i

Neun Rippenknochen, deren Enden als Fischköpfe gestaltet sind, sind durchbohrt und auf einen Nylon-Schnürsenkel gezogen. Die stumpfen Enden der Wundpfropfen und -nadeln waren häufig figürlich gestaltet.

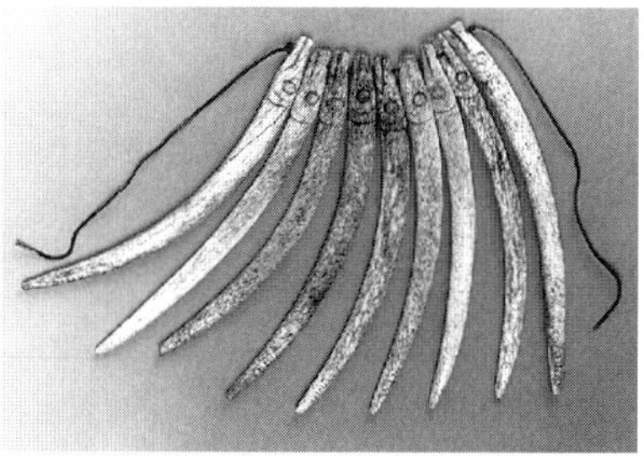

840

841 Keule
Westliche Arktis; um 1900
Knochen
Länge 42 cm, Durchmesser 4,5 cm
Kauf W.O. Oldman, London (1905/09), Inv.-Nr. 15351

Die aus einem Walknochen geschnitzte, polierte Keule hat einen runden Querschnitt und einen abgesetzten Griff, der an beiden Seiten leicht eingeschnürt ist. Im Griffende befindet sich eine Durchbohrung. Die Keulen dienten dazu, gefangene Fische oder junge Seehunde zu erschlagen.

842 Angel
vermutlich Mackenziedelta; frühes 20. Jahrhundert
Walbarten, Kupfer, Eisen
Haken: 11 cm, Leine: 390 cm, Senkblei: 3 cm
Tausch Nationalmuseet, Kopenhagen (1939/02), Inv.-Nr. 41331

Die Angel besteht aus einem Metallhaken, einer Leine aus Walbarten und einem Senkblei. Der dünne Angelhaken ist mit zwei im rechten Winkel zueinander angeordneten Hakenpaaren ausgerüstet und teils aus Eisen, teils aus Kupfer gefertigt. Die lange Leine aus Walbarten ist mehrfach geknotet und zu einem Knäuel zusammengelegt. Das zylindrische Senkblei aus Kupfer ist mit einer Umwicklung aus Walbarten versehen, an die die Leine angebun-

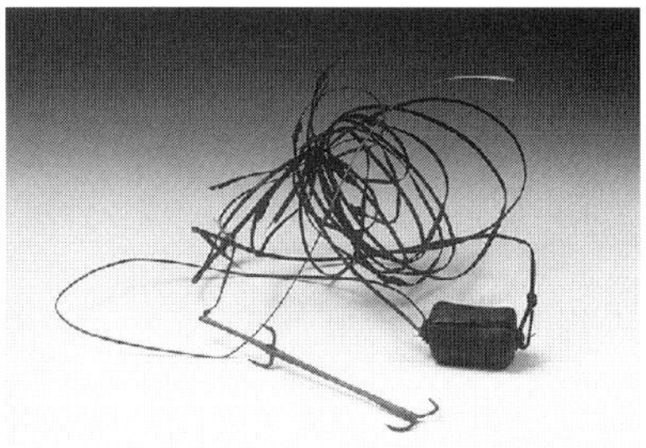

842

den ist. Walbarten nennt man die Hornplatten im Oberkiefer des Bartenwals, die, in dünne Streifen geschnitten, unter anderem als Leinen verwendet wurden.

843 Angelhaken
Mackenziedelta; prähistorisch
Knochen, Eisen
Länge 8,2 cm, Breite 1,3 cm
Tausch Nationalmuseet, Kopenhagen (1939/02), Inv.-Nr. 41464

In den Knochenträger, der sich nach oben verjüngt und dort zweimal durchbohrt ist, ist ein nach oben gebogener Eisennagel eingesetzt. Der Knochenträger weist auf beiden Seiten je vier Einschnitte auf. (Vgl. HNAI Vol. 5 1984: 352/Fig. 4c; The Glenbow Museum 1987: 127/A 76)

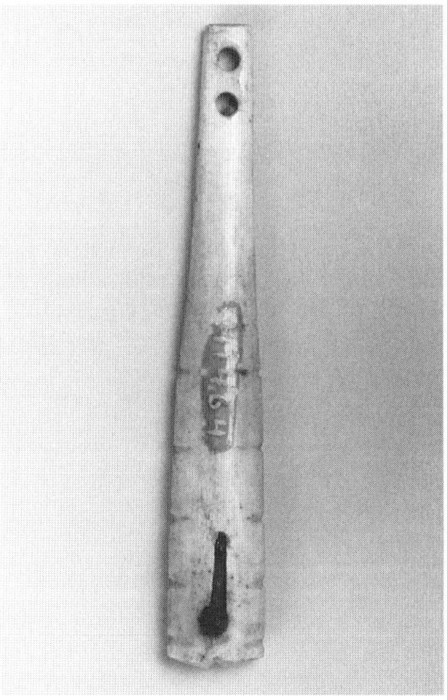

843

844 Lockfisch
Alaska, Beringstraße; prähistorisch
Elfenbein
Länge 8 cm, Breite 1,6 cm
Tausch Nationalmuseet, Kopenhagen (1939/02), Inv.-Nr. 41531

Kopf und Körper des stilisierten lanzettförmigen Lockfischs sind mittels eines Stiftes verbunden. Im Kopfteil befindet sich eine schlitzförmige Durchbohrung für eine Leine, an der der Lockfisch im Wasser hing.

845 Lockfisch
Zentrale Arktis, Iglulik;
frühes 20. Jahrhundert
Elfenbein
Länge 4,6 cm, Höhe 1,8 cm
Tausch Nationalmuseet, Kopenhagen (1939/02), Inv.-Nr. 41312

Der kleine Lockfisch mit ausgearbeiteten Augenlöchern, Schnauze und Schwanzflosse hat auf dem Rücken eine Durchbohrung für die Leine.

846 Feuerstein
Zentrale Arktis, Iglulik;
frühes 20. Jahrhundert
Quarz
Länge 5 cm, Breite 3,5 cm
Tausch Nationalmuseet, Kopenhagen (1939/02, Inv.-Nr. 41315

Das unregelmäßig geformte Quarzstück diente zum Feuerschlagen.

847 Feuerstein (ohne Foto)
Zentrale Arktis, Iglulik;
frühes 20. Jahrhundert
Stein
Länge 3,5 cm, Breite 3 cm
Tausch Nationalmuseet, Kopenhagen (1939/02), Inv.-Nr. 41316

Wie Kat.-Nr. 846.

848 Zwischenfutter für Beilklinge ?
Mackenziedelta; prähistorisch
Knochen
Länge 12 cm, Breite 5,5 cm
Tausch Nationalmuseet, Kopenhagen (1939/02), Inv.-Nr. 41440

844

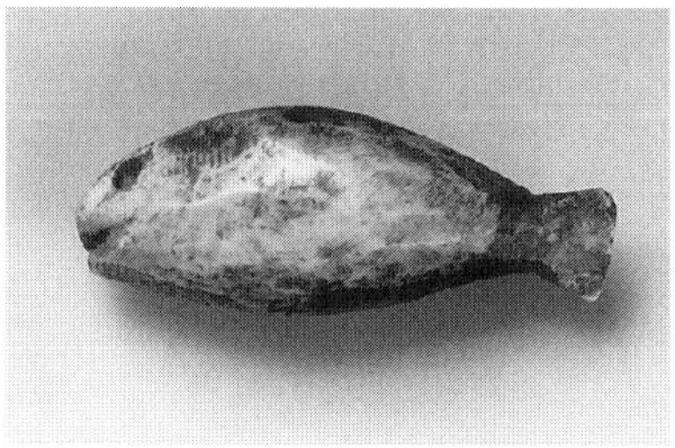

845

846

848

Das mit drei Einschnürungen und an dem gerade abgeschnittenen Ende mit einem tiefen Schlitz versehene Knochenstück ist in der Originalakte als Axtblatt bezeichnet. Die Einschnürungen haben vermutlich das Bindematerial gehalten, mit dem das Knochenstück an einen Schaft gebunden war. In den Schlitz war wahrscheinlich die eigentliche Beilklinge eingelassen.

849

850

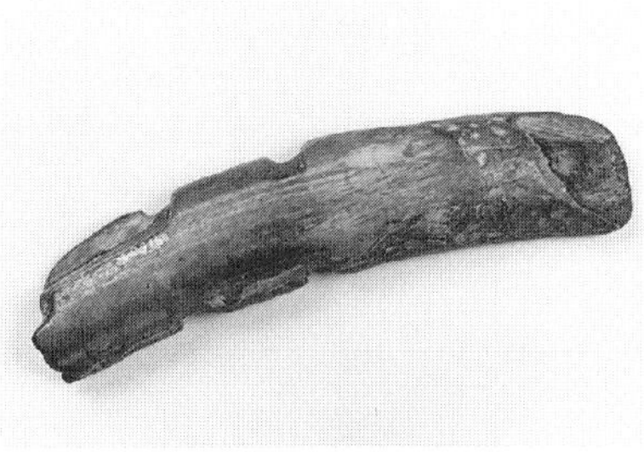

852

849 Beilklinge
Nordalaska, Point Barrow; prähistorisch
Stein
Länge 9,3 cm, Breite 5,5 cm
Tausch Nationalmuseet, Kopenhagen (1939/02), Inv.-Nr. 41486

Beide Seitenkanten der breiten Steinklinge sind geschliffen.

850 Beilklinge
Alaska, Beringstraße; prähistorisch
Stein
Länge 8,5 cm, Breite 4,3 cm
Tausch Nationalmuseet, Kopenhagen (1939/02), Inv.-Nr. 41533

Die Vorderkante der unregelmäßig geformten Steinklinge ist scharf geschliffen.

851 Hackenblatt
Zentrale Arktis, Southampton Island; prähistorisch
Knochen
Länge 18,5 cm, Breite 5 cm
Tausch Nationalmuseet, Kopenhagen (1939/02), Inv.-Nr. 41420

In den Poren des Hackenblattes aus stark verwittertem Knochen sind Torfreste vorhanden.

852 Hackenblatt
Alaska, Beringstraße; prähistorisch
Knochen
Länge 19,5 cm, Breite 4,5 cm
Tausch Nationalmuseet, Kopenhagen (1939/02), Inv.-Nr. 41532

Das längliche, leicht gebogene Blatt einer Torfhacke weist zwei Einschnürungen auf. (Vgl. Murdoch 1892: 303/Fig. 304a)

853 Hammerstein
Westgrönland; prähistorisch
Stein
Höhe 7 cm, Breite 6 cm
Tausch Nationalmuseet, Kopenhagen (1939/02), Inv.-Nr. 41385

Der knollenförmige Stein scheint als Handhammer ohne Stiel gebraucht worden zu sein.

854 Hammerstein
Westgrönland; prähistorisch
Stein
Länge 11,2 cm, Breite 4 cm
Tausch Nationalmuseet, Kopenhagen (1939/02), Inv.-Nr. 41384

Der Hammerstein weist nahe der Basis eine leichte Einfurchung für eine Schlingenschäftung auf.

855 Wetzstein
Ostgrönland; prähistorisch
Stein
Länge 6,3 cm, Breite 4,5 cm
Tausch Nationalmuseet, Kopenhagen (1939/02), Inv.-Nr. 41358

Die halbkreisförmige Steinscheibe wurde laut Originalakte als Wetzstein benutzt.

853

851

854

855

856

856 Wetzstein
Nordalaska, Point Hope; prähistorisch
Stein
Länge 3,5 cm, Breite 1,2 cm
Tausch Nationalmuseet, Kopenhagen (1939/02), Inv.-Nr. 41511

Der längliche Wetzstein hat einen rautenförmigen Querschnitt.

857 Bogenspanner
Mackenziedelta; prähistorisch
Knochen
Länge 8 cm, Breite 1 cm
Tausch Nationalmuseet, Kopenhagen
(1939/02), Inv.-Nr. 41463

Die beiden Enden des länglichen Stabs sind in entgegengesetzte Richtungen leicht nach außen gebogen. Das Gerät wurde zum Spannen von Bogensehnen verwendet. Es wurde zwischen die einzelnen Saiten der Bogensehne gesteckt und so lange gedreht, bis diese in der gewünschten Weise gespannt war. (Vgl. Kat.-Nr. 858; Thiry 1977: 125)

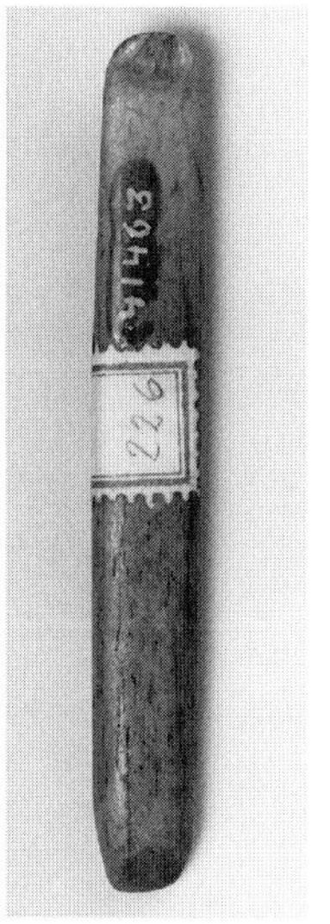
857

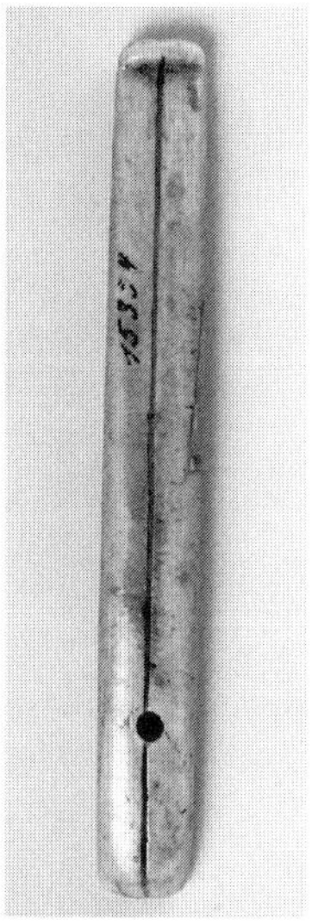
858

858 Bogenspanner
Westliche Arktis; um 1900
Knochen
Länge 11 cm, Breite 1,2 cm
Kauf W.O. Oldman, London
(1905/09), Inv.-Nr. 15354

Wie Kat.-Nr. 857.

859 Spann-Gerät
Westliche Arktis; um 1900
Knochen
Länge 16 cm, Breite 8,9 cm
Kauf W.O. Oldman, London
(1905/09), Inv.-Nr. 15353

Das Gerät ist aus Knochen gefertigt und hat die Form einer Schaufel. Der runde Griff weist eingeritzte Punkte und Linien auf. Das Schaufelteil ist leicht ausgehöhlt. Das Gerät wurde laut Originalakte zum Spannen der Gedärme gebraucht.

859

860

860 Gerät
Westliche Arktis; um 1900
Knochen
Länge 11,2 cm, Breite 3 cm
Kauf W.O. Oldman, London
(1905/09), Inv.-Nr. 15352

Das Gerät hat die Form einer Hantel. Das Mittelstück ist achteckig geschliffen und verjüngt sich zu den Enden. Eines der Endstücke hat die Form eines Prismas, das andere die eines Keils. Das Gerät wurde laut Originalakte zum Falten von Leder gebraucht.

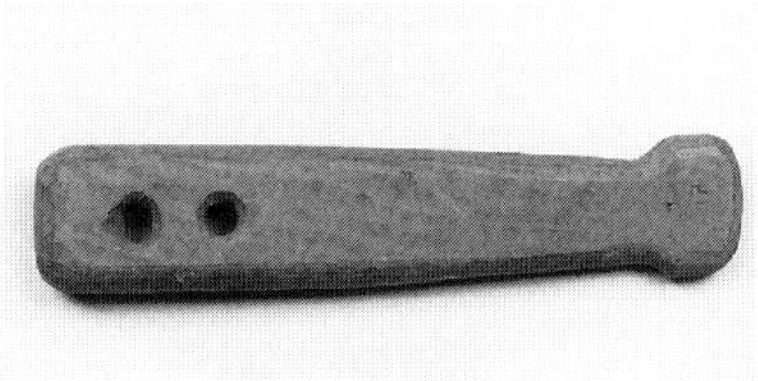
861

861 Gerät
Ostgrönland; frühes 20. Jahrhundert
Holz
Länge 17,6 cm, Breite 3,8 cm
Tausch Nationalmuseet, Kopenhagen
(1939/02), Inv.-Nr. 41243

Das hölzerne Gerät mit zwei Durchbohrungen diente zum Glätten von Lederriemen, die solange durch die Löcher gezogen wurden, bis sie glatt waren.

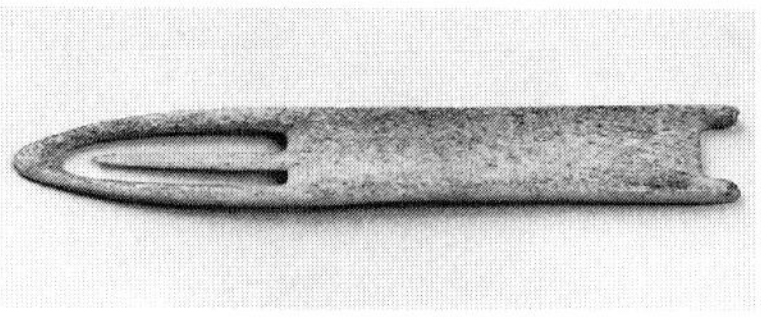
862

862 Netznadel
Nordalaska; frühes 20. Jahrhundert
Knochen
Länge 12 cm, Breite 1,8 cm
Tausch Nationalmuseet, Kopenhagen
(1939/02), Inv.-Nr. 41333

Die flache Knochennadel läuft an einem Ende spitzbogenartig zu und weist in der Mitte des Bogens einen langen Zinken auf. Das hintere Ende ist u-förmig ausgekerbt. Die Nadel wurde bei der Netzherstellung verwendet. (Vgl. Thiry 1977: 325)

863 Netznadel
Nordalaska; frühes 20. Jahrhundert
Knochen
Länge 13,5 cm, Breite 1,5 cm
Tausch Nationalmuseet, Kopenhagen (1939/02), Inv.-Nr. 41334

Die flache Nadel aus Knochen hat auf beiden Seiten zwei leicht nach innen gestellte Zinken. Das an ein Webschiffchen erinnernde Gerät, auf das ein Sehnenfaden aufgewickelt werden konnte, wurde bei der Netzherstellung verwendet. (Vgl. HNAI 1984: 310/Fig. 14; Thiry 1977: 326)

864 Netznadel
Nordalaska; frühes 20. Jahrhundert
Holz
Länge 26,8 cm, Breite 1,5 cm
Tausch Nationalmuseet, Kopenhagen (1939/02), Inv.-Nr. 41335

Die flache Nadel aus Holz hat auf jeder Seite zwei nach innen gestellte Zinken. Das Mittelstück ist zur Aufnahme des Knüpfmaterials ausgefurcht. Gleichartige Netznadeln (vgl. Kat.-Nr. 127) benutzten auch die Indianer an der Nordwestküste.

865 Netzmaß
Mackenziedelta; prähistorisch
Knochen
Länge 16 cm, Breite 2 cm
Tausch Nationalmuseet, Kopenhagen (1939/02), Inv.-Nr. 41465

Die in der Längsmitte ausgefurchte Leiste verjüngt sich zu einer Seite und endet dort in einem kurzen Dorn. Der breite Steg gibt die Netzmaschengröße vor. Am Griffende sind auf einer Seite sieben halbrunde Kerben ausgeschnitten.

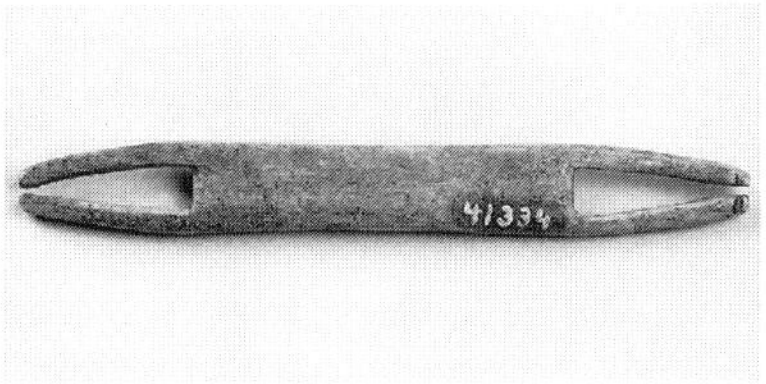

863

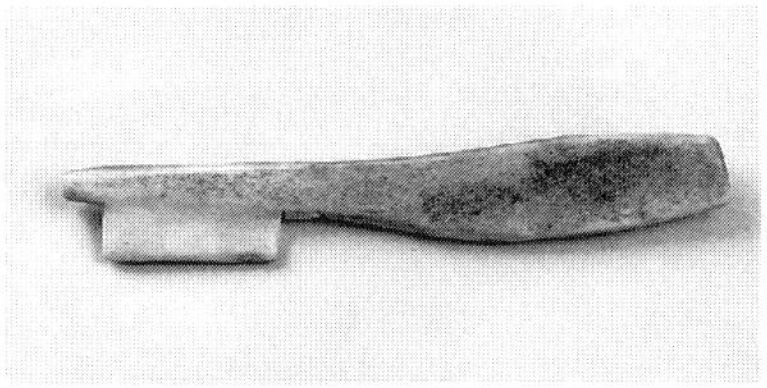
866

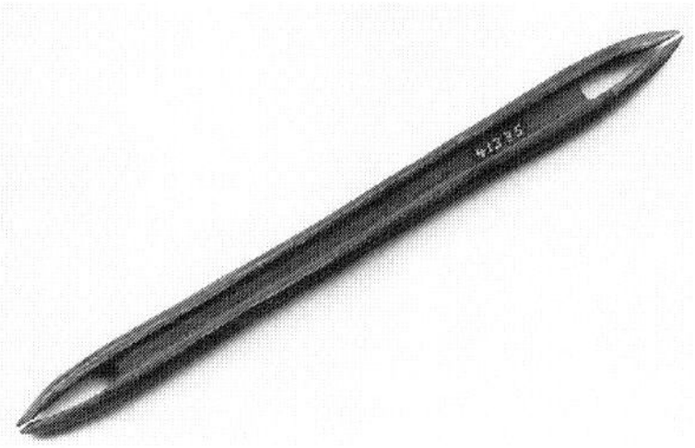
864

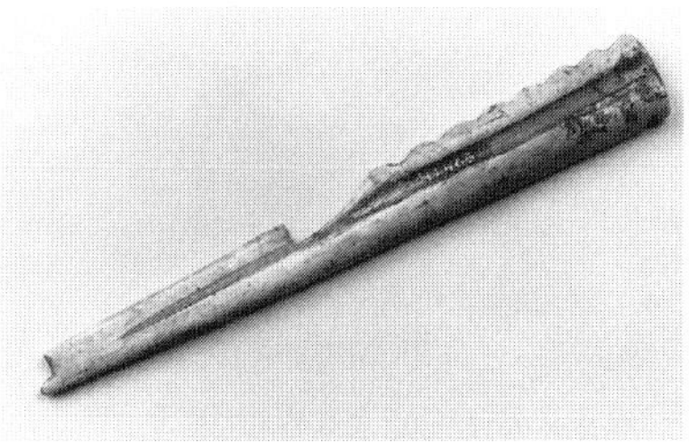
865

866 Netzmaß
Nordalaska; frühes 20. Jahrhundert
Knochen
Länge 15,5 cm, Breite 2,5 cm
Tausch Nationalmuseet, Kopenhagen (1939/02), Inv.-Nr. 41336

Das Knochengerät in Form eines Messers hat eine rechteckige Klinge und einen kurzen Dorn. Es wurde gebraucht, um die Regelmäßigkeit der Maschengröße zu gewährleisten. Beim Knüpfen des Netzknotens nahm man den Dorn zu Hilfe. (Vgl. Thiry 1977: 322–324; VanStone 1976: 79/Pl. 10d)

867 Bogenbohrer
Ostgrönland; frühes 20. Jahrhundert
Holz, Elfenbein, Leder, Eisen, Knochen
Bogen: 34,5 cm; Stab: 21,5 cm, Kappe: 4,2 cm
Tausch Nationalmuseet, Kopenhagen (1939/02), Inv.-Nr. 41242

Ein Bogenbohrer besteht aus Bogen, Bohrkappe und Bohrstab. In die Außenseite des leicht gewölbten Holzbogens sind sieben kleine, rechteckige Elfenbeinstückchen eingelegt. Die leicht überstehenden Elfenbeinleisten an den Seiten sind zur Aufnahme des Lederriemens durchbohrt. Bei dem knöchernen Mundstück, das als Bohrkappe dient, handelt es sich vermutlich um einen Wirbelknochen. In einen der Wirbelflügel ist ein Loch gebohrt. Durch dieses ist das Ende des Lederriemens gezogen, vermutlich, damit das Mundstück nicht verlorengeht. Die Vertiefung in der Mitte nimmt den hölzernen Bohrstab auf, in den eine Eisennadel eingedornt ist. Bohrer wurden verwendet, um Löcher in Werkstücke aus Holz, Knochen oder Elfenbein zu bohren sowie um Feuer zu erzeugen. Der Bogenbohrer kann im Gegensatz zu dem einfachen Riemen-

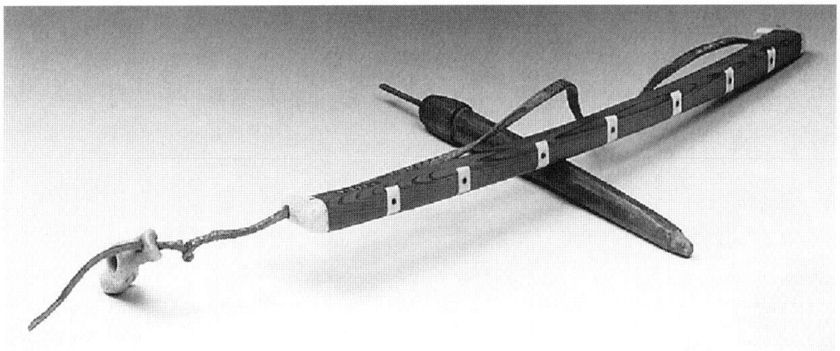
867

bohrer mit einer Hand bedient werden. Dazu wird ein Knochen- oder Holzbogen, zwischen dessen Enden ein Lederriemen gespannt ist, hin und her bewegt. Der Lederriemen umfaßt in einer Schlaufe den Bohrstab und versetzt diesen in Rotation. Das obere Ende des Bohrstabes lagert in der Vertiefung des Mundstücks, das zwischen den Zähnen gehalten wird. (Vgl. Dupaigne/Robbe 1989: 45)

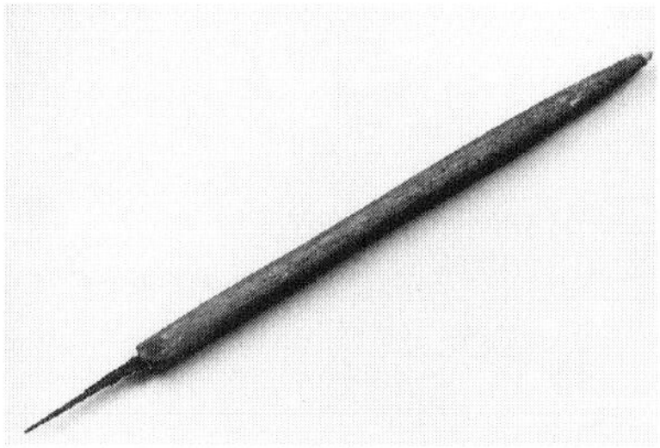

869

872

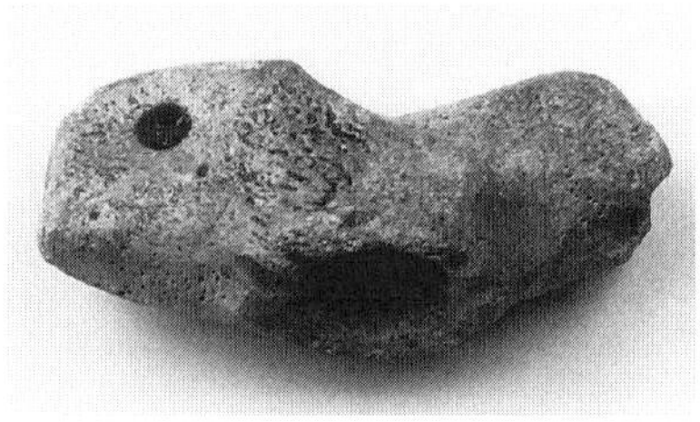

873

875

868 **Bohrbogen** (ohne Foto)
Nordgrönland, Polar-Eskimo; frühes 20. Jahrhundert
Knochen, Leder
Breite 47,5 cm, Durchmesser 2,5 cm
Tausch Nationalmuseet, Kopenhagen (1939/02), Inv.-Nr. 41295

Der zu einem Bogenbohrer gehörende Bohrbogen besteht aus einer Tierrippe, die bereits die gewünschte Bogenform aufweist. (Vgl. Csonka 1988: 60/Nr. 51)

869 **Bohrstab**
Mackenziedelta; prähistorisch
Holz, Eisen
Gesamtlänge 29,3 cm, Spitze 5,2 cm, Durchmesser 1,4 cm
Tausch Nationalmuseet, Kopenhagen (1939/02), Inv.-Nr. 41467

In den Bohrstab für einen Bogenbohrer ist eine eckige, stark verrostete Eisennadel gedornt.

870 **Bohrstab** (ohne Foto)
Nordalaska; frühes 20. Jahrhundert
Holz, Eisen
Gesamtlänge 20 cm, Spitze 2,4 cm, Durchmesser 1,3 cm
Tausch Nationalmuseet, Kopenhagen (1939/02), Inv.-Nr. 41338

Der Bohrstab für einen Bogenbohrer hat einen hölzernen Schaft mit Eisentülle und Eisendorn. An dem Ende, das von der Bohrkappe aufgenommen wird, sind deutliche Rotationsspuren zu erkennen. (Vgl. Murdoch 1892: 176/Fig. 150)

871 **Bohrerspitze** (ohne Foto)
Westgrönland; prähistorisch
Stein
Länge 4,5 cm, Breite 1 cm
Tausch Nationalmuseet, Kopenhagen (1939/02), Inv.-Nr. 41397

Die Steinspitze in Form eines langgestreckten, spitzen Dreieckes wurde laut Originalakte als Bohrspitze gebraucht.

872 **Bohrkappe**
Ostgrönland; prähistorisch
Holz
Länge 4,3 cm, Breite 1,8 cm
Tausch Nationalmuseet, Kopenhagen (1939/02), Inv.-Nr. 41359

Das kleine, halbovale Holz gehört als Bohrkappe zu einem Bogenbohrer. Es weist in der Mitte eine Höhlung zur Aufnahme des Bohrstabes auf.

873 **Bohrkappe**
Ostgrönland; prähistorisch
Knochen
Länge 4,5 cm, Breite 2 cm
Tausch Nationalmuseet, Kopenhagen (1939/02), Inv.-Nr. 41360

Das Mundstück eines Bogenbohrers ist aus dem Wirbelknochen eines kleineren Tieres gewonnen. Wie bei Kat.-Nr. 867 war das Mundstück ursprünglich vermutlich auf das Ende des Bohrriemens gezogen, damit es nicht verlorenging. (Dupaigne/Robbe 1989: 45)

874 **Bohrkappe** (ohne Foto)
Nordalaska; frühes 20. Jahrhundert
Holz, Messing
Länge 10,4 cm, Breite 4,5 cm
Tausch Nationalmuseet, Kopenhagen (1939/02), Inv.-Nr. 41339

Die sichelförmige Bohrkappe aus Holz zeigt auf der Innenseite einen breiten Steg, der beim Bohren mit den Zähnen gehalten wurde. Die Höhlung zur Aufnahme der Bohrnadel ist mit Messing eingefaßt. (Vgl. Murdoch 1892: 176/Fig. 150; Rousselot 1992: 74/Nr. 62; Thiry 1977: 102, 284–285)

875 **Bohrkappe**
Zentrale Arktis, Baffin Island, Button Point, Ponds Inlet; prähistorisch
Holz
Länge 3,8 cm, Breite 3,2 cm
Tausch Nationalmuseet, Kopenhagen (1939/02), Inv.-Nr. 41430

An dem ovalen Mundstück sind auf beiden Seiten deutliche Bißspuren erkennbar.

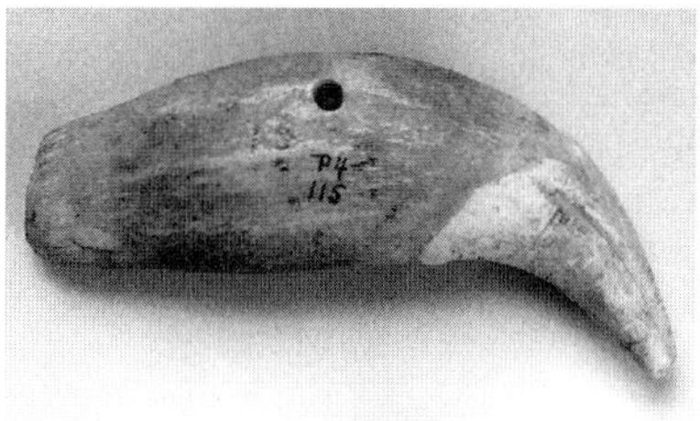

876

876 Knebel ?
Zentrale Arktis, Southampton Island; prähistorisch
Zahn
Länge 9 cm, Breite 2,5 cm
Tausch Nationalmuseet, Kopenhagen (1939/02), Inv.-Nr. 41425

Der durchbohrte Reißzahn eines Bären könnte sowohl als Knebel wie auch als Handgriff für einen Riemenbohrer gedient haben.

877 Knebel
Westliche Arktis; um 1900
Knochen
Länge 11,5 cm, Breite 1,5 cm
Kauf S.G. Fenton, London (1908/04), Inv.-Nr. 22513

Die geschnitzten Enden des länglichen Knochenstücks stellen Seehundköpfe dar. In der Mitte des Knebels befindet sich eine Durchbohrung. (Vgl. Kat.-Nr. 878; Murdoch 1892: 180)

878 Knebel
Westliche Arktis; um 1900
Knochen
Länge 11,2 cm, Breite 1,8 cm
Kauf S.G. Fenton, London (1908/04), Inv.-Nr. 22514

Ein Ende des länglichen Knochenstücks ist als Seehundkopf, das andere als Schwanzflosse gestaltet. In der Durchbohrung steckt der Rest eines Lederriemens. (Vgl. Kat.-Nr. 877; Murdoch 1892: 180)

879 Eismeißel ? (ohne Foto)
Westgrönland; prähistorisch
Knochen
Länge 15,8 cm, Breite 2,7 cm
Tausch Nationalmuseet, Kopenhagen (1939/02), Inv.-Nr. 41372

Das längliche Knochenstück hat an einer Seite eine Durchbohrung. Das spitz zulaufende Ende ist abgebrochen. Laut Originalakte handelt es sich um einen Eismeißel.

880 Eismeißel ?
Zentrale Arktis, Southampton Island; prähistorisch
Elfenbein
Länge 9,8 cm, Breite 2,6 cm
Tausch Nationalmuseet, Kopenhagen (1939/02), Inv.-Nr. 41415

Das keilförmig zugespitzte Gerät aus Elfenbein war laut Originalakte als Eispickel am Ende eines Harpunenschaftes angebracht.

881 Meißel
Mackenziedelta; prähistorisch
Knochen
Länge 15,5 cm, Breite 3,2 cm
Tausch Nationalmuseet, Kopenhagen (1939/02), Inv.-Nr. 41468

Der einseitig zugespitzte Knochenkeil wird in der Originalakte als Meißel bezeichnet.

882 Tülle ? (ohne Foto)
Alaska, Beringstraße; prähistorisch
Knochen
Länge 6,5 cm, Breite 4 cm
Tausch Nationalmuseet, Kopenhagen (1939/02), Inv.-Nr. 41534

Das halbovale Knochenstück ist bis auf die einen Millimeter dicken Wände ausgehöhlt und diente möglicherweise als Tülle über dem Ende eines Holzschaftes einer Harpune oder eines Speers.

883 Schneemesser
Westgrönland; prähistorisch
Knochen
Länge 28 cm, Breite 7 cm
Tausch Nationalmuseet, Kopenhagen (1939/02), Inv.-Nr. 41398

880

881

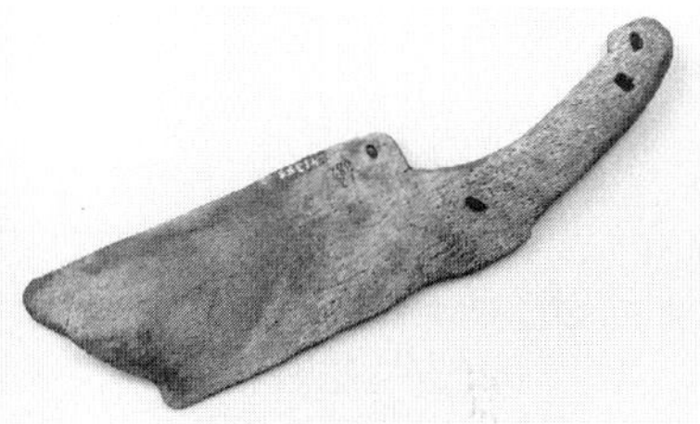

883

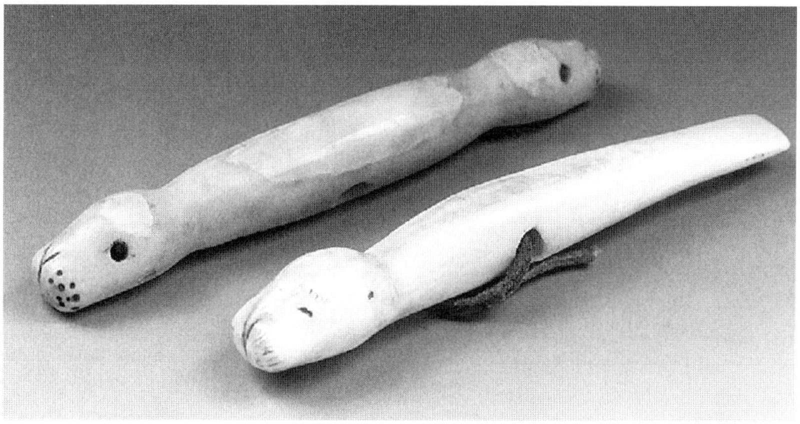

877 / 878

Die breite Klinge und der leicht zurückspringende Griff sind aus einem Stück Knochen geschnitzt. Schneemesser dienten dazu, den Schnee von den Booten und Kleidern zu entfernen und um Schneeblöcke für temporäre Unterkünfte oder zur Wassererzeugung zu schneiden. (Vgl. HNAI Vol. 5 1984: 604/Fig. 8; Matthiassen 1952: Pl.6/ No. 1)

884 Schneemesser
Zentrale Arktis, Iglulik;
frühes 20. Jahrhundert
Knochen
Länge 29,5 cm, Breite 5 cm
Tausch Nationalmuseet, Kopenhagen
(1939/02), Inv.-Nr. 41307

Das Schneemesser aus einem Stück Knochen hat einen kurzen Griff und eine lange, sichelförmig geschwungene Klinge. (Vgl. HNAI Vol. 5 1984: 373/Fig. 3g)

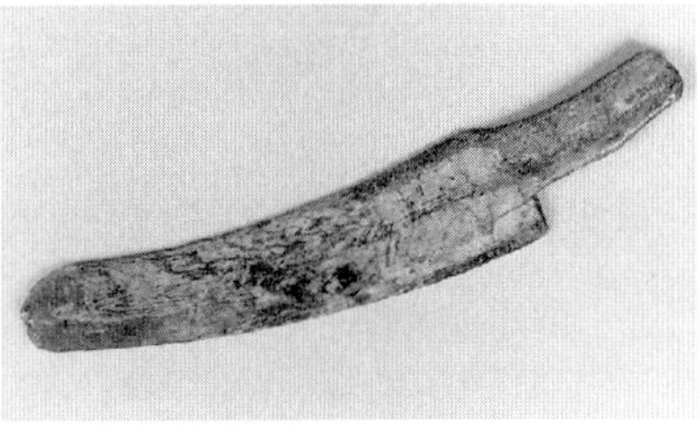

884

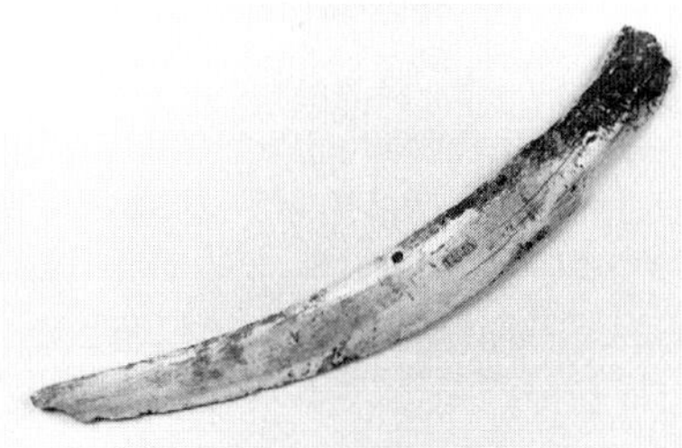

885

886

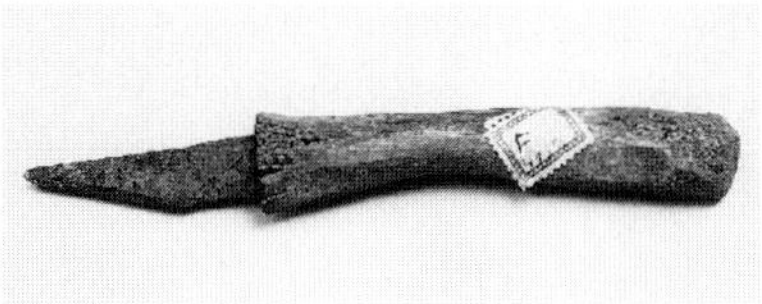

887

888

885 Schneemesser
vermutlich Westliche Arktis; um 1900
Knochen
Länge 33 cm, Breite 4,8 cm
Kauf W.O. Oldman, London
(1904/10), Inv.-Nr. 12371

Das lange Schneemesser hat eine sichelförmige Schneide.

886 Schälmesser
Nordalaska, Point Hope; prähistorisch
Stein
Länge 6,6 cm, Breite 2,5 cm
Tausch Nationalmuseet, Kopenhagen
(1939/02), Inv.-Nr. 41518

Mit diesem an einer Seite mit einer Spitze ausgerüsteten Steingerät wurden laut Originalakte Barten, die Hornplatten im Oberkiefer des Bartenwals, geschält.

887 Messer
Ostgrönland; prähistorisch
Knochen, Eisen
Länge 16,8 cm, Breite 1,5 cm
Tausch Nationalmuseet, Kopenhagen
(1939/02), Inv.-Nr. 41355

Die Eisenklinge hat eine rechteckige Basis, mit der sie in den knöchernen Griff eingedornt ist, einen geraden Rücken und eine spitz zulaufende Schneide.

888 Messer
Ostgrönland; prähistorisch
Eisen, Holz, Sehne
Länge 25 cm, Breite 3 cm
Tausch Nationalmuseet, Kopenhagen
(1939/02), Inv.-Nr. 41356

Die kurze Klinge hat eine rechteckige Basis, mit der sie in den langen Holzgriff klemmgeschäftet ist, einen geraden Rücken und eine spitz zulaufende Schneide. Eine Umwicklung aus Sehnenfaden gibt zusätzlichen Halt.

889 Messer mit Scheide
Ostgrönland; frühes 20. Jahrhundert
Holz, Knochen, Eisen, Leder, Sehne
Messer: Länge 15,3 cm, Breite 2,3 cm;
Scheide: Länge 16,5 cm, Breite 2,7 cm
Tausch Nationalmuseet, Kopenhagen
(1939/02), Inv.-Nr. 41237 a-b

Das Messer hat einen hölzernen Griff mit knöchernem Knauf und eine tief eingesetzte Eisenklinge, die vernietet ist. Die nur wenig überstehende

889

890

Klinge hat einen geraden Rücken und eine leicht konkave Schneide, die in eine scharfe Spitze ausläuft. Die Messerscheide aus Seehundleder ist mit streifenförmigen Applikationen aus kleinen Lederstückchen verziert. Die Nähte und Applikationen sind mit Sehnenfaden gearbeitet. Am oberen Rand der Messerscheide ist eine lange Schlaufe angebracht, mit der das Messer aufgehängt werden konnte.

Ulu

Messer mit quergestellter, halbrunder Klinge heißen *ulu*. Sie wurden vornehmlich von Frauen benutzt, um Jagdwild und Fische zu zerlegen, das Fleisch für die Mahlzeiten zu zerkleinern, Häute abzuschaben und zu zerschneiden. Die Klingen waren ursprünglich aus Stein (vgl. Kat.-Nr. 919–920), wurden aber bald nach den ersten Kontakten mit den Weißen durch Metallklingen ersetzt. Sie wurden in die Griffe aus Holz, Knochen, Elfenbein oder Horn geklemmt oder genietet.

891

892

890 Frauenmesser (*ulu*)
Ostgrönland; um 1900
Eisen, Knochen, Holz?, Sehne
Höhe 10,2 cm, Breite 10,2 cm
Tausch Nationalmuseet, Kopenhagen (1939/02), Inv.-Nr. 41246

Das zweiarmige Messer hat eine Eisenklinge in Form eines Wiegemessers mit sichelförmiger Schneide. An diese sind zwei Knochenstege genietet, die in einem hölzernen Griff stecken. Der Griff aus Holz oder Knochen ist mit einer schwarzen, klebrigen Masse überzogen. An einer Seite ist der Steg zusätzlich mit Sehnen am Griff festgebunden. (Vgl. Dupaigne/Robbe 1989: 46; Mason 1891: Plate LII/No.4)

891 Frauenmesser (*ulu*)
Ostgrönland; frühes 20. Jahrhundert
Eisen, Holz
Höhe 11 cm, Breite 12 cm
Tausch Nationalmuseet, Kopenhagen (1939/02), Inv.-Nr. 41247

Der Stiel der spitzovalen Eisenklinge ist in einen Holzgriff dorngeschäftet. Auf der Klinge befinden sich ein klebriger Belag und Haarreste. (Vgl. Mason 1891: Plate LIV/No. 1)

892 Frauenmesser (*ulu*)
Nordgrönland, Polar-Eskimo; frühes 20. Jahrhundert
Eisen, Elfenbein, Sehne
Höhe 5,5 cm, Breite 6 cm
Tausch Nationalmuseet, Kopenhagen (1939/02), Inv.-Nr. 41296

Das *ulu* in Wiegemesser-Form hat eine kurze Eisenklinge mit sichelförmiger Schneide, die in einen Griff aus Elfenbein klemmgeschäftet ist. Ungefähr in der Mitte befindet sich eine Bruchstelle, die mit Sehnenfaden geflickt wurde. (Vgl. Mason 1891: Pl. LIII/No. 2; VanStone 1972: 56/Pl. 7)

893

893 Frauenmesser (*ulu*)
Nordgrönland, Polar-Eskimo; frühes 20. Jahrhundert
Eisen, Knochen
Länge 13,5 cm, Breite 7,3 cm
Tausch Nationalmuseet, Kopenhagen (1939/02), Inv.-Nr. 41340

Dieses *ulu* in Wiegemesser-Form hat eine Klinge mit konvexer Schneide, die in einen breiten knöchernen Griff eingelassen und mit einer schwarzen, klebrigen Masse verkittet ist. (Vgl. Mason 1891: Plate LX/No. 1; Murdoch 1892: 161/Fig. 119; Thiry 1977: 128)

894 Messer
Nordalaska; frühes 20. Jahrhundert
Eisen, Knochen
Länge 32 cm, Breite 2,5 cm
Tausch Nationalmuseet, Kopenhagen (1939/02), Inv.-Nr. 41337

In einen langen, gebogenen Knochengriff ist eine ebenfalls gebogene kurze Eisenklinge mit abgerundetem Rücken und gerader Schneide klemmgeschäftet und genietet. (Vgl. HNAI Vol. 5 1984: 306/Fig. 5 und 413/Fig. 20h; VanStone 1994: 36/Fig. 12a)

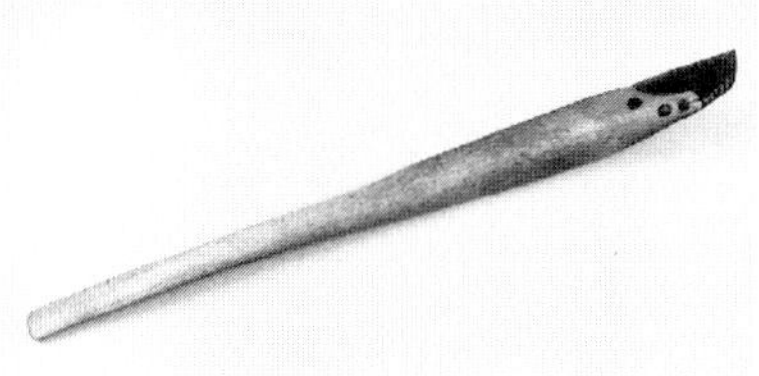

894

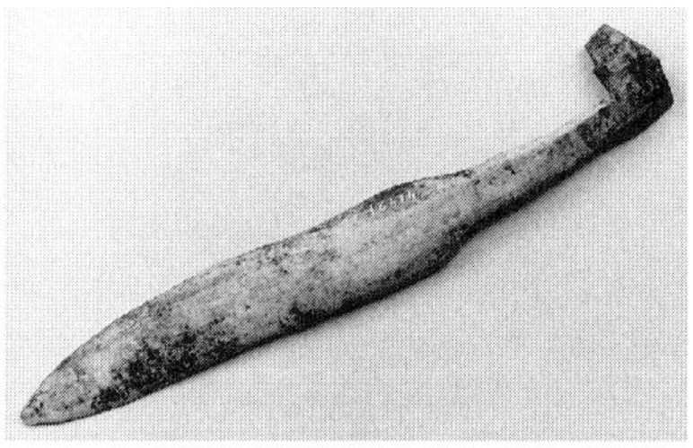

895

895 Schneemesser
Zentrale Arktis, Southampton Island; prähistorisch
Knochen
Länge 24,5 cm, Breite 3 cm
Tausch Nationalmuseet, Kopenhagen (1939/02), Inv.-Nr. 41421

Die spitze Klinge und der zurückspringende Griff dieses langen Schneemessers sind aus einem Stück Knochen geschnitzt. Der Griff endet in einer Art Knauf. Es kleben Haar- und Blut(?)-Reste an der Schneide.

896 Messer
Nordalaska, Point Hope; prähistorisch
Knochen, Schiefer
Länge 19 cm, Breite 3,5 cm
Tausch Nationalmuseet, Kopenhagen (1939/02), Inv.-Nr. 41507

In einen knöchernen Griff ist ein ellipsenförmiges Schieferblatt mit beidseitiger Schneide geschäftet. Der Griff weist vier Durchbohrungen und am Ende eine Einkerbung auf.

Messergriffe
Zu den prähistorischen Funden aus dem Tausch mit dem Nationalmuseet in Kopenhagen gehören acht leistenförmige Knochengeräte und ein Holzgerät, die in den Originalunterlagen als Messergriffe ausgewiesen sind. Sie weisen mehr oder weniger tiefe Schlitze zur Aufnahme der Messerklinge auf, die jedoch bei allen fehlt.

897 **Messergriff** (ohne Foto)
Ostgrönland; prähistorisch
Holz
Länge 10,5 cm, Breite 2,8 cm
Tausch Nationalmuseet, Kopenhagen (1939/02), Inv.-Nr. 41357

898 **Messergriff** (ohne Foto)
Westgrönland; prähistorisch
Knochen
Länge 16 cm, Breite 2 cm
Tausch Nationalmuseet, Kopenhagen (1939/02), Inv.-Nr. 41395

899 **Messergriff** (ohne Foto)
Westgrönland; prähistorisch
Knochen
Länge 11,5 cm, Durchmesser 1,2 cm
Tausch Nationalmuseet, Kopenhagen (1939/02), Inv.-Nr. 41396

896

900 **Messergriff** (ohne Foto)
Mackenziedelta, Barter Island; prähistorisch
Knochen
Länge 17,8 cm, Breite 2,4 cm
Tausch Nationalmuseet, Kopenhagen (1939/02), Inv.-Nr. 41458

901 **Messergriff** (ohne Foto)
Mackenziedelta, Barter Island; prähistorisch
Knochen
Länge 14 cm, Breite 2 cm
Tausch Nationalmuseet, Kopenhagen (1939/02), Inv.-Nr. 41459

902 **Messergriff** (ohne Foto)
Mackenziedelta; prähistorisch
Knochen
Länge 7 cm, Breite 3,7 cm
Tausch Nationalmuseet, Kopenhagen (1939/02), Inv.-Nr. 41441

903 **Messergriff** (ohne Foto)
Mackenziedelta; prähistorisch
Knochen
Länge 12,2 cm, Breite 1,8 cm
Tausch Nationalmuseet, Kopenhagen (1939/02), Inv.-Nr. 41442

904 **Messergriff** (ohne Foto)
Nordalaska, Point Barrow; prähistorisch
Knochen
Länge 15 cm, Breite 2,6 cm
Tausch Nationalmuseet, Kopenhagen (1939/02), Inv.-Nr. 41487

905 **Messergriff** (ohne Foto)
Nordalaska, Point Hope; prähistorisch
Knochen
Länge 12,2 cm, Breite 2,6 cm
Tausch Nationalmuseet, Kopenhagen (1939/02), Inv.-Nr. 41508

Messerklingen
Die häufig lanzettförmigen und meist zweischneidigen Messerklingen aus Quarz- oder Schiefergestein wurden in die Griffe aus Knochen oder Holz klemmgeschäftet. Kat.-Nr. 919–920 sind Klingen für *ulu* genannte Frauenmesser mit der typischen halbrunden Schneide (vgl. Kat.-Nr. 890–893).

910

906 **Zweischneidige Messerklinge**
(ohne Foto)
Westgrönland; prähistorisch
Quarz
Länge 3,7 cm, Breite 2 cm
Tausch Nationalmuseet, Kopenhagen
(1939/02), Inv.-Nr. 41387

907 **Zweischneidige Messerklinge**
(ohne Foto)
Westgrönland; prähistorisch
Quarz
Länge 4,5 cm, Breite 2 cm
Tausch Nationalmuseet, Kopenhagen
(1939/02), Inv.-Nr. 41390

908 **Einschneidige Messerklinge**
(ohne Foto)
Westgrönland; prähistorisch
Stein
Länge 5 cm, Breite 2 cm
Tausch Nationalmuseet, Kopenhagen
(1939/02), Inv.-Nr. 41391

909 **Zweischneidige Messerklinge**
(ohne Foto)
Westgrönland; prähistorisch
Stein
Länge 6,5 cm, Breite 2 cm
Tausch Nationalmuseet, Kopenhagen
(1939/02), Inv.-Nr. 41392

915

910 **Einschneidige Messerklinge**
Westgrönland; prähistorisch
Stein
Länge 5,8 cm, Breite 3 cm
Tausch Nationalmuseet, Kopenhagen
(1939/02), Inv.-Nr. 41386

911 **Zweischneidige Messerklinge**
(ohne Foto)
Westgrönland; prähistorisch
Quarz
Länge 3,4 cm, Breite 2 cm
Tausch Nationalmuseet, Kopenhagen
(1939/02), Inv.-Nr. 41388

912 **Zweischneidige Messerklinge**
(ohne Foto)
Westgrönland; prähistorisch
Stein
Länge 6,6 cm, Breite 2 cm
Tausch Nationalmuseet, Kopenhagen
(1939/02), Inv.-Nr. 41389

913 **Zweischneidige Messerklinge**
(ohne Foto)
Westgrönland; prähistorisch
Stein
Länge 7 cm, Breite 2 cm
Tausch Nationalmuseet, Kopenhagen
(1939/02), Inv.-Nr. 41393

914 **Zweischneidige Messerklinge**
(ohne Foto)
Westgrönland; prähistorisch
Stein
Länge 5,3 cm, Breite 2 cm
Tausch Nationalmuseet, Kopenhagen
(1939/02), Inv.-Nr. 41394

915 **Zweischneidige Messerklinge**
Mackenziedelta; prähistorisch
Roter Schiefer
Länge 10,5 cm, Breite 4,4 cm
Tausch Nationalmuseet, Kopenhagen
(1939/02), Inv.-Nr. 41443

916 **Zweischneidige Messerklinge**
(ohne Foto)
Mackenziedelta; prähistorisch
Roter Schiefer
Länge 11,5 cm, Breite 3 cm
Tausch Nationalmuseet, Kopenhagen
(1939/02), Inv.-Nr. 41444

917 **Zweischneidige Messerklinge**
(ohne Foto)
Mackenziedelta; prähistorisch
Schwarzer Schiefer
Länge 9 cm, Breite 2 cm
Tausch Nationalmuseet, Kopenhagen
(1939/02), Inv.-Nr. 41446

918 **Einschneidige Messerklinge**
(ohne Foto)
Mackenziedelta; prähistorisch
Schwarzer Schiefer
Länge 6,4 cm, Breite 2,5 cm
Tausch Nationalmuseet, Kopenhagen
(1939/02), Inv.-Nr. 41447

919 ***Ulu*-Klinge**
Mackenziedelta; prähistorisch
Roter Schiefer
Länge 10 cm, Breite 8 cm
Tausch Nationalmuseet, Kopenhagen
(1939/02), Inv.-Nr. 41452

919

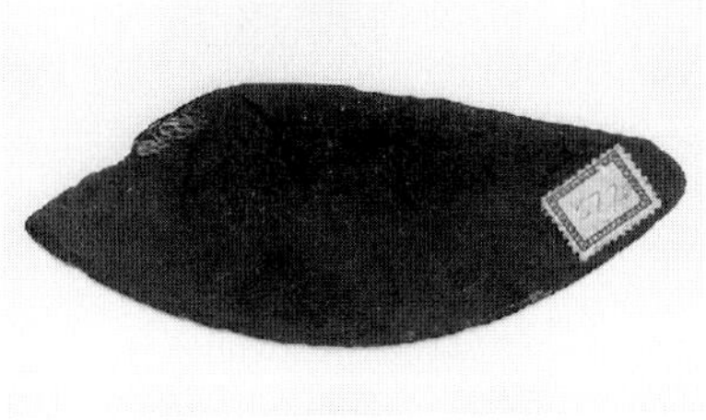

920

920 ***Ulu*-Klinge**
Nordalaska, Point Hope; prähistorisch
Grauer Schiefer
Länge 14 cm, Breite 5,5 cm
Tausch Nationalmuseet, Kopenhagen
(1939/02), Inv.-Nr. 41514

921 Zweischneidige Messerklinge
(ohne Foto)
Nordalaska, Point Hope; prähistorisch
Grauer Schiefer
Länge 9,8 cm, Breite 3,3 cm
Tausch Nationalmuseet, Kopenhagen
(1939/02), Inv.-Nr. 41509

922 Einschneidige Messerklinge
(ohne Foto)
Nordalaska, Point Hope; prähistorisch
Stein
Länge 8 cm, Breite 1 cm
Tausch Nationalmuseet, Kopenhagen
(1939/02), Inv.-Nr. 41510

923 Schaber
Zentrale Arktis, Iglulik;
frühes 20. Jahrhundert
Knochen
Länge 9,4 cm, Breite 5,5 cm
Tausch Nationalmuseet, Kopenhagen
(1939/02), Inv.-Nr. 41310

Der Schaber aus dem Schulterblatt eines Karibu diente dazu, die Häute von Geweberesten zu säubern, bevor man sie zu Kleidungsstücken verarbeitete. Die hohle Seite zeigte dabei nach oben. (Vgl. Birket-Smith 1945: 110/Fig. 76c; HNAI Vol. 5 1984: 449/Fig. 2; Mathiassen 1928: 110/Fig. 67.7)

924 Schaber
Zentrale Arktis, Iglulik;
frühes 20. Jahrhundert
Holz, Eisen
Länge 7 cm, Breite 2,7 cm
Tausch Nationalmuseet, Kopenhagen
(1939/02), Inv.-Nr. 41311

Der kleine Schaber hat einen kurzen Holzgriff, in den eine Eisenklinge klemmgeschäftet ist, deren Außenkanten leicht nach oben gebogen sind.

925 Schaber
Westalaska; 19. Jahrhundert
Holz, Stein, Rindenfaser, Draht
Länge 20,5 cm, Breite 5 cm,
Höhe 7 cm
Tausch Museum für Völkerkunde,
Berlin (1937/14), Inv.-Nr. 40407

Der Schaber hat einen hakenförmig gebogenen Holzgriff, an den auf der Unterseite eine Steinklinge angelegt ist. Die ursprüngliche Umwicklung aus Rindenbast hat sich gelöst, nachträglich wurde eine Umwicklung aus Draht angebracht. Der Schaber stammt von der ersten Sammelreise des Adrian Jacobsen an die Nordwestküste und nach Alaska im Auftrag des Berliner Völkerkundemuseums, die in den Jahren 1881 bis 1883 stattfand. (Vgl. VanStone 1984: 230/Fig. 9)

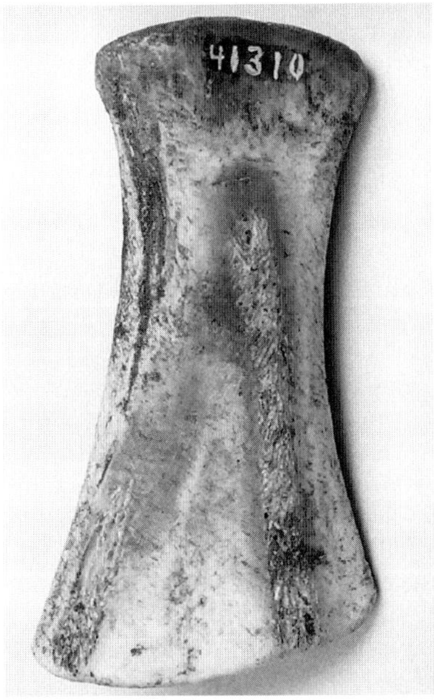

923

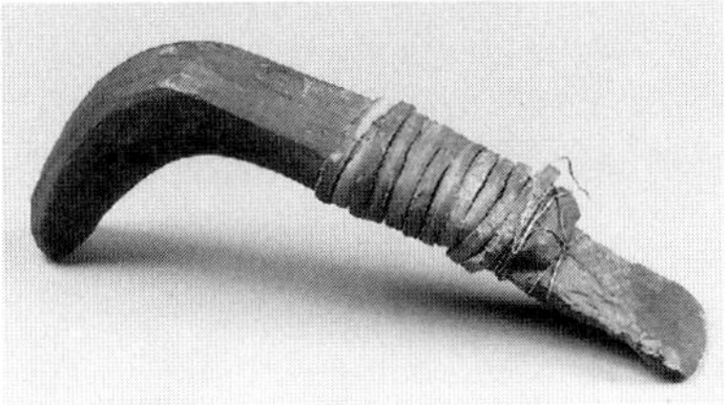

925

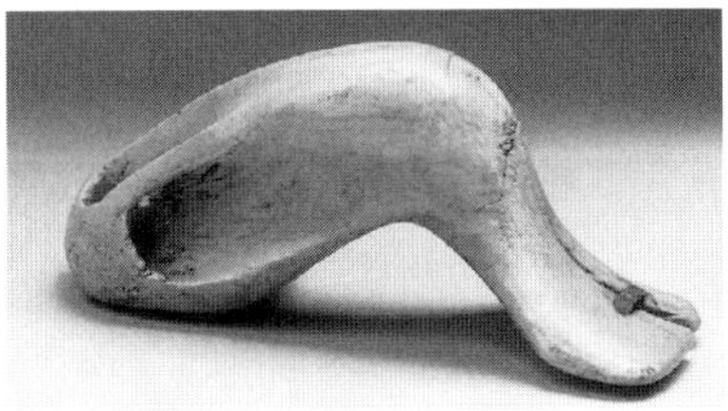

926

926 Schabergriff
Mackenziedelta; um 1900
Knochen, Eisen
Länge 11,3 cm, Breite 5,4 cm,
Höhe 6 cm
Kauf S.G. Fenton, London (1908/04),
Inv.-Nr. 22511

Der kurze Handgriff ist nach oben gewölbt und in der Form der rechten Hand angepaßt. Auf der Oberseite befinden sich drei Ausbuchtungen als Lager für Daumen, Zeige- und Mittelfinger. In die Vorderkante ist ein tiefer Schlitz zur Aufnahme der Schaberklinge eingeschnitten, die jedoch fehlt.

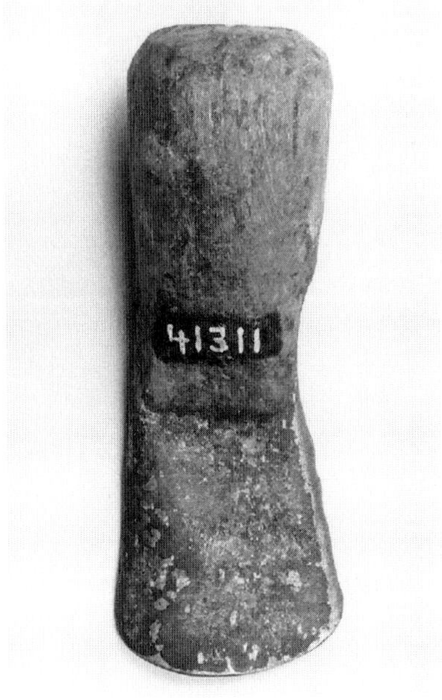

924

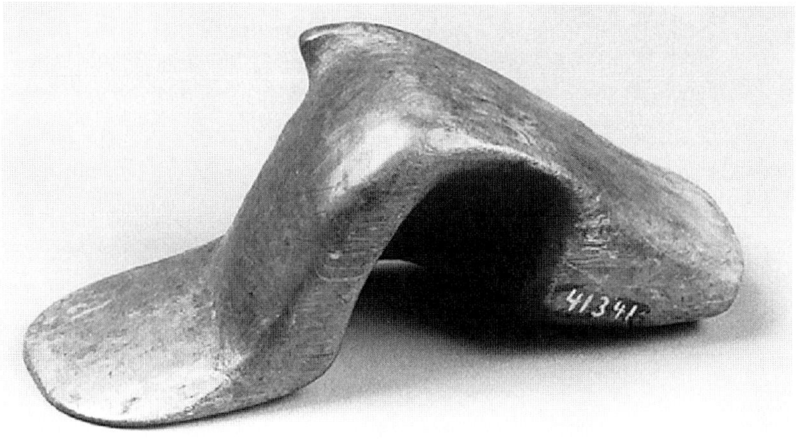

927

Ein Riß am hinteren Ende wurde mit Hilfe einer Metallklammer geflickt. (Vgl. HNAI Vol. 5 1984: 308/Fig. 9; Murdoch 1892: 297/Fig. 294)

927 **Schabergriff**
Nordalaska; frühes 20. Jahrhundert
Holz
Länge 13 cm, Breite 5,1 cm, Höhe 5 cm
Tausch Nationalmuseet, Kopenhagen (1939/02), Inv.-Nr. 41341

Der kurze, dicke Handgriff aus Holz ist in seiner Form der rechten Hand angepaßt. Er hat eine seitliche Ausbuchtung als Lager für den Daumen und einen kurzen Dorn, der ein Widerlager für die Kehle zwischen Daumen und Zeigefinger darstellt. Zeige- und Mittelfinger liegen auf der Oberseite des Schabers, Ring- und kleiner Finger darunter. An der Vorderkante befindet sich ein tiefer Schlitz zur Aufnahme einer Klinge, die jedoch fehlt.

Schaberklingen
Die Schaber waren ursprünglich mit Steinklingen ausgerüstet, für die eine abgerundete Schneidefläche typisch war.

928 **Schaberklinge**
Westgrönland; prähistorisch
Stein
Länge 3 cm, Breite 2 cm
Tausch Nationalmuseet, Kopenhagen (1939/02), Inv.-Nr. 41399

929 **Schaberklinge** (ohne Foto)
Westgrönland; prähistorisch
Quarz
Länge 3,2 cm, Breite 2 cm
Tausch Nationalmuseet, Kopenhagen (1939/02), Inv.-Nr. 41400

930 **Schaberklinge** (ohne Foto)
Westgrönland; prähistorisch
Stein
Länge 5,5 cm, Breite 3 cm
Tausch Nationalmuseet, Kopenhagen (1939/02), Inv.-Nr. 41401

931 **Schaberklinge** (ohne Foto)
Westgrönland; prähistorisch
Stein
Länge 3,3 cm, Breite 1,5 cm
Tausch Nationalmuseet, Kopenhagen (1939/02), Inv.-Nr. 41402

932 **Schaberklinge** (ohne Foto)
Mackenziedelta, Barter Island; prähistorisch
Stein
Länge 5,5 cm, Breite 4,2 cm
Tausch Nationalmuseet, Kopenhagen (1939/02), Inv.-Nr. 41460

933 **Schaberklinge** (ohne Foto)
Nordalaska, Point Hope; prähistorisch
Stein
Länge 4 cm, Breite 3 cm
Tausch Nationalmuseet, Kopenhagen (1939/02), Inv.-Nr. 41515

934 **Schaberklinge** (ohne Foto)
Nordalaska, Point Hope; prähistorisch
Quarz
Länge 3,8 cm, Breite 2,8 cm
Tausch Nationalmuseet, Kopenhagen (1939/02), Inv.-Nr. 41516

935 **Schaberklinge** (ohne Foto)
Nordalaska, Point Hope; prähistorisch
Stein
Länge 4 cm, Breite 3,5 cm
Tausch Nationalmuseet, Kopenhagen (1939/02), Inv.-Nr. 41517

936 **Ahle**
Westgrönland; prähistorisch
Knochen
Länge 9,3 cm, Breite 1,5 cm
Tausch Nationalmuseet, Kopenhagen (1939/02), Inv.-Nr. 41403

Die flache, vorne zugespitzte, bereits etwas verwitterte Knochenleiste weist am rückwärtigen Ende eine Durchbohrung auf. Mit Ahlen bohrte man die Löcher in Fell- oder Lederstücke vor, bevor man diese mit Nadel und Sehnenfaden zusammennähte.

937 **Ahle** (ohne Foto)
Westgrönland; prähistorisch
Knochen
Länge 10 cm, Breite 1 cm
Tausch Nationalmuseet, Kopenhagen (1939/02), Inv.-Nr. 41405

Die pfriemartige Knochenahle hat eine sehr scharfe Spitze.

928

936

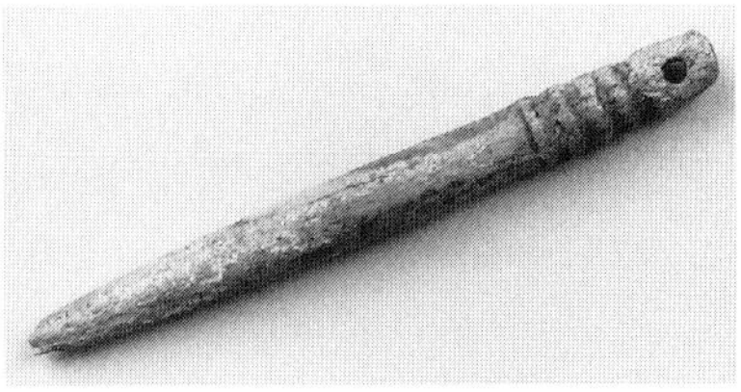

938

938 Ahle
Westgrönland; prähistorisch
Knochen
Länge 8,5 cm, Durchmesser 0,7 cm
Tausch Nationalmuseet, Kopenhagen
(1939/02), Inv.-Nr. 41407

Der runde, spitz zulaufende Knochenstab weist hinter vier umlaufenden Einkerbungen am hinteren Ende eine Durchbohrung auf.

939 Nähzeug
Ostgrönland; frühes 20. Jahrhundert
Leder, Knochen, Eisen
Länge 32 cm, Breite 5,5 cm
Tausch Nationalmuseet, Kopenhagen
(1939/02), Inv.-Nr. 41248

Das Nähzeug besteht aus einem Nadelkissen, einer Eisennadel sowie zwei Fingerhüten die über eine Knochengabel gezogen sind. Als Nadelkissen dient ein dreieckiges Stück Seehundleder. Die beiden Fingerhüte sind kleine Lederscheiben, deren Ränder an einer Seite aufgeschlitzt und nach unten geknickt sind, so daß man mit dem Finger hineinschlüpfen kann. An der Knochengabel kann auch das Fadenmaterial befestigt werden. (Vgl. Dupaigne/Robbe 1989: 57)

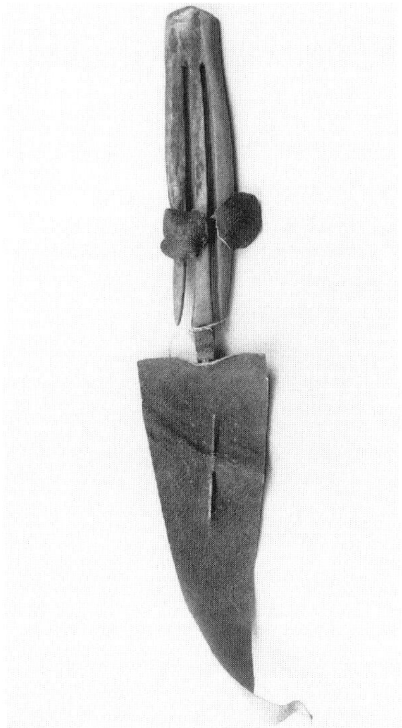

939

940 Nähzeug
Ostgrönland; um 1900
Leder, Knochen, Eisen, Sehne
Länge 33 cm, Breite 7 cm
Tausch Nationalmuseet, Kopenhagen
(1939/02), Inv.-Nr. 41249

Auf ein dreieckiges Stück Leder wurde ein zweites kürzeres Lederstück genäht, so daß eine Einschubtasche entstanden ist. Auf dem verbliebenen Endstück stecken zwei Nadeln und mehrere Sehnenfäden. Die beiden Knochenhaken dienen dazu, Fingerhüte oder weiteres Fadenmaterial aufzunehmen. Mit Hilfe des an der Spitze festgenähten Lederstreifens kann das Nähzeug in der Behausung aufgehangen werden.

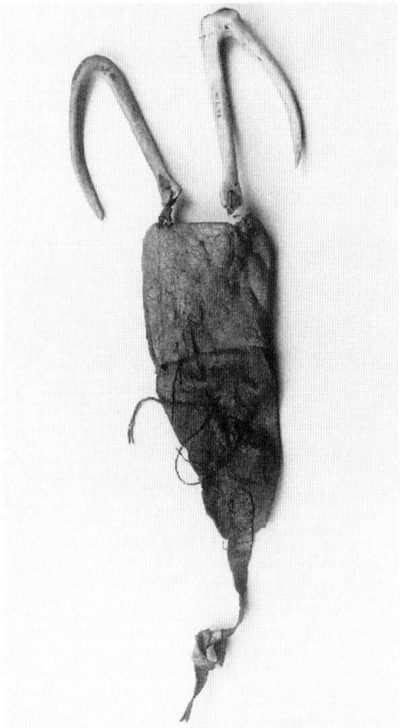

940

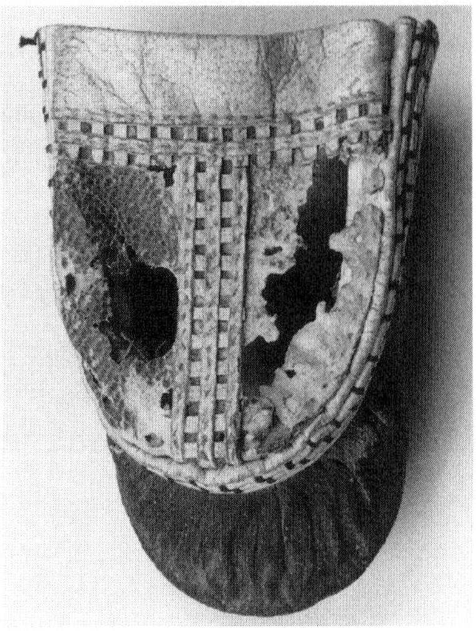

941

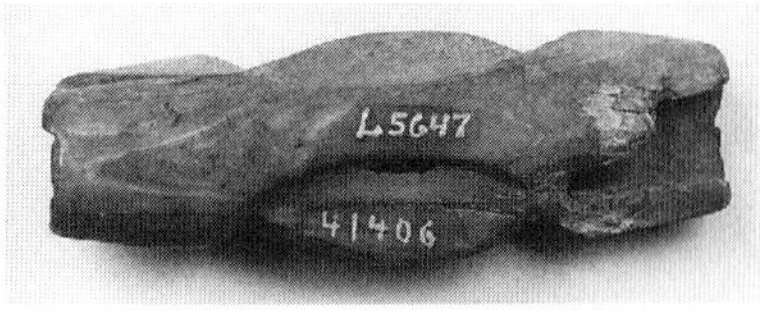

942

941 Fingerhut
Ostgrönland; frühes 20. Jahrhundert
Leder
Länge 6,5 cm, Breite 4,5 cm
Tausch Nationalmuseet, Kopenhagen
(1939/02), Inv.-Nr. 41244

Auf einen kleinen Fingerschuh aus dunklem, im Bereich der Rundung gefältelten Leder sind vier u-förmige Wülste aus hellerem Leder genäht. Die Oberseite ist mit einer Applikation aus winzigen, gitterartig angeordneten Lederstreifen verziert. (Vgl. Tromnau 1988: 50)

942 Nadelbüchse
Westgrönland; prähistorisch
Elfenbein
Länge 8,5 cm, Breite 3 cm
Tausch Nationalmuseet, Kopenhagen
(1939/02), Inv.-Nr. 41406

Der aus Elfenbein geschnitzte Behälter für Nadeln ist leer. Aus der röhrenartigen Grundform sind im mittleren Bereich seitliche Flügel beidseits eines erhabenen Steges herausgearbeitet. Ein Stöpsel verhinderte, daß die Nadeln verlorengingen. (Vgl. HNAI Vol. 5 1984: 589/Fig. 13 und 542/Fig. 21)

943 **Knochenleiste** (ohne Foto)
Westgrönland; prähistorisch
Knochen
Länge 15 cm, Breite 2,1 cm
Tausch Nationalmuseet, Kopenhagen (1939/02), Inv.-Nr. 41374

Die Verwendung dieser Knochenleiste mit vier Durchbohrungen ist unklar.

944 **Knochenleiste** (ohne Foto)
Zentrale Arktis, Baffin Island, Button Point, Ponds Inlet; prähistorisch
Knochen
Länge 15 cm, Breite 2,7 cm
Tausch Nationalmuseet, Kopenhagen (1939/02), Inv.-Nr. 41429

Wie Kat.-Nr. 943.

945 **Druckstock** ? (ohne Foto)
Zentrale Arktis, Southampton Island; prähistorisch
Knochen
Länge 17,5 cm, Breite 2,5 cm
Tausch Nationalmuseet, Kopenhagen (1939/02), Inv.-Nr. 41422

Dieses an beiden Enden schräg abgeschnittene längliche Knochenstück wird in der Originalakte als Druckstock bezeichnet.

946 **Kajak-Modell**
Westgrönland; 19. Jahrhundert
Holz, Haut, Leder, Elfenbein
Kajak: Länge 60 cm, Breite 6,5 cm, Höhe 9 cm; Paddel: Länge 21 cm
Kauf W.O. Oldman, London (1904/10), Inv.-Nr. 12370

Das Modell eines einsitzigen Kajaks mit Insasse und Paddel hat die typische Form der westgrönländischen Kajaks mit hochgezogenem Bug und Heck. Das Holzgestell ist mit Tierhaut überzogen, die auf der Oberseite mit einer Mittelnaht geschlossen ist. Die beinernen Schienen unter Bug und Heck enden in kleinen, knopfartigen Gebilden. Auf dem Kajak sind mit Schnallen aus Elfenbein lederne Halteriemen befestigt, die bei den originalgroßen Kajaks der Befestigung von Harpunen und anderem Jagdgerät dienten. Die kleine Holzfigur trägt einen Lederanorak mit Kapuze. Die leeren Ärmel sind um das Paddel geschlungen und zusammengenäht. Die Seiten und Enden des Paddels weisen Beschläge aus Elfenbein auf, die mit kleinen Stiften befestigt sind.

946

947 **Kajak-Modell**
Südostalaska, Pazifik-Eskimo; um 1900
Holz, Leder
Länge 103,5 cm, Breite 14 cm, Höhe 10 cm
Kauf W.O. Oldman, London (1908/01), Inv.-Nr. 22179

Typisch für die Kajaks der Pazifik-Eskimo ist der zweispitzige Bug und das spitz zulaufende Heck. Das Modell besteht aus einem Holzleistengestell, das mit hellem Leder bezogen ist. Zwei- und dreisitzige Kajaks gab es nur bei den Aleuten (vgl. Kat.-Nr. 948–949) und den Pazifik-Eskimo. (Vgl. HNAI Vol. 5 1984: 189/Fig. 3 und 202/Fig. 4; King 1981: Pl. 30/No. 35)

948 **Kajak-Modell** (***baidarka***)
Aleuten; um 1900
Holz, Haut, Wolle
Länge 52,5 cm, Breite 6,5 cm, Höhe 10 cm
Geschenk Sophie Pflüger, Bonn (1955/11), Inv.-Nr. 44928

Das Modell zeigt einen dreisitzigen Kajak mit Insassen. Das Holzgerüst ist mit Pergamenthaut überzogen. In die Mittelnaht sind vorne rote und grüne Garnfransen eingenäht. Die hölzernen Figuren tragen Regenschutzkleidung aus Haut. Der Vordermann, dessen Kopf fehlt, ist mit einem Kapuzenanorak bekleidet. Die Armstellung entspricht der eines Ruderers in Bewegung. Der mittlere Insasse trägt ein Cape aus Haut, unter dem auch die Arme verschwinden. Er hat europäische Gesichtszüge und einen Schnurrbart. Auf dem Kopf trägt er eine Schirmkappe. Der Hintermann hat eine grüne Stoffjacke und einer Überjacke aus roter Wolle an. Dazu trägt er eine Kappe und eine brusthohe Schutzbekleidung aus Darmhaut. Seine Arme befinden sich ebenfalls in Ruderstellung. Die Aleuten sind bekannt für ihre Regenkleidung aus Darmhaut, die aus einzelnen Hautstreifen zusammengenäht war. Die Figur in der Mitte stellt vermutlich einen russischen Passagier dar. Schon zu Beginn des 19. Jahrhunderts gab es bei den Aleuten zweisitzige Kajaks, zum Beispiel für Lehrzwecke oder für hochgestellte Persönlichkeiten, die sich von ihrem Diener fahren ließen. Dreisitzer wurden dagegen erst später gebaut, um russische Beamte, Jäger, Händler und Priester zu transportieren, die dann in der Regel auf dem mittleren Platz saßen. (Vgl. Kat.-Nr. 949; Robert-Lamblin 1980: 7/Fig. 4)

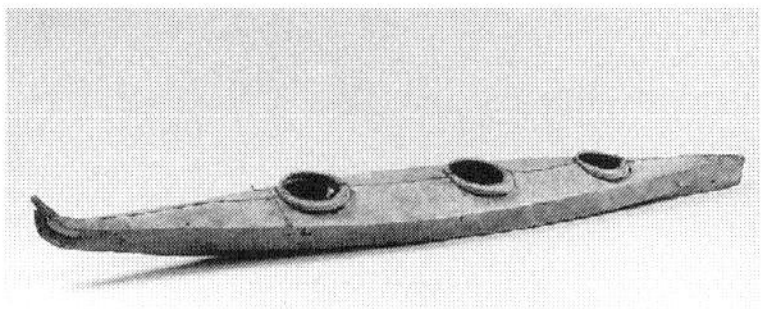

947

948

949

949 Kajak-Modell (*baidarka*)
Aleuten; um 1900
Holz, Haut, Wolle
Länge 51,5 cm, Breite 5,5 cm,
Höhe 11 cm
Geschenk Sophie Pflüger, Bonn
(1955/11), Inv.-Nr. 44929

Das Modell stellt einen zweisitzigen Kajak mit Insassen dar. Das Holzgerüst ist mit pergamentartiger Haut überzogen, die mit einer Mittelnaht geschlossen ist. In diese sind im vorderen Bereich rote und grüne Garnfransen eingearbeitet. Die aus Holz geschnitzten Insassen tragen Kleidungsstücke aus rotem beziehungsweise grünem Wollstoff, der Vordermann außerdem einen Hautanorak, der hintere lediglich einen brusthohen Wasserschutz aus Haut. Beide halten die Arme in Ruderstellung und tragen Schnurrbärte. (Vgl. Kat.-Nr. 948; Robert-Lamblin 1980: 7/Fig. 4)

950 Umiak-Modell
Südostalaska, Pazifik-Eskimo;
um 1900
Holz, Leder
Länge 92 cm, Breite 19 cm,
Höhe 12 cm
Kauf W.O. Oldman, London
(1908/01), Inv.-Nr. 22178

Umiak nennt man die großen, offenen, mehrsitzigen Boote der Eskimo, die von den Walfangmannschaften benutzt wurden. Das Modell besteht aus einem mit Leder bezogenen Holzleistengestell und hat sechs Sitzbänke.

951 Bruchstück einer Schlittenkufe (ohne Foto)
Westgrönland; prähistorisch
Knochen
Länge 7,6 cm, Breite 5,3 cm
Tausch Nationalmuseet, Kopenhagen
(1939/02), Inv.-Nr. 41382

950

Zur Fortbewegung auf Schnee und Eis benutzten die Eskimo Hundeschlitten. Bei diesem Knochenbruchstück mit schräg angesetzter, runder Durchbohrung handelt es sich laut Originalakte um den Teil einer Schlittenkufe.

952 Bruchstück einer Schlittenkufe (ohne Foto)
Westgrönland; prähistorisch
Holz
Länge 19,3 cm, Breite 2,5 cm
Tausch Nationalmuseet, Kopenhagen
(1939/02), Inv.-Nr. 41383

Die hölzerne Leiste ist leicht gebogen und an zwei Stellen durchbohrt.

953 Bruchstück einer Schlittenkufe
Zentrale Arktis, Baffin Island, Qilalukan, Ponds Inlet; prähistorisch
Knochen
Länge 17 cm, Breite 5 cm
Tausch Nationalmuseet, Kopenhagen
(1939/02), Inv.-Nr. 41426

953

Das flache Knochenbruchstück mit zwei Durchbohrungen ist wie Kat.-Nr. 951–952 laut Originalakte Teil einer Schlittenkufe.

954 Teil eines Hundegeschirrs ?
Mackenziedelta; prähistorisch
Holz
Länge 5,2 cm, Breite 1,5 cm
Tausch Nationalmuseet, Kopenhagen
(1939/02), Inv.-Nr. 41466

Der kleine Holzstab von ovalem Querschnitt mit einer einen Zentimeter breiten Einschnürung in der Mitte war vermutlich Teil eines Hundgeschirrs.

955 Teil eines Hundegeschirrs ?
Nordalaska, Point Hope; prähistorisch
Knochen
Länge 8 cm, Breite 3,5 cm
Tausch Nationalmuseet, Kopenhagen
(1939/02), Inv.-Nr. 41513

Wie Kat.-Nr. 954.

956 Teil eines Hundgeschirrs ?
Zentrale Arktis, Southampton Island; prähistorisch
Knochen
Länge 6,3 cm, Breite 2 cm
Tausch Nationalmuseet, Kopenhagen
(1939/02), Inv.-Nr. 41418

954

955

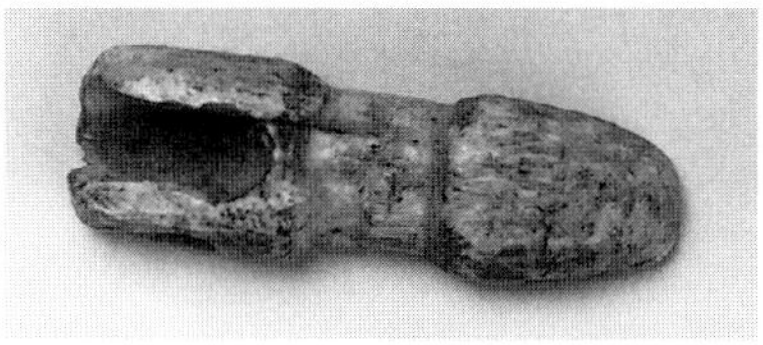

956

Wie Kat.-Nr. 954. Eine Seite ist halboval abgerundet, an der anderen Seite ist das Knochenstück an der Durchbohrung ausgebrochen.

957 Riemenhalter
Westliche Arktis; um 1900
Elfenbein
Länge 2,5 cm, Breite 2 cm,
Höhe 3,3 cm
Kauf S.G. Fenton, London (1908/04),
Inv.-Nr. 22512

Der Riemenhalter ist in Form eines Walroßkopfes aus Bein geschnitzt. Die Augen und die Schnauze sind durch geschwärzte Ritzzeichnungen dargestellt. In der Längsachse des Sockels befinden sich zwei parallele Durchbohrungen zur Aufnahme der Riemen eines Hundegeschirrs. Selbst einfache Gebrauchsgegenstände wurden von den Eskimo oft fein geschnitzt oder mit Ritzzeichnungen verziert. (Vgl. Nelson 1899: 142/Pl. 56)

958 Haken
Ostgrönland; prähistorisch
Knochen
Länge 8,5 cm, Breite 2,2 cm
Tausch Nationalmuseet, Kopenhagen
(1939/02), Inv.-Nr. 41347

Haken wurden benutzt, um Bootszubehör zu befestigen, sie fanden Verwendung beim Hundegeschirr und als Aufhängehaken in den Behausungen. (Vgl. Thiry 1977: 293)

959 Haken
Ostgrönland; frühes 20. Jahrhundert
Knochen
Länge 9 cm, Breite 1,5 cm
Tausch Nationalmuseet, Kopenhagen
(1939/02), Inv.-Nr. 41241

Wie Kat.-Nr. 958.

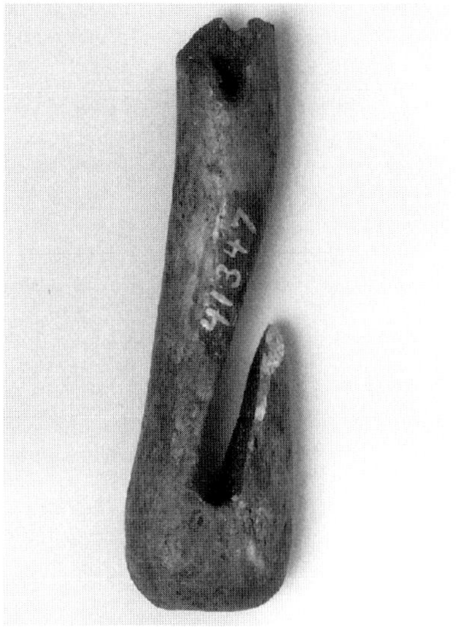

958

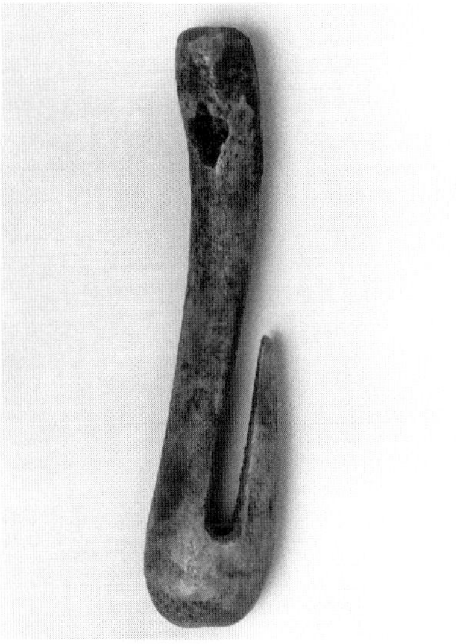

959

960 Haken
Ostgrönland; frühes 20. Jahrhundert
Knochen
Länge 4 cm, Durchmesser 1,7 cm
Tausch Nationalmuseet, Kopenhagen
(1939/02), Inv.-Nr. 41272

Wie Kat.-Nr. 958.

961 Knebel
Zentrale Arktis, Iglulik;
frühes 20. Jahrhundert
Knochen
Länge 5,2 cm, Breite 1,8 cm
Tausch Nationalmuseet, Kopenhagen
(1939/02), Inv.-Nr. 41321

960

957

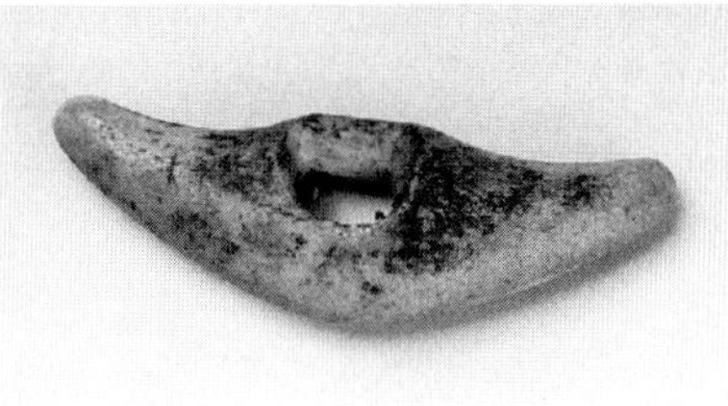

961

Der sichelförmige Knebel aus Knochen ist in der Mitte durchbohrt. Knebel wurden vielseitig verwendet. Für diesen ist eine Verwendung innerhalb des Hundegeschirrs dokumentiert. Er könnte jedoch genausogut als Gürtelknopf oder als Handgriff für einen Riemen am Riemenbohrer gedient haben. (Vgl. Csonka 1988: 82/Nr. 97 und 200/Nr. 329; HNAI Vol. 5 1984: 404/Fig. 7)

Schnallen
Keil-, tropfen- oder auch ringförmige Schnallen aus Knochen oder Elfenbein dienten innerhalb des Hundegeschirrs als Verbindungsteile. Es wurden Löcher hineingebohrt, durch die die Geschirrriemen gezogen wurden. Die Durchbohrungen sind rund oder t-förmig. Teilweise verlaufen sie über Eck, das heißt der zweite Ausgang eines Bohrlochs befindet sich auf einer Kante. An manchen Durchbohrungen setzen Führungsnuten an, in denen die Lederriemen ruhten.

962 Schnalle
Ostgrönland; prähistorisch
Knochen
Länge 4 cm, Breite 1,2 cm
Tausch Nationalmuseet, Kopenhagen (1939/02), Inv.-Nr. 41348

963 Schnalle
Ostgrönland; prähistorisch
Elfenbein
Länge 6,3 cm, Breite 1,5 cm
Tausch Nationalmuseet, Kopenhagen (1939/02), Inv.-Nr. 41349

Ein Ende der keilförmigen Schnalle läuft spitz zu, an dem anderen sind v-förmige Zierlinien eingeritzt.

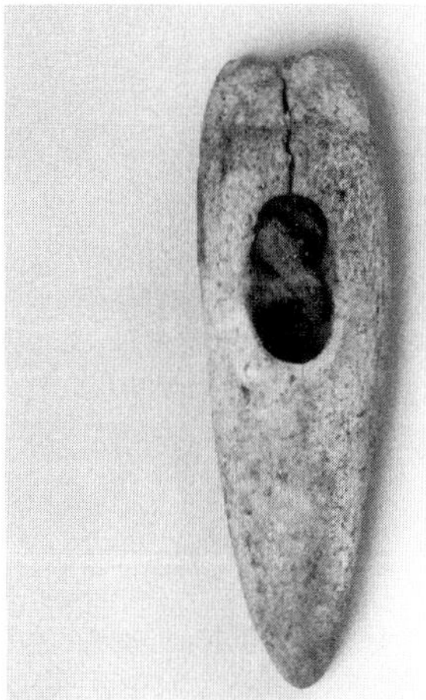

962

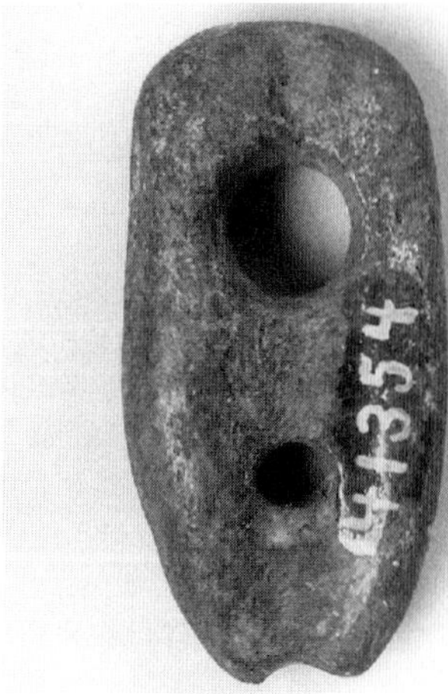

965

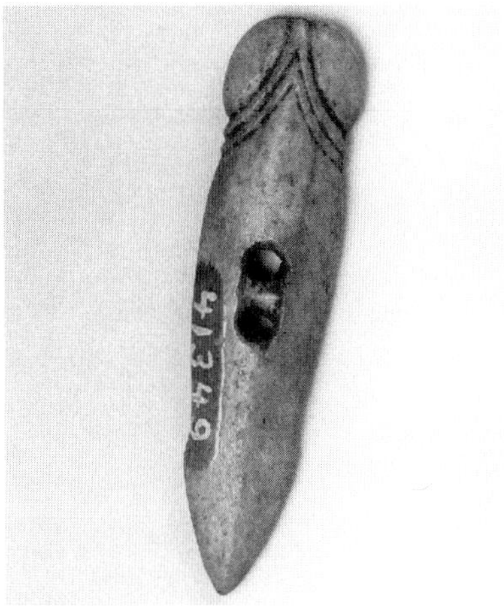

963

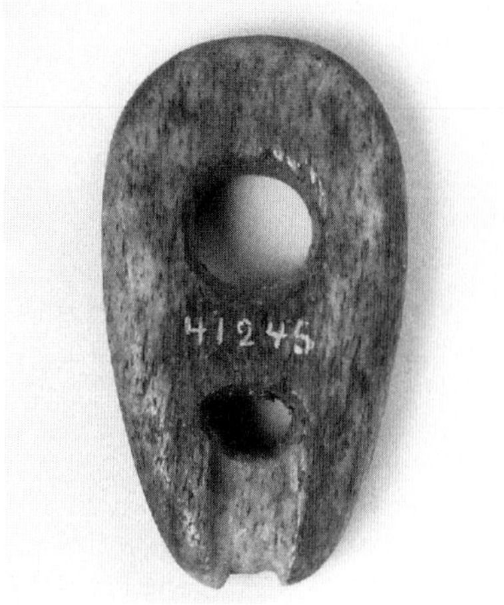

966

964

964 Schnalle
Ostgrönland; prähistorisch
Knochen
Länge 5,5 cm, Breite 4,5 cm
Tausch Nationalmuseet, Kopenhagen (1939/02), Inv.-Nr. 41353

967

965 **Schnalle**
Ostgrönland; prähistorisch
Knochen
Länge 4,3 cm, Breite 2,2 cm
Tausch Nationalmuseet, Kopenhagen (1939/02), Inv.-Nr. 41354

966 **Schnalle**
Ostgrönland; frühes 20. Jahrhundert
Knochen
Länge 4,8 cm, Breite 2,8 cm
Tausch Nationalmuseet, Kopenhagen (1939/02), Inv.-Nr. 41245

(Vgl. Csonka 1988: 48/Nr. 23; HNAI Vol. 5 1984: 542/Fig. 21; VanStone 1972: 63/Pl. 12.7)

967 **Schnalle**
Nordgrönland, Polar-Eskimo; frühes 20. Jahrhundert
Knochen, Leder
Länge 15 cm, Durchmesser 5 cm
Tausch Nationalmuseet, Kopenhagen (1939/02), Inv.-Nr. 41292

An dieser ringförmigen Schnalle ist noch das Ende eines Lederriemens vorhanden, das durch eine Schlaufe gezogen und auf diese Weise verankert ist.

968 **Schnalle**
Nordgrönland, Polar-Eskimo; frühes 20. Jahrhundert
Knochen
Länge 5 cm, Breite 2,3 cm
Tausch Nationalmuseet, Kopenhagen (1939/02), Inv.-Nr. 41293

(Vgl. Csonka 1988: 48/Nr. 23; HNAI Vol. 5 1984: 542/Fig. 21; VanStone 1972: 63/Pl. 12.7)

969 **Schnalle**
Zentrale Arktis, Iglulik; frühes 20. Jahrhundert
Knochen
Länge 4,8 cm, Breite 2,8 cm
Tausch Nationalmuseet, Kopenhagen (1939/02), Inv.-Nr. 41322

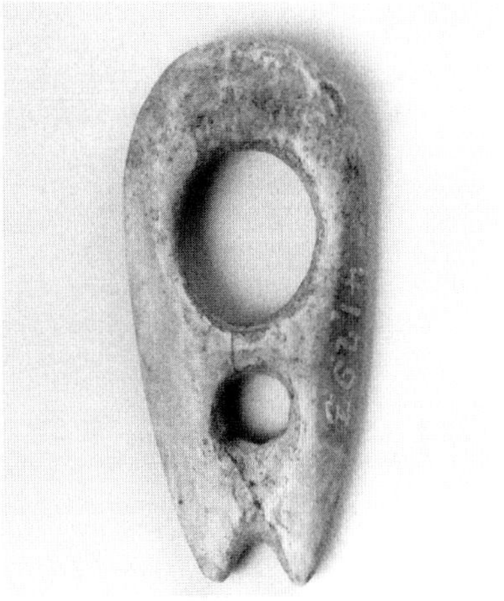

968

969

970 **Griff**
Westliche Arktis; um 1900
Elfenbein
Länge 9,5 cm, Breite 1,8 cm
Kauf W.O. Oldman, London (1908/01), Inv.-Nr. 22167

Bei diesem Objekt aus Elfenbein handelt es sich wahrscheinlich um den Griff eines Kastens oder einer Tasche. Er hat drei schlitzförmige Durchbohrungen. Auf der Oberseite sind auf beiden Seiten jeweils vier Seehundkörper plastisch herausgearbeitet. An den Breitseiten ist der Griff mit geschwärzten Ritzzeichnungen verziert, die auf der einen Seite vier abtauchende Walschwanzflossen, auf der anderen zwei Figurengruppen darstellen. Bei letzteren handelt es sich um überdimensionierte Menschengestalten, die die Arme ausgebreitet haben und die von einer Anzahl ihnen im Profil zugewandten kleinen Menschen flankiert werden. (Vgl. VanStone 1990: 48/Fig. 22e)

971 **Haus-Modell**
Labrador; um 1900
Holz
Länge 20,5 cm, Breite 13,2 cm, Höhe 9 cm
Kauf Nachlaß Dr. Bruno Hassenstein, Gotha (1902/20), Inv.-Nr. 5359

Das Haus-Modell besteht aus einer hölzernen Konstruktion von fast quadratischem Grundriß mit niedrigen Seitenwänden, einem Dach mit vier Schrägen, Dachfenster und überdachter Vorhalle. Es ist auf eine hölzerne Grundplatte montiert. Die Befestigung der einzelnen Bauteile untereinander erfolgte mit Holzstiften. Auf der

971

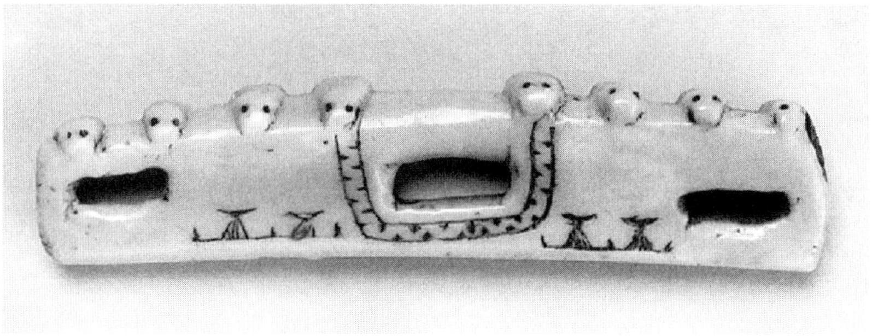

970

972

973

975

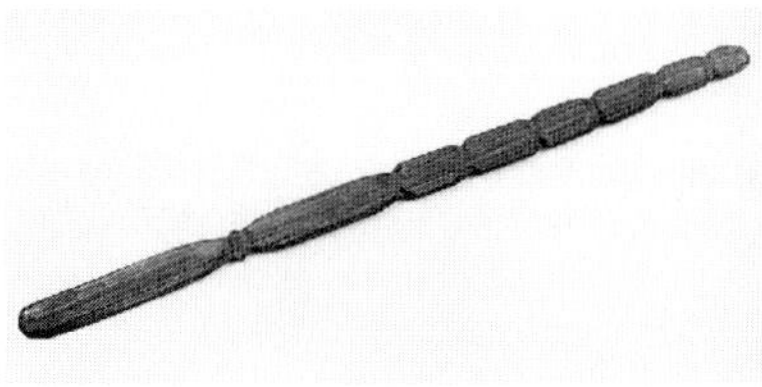

976

Unterseite war mit Bleistift offenbar die Hauseinrichtung markiert. Nur noch das Wort „Ofen" ist entzifferbar. Das Modell zeigt einen Haustyp, der für das späte 19. Jahrhundert typisch war, als die langen Eingangstunnel aus früherer Zeit größtenteils von überdachten Vorhallen abgelöst worden waren. (Vgl. Csonka 1988: 71; HNAI Vol. 5 1984: 515/Fig. 6)

972 **Iglu-Modell**
Labrador; um 1900
Holz
Länge 9,5 cm, Breite 7,8 cm,
Höhe 6 cm
Kauf Nachlaß Dr. Bruno Hassenstein, Gotha (1902/20), Inv.-Nr. 5360

Die hölzerne Konstruktion mit kreisförmigem Grundriß und halbrundem Eingang stellt das Modell einer Schneehütte dar. Die einzelnen Holzteile sind spiralförmig aufeinandergesetzt. Das Modell ist auf eine tropfenförmige Grundplatte montiert. (Vgl. Csonka 1988: 168)

973 **Tranlampe**
Ostgrönland; frühes 20. Jahrhundert
Stein
Länge 43 cm, Breite 17,5 cm,
Höhe 5 cm
Tausch Nationalmuseet, Kopenhagen (1939/02), Inv.-Nr. 41252

Die halbmondförmige, flache Schale aus Speckstein wurde mit dem Fett von Robben, Walen oder Walrossen gefüllt. Als Docht dienten getrocknetes Moos oder Flechten. Die Tranlampen der Eskimo waren zugleich Lichtspender, Heizung und Kochstelle. (Vgl. RJM: Kat.-Nr. 974; Csonka 1988: 58; HNAI Vol. 5 1984: 419/Fig. 7)

974 **Lampe** (ohne Foto)
Ostgrönland; prähistorisch
Stein
Länge 18,5 cm, Breite 10,3 cm,
Höhe 4 cm
Tausch Nationalmuseet, Kopenhagen (1939/02), Inv.-Nr. 41361

Wie Kat.-Nr. 973.

975 **Lampenstuhl**
Ostgrönland; frühes 20. Jahrhundert
Holz
Länge 24 cm, Breite 13,5 cm,
Höhe 26 cm
Tausch Nationalmuseet, Kopenhagen (1939/02), Inv.-Nr. 41253

Der dreibeinige Untersatz erlaubte es, die steinernen Lampen hochzuheben und zu versetzen, ohne sich zu verbrennen. In die Vertiefung in der Mitte konnte überschüssiges Fett abgegossen werden. Die mittels einer trockenen Streckverbindung in die halbrunde Unterseite eingesetzten Beine können zum Transport herausgenommen werden. (Vgl. Dupaigne/Robbe 1989: 63)

976 **Lampenhölzchen**
Ostgrönland; frühes 20. Jahrhundert
Holz
Länge 30 cm, Breite 1,6 cm
Tausch Nationalmuseet, Kopenhagen (1939/02), Inv.-Nr. 41254

In den flachen Holzstab wurden in immer größer werdenden Abständen sieben Kerben geschnitten. An der Spitze finden sich Rußspuren. Das Lampenhölzchen diente dazu, Docht und Flamme in den Tranlampen zu richten.

977 **Kleine Lampe** (ohne Foto)
Zentrale Arktis, Southampton Island; prähistorisch
Stein
Länge 8,5 cm, Breite 8 cm,
Höhe 3,5 cm
Tausch Nationalmuseet, Kopenhagen (1939/02), Inv.-Nr. 41423

Die hohle Steinscheibe diente laut Originalangaben als kleine Reiselampe.

978 **Korb**
Westliche Arktis; um 1900
Birkenrinde, Holz, Rindenfaser, Kordel
Länge 30 cm, Breite 29 cm,
Höhe 12 cm
Kauf W.O. Oldman, London (1905/05), Inv.-Nr. 15115

Der Korb ist aus einem Stück Birkenrinde gefaltet. Den Randabschluß bildet ein Holzreif, der mit Rindenbastfasern umwickelt und festgenäht

978

980

ist. Der Rand zeigt eine punktförmige Verzierung aus rot gefärbten Gras- oder Bastfasern und grüner Kordel. Unterhalb des Randes wird der Korb auf der Außenseite durch einen umlaufenden Holzspan verstärkt. An den Außenseiten sind außerdem halbrunde und trapezförmige Zierlappen mit gezackten Rändern aus Birkenrinde. (Vgl. VanStone 1980: 51)

979 **Eimer** (Farbtafel VIII)
Südostalaska, Pazifik-Eskimo; um 1900
Fischhaut, Leder, Stoff
Höhe 38 cm, Durchmesser 27 cm
Kauf W.O. Oldman, London (1905/05), Inv.-Nr. 15097

Wasserdichte Eimer aus Fischhaut wurden beim Transport auf dem Schlitten und im Boot mitgeführt. Dieser ist aus vier Seitenteilen und einem Bodenteil zusammengenäht. Der Eimer hat eine Verzierung aus vier parabelförmigen Applikationen, deren Schnittpunkte auf die Seitennähte treffen. Die Nähte sind mit breiten Leder- und schmalen roten Stoffstreifen abgesetzt. Auf allen vier Seitenflächen findet man jeweils einen ovalen Flicken mit roter Stoffumrandung.

980 **Korb**
Aleuten; um 1900
Gras, Kammgarn
Durchmesser 25 cm, Höhe 20 cm
Kauf W.O. Oldman, London (1905/05), Inv.-Nr. 15113

Der zylindrische, zwirngebundene Korb hat einen zopfgeflochtenen Randabschluß. Die Wände zeigen in der oberen Hälfte eine aufgestickte Verzierung mit rotem, orangefarbenem, hellblauem, ockerbraunem und altrosa Kammgarn. Das Muster besteht aus zwei Reihen offener Rauten. Fein geflochtene und nur spärlich verzierte Körbe sind typisch für die Flechtkunst der Aleuten. Das Gras, das nur in den kurzen Sommern geerntet werden konnte, wurde getrocknet und mit den Fingernägeln zu schmalen Streifen gesplißt. Kammgarn tauschten die Aleuten seit der Mitte des 18. Jahrhunderts von den russischen Kolonialherren ein. Die von den Frauen hergestellten Körbe dienten zur Aufnahme von Nahrungsmitteln wie Wurzeln, Beeren und Fisch. (Vgl. HNAI Vol. 5 1984: 168/Fig. 4.i; Lobb 1978: 85; Weber 1986: 69/Nr. 165)

981 **Schüssel**
Ostgrönland; um 1900
Holz, Horn
Länge 15,2 cm, Breite 12,2 cm, Höhe 4 cm
Tausch Nationalmuseet, Kopenhagen (1939/02), Inv.-Nr. 41256

Das kleine, fast rechteckige Holzgefäß hat stark fliehende Seiten und einen Standring. Die randlichen Beschläge aus Moschusochsenhorn sind mit Holzstiften befestigt. (Vgl. Trebitsch 1910: Tafel XXVI/Abb. 58)

982 **Teller**
Ostgrönland; frühes 20. Jahrhundert
Holz
Länge 37 cm, Breite 15,5 cm, Höhe 5,5 cm
Tausch Nationalmuseet, Kopenhagen (1939/02), Inv.-Nr. 41255

Laut Originalakte handelt es sich bei diesem länglich ovalen und nur leicht ausgehöhlten Holzbrett um einen Fleischteller.

983 **Teller**
Ostgrönland; frühes 20. Jahrhundert
Holz
Länge 31 cm, Breite 23,5 cm, Höhe 5 cm
Tausch Nationalmuseet, Kopenhagen (1939/02), Inv.-Nr. 41257

An ein ovales Brett wurde als Randabschluß ein gebogener Holzreif genietet. Laut Originalliste wurde der Teller als Speckbrett benutzt. Demnach besteht der schmierige Belag, der an einigen Stellen weiße Kristalle ausgebildet hat, aus Rückständen von Fett oder Öl. (Vgl. Dupaigne/Robbe 1989: 66; HNAI Vol. 5 1984: 403/Fig. 5)

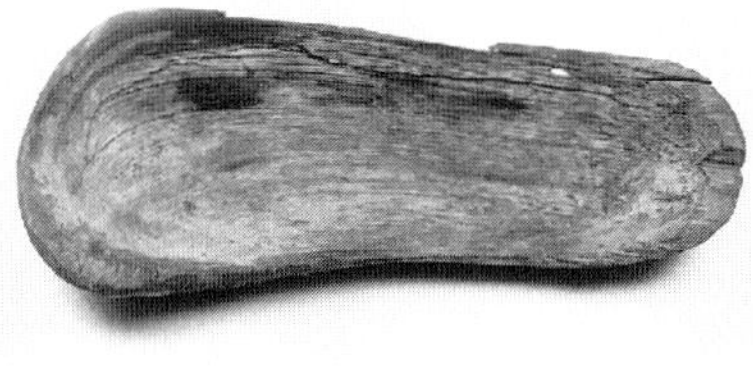

982

983

981

984

985

986

987

988

984 Teller
Nordalaska, Point Hope; prähistorisch
Holz
Länge 11,5 cm, Breite 8,2 cm,
Höhe 1,5 cm
Tausch Nationalmuseet, Kopenhagen
(1939/02), Inv.-Nr. 41519

Der kleine, ovale Teller weist nur eine ganz leichte Höhlung auf.

985 Schöpfkelle
Zentrale Arktis, Netsilik;
frühes 20. Jahrhundert
Holz
Länge 29,5 cm, Breite 15,5 cm, Höhe 3,5 cm
Tausch Nationalmuseet, Kopenhagen
(1939/02), Inv.-Nr. 41326

An dem Holz dieser Schöpfkelle mit Standring und kurzem Griff sind Bearbeitungsspuren in Form von Längsrillen zu erkennen. Der Rand ist an vielen Stellen ausgebrochen.

986 Schöpfkelle
Westalaska, Nuniviak Island; um 1900
Holz
Länge 60 cm, Breite 21 cm,
Höhe 11 cm
Kauf W.O. Oldman, London
(1905/09), Inv.-Nr. 15350

Die große Schöpfkelle aus rötlichem Holz hat eine nahezu runde Kelle sowie einen langen, leicht gebogenen Stiel mit einer Längsrille auf der Oberseite. Der schwarze klebrige Belag ist vermutlich ausgeschwitztes und mit Schmutz vermischtes Öl. (Vgl. Thiry 1977: 115)

987 Löffel
Zentrale Arktis, Iglulik;
frühes 20. Jahrhundert
Horn, Kupfer, Knochen
Länge 20 cm, Breite 18,5 cm,
Höhe 7 cm
Tausch Nationalmuseet Kopenhagen
(1939/02), Inv.-Nr. 41309

Die Wände des schaufelförmigen Löffels aus Moschusochsenhorn sind leicht nach innen gebogen. Drei Flicken aus Kupferblech beziehungsweise Knochen sind mit Kupfernieten befestigt. Der Löffel ist außen und innen stellenweise mit einer schwarzen klebrigen Masse aus Fett und Haaren bedeckt. Es handelt sich um einen Suppenlöffel, aus dem man reihum trank. Um 1920 waren die Moschusochsen fast völlig ausgerottet, weshalb die Jagd auf sie 1917 durch die kanadische Regierung verboten wurde. Die Eskimofrauen vergnügten sich mit einem unserem „Flaschendrehen" ähnlichen Spiel. Man setzte sich in einen Kreis und drehte den Hornlöffel. Die Frau, auf die das schmale Ende wies, mußte ein Pfand abgeben. (Vgl. Csonka 1988: 53; HNAI Vol. 5 1984: 454/Fig. 13; Thiry 1977: 177)

988 Löffel
Zentrale Arktis, Iglulik;
frühes 20. Jahrhundert
Horn, Sehne
Länge 16 cm, Breite 6 cm
Tausch Nationalmuseet, Kopenhagen
(1939/02), Inv.-Nr. 41325

Der Löffel mit länglicher Laffe und kurzem Griff ist an einer Seite ausgebrochen, das Bruchstück wurde mit Sehne festgenäht.

989 Umhang (ohne Foto)
Aleuten; 19. Jahrhundert
Darmhaut, Leder, Wolle
Länge 120 cm, Breite 70 cm
Geschenk Eugen Rautenstrauch, Köln
(1904/32), Inv.-Nr. 14874

Der wasserdichte Umhang ist aus langen, querverarbeiteten Streifen Seehunddarm zusammengenäht. In die Nähte wurden stellenweise rote Wollbüschel eingesetzt. Die Ränder sind mit schmalen Zierstreifen aus schwarz, rot und grün gefärbtem Leder besetzt. Der Umhang hat ein capeartiges Schulterteil und ahmt offensichtlich die russische Tracht der ersten Hälfte des 19. Jahrhunderts nach. Aufgrund schlechter Lagerungsbedingungen ist der Umhang so weit zerstört, daß er als verloren anzusehen ist. (Vgl. Varjola 1990: 162/No. 230; Zerries 1978: Abb. 48/Nr. 89)

990 Anorak (ohne Foto)
Nordgrönland, Polar-Eskimo;
um 1900
Vogelbälge
Länge 69 cm, Breite 44 cm
Kauf Christian Leden, Berlin
(1910/07), Inv.-Nr. 25558

Der Kapuzenanorak aus den schwarzen und weißen Bälgen des kleinen Krabbentauchers zeigt einen Raglanschnitt und am unteren Rand vorne und hinten einen kleinen Schoß. Das Gewand wurde mit der Federseite nach innen getragen, zum Aufbewahren jedoch mit der Innenseite nach außen gekehrt. Es ist stark verformt. Der Anorak wurde, ebenso wie vier fehlende Stücke, von dem norwegischen Polarforscher Christian Leden erworben, der sie im Auftrag von Peter Freuchen verkaufte. Dieser wiederum war der Ladenverwalter in der 1910 von Knud Rasmussen in Nordgrönland gegründeten sogenannten „Thule-Station". Die Ziele dieser Handelsstation waren es, Nordgrönland in die dänische Kolonie zu integrieren, den Handelsposten zu einer geographischen und ökonomischen Basis für die Thule-Expeditionen zu allen Eskimogruppen zu machen, die Produkte der Polar-Eskimo zu verkaufen und diese mit europäischen Waren zu versorgen. (Vgl. HNAI Vol. 5 1984: 587/Fig. 10)

991 **Frauen-Festtracht** (Farbtafel II)
Ostgrönland; frühes 20. Jahrhundert
Leder, Fell, Baumwolle, Wolle, Pelzimitat, Glasperlen, Pappe
Pullover: Länge 63 cm, Breite 44 cm; Hose: Länge 47,5 cm, Breite 41 cm; Stiefel: Länge 65 cm, Breite 23,5 cm
Tausch Nationalmuseet, Kopenhagen (1939/02), Inv.-Nr. 41261, 41263, 41264

Die grönländische Frauen-Festtracht besteht aus einem rotkarierten Stoffpullover sowie einer kurzen Hose und hohen Stiefeln aus Fell beziehungsweise Leder mit feinen Applikationen aus buntgefärbten Lederstückchen. Der Stoffpullover aus rotkariertem Baumwollstoff hat einen breitem Saum aus einem heller karierten Stoff. Für das Futter wurde roter, für die mit Pappe verstärkten Armmanschetten dunkelblauer Wollstoff verwendet. Unter dem Stehkragen aus schwarzem Pelzimitat ist ein breiter, netzartiger Zierkragen aus bunten Glasperlen über Brust und Schultern gebreitet. Zierstreifen aus genetzten Glasperlen zieren auch die Armmanschetten. Bund und Beinabschlüsse der kurzen Hose aus Seehundfell sind aus Leder gefertigt. Die Zierstreifen auf der Vorderseite sind rot und weiß gefärbt und tragen feine Applikationen aus kleinen, rot, grün, gelb und blau gefärbten Lederstückchen. Die fast hüfthohen Stiefel weisen hochgezogene braune Ledersohlen auf, die an der Naht gefältelt sind. Die Schäfte sind rot eingefärbt. In der Mitte vorne ist ein weißer Lederstreifen eingesetzt, der oben in ein V ausläuft und mit bunten Lederapplikationen verziert ist. Den oberen Randabschluß bildet ein Fellstreifen, dessen Haare allerdings zum größten Teil abgeschabt sind. Solche Festtrachten sind bis heute in Gebrauch und stellen ein bedeutendes Symbol der ethnischen Identität der Grönländerinnen dar. (Vgl. Dupaigne/Robbe 1989: 14–15, 53–54; HNAI Vol. 5 1984: 613/Fig. 17; Völger 1976: Nr. 4.10.33–34)

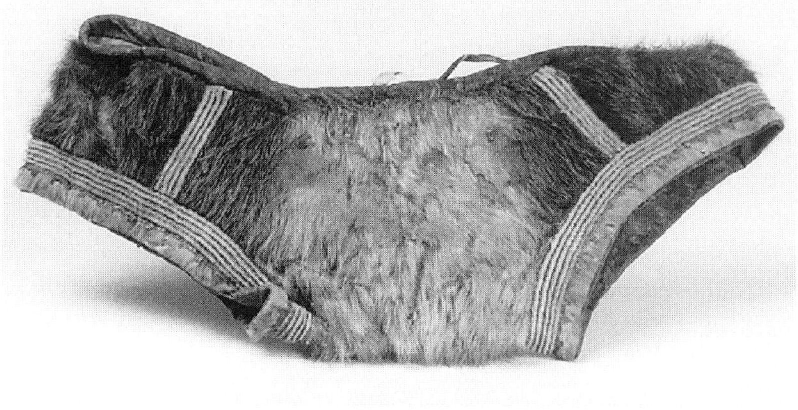

992

992 **Hose**
Ostgrönland; um 1900
Fell, Leder
Länge 17 cm, Breite 43 cm
Tausch Nationalmuseet, Kopenhagen (1939/02), Inv.-Nr. 41265

Die Männerunterhose aus Seehundfell hat um die Beinöffnungen und um die Leiste streifenförmige Verzierungen aus Leder-Applikationen. (Vgl. Feest 1991: 12)

993 **Strümpfe**
Zentrale Arkits, Iglulik; frühes 20. Jahrhundert
Leder
Höhe 38 cm, Länge 24 cm
Tausch Nationalmuseet, Kopenhagen (1939/02), Inv.-Nr. 41304

Die kniehohen Männerstrümpfe sind aus mehreren, verschiedenfarbigen Lederstücken zusammengenäht.

994 **Stiefel**
Grönland; 19. Jahrhundert
Leder
Länge 24 cm, Breite 10 cm, Höhe 24 cm
Kauf Nachlaß Dr. Bruno Hassenstein, Gotha (1902/20), Inv.-Nr. 5357

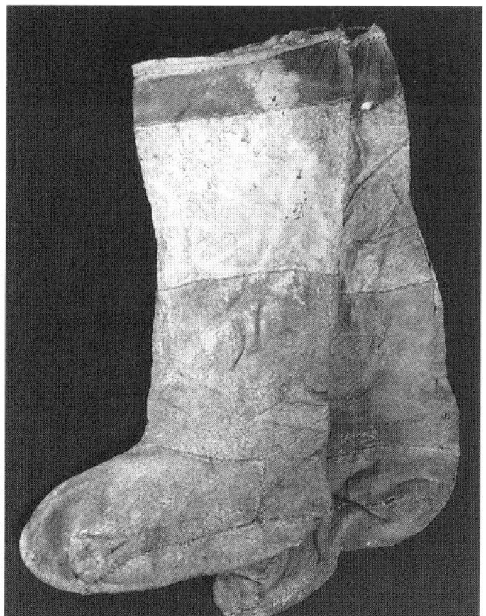

993

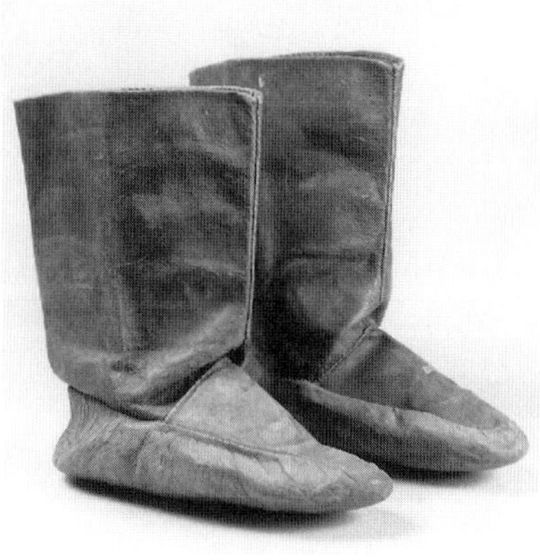

994

995

Die wasserdichten Sommerstiefel aus Seehundleder haben eine hochgezogene und am Rand gefältelte Sohle, ein dreieckiges Riststück und einen Schaft mit einer Mittelnaht auf der Vorderseite.

995 Schuhe
Arktis?; 19. Jahrhundert
Leder
Länge 22,5 cm, Breite 6,5 cm,
Höhe 13,5 cm
Kauf Nachlaß Dr. Bruno Hassenstein, Gotha (1902/20), Inv.-Nr. 5358

Die halbhohen Schuhe aus hellem Leder mit breiter Spitze sind für Frauen nach europäischem Vorbild gefertigt. Die Sohle ist hart und nicht wie bei dem traditionellen Schuhwerk der Inuit hochgezogen. Stattdessen wurde ein schmales Lederstück gesondert eingesetzt. Der nur knöchelhohe Schaft hat eine Mittelnaht und ist, wiederum sehr untypisch für das Schuhwerk der Eskimo, auf der Seite geschnürt.

996 Schuhsohle
Westliche Arktis?; 19. Jahrhundert
Leder, Sehne
Länge 21,5 cm, Breite 8,5 cm,
Höhe 5,5 cm
Überweisung Historisches Museum, Köln (1902/16), Inv.-Nr. 4980

Es handelt sich entweder um einen Überschuh oder um eine Stiefelsohle aus einem Stück Seehundleder mit Mittelnähten an der Ferse und über den Zehen. Die Seiten sind hochgezogen, gefältelt und mittels eines Riemens zusammengezogen.

997 Schuhsohlen
Westliche Arktis?; 19. Jahrhundert
Leder
Länge 25 cm, Breite 11 cm,
Höhe 5 cm
Überweisung Historisches Museum, Köln (1902/16), Inv.-Nr. 4981

Die Schuhsohlen sind wie Kat.-Nr. 996 gearbeitet, haben jedoch zusätzlich über die Mitte des Fußes geführte Lederriemen.

996

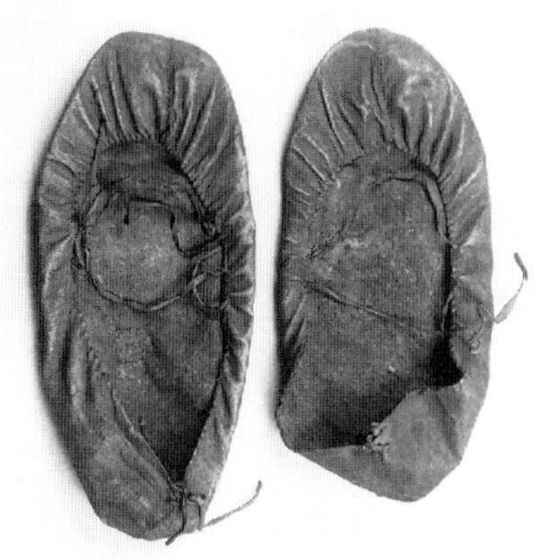

997

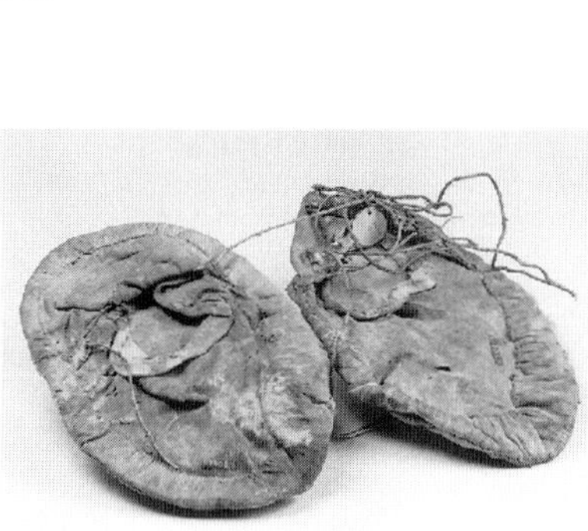

998

998 Schuhe
Zentrale Arktis, Iglulik;
frühes 20. Jahrhundert
Leder, Kordel, Fell
Länge 26 cm, Breite 16 cm,
Höhe 7 cm
Tausch Nationalmuseet, Kopenhagen (1939/02), Inv.-Nr. 41305

Die flachen Überschuhe für Männer haben eine hochgezogene Sohle, die an der Naht gefältelt ist. Die Knöchelränder sind mit dunklerem Leder eingefaßt. Durch seitliche Schlaufen wurde eine Kordel gezogen, mit der die Schuhe zusammengebunden sind. An der Ledersohle sind noch Karibufellreste zu erkennen. (Vgl. Mathiassen 1928: 168/Fig. 117)

999 Hut (Farbtafel XV)
Aleuten; 19. Jahrhundert
Holz, Elfenbein, Knochen, Walroßbartborsten
Gesamtlänge 76 cm, Borsten 38 cm,
Breite 22 cm, Höhe 22 cm
Kauf Firma Umlauff, Hamburg (1903/04), Inv.-Nr. 6636

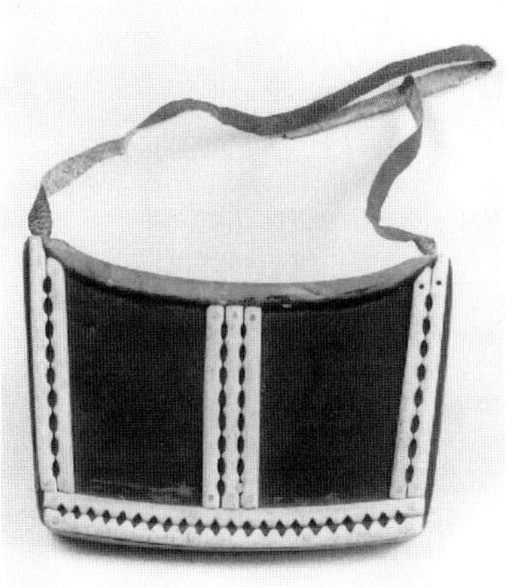

1000

Zur Herstellung dieses Visierhutes wurde ein Holzbrett unter Dampfeinwirkung in die gewünschte Form gebogen. Diese ähnelt einem Kegel mit einer langgezogenen, leicht eingedrückten Vorderseite. Über einer weißen Grundierung ist der Hut mit Parallelstreifen und Rosetten in Rot, Gelb, Braun, Grün und Schwarz bemalt. Die Naht auf der Rückseite wird von einer Knochenleiste verdeckt, von der die langen Borsten nach hinten abstehen. Seitlich waren mit eingeritzten Punktornamenten versehene Zierate aus Elfenbein angebracht, die der Augen- und Schnabelpartie eines Vogelkopfes ähneln. Eines fehlt, das andere ist nur noch als Bruchstück vorhanden. Solche Hüte wurden bei der vom Kajak aus betriebenen Jagd getragen. Das weit vorragende Vorderteil schützte die Augen vor den Strahlen der niedrig stehenden Sonne und dem vom Meer reflektierten Sonnenlicht. Es bot jedoch auch dem Wind eine große Angriffsfläche, wodurch bei Sturm sogar ein Kentern des Kajaks verursacht werden konnte. Die Dekoration der Hüte sollte den Seehund, das Hauptjagdwild, anlocken. Von ihm glaubte man, er sei ein in ein Tier verwandelter Mensch, der jedoch nach wie vor das dekorative Handwerk liebe und davon angezogen werde. Nur hochgestellte Männer trugen die aufwendig hergestellten und dekorierten Visierhüte, während einfache Jäger Augenschirme trugen. Ivanov (1930) vermutet, daß die Visierhüte der Aleuten sich aus den Tiermasken der weiter südlich lebenden Nordwestküsten-Indianer entwickelt haben. Faßt man die beiden vorderen Rosetten als Augen und die seitlichen Zierate als Ohren auf, ähnelt der Hut entfernt einem Tierkopf. Ferner könnte man in der mit Ringornamenten bemalten Hutspitze eine Entsprechung zu den ringförmigen Hutfortsätzen (vgl. Kat.-Nr. 246) der südlich benachbarten Indianergruppen sehen. (Vgl. HNAI Vol. 5 1984: 172/Fig. 9; Varjola 1990: 174: No. 246–247)

1000 Augenschirm

Ostgrönland; frühes 20. Jahrhundert
Holz, Elfenbein, Leder
Breite 12,5 cm, Tiefe 8 cm
Tausch Nationalmuseet, Kopenhagen (1939/02), Inv.-Nr. 41268

Der Augenschirm besteht aus einem Holzbrett mit schwarz gefärbter Oberseite und Beschlägen aus Elfenbein an den Rändern und in der Mitte. Die leistenförmigen Beschläge sind auf der Innenseite gezackt, so daß zwischen den Zacken das schwarze Holz musterbildend hervortritt. (Vgl. Trebitsch 1910: Tafel XXV/Abb. 53)

1001 Schneebrille

Grönland; 19. Jahrhundert
Holz
Länge 12,8 cm, Breite 3,5 cm, Höhe 4,6 cm
Kauf Nachlaß Dr. Bruno Hassenstein, Gotha (1902/20), Inv.-Nr. 5363

Die rundum geschlossene, keilförmige Schneebrille weist große, halbrunde Ausschnitte für die Augen auf. Zusätzliche Sehschlitze befinden sich im unteren Rand.

1001

1002 Schneebrille

Westliche Arktis; frühes 20. Jahrhundert
Holz
Länge 13,5 cm, Breite 7 cm, Höhe 4 cm
Kauf W.O. Oldman, London (1922/20), Inv.-Nr. 35851

Die Schneebrille mit Augenschirm hat eine leichte Keilform. Die Sehschlitze sind wesentlich schmaler als bei Kat.-Nr. 1001. (Vgl. HNAI Vol. 5 1984: 470/Fig. 11)

1003 Haarband

Ostgrönland; 19. Jahrhundert
Leder, Knochen, Sehne, Glasperle
Umfang 52 cm, Breite 1,2 cm
Tausch Nationalmuseet, Kopenhagen (1939/02), Inv.-Nr. 41267

Auf Sehnenfäden, die zwei parallele, doppelt gelegte Lederstreifen miteinander verbinden, wurden die Wirbelknochen eines kleinen Tieres aufgefädelt. Bei einem Vergleichsstück aus dem Museum für Völkerkunde in Wien (Kat.-Nr. 75558) sind die Knöchelchen als „Häringswirbel" ausgewiesen. Zwei kurze Zierfäden sind mit winzigen Knöchelchen und einer blauen Glasperle besetzt. Das Band wurde mittels zweier Riemchen unter dem Kinn befestigt.

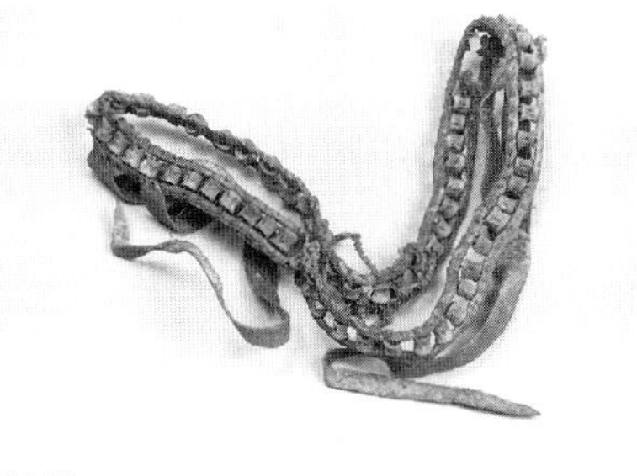

1003

1002

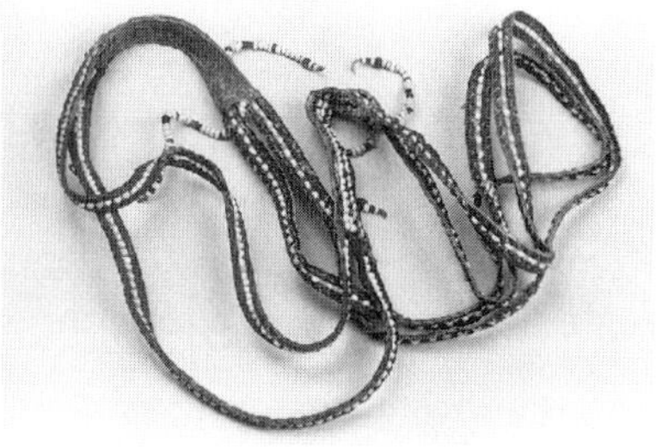

1004

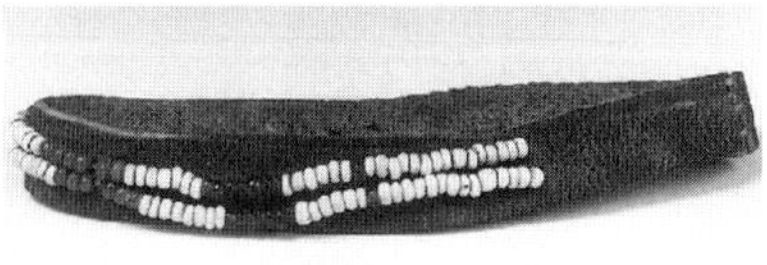

1005

1004 **Band**
Ostgrönland; um 1900
Leder, Glasperlen
Umfang 93 cm, Breite 1,3 cm
Tausch Nationalmuseet, Kopenhagen
(1939/02), Inv.-Nr. 41269

Wie Kat.-Nr. 1003. Anstatt der Knöchelchen wurden jedoch weiße sowie einige blaue und durchscheinend weinrote Glasperlen verwendet. Die parallelen Lederstreifen sind an zwei Stellen zusammengeführt und auf breitere Lederstreifen aufgenäht, von deren Ende zwei kurze lose Perlenschnüre herabhängen.

1005 **Armband**
Ostgrönland; um 1900
Leder, Glasperlen
Umfang 21 cm, Breite 1,2 cm
Tausch Nationalmuseet, Kopenhagen
(1939/02), Inv.-Nr. 41270

Das Armband besteht aus einem schmalen, zusammengenähten Streifen aus Seehundleder, der mit zwei Schnüren aus weißen, transparent roten und hellblauen Glasperlen belegt ist, die nur an den Enden und in der Mitte fixiert sind. (Vgl. Kat.-Nr. 1006)

1006 **Armband** (ohne Foto)
Ostgrönland; um 1900
Leder, Glasperlen
Umfang 21 cm, Breite 1,2 cm
Tausch Nationalmuseet, Kopenhagen
(1939/02), Inv.-Nr. 41271

Wie Kat.-Nr. 1005.

1007 **Halsschmuck**
Westliche Arktis; um 1900
Zähne, Sehne, Kordel, Metall
Umfang 60 cm, Zähne:
Länge 3,5–6 cm
Kauf W.O. Oldman, London
(1905/09), Inv.-Nr. 15355

Für die Kette wurden 66 Walroßzähne auf eine Schnur gefädelt. Die Schnur besteht zum Teil aus Sehnen, zum Teil aus Kordel. Die Zähne sind abwechselnd an der Wurzel und der Spitze durchbohrt, so daß sie im Wechsel nach innen und außen weisen. Als Verschluß dient ein durchbohrtes Metallplättchen, durch das die Schnur geführt ist. Der letzte Zahn dient dabei als Widerlager.

1008 **Lippenpflock**
Nordalaska, Point Barrow;
prähistorisch
Stein
Breite 2,3 cm, Höhe 1,8 cm
Tausch Nationalmuseet, Kopenhagen
(1939/02), Inv.-Nr. 41488

Der knopfartige Lippenpflock aus Stein hat eine runde Form und eine flache Basis. Nur die Männer trugen Lippenpflöcke. Diese wurden in den Mundwinkeln durch die Unterlippe gesteckt. (Vgl. Kat.-Nr. 1010; Thiry 1977: 68, 70–71; VanStone 1990: 54/Fig. 28b)

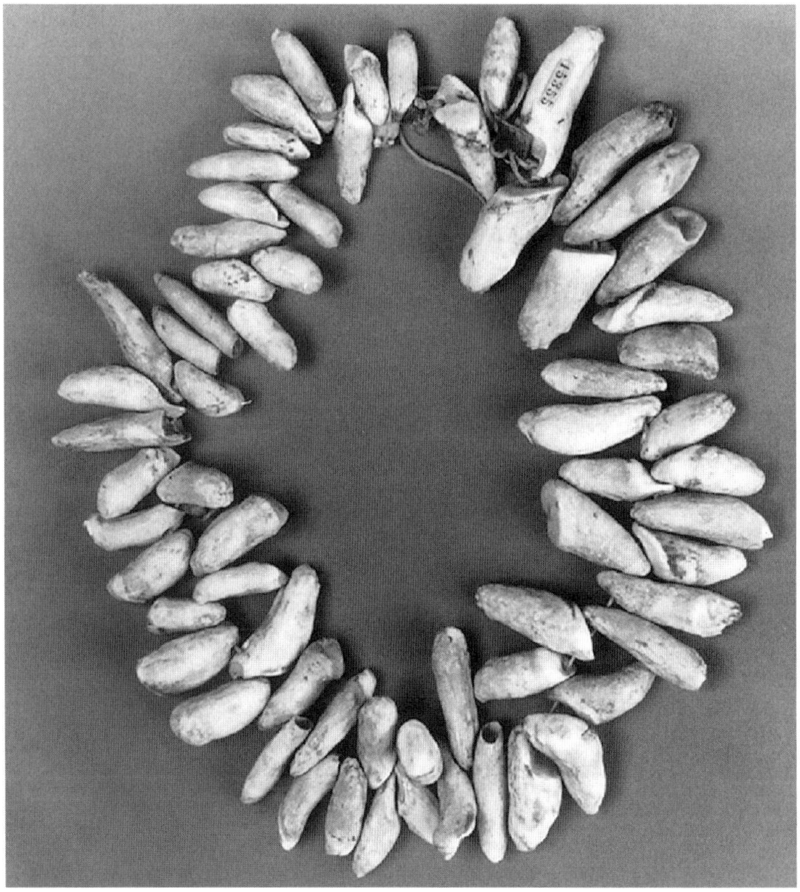

1007

1008

1009 Lippenpflock ?
Nordalaska, Point Hope; prähistorisch
Elfenbein
Breite 2,2 cm, Höhe 3,8 cm
Tausch Nationalmuseet, Kopenhagen (1939/02), Inv.-Nr. 41521

Der aus Elfenbein geschnittene Stift hat eine runde, plane Basis und einen langen Dorn von ovalem Querschnitt. Möglicherweise handelt es sich nicht um einen Lippenpflock, sondern um einen Stift, der dazu benutzt wurde, die Löcher in der Lippe zu vergrößern. (Vgl. Thiry 1977: 71)

1010 Lippenpflock
Nordalaska, Point Hope; prähistorisch
Elfenbein
Breite 2 cm, Höhe 1,5 cm
Tausch Nationalmuseet, Kopenhagen (1939/02), Inv.-Nr. 41522

Wie Kat.-Nr. 1008

1011 Zahnperle
Nordalaska, Point Hope; prähistorisch
Zahn
Länge 4 cm, Breite 1,5 cm
Tausch Nationalmuseet, Kopenhagen (1939/02), Inv.-Nr. 41520

Der durchbohrte Zahn diente vermutlich als Schmuckperle.

1012 Kamm
Ostgrönland; prähistorisch
Knochen
Länge 4,6 cm, Breite 3,1 cm
Tausch Nationalmuseet, Kopenhagen (1939/02), Inv.-Nr. 41362

Kleine Kämme zum Frisieren und Auskämmen der Läuse wurden aus Knochen, Elfenbein oder auch aus Geweihstangen des Karibu geschnitzt. (Vgl. Kat.-Nr. 1013–1017)

1013 Kamm
Ostgrönland; um 1900
Elfenbein, Sehne
Länge 5,7 cm; Breite 5,9 cm
Tausch Nationalmuseet, Kopenhagen (1939/02), Inv.-Nr.41266

In den oberen Rand sind zwei kleine Löcher gebohrt, durch die ein gezwirnter Sehnenfaden läuft.

1009

1010

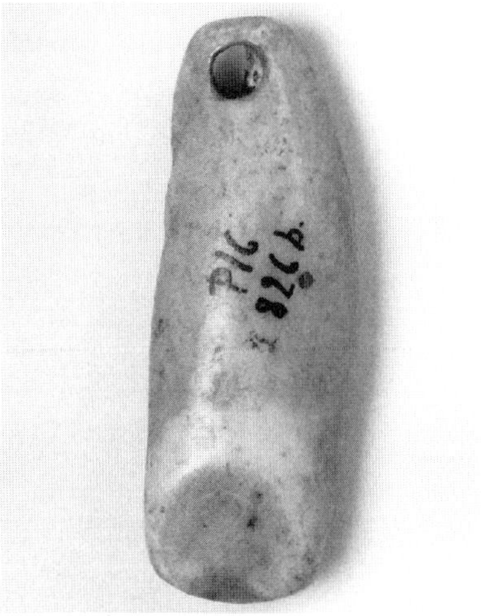

1011

1012

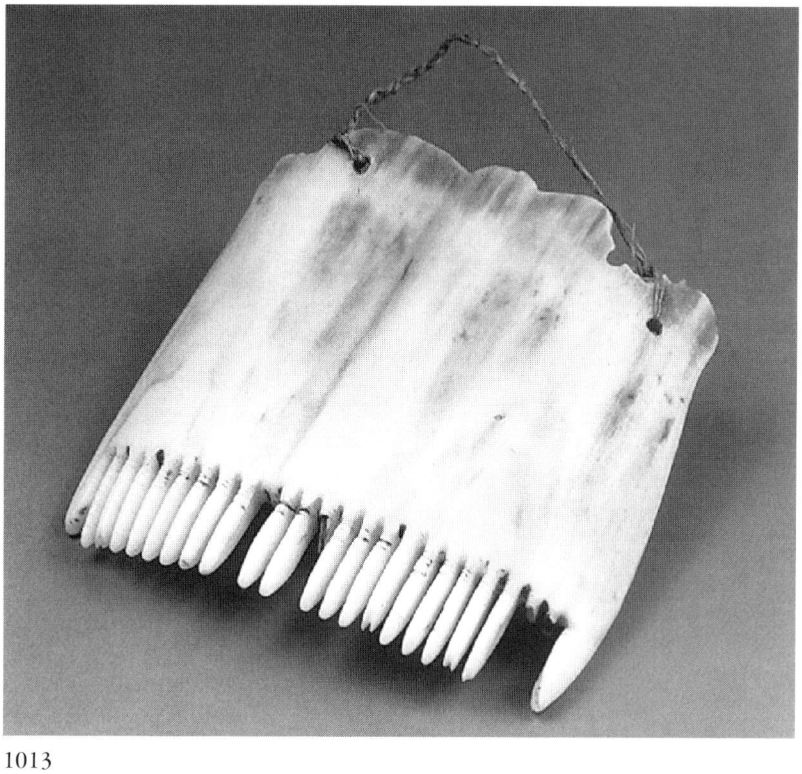

1013

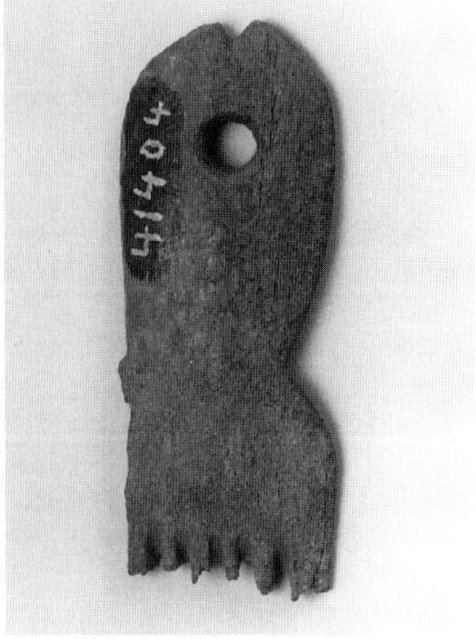

1014

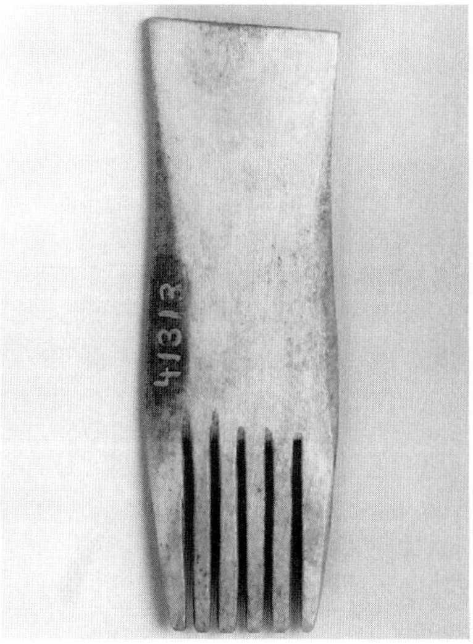

1015

1017

1014 Kamm
Westgrönland; prähistorisch
Knochen
Länge 5,2 cm, Breite 2 cm
Tausch Nationalmuseet, Kopenhagen (1939/02), Inv.-Nr. 41404

1015 Kamm
Zentrale Arktis, Iglulik;
frühes 20. Jahrhundert
Horn
Länge 8 cm, Breite 2,5 cm
Tausch Nationalmuseet Kopenhagen (1939/02), Inv.-Nr. 41313

1016 Kamm
Zentrale Arktis, Iglulik;
frühes 20. Jahrhundert
Elfenbein
Länge 5 cm, Breite 4,8 cm
Tausch Nationalmuseet, Kopenhagen (1939/02), Inv.-Nr. 41314

1016

1018

1017 Kamm
Zentrale Arktis, Baffin Island, Qilalukan, Ponds Inlet; prähistorisch
Knochen
Länge 4,7 cm, Breite 2,4 cm
Tausch Nationalmuseet, Kopenhagen (1939/02), Inv.-Nr. 41427

1018 Beutel
Ostgrönland; um 1900
Vogelfüße, Leder, Moos
Höhe 12 cm, Breite 9 cm
Tausch Nationalmuseet, Kopenhagen (1939/02), Inv.-Nr. 41258

1019

Der kleine Beutel mit ledernem Tragriemen ist aus den Krallen von Vogelfüßen und dazwischengesetzten Lederstücken gefertigt. Er ist mit trockenem Moos ausgestopft, das als Zunder für die Tranlampen diente. In der Mitte und am Rand ist er mit aufgestickten Kreuzen aus dunklen Lederstreifen verziert.

1019 Beutel
Ostgrönland; um 1900
Leder, Darmhaut
Höhe 16 cm, Breite 7 cm
Tausch Nationalmuseet, Kopenhagen (1939/02), Inv.-Nr. 41259

Der kleine Beutel mit kurzem Henkel ist aus einer Tierblase gefertigt. Den Randabschluß bildet ein breiter Lederstreifen mit feiner Lederapplikation.

1020 Beutel
vermutlich Grönland; 19. Jahrhundert
Leder
Höhe 25 cm, Breite 14 cm
Kauf Nachlaß Dr. Bruno Hassenstein, Gotha (1902/20), Inv.-Nr. 5361

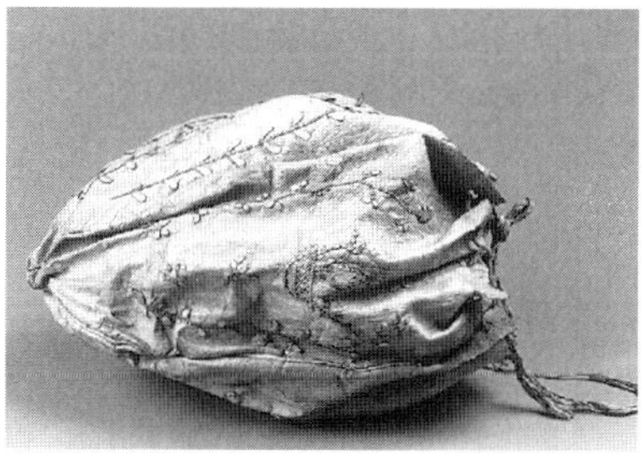

1020

1021

1022

Der unten spitz zulaufende Beutel ist aus vier dreieckigen Lederstücken gefertigt. In die Nähte sind schmale Wülste eingesetzt, die ungefähr fünf Zentimeter unterhalb der Öffnung enden. Ab hier sind die Nähte offen. Durch Löcher im oberen Rand verläuft eine Schnur, mit der der Beutel zusammengezogen werden kann. Der Beutel ist mit feinen Lederapplikationen in Form von Pflanzenranken mit winzigen Stielen und Blättchen verziert. (Vgl. MfV Wien: Kat.-Nr. 359)

1021 Beutel
Arktis; 19. Jahrhundert
Leder
Höhe 22 cm, Breite 14 cm
Kauf Nachlaß Dr. Bruno Hassenstein, Gotha (1902/20), Inv.-Nr. 5362

Die Keilform des Beutels ist bedingt durch an den Seiten eingesetzte, dreieckige Lederstücke. Er hat zwei halbrunde Verschlußklappen sowie einen Lederriemen mit Fransenquasten zum Zusammenziehen. Es wurden verschiedenfarbige Lederstücke verwendet. Die Motive der Applikationen aus winzigen, zum Teil rot gefärbten Lederstückchen sind Herzen und Pflanzen.

1022 Beutel
Zentrale Arktis, Iglulik;
frühes 20. Jahrhundert
Haut
Höhe 19 cm, Breite 18 cm
Tausch Nationalmuseet, Kopenhagen (1939/02), Inv.-Nr. 41308

Der Beutel ist aus mehreren Hautstücken zusammengenäht.

1023 Tasche
Arktis; um 1900
Fell, Leder, Moschusochsenwolle
Tasche: Länge 10 cm, Breite 9 cm;
Band: Länge 13 cm
Kauf W.O. Oldman, London (1905/09), Inv.-Nr. 15357

Das halbovale kleine Ledertäschchen aus Seehundfell hat eine Verschlußklappe und ein Lederband zum Aufhängen. Es ist mit Applikationen aus kleinen Lederstückchen verziert. Am unteren Rand findet sich ein Besatz aus Moschusochsenwolle.

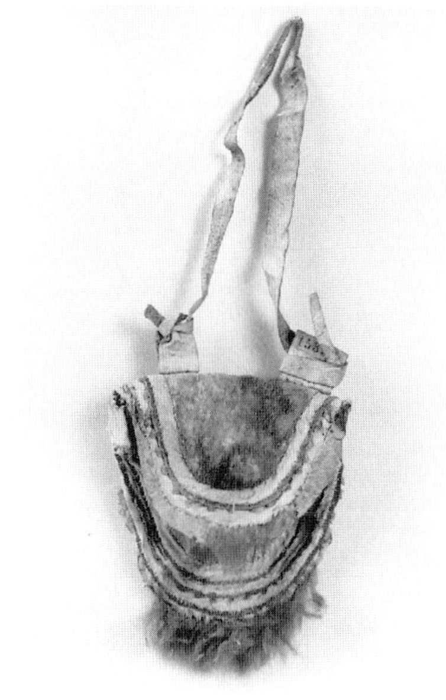

1023

1024 Tasche
Aleuten; 19. Jahrhundert
Haut, Leder, Federn
Länge 53 cm, Breite 40 cm
Vorbesitzer unbekannt (1994/05), Inv.-Nr. 54296

Die vier bis fünf Zentimeter breiten Darmhautstreifen, aus denen die Tasche zusammengesetzt ist, verlaufen senkrecht. Drei weiße Streifen und ein rot gefärbter Streifen folgen im Wechsel aufeinander. In die Nähte sind schmale Lederstreifen eingesetzt. Auch Reste von weißen Federbüscheln sind vorhanden. Der Randabschluß könnte ehemals aus einem Fellstreifen bestanden haben, der aber völlig zerfressen ist. (Vgl. Feest 1991: 101)

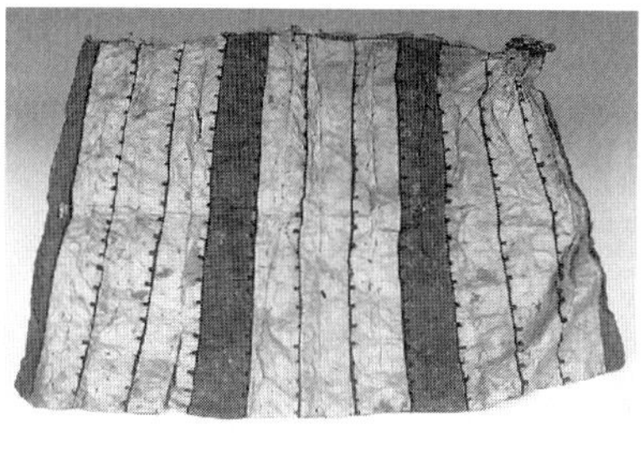

1024

1025

1025 Trommel
Ostgrönland; frühes 20. Jahrhundert
Holz, Haut, Leder
Länge 44 cm, Breite 41 cm,
Höhe 4,5 cm
Tausch Nationalmuseet, Kopenhagen
(1939/02), Inv.-Nr. 41274

Ein schmaler, an den Enden mit winzigen Holzstiften genieteter und zusätzlich mit Lederriemen vernähter Holzreif ist mit Haut bespannt. Die Trommel hat einen kurzen Griff, dessen Ende als anthropomorphe Grimasse gestaltet ist. An zwei Stellen ist die gerissene Hautbespannung mit Lederriemen geflickt. Trommeln wurden zur Unterhaltung, als Begleitung langer Sprechgesänge und während schamanistischer Sitzungen geschlagen; bei Singduellen trugen die beiden Kontrahenten zum Rhythmus der Trommel abwechselnd satirische Verse über ihren Gegner vor.

1026 Trommelschlegel
Ostgrönland; frühes 20. Jahrhundert
Holz, Leder
Länge 47,5 cm, Breite 2,5 cm
Tausch Nationalmuseet, Kopenhagen
(1939/02), Inv.-Nr. 41275

Das Ende des mit einer Handschlaufe versehenen Trommelschlegels ist in Form eines Tierkopfes geschnitzt.

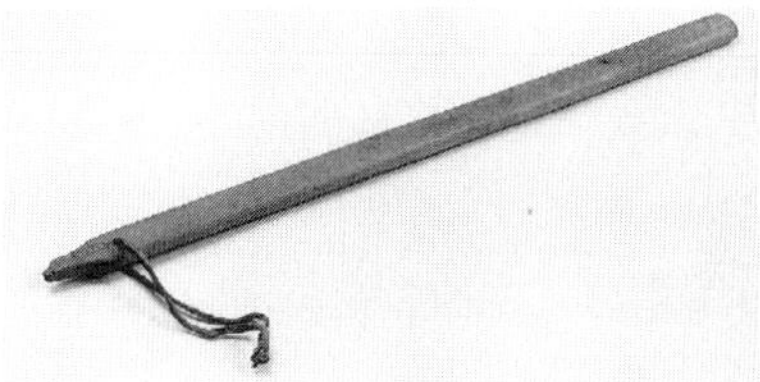

1026

1027

1028

1027 Trommelgriff
Westgrönland; prähistorisch
Knochen
Länge 7,5 cm, Breite 1,7 cm
Tausch Nationalmuseet, Kopenhagen
(1939/02), Inv.-Nr. 41408

Dieses gebogene Knochenstück mit Schlitz und Durchbohrung stellt laut Originalakte einen Griff für eine Trommel dar.

1028 Amulettbüchse
Mackenziedelta; prähistorisch
Holz
Länge 11,5 cm, Höhe 4,5 cm,
Tiefe 5,5 cm
Tausch Nationalmuseet, Kopenhagen
(1939/02), Inv.-Nr. 41469

Bei der kleinen, hölzernen Dose, die in der Originalakte als Amulettbüchse bezeichnet wird, sind die Ecken und der Deckel abgerundet. Zwei rundum laufende Führungsrillen hielten vermutlich die Verschnürung. Der Inhalt fehlt.

1029 Maske
Ostgrönland; um 1900
Holz
Höhe 26 cm, Breite 11 cm, Tiefe 8 cm
Tausch Nationalmuseet, Kopenhagen
(1939/02), Inv.-Nr. 41273

Die schmale Maske zeigt ein menschliches Gesicht. Sie ist aus gelblichem Holz geschnitzt und teilweise schwarz bemalt, so daß die tief eingeschnittenen Furchen auf Stirn, Wangen und Nase gelb hervortreten. Die Rillen stellen möglicherweise Tatauierungen dar. (Vgl. HNAI Vol. 5 1984: 637/Fig. 15; Trebitsch 1910: Tafel XXVII/ Abb. 61)

1029

1030

1031

1030 Maske
Westliche Arktis; um 1900
Holz, Haut, Kohle
Höhe 19 cm, Breite 14,5 cm,
Tiefe 8 cm
Kauf W.O. Oldman, London
(1905/05), Inv.-Nr. 15104

Die kleine Maske stellt ein menschliches Gesicht dar. In die Augenschlitze sind Kohlesplitter gedrückt. Das Gesicht wird von einem Hautstreifen umrahmt, dessen Fellbesatz abgefressen ist. (Vgl. Kat.-Nr. 1031)

1031 Maske
Westliche Arktis; um 1900
Holz, Haut, Eisen, Leder
Höhe 23 cm, Breite 15 cm, Tiefe 5 cm
Kauf W.O. Oldman, London
(1905/05), Inv.-Nr. 15105

Unter der gewölbten Stirn springen die Augenhöhlen scharf zurück. Die Augenbrauen und die in die Augenschlitze eingesetzten Holzstückchen sind schwarz gefärbt. Über dem leicht geöffneten Mund ist ein Oberlippenbart aufgemalt. Das Gesicht war ehemals von einem Fellstreifen umgeben, dessen Haare aber vollständig abgefressen sind. Der verbliebene Hautstreifen ist mit Eisennägeln befestigt. Oben an der Maske befindet sich ein Lederband zum Aufhängen. (Vgl. Kat.-Nr. 1030)

1032 Maske
Westalaska; um 1880
Holz, Federn, Leder, Zähne
Höhe 59 cm, Breite 50 cm, Tiefe 8 cm
Tausch Museum für Völkerkunde, Berlin (1937/14), Inv.-Nr. 40406

Das Gesicht wölbt sich leicht aus der Holzscheibe, die es umgibt. Diese ist aus zwei Teilen zusammengesetzt. Die beiden Teile sind mit Holzstiften verbunden und waren mit Sehne oder anderem Bindematerial zusammengenäht. In Löcher im oberen Rand sind Federn gesteckt. Die umgebogenen Kiele werden von einem Knoten in dem Lederriemen, der zugleich alle Federn verbindet, gehalten. Die Augenhöhlen zeigen Reste einer weißen Einfärbung. Das Gesicht ist außen rot ummalt, in den leicht geöffneten Mund sind kleine Zähne eingesetzt. In die fünf großen Löcher in dem das Gesicht umgebenden Brett waren möglicherweise einmal geschnitzte menschliche Gliedmaßen oder Tierfiguren eingesetzt, wie man es von anderen Masken aus Alaska kennt. Masken wie diese stellen die Hilfsgeister der Schamanen dar, die ihnen in ihren Träumen und Visionen erschienen sind. Das Brett symbolisiert in der Regel das Land und das Meer, also das Univer-

1032

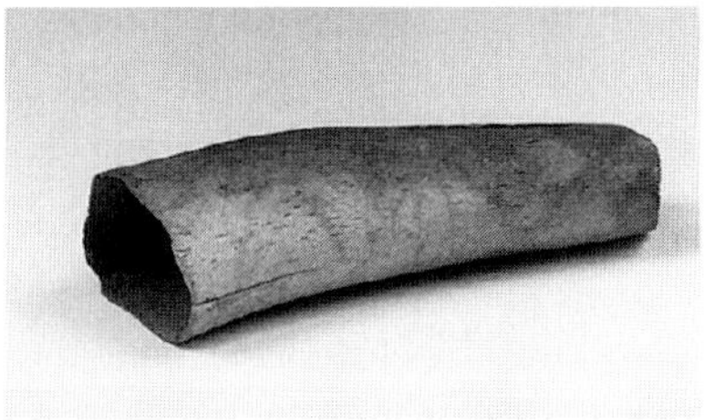

1033

sum. Unklar ist, ob die Teilung des Brettes auch eine symbolische Bedeutung hat oder ob sie nur darauf zurückzuführen ist, daß kein ausreichend großes Holzstück zur Verfügung stand. Die Masken wurden vom Schamanen selbst oder in seinem Auftrag angefertigt und meist von guten Tänzern während der großen Tanzfeste der Alaska-Eskimo vorgeführt. In der Originalliste heißt es: Die „Schamanen-Maske soll einen Geist darstellen, der die Gestalt einer kleinen Lachmöwe annimmt und auf Befehl des Schamanen hinausfährt ins Meer, um Umschau zu halten, wo Seehund, Walrosse und andere Tiere sich aufhalten und ob sie nicht bald die Küste erreichen." Die Maske wurde von Adrian Jacobsen auf seiner ersten Sammelreise an die Nordwestküste Nordamerikas und nach Alaska im Auftrag des Berliner Völkerkundemuseums in den Jahren 1881 bis 1883 gesammelt. (Vgl. Collins 1973: 112/No. 155; Ray 1967: Pl. 5)

1033 Teil eines *ajagaaq*-Spiels
Ostgrönland; prähistorisch
Knochen
Länge 6 cm, Breite 2 cm
Tausch Nationalmuseet, Kopenhagen (1939/02), Inv.-Nr. 41364

Die dünnwandige, leicht gebogene, hohle Knochenröhre gehört zu einem *ajagaaq*-Spiel, das aus dem *ajaagaq*-Körper sowie einem dünnen Stab und einem Faden, der Körper und Stab miteinander verbindet, besteht. Der *ajaagaq*-Körper weist eine unterschiedlich hohe Anzahl von Löchern auf. Das Ziel des Spiels ist es, den *ajaagaq*, der an dem Faden hängt, so zu schwingen und hochzuschleudern, daß er mit der in der Hand gehaltenen Nadel aufgefangen werden kann. Das vorliegende Exemplar weist außer den natürlichen Öffnungen an beiden Enden keine zusätzlichen Löcher auf. Ungefähr in der Mitte der Wand befindet sich eine kleine Durchbohrung, in der vermutlich der Faden verankert war. Höhere Schwierigkeitsgrade des Spiels verlangten, daß man die Nadel, mit der der *ajagaaq*-Körper aufgefangen werden sollte, zwischen den Zähnen hielt oder sie sich sogar hinters Ohr steckte. (Vgl. Kat.-Nr. 1034; Gessain 1952: 250–251/Typ 9)

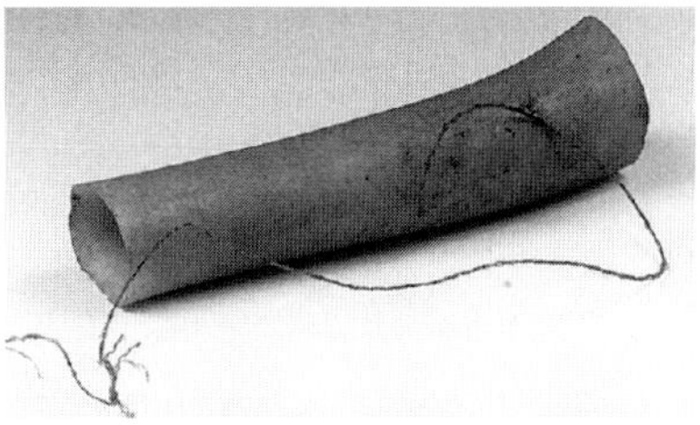

1034

1034 Teil eines *ajagaaq*-Spiels
Ostgrönland; um 1900
Knochen, Sehne
Körper: Länge 8 cm, Breite 2,4 cm;
Faden: Länge 18 cm
Tausch Nationalmuseet, Kopenhagen (1939/02), Inv.-Nr. 41282

Der *ajaagaq*-Körper ist der ausgehöhlte Teil eines Langknochens von Robbe oder Hund. Die Form ist fast zylindrisch und verjüngt sich leicht zu einem Ende. Der *ajaagaq* weist keine zusätzlichen Spiellöcher auf. Der gezwirnte Sehnenfaden ist durch ein Loch geführt und mit Hilfe mehrerer Knoten verankert. Der Stab zum Auffangen des *ajaagaq*-Körpers fehlt. (Vgl. Kat.-Nr. 1033; Gessain 1952: 250–251/Typ 9)

1035 Teil eines *ajagaaq*-Spiels
Zentrale Arktis, Iglulik;
frühes 20. Jahrhundert
Knochen
Länge 12 cm, Breite 2,2 cm
Tausch Nationalmuseet, Kopenhagen (1939/02), Inv.-Nr. 41324

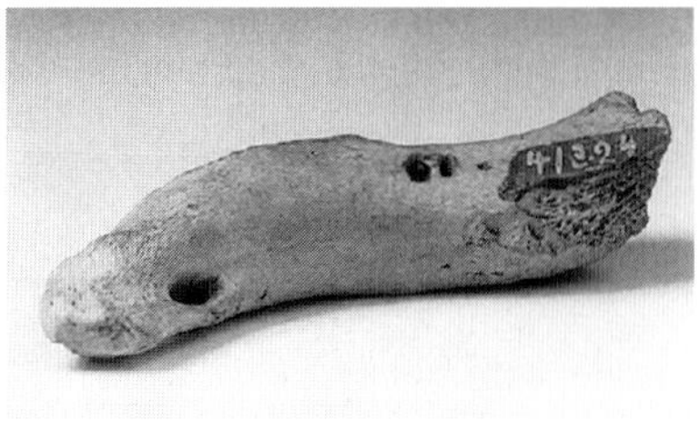

1035

Bei dem vorliegenden Exemplar handelt es sich um den abgebrochenen Teil eines *ajaagaq*-Körpers aus dem Oberarmknochen einer Robbe. Das ovale Loch ist eine natürliche Öffnung des Knochens. Weitere Spiellöcher sind nicht vorhanden. Für die Befestigung des Fadens ist ein durch einen Tunnel verbundenes Lochpaar gebohrt. (Vgl. Birket-Smith 1929: 273/Fig. 103d; Csonka 1988: 116/Fig. 167; Gessain 1952: 244–245/Typ 1)

1036 Spielzeug
Ostgrönland; um 1900
Holz, Knochen
Länge 55 cm, Breite 3 cm,
Höhe 5,5 cm
Tausch Nationalmuseet, Kopenhagen (1939/02), Inv.-Nr. 41283

Dieses Spielzeug heißt „essende Vögel". Auf zwei zur Hälfte übereinandergelegte Holzleisten sind zwei einander zugewandte Holzvögel montiert, deren Augen von eingesetzten Knochenstückchen gebildet werden. Die Vögel sitzen auf schmalen Stielen, die durch lange Schlitze in die Holzleisten gesteckt sind. Werden die Leisten auseinander beziehungsweise gegeneinander geschoben, so kippen die Stiele mit den Vögeln abwechselnd nach vorn, was den Anschein erweckt, als ob die Tiere Körner aufpicken. (Vgl. Trebitsch 1910: Tafel XXIV/Abb. 51)

1036

1037

1037 Ball

Westliche Arktis; um 1900
Leder, Haare
Länge 19 cm, Breite 17 cm
Kauf W.O. Oldman, London
(1912/06), Inv.-Nr. 27692

Der leicht eiförmige Ball ist aus hellen und dunklen Lederstücken zusammengesetzt und mit Applikationen aus kleinen Lederstückchen verziert, die schachbrettartig gemusterte Streifen, Kreise und Dreiecke bilden. Der Ball ist mit Rentierhaaren gefüllt, wie man an einer eingerissenen Nahtstelle erkennen kann.

1038 Spielzeuglampe

Ostgrönland; prähistorisch
Stein
Länge 6 cm, Breite 3,3 cm
Tausch Nationalmuseet, Kopenhagen
(1939/02), Inv.-Nr. 41365

Als Spielzeug dienten kleine Nachbildungen echter Haushalts- oder Transportgeräte, anhand derer die Kinder ihre späteren Aufgaben spielend erlernten. (Vgl. Kat.-Nr. 1039–1041)

1038

1039 Spielzeuglampe

Westgrönland; prähistorisch
Stein
Länge 3,8 cm, Breite 2,7 cm
Tausch Nationalmuseet, Kopenhagen
(1939/02), Inv.-Nr. 41409

1040 Spielzeugtopf

Westgrönland; prähistorisch
Stein
Länge 7,9 cm, Breite 3,8 cm
Tausch Nationalmuseet, Kopenhagen
(1939/02), Inv.-Nr. 41410

1041 Spielzeugschlitten

Nordgrönland, Polar-Eskimo;
frühes 20. Jahrhundert
Elfenbein
Länge 6 cm, Breite 2 cm, Höhe 1,3 cm
Tausch Nationalmuseet, Kopenhagen
(1939/02), Inv.-Nr. 41297

(Vgl. VanStone 1972: 63/PL. 12.6)

1042 Gliederpuppe

Ostgrönland; um 1900
Holz, Stoff, Leder, Wolle
Höhe 16 cm, Breite 8 cm
Geschenk G. Kölle, Köln (1908/23),
Inv.-Nr. 23351

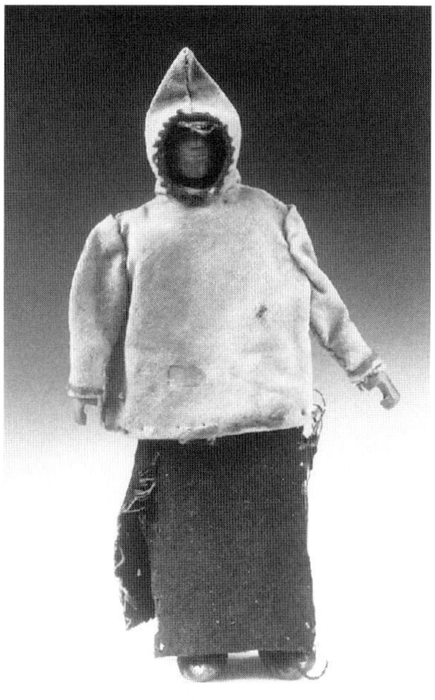

1042

1039

1040

1041

Die Gliederpuppe mit beweglichen Hüftgelenken stellt einen Mann dar. Sie hat schwarz gemalte Haare und fein geschnitzte Gesichtszüge und ist mit Anorak, Hose und Lederstiefeln bekleidet. Die spitz zulaufende Kapuze des Leinenanoraks ist am Rand mit grüner Saumstickerei verziert. Ärmel und Unterkante sind mit roter Wolle bestickt. Die Nähte der Hose aus schwarzem Wollstoff haben sich gelöst, so daß nur noch lose Stoffstücke vorhanden sind. Die Zeichnung auf einer alten Karteikarte belegt, daß die Puppe ursprünglich eine Holzschaufel in einer Hand gehalten hat. (Vgl. Dupaigne/Robbe 1989: 76)

1043 Männerfigur

Ostgrönland; frühes 20. Jahrhundert
Holz, Leder, Fell
Höhe 23,5 cm, Breite 9 cm
Tausch Nationalmuseet, Kopenhagen
(1939/02), Inv.-Nr. 41277

1043

1044

1045

Die Holzfigur mit groben Gesichtszügen stellt einen Mann dar. Beinstümpfe und Glied sind ausgearbeitet, die Arme nicht. Angezogen ist die Figur mit einem Fellanorak, einer Hose und Stiefeln aus Seehundleder. (Vgl. Dupaigne/Robbe 1989: 75)

1044 Gliederpuppe
Ostgrönland; frühes 20. Jahrhundert
Holz, Leder, Knochen
Höhe 15 cm, Breite 4 cm
Tausch Nationalmuseet, Kopenhagen (1939/02), Inv.-Nr. 41278

Die Gliederpuppe aus Holz stellt eine Frau mit dem typischen Haarknoten dar. Winzige Knochenstücke bilden die Augen. Schulter-, Hüft- und Kniegelenke können bewegt werden. Die Arme sind in Greifhaltung nach vorne gestreckt. Der helle Lederanorak hat eine große Kapuze sowie vorne und hinten spitz zulaufende Schösse. Die dunklen Lederstiefel sind höher als die Knie und an den Kanten weiß abgesetzt. Möglicherweise handelt es sich um eine zu einem Umiak-Modell gehörende Figur. (Vgl. Dupaigne/Robbe 1989: 49)

1045 Frauenfigur
Ostgrönland; um 1900
Holz, Leder
Länge 10 cm, Breite 2,5 cm
Tausch Nationalmuseet, Kopenhagen (1939/02), Inv.-Nr. 41279

Die kleinen hölzernen Puppen der Eskimo in Ostgrönland haben typischerweise weder Arme noch Füsse. Weibliche Darstellungen sind leicht an den meist überdimensionierten Brüsten und dem Haarknoten auf dem Kopf zu erkennen. Diese Figur trägt eine Unterhose aus Seehundleder. Inwieweit die Figuren Spielzeug- oder Amulettcharakter hatten, ist nicht mit Bestimmtheit zu sagen. (Vgl. Dupaigne/Robbe 1989: 75; HNAI Vol. 5 1984: 633/Fig. 11)

1046 Männerfigur
Ostgrönland; frühes 20. Jahrhundert
Holz
Höhe 14 cm, Breite 8 cm
Tausch Nationalmuseet, Kopenhagen (1939/02), Inv.-Nr. 41280

Die aus Holz geschnitzte männliche Puppe besteht nur aus Rumpf und Kopf mit grob geschnittenen Gesichtszügen. Die glatten Konturen des Kopfes lassen vermuten, daß er eine enganliegende Kapuze trägt. Die Anoraks der Frauen hatten dagegen weite Kapuzen, in denen sie ihre Babies trugen.

1046

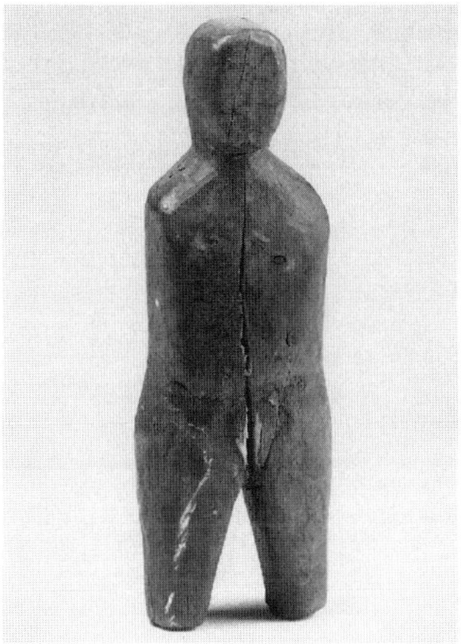

1047

1048

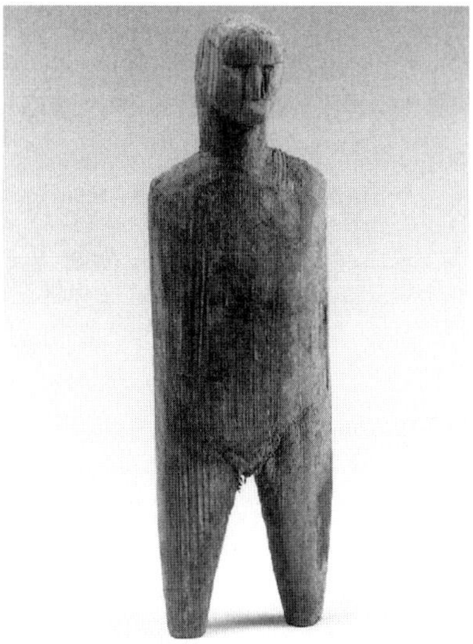

1049

1047 Männerfigur
Ostgrönland; prähistorisch
Holz
Höhe 6,5 cm, Breite 2,6 cm
Tausch Nationalmuseet, Kopenhagen (1939/02), Inv.-Nr. 41367

Die kleine Holzpuppe ohne Arme und Füße stellt einen Mann dar. Wie bei Kat.-Nr. 1046 ist der Kopf so gestaltet, als sei er von einer Kapuze bedeckt.

1048 Frauenfigur
Ostgrönland; prähistorisch
Holz
Höhe 7 cm, Breite 2,6 cm
Tausch Nationalmuseet, Kopenhagen (1939/02), Inv.-Nr. 41368

1050

Daß diese kleine Holzfigur eine Frau darstellen soll, zeigt der besonders üppige Haarknoten, während Brüste und Vulva nur angedeutet sind. Gesichtszüge, Arme und Füße sind nicht ausgebildet. (Vgl. Dupaigne/Robbe 1989: 72; HNAI Vol. 5 1984: 633/Fig. 11)

1049 Puppe
Westgrönland; prähistorisch
Holz
Höhe 8 cm, Breite 3 cm
Tausch Nationalmuseet, Kopenhagen (1939/02), Inv.-Nr. 41411

Die einen Mann darstellende, kleine Figur aus sehr leichtem Holz hat weder Arme noch Füße und nur grob herausgearbeitete Gesichtszüge.

1050 Puppe
Westgrönland; prähistorisch
Holz
Höhe 6,7 cm, Breite 2 cm
Tausch Nationalmuseet, Kopenhagen (1939/02), Inv.-Nr. 41412

Die kleine Holzfigur ohne Arme und Füße stellt eine Frau mit kleinem Haarknoten und lediglich angedeuteten Brüsten dar.

1051 Männerfigur
Nordgrönland, Polar-Eskimo; frühes 20. Jahrhundert
Elfenbein
Länge 3,9 cm, Breite 1 cm
Tausch Nationalmuseet, Kopenhagen (1939/02), Inv.-Nr. 41300

Die winzige, stark stilisierte Figur stellt einen Mann dar.

1052 Frauenfigur
Nordgrönland, Polar-Eskimo; frühes 20. Jahrhundert
Elfenbein
Länge 3,5 cm, Breite 0,8 cm
Tausch Nationalmuseet, Kopenhagen (1939/02), Inv.-Nr. 41301

Der spitze Haarknoten weist diese winzige, stark stilisierte Figur als Frauendarstellung aus.

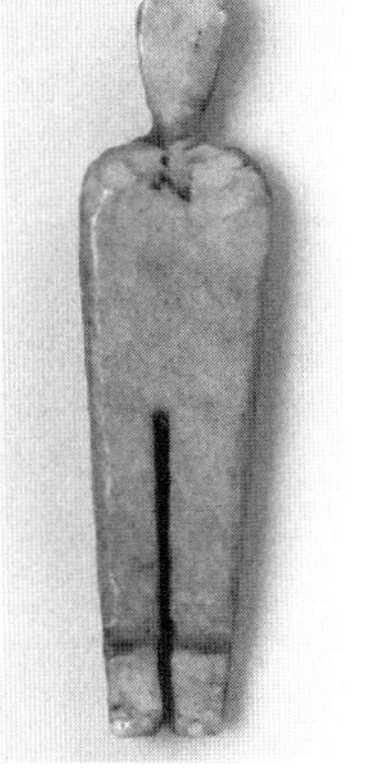

1051

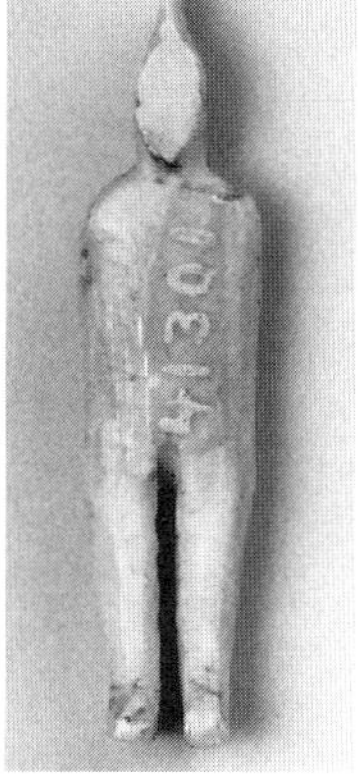

1052

1053

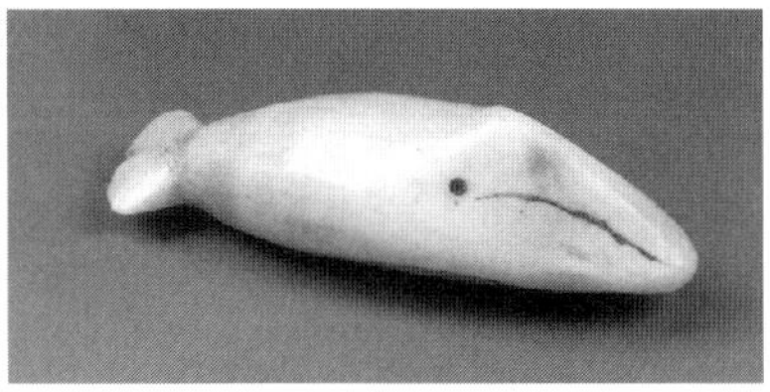
1054

1055

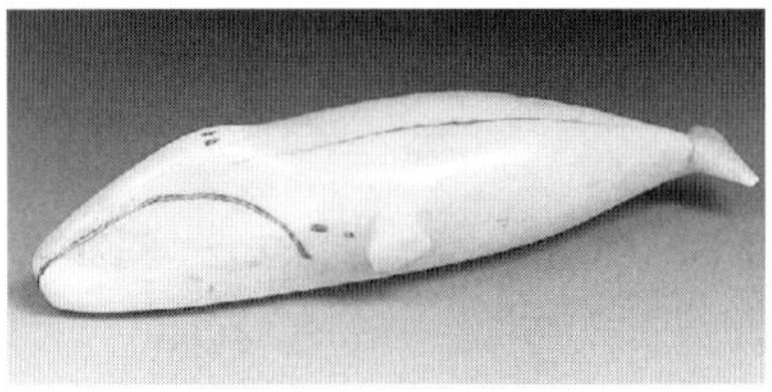
1056

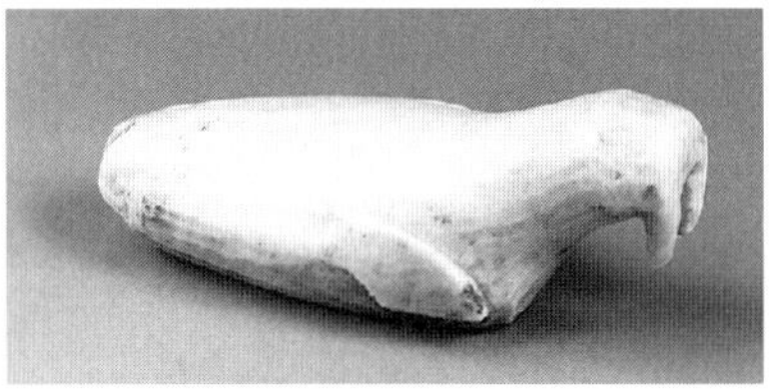
1057

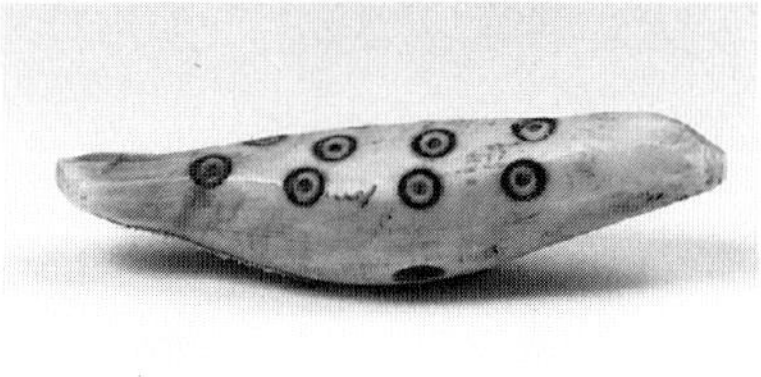
1058

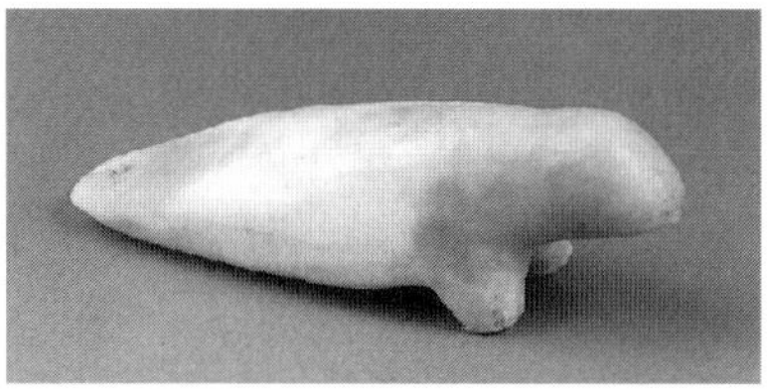
1059

1060

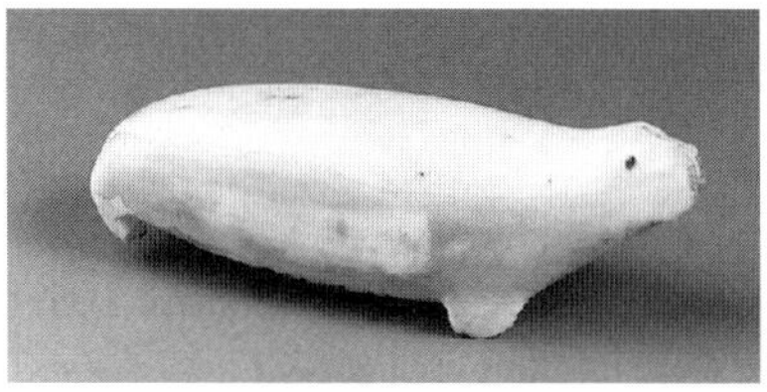
1061

1062

1063

1064

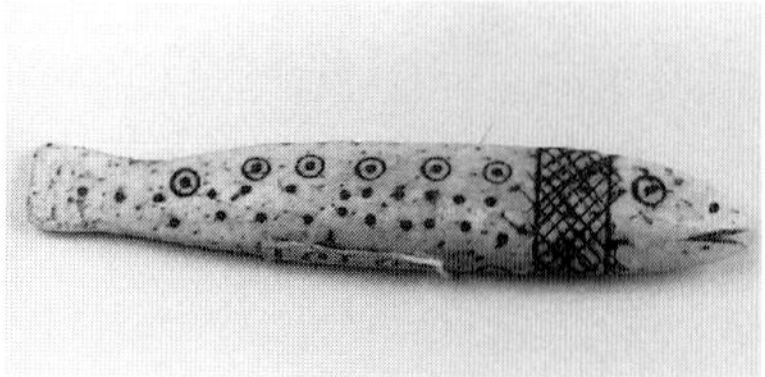
1065

1066

1067

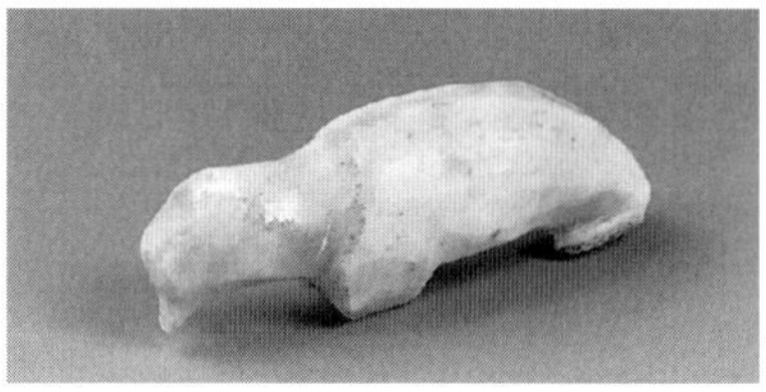
1068

1069

1070

1053 Walfigur
Alaska, Beringstraße; prähistorisch
Elfenbein
Länge 5 cm, Breite 1 cm
Tausch Nationalmuseet, Kopenhagen (1939/02), Inv.-Nr. 41530

Die beiden Durchbohrungen lassen vermuten, daß die Walfigur als Schmuck, zum Beispiel auf einen Hut oder Augenschirm, gesteckt war.

1054 Walfigur
Westliche Arktis; um 1900
Elfenbein
Länge 3,5 cm, Breite 1,8 cm
Kauf W.O. Oldman, London (1908/01), Inv.-Nr. 22168

Die kleine Walfigur ist auf der Bauchseite durchbohrt und möglicherweise als Knopf verwendet worden. Maul und Augen sind durch eine geschwärzte Linie beziehungsweise Punkte dargestellt.

1055 Walfigur
Westliche Arktis; um 1900
Knochen
Länge 3,6 cm, Breite 1,1 cm
Kauf W.O. Oldman, London (1908/01), Inv.-Nr. 22170

Der Rücken der kleinen Walfigur ist von kleinen Kreismotiven mit einem Punkt in der Mitte bedeckt, die eingeritzt und anschließend mit Ruß geschwärzt wurden. Die Durchbohrung auf der Bauchseite läßt vermuten, daß das Objekt als Knopf benutzt worden ist.

1056 Walfigur
Westliche Arktis;
frühes 20. Jahrhundert
Elfenbein
Länge 12,1 cm, Breite 3,5 cm
Kauf Pechnel-Loesche, Köln (1930/11), Inv.-Nr. 39408

Diese vergleichsweise große Walfigur diente möglicherweise als Jagdamulett. (Vgl. Zerries 1978: Nr. 177/Abb. 25)

1057 Walroßfigur
Westliche Arktis; um 1900
Elfenbein
Länge 4,4 cm, Breite 1,2 cm
Kauf W.O. Oldman, London (1908/01), Inv.-Nr. 22173

Die Walroßdarstellung ist gekennzeichnet durch die beiden langen Stoßzähne und zwei kleine seitliche Flossen.

1058 Robbenfigur
Westliche Arktis; um 1900
Elfenbein
Länge 4,8 cm, Breite 1,2 cm
Kauf W.O. Oldman, London (1908/01), Inv.-Nr. 22169

Der Rücken der kleinen Robbenfigur ist von Kreismotiven mit einem Punkt in der Mitte bedeckt. Die Durchbohrung auf der Bauchseite läßt darauf schließen, daß das Objekt als Knopf verwendet wurde.

1059 Robbenfigur
Westliche Arktis; um 1900
Elfenbein
Länge 4,2 cm, Breite 1 cm
Kauf W.O. Oldman, London (1908/01), Inv.-Nr. 22171

Die kleine Robbenfigur weist in der Schwanzflosse eine Durchbohrung auf und diente vermutlich als Anhänger.

1060 Robbenfigur
Westliche Arktis; um 1900
Elfenbein
Länge 5 cm, Breite 1,5 cm
Kauf W.O. Oldman, London (1908/01), Inv.-Nr. 22172

Bei dieser kleinen Robbenfigur ist das Gesicht bemerkenswert realistisch gestaltet. Augen und Nasenlöcher werden durch eingestanzte und mit Ruß geschwärzte Punkte wiedergegeben.

1061 Robbenfigur
Westliche Arktis; um 1900
Elfenbein
Länge 4 cm, Breite 1,2 cm
Kauf W.O. Oldman, London (1908/01), Inv.-Nr. 22174

Die Robbenfigur zeigt eine vorgestreckte Schnauze und rußgeschwärzte Augenpunkte.

1062 Robbenfigur
Arktis; um 1900
Knochen
Länge 3,8 cm, Breite 1,9 cm
Kauf W.O. Oldman, London (1908/01), Inv.-Nr. 22176

Die kleine Figur stellt eine Robbe dar. Die Vorderflossen sind zur Seite gestreckt. Figuren mit einem gerade in die Unterseite gebohrten Loch waren zum Aufstecken, etwa auf Augenschirme, bestimmt. (Vgl. Trebitsch 1910: Tafel XXV)

1063 Robbenfigur
Alaska, Beringstraße; 19. Jahrhundert
Elfenbein, Holz
Länge 6 cm, Breite 2,3 cm
Tausch Museum für Völkerkunde, Berlin (1937/14), Inv.-Nr. 40409

Dunkle Einlagen aus Holz markieren Augen und Schnauze. In der Schwanzflosse befindet sich eine Durchbohrung. Figuren dieser Art wurden von den Frauen als Schmuck am Gürtel getragen. (Vgl. HNAI Vol. 5 1984: 436/Fig. 7)

1064 Fischfigur
Arktis; frühes 20. Jahrhundert
Elfenbein
Länge 10 cm, Breite 2 cm
Kauf Pechnel-Loesche, Köln (1930/11), Inv.-Nr. 39409

Bei dieser großen Fischdarstellung sind Augen, Maul und Kiemen durch geschwärzte Ritzzeichnungen wiedergegeben. Möglicherweise sollte ein Lachs dargestellt werden.

1065 Fischfigur
Westliche Arktis; um 1900
Knochen
Länge 6,6 cm, Breite 1 cm
Kauf W.O. Oldman, London
(1908/01), Inv.-Nr. 23451

Der Rücken des Fisches ist mit geschwärzten Einritzungen in Form von Kreisen mit Punkten in der Mitte verziert, während der Bauch mit Punkten übersät ist. Hinter dem Kopf ist ein Band aus gekreuzten Schraffuren eingeritzt.

1066 Eisbärfigur
Ostgrönland; prähistorisch
Holz
Länge 7 cm, Breite 2,3 cm,
Höhe 2,7 cm
Tausch Nationalmuseet, Kopenhagen
(1939/02), Inv.-Nr. 41366

Die Figur ist grob aus einem Stück Treibholz geschnitzt. Der Eisbär ist mit vorgerecktem Hals dargestellt. Schulter und Hüftgelenke treten markant hervor.

1067 Eisbärfigur
Ostgrönland; frühes 20. Jahrhundert
Holz
Länge 8 cm, Breite 2,5 cm,
Höhe 3,4 cm
Tausch Nationalmuseet, Kopenhagen
(1939/02), Inv.-Nr. 41281

Die Figur aus poliertem Holz stellt einen Eisbären dar, der mit weit vorgestrecktem Hals auf seine Beute lauert. (Vgl. Dupaigne/Robbe 1989: 26, 71)

1068 Eisbärfigur ?
Arktis; um 1900
Elfenbein
Länge 3 cm, Breite 1 cm
Kauf W.O. Oldman, London
(1908/01), Inv.-Nr. 22175

Auch diese kleine Tierfigur mit vorgestrecktem Hals stellt möglicherweise einen Eisbären dar.

1069 Fuchsfigur
Alaska, Beringstraße; prähistorisch
Elfenbein
Länge 5,5 cm, Breite 1,3 cm
Tausch Nationalmuseet, Kopenhagen
(1939/02), Inv.-Nr. 41537

Der weit vorgestreckte Kopf und der lange, buschige Schwanz kennzeichnen diese aus Elfenbein geschnitzte und polierte Darstellung eines Polarfuchses. (Vgl. Völger 1976: Nr. 4.10.50)

1070 Vogelfigur
Alaska, Beringstraße; prähistorisch
Elfenbein
Länge 4 cm, Höhe 2,5 cm
Tausch Nationalmuseet, Kopenhagen
(1939/02), Inv.-Nr. 41536

Die kleine, abstrakte Vogeldarstellung ist aus Elfenbein geschnitzt und poliert. Auf dem kegelförmigen Körper sitzt ein winziger Kopf. Wasservögel wurden häufig mit einer flachen Unterseite dargestellt, da die auf dem Wasser schwimmenden Vögel wie abgeschnitten ausssehen. (Vgl. HNAI Vol. 5 1984: 249)

1071 *Tupilak*-Figur (Umschlagrücken)
Ostgrönland; frühes 20. Jahrhundert
Holz, Elfenbein
Länge 18,2 cm, Breite 5,5 cm,
Höhe 10 cm
Tausch Nationalmuseet, Kopenhagen
(1939/02), Inv.-Nr. 41276

Die aus Holz geschnitzte, grotesk anmutende, zoomorphe Figur hat keine Ähnlichkeit mit einer bestimmten Tierart. Als Augäpfel und Zähne sind Elfenbeinstückchen eingesetzt. Auffallend sind die verzerrten Gesichtszüge mit großen vortretenden Augen, riesigen Nasenlöchern und ausladendem Unterkiefer sowie die scharf hervortretende Wirbelsäule und tief eingeschnittenen Rippenknochen. Das linke hintere Bein ist nicht aus demselben Stück wie der Körper geschnitzt, sondern mittels eines Zapfens angesetzt. Das Wort *tupilak* bezeichnet ein Wesen, das durch bösen Zauber geschaffen wurde, um einen Feind zu töten. Ursprünglich waren es Bündel aus Tierknochen und anderen magischen Bestandteilen. Erst auf das Betreiben von Europäern hin schnitz-

1071

ten die Eskimo *tupilak*-Figuren aus Holz oder Walroßelfenbein, die keine konkreten Abbilder dieser Wesen, sondern eher Ausdruck ihrer schrecklichen und komplexen Natur sind. Die ersten *tupilak*-Figuren wurden in Ostgrönland zu Beginn dieses Jahrhunderts aus Holz hergestellt. Ab den dreißiger Jahren benutzte man vornehmlich Walroßelfenbein oder Pottwalzähne. *Tupilak*-Figuren, die seit den fünfziger Jahren auch in Westgrönland hergestellt werden, zählen zu den beliebtesten Souvenirartikeln der Arktis. (Vgl. Dupaigne/Robbe 1989: 85)

1072

1072 **Schnupfröhre**
Westliche Arktis; 19. Jahrhundert
Knochen
Länge 10,5 cm, Breite 1 cm
Kauf W.D. Webster, London
(1901/16), Inv.-Nr. 2389

Die Knochenröhre von annähernd dreieckigem Querschnitt ist mit eingeritzten und geschwärzten Zeichnungen verziert. Auf der einen Seite ist eine Waljagd im Umiak dargestellt: Ein bereits getroffener Wal wird von einem offenen Boot mit fünf Insassen verfolgt, von denen die hinteren vier sitzend rudern und der fünfte mit wurfbereiter Harpune steht. Zwischen Wal und Boot tauchen zwei Walroßoberkörper aus dem Wasser auf. Auf der anderen Seite ist eine Karibujagd dargestellt. Drei Karibus werden von zwei Jägern mit Speeren verfolgt. Um Schnupftabak herzustellen, wurde der Tabak gemahlen und gesiebt. Zum Inhalieren des Schnupftabaks verwendete man die hohlen Flügelknochen von Wasservögeln. Sowohl Männer als auch Frauen schnupften, kauten und rauchten Tabak. (Vgl. Thiry 1977: 127)

Verzeichnis der Sammlungskonvolute

Konvolut	Inventar-Nummer	Anzahl laut Kartei	Aktive Nummern[1]
Geschenk Eugen und Adele Rautenstrauch, Köln Konvolut: 1899/01	4171,9588,9596–9611 9618,9624–9625,9627	22	21
Kauf W.D. Webster, London Konvolut: 1901/16	2389	1	1
Kauf P. Schild, Hamburg Konvolut: 1902/11	2686–3329	644	?
Überweisung Historisches Museum, Köln Konvolut: 1902/16	4980–4981	2	2
Kauf Nachlaß Dr. Bruno Hassenstein, Gotha Konvolut: 1902/20	5357–5364	8	7
Geschenk Dr. Carl von Joest, Sechtem Konvolut: 1902/23	5600–5662,5664–5666 5668–5689,5691–5697 22146,39382	97	74
Kauf Fa. J.F.G. Umlauff, Hamburg[2] Konvolut: 1903/04	6251–6672 54309	415	376
Geschenk G. Kölle, Köln Konvolut: 1903/07	8675	1	1
Geschenk Max Traine, Köln Konvolut: 1904/07	11846–11862, 11868	18	11
Kauf W.O. Oldman, London Konvolut: 1904/10	12370–12373	4	3
Geschenk Franz Xaver Bachem, Köln Konvolut: 1904/18	13219	1	1
Geschenk Eugen Rautenstrauch, Köln Konvolut: 1904/32	14874–14879	6	3

Kauf W.O. Oldman, London Konvolut: 1905/05	15097–15130	34	30
Kauf W. Fussbahn, Bonn Konvolut: 1905/07	15270–15179,15281	11	8
Kauf W.O. Oldman, London Konvolut: 1905/09	15350–15358	9	8
Kauf W.O. Oldman, London Konvolut: 1905/12	15920	1	1
Kauf W.O. Oldman, London Konvolut: 1905/16	16098–16099	2	1
Geschenk Dr. Carl von Joest, Sechtem Konvolut: 1906/11	17955–17972	18	12
Kauf W.O. Oldman, London Konvolut: 1907/03	19463	1	1
Kauf W.O. Oldman, London Konvolut: 1908/01	22160–22179, 23451	21	20
Kauf S.G. Fenton, London Konvolut: 1908/04	22511–22514	4	4
Geschenk G. Kölle, Köln Konvolut: 1908/23	23351	1	1
Geschenk Arnim v. Guilleaume, Köln Konvolut: 1908/25	23402–23408	7	7
Geschenk Anna Grünewald, Köln Konvolut: 1909/34	25013	1	1
Geschenk Georg Küppers-Loosen, Köln Konvolut: 1910/04	25039–25052	14	13
Kauf Christian Leden, Berlin Konvolut: 1910/07	25554–25558	5	1

Kauf E.W. Lenders, Philadelphia Konvolut: 1911/07	26588–26619	32	26
Kauf W.O. Oldman, London Konvolut: 1912/06	27692–27694	3	3
Geschenk Franz Xaver Bachem, Köln Konvolut: 1913/27	30140	1	0
Geschenk W. Günther, Köln Konvolut: 1914/04	30464	1	1
Geschenk Arnim v. Guilleaume, Köln Konvolut: 1915/08	32695	1	0
Kauf W.O. Oldman, London Konvolut: 1922/20	35849–35851	3	2
Tausch H. Mills, Kokima Konvolut: 1925/04	38107	1	1
Kauf Julius Konietzko, Hamburg Konvolut: 1926/08	38379–38382	4	4
Kauf Julius Konietzko, Hamburg Konvolut: 1927/05	38461	1	1
Geschenk Kathlyn Hoebel, Madison Konvolut: 1929/06	38879	1	1
Kauf Julius Konietzko, Hamburg Konvolut: 1930/02	39366,39367,39369	3	3
Kauf v. Pechnel-Loesche, Köln Konvolut: 1930/11	39408–39410	3	2
Geschenk H. Paffendorf Konvolut: 1933/04	40031	1	1
Geschenk Naturhistorisches Museum, Bonn Konvolut: 1933/05	40058	1	1

Geschenk Fr.v Slijtermann, Duisburg Konvolut: 1937/13	40390–40391	2	1
Tausch Museum für Völkerkunde, Berlin Konvolut: 1937/14	40396–40414,40421–40425	24	15
Tausch Nationalmuseet, Kopenhagen Konvolut: 1939/02	41237–41537	301	269
Tausch Naturwissenschaftliches Museum, Wuppertal Konvolut: 1940/04	42186–42198 42211,4223642487	16	14
Überweisung Kunstgewerbemuseum, Köln Konvolut: 1950/12	45368–45376	9	9
Kauf Franz Müller-Gossen, Krefeld Konvolut: 1953/13	43957–43982	26	25
Geschenk J. Menne, Köln Konvolut: 1954/39	44767	1	1
Geschenk Fa. Liesegang, Köln Konvolut: 1954/45	52583–52584	2	2
Geschenk Sophie Pflüger, Bonn Konvolut: 1955/11	44928–44929	2	2
Geschenk Wellcome Museum, London Konvolut: 1956/10	45751–45754	4	4
Kauf G.A. Konitzky, Cambridge Konvolut: 1957/08	46853	1	1
Kauf G.A. Konitzky, Cambridge Konvolut: 1957/13	47139	1	1
Überweisung Kunstgewerbemuseum, Köln Konvolut: 1958/17	47198	1	1
Kauf Berkeley Galleries, London Konvolut: 1959/04	47526	1	1

Tausch Arthur Speyer, Niederwalluf Konvolut: 1960/10	47886	1	1
Kauf Klaus Clausmeyer, Düsseldorf Konvolut: 1961/01	47908	1	1
Kauf Stolper Galleries, London Konvolut: 1965/02	49623	1	1
Kauf Klaus Clausmeyer, Düsseldorf Konvolut: 1966/06	48109,48110,49191	3	3
Tausch Stolper Galleries, London Konvolut: 1967/06	49685–49694	10	10
Tausch Arthur Speyer, Niederwalluf Konvolut: 1967/08	49717–49719	3	3
Geschenk Anonym Konvolut: 1968/06	49783,49789,49790	3	3
Kauf Stolper Galleries, New York Konvolut: 1969/01	49794	1	1
Geschenk Dr. Eduard Hoenig, Bensberg Konvolut: 1978/08	52459,52460	2	2
Geschenk P.C. Ting Konvolut: 1979/03	49868	1	1
Geschenk Kevin A. Darroch, Kanada Konvolut: 1982/13	54206	1	1
Kauf Haida Arts & Graphics, Skidegate Konvolut: 1988/04	51280	1	1
Geschenk Frau Dietzsch-Kluth, Köln Konvolut: 1988/19	51281	1	1
Geschenk Milwaukee Public Museum Konvolut: 1988/28	51786	1	1

Kauf Native Pacific Art Group Konvolut: 1989/07	52461–52462	2	2
Kauf Textile Arts Inc., New York Konvolut: 1989/17	52945	1	1
Geschenk Frau I. Sarma, Köln Konvolut: 1990/04	52360	1	1
Kauf Dieter Schulz, Leverkusen Konvolut: 1990/05	52910–52918	9	9
Geschenk I. Maurer, Bonn Alter Bestand, Rautenstrauch-Joest-Museum, Köln Konvolut: 1990/06	52533–52535 52956–52957	3 2	3 2
Kauf Ravens Gallery, Vancouver Konvolut: 1990/09	52359	1	1
Kauf New Mex Port, Albuquerque Konvolut: 1991/10	52946–52949	4	4
Kauf Helmer Arts Ltd., Golden Konvolut: 1992/16	54205	1	1
Kauf Eugene Hunt, Victoria Konvolut: 1993/03	53800	1	1
Geschenk Ursula Dyckerhoff, Bonn Konvolut: 1993/09	54201–54204	4	4
Geschenk Ursula Dyckerhoff, Bonn Konvolut: 1993/19	54294–54295	2	2
Alter Bestand Rautenstrauch-Joest-Museum, Köln Konvolut: 1994/05	54296–54308	14	14
Kauf Dieter Schulz, Leverkusen Konvolut: 1994/10	54728–54733	6	6

[1] Aktive Nummern sind die Objekte, die laut Inventur vom 31.8.1995 heute vorhanden sind.
[2] Sechs Nummern wurden nach Frankfurt getauscht.

Literaturverzeichnis

Abbott, Donald N.

1981 *The world is as sharp as a knife. An anthology in honour of Wilson Duff.* British Columbia Provincial Museum. Victoria

Allen, Laura G.

1989 Wicker plaiting and coil. *Plateau* 53 (4): 4–7. Museum of Northern Arizona. Flagstaff

Antes, Horst

1980 *Kachina-Figuren der Pueblo-Indianer Nordamerikas aus der Studiensammlung.* Badisches Landesmuseum. Karlsruhe

Arizona Highway Department (ed.)

1974 *Arizona Highway* L (5) May 1974

Barnett, Franklin

1973 *Dictionary of prehistoric Indian artifacts of the American Southwest.* Flagstaff

Barnett, Homer G.

1955 *The Coast Salish of British Columbia.* The University Press. Eugene

Barth, Georg H.

1989 *Techniken der indianischen Perlenstickerei.* Freiburg

Beardsley, Grace

1985 Design development in Tarahumara and Pueblo sashes. *American Indian Art Magazine* 10 (4): 30–43, 71, 73

Benndorf, Helga & Arthur Speyer

1968 *Die Indianer Nordamerikas von 1760–1860. Ausstellungskatalog der Sammlung Arthur Speyer.* Deutsches Ledermuseum. Offenbach

Berlo, Jane Catherine (ed.)

1992 *The early years of Native American art history. The politics of scholarship and collecting.* University of Washington Press. Seattle & London

Birket-Smith, Kaj

1929 The Caribou Eskimos. Material and social life and their cultural position. *Report of the Fifth Thule Expedition 1921–24* 5 (1–2). Copenhagen

1945 Ethnographical collections from the Northwest Passage. *Report of the Fifth Thule Expedition 1921–24* 6 (2). Copenhagen

Blackard, David M.

1990 Patchwork and palmettos since 1820. *American Indian Art Magazine* 15 (2): 66–83

Boas, Franz

1909 The Kwakiutl of Vancouver Island. *Publications of the Jesup North Pacific Expedition* 5 (2): 301–522; *Memoirs of the American Museum of Natural History* 8 (2). New York

1966 *Kwakiutl ethnography.* University Press. Chicago

Boden, Gertrud & Martina Gockel

1995 Native North American collections in Western European Museums. Replies to a questionnaire. *European Review of Native American Studies* 9 (1): 49–54

Bolz, Ingeborg

1975 Sammlung Ludwig Altamerika. *Ethnologica* NF 7. Rautenstrauch-Joest-Museum. Köln

Bolz, Peter

1986 *Ethnische Identität und kultureller Widerstand. Die Oglala-Sioux der Pine Ridge-Reservation in South Dakota.* Zentrum für Nordamerika-Forschung. Universität Frankfurt

Bolz, Peter & Bernd Peyer

1987 *Indianische Kunst Nordamerikas.* Köln

Brako, Jeanne

1993 Recognizing ethnographic wear patterns on Southwestern textiles. *American Indian Art Magazine* 18 (3): 64–71

Brasser, Ted J.

1975 A basketful of Indian culture change. *National Museum of Man Mercury Series* 22. Ottawa

Brunius, Staffan

1990 North American Indian collections at the Folkens Museum-Etnografiska, Stockholm. *European Review of Native American Studies* 4 (1): 29–34

Bunzel, Ruth L.

1972 *The Pueblo potter. A story of creative imagination in primitive art.* New York

Coe, Ralph T.

1976 *Sacred circles. Two thousand years of North American Indian art.* London

1986 *Lost and found traditions. Native American art 1965–1985.* New York

Cohodas, Marvin

1992 Louisa Keyser and the Cohns: Mythmaking and basket making in the American West. In: Janet Catherine Berlo (ed.): *The early years of Native American art history:* 88–133. University of Washington Press. Seattle & London

Cole, Charles F.

1955 Tesuque rain gods. *The Living Museum* 16 (9): 550–551

Cole, Douglas

1985 *Captured heritage. The scramble for Northwest Coast artifacts.* University of Washington Press. Seattle & London

Collins, Henry B. et al.

1977 *The Far North. 2000 years of American Eskimo and Indian art.* Bloomington

Colton, John

1959 *Hopi kachina dolls with a key to their identification.* Albuquerque

Conn, Richard

1979 *Native American art in the Denver Art Museum.* University of Washington Press. Seattle & London

1982 *Circles of the world. Traditional art of the Plains Indians.* Denver

1987 *Die Kultur der Indianer Nordamerikas. Katalog zur Ausstellung im Rheinischen Landesmuseum Bonn vom 12.11. 1987 bis 3.1.1988.* Denver

Csonka, Yvon

1988 *Collections arctiques.* Musée d'Ethnographie. Neuchâtel

Culin, Stewart

1907 Games of the North American Indians. *24th Annual Report of the Bureau of American Ethnology for the Years 1902–1903.* Washington

Cushing, Frank H.

1895 Katalog einer Sammlung von Idolen, Fetischen und priesterlichen Ausrüstungsgegenständen der Zuni. *Veröffentlichungen des Königlichen Museums für Völkerkunde Berlin* 4 (1): 1–12

Devereux, Georges

1941 La chasse collective au lapin chez les Hopi, Oraibi, Arizona. *Journal de la Société des Américanistes* n.s. 33

Disselhoff, H.D.

1937 Nordamerikanische Kinderwiegen im Berliner Museum für Völkerkunde. *Baessler Archiv* 20 (2): 73–91

Dixon, Roland B.

1902 Basketry designs of the Indians of Northern California. *Bulletin of the American Museum of Natural History* 17 (1): 2–24. New York

Dockstader, Frederick J.

1954 The kachina and the white man. A study of the influences of white culture on the Hopi kachina cult. *Cranbrook Institute of Science Bulletin* 35. Bloomfield Hills

1962 *Indian Art in America.* New York

Domnick, Renate

1992 Western Shoshone: Atombombentests verseuchen das Land. In: Gesellschaft für bedrohte Völker (Hg.): *Unsere Zukunft ist eure Zukunft. Indianer heute:* 133–138. Hamburg & Zürich

1994 Rufer in der Wüste. Western Shoshone gegen Atomtests in Nevada. In: Schwarzbauer, Peter (Hg.): *We are still alive. Indianer Nordamerikas. Gegenwart und Vergangenheit. Informationen für Lehrer und politisch Interessierte:* 97–101. Wien

Downs, Dorothy

1990 Contemporary Florida Indian patchwork and baskets. *American Indian Art Magazine* 15 (4): 56–63

Dräger, Lothar

1992 *Indianer Nordamerikas: Ausstellung im Blockhaus „Villa Bärenfett" des Karl-May-Museums.* München

Drucker, Philip

1951 The Northern and Central Nootkan tribes. *Bureau of American Ethnology Bulletin* 144. Washington

1955 *Indians of the Northwest Coast.* New York

Dubin, Lois Sheer

1987 *The history of beads.* New York

Dupaigne, Bernard & Bernadette Robbe

1989 *Chez les Eskimo. Côte Est du Groenland avec Paul-Emile Victor et Robert Gessain.* Musée de l'Homme. Paris

Earle, Edwin & Edward A. Kennard

1971 *Hopi kachinas.* Museum of the American Indian Heye Foundation. New York

Emmons, George Thornton

1903 The basketry of the Tlingit. *Memoirs of the American Museum of Natural History* 3 (2): 229–277. New York

1991 The Tlingit Indians. *Anthropological Papers of the American Museum of Natural History* 70. New York

Ewers, John C.

1955 The horse in Blackfoot Indian culture with comparative material from other Western tribes. *Bureau of American Ethnology Bulletin* 159. Washington

1957 Hair pipes in Plains Indian adornment: A study in Indian and White ingenuity. *Bureau of American Ethnology Bulletin 164. Anthropological Papers* 50: 29–85

1986 *Plains Indian sculpture. A traditional art from America's heartland.* Smithsonian Institution Press. Washington

Falck, R. & E.

1963 Têtes de harpons Eskimo. *Catalogues du Musée de l'Homme Série G Arctiques* 1. Paris

Fane, Diana et al.

1991 *Objects of myth and memory. American Indian art at the Brooklyn Museum.* New York

Feder, Norman (ed.)

1964 *Art of the Eastern Plains Indians.* New York

Feest, Christian F.
1968 *Indianer Nordamerikas.* Museum für Völkerkunde. Wien
1980 *Native Arts of North America.* London
1986 *Indianer Nordamerikas. Heute & Gestern.* Museum für Völkerkunde. Wien
1991 *Eskimo. Schwerpunkt Grönland.* Museum für Völkerkunde. Wien
1993a European collecting of American Indian artefacts and art. *Journal of the History of Collections* 5 (1): 1–11
1993b *Über Lebenskunst nordamerikanischer Indianer.* Museum für Völkerkunde. Wien

Fenton, William N.
1941 Masked medicine societies of the Iroquois. *Annual Report of the Smithsonian Institution for 1940:* 397–430. Washington
1987 *The false faces of the Iroquois.* Norman

Fewkes, W.J. & A.M. Stephen
1892 The mam-zrau'-ti. A Tusayan ceremony. *American Anthropologist* 5: 217–245

Fitzhugh, William W. & Aron Crowell
1988 *Crossroads of continents: Cultures of Siberia and Alaska.* Smithsonian Institution Press. Washington

Foy, Willy
1906 *Führer durch das Rautenstrauch-Joest-Museum (Museum für Völkerkunde) der Stadt Cöln.* Köln
1908 *Jahresbericht des Vereins zur Förderung des Städtischen Rautenstrauch-Joest-Museums für Völkerkunde in Cöln I-IV (1904–1907).* Köln

Frederick, E.C. (ed.)
1988 Hopi and Hopi-Tewa pottery. *Plateau* 49 (3). Museum of Northern Arizona. Flagstaff

Freuchen, Peter
1935 *Arctic adventure: My life in the frozen north.* New York
1961 *Book of the Eskimos.* Dagmar Freuchen (ed.). Cleveland

Freuchen, Peter & Finn Salomonson
1962 *The Arctic year.* London

Fröhlich, Willy (Hg.)
1971 *Exotische Kunst im Rautenstrauch-Joest-Museum.* Rautenstrauch-Joest-Museum. Köln

Gerber, Peter
1980 *Die Peyote-Religion. Nordamerikanische Indianer auf der Suche nach einer Identität.* Zürich

Gerber, Peter & Vanina Katz-Lahaigue
1989 *Indianische Künstler der Westküste Kanadas.* Völkerkundemuseum der Universität. Zürich

Gerhard, Thomas
1991 Die Sammlung der Nordwestküsten-Indianer im Kölner Rautenstrauch-Joest-Museum: Ihre Entstehungs- und Verkaufsgeschichte. Unveröffentlichte Magisterarbeit. Universität Bonn

Glenbow Museum & Glenbow Alberta Institute
1987 *The spirit sings. Artistic traditions of Canada's First Peoples. A catalogue of the exhibition.* Glenbow Museum. Calgary

Goddard, Pliny E.
1903 Life and culture of the Hupa. *Publications in American Archaeology and Ethnology* 1 (1). University of California. Berkeley

Graebner, Fritz
1927 Gerät oder Waffe der Blackfeet-Indianer? *Ethnologica* 3: 284. Rautenstrauch-Joest-Museum. Köln

Gratz, Kathleen
1976 Tesuque rain god. *El Palacio* 82 (3): 3–8

Gunther, Erna
1962 *Northwest Coast Indian art. An exhibit at the Seattle World's Fair Fine Arts Pavillon.* Washington State Museum. University of Washington. Seattle

Haberland, Wolfgang
1973ff. Die Oglala-Sammlung Weygold im Hamburgischen Museum für Völkerkunde. *Mitteilungen aus dem Museum für Völkerkunde Hamburg* NF Teil 1: 1973 (3): 79–106, Teil 2: 1974 (4): 39–92, Teil 3: 1976 (6): 17–36, Teil 4: 1977 (7): 19–52, Teil 5: 1978 (8): 15–43, Teil 6: 1980 (10): 15–39, Teil 7: 1981 (11): 29–55, Teil 8: 1982 (12): 85–108, Teil 9: 1984 (14): 51–109
1979 *Donnervogel und Raubwal. Die indianische Kunst der Nordwestküste Nordamerikas.* Hamburg

Hail, Barbara A.
1988 Hau, Kóla. The Plains Indian collection of the Haffenreffer Museum of Anthropology. *The Haffenreffer Museum of Anthropology Brown University Studies in Anthropology and Material Culture* 3. Bristol

Hamburgisches Museum für Völkerkunde
1984 *Führer durch die Sammlungen.* München

Handbook of North American Indians. Sturtevant, William C. (gen. ed.)
20 Bände. Smithsonian Institution. Washington.
bisher erschienen:
1978 Vol. 8: *California*
1978 Vol. 15: *Northeast*
1979 Vol. 9: *Southwest*
1981 Vol. 6: *Subarctic*
1983 Vol. 10: *Southwest*
1984 Vol. 5: *Arctic*
1986 Vol. 11: *Great Basin*
1988 Vol. 4: *History of Indian-White relations*
1990 Vol. 7: *Northwest Coast*

Hartmann, Horst
1973 Die Plains- und Prärieindianer Nordamerikas. *Veröffentlichungen des Museums für Völkerkunde Berlin* NF 22. Berlin
1975 Alosaka und Muyungwa. *Baessler Archiv* NF 23: 293–346

1978 Kachina-Figuren der Hopi-Indianer. *Veröffentlichungen des Museums für Völkerkunde Berlin* NF 36. Berlin

Hawthorn, Audrey
1956 *People of the potlatch. Exhibition.* Vancouver Art Gallery. Vancouver
1979 *Art of the Kwakiutl Indians.* University of Washington Press. Seattle & London

Hoffmann, Gerhard (Hg.)
1988 *Im Schatten der Sonne. Zeitgenössische Kunst der Indianer und Eskimos in Kanada.* Stuttgart

Hoffmann, Walter James
1891 The Mide'wiwim or 'Grand Medicine Society' of the Ojibwa. *7th Annual Report of the Bureau of American Ethnology 1885–1886:* 143–300. Washington

Hog, Michael
1981 *Ziele und Konzeptionen der Völkerkundemuseen in ihrer historischen Entwicklung.* Frankfurt

Holm, Bill
1965 *Northwest Coast Indian art. An analysis of form.* University of Washington Press. Seattle & London
1984 *The box of daylight. Northwest Coast Indian art.* University of Washington Press. Seattle & London
1987 *Spirit and ancestor: A century of Northwest Coast Indian art of the Burke Museum.* University of Washington Press. Seattle & London

Holm, Bill & William Reid
1975 *Form and freedom. A dialogue on Northwest Coast Indian art.* Institute of Arts. Rice University. Houston

Hothem, Lar
1991 *Indian axes and related stone artifacts.* Paducah

Hough, Walter
1918 The Hopi Indian collection in the United States National Museum. *Proceedings of the United States National Museum* 54: 235–296. Washington

Ivanov, S.V.
1930 Aleut hunting headgear and its ornamentation. *Proceedings of the 23rd International Congress of Americanists New York 1928:* 477–504. New York

James, G. Wharton
1902 *Indian basketry.* New York

Jonaitis, Aldona
1988 *From the land of the totem poles. The Northwest Coast Indian art collection at the American Museum of Natural History.* New York & Seattle
1991 *Chiefly feasts. The enduring Kwakiutl potlatch.* University of Washington Press. Seattle & London

Kaemlein, Wilma R.
1967 *An inventory of Southwestern American Indian specimens in European museums.* Tucson

Kasten, Erich
1990 Maskentänze der Kwakiutl. Tradition und Wandel in einem modernen indianischen Dorf. *Veröffentlichungen des Museums für Völkerkunde Berlin* NF 49. Berlin

Kent, Kate Peck
1983 *Pueblo Indian textiles. A living tradition.* School of American Research Press. Santa Fé

King, Jonathan C. H.
1981 *Artificial curiosities from the Northwest Coast of America. Native American artefacts in the British Museum collected on the third voyage of Captain James Cook and acquired through Sir Joseph Banks.* London

Krause, Aurel
1956 *The Tlingit Indians.* University of Washington Press. Seattle & London

Kroeber, Alfred L.
1905 Basket designs of the Indians of Northwestern California. *Publications in American Archaeology and Ethnology* 2 (4): 105–164. University of California. Berkeley

Kunze, Albert (Hg.)
1988 *Hopi und kachina: Indianische Kultur im Wandel.* München

LaBarre, Weston
1975 *The peyote cult.* Hamden

Leden, Christian
1927 *Über Kiwatins Eisfelder: Drei Jahre unter kanadischen Eskimos.* Leipzig

Levesque, Carole
1976 La culture materielle des Indiens du Québec: Une étude de raquettes, mocassins et toboggans. *National Museum of Man Mercury Series* 33. Ottawa

Lindig, Wolfgang & Mark Münzel
1985 *Die Indianer. Bd. 1: Nordamerika.* 3. Aufl. München

Ling Roth, H.
1908 Moccasins and their quill work. *Journal of the Anthropological Institute* 38: 47–57. London

Lips, Julius E.:
1947 Notes on Montagnais-Naskapi economy. *Ethnos* 12 (1–2): 69–77

Lobb, Allan
1978 *Indian baskets of the Northwest Coast.* Portland

Marr, Carolyn J.
1991 Basketry regions of Washington State. *American Indian Art Magazine* 16 (2): 40–49

Mason, Otis T.
1889 The cradles of the American aborigines. *Annual Report of the Board of Regents of the Smithsonian Institution for the Years 1886–1887:* 161–212. Washington
1891 The ulu or woman's knife of the Eskimo. *Annual Report of the United States National Museum for 1890:* 411–416. Washington

1896 Primitive travel and transportation. *Annual Report of the Board of Regents of the Smithsonian Institution for the Years 1893–1894:* 239–593. Washington

1902 *Directions for collectors of American basketry.* Washington

1904 Aboriginal American basketry. Studies in textile art without machinery. *Annual Report of the United States National Museum for 1902:* 169–548. Washington

Mathiassen, Therkel

1927 Archaeology of the Central Eskimos. 2 Bde. *Report of the Fifth Thule Expedition 1921–24* 4 (1–2). Copenhagen

1945 Material Culture of the Iglulik Eskimos. *Report of the Fifth Thule Expedition 1921–24* 6 (2). Copenhagen

1952 Archaeological collections from the Western Eskimo. Eskimo Archaeology and Ethnology. *Report of the Fifth Thule Expedition 1921–24* 10 (1). Copenhagen

MacNair, Peter et al.

1984 *The legacy. Continuing traditions of Canadian Northwest Coast Indian art.* British Columbia Provincial Museum. Victoria

MacNair, Peter L. & Alan L. Hoover

1984 *The magic leaves. A history of Haida argillite carving.* British Columbia Provincial Museum. Victoria

McCoy, Ron

1994 Hopi-Zuni porcupine quill dance anklets. *American Indian Art Magazine* 19 (2): 36–41, 94

Merril, Ruth Earl

1932 Plants used in basketry by Californian Indians. *Publications in American Archaeology and Ethnology* 20: 215–244. University of California. Berkeley

Miles, Charles & Pierre Bovis

1969 *American Indian and Eskimo basketry.* New York

Miller, Sheryl F.

1989 Hopi basketry: Traditional social currency and contemporary source of cash. *American Indian Art Magazine* 15 (1): 62–71

Morrow, Mable

1982 *Indian rawhide. An American folk art.* Norman

Mowat, Linda et al.

1992 Basketmakers. Meaning and form in Native American baskets. *Pitt Rivers Museum Monograph* 5. Oxford

Murdoch, John

1892 Ethnological results of the Point Barrow Expedition. *Annual Report of the Bureau of American Ethnology for the years 1887–1888:* 19–441. Washington

Musée d'Arts Africains, Océaniens, Amérindiens

1994 *Kachina. Poupées rituelles des Indiens Hopi et Zuni.* Marseille

Museum für Völkerkunde der Stadt Freiburg (Hg.)

1995 *Als Freiburg die Welt entdeckte. 100 Jahre Museum für Völkerkunde.* Freiburg

Nelson, Edward W.

1899 The Eskimo about Bering Strait. *Annual Report of the Bureau of American Ethnology for the Years 1896–1897:* 3–518. Washington

Newcomb, France J. & Gladys A. Reichard

1975 *Sandpaintings of the Navajo shooting chant.* New York

Obomsawin, Alanis

1974 Sounds and voices from our people. artscanada: *Stones, bones & skin. Ritual and shamanic art.* The Society for Art Publications. Toronto

Oldman, W.O.

1905ff. *Illustrated catalogue of ethnographical specimens.* Bände 20–126. London

Orchard, William C.

1916 The technique of porcupine quill decoration among the Indians of North America. *Contributions from the Museum of the American Indian Heye Foundation* 4 (1). New York

Oregon Historical Society

1982 *Soft gold. The fur trade and cultural exchange on the Northwest Coast of America.* o. O.

Owen, Mary Alicia

1904 *Folklore of the Musquakie Indians of North America and catalogue of Musquakie beadwork and other objects in the collection of the Folklore-Society.* London

Parezo, Nancy J.

1983 *Navajo sandpainting: From religious act to commercial art.* Albuquerque

Parsons, Elsie C.

1918 War god shrines of Laguna and Zuni. *American Anthropologist* 20: 381ff.

Petersen, Robert

1984 The Greenland tupilak. *Folk* 6 (2): 73–88

Pflug, Walter

1923 Die Kinderwiege. Ihre Formen und ihre Verbreitung. *Archiv für Anthropologie* NF 19: 185–223

Phillips, Ruth B.

1989 Souvenirs from North America: The miniature as image of Woodlands Indian life. *American Indian Art Magazine* 14 (2): 52–62

Pohrt, Richard A.

1977 Plains Indian moccasins with decorated soles. *American Indian Art Magazine* 2 (3): 32–39, 84

Pützstück, Lothar

1995 *Symphonie in Moll. Julius Lips und die Kölner Völkerkunde.* Pfaffenweiler

Radin, Paul

1923 The Winnebago tribe. *Annual Report of the Bureau of American Ethnology for 1915–1916.* Washington

Ray, Dorothy Jean
1967 *Eskimo masks. Art and ceremony.* University of Washington Press. Seattle & London

Richards, Tally
1978 The Millicent Rogers Memorial Museum. *American Indian Art Magazine* 3 (3): 24–27

Ritzenthaler, Robert E.
1970 *Iroquois false-face masks. Publications in Primitive Art Milwaukee Public Museum* 3. Milwaukee

Robert-Lamblin, Joelle
1980 Le kayak aléoute – vu par son constructeur et utilisateur – et la chasse à loutre de mer. *Objets et Mondes* 20 (1): 5–20

Roediger, Virginia M.
1961 *Ceremonial costumes of the Pueblo Indians. Their evolution, fabrication, and significance in the prayer drama.* Berkeley

Rogers, E.S.
1989 *The false face society of the Iroquois.* Royal Ontario Museum Series. Toronto

Rousselot, Jean-Loup
1983 *Die Ausrüstung zur Seejagd der westlichen Eskimo, untersucht in ihrem kulturellen Kontext.* Münchner Beiträge zur Amerikanistik. Hohenschäftlarn
1994 *Kanuitpit: Kunst und Kulturen der Eskimo. Eine Auswahl aus den Museumssammlungen.* Staatliches Museum für Völkerkunde. München

Rozaire, Charles E.
1977 *Indian basketry of Western North America.* Los Angeles

Sawyer, Alan R.
1983 Toward more precise Northwest Coast attributions. Two substyles of Hailsa masks. In: Bill Holm (ed.): *The box of daylight. Northwest Coast Indian art.* University of Washington Press. Seattle & London

Schevill, Margot Blum
1992 Lila Morris O'Neale: Ethnoaesthetics and the Yurok-Karok basket weavers of Northwestern California. In: Janet Catherine Berlo (ed.): *The early years of Native American art history:* 162–190. University of Washington Press. Seattle & London

Schulamt der Stadt Zürich (Hg.)
1975 *Indianer Nordamerikas. Katalog zur Sammlung Hotz der Stadt Zürich.* Zürich

Seiler-Baldinger, Annemarie
1991 Systematik der textilen Techniken. *Basler Beiträge zur Ethnologie* 32. Ethnologisches Seminar der Universität und Museum für Völkerkunde. Basel

Sheehan, Carol
1981 *Pipes that won't smoke; coal that won't burn. Haida sculpture in argillite.* Glenbow Museum. Calgary

Speck, Frank G.
1927 Symbolism in Penobscot art. *Anthropological Papers of the American Museum of Natural History* 29 (2). New York

Speyer, Arthur
1993 Hundert Jahre völkerkundliche Sammlungen Arthur Speyer (1893–1993). Unveröffentlichtes Manuskript

Spier, Leslie
1925 An analysis of Plains Indian parflèche decoration. *University of Washington Publications in Anthropology* 1 (3): 94–109. Seattle

Stanislawski, Michael B. et al.
1976 Identification marks on Hopi and Hopi-Tewa pottery. *Plateau* 48 (3–4): 47–66

Stevenson, James
1883 Illustrated catalogue of the collections obtained from the Indians of New Mexico and Arizona in 1879. *Annual Report of the Bureau of American Ethnology* 2. Washington

Stewart, Hilary
1977 *Indian fishing. Early methods on the Northwest Coast.* Vancouver
1984 *Cedar. Tree of life to the Northwest Coast Indians.* University of Washington Press. Seattle & London

Stott, Margaret A.
1975 Bella Coola ceremony and art. *National Museum of Man Mercury Series* 21. Ottawa

Streum, Rolf
1991 *Der Rabe brachte die Sonne. Moderne Kunst der Indianer Nordamerikas.* München

Tanner, Clara L.
1968 *Southwest Indian craft arts.* Tucson

Thiry, Mary & Paul
1977 *Eskimo artifacts designed for use.* Seattle

Thode-Arora, Hilke
1992 Die Familie Umlauff und ihre Firmen – Ethnographica-Händler aus Hamburg. *Mitteilungen aus dem Museum für Völkerkunde Hamburg* NF 22: 143–158

Thompson, Judy
1977 *The North American Indian collection. A catalogue.* Bern
1983 Turn of the century Métis decorative art from the Frederick Bull Collection. *American Indian Art Magazine* 8 (4): 36–45

Trebitsch, Rudolf
1910 *Bei den Eskimos in Westgrönland. Ergebnisse einer Sommerreise im Jahre 1906.* Berlin

Tromnau, Gernot
1988 *Menschen im Eis: Eskimo früher und heute. Begleitschrift zur Ausstellung.* Kultur- und Stadthistorisches Museum. Duisburg

Underhill, Ruth M.
1944 *Pueblo crafts.* Indian Handcraft Series. Lawrence
1954 *Workaday life of the Pueblos.* Indian Life and Customs Pamphlets. Lawrence

VanDongen et al. (eds.)
1987 *Masterpieces from the National Museum of Ethnography.* Leiden

VanStone, James W.
1972 The first Peary collection of Polar Eskimo material culture. *Fieldiana: Anthropology* 61. Chicago
1976 The Bruce collection of Eskimo material culture from Port Clarence, Alaska. *Fieldiana: Anthropology* 67. Chicago
1980 The Bruce collection of Eskimo material culture from Kotzebue Sound, Alaska. *Fieldiana: Anthropology* n.s. 1. Chicago
1990 The Nordenskiöld collection of Eskimo material culture from Port Clarence, Alaska. *Fieldiana: Anthropology* n.s. 14. Chicago
1992 Material culture of the Blackfoot (Blood) Indians of Southern Alberta. *Fieldiana: Anthropology* n.s. 19. Chicago

Varjola, Pirjo
1990 *The Etholén collection. The ethnographic Alaskan collection of Adolf Etholén and his contemporaries in the National Museum of Finland.* National Board of Antiquities. Helsinki

Victor, Paul E.
1938 Le bilboquet chez les Eskimo d'Angmassalik. *Journal de la Société des Américanistes n. s.* 30: 299–331

Villaseñor, David
1963 *Mandalas im Sand: Vom Wesen indianischer Sandmalerei.* Haldenwang

Völger, Gisela
1976 *Indianer Nordamerikas. Zirkumpolare Völker.* Katalog des Deutschen Ledermuseums 4. Deutsches Ledermuseum. Offenbach

Voth, Henry R.
1912 The Oraibi marau ceremony. *Field Museum of Natural History Publication* 156. *Anthropological Series* 11 (1): 1–88. Chicago

Walton, Ann T.
1985 *After the buffalo were gone. The Warren Hill sr. collection of Indian art.* St. Paul

Wardwell, Allen
1978 *Objects of bright pride. Northwest Coast Indian art from the American Museum of Natural History.* New York

Washburn, Dorothy (ed.)
1980 *Hopi kachina. Spirit of life.* University of Washington Press. Seattle & London

Weber, Ronald
1986 Emmon's notes on Field Museum's collection of Northwest Coast basketry. Edited with an ethnoarchaeological analysis. *Fieldiana: Anthropology* n.s. 9. Chicago

Webster, W.D.
1895ff. *Illustrated catalogue of ethnographical specimens, European and Eastern arms and armour, prehistoric and other curiosities.* London

Weygold, Friedrich
1903 Das indianische Lederzelt im Königlichen Museum für Völkerkunde zu Berlin. *Globus* 83 (1): 1–7, Nachtrag (10): 164
1907 Die Dakota-Indianer. *24. und 25. Jahresbericht (1905 und 1906) des Württembergischen Vereins für Handelsgeographie:* 51–78. Stuttgart
1912 Die Hunkazeremonie. *Archiv für Anthropologie* NF 11: 145–160

Whiteford, Andrew H.
1988 *Southwestern Indian baskets. Their history and their makers.* Santa Fé

Whiteford, Andrew H. & Susan Brown McGreevy
1985 Translating tradition: Basketry arts of San Juan Paiutes. *American Indian Art Magazine* 11 (1): 30–37

Wingert, Paul S.
1949 *American Indian sculpture. A study of the Northwest Coast.* New York

Winters, Christopher
1991 *International dictionary of anthropologists.* New York & London

Wissler, Clark
1927 Distribution of moccasin decorations among the Plains tribes. *Anthropological Papers of the American Museum of Natural History* 29 (1). New York

Wright, Barton
1973 *Kachinas. A Hopi artist's documentary.* Flagstaff
1976 Tabletas, a Pueblo art. *American Indian Art Magazine* 1 (3): 56–64
1977 *Hopi kachinas. The complete guide to collecting kachina dolls.* Flagstaff
1993 Pueblo shields. *American Indian Art Magazine* 17 (2): 44–51

Wright, Barton & Evelyn Roat
1962 *This is a Hopi kachina.* Flagstaff

Zerries, Otto
1978 *Die Eskimo. Katalog zur Ausstellung.* Staatliches Museum für Völkerkunde. München

Zwernemann, Jürgen
1986 Julius Konietzko – ein „Sammelreisender" und Händler. *Mitteilungen aus dem Museum für Völkerkunde Hamburg* NF 16: 17–39

Glossar

Cora Bender

ajaagaq
Geschicklichkeitsspiel der Eskimo. Ein mit Löchern versehenes Knochenstück ist durch einen Sehnenfaden mit einer Knochennadel verbunden. Bei dem Spiel geht es darum, mit der Nadel ein vorher festgelegtes Loch des hochgeschleuderten Knochenstücks zu treffen.

Anasazi
Das Wort bedeutet in der Sprache der Navajo soviel wie „die Alten" und bezeichnet in der Archäologie eine Kulturtradition im Vierstaateneck von Utah, Colorado, Arizona und New Mexico, bei der man eine ältere sogenannte Basketmaker-Phase (ca. 100 v.Chr. - 700 n.Chr.) von einer jüngeren Pueblo-Phase unterscheidet. Die Region mit Fundstätten beeindruckender Größe gehört zu den archäologisch besterforschten Gebieten der Welt. Die Großsiedlungen aus mehrstöckigen und hunderte Räume umfassenden Dorfanlagen entstanden ab 1100 n. Chr. Alle Anasazi-Siedlungen wurden im Lauf des 14. Jahrhunderts verlassen. Die Gründe für diesen Verfall werden bis heute in der Forschung diskutiert. Vermutet werden unter anderem Klimawechsel, Überbevölkerung und Erschöpfung der natürlichen Ressourcen. Viele Anasazi-Ruinen stehen heute unter Denkmalschutz und gehören zu den großen Touristenattraktionen im Südwesten.

Applikation
Verzierungstechnik, bei der unterschiedliche Materialien, zum Beispiel Federn, Muscheln, Glasperlen, Stoffstückchen, Stachelschweinborsten oder Haare, auf einem Träger aus Stoff oder Leder befestigt werden.

Argillit
Schwarzer Tonschiefer, aus dem die Haida an der Nordwestküste seit dem Beginn des vorigen Jahrhunderts Schnitzarbeiten, zum Beispiel Pfeifenpaneele, Skulpturen und Teller, für weiße Abnehmer fertigten. Die Argillit-Schnitzerei stellt die erste rein kommerzielle Kunstform an der Nordwestküste dar.

Bola
Wurf- und Fanggerät aus einer oder mehreren an langen Riemen befestigten Stein- oder Knochenkugeln. Die Bola wird nach dem Beutetier geschleudert und fesselt es durch Umwicklung.

Broschieren
Verzierungstechnik beim Weben, bei der zusätzlich zum Grundschuß ein musterbildender Schuß eingetragen wird, der jedoch nicht über die gesamte Webbreite mitgeführt wird, sondern auf die Musterstelle beschränkt bleibt.

Bureau of American Ethnology (BAE)
Völkerkundliche Abteilung der Smithsonian Institution, 1879 unter der Leitung von John Wesley Powell in Washington gegründet. Erste professionelle Organisation amerikanischer Ethnographen, die einige bedeutende Studien indianischer Kulturen, besonders zu Religion und Sprache, finanzierte. Publikationen: Annual Reports und Bulletin of the BAE.

Bureau of Indian Affairs (BIA)
Zentrale Bundesbehörde für indianische Angelegenheiten. 1824 als Unterabteilung des Kriegsministeriums gegründet, 1849 dem Innenministerium angegliedert. Bis heute besteht die wichtigste gesetzliche Funktion des BIA in der Ausübung der Bundestreuhänderschaft über indianisches Land und seine Ressourcen.

Calumet, Kalumet
Ursprünglich als Bezeichnung für ein mit Federn, Perlen oder Haar verziertes, zeremoniell verwendetes Paar Holzstäbe mit gegensätzlicher symbolischer Bedeutung (Tag-Nacht, Frieden-Krieg, Norden-Süden etc.). Die Calumet-Zeremonie verbreitete sich im 18. Jahrhundert von den am Mississippi lebenden Stämmen in weite Teile des Kontinents. Dabei wandelte sich das Calumet vom Zeremonialstab zur Friedenspfeife, als die es in der populären Indianerliteratur bekannt wurde.

Catlinit
Rotes Aluminiumsilikat, das die Indianer des Mittleren Westens als Grundstoff für geschnitzte Pfeifenköpfe benutzten. In frisch gebrochenem Zustand ist Catlinit leicht schnitzbar, härtet aber an der Luft schnell aus. Der Stein ist nach dem Maler George Catlin benannt, der den größten Catlinit-Steinbruch im Südwesten des Bundesstaates Minnesota als erster Weißer beschrieb. Der Steinbruch liegt im traditionellen Gebiet der Dakota, die auch weiterhin über das Nutzungsrecht verfügen. Den Indianern galt der Steinbruch als Asyl und Ort der Waffenruhe.

chungke
Runder, flacher und innen vertiefter Stein von drei bis zwanzig Zentimetern Durchmesser, der von Indianern im südöstlichen Waldland bis ins 18. Jahrhundert bei einem Feldspiel mit zwei bis vier Spielern verwendet wurde.

coup
Bei Plains-Indianern übliche symbolische Kampfhandlung im Reitergefecht. Den noch kampffähigen Gegner mit der Hand oder einem speziellen *coup*-Stab zu berühren, erhöhte das Prestige des Kämpfers erheblich.

Crow-Stich
Hauptsächlich von den Crow-Indianerinnen angewandte Technik der flächenfüllenden → Applikation mit Glasperlen. Die Glasperlen werden auf einen Faden gezogen und in parallelen Reihen nebeneinandergelegt. Mit einem zweiten Faden werden die Perlenreihen auf der Unterlage befestigt.

Dentalia
Die auch Elefantenzähne genannten Muscheln mit röhrenförmigem Gehäuse sind in fast allen Meeren verbreitet und wurden von den nordamerikanischen Indianern als Schmuck, Verzierungsmaterial und Zahlungsmittel verwendet.

Diagonalgeflecht
Form des → echten Flechtens, bei dem die beiden Flechtrichtungen diagonal zu den Rändern des Geflechts verlaufen.

Dreirichtungsflechten
Form des → echten Flechtens, bei der man statt zwei drei Fadensysteme benutzt. Diese können gleichwertig miteinander verflochten sein oder ein eingezogenes Fadensystem aufweisen.

Echtes Flechten
Flechten mit zwei oder mehr aktiven Fadensystemen, die im Prinzip austauschbar sind.

eye dazzler
Bei der Teppichweberei der Navajo verwendetes Zickzackmuster aus farbigen Rauten und Dreiecken, das beim Betrachten einen Flimmereffekt auslöst.

Flottieren
Webverfahren, bei dem die Kett- oder Schußfäden an bestimmten Stellen bindungslos auf oder unter dem Gewebe mitgeführt werden.

Gassenstich (lazy stitch)
Form der → Applikation, bei der Glasperlen auf einen Faden gereiht und dieser von Zeit zu Zeit durch die Unterlage geführt wird.

Geistertanz
Bekannteste → nativistische Bewegung unter den nordamerikanischen Indianern. Eine Vision des Paiute-Propheten Wovoka verbreitete sich ab 1889 von Nevada aus unter den notleidenden Reservationsindianern im Gebiet zwischen Kalifornien und Missouri und wurde von den verschiedenen Anhängergruppen unterschiedlich ausgelegt. Den Kern der Botschaft bildete die Wiederauferstehung der Toten und die Rückkehr zur voreuropäischen Lebensweise. Die Geistertanzbewegung wurde mit dem Massaker von → Wounded Knee im Jahre 1890 auf brutale Weise zerschlagen.

hairpipe
Längliche, zylindrisch geformte Knochenperle.

Halbflechten
Flechten mit einem passiven und einem aktiven Fadensystem.

Haliotis
An der kalifornischen Pazifikküste verbreitete Seeschnecke, deren Perlmuttgehäuse bis heute zur Herstellung von Schmuck und Einlegearbeiten verwendet wird.

hamatsa
Tanzzyklus eines Geheimbundes der Kwakiutl-Indianer an der Nordwestküste Nordamerikas. Die Novizen, die in den Bund aufgenommen werden, geraten im Rahmen der Zeremonie unter dem Einfluß eines menschenfressenden Geistes in Raserei und werden anschließend auf rituelle Weise gezähmt. Die Mitgliedschaft im *hamatsa*-Bund ist vornehmen Persönlichkeiten vorbehalten. Der *hamatsa*-Tanzzyklus wird heute innerhalb der → *potlatch*-Feste aufgeführt.

hogan
Kuppelförmige, meist achteckige Winterbehausung der Navajo aus Holz und Erde mit einem Durchmesser von ungefähr sechs Metern. Der *hogan* wird heute noch zu zeremoniellen Zwecken benutzt.

Hopewell
Prähistorische Kultur im Osten und Mittelwesten Nordamerikas in der Zeit von 200 v. Chr. bis 400 n. Chr., deren Ausdehnung von den Großen Seen bis zum Golf von Mexiko und von den Appalachen bis zum Unteren Missouri reichte und die wegen ihres ausgeprägten Totenkults mit Hunderten von Bestattungshügeln (→ *mounds*) bekannt ist.

imbrication
Verzierungstechnik beim → Wulsthalbflechten. Durch Einlegen und Falten eines zusätzlichen Streifens aus einer andersfarbigen Faser entstehen dachziegelartig angeordnete Schlaufen.

kachina
Wohlwollende Ahnengeister der Pueblo-Indianer, die eine wichtige Rolle im Zeremonialkalender spielen. Von ihren sakralen Wohnorten auf Bergen oder an Gewässern kehren sie zu bestimmten Zeiten in die Pueblos zurück, wo sie von maskierten Angehörigen verschiedener Männerbünde im Tanz verkörpert werden. *Kachina*-Figuren aus Holz wurden ursprünglich im Rahmen der religiösen Kindererziehung verwendet und sind heute als begehrte Produkte des indiani-

schen Kunsthandwerks eine nicht unbedeutende Einnahmequelle der Pueblo-Indianer.

Kaolin
Feinerdiges, weißes Tongestein, benannt nach dem Berg Kaoling, einem Fundort in China. Kaolin wird bis heute von Pueblo-Indianern zum Einfärben von Keramik und Leder verwendet. In der Industrie ist reiner Kaolin ein Rohstoff der Porzellanherstellung.

Kajak
Geschlossenes Einpersonenboot der Eskimo mit einer dünnen Hautbespannung über einem leichten Gerüst aus Treibholz oder Knochen, das der Jagd auf dem Meer diente.

Kettrips
Bei dem in → Leinwandbindung gewebten Stoff liegen die Kettfäden so dicht zusammen, daß sie die Schußfäden verdecken.

kiva
Teilweise oder vollständig unterirdisch angelegter Sakralraum der Pueblo-Indianer, der in verwandter Form schon in den frühen Phasen der → Anasazi-Kultur in Gebrauch war. In der *kiva* wurden die nichtöffentlichen Teile religiöser Feiern abgehalten. Daneben dienten sie als als Versammlungsorte der Klane und Medizingesellschaften oder im Alltag als Arbeitsräume.

Köperbindung
Bindungsart eines Gewebes, bei der die Kett- und Schußfäden in einem regelmäßigen Muster → flottieren, so daß die Bindungspunkte versetzt angeordnet werden und einen diagonal im Gewebe verlaufenden Grat ergeben.

Krakelüren
Risse oder Sprünge im Farbauftrag von Gemälden beziehungsweise Glasurrisse bei Keramiken.

Kulturareal
Von dem amerikanischen Ethnologen Clark Wissler geprägter Begriff zur räumlichen Gliederung der indianischen Kulturen Nordamerikas. Im Mittelpunkt stehen dabei bestimmte, für kulturprägend gehaltene Umweltfaktoren. In Nordamerika unterscheidet man die Kulturareale Arktis, Subarktis, Nordwesten, Kalifornien, Plateau, Großes Becken, Prärien und Plains, Südwesten, Südosten sowie Nordosten.

Leinwandbindung
Bindungsart eines Gewebes, bei der jeder Kettfaden abwechselnd über beziehungsweise unter einem von zwei aufeinanderfolgenden Schußfäden liegt.

manta
Traditionelles Gewand der Pueblo-Indianerinnen aus schwarzer Wolle, das eine Schulter freiläßt.

Mimbres
Nach dem Mimbres River im Bundesstaat New Mexico benannte und von der → Anasazi-Kultur beeinflußte lokale Kulturtradition mit Fundstellen aus den Jahren 1100 bis 1300 n. Chr. Die Mimbres-Kultur ist vor allem berühmt wegen ihrer schwarz auf weiß bemalten Keramik mit den im prähistorischen Südwesten einzigartigen naturalistischen Darstellungen von Tieren und Menschen. Schüsseln und Schalen als Grabbeigaben wurden häufig rituell getötet, indem man ein Loch in ihren Boden schlug.

mound
Englische Bezeichnung für Erdhügel. Aus Erde aufgeschütteter Grabhügel. Im östlichen Nordamerika hat man mehr als 100.000 *mounds* aus prähistorischer Zeit gefunden, bei denen man Grabhügel, Tempelhügel und Erdwallanlagen unterscheidet. Letztere haben zum Teil geometrische oder tierfigürliche Formen.

Native American Church
→ Peyote

Nativismus
Unter dem Druck kolonialer Eroberung und Unterdrückung einer ethnischen Minderheit entstehen häufig religiöse Bewegungen, deren Protagonisten an eine Verbesserung der Lebensumstände durch die Rückkehr zu ausgewählten, in der Erinnerung verklärten traditionellen Auffassungen und Lebensformen glauben. Je nach den konkreten Begleitumständen setzen sie auf eine eher passive Haltung oder aktiven Widerstand. Durch die Wiederbelebung traditioneller Kulturelemente wachsen Selbstbewußtsein, Identitäts- und Zusammengehörigkeitsgefühl.

parflèche
Rechteckig gefaltete Tasche aus steifem Rohleder der Plains-Indianer. *Parflèches* wurden häufig paarweise hergestellt und dienten als Gepäck- und Provianttaschen.

Patchwork
→ Applikationstechnik, bei der verschiedenförmig ausgeschnittene Stoffstücke musterbildend und flächig auf eine Unterlage aus Stoff aufgenäht werden.

pemmikan
Durch Trocknen oder Räuchern und anschließendes Zerstampfen und Vermengen mit Fett konserviertes Bison- und Wildfleisch.

Petroglyphen
In der Archäologie verwendete Bezeichnung für in Felsgestein eingeritzte Zeichnungen und Symbole.

Peyote
In Nordmexiko beheimateter meskalinhaltiger Kaktus, der bei mexikanischen Indianern schon in präkolumbischer Zeit im Mittelpunkt religiöser Zeremonien stand. In der zweiten Hälfte des 19. Jahrhunderts verbreitete sich der Gebrauch der halluzinogenen Peyotebuttons innerhalb einer neu entstehenden religiösen Bewegung zunächst in den südlichen Plains und von dort über weite Gebiete der USA bis ins südliche Kanada. Unter dem Einfluß der christlichen Mission entwickelte sich der Peyotekult zu einer panindianischen Bewegung, deren Anhänger sich 1918 als Native American Church organisierten. Durch die Kombination traditioneller Elemente indianischer Religionen (Rituale, Visionssuche) mit christlichen Moralgrundsätzen wird eine Stärkung des indianischen Selbstbewußtseins bei gleichzeitiger Eingliederung des Individuums in die Strukturen der dominanten westlichen Gesellschaft angestrebt.

Peyote-Stich
→ Applikationstechnik aus Glasperlen, mit der vor allem zylindrische Lederobjekte wie die Griffe von Rasseln oder Fächern verziert werden. Im Gegensatz zur einfachen Umwicklung mit Glasperlenschnüren werden beim Peyote-Stich die einzelnen Schnüre miteinander vernetzt, indem bei der zweiten Runde der Faden auch durch jede zweite oder dritte Perle der Vorrunde geführt wird.

piki
Bezeichnung der Hopi für ein sehr dünnes Fladenbrot aus blauem Maismehl und der Asche des Salzbusches, das auf heißen Steinplatten zu zeremoniellen Anlässen gebacken wird.

plaza
Zentraler Tanz- und Versammlungsplatz in den Pueblo-Dörfern des Südwestens.

pony beads
Die erste Form industriell hergestellter Glasperlen, welche im 18. und 19. Jahrhundert durch Pelzhändler bei den Plains-Indianern eingeführt wurden. *Pony beads* sind größer als die ab 1850 üblichen kleinen sogenannten Samenperlen.

potlatch
Zentrale gesellschaftliche Institution der Indianer an der Nordwestküste Nordamerikas. Ein *potlatch* ist ein Verdienstfest, das der Weitergabe von Privilegien dient. Dabei handelt es sich zum einen um wirtschaftliche Privilegien, das heißt um die Nutzungsrechte an bestimmten Fang- und Sammelplätzen, zum anderen um zeremonielle Privilegien, also Rechte an bestimmten Liedern, Tänzen und Masken. Anlässe für einen *potlatch* sind Ereignisse im Lebenszyklus, bei denen die Privilegien an ein Neugeborenes, einen Ehegatten oder den Erben eines Verstorbenen weitergegeben werden, wobei die eingeladenen Gäste die rechtmäßige Weitergabe der Privilegien bezeugen. Die Gäste werden dafür vom *potlatch*-Geber bewirtet und am Ende des früher mehrwöchigen, heute oft an einem Wochenende stattfindenden Festes entsprechend ihrem gesellschaftlichen Rang mit Geschenken bedacht.

powwow
Moderne indianische Tanzveranstaltung. Aufgeführt werden traditionelle Tänze verschiedener Indianergruppen, die teilweise auf frühere Zeremonialtänze zurückgehen. In vielen Fällen gibt es die Möglichkeit, Preisgelder für Tänze und Kostüme zu gewinnen. Im Mittelpunkt der auch für nichtindianische Zuschauer offenen Kulturveranstaltung stehen die Stärkung indianischer Identität und gruppenübergreifender Kommunikation.

quillwork
Von den Indianerinnen des Nordostens sowie der Prärien und Plains ausgeübte → Applikationstechnik, bei der gefärbte Stachelschweinborsten auf Kleidungsstücken und Gebrauchsgegenständen aus Leder befestigt werden.

Salkante
Längskante eines Gewebes, die farblich oder strukturell vom übrigen Gewebe abgehoben ist.

Sisiutl
Übernatürliches Wesen aus der Mythologie der Kwakiutl-Indianer an der Nordwestküste, das als schlangenartiges Wesen dargestellt wird, dessen Körper aus einem zentralen Gesicht und zwei seitlichen Schlangenleibern mit einem Kopf an jedem Ende besteht.

s-kreuzig
→ Zwirnbinden

Stakenflechten
Sonderform des → echten Flechtens, bei dem, obwohl von der Struktur her austauschbar, nur eines der beiden Fadensysteme aktiv ist, weil das zweite aus starrem Material besteht.

tablita
Brettartiger, zeremonieller Kopfschmuck der Pueblo-Indianer.

tipi
Kegelförmiges Wohn- und Ritualzelt der Plains-Indianer, das ursprünglich aus Holzstangen und Bisonhäuten bestand. Letztere wurden bereits gegen Ende des vorigen Jahrhunderts durch Zeltplanen aus Leinwand ersetzt. *Tipi* spielen heute im Zeremonialleben und als panindianisches Kultursymbol eine wichtige Rolle.

Tomahawk
Bezeichnet sowohl unterschiedliche Arten von Keulen als auch die von Europäern im 17. Jahrhundert in Umlauf gebrachten Äxte mit Eisenblatt. Im 18. Jahrhundert erhielt

der Tomahawk eine weitere Funktion als Tabakspfeife und entwickelte sich im 20. Jahrhundert zum Zeremonialgerät. In Romanen, Comics und Filmen spielt der Tomahawk als Requisit der dargestellten Indianer eine wichtige Rolle und hat als „Kriegsbeil", das man „begräbt" oder „ausgräbt", Eingang in die Umgangssprache gefunden.

travois
Von nomadischen Plains-Indianern bei ihren Wanderungen benutztes Schleppgerüst aus zwei *tipi*-Stangen, deren verjüngte Enden mit Riemen aus Rohleder zusammengebunden und über den Widerrist des Zugtieres gelegt wurden. Mit Hilfe von weiteren Riemen und Querstangen wurde hierauf die Last befestigt. Als Zugtiere dienten zunächst Hunde, nach der Einführung durch die Europäer auch Pferde.

tupilak
Böse Geister bei den Grönland-Eskimo, die mit Hilfe magischer Beschwörungen zum Leben erweckt wurden, um einer Person Schaden zuzufügen. Heute werden *tupilak* als bizarre halb menschliche, halb tierische Figuren aus Elfenbein oder Holz geschnitzt und über die Greenland Handicraft Association vermarktet.

ulu
Messer mit halbmondförmiger, quer zum Griff gestellter Klinge, das die Eskimo-Frauen zum Zerlegen und Ausnehmen von Fischen und Seehunden sowie bei den Näharbeiten gebrauchten.

Umiak
Im Gegensatz zum → Kajak offenes und mehrsitziges Boot der Eskimo aus einem Holzgestell mit Hautüberzug. Umiak wurden von den Walfangmannschaften und zum Transport benutzt.

Umwickelndes Binden
Technik des → Halbflechtens, bei der zwei passive, zumeist aus einem steifen Material bestehende Fadensysteme gitterartig übereinandergelegt und mit einem weiteren Faden umwickelt werden.

U.S. Fish and Wildlife Service
Abteilung des US-Bundesinnenministeriums, zuständig für die Verwaltung der Tierbestände von Indianerreservationen, insbesondere für den Bereich Fischzucht und -verarbeitung.

wicker
Englische Bezeichnung für → Stakengeflecht.

Wirkerei
Webtechnik zur Herstellung von farbig gemusterten Geweben. Der Schußfaden wird nicht über die gesamte Stoffbreite, sondern nur über die Länge der Musterstelle geführt und kehrt dann wieder um. Treffen zwei gerade Musterkanten aufeinander, so können Schlitze im Gewebe entstehen, falls nicht die aufeinandertreffenden Schußfäden ineinandergehängt oder um den gleichen Kettfaden geführt werden.

Wounded Knee
Ort in South Dakota auf dem Gebiet der Pine Ridge Reservation, 150 km südöstlich von Rapid City. Am Wounded Knee Creek fielen am 29. Dezember 1890 circa 300 Lakota, darunter zahlreiche Frauen und Kinder, einem von Einheiten des 7. Kavallerieregiments verursachten Massaker zum Opfer. Von Februar bis Mai 1973 besetzten 300 bis 400 Lakota den Ort, um unter anderem Maßnahmen gegen die Korruption in der Verwaltung von Pine Ridge und des BIA zu erreichen.

Wulsthalbflechten
Technik des → Halbflechtens, bei der ein passiver Faden oder ein Fadenbündel von aktiven Fäden umwickelt oder durchstochen wird.

z-kreuzig
→ Zwirnbinden

Zwirnbinden
Technik des → Halbflechtens, bei der zwei aktive Fäden gleichzeitig als Eintrag in eine passive Kette verwendet werden. Im ständigen Wechsel verläuft ein Faden über, der andere unter einem Kettfaden. Nach jedem Kettfaden kreuzen sich so die beiden Eintragsfäden. Je nach der Drehrichtung des Zwirns, die nach der Richtung des schrägen Mittelstücks in diesen Buchstaben s- oder z-kreuzig genannt werden, ergeben sich Varianten.

Abbildungsnachweis

Karte Innenumschlag vorne
Nach: Conn, Richard (1979): *Native American art in the Denver Art Museum*. University of Washington Press. Seattle & London: Innenumschlag. Bearbeitet von Gertrud Boden

Karte Innenumschlag hinten
Nach: Feest, Christian F. (1986): *Indianer Nordamerikas. Heute & Gestern*. Museum für Völkerkunde. Wien: 13. Bearbeitet von Cora Bender

Abb. 2
Fotoarchiv des RJM. Postkarte

Abb. 5
HStA Köln: Bestand 614. Akte 519. Blatt 24

Abb. 6
A Nakoaktok chief's daughter. Fotograf Edward S. Curtis
Aus: Curtis, Edward S. (1972): *Portraits from North American Indian life*. Promontory Press. New York: 45 (Ausschnitt)

Abb. 7
Girl (Yurok) in gala dress. Fotograf unbekannt
Aus: Goddard, Pliny Earle (1903): Life and culture of the Hupa. *Publications in American Archaelogogy and Ethnology* 1 (1). University of California. Berkeley: Plate 5

Abb. 8
Oraibi girl with plaque. Fotograf A.C. Vroman. 1902
Aus: William Webb & Robert A. Weinstein (1973): *Dwellers at the source. Southwestern Indian photographs of A.C. Vroman, 1895–1904. From the A.C. Vroman collection at the Natural History Museum of Los Angeles County*. New York: No. 57

Abb. 9
Tatxanta Ptechela (Short Bull). Fotograf Frederick Weygold. 1909
Aus: *Mitteilungen aus dem Museum für Völkerkunde Hamburg* (1977). NF 7: Titel

Abb. 10
Joseph Paul Denis (b.1832, d.1928), Western Abenaki, making birchbark canoe models. Fotograf unbekannt. 1923
Aus: *Handbook of North American Indians* 15 (1978): *Northeast*: 157/Fig. 6

Abb. 11
Eskimo-Familie. Westgrönland. Fotograf unbekannt
Fotoarchiv des RJM. Dia 5287

85
86
84
82
83
73
87
.71
77
81
88
80
78
72
89
89
80
76
68
79
1
67
75
74
2
4
3
5
70
66
6
7
66
66
20
7
19
69
8
62
62
9
10
21
51
62
63
59
64
22
65
62
25
26
24
50
54
23
47
53
62
58
58
12
27
54
52
13
14
31
31
53
60
62
58
11
28
30
48
58
61
15
29
16
36
35
32
43
17
34
47
48
49
41
42
18
37
45
39
33
40
44
46
38
39
57
56
55